U0369486

精益思想丛书

低成本 零缺陷 持续改善

The Six Sigma Handbook

A Complete Guide for Green Belts，Black Belts，
and Managers at All Levels

Fourth Edition

六西格玛手册

绿带、黑带和各级经理完全指南

（原书第4版）

托马斯·派兹德克
（Thomas Pyzdek）

[美]　　　　　著

保罗·凯勒
（Paul Keller）

王其荣 译

机械工业出版社

CHINA MACHINE PRESS

图书在版编目（CIP）数据

六西格玛手册：绿带、黑带和各级经理完全指南（原书第4版）/（美）托马斯·派兹德克（Thomas Pyzdek），（美）保罗·凯勒（Paul Keller）著；王其荣译 . —北京：机械工业出版社，2018.9（2024.6 重印）
（精益思想丛书）
书名原文：The Six Sigma Handbook: A Complete Guide for Green Belts, Black Belts, and Managers at All Levels

ISBN 978-7-111-60743-4

I. 六… II. ①托… ②保… ③王… III. 企业管理 – 质量管理 – 指南 IV. F273.2-62

中国版本图书馆 CIP 数据核字（2018）第 193488 号

六西格玛手册
绿带、黑带和各级经理完全指南（原书第 4 版）

出版发行：机械工业出版社（北京市西城区百万庄大街 22 号　邮政编码：100037）
责任编辑：鲜梦思　　　　　　　　　　　　　　责任校对：殷　虹
印　　刷：北京建宏印刷有限公司　　　　　　　版　　次：2024 年 6 月第 1 版第 9 次印刷
开　　本：170mm×242mm　1/16　　　　　　　印　　张：36.75
书　　号：ISBN 978-7-111-60743-4　　　　　　定　　价：99.00 元

客服电话：（010）88361066　68326294

版权所有 · 侵权必究
封底无防伪标均为盗版

学术与实业相脱节一直是国内高校深受诟病的现象之一。不过，我们也可喜地看到，这种现象正在出现转机，经济发达地区的知名高校正越来越多地推出面向企业的实用课程，开展丰富的校企合作项目，校企合力正为我国制造业的发展做出贡献。六西格玛管理即是其中一例。

管理就是解决问题，六西格玛管理是得到验证的管理实践，其精髓近可以追溯到舒哈特博士和戴明博士提出的 PDCA 循环，远则可以寻根到1600年左右笛卡儿提出的方法——怀疑任何事物的真理性，将复杂问题分解为可以着手解决的较小的问题，将问题按照复杂程度进行排序，从简单到复杂逐一解决，重复上述步骤。六西格玛问题解决方法只是将先进的管理实践和统计方法代入上述问题解决框架，放在企业运营的语境中，以企业的永续经营为目标，基于数据和事实解决问题，并且是从根本上彻底解决问题，最终实现企业的既定战略目标，达成持续的高绩效。

六西格玛管理实践之所以一经问世就风行于企业界至今，其原因在于其以管理体系的形式将领导力建设、业务挑战和创新结合在一起，运用系统的思维模式，聚焦于核心绩效指标，着眼于流程，赋能于实际从事作业的各层级人员，通过科学的分析不断积累知识，减少试错成本,在解决问题的过程中发现和甄别未来领导人,实现企业和员工的双赢。

本书简洁、系统、富有逻辑地介绍了六西格玛问题解决框架以及各种工具和方法,同时也全面介绍了企业实施六西格玛战略在组织上的准备工作和相关的要点。难能可贵的一点是,针对日渐流行的多品种小批量生产等新趋势,传统的六西格玛方法存在应用上的局限性,而本书都一一给出了解决方案,进而让读者能够轻松掌握看起来令人生畏的统计技术的本质。此外,一般的六西格玛读物对于统计技术的使用前提及其验证往往缺乏系统的介绍,本书提供了简要的介绍,为有兴趣的读者提供了进一步深入研究的有益线索。

随着企业对六西格玛管理重视程度的不断加强,以及各种统计应用软件的普及,六西格玛管理必将在企业的日常管理中占据越来越重要的地位,企业对六西格玛人才的需求也会越来越迫切。

祝您的六西格玛变革之旅顺利。

张显东

复旦大学管理学院教授

目前，霍尼韦尔依然是全球最受尊敬和推崇的企业之一。其效益稳定、持续增长的原因有很多，其中一个重要原因是其坚持不懈地推行六西格玛管理。在霍尼韦尔，六西格玛管理既是一种管理工具，更是一种企业战略，六西格玛已经成为企业文化的 DNA。

"我们所处的移动互联网时代充满了不确定性、易变性、复杂性和模糊性，在短短的几十年中就数次亲历了千年未有的大变局，我们必须摒弃一切陈规旧俗，大刀阔斧地创新管理方法。"

真的吗？错了！

事实上，上述司空见惯又似是而非的论述过于武断，从中透出的对于"管理新知"的焦虑价值寥寥。变的是表象，核心却一直未变。人类的交通方式经历过步行到马车再到汽车然后到高铁、飞机的时代，计时工具从日晷发展到晨钟暮鼓、沙漏、机械摆臂、晶振，沟通手段也有结绳记事、石刻泥坯、纸张书籍、电话电视直至"乱花渐欲迷人眼"的各种新型 IT，而管理的本质依然未变。正如任正非所言，"汽车首先必须是汽车，金融必须首先是金融，豆腐必须首先是豆腐"，管理必须首先是管理。

管理就是解决问题。六西格玛管理就是高效的经过实践验证的结构化问题解决方法。

我们需要的不是每天不同的管理创新，更不是颠覆所有已有的管理方法，更多的时候，我们只需要踏踏实实地做好基础管理。我们不要被流行一时的时尚迷惑了双眼，管理者需要的是解决问题的真功夫。

六西格玛管理关注的就是管理的真功夫。其逻辑非常清晰，也非常简单，就是界定问题，对问题进行可靠的测量，利用合适的工具进行分析，提出假设并采取行动加以验证，如果方案可行就固化为标准的作业方法，如果方案不可行则继续提出新的假设，如此循环，直到找出问题的根本原因，并彻底解决。

六西格玛管理的真正威力不是令人生畏的高深统计技术，而是领导力、决心和坚持。六西格玛变革的成功依赖高级领导人对于问题的认知，对于目标的设定，对于解决问题的承诺，对于培训等资源的投入，对于项目执行过程的持续关注，以及对于成功的及时反馈和鼓励。

本书紧紧围绕管理的真功夫，系统地介绍了管理的本质，是作者长期实践的总结，它对管理实践者大有裨益。

在我的职业生涯中，我已经使用六西格玛方法解决了无数个问题，我以后还将继续推行六西格玛管理，并不遗余力地指导他人正确运用六西格玛方法。为此，我向广大读者推荐本书，它是一本值得仔细阅读的管理参考书。

知易行难。将六西格玛方法应用到组织的各个层面，用于解决日常工作中的问题，让六西格玛成为我们的行事方式，需要花费多年的时间和心力。但是我可以肯定地告诉大家，所有的付出都将被证明是值得的。

愿您的六西格玛实践早日结出丰硕的成果。

余锋

霍尼韦尔全球副总裁

随着通信和交通技术的发展，全球化程度越来越高已经是一个不争的事实，在多个区域存在关键业务的每个跨国企业都面临更加激烈的竞争环境。因此，企业高级领导人所担负的责任不仅要带领团队制定发展战略，更需要形成一种敏捷的响应能力，在面对环境变化时能够迅速采取有效的应对措施。六西格玛管理是一种有效的管理工具，它通过系统性地赋能团队，让敏捷型组织成为可能。

福伊特造纸从一个十多人的北京办事处最终发展成为如今的规模，除了得益于中国经济高速发展的时机外，还和我们一贯坚持的客户导向价值观、快速反应机制直接相关，而我们的管理体系的核心就是六西格玛。造纸机械是专业技术高度密集的行业，六西格玛方法论将我们分散于整个组织的专业技术整合成企业知识并快速应用于满足客户需求，使我们成为业内学习型组织的标杆。我们有意识地通过六西格玛实践来培养与遴选下一代总监和领导候选人。在解决问题并持续改善的过程中，优秀的高潜力人才会脱颖而出。六西格玛是有效的领导力培养工具。

很多人可能更关注六西格玛改善项目的具体执行，而对于领导人来说，我们需要更关注六西格玛顶层组织的建设和六西格玛项目与组织战略的关联。我们的很多客户和供应商也一直在向我们学习六西格玛管理。很遗憾，他们的六西格玛变革大部分都不是十分成功。他们也不惜重金邀请外部咨询师来组织开展辅导和培训，精心挑选骨干人员学习黑带课程。但是，零零星星的六西格玛项目完成之后，往往以黑带人员被其他企业甚至竞争对手高薪挖走而不了了之。在推行六西格玛管理理念的过程中，黑带与项目团队也会遇到难以想象的文化障碍和阻力。究其原因，很重要的一点是缺乏顶层组织建设和领导的持续关注，没有将六西格玛管理提升到运营战略的高度。

此外，我还想和大家分享一点，就是高层领导人在引入六西格玛管理过程中一定不要囿于工具本身，而要掌握其本质上的管理逻辑。六西格玛的真正精髓在于持续改善！具体而言，就是持续关注现状和标杆对象，不断提高目标的挑战性，从根本上解决问题，持续改善企业的体质。这种持续改善的企业文化，才是组织不可复制的可持续发展驱动力，是股东和顾客的价值之源。

和其他常见的此类书籍一样，本书系统而全面地阐述了六西格玛的框架和各种实用工具。我推荐它的主要原因是，它将我上述想要和大家分享的几点对六西格玛管理的理解也进行了透彻的讲解，可以给那些急于找到六西格玛推行不尽如人意的症结和治疗症结良药的组织高层领导人提供宝贵的参考意见。

希望您的六西格玛项目早日取得显著成效！

刘明明

福伊特造纸亚太区前总裁

实实在在的六西格玛管理手册。

虽然我比较关注六西格玛方法论，并从事六西格玛管理咨询工作十多年之久，辅导过上百家企业导入六西格玛方法论，也写过一些关于六西格玛的书籍和手册，同时带领过上千个六西格玛项目在现场实施改善，并取得了显著的成效，但是本书是我看到的六西格玛系列丛书中最具有实战意义的书籍。

本书从战略到流程，从流程到落地，从落地到文化体系建设，都有精准而详细的阐述，解决了战略不能正确落地的痛点；它从宏观到微观，从运营到具体工具的应用举例，从不同的行业剖析了六西格玛的切入点和侧重点，适合不同行业的运营人员在实际问题解决中参考和学习；它深入浅出，理论联系实践，以实际问题为出发点，以客户满意为宗旨，以培养人才为导向，全面阐述了六西格玛方法论有效解决问题的路径。同时本书通过对问题解决思维模式、统计工具的深入剖析，也纠正了我们在解决问题时常见的一些思维误区，引导我们形成正确的分析问题、解决问题的思维方式，为企业未来形成全面持续改进体系打下坚实的基础。

本书细致透彻地把实施过程中常见的问题系统地剖析得既深入又完全，不仅包括流程改善方法论的 DMAIC 模型，同时也给出了适用于设计研发领域的 DMADV 模型和工具方法，还重点强调了从源头解决问题的思维和方法。本书的另一个亮点是详细介绍了带级认证的流程以及评定规则，可供考级认证的从业者和爱好者做借鉴之用。

无论是个人还是企业，无论从事什么行业，只要我们存在流程，那就一定存在变异，存在变异的地方就一定有改善的机会和需求。本书是个人和企业解决流程变异问题有效而实用的一本手册。

总之，无论是提升个人能力，还是帮助企业快速正确地实现战略目标，这本书都值得您仔细阅读。

成伟

博瑞林管理咨询 CEO

曾经，某著名汽车安全气囊生产厂家承认其产品设计存在缺陷，引发史上最大规模的 700 万辆汽车被召回，最终于 2017 年 6 月在日本向法院申请破产。同样是在日本，2017 年 10 月 8 日，产品广泛应用于工业、民用甚至军工和航天领域且历史超过百年、位居世界 500 强的某制钢所被爆出造假丑闻，公司高层鞠躬道歉的图片充斥各大媒体。

就质量问题而言，上述两个事件极具代表性。第一，日本产品向来以做工精细、质量卓越著称，接二连三发生这样的重大质量丑闻让人唏嘘不已。第二，产品涉及现代工业文明最大的应用领域之一汽车工业，而且是至关重要的安全类产品。第三，质量问题源自设计，却一路畅通地经过各种质量控制流程到达最终用户，造成不可挽回的毁灭性后果。质量保证体系形同虚设。第四，质量意识甚至比产品设计和生产过程更重要。

这两个事件对我们有哪些现实启发意义呢？众所周知，中国在 30 多年励精图治的高速发展之后，制造业的竞争力已经上升到了一个相当高的水平，同时也到了一个战略转型的关键拐点。我们要从承接劳动密集型的低附加值外贸加工为主，向引领高效创新的世界工厂转型。我们也可喜地看到，一批诸如中国高铁、华为、支付宝、海尔等民族品牌正越来越多地出现在欧美中高端市场，以质量可靠、技术先进、设计时尚重新定义"中国制造"和"中国服务"。它们都在用实际行动践行"一带一路"倡议。但是，我们也要永远牢记一点：质量是企业的生命线，十年之功也能毁于一旦。我们无论如何不能步入上面两个企业的后尘。

同时，我们也可以看到，全球经济复苏依然乏力，欧美等地区的传统工业强国都在想尽办法提高整体工业竞争力，吸引制造业回流，比如特朗普的减税政策、德国的工业4.0计划等。在这种国际大背景之下，我国的出口总量从2012年的20 489亿美元增长到2016年的20 974亿美元，平均复合年增长率只有0.6%。2015年和2016年连续两年出现负增长，最糟糕的时候同比下降7.7%。如果考虑美元贬值的因素，情况就更加严峻。这在改革开放40年以来是极其罕见的。某些权威的经济专家直言不讳地提出，中国经济面临"L"形走势，需要做好长期应对的心理准备。

为此，作为本人另一本翻译拙作《精益工具箱（原书第4版）》㊀的姊妹篇，我很荣幸地推荐《六西格玛手册》一书，它从实践的角度全面介绍了最新的六西格玛技术和方法以及如何避免实施中的陷阱，助力各种组织提升竞争优势，实现可持续的业务增长。它既可以作为参加六西格玛认证的专业技术人员、一般质量管理人员、制造和服务业各级经理的考试复习资料与日常工作手册，也可以作为质量管理相关专业的研究生和本科生的教材与自学参考用书。

最后，我要感谢机械工业出版社的编辑们，在我翻译的过程中，他们给予我极大的帮助和鼓励，从而保证了这本书能够顺利地翻译完成并出版。

鉴于译者水平有限，错误和不当之处在所难免，如有任何建议和意见，请不吝指教，将感激不尽！联系方式：wang. qirong@ 163. com。

王其荣

2018年6月8日于上海

㊀ 该书中文版已由机械工业出版社出版。

任何一本关于六西格玛的著作都远不止仅仅介绍一些实施六西格玛项目的方法。虽然不是每本六西格玛著作都能帮助你大获成功，但是有些著作却提供了让组织快速发展的愿景和途径。从网上的交流群可以洞见人们对六西格玛的态度，有些人感到不尽满意，而有些人却热情满怀。对于有些人来说，六西格玛已经活力不在了，或许，对这些人来说，本应如此。因为他们已经做好向"下一个更大目标"进发的准备。

从这些吸引人的讨论中，我希望找的是细节。实施过程中有哪些具体的方面不成功？为什么六西格玛不起作用？有哪些更好的其他方法？毫无疑问，失败都是由可预见的不当方法造成的，人们经常对项目实施中存在的问题心存疑虑：缺乏承诺和/或资源，存在不恰当或者错误的关注点。六西格玛的根本核心依然适用：将影响顾客、股东和/或员工的具体问题排序，由职能上的利益相关者提出并在相对较短的时间框架内以数据驱动，依靠跨职能项目团队解决问题。有效管理的项目能够快速识别并解决组织的问题，突显项目的优势，它是通过便于管理的改善规模实现的。存在提高成功率的最佳实践吗？当然有！六西格玛中的最佳实践就是持续演化，就像六西格玛自身从最初的质量改善最佳实践演化而来一样。真正获得"六西格玛真谛"的人知道，只有当组织不再关心其顾客、员工和股东的时候，六西格玛才会消亡。六西格玛真的"在××公司扼杀了创新"吗？当然不是！极度官僚的创新方法会扼杀创造性吗？是的，就像过度的标准化强调流程一致性和内部生产率一样，它们的代价是用户体验得不到提升。这些失败都是忽视六西格玛关键原则（顾客第一）的结果。

本书不仅试图解决这些挑战，也扩展了创新、战略制定、精益、约束管理等内容。如果这是你的第一本《六西格玛手册》，你会发现实施方法包括了很多"更新的"管理领域所提倡的实践方法，它们是业务流程管理（Business Process Management，BPM）或者业务流程改善（Business Process Improvement，BPI）。纲领性方法依然与以前版本的内容保持一致，同时增加了一些更详细的阐述和更好的实践方法，以便读者更全面地理解与掌握六西格玛。

本书增加了很多可免费下载的资料以供读者参考，如可以用于分析项目的电子表格模板、深入讲解特定主题的视频。为了提高读者学习本书的效率，我们还会不时地增加其他链接，请务必定期登录 www.mhprofessional.com/SSH4 查看。我们希望根据读者的反馈，提供额外的免费学习内容，或者仅收取合理的成本。

本书前三版的销售量超过 10 万册，可以说，对于有远见的经理人员和以顾客为导向的流程改善专家等读者而言，《六西格玛手册》已经成为他们必不可少的参考指南。我们想借此机会感谢忠实的读者，是你们使本书对六西格玛概念和技术致以永恒的敬意成为可能。

保罗·凯勒

第一篇

六西格玛实施和管理

建立响应式六西格玛组织

1.1　什么是六西格玛

六西格玛是对经过验证的质量管理原则和技术严格、专注且高效的实施。通过吸收、整合众多质量先驱的成果，六西格玛以几乎零差错的业务表现为目标。西格玛（σ）是希腊字母之一，统计人员用它来测量任一过程的变异性。一个公司的表现则通过其业务过程的西格玛水平来衡量。传统的公司将三西格玛或者四西格玛水平作为接受的标准，尽管这意味着此过程中每 100 万个可能出错的机会中将产生 6200～67 000 个差错！六西格玛标准相当于每 100 万个可能出错的机会中只有 3.4 个差错，这是对顾客日益增长的高质量的期望以及现代产品和生产过程日渐复杂的回应。

尽管使用了六西格玛作为名字，但其魔力不在让人头晕目眩的统计或者高科技上。它依赖于已经尝试并使用过数十年的正确方法。在某种程度上，六西格玛摒弃了大量的全面质量管理（Total Quality Management，TQM）中的复杂性。六西格玛采用适量的经过验证的方法，培训少量的公司内部的技术负责人（他们被称为六西格玛黑带）达到熟练运用这些技术的程度。毫无疑问，某些黑带使用的方法相当先进，包括最新的计算机技术。不过，所有的工具都包含在一个简单的绩效改善模型中，这个模型被称为定义－测量－分析－改善－控制，或 DMAIC 模型。DMAIC 模型简要描述如下：

D——定义改善活动的目标。

M——测量现有系统。

A——分析系统。用以识别、消除目前系统或过程的表现与期望目标之间差距的方法。

I——改善系统。

C——控制新的系统。

DMAIC 模型的详细讨论参见本书第二篇。

1.1.1　为什么是六西格玛

当一家日本公司在 20 世纪 70 年代接管了摩托罗拉生产 Quasar 电视机的美国工厂时，它立即着手大刀阔斧地变革工厂的运作方式。在日本人的管理之下，不久电视机的故障率就降低到了摩托罗拉管理时的 1/12。他们使用的还是原来的工人、技术和产品设计，而且生产成本也大幅度降低，这清楚地表明，问题出在摩托罗拉的管理上。最后，在经过一段时间以后，就连摩托罗拉的总裁也不得不承认"我们的质量糟透了"（Main，1994）。

直到大约 20 世纪 80 年代中期，摩托罗拉才找到应对方法。那时候的总裁鲍伯·卡尔文（Bob Galvin）开启了被称作六西格玛的质量改善行动计划，并进而因为在摩托罗拉所取得的质量管理成就成为工商业的管理明星。导入六西格玛以后，摩托罗拉成为众所周知的质量领导者和利润翘楚。1988 年，摩托罗拉赢取马尔科姆·鲍德里奇国家质量奖（Malcolm Baldrige National Quality Award）以后，它的成功秘密才公之于众，自此六西格玛革命席卷全球，直到今天六西格玛依然受人欢迎。尽管摩托罗拉在这几年由于种种原因陷入低谷，但是诸如通用电气和联合信号等公司利用六西格玛，仍然引领它们达到顾客服务和生产率的新高度。

仅仅将六西格玛理解为传统意义上的质量管理是一个错误。传统上将质量定义为内部要求的符合性，它和六西格玛关系不大。六西格玛关注提升顾客价值和效率，进而帮助组织提高盈利能力。为了将六西格玛的目标与质量相关联，需要将质量重新定义为：通过有效率的努力增加价值。根据这个定义可知，质量包含潜在质量和实际质量。潜在质量是单位输入可能产生的最大增值，而实际质量是单位输入目前实际产生的增值部分。潜在质量和实际质量之间的差异就是浪费。通过帮助组织更好、更快、更经济地生产产品和提供服务，六西格玛重点关注改善质量（即减少浪费）。在绩效的质量水平和"西格玛水平"之间有直接的对应关系，例如，一个六西格玛的生产过程大概在每 100 万次操作中会出现 3 次故障。一般的公司大概是 4 个西格玛的水平，相当于每 100 万次操作中出现 6210 次错误。六西格玛关注顾客需求、预防不合格品、降低周期时间、节约成本，因此，六西格玛的收益会直接增加利润。盲目地削减项目成本同时也削减了价值和质量，六西格玛和这些削减项目成本的方法不同，它的关注点在于识别和消除不产生顾客价值的成本——浪费。

在没有达到六西格玛的公司里，这些浪费成本高昂。三西格玛或者四西格玛公司通常花在修复故障上的费用占到销售额的25%～40%。这就是所谓的质量成本，或者更精确地说是不良质量成本（Cost of Poor Quality，COPQ），而六西格玛公司的质量成本还不到销售额的5%（见图1-1）。图1-1中显示的COPQ值对应的还只是各种研究结果中的底线。不同西格玛水平之间的不良质量成本差距巨大。对于通用电气而言，三西格玛水平和四西格玛水平对应的COPQ估计值为每年80亿～120亿美元。

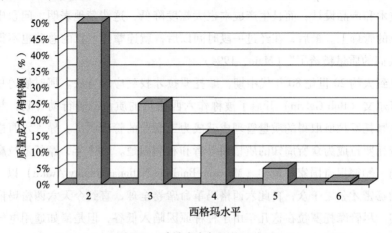

图1-1 质量成本与西格玛水平

西格玛水平与成本相关的原因非常简单：西格玛水平衡量错误率，从而纠正错误产生成本。图1-2显示错误的数量和西格玛水平之间的关系。从图中可以看到，随着西格玛水平的提高，错误的数量呈指数关系下降，这一点与图1-1中显示的根据经验获得的成本数据完全一致。同时也可以看到，该数量是每100万个机会对应的错误数量，而不是百分比，这也是六西格玛引入的另一个惯例。在过去，我们可以承受以百分比表示的错误比率（每100个机会出现的错误数量），在当前商业竞争全球化的形态之下，我们已不再能够承受这一错误比率。

1.1.2 六西格玛理念

六西格玛管理是对管理系统和业务流程中的产品设计与生产运营运用科学方法，以便公司员工能够为顾客和股东创造最大价值。科学方法的逻辑步骤如下：

1. 观察市场或者业务的重要部分。

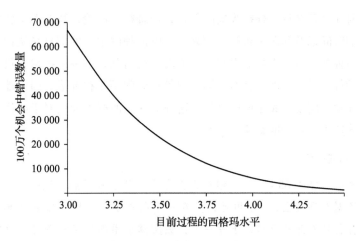

图 1-2 错误率与西格玛水平

2. 根据观察到的现象，建立试探性的解释或假设。

3. 基于假设，做出预测。

4. 开展试验或者进行更为细致的观察来验证预测。记录观察结果，根据新的事实修正假设。如果存在变异，就使用统计分析工具来分辨噪声和有意义的信号。

5. 重复步骤 3 和步骤 4，直到做出的假设和试验及观察结果相吻合。

这个时候，你就得到了一个可以用来解释市场和业务中重要关系的可行理论。这样的理论就是你的水晶球，可以用它去预测未来。对任何组织而言，水晶球的作用都是毋庸置疑的。此外，你的理论还可以解释有别于最初研究的其他现象，这是司空见惯的。艾萨克·牛顿的万有引力定理始于观察落向地面的苹果，而由此得出的牛顿运动定律揭开了行星围绕太阳运转的奥秘。只要常年运用科学方法，你就会有对顾客和业务发展规律的更深入理解。

一旦在整个组织内运用科学方法，影响组织发展的职场政治因素就难以容身，代替它的将是"让数据说话"的氛围。虽然哪里有人际互动哪里就会有职场政治，因而不可能完全消除，但是，和传统组织相比它在六西格玛组织中的负面影响会小得多。人们经常对这种显而易见的态度大转变感到吃惊。"派兹德克定律"（Pyzdek's Law）非常精练地总结了此现象的本质：

你所知道的大部分东西都是错误的！

就像所有的"定理"一样，它也有点言过其实。不过，当人们在受到挑战被要求拿出数据来支持他们的基本观点时，你会大吃一惊，因为十有八九他们根本拿不出来，比如，总裁要求技术支持电话呼叫中心的经理拿出数据证明顾客对于连线等待时间是否在意。根据收集的数据，经理得出结论，顾客对于转接到技术人员所花的时间以及问题是否解决感兴趣。电话呼叫中心的信息系统记录两种等待时间：一种是与技术人员取得联系之前的等待时间，一种是技术人员在寻找解决方法时的等待时间。而顾客对于第二种等待时间不是很在意，因为他们认为这段时间是在解决问题，属于增值时间。这种关注点的根本变化对于电话呼叫中心的运营方式产生了重大的影响。

我们知道的信息

我们都知道在 1965 年 11 月纽约大停电事件 9 个月以后出现的一次婴儿出生高峰，对不对？事实上，《纽约时报》在一个故事中明确指出那是 1966 年 8 月 8 日。如果你仍然对此不相信，思考一下，该文章引用的信息来源可是负有盛名的医院之一———Mt. Sinai 医院。

数据展示的真相

该报纸将 1966 年 8 月 8 日的新生儿出生数与 1965 年同期做了对比，同日的对比确实显示了较上一年度的增长。然而，北卡罗来纳大学的卡罗来纳人口中心主任 J. Richard Udry 研究了 1966 年 7 月 27 日到 8 月 14 日之间多家纽约医院的新生儿出生数量之后得出的结论是：大停电事件之后 9 个月的新生儿出生数量略低于五年的平均水平。

将注意力集中于组织赖以生存的利益相关者是六西格玛的理念。它是一种先因后果的思维模式。周密设计的管理系统和业务流程在心情愉悦的员工运行之下可以令顾客和股东感到满意与高兴，当然，这些都不是新的概念。传统组织中的绝大多数领导人也都认为，而且他们正是这样做的，同时区分传统组织和六西格玛组织的关键是对这些核心原则的承诺与坚守的程度。

1.1.3　六西格玛与传统的三西格玛绩效的对比

传统的过程能力质量模型在两个方面与六西格玛大相径庭。

1. 传统的质量模型仅应用于制造过程，而六西格玛应用于所有重要的业务流程。

2. 传统模型规定，"能力足够的"过程的标准差不大于总允许偏差的 1/6，而六西格玛要求过程的标准差不大于总允许偏差的 1/12。

这些差异意义之深远，可能远超你的想象。通过关注所有的业务流程，六西格玛不仅将制造看作更大系统的一个组成部分，它还摒弃了传统方法中狭隘、关注内部的局限性。顾客关心的不仅仅是产品的制造能力，价格、服务、财务条款、风格、可得性、升级和更新的频率、技术支持以及其他类似因素也都很重要，而且六西格玛还造福顾客以外的其他利益相关者。当生产运营更有效率、产品设计的周期更短时，股东和投资方也会获益。员工生产率提高以后，他们的收入会更高。六西格玛涉及广泛领域意味着组织中的所有利益相关者都会受益。

第二点中还有一个不明显的含义。因为西格玛是过程波动性的统计度量指标，所以，六西格玛最初就是过程质量的目标。如果这样，它就落入了过程能力技术的范畴。如果一个过程的随机变异（正/负三个标准差）不大于工程允许偏差量，传统的质量体系就认为该过程有足够的能力。假设过程分布服从正态性，那么三西格玛质量水平对应 99.73% 的过程合格率。此后在考虑了过程的位置和离散度以后，改良后的质量要求更为严格，最低可接受标准更高，要求工程允许偏差量对应至少 4 个西格玛。而六西格玛要求，最近的工程允许偏差量和过程均值之间至少包含六个过程变异标准差。

摩托罗拉最突出的贡献之一是将质量的衡量指标从百分比（生产 100 个零件对应的不合格品数量）改为百万分比（Parts-Per-Million，PPM），甚至十亿分比。摩托罗拉正确地指出，现代科技越来越复杂，"可接受质量水平"的陈旧观念已不可容忍。现代的生产经营过程要求接近完美的质量水平。

六西格玛"官方"读物中有一点令人费解，即声称六西格玛过程每生产 100 万件产品会生产 3.4 件不合格品。然后，如果查询特制的正态分布表（因为在六西格玛之外出现的机会非常少）就会发现期望的不合格品率是 0.002PPM（2PPB）。产生这样的差异是因为摩托罗拉假设过程的均值会向任一方向漂移 1.5 个西格玛。（第 7 章将对此假设做更深入的讨论。）3.4PPM 实际上是正态分布表中偏离均值 4.5 个西格玛对应的数值。因为控制图可以轻易发现单样本中出现 1.5 个西格玛的均值漂移，可见 3.4PPM 是一个非常保守的不良品率的上限。

与六西格玛质量不同，传统的 99.73% 的质量标准对应 2700PPM，这还没有考虑任何均值漂移。对于含有多个步骤的过程，总体合格率是各步骤合格率的乘积。比如，对于一个只含有两个步骤的简单过程，如果第一个步骤合格率为 80%，第二个为 90%，总的合格率就会是 72%（0.8×0.9=0.72）。注意，包含多个步骤的流程的总合格率总是低于合格率最低步骤所对应的合格率。在一个包含 10 个步骤的过程中，如果每个步骤的质量水平都是三西格玛（99.97% 的合格率），那么该过程最终的质量水平将会是 26 674PPM。（参见第 6 章关键指标部分的流通合格率计算。）考虑到现代生产流程的复杂程度已经大大超过 10 个步骤，显然，六西格玛质量要求不是可有可无的，组织要想继续生存必须保证六西格玛质量。

这种对于极端高质量的要求不仅仅局限于多步骤的制造过程，设想如果对以下领域运用三西格玛质量要求意味着什么：

- 基本上任何一台计算机都不能正常工作
- 每年发生 10 800 000 次医疗报销失误
- 每月丢失 18 900 只美国联邦储蓄债券
- 一家大型银行平均每晚丢失 54 000 张支票
- 一家中型通信公司每月寄送出的发票有 4050 张出现差错
- 一家区域性通信公司每天的呼叫详细记录有 540 000 个错误
- 每年在美国的信用卡交易时发生 270 000 000 次错误

从这些数据中可以很容易看出，现代社会需要零差错的极端高质量水平。六西格玛的出现让此需要成为现实。

立即着手做!

需要注意，六西格玛组织不是学术机构，明白这一点非常重要。它们在快速发展的商业社会中竞争立足，也不容许在决定行动计划之前花费数年时间把问题的方方面面研究透彻。对于六西格玛企业的领导者或者六西格玛项目的发起人来说，一项重要的技能是能够判断什么是可以采取特定行动的充分信息。六西格玛企业的领导在花费股东资金的时候应该持保守态度。因此，项目研究应该紧紧围绕提供管理决策所需的信息。只要有一定的把握，管理层就必须指示黑带将项目由分析阶段推进到改善阶段，或者由改善阶段推进到控制阶段。要确保项目及时关闭，将宝贵资源尽快用于下一个项目。

六西格玛组织不代表永不犯错。它们也会偶尔失误、错失时机。然而，研究表明，与那些传统组织相比，它们所犯的错误更少，长期的表现也更优异。它们的管理系统包含了从错误中学习的能力，最终实现系统性改善。

什么最重要

我曾经在辅导一位航空业客户的时候帮助过一位执行官建立一套系统来识别他所负责领域的潜在六西格玛项目。我问他："你有哪些最重要的指标？你重点关注哪些问题？""那很简单，"他回答道，"我刚把这个月的月度运营报告做好，马上给你看。"

然后他打电话给秘书，让她把月度运营报告打印了一份。过了一会儿，秘书送来三本厚厚的活页文件夹，里面全是演示文稿。这位执行官和他的同事每月要花一整天时间来回顾这些指标，希望可以从中获得一些有助于规划将来业务的方向性信息。与其说这是重点关注点，还不如说是严刑拷问！

可悲的是，这不是个别现象。数年来，我已经和上百家公司的数千人共事过，这样噩梦般的衡量指标到处可见。人类大脑从来就不是为处理海量数据而设计的。同一时刻我们的大脑只能处理有限的内容。如果试图保留太多的信息在大脑中，我们就会不堪重负。有关信息超载的研究有如下的发现（Waddington，1996）。

- 2/3 的经理反映，信息超载压力让他们与同事工作时感到紧张，体会不到工作的满意感。
- 1/3 的经理因为信息超载直接引发健康问题。在高级经理中这个数字上升到 43%。
- 接近 2/3（62%）的经理证实他们的人际关系因为信息超载而出现危机。
- 43% 的经理认为因为过量的信息导致重要决策出现延误，决策能力也受到影响。
- 44% 的经理则认为信息处理的成本超过它们给企业带来的价值。

显然，过多的信息并非总是好事。

经过精简以后，基本上每位执行官和经理都承认只有五六个衡量指标是真正有意义的。其他指标，有的是派生出来的，有的是华而不实的作秀。当他们被问及真正感兴趣的是哪些指标时，我的客户立即翻到文件夹中间的一张演示文稿页，他真正关注的只有两个"重要指标"。下一个层级的细化也涉及五六个驱动指标。如果没有夸大其词，那么跟踪这些数量的指标尚在人的能力范围之内。基于这些精简的重点关注点，执行官就可以建立一套系统来选择恰当的六西格玛项目和团队成员。

六西格玛活动在少量的对三类利益相关者（顾客、股东和员工）真正有意义的事情上重点关注。首先关注的是顾客，股东利益也不能置之不理。当然，需要用科学方法来确定这两类人群的需求。尽管识别顾客和股东要求的科学方法目前还没有达到完全成熟的程度，因此需要与组织中各个层面的人员进行接触，从而对科学方法得到的数据进行补充。员工的需求也需要尽力收集，受到正确对待的员工往往在公司工作的时间更长，他们的工作也更有成效。

关注点来源于两个方面：自上而下的组织目标与自下而上的问题和机会。六西格玛项目将问题和机会与组织目标联系在一起，因此其选择和执行对于组织目标的实现非常关键。六西格玛项目也将企业的各项活动与改善目标联系在一起。两者的联系非常紧密，在一个有序运转的企业中，六西格玛项目成员可以清楚地告诉你，他们的项目对哪些组织目标产生影响，高层领导也能清晰、合理地衡量六西格玛项目对企业的影响。六西格玛项目的成本和收益是使用企业级别的跟踪系统进行检测的，跟踪系统可以使用不同的方式对数据进行分析和整合。在任何时候执行官都能知道六西格玛项目是否在发挥其应有的作用。在过去的 TQM 项目中，由于无法确定项目对利润的贡献，因而人们的工作热情会逐渐消退，一旦遇到难度大的项目就经常束之高阁，然后不了了之。六西格玛组织清楚地知道它们的投资会有哪些回报。

六西格玛对企业的另一个益处是间接的，它也很少被衡量——它对人的行为的影响。六西格玛的运行环境不是真空的，当员工亲眼看到六西格玛产生可观的成果时，他们自然会改变工作方式。"屁股决定脑袋"的管理方式（抱歉使用这个俗语）在达到"临界值"的六西格玛组织中无处容身。因为成功实施了六西格玛导致组织中的大部分文化发生变革，我们说组织达到"临界值"。最初的文化冲突已经自行解决，那些反对六西格玛的人，或者已经离开，或者转变了态度，或者学会保持沉默。

在实施六西格玛时，不要为了运营效率而扼杀创造性，这一点非常重要，比如，成功的研发（R&D）需要大量新颖的原创性思维。过于关注"预防犯错"会令研究工作举步维艰。颠覆性前沿研究有必要采取试错方法，需要对失败采取较高的容忍度。探索新想法的无序很难用系统方法来管理。在过程设计、产品测试和可制造性等方面，六西格玛无疑对研发工作有重大贡献。总之，我们需要有选择性地在其可发挥作用的领域中运用六西格玛。

放眼来看，生产经营是一项复杂的事务，需要创新、变革和卓越领导人的直觉。虽然我们提倡"数据驱动"，但是领导人也需要质疑数据的有效性，因为成功经营的有些重要方面还没有衡量指标，甚至无法衡量，所以对与直觉相悖的数据要提出疑问，要根据我们的经验进行推敲。有可能反直觉结果是颠覆性新知识的体现，也有可能仅仅是错误而已。

思考这样一个例子。我的一位软件业的客户的技术支持呼叫中心专门帮助其用户解决软件问题。根据收集的用户调查结果，统计人员得出了一个令人吃惊的结论：用户打电话时的等待时间与满意度无关！数据显示，立即得到服务的用户和等待了一个小时甚至更多时间的用户具有相同的用户满意度。这个信息引发了到底可以将接线员减少到多少的讨论，可观的成本节约似乎触手可及。

幸运的是，呼叫中心经理没有将自己的疑问置之不理。他要求提供更多的数据，数据显示，当等待时间延长以后挂断电话的用户比例呈直线上升。也就是说，满意度调查只针对那些一直等到获得服务的用户进行，这些用户对等待不介意，而那些在获得服务以前挂断电话的用户明显介意等待的时间。事实上，一个有代表性的抽样调查结果是，"太长的等待时间"居于所有顾客抱怨项目的第一位。

1.1.4　变革势在必行

传统组织中管理的角色是设计系统以产生并向客户和股东提交价值。然而很不幸的是，太多的组织没有意识到这是一个永远不会结束的工作。竞争对手总是不断创新，试图抢走你的客户，客户的需求也在不断变化，资本市场向投资者提供的投资回报方式创新不断，所有这一切都让管理系统的持续变革成为头等大事。

尽管变革势在必行，但是在没有看到有明显迹象表明当前的系统已经不能满足一个或者多个利益相关者的要求时，大部分企业仍对变革采取抗拒和抵制的态度。或许萎缩的市场份额可以清楚地说明你的产品或服务已经不再有先前的竞争力。尽管没有完全失去顾客的忠诚度，其抱怨却弥漫开来。或者，你的企业的市场价值——股价一路走低。传统组织观察这些现象并据此做出反应。虽然也变革了，其实此时也不得不变革，但是变革的氛围却是危机和混乱的。在所需的重新设计完成之前可能已经产生了大量的亏损。员工可能丢了工作，甚至他们的职业发展也就此结束。采用这种反应式应对策略的组织大部分都无法在震荡的市场中存活下来。

悲哀的是，在写作本书之时，美国的汽车工业正由于受到全球性竞争、世界性信用危机以及旷日持久的高油价等综合因素的影响而蹒跚不前。尽管有人会说这些事件都可以事先预测，显然，它们的竞争对手的优势主要在于适应新情况的能力。最近的民意调查发现 60% 以上的反馈者认为变革能力是组织的主要竞争优势（Blauth，2008）。对于客户需求的反应能力（不管这样的需求是静态的还是动态的）是六西格玛项目的重要关注点。在应用于过程改善的时候，项目中采用的精益原则能够有效降低库存，缩短周期时间，快速满足变化了的顾客需求。作为组织的战略，这些原则造就了敏捷性组织，也就是将资源用在提升适应能力而不是产能上。资源也只有在确实需要的时候才被合理使用，这样它们就能持续用于满足顾客最新的需求。

六西格玛企业就是这样积极主动地欣然接受变革的，明确地将变革整合到管理系统中。它们设立全职或兼职的变革代理人职位，建立支持性基础架构，以便将变革整合到日常的例行工作之中。它们还建立系统来监测顾客、股东和员工的新想法，并根据这些新的信息快速修订业务流程。这个过程可能用到复杂的计算机建模，或者大量的基础统计分析技术，以便将有意义的信号从噪声信号中区分出来。这些分析技术除了用于分析利益相关者的建议以外，还用于企业和各个层级的过程指标。

我们期望在运用六西格玛之后可以改变员工的行为，明显提升组织的效率和有效性。传统智慧将会被礼貌地质疑，也会一再听到"你怎么知道的呢"这样的问题。

- "准时交付率看起来不错，Joan，不过请说清为什么这个指标对顾客重要。若果真如此，那我想看到过去52周的走势图，不要忘了标上它们的控制上下限。"
- "这份预算差异报告没有区分计划的变动和真正的系统波动！我想看到随时间变化的业绩情况以及业绩的控制线，这样我们就知道如何有效应对了。"
- "这份员工调查结果经过验证了吗？问题的可靠程度有多大？员工满意度的主要驱动因素是什么？你怎么知道的呢？"
- "这些内部的指标值和股东最关心的顶层指标值是怎么关联的？"

诚然，对习以为常的做法提出挑战存在风险。提出挑战的人会被孤立，而受到挑战的人则感觉到威胁，这些就是组织行为因变革而需要付出的代价。最后，挑战意味着需要收集额外的信息，这涉及成本支出和机会风险，这些风险和成本必须进行有效管理。

管理变革

以下总结了变革的三个目标。

1. **变革组织中人们的思考方式**。帮组织中的人改变观念是变革代理人的一项基本工作。一切变革都从个体即人的层面开始。除非人们愿意改变其行为，否则真正的变革就无从谈起。改变行为需要改变思考方式。如果一个组织依赖于员工的智力，那么员工的思想和观念就会决定组织的行动。变革代理人的工作从这里开始。

2. **变革规范**。规范由标准、模范和引导群体行为的范式构成。所有的组织都有规范或者对其成员的期望。如果组织规范不变，变革就无从谈起。真正的六西格玛组织希望以数据驱动的决策为规范，聚焦于关键利益相关者的价值最大化。

3. **变革组织的系统和流程**。它是变革真正起作用的"肉的部分"。归根结底，所有的工作都会反映到流程中，质量改善需要表现为流程和系统层面的优化。然后，没有员工行为方式的变更以及组织规范的改变，持续的流程优化就不可能发生。

变革代理人主要通过说服受变革影响的利益相关者来达到以上目标。说服工作在流程层面不是易事，在组织层面则尤为困难，下一节将详细讨论这个问题。

日复一日的工作压力，加上与生俱来的变革难度，很容易让时光匆匆流走而毫无进展。让公司持续运转需要全身心的投入，如果当前出现的问题不能快速解决，那么以后的目标达成必将受到影响。如果没有变革代理人不断表达对达成目标的担心，那么领导层很可能会忘记转型的必要性。变革代理人的工作就是成为领导层的"良知"，并在进度落后的时候及时进行质疑。

转型过程

在多年深入研究的基础上，Kotter（1995）提出了组织转型的八步法。考特认为，当管理层将转型当作一个事件而非过程来对待时，变革努力就会失败。成功的变革转型过程需要几年时间才能完成，一旦出现要加快进度的压力，其中的某些步骤就会被跳过。就像过早宣布胜利一样，这样做对取得成功非常有害，它会消减已经形成的势头，破坏已取得的进展。考特认为对于一个成功转型，如下八个步骤缺一不可。

1. **制造紧迫感**。使用市场数据、竞争分析或者新近发生的危机（不要浪费任何好的危机）来让管理层中的大部分成员（考特建议为75%或以上）相信，与变革带来的未知相比，没有变革的业务模式风险更大。受影响领域的负责人（比如，实施公司转型时的总裁或者业务单元转型时的业务负责人）必须身体力行，真心倡导变革（即用语言和行动展示）。

2. **形成强有力的指导核心**。在组织内组建一个由有影响力的人组成的团队来集体领导转型工作。有时在转型过程中高层经理的参与必不可少，因此让他们负起领导责任可以获得他们的认同和支持，转型工作不至于因为高级经理的缺席而受到他们暗中破坏。之前建议的六西格玛执行委员会就是符合这个条件的一个例子。采用团队的形式可以确保他们积极参与，也可以预防部门之间的地盘争夺战。（更多信息请参见第 5 章的团队建设部分。）

3. **建立愿景**。新组织和目前的组织有什么不同？考特强调，需要将描述愿景的措辞进行简化，保证条理清晰，可以在 5 分钟甚至更少的时间内向观众陈述，要能让听众理解和产生兴趣。

4. **宣传愿景**。愿景的宣传沟通务必始终一致、坚持不懈，行动比语言更重要。转型工作需要员工改变行为，它来之不易，如果不存在实际风险则至少存在认知风险。只有传达的信息可信才可以克服这些风险。宣传沟通是构建组织认同感的重要方面，使用 DMAIC 方法构建组织认同感的详细介绍见本章稍后部分。

5. **授权他人努力实现愿景**。只有在愿景成为新常态时才能实现它。向愿景靠近的过程中需要识别并移除构成障碍的系统（或个人），或者建立体现新方法的优化系统。六西格玛目标的达成得益于一系列目标集中的跨部门的项目，这些项目都是由受影响区域的负责人提出的。项目由团队实施，由培训合格的黑带领导；团队成员由每天从事该过程工作的专家组成。由职能经理发起项目可以确保团队获得改变过程的授权。最高管理层监控项目的进展，确保项目与战略目标的一致性，鼓励基层经理为了项目目标的实现提供全力支持。这样的系统对于六西格玛的成败至关重要（更详尽的讨论见下一节）。

6. **计划并取得短期胜利**。一个理性的人不会因为一个新年愿望就立即开始锻炼，然后立即参加全程马拉松比赛或者攀登 K2 峰。相反，成功来自设立并完成一个个小的挑战，借此建立取得最终胜利的经验和信心，人性中最辉煌的一点就是"从实践中学习"。通常而言，成功实施六西格玛都以培训类项目开始，这样可以让学员学习所需技能并应用到熟悉的流程中，而且改善目标的设立也比较合理可行。如此不仅项目团队可以建立信心，整个组织的信心也慢慢确立。同样重要的是，经理人员要对他们的监管责任感到轻松自在。他们必须在授权团队成员进行变革和要求他们在合理的时间框架内形成有意义的、可行方案两者之间取得平衡。

7. **整合改善，触发更多变革**。在实施六西格玛的过程中，当项目开始产生结果时，管理层应该及时赞美取得的成就并向负责的团队表示祝贺。利用最初的成果在全公司建立对六西格玛的认知度，修订那些阻碍有效变革的系统或政策，历练并提拔具有进一步影响组织变革所需技能的员工。不要过早宣布胜利，而是要付出更大的努力，取得更多的胜利，力争早日达到组织的"临界值"并保持势头不减。

8. **将新方法制度化**。发展领导团队及其实践，让变革行动完全融入组织的血液中。持续、一致地宣扬组织成功和项目成功之间的密切关系，主动提拔贡献突出的员工（而不是那些持观望和等待态度的人）。

上面总结的八个步骤在下一节中有更全面的讨论。

1.2　实施六西格玛

在大约 30 年的六西格玛实践基础上，丰富的科学研究表明成功地实施六西格玛需要重点关注少数的高回报因素。成功实施六西格玛所需的活动和系统已经被翔实地记载下来。

1. **领导力**。领导的首要角色是建立清晰的愿景以将六西格玛引向成功，在整个组织中明确、一致、重复地宣传愿景。换言之，领导必须为努力指引方向。他们的首要职责是确保六西格玛的目标、进展与全公司保持一致。修订公司政策让员工自然而然地将追求六西格玛绩效作为日常工作的一部分。这就需要建立新的职位和部门，修订奖励政策和薪酬体系。对于相关关键点的讨论贯穿本章所有章节。实施部署六西格玛始于高级领导人接受理念、原则、方法等的培训，以便为组织的成功做适当的准备。

2. **基础架构**。使用获得的新知识，高层领导指导基础架构的设立和培训，该架构是管理和支持六西格玛所必需的。

3. **沟通和认知度**。同时，采取步骤对组织施加了无形的影响以培养一种"有能力变革"、促进创新的环境。最高层的 DMAIC 项目关注变革行动以及建立变革认同感所需的沟通，具体内容详见本章下文。

4. **利益相关者反馈系统**。建立与顾客、员工和供应商保持紧密沟通的系统。这包括建立获得并评估顾客、股东、员工和供应商意见的严格方法；开展基准研究来了解现状，识别阻碍成功的文化、政策和程序。第 2 章将对此进行详细讲解。

5. **过程反馈系统**。建立持续流程改善的框架，以及对应的监控进展和成功程度的指标系统。六西格玛指标关注组织的战略目标、驱动要素和关键业务流程，详细讨论见第 3 章。

6. **项目选择方法**。组织中了解流程的各层级人员都可以为改善业务流程提出启动六西格玛项目。为了达到与可测量的财务结果相关联的业务绩效目标，高级管理人员建立相应的规则筛选六西格玛项目，具体内容详见第 4 章。

7. **项目实施方法**。六西格玛项目由团队共同实施，黑带担任团队的领导人（或者由绿带领导，黑带提供技术支持）。项目实施的具体讨论见本书的第二篇。

1.2.1 时间表

图1-3 展示了在两年内完成的典型的一系列实施活动。最终的成效取决于项目实施的程度以及组织的初始质量水平。通常的目标是两年内将质量水平大约提升10倍,计量的单位是每100万个机会的差错数或不合格品数(Error(or Defect)Per Million Opportunities, DPMO)[一]。例如,一个常见的三西格玛公司会努力在两年内将其总的差错率从大约67 000 降低到6700DPMO(四西格玛水平)。图1-4 显示的是从最初的质量水平得到六西格玛所需的大约年数,其根据是每两年质量水平提升10倍的假设。通常,公司的初始质量水平是三西格玛,图1-4 显示,从开始实施六西格玛到达到六西格玛的水平大约需要5 年。根据图1-3 显示的实施时间表,从项目准备开始大约需要7 年时间。当然,在项目实施一年以后就可以看到部分成效。

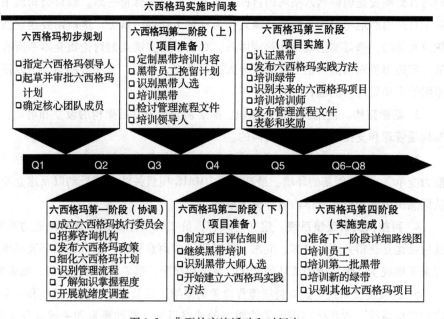

图1-3 典型的实施活动和时间表

然而,即使企业达到五西格玛或者六西格玛水平,仍然会存在运行于较低西格玛水平的过程。这说明 DMPO 指标本身存在误导的可行性,尤其是用它来衡量

[一] 这样的提升幅度大约是采用 TQM 公司的两倍。比如,美国国家质量奖获得者米利肯公司(Milliken & Co.)曾实施了一个被称之为"10-4"的改善计划,意在将关键的待改善指标每4 年提升10 倍。

组织整体绩效的时候。单独的顾客根据他们自己的个体体验来评判组织，前文已经讨论过，他们的期望会随时间而改变。

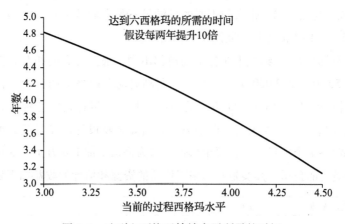

图 1-4　达到六西格玛绩效水平所需的时间

图 1-5 是通用电气（GE）六西格玛项目的正式发布数据。注意，即使在第一年中节省的成本已经超过对项目的投入。在第二年乃至随后的年份中，收益超过支出更多，随着投入逐渐趋于平稳，收益 – 成本比率持续走好。这样的结果与学术界对成功实施 TQM 的公司研究保持一致。

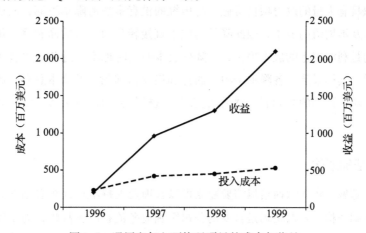

图 1-5　通用电气六西格玛项目的成本与收益

特定组织的年度成本降低额度很大程度上由它们的初始质量水平决定，也与投入的资源有关。相对而言，全职从事六西格玛项目的人员只占员工总数很小的比例。成熟的六西格玛项目，如通用电气、强生公司、联合信号等公司的项目，平均而言是按照员工总数 1% 的比例设定黑带，这个数字在不同公司有较大差异。

一般 10 个黑带配置一位黑带大师，或者 1000 个员工中配置一位黑带大师。一个黑带一般每年完成 5～7 个项目，他们通常是项目团队的负责人。有时项目也由绿带带领完成，与黑带和黑带大师不同的是绿带不是全职从事六西格玛项目的，他们通常将 5%～10% 的工作时间用于六西格玛。

每个项目的估计节约成本在各个公司都不同，根据公布的相关数据，这一数字平均在 150 000～243 000 美元。在一些刚刚启动六西格玛的行业中，每个六西格玛项目甚至可以产生 700 000 美元的高额净收益，尽管它们花费的时间通常也相应较长。注意，这里所说的六西格玛并非诸如重新设计产品等超大型项目。按照一年完成 5～7 个项目计算，每个黑带可以为公司增加 100 万美元的利润。一个有 1000 个员工的公司，其实施六西格玛所需的资源和估计的收益如下表所示。

黑带大师	1 位
黑带	10 个
项目	50～70 个（每个黑带 5～7 个）
估计的成本节约量	900 万～1 460 万美元（即平均每个员工节约 14 580 美元）

根据同样的方式不难估计你所在组织可以产生的成本节约量。回顾图 1-1，一般的三西格玛组织潜在的节约量大约是销售额的 25%，可见，一个典型的三西格玛组织具有大量的改善项目可做。与传统的没有章法的降本不同，六西格玛的降本只涉及不增值的成本，因此降低的成本直接转化为公司的净利润。传统的降本针对的是利润表上的成本项目，在降低成本的同时也不可避免地损害了公司的增值能力。其结果是，各降本子项目的总和很少达到预期的降本总量，收入也受到不利影响。预期的净利润当然无法实现。这样的公司前景堪忧，复兴之日遥遥无期。

1.2.2　基础架构

成功部署、实施六西格玛需要建立可以管理及支持本章开头总结的各项活动的组织基础架构。六西格玛是首要的公司级别业务流程改善战略，为了确保企业的成功，需要将六西格玛实践制度化，成为日常活动的一部分。如果没有正常业务职能的参与，那么六西格玛活动很难见到成效，甚至可以说，如果六西格玛不易融入企业的主体中，那么失败几乎是无法避免的。因此，业务流程改善必须成为并一直保持为业务流程本身的一部分，只有这样才能适应市场和用户价值诉求的不断变化。

有趣的是，将 TQM 原则形成制度的公司也取得了卓越的绩效，并且与实行六西格玛的公司所取得的成效不相上下，而没有这样做的公司都不能将卓越绩效继续保持。六西格玛实践提供了接近标准化的实施指南，改善和转型的成功率也因而大大提高。虽然每个组织达成六西格玛水平的途径都是独一无二的，参考成功公司的做法会大有帮助。

最重要的是，成功的六西格玛部署总是自上而下的。如果要让六西格玛对全公司的绩效产生重大影响，最高领导必须诚心拥护并积极垂范。如果部门之间不存在内在关联的尝试工作从一开始就注定失败。这就像沙漠中的花园，即使能够取得一些漂亮的成果，繁荣一时，但是保持成果也需要当事人付出无比巨大的努力，因为他们与主流文化格格不入，这些"悲情英雄"的处境实在令人担忧。或早或晚，沙漠必将再次吞没花园。六西格玛的成功不应该依赖于"英雄"，因为生活中的"英雄"总是寥寥无几。而最高层领导一旦接受其对六西格玛的领导责任，组织的转型过程就可以开始了。

公司需要决定黑带的汇报关系：是向公司的中央六西格玛组织汇报，还是向组织中的其他经理汇报。根据最成功的六西格玛企业的经验，向中央六西格玛组织汇报最好。一个尝试了两种方式的公司在其内部研究中报告了两者的差异（见表 1-1）。非集中汇报产生问题的主要原因在于这样的方法让黑带人员难于兼顾本职事务和六西格玛项目，疲于无穷无尽的"救火"工作。六西格玛需要致力于变革，而变革往往被排在解决眼前问题之后，而且黑带的技能对"灭火"工作非常有用；黑带在他们所从事的任何工作上往往都表现突出。由于这两个原因，因此将黑带从六西格玛项目中临时抽调出去"一会儿"的事情就无法避免了。事实上，将黑带从目前部门调到中央六西格玛小组在有些组织中是一件难事，曾经就发生了在总裁亲自出面干预之后黑带才得以调离的事情。这些故事证明了推动组织文化变革所面临的困难有多么艰巨。

表 1-1 黑带认证比例及报告关系比较

黑带报告关系	黑带成功认证比例
基层组织	40%
中央六西格玛组织	80%

转型过程需要重新定义组织中很多人员的角色和职责。此外，必须设立变革代理人这一新的岗位，表 1-2 列举了部分的角色及其职责。在六西格玛组织中，关键的少数员工必须全职从事改善和变革工作。这些专职的变革代理人对于变革制度化起重要的催化剂作用。

表1-2　六西格玛角色和职责

负责的部门	角色	职责
六西格玛执行委员会	宏观战略的领导	• 确保六西格玛目标与组织目标一致 • 根据需要制定新的政策 • 通盘协调不同部门之间的流程改善 • 识别并提议影响大的项目 • 审批项目选择标准和策略
	保证进度	• 提供资源 • 跟踪并控制达标进度 • 检查评估改善团队的工作成果（黑带、绿带、精益、供应链等） • 检查评估实施六西格玛的有效性：系统、过程、基础架构等
	文化改造	• 宣传沟通愿景 • 移除正式和非正式的障碍 • 变更激励、奖惩、薪酬体系
六西格玛总监	管理六西格玛资源和基础架构	• ACME公司六西格玛拥护者 • 制订企业的六西格玛实施部署计划 • 负责ACME公司六西格玛项目的选择及其优先顺序 • 确保六西格玛战略和项目与公司业务计划经由质量功能展开联系在一起 • 通过六西格玛活动达到不合格品数降低和成本降低的目标 • 六西格玛执行委员会成员之一 • 领导黑带及黑带大师的工作，并评估其绩效 • 向顾客、供应商以及企业内部宣传六西格玛的进展 • 力争获取六西格玛奖励和表彰
六西格玛认证委员会	对黑带进行认证 委员会代表包括黑带大师以及关键六西格玛领导人	• 和部门一道，制定与业务需求相匹配的黑带和绿带认证需求 • 建立并实施认证黑带和绿带的系统 • 对黑带和绿带进行认证
六西格玛核心团队	跨职能六西格玛团队兼职变革代理人	• 为了在ACME公司成功实施六西格玛，就相关政策和程序提出意见 • 协助完成六西格玛活动，如培训、表彰活动、黑带试验等
黑带大师	企业内六西格玛专家永久性全职变革代理人 认证的黑带，并具有其他有助于在全公司推行六西格玛的特殊技能和经验	• 熟练运用六西格玛方法取得实在的业务成果 • 在一两个流程改善技术上胜过黑带水平（例如高级统计分析、项目管理、沟通、活动组织、培训、督导等） • 在全公司范围内识别具有重大影响的可以运用六西格玛方法进行改善的机会 • 基本的黑带培训 • 绿带培训 • 辅导/帮助黑带工作 • 作为ACME六西格玛认证委员会成员对黑带和绿带进行评估认证

（续）

负责的部门	角色	职责
黑带	六西格玛技术专家 临时的专职变革代理人（在担任 2 ~ 3 年黑带之后将从事其他工作）	• 运用六西格玛方法，领导业务流程改善项目 • 成功完成有重大影响的项目，为企业带来可见的收益 • 掌握黑带知识体系 • 熟练运用六西格玛方法并取得效果 • 在职能领域充当内部流程改善顾问 • 辅导/帮助绿带 • 对绿带的认证提出建议
绿带	六西格玛项目启动人 六西格玛项目领导 兼职的变革代理人，参加六西格玛团队同时继续从事原来的工作 本部门的六西格玛拥护者	• 掌握绿带知识体系 • 可运用六西格玛方法并取得效果 • 对六西格玛项目的立项提出建议 • 加入六西格玛项目团队 • 在本部门改善项目中担任团队领导 • 与其他持续改善领导紧密合作，在项目中使用正式的数据分析方法 • 培训本部门成员，分享六西格玛知识 • 每 12 个月至少完成一个六西格玛项目，以维持绿带的资质
六西格玛改善团队	ACME 公司完成六西格玛改善的基本途径	• 完成交办的六西格玛项目并实现预期效果 • 识别六西格玛候选项目
ACME 公司领导和经理	六西格玛拥护者	• 确保战略和目标在组织中传达顺畅 • 规划改善项目 • 制定授权流程 • 识别需要为六西格玛实施部署提供便利的团队和个人 • 识别六西格玛量化指标，将六西格玛与绩效评估体系整合到一起 • 识别、发起并指导六西格玛项目 • 根据项目授权书定期召开项目评估会议 • 在公司费用和投资预算中包含六西格玛的需求 • 识别并移除阻止六西格玛成功的组织和文化障碍 • 表彰和奖励团队及个人取得的成果（正式和非正式） • 宣传公司的愿景 • 监测和报告六西格玛进展 • 验证六西格玛项目的成果 • 提名有足够资质的人成为黑带或绿带人选
项目发起人	授权并支持六西格玛项目团队	• 发起人对所发起项目的最终完成负责 • 积极参与项目活动 • 确保项目获得适当的资源 • 亲自查看项目进展情况 • 识别并化解障碍，解决问题 • 评估并接手项目的交付成果
"矩阵组织"中的项目经理	管理特定区域专用的六西格玛资源（如承担特殊任务的黑带团队） 引领六西格玛黑带团队	• 向六西格玛项目黑带和团队活动提供日常指示 • 提供本部门的行政支持、便利条件和所需物品 • 定期评估 • 就黑带的绩效评估提供意见 • 基于六西格玛黑带的建议做出决策并实施

（续）

负责的部门	角色	职责
六西格玛改善团队成员	学习并在项目中运用六西格玛工具	• 积极参与完成项目任务 • 与项目内的其他成员保持有效沟通 • 掌握基本的改善知识，会使用基本的改善工具 • 接受并完成团队交付的任务

教育和培训是改变个人认知与行为的重要手段。在本书中，两者有显著的区别。培训指教会人们如何履行任务的指导说明或者实践方法，培训工作以完成具体的任务为出发点。教育则指导人们如何思考，教育工作关注于将抽象的概念整合成对世界的认知。经过教育的人世界观会发生变化，它是变革过程中最核心的部分。

六西格玛培训是六西格玛实施计划的子项目之一，两者的时间表应该紧密相关，过早或过迟进行培训都不恰当。如果培训提供得太早，那么在要用到所学知识的时候受训人员已经遗忘了大部分的内容；如果培训提供得太迟，员工的工作质量则很难达标。对于培训而言，理想的状态是准时交付。

六西格玛培训成本应该包括在先前讨论的六西格玛成本－收益分析的估计中，具体包括以下内容。

- 培训师的薪酬
- 咨询费用
- 教室及所需器材用品
- 占用的工作时间
- 员工的薪酬
- 培训人员的办公室空间

估计的培训收益包括随后的项目成果，一般将年度作为计算的基础。因为受过培训的黑带和绿带经常在一年中完成多个项目，所以最好将培训的成本和收益按照总的六西格玛项目统一计算，不必考虑单次的培训课程或者单个改善所对应的成本和收益。

拥护者和发起人

六西格玛拥护者由理解六西格玛并致力于其成功的高级别人员担任。在大型的组织中，它们会指定类似执行副总裁之类的高级别人员担任六西格玛拥护者。在所有的组织中，非正式的拥护者也包括那些在日常工作中运用六西格玛的领导人，他们总是利用每个机会来宣传六西格玛。发起人是某一流程或系统的负责人，他需要启动项目并在所负责领域协调六西格玛改善活动。

领导人应该高瞻远瞩地来引领团队前进。所谓高瞻远瞩，就是在大家的脑海中确立组织未来发展的宏伟愿景。没有愿景，就不会有战略。

领导人需要成为沟通大师。幸运的是，大部分的领导人都已经具有出色的沟通技巧，很少有人不具备此技能而身居要职的。不过，接受高效沟通技能培训仍然是明智之举，即使只是重温而已。在大型组织中，沟通培训应该包括现代大众传播媒体，比如视频、音频广播以及印刷媒体。与顾客、投资方和供应商之间的沟通有别于员工和同事之间的沟通，此时通常需要特殊的培训。

最后，领导人应该以身作则，坚守道德规范。领导力建立在信任的基础之上，违反人们共同生活和工作所必须遵守的道德准则的人无法得到别人的信任。领导人应该将诚实、正直以及其他的高尚道德品质视为自己的第二天性。

黑带

黑带候选人以技术为导向，在同事间享有高度声誉。他们应该积极参与组织的变革和发展过程。候选人可以具有不同的专业背景，不一定非要是受过正规培训的统计专家和分析师。然而，因为希望他们在相对较短的时间内就能够掌握大量的技术性工具，黑带候选人一般要拥有大学水平的数学知识，掌握基本的量化分析工具。统计学应该被视为候选人的强项，甚至是必不可少的先决条件。黑带会接受3~6周的六西格玛技术性工具培训。针对服务或事务性业务、行政办公、财务等职能的黑带培训通常是3周的课程，制造领域的培训一般是4周。对于研发或类似领域的黑带则提供6周的培训。图1-6展示了通用电气的一个黑带课程表示例，它专为具有财务背景的员工设计，并将应用到财务金融、一般业务和电子商务等过程中。图1-7显示的更为经典的课程表则针对通用电气制造领域。

尽管有些培训公司提供经过压缩的2周课程，但是我们不建议采用这些课程。学员在短短的6周时间里接受相当于大学里两个学期的应用统计学课程就已经很吃力了。人需要一定的时间来消化、吸收有挑战性的新知识。此外，候选人应该至少掌握一种计算机操作系统、电子表格、数据库操作软件、演示程序、文字处理软件。他们还需要在培训中掌握使用一种或一种以上的高级统计分析软件包，可能也要学习模拟软件。六西格玛黑带要能够从公司的数据仓库中提取有用信息。为了确保获得所需的信息，六西格玛活动应能充分利用公司的信息系统。显然，软硬件投资才使六西格玛黑带接受培训及运用技能成为可能。不能为了节约在计算机和软件上的微不足道的投资而让这些专家无法充分施展能力。

```
第一周
DMAIC和DFSS（面向六西格玛的设计）改善战略
项目选择和"划定边界"（定义）
质量功能展开（Quality Function Deployment，QFD）
抽样原则（数据的数量和质量）
测量系统分析（也称作量具 R&R）
过程能力
基本绘图技术
假设检验
回归分析


第二周
试验设计（DOE）（以二水平因子为主）
面向六西格玛设计工具介绍
需求分解
过程能力分析（预测）
试运行
模拟
失效模式及影响分析（FMEA）
制订控制计划
控制图


第三周
势（样本容量的影响）
过程不稳定对过程能力的影响分析
置信区间（相对假设检验而言）
中心极限定理
转型
如何发现"统计的谎言"
一般线性模型
部分因子试验设计
```

图 1-6   金融领域黑带课程表

作为全职的变革代理人，黑带需要拥有出色的人际交往技巧。除了掌握一些技术性知识以外，黑带还必须拥有以下技能。

- 进行有效的书面及口头沟通
- 在公众和私人场合进行有效沟通
- 作为参与者和领导，在小型团队中能有效工作
- 理解并执行领导和发起人的指示

未能掌握这些软性技能的变革代理人几乎不能有效开展工作。他们通常挫折不断、闷闷不乐，因为他们不理解为什么在技术上很成熟的变革方案无法得到其他人的立即响应。好消息是，如果愿意像提升六西格玛技术一样，投入同样的时间和精力来获取与熟练掌握这些软性技能，那么他们也将有游刃有余的一天。

背景
- 为什么需要六西格玛
- DMAIC和DFSS流程（顺序流程案例分析）
- 项目管理基础
- 团队管理基础

定义
- 项目选择
- 定义项目的范围
- 制订项目计划
- 多阶段项目
- 流程分析（SIPOC）

测量
- QFD
- 建立可量化的关键质量指标（CTQ）
- 抽样方法（数据的数量和质量）
- 测量系统分析（包含量具R&R）
- SPC第一部分
  - 统计控制的概念（过程稳定性）
  - 不稳定对过程能力指标的影响
- 能力分析

分析
- 基本的图形化改善工具（7大工具）
- 管理和计划工具（亲和图、ID等）
- 置信区间（重点）
- 假设检验（非重点）
- ANOVA（非重点）
- 回归分析
- DFSS中的概念设计

改善
- DOE（重点是两水平因子设计、因子筛选设计、响应曲面法）
- DMAIC改善的试运行
- FMEA
- 防错
- DFSS设计工具
  - CTQ分解
  - 能力归总
  - 仿真

控制
- 制订控制计划
- SPC第二部分
  - 控制图
- DFSS中新设计的试验

图 1-7　制造领域黑带课程表

　　总之，黑带应该具有较强的动手能力，选择黑带人选首先要看他们能否做好事情。工具和技术只是帮助他们做事的，培训的重点是应用，而非理论。此外，很多黑带也在某个领域的项目中拥有深厚的专业知识，因此，黑带培训应按照项目涉及的特定工作领域而设定。这就需要黑带大师或培训师具有丰富的项目经验，可以对具体的应用问题做出回答。如果没有这样的人员，培训中就应该使用与黑带工作尽可能紧密联系的案例。例如，如果培训师不具有人力资源管理经验，则使用其他服务环境中的案例，而不要使用制造领域的。邀请咨询师开展培训也是常见的做法。具有丰富经验的咨询师，不管来自组织内部或外部，往往可以帮助大家深入理解。

　　黑带应该一边接受培训一边开展项目工作。一般每个月集中上一次课，课程之间的其他时间用于开展项目。六西格玛和其他战略行动计划之间的一个显著差异在于，六西格玛强调利用新学到的技能产生实在的成果。坐在教室中学习各种理论并顺利通过考试相对比较容易，而将新的方法完全应用到现实世界中则是另一回事。黑带要能够使用变革代理人所拥有的技能充分调动发起人和团队成员的积极性，共同完成项目，在紧张的时间进度内实现极富挑战性的目标。尽管指导人员也可以在其他时间提供辅导、建议以及和特定项目相关的培训，在培训中做这些事效果最好。

　　应该制定清晰的流程来选择黑带候选人。这样可以确保一致性，将出自个人的偏见或偏爱的可能性降到最低。图1-8列出了七条黑带成功要素，并附有相对重要性权重指数，可以用它来比较和甄选黑带候选人。

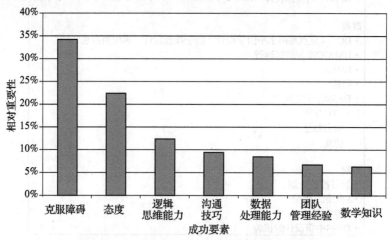

图1-8　黑带成功要素及其相对重要性权重指数

当然，权重指数带有主观性，只是一个近似值。它是根据多名咨询师及黑带大师的意见得出的。组织可以根据自身实际情况确定适用的其他成功要素和权重，如凯勒所示（2005）。重要的是，先确定遴选标准，然后制定评估办法，这样就可以据此选择候选人了。将候选人在各个标准上的得分与权重的乘积加总以后，就可以得到一个评估得分的排序表。虽然定量评估不是选择候选人的唯一方法，但它确实非常有效。

注意，图 1-8 中数学知识的权重相对较低。原因在于，黑带将接受 200 个小时的培训，大部分的培训都是基于计算机软件的统计技术的实际应用，因而对实际的数学知识要求并不高。软件自动进行分析，从而降低了拥有数学知识的必要性。涉及支撑统计技术的数学理论的深度以黑带可以正确运用统计工具为限。如果对特定的统计工具有疑问，黑带可以咨询黑带大师、其他黑带、咨询师、教授以及其他方法。六西格玛中使用的大部分统计技术都比较直观且可用图形表示，对于接受过培训的黑带来说发现明显的错误并不难，很少有项目是因数学知识不足而失败的。相反，黑带通常需要依靠自己的能力来排除前进中必然遇到的各种障碍。无法克服这些障碍往往会导致整个项目的失败。

选择黑带人员的整个过程，如图 1-9 所示。

以往的改善行动（如 TQM），与六西格玛有很多共通之处。TQM 也有拥护者、改善项目、发起人等。它们之间最主要的区别是六西格玛基础架构更正式地设立变革代理人岗位。有些观察人士对此提出批评，认为这样创造了过多的诸如黑带和黑带大师的"精英"。同样，可以通过以下方法组建少量的经过严格培训的技术专家团队。

- **培训一般人员**。这是"质量圈"所采用的方法。组织层级中最基层的员工接受基本工具的培训后自行解决问题，而不需要领导的明确指示。20世纪 70 年代，美国工业界试行这种方法，结果不尽如人意。而发明"质量圈"的日本人却运用此方法获得相当大的成功。产生如此差异的原因在于"质量圈"已经融入全公司的改善活动长达数十年之久，而美国公司的"质量圈"一般是孤立开展的。事实上，六西格玛开展到一定的程度以后，大面积培训基层人员会取得成功。

- **培训经理人员**。就是给高层和中层管理人员培训变革代理人所需技能，这个想法本身没有问题。不过，如果组织的基础架构不变，那就不能充分运用学到的新技能。培训本身与组织环境的变革无关。根据以往的经验，很多经理在接受过培训以后做事的方式和以前没有什么不同。随着时间的流逝，他们的技能逐渐衰退，自信心也慢慢消失。即使有可以用所学技能一显身手的机会，他们往往也难以察觉，即使他们能够察觉，那时也不能得心应手地应用技能了，这对于第一次尝试处理新事务的人来说是自然而然的。六西格玛中的专职变革代理人在实践中学习。在他们任期届满的时候，他们可以充满信心地在多个领域应用六西格玛方法。

最低要求

教育——学士及以上学位

工作经验——至少有三年的技术、管理、业务经验，能作为团队成员合作共事或领导团队，并能在工作中应用掌握的知识与技能

技术能力——强烈希望候选人具有项目管理经验，并能理解流程管理的基本原则，大学代数课程考试成绩达到优秀

计算机——微软办公软件系列

沟通——出色的口头和书面沟通能力

团队技巧——可以组织会议，带领小型团队，成功化解团队内的冲突，有辅导和激励他人的能力

候选人的最终选择

未来为了确保黑带能够解决公司级别的问题，六西格玛总监和六西格玛执行委员会确定各职能、部门、分公司所需培训的黑带人数。在筛选黑带候选人的过程中使用计分系统对候选人进行量化排序。各指定领域的黑带候选人分别排序，呈报给高级经理做最后的决定。区域经理根据六西格玛总监和六西格玛执行委员会分配的名额足额提名候选人

对黑带任务的承诺

被选中的黑带候选人需要参加200小时的黑带培训（培训内容参加第4章）。培训为期1年，黑带候选人需要通过书面考试并成功实施两个大型项目以获得认证。（参见附录15　黑带有效性认证）从获得黑带认证开始，黑带需要专职从事六西格玛工作不少于2年时间

将黑带再整合入组织

黑带需要从事两三年的黑带工作。此后他们离开六西格玛部门返回其他岗位。黑带、六西格玛总监、黑带原部门的领导对整个调任过程负共同责任。他们一起构成黑带的"过渡团队"。然而，确保黑带在完成指定的黑带职责之后不至于"无家可归"的最终责任落在高级领导身上

黑带总管至少提前6个月将计划的返岗时间通知黑带。黑带在其从事专职六西格玛工作期间也应该保持与原部门的接触。如果在黑带返岗计划时间前后出现合适的岗位，应该对黑带的工作进行安排，或者完结手中的项目或者转交给他人，为返回原部门做准备。如果没有合适的空缺岗位，过渡团队则需要制订其他方案。可能的方案有延长黑带在六西格玛组织中的服务时间、填补其他区域的职位空缺或者其他临时安排

图1-9　黑带候选人选择过程及评估标准

- **利用其他领域的专家**。六西格玛工具并不新颖。实际上，工业统计师、ASQ认证质量工程师、认证的可靠性工程师、认证的质量技术员、系统工程师、工业工程师、制造工程师以及其他专业人员也掌握大量的六西

格玛工具。有的人甚至在某一领域比黑带更为精通。然而，要成为一名成功的变革代理人仅仅具有技术性工具还是不够的。黑带、绿带和黑带大师学习工具和技术的初衷是根据 DMAIC 方法来推动组织的变革，这与在日常工作中运用相同的技术不同。例如，质量分析师一般只作为长期、全职员工在质量部门工作。他们汇报的对象单一、职责明确。黑带与之形成鲜明对比，他们需要到部门之外寻找改善机会，其工作没有先例可循。他们的汇报对象有很多，每个人对黑带绩效的评估标准都不同。他们需要给公司带来可量化的净利润贡献。显然，在某一工作上干得很好并不代表此人也能适应黑带工作。

- **永久担任变革代理人。** 还有一种做法是黑带人员永久地从事这一工作，这样不就可以让六西格玛培训的效用充分最大化了吗？此外，随着黑带经验的增加，他们推进项目也会更加娴熟。当然，持不同意见的人也存在！他们认为，短期从事黑带工作的做法可以让更多的人有机会轮岗，这样管理人员中具有黑带经验的人数就会不断增加。由于黑带项目涉及企业的不同领域，黑带人员的视野更为宽阔，能够站在整体过程的角度考虑问题，高级管理人员特别需要这样的思维模式。不停地有新鲜血液注入黑带和绿带团队也可以保证思想的更新，避免出现职能部门中常见的"我们和他们"之类的想法。新的黑带人员在组织中有不同的人际网络，可以借此发现一些别人未能发现的改善机会。永久黑带肯定会比临时黑带更容易受到他们专职经理的强烈影响，这会导致本位主义的产生。

绿带

绿带人员能领导六西格玛项目，组建并督导团队，管理从概念到完成阶段的整个六西格玛项目。绿带培训包括与六西格玛项目结合的 5 天教室课程（有时课程设置为 10 天，以增加学习软件和练习的时间）。培训的内容包括项目管理、质量管理工具、质量控制工具、问题解决方法、描述性统计分析等。六西格玛拥护者应该参加绿带培训。通常，六西格玛黑带在培训之前帮助绿带人员将项目确定下来，和绿带一起参加培训，在培训之后也协助他们开展项目。

绿带是致力于流程改善的兼职变革代理人。绿带的工作时间大部分还是用于其本职工作。尽管很多专家呼吁绿带要花费 10% ~ 20% 的时间用于改善项目，这一数字一般只有 2% ~ 5%。绿带一年完成一两个主要项目，通常作为团队成员而非团队负责人。因为绿带培训没有涵盖 DMAIC 循环的所有工具，当他们担任领导角色时黑带必须给予积极的支持。绿带项目一般不涉及全公司范围，但是因为绿带的人数往往比黑带多（两者的比例一般是 2～5 倍的关系），总体上绿带项目也会对企业产生重大贡献。图 1-10 是选择绿带候选人的流程和评估标准。

最低要求
教育——高中或同等学力
工作经验——至少具有三年的业务、技术或管理经验
专业能力——掌握高中程度的代数并考试合格
计算机操作能力——文档处理、演示及电子表格软件
团队技能——愿意主持会议，督导小型团队，有效解决冲突，可以辅导并激励他人

候选人的最终确定
根据由六西格玛总监和六西格玛执行委员会确定的组织对绿带的需求计划，绿带培训由黑带大师、黑带和/或总经理共同提供。绿带候选资质需要征求候选人所在部门负责人的同意

承诺
选出的每位绿带候选人都要接受 40 小时的绿带培训课程，每年要领导完成至少一个六西格玛项目，或者积极参与至少两个成功的六西格玛项目。绿带认证的过程参见附录 16

图 1-10　选择绿带候选人的流程和评估标准

黑带大师

黑带大师的专业和组织技能最高。黑带大师给六西格玛计划提供专业领导。他们必须完全精通黑带知识体系以及其他技能，比如，推演出统计学的数学理论、项目管理、辅导、培训、公司级别的大型活动的组织。黑带大师必须能够在异常情况下帮助黑带正确应用各种方法。尽可能只让合格的黑带大师或者具有同等能力的咨询师培训统计方面的内容。如果确实需要黑带或者绿带提供培训，那么只能在黑带大师的指导下他们才能开展。否则"不断扩散的错误"就会出现，也就是说，黑带培训师将错误信息传递给接受培训的黑带，然后再进一步传递给绿带，最后团队成员会接收到更多的错误知识。因为黑带大师职责的天生要求，因此所有黑带大师都应该具有出色的沟通和教导技能。

黑带大师产生自黑带之中。不像黑带或者绿带，黑带大师的产生流程没有那么正式，制定的标准也不周密，公司与公司之间相差很大。黑带大师候选人通常会将自己的兴趣告知黑带领导。领导根据企业需求以及六西格玛满足此需求的程度来选择候选人。比如，在导入六西格玛的早期，对于六西格玛黑带大师人选的组织才能和沟通领导层愿景的能力更为看重。在导入的中期，项目选择和辅导黑带的能力变得更重要。而在导入的成熟阶段，培训能力和高级统计技术往往成为

选择黑带大师的标准。黑带大师通常具有高级技术职称和丰富的黑带经验，很多组织还向黑带大师提供额外的培训。不同的组织认证黑带大师的方法也不同，很多组织不对黑带大师进行认证。

变革代理人的薪酬和挽留计划

所有的制造和服务领域对富有经验的黑带与黑带大师都有巨大的需求。因为他们在复杂环境下引领组织变革的能力已经得到证明，这就不足为奇了。因为组织总是处于竞争之中，所以必须采取行动来维护在熟练的变革代理人身上的投资，否则他们将会被其他组织甚至竞争对手挖走。最普通（也是最有效）的行动为薪酬和其他财务性激励方案，比如：

- 奖金
- 股票期权
- 成果分享计划
- 代为交纳专业协会会费
- 加薪

其他的非财务性或类似财务性的奖励措施也很多，比如，黑带重新返回正常岗位以后的工资收入通常比被抽调从事黑带工作时有显著的增加。实际上，在有些公司获取黑带认证被看作是通往高级管理岗位的快速通道。同时，变革本身就是焦点新闻，参与大型变革行动的黑带大师或黑带人员的名字频频出现在公司主页、通讯简报、表彰会、项目事件中，自然会受到更多的关注。即使没有获得官方的正式表彰，六西格玛项目也常常是组织内部的热点和讨论话题。成功的黑带常常发现，在即将结束黑带工作的时候，他们出色的工作表现已经为他们赢得声誉，他们成为各部门的抢手货。

当然，还有大量繁杂的细节工作需要完成。通常这些工作由来自人力资源、六西格玛核心团队以及组织中其他部门的人员组成的工作组完成。工作组需要解决的问题包括以下几个方面。

- 如何确定黑带和黑带大师的工资级别？
- 该工资级别与候选人之前的工资级别如何关联？
- 黑带人员的工资级别在返回正常岗位以后是否保留？
- 如何确定各种奖励的评估标准？比如，是否根据诸如被选作候选人、完成培训、完成第一个项目、成功取得认证等关键事件。
- 被其他组织或者第三方认证的黑带如何处理？

- 是否也向绿带提供额外的待遇？如果是，提供哪些奖励并如何提供？
- 哪个部门负责管理奖励事务？

这样的计划与黑带候选人的利益相关度最高。如果措施不当，那么公司将很难招募到最佳的人员。

1.2.3　整合六西格玛以及其他行动计划

大部分公司在任何时间都有大量的运营改善活动在进行，例如，公司的某些部门正在致力于精益生产、持续改善、业务流程再造，以及更为传统的质量保证和质量控制活动。可以将它们综合起来，在广义上统称为组织的质量功能。

质量功能⊖

Juran 和 Gryna（1988，p.2.6）将质量功能定义为"经由它们实现产品或服务适用性的所有活动的集合，无论该活动在何处进行"。因此，如果不能说质量是不同部门的责任，但也至少受它们的影响。在大部分情形中，质量部门充当辅助性、支持性的角色。质量部门成为专门职能的同时，质量活动却散布于组织的方方面面。"质量功能"一词适用于所有这些活动（部门的抑或公司范围的），它们共同决定了产品和服务的质量。用财务部门来打个比方，尽管很多专业的财务和会计职能隶属于财务部门，组织中的每个员工都被要求对自己的预算和费用负责管理。

Juran 和 Gryna（1988）将质量活动划分成三个类别：计划、控制和改进，它们有时也被称作"朱兰三部曲"。**质量计划**指开发满足顾客需求所需的产品和过程的活动。它包括一些通用步骤（Juran Y and Y DeFeo，2010）：

- 定义顾客
- 确定顾客需求
- 开发满足顾客需求的产品和服务特征
- 开发实现产品和服务特征的过程
- 向操作人员转交计划结果

质量控制是操作人员使用的确保产品和服务合格的过程（产品和服务的标准在计划阶段定义）。它的基础是反馈回路，由下列步骤组成：

⊖　此部分（直到且不限于六西格玛过程企业）摘自《质量管理手册》（McGraw-Hill，2013）。

- 评估实际的运营表现
- 将实际表现与目标做比较
- 采取行动弥补差距

质量改进的目的是达到显著优于任何以往表现的前所未有的新水平。建议采用的质量改进方法是六西格玛团队，见第 4 章。值得注意的是，在朱兰的《朱兰质量手册》先前版本中并未刻意提倡用跨部门的项目团队实施质量改进，在最近的第六版（2010）中却做了明确的倡导。

质量功能的使命在于全公司范围的质量管理，质量管理是识别并监管达成公司质量目标所需活动的过程，所有的质量活动都可以归入朱兰三部曲的某一类别。

因为质量功能超越了专门的质量部门，它延伸到全公司中所有的对质量有影响的活动。管理质量功能的首要角色无疑应由高级领导人担任，只有高级管理人员才可以有效管理跨部门的活动。

领导需要仔细考虑，如何组织相互重叠的活动以便优化它们对绩效的影响，尽可能减少对管理权限、资源分配和个人权威造成的混乱。"伞形概念"给成功整合不同而相关的活动提供了所需的指导，过程型企业由此产生。

六西格玛过程企业

通常，组织都是按照职能划分设计的，诸如承担特定职责和任务的工程、市场、财务、制造等部门，它们一般都对应大学的某一专业门类。在某一专业受过高等教育的人员专门从事各部门的工作，并基于企业的需求向各个职能分配资源。

如果企业想获得成功，"企业的需求"就必须来源于顾客的需求。然而，提供给顾客价值的产品和服务由各部门的通力合作与相关资源构成。大部分顾客对于企业如何形成他们所购买的价值毫不关心。[⊖]对于企业主和股东也存在类似的问题。很多管理专家持有这样的意见，即仅仅关注于企业的内部职能对企业整体而言是不利的。Deming（1986）说明过以损害企业整体利益为代价来开展部门改善活动的风险，而具有全局观的关注过程和价值流的方法是解决之道。

关注过程意味着要确定利益相关者的价值并据此将所有的活动按照是否创造最终价值分类为增值活动和非增值活动。按照创造价值的效率和有效性评估过程。有效性指的是按照顾客需求或者超过顾客需求提供产品和服务，它包括质

⊖ 也存在例外。很多大型客户，比如美国国防部、汽车和飞机生产商等，积极参与供应商的内部生产运营。

量、价格、交期、及时性以及其他的认知价值。效率的定义是资源的使用效率，基本上是企业主的观点，卓越的过程两者缺一不可。

过程是业务的基本活动。人们倾向于将过程狭义地定义为将原材料转化为成品的生产性操作。本书采用的是过程的广义定义，即任何一个或一组将输入转化为利益相关者价值的活动。输入可以是劳务、专门技术、原材料、产品、事务性工作、信息或服务等任何有人愿意以高于成本购买的东西。换句话说，过程为输入增值。也就是说，过程就是创造价值的行为。价值可以是一场疾病的治愈、一杯香蕉圣代、一场很棒的电影、一笔顺利完成的信用卡交易或者是在便利店购买的一瓶冰冻苏打水。

20世纪90年代早期，盛行一时的流程再造在大部分人看来已经变成残酷的裁员。很多学术界人士谴责其实施过程中的冷酷无情，然而问题并非由流程再造本身造成。正确执行的流程再造（和六西格玛）将注意力集中在残破而低效的过程上，这样公司就能够运行得更快、更高效，信息技术的使用也更有成效。它给予员工更大的授权，让员工清楚地看到自己的工作如何与更高层的活动关联。顾客得益于更低的价格、更高的质量和更好的服务，投资人也享受到了更高的回报率。和我们的讨论更为相关的是，流程再造教育了企业领导人，让他们将组织看作为股东创造利润、为顾客创造价值的过程，而不是控制的工具。

很多企业领导认为他们的组织务必复杂。从过程的角度来看，并非如此，至少在较高层面并非如此。例如，得州仪器公司将其40亿美元销售额的半导体业务只分成六个核心过程：

1. 战略规划。
2. 产品开发。
3. 顾客需求设计和支持。
4. 制造能力发展。
5. 顾客沟通。
6. 订单履行。

一家大型财务软件公司将它们四个核心过程用平实的语言表述为：

1. 以好价格提供好产品。
2. 争取用户并和他们保持良好关系。
3. 让购买变得简单。
4. 提供卓越的售后服务和支持。

这两家公司都有数以千计的员工，每年产生数十亿美元的销售。而它们为顾客做的事情实在很简单。一旦识别基本（核心）的过程，就应该确定它们之间的关系并将它们画在流程映射图上（流程映射在本书第二篇中有详细讨论）。流程映射图用简单的图片向员工展示企业是如何向顾客提供服务的。它是识别子过程的基础，最终的目的是据此识别六西格玛项目。表 1-3 给出了高级别过程及其子过程的例子。

表 1-3　高级别过程及其子过程示例

核心过程	子过程
产品开发	<ul><li>研发</li><li>生成设计方案</li><li>开发产品原型</li><li>设计生产支持设施</li></ul>
营销	<ul><li>发掘灵感，形成概念</li><li>识别顾客</li><li>制定市场战略</li><li>形成生产支持概念</li><li>赢取并保持顾客</li></ul>
制造产品	<ul><li>生产制造</li><li>采购物料</li><li>组装</li></ul>
销售和服务	<ul><li>履行订单（从接单到收款）</li><li>售前顾客支持</li><li>安装和现场服务</li><li>投入使用</li></ul>
超大型过程	<ul><li>卓越过程（六西格玛）</li><li>顾客的声音</li><li>股东的声音</li><li>员工的声音</li></ul>

冲突的来源。事实上，复杂性源自组织的架构，而不是业务本身。认为业务复杂是领导和员工的错误想法。在一个传统的组织内，因为组织目标不明确以及人们也不知道自己的工作和组织目标是如何联系的，所以员工要浪费大量的精力来搞清楚自己究竟要做什么。过程往往是员工在取悦上司之外，员工的第一个真正关注点。

从 20 世纪二三十年代的阿尔弗雷德 P. 斯隆时代开始，人们设计的管理架构就将工作按照清晰的责任和职权划分成不同部分。虽然这种方法曾经取得了非凡的效果，而其内在的缺陷在 20 世纪 80 年代终于显露。在组织中领导被置于金字塔形的控制系统的顶端以实施其战略。"职能"和"部门"成为实现对资源控制的两大支柱。这种"命令 – 控制"方式如图 1-11 所示。

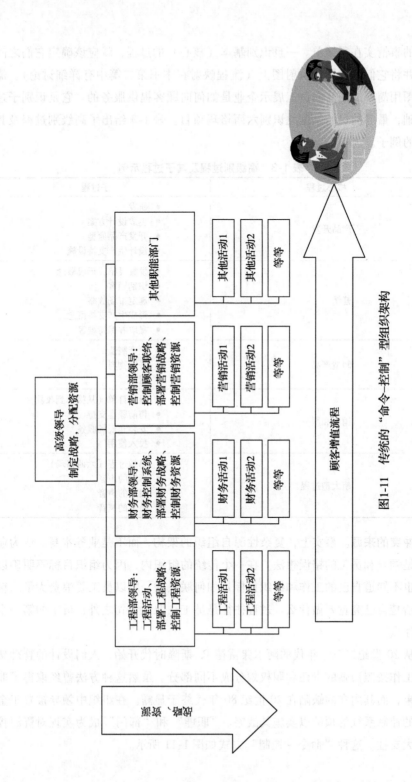

图1-11 传统的"命令—控制"型组织架构

这样的安排容易产生"争夺地盘"的现象，如同在等级制度中，一个给定区域的活动只能为该区域所独有，例如，工程部门的人员不允许参与财务部门的工作，同样，财务人员也不可以插手工程部的事情。各自的"地盘"都被小心守护。在这样的组织架构中，员工只能从领导处得知自己要做什么，向领导申领所需的资源。这种自上而下、关注内部的方式与聚焦于外部顾客的做法形成对立。图 1-11 同时显示，提供顾客价值的过程需要从组织的不同部门获取资源，并终止于直接面对顾客的环节。如果一个组织希望以顾客为中心，它必须改变传统的组织架构，让员工可以着眼于贯穿整个组织的顾客增值过程。可能就像你所期望的那样，这需要重新彻底思考组织的运营方式。

只要职能部门之间的资源控制和地盘争夺依然存在，企业必将依然关注内部。绩效目标按照职能单位而不是过程来制定。简而言之，六西格玛（或者任何其他的以过程为导向的行动计划）必将行不通，或不能高效运行。职能部门的领导既有动机又有能力来阻挠跨职能的改善过程的努力，这并不意味着他们都是"坏人"。这只是因为他们的使命被如此定义以至于必须面对两难窘境：竭力达成本部门的使命目标或者支持造福全公司但损害本部门的行动计划。社会学家将之称为"公地悲剧"。不要以为渔场过度打捞对所有渔民都有好处，但他们会为了个体的利益从"公共资源"中尽可能多地获得好处。类似地，以顾客为中心符合公司整体利益，而各职能部门领导却会尽力获取自身利益。毕竟，如果其他的职能经理为了他们的部门都尽可能多地占用资源而我却没有，那么我将失去我们部门应得的资源。利己主义轻易占据上风，顾客在组织层级中的正确位置如图 1-12 所示。注意，这种观点正好与传统的组织观点相反。实现这样彻底的观念变化所面临的困难应该充分地被估计。

图 1-12　顾客在公司组织架构图中的正确位置

Edosomwan（1993）将顾客和市场驱动的企业定义为那些致力于提供高质量、有竞争力的产品和服务以满足特定的细分市场需求的企业。它有别于传统的组织，如表 1-4 所示。

通过众多从传统组织成功转型为顾客驱动组织的案例，我们可以总结出转型之旅的关键节点。通常，转型之旅从意识到组织出现危机或者危机正在逼近开始，这样的形势迫使组织领导不得不摒弃现状接受变革。

表1-4　传统型组织与顾客驱动型组织比较

	传统型组织	顾客驱动型组织
产品和服务规划	• 关注于短期 • 矫正型管理 • 目标导向的战略规划	• 关注于长期 • 预防性管理 • 顾客导向的战略规划
绩效指标	• 净利润财务指标 • 投资回报率	• 顾客满意度 • 市场占有率 • 长期的营利性 • 质量导向 • 总生产率
对顾客的态度	• 顾客是不理性的，痛苦的源头 • 顾客是利润率的瓶颈 • 敌意、冷漠 • "要么接受，要么滚蛋"的态度	• 顾客的声音很重要 • 专业地对待和注意顾客 • 殷勤周到、及时响应 • 情感互通、尊重的态度
产品和服务的质量	• 根据组织的需求提供	• 根据顾客的需求提供
营销的焦点	• 卖方市场 • 不担心顾客满意度不佳而失去顾客	• 市场占有率增加，实现财务增长
过程管理方法	• 重点放在发现差错和不良品上	• 重点放在预防差错和不良品上
对产品和服务的交付态度	• 顾客等待产品和服务没关系	• 尽快将产品和服务导入市场
对人员的态度	• 员工制造麻烦，是组织的负担	• 员工是组织最大的资源
决策的依据	• 产品驱动 • 根据主观意见管理	• 顾客驱动 • 根据客观数据管理
改进战略	• 危机管理 • 用恐吓和威胁来管理	• 持续的过程改善 • 全过程管理
运营模式	• 按专业划分的独立工作 • 顾客、供应商、过程负责人不存在共同利益	• 管理层支持的改善 • 供应商、过程负责人和顾客之间是团队合作关系

资料来源：From Johnson. Copyright. ©1993 by ASQ（经许可使用）。

当我们习以为常的方式不再为人所接受时，领导人将顿感迷茫。此时，他们需要回答几个基本的问题：

• 组织的目标是什么？

• 我们的价值观是什么？

• 具有这种价值观的企业看起来像什么？

价值是人们孜孜以求并竭力秉持的信条。它预先假设企业实现目标的方法有多种选择。价值观并非只是好听的套话，它决定了企业的目标。价值观体现在追求它的过程中。领导人建立的愿景就是成为现实的价值观。

在清晰地建立了愿景之后，紧接着需要制定重塑新组织的战略——顾客驱动的组织，所有的顾客驱动型组织都具有三个共同的特征。

- **扁平组织**。为了让每个人都能更加接近顾客，需要减少组织的层级结构。也需要采用如图 1-12 所示的"倒置"组织架构。顾客第一，而不是老板第一，每个人都要为顾客服务。
- **承担风险**。顾客需求难以预测。快速响应顾客需求的组织愿意迅速应变，勇于承担相应的不确定性和风险，顾客驱动型组织鼓励承担风险的方式有很多。其中很重要的一个表现就是表彰为了顾客利益不惜冒险的员工行为，哪怕他们因这样的行为而犯错，诸如过于依赖书面文件之类的官僚习气大大减少甚至彻底消失。鼓励员工按照自己的最佳判断便宜行事，而不需要事事请示。
- **高效沟通**。在转型的过程中，领导团队的首要任务是在全公司范围内清晰、一致、明了地传达愿景。"内部营销"是一种有效的沟通方法，它利用营销的理论将信息传达到目标受众——员工。对领导而言，言行保持一致至关重要。必要时应雇用外部咨询顾问来识别言行偏差。

领导人应该意识到他们的行为具有很大的象征意义。一个简单的与讲过的话不一致的行为就足以损害好不容易建立的信任，从而导致说服员工的失败。另外，如果你的行为体现了践行企业愿景的决心，所有人都会立即认为"他们这次是动真格的"。领导人应该搜集可以体现新的组织精髓的逸闻故事并广为宣传。诺德斯特姆百货公司的所有员工都听说过，他们的售货员曾经给顾客退过一只轮胎（诺德斯特姆根本不销售轮胎）。这一故事体现了诺德斯特姆"规则手册"的精髓，它们是：

- **规则 1**——运用自己的最佳判断。
- **规则 2**——没有其他的规则。

在转型期间，领导人应该至少将 50% 的时间用在沟通上。

- **董事会成员的支持**。获得董事会全体成员对于新战略的热情支持至关重要。没有董事会的支持，管理层很难集中注意力于新战略，这需要管理层主动向董事会宣导并获得他们的批准。不过，董事会的职责是公司治理机制而不是日常管理，因此不能要求他们审批战术性决策。那样会增加董事会的负担，扼杀公司的创造力，拖累整个组织的决策效率。

- **工会的合作**。在转型之后的组织中，每个人的工作都发生了改变。如果组织中的员工加入了工会，要顺利改变员工的工作，工会组织应该在转型中与管理层形成紧密合作的伙伴关系。在扁平化的组织中，加入工会的员工权力很大。工会代表应该全程参与转型活动，包括转型规划和战略制定。有了工会的参与，集体谈判时工会就不会做出损害公司长期竞争力、阻挠战略计划执行的事情。工会还起到审核的作用，以确保公司遵照雇用合同和劳动法行事。

- **量化的成果**。对正确的项目进行测量非常重要。这里的"正确的项目"指的是能够确定你按照承诺向顾客、投资者、员工、其他利益相关者提供价值的衡量指标，测量的初衷必须恰当。衡量指标应该用于识别改善的方向，而不是评判员工。最后，测量的方法也必须科学；衡量指标应该包括过程和结果，两者兼顾；相关人员必须能够快速获得数据；指标必须容易理解。关于这些主题更详细的讨论见第 3 章。

- **奖励员工**。必须小心，避免奖励变成惩罚。对于仅仅完成本职工作的员工给予金钱上的奖励意味着，如果没有奖励，员工就可以不做他的工作，这本质上是在滥用权术。这样做的结果与鼓励某种行为的初衷背道而驰（Kohn，1993）。我想说的是，奖励不应作为控制的手段。应该把员工当作成年人来对待，为他们的工作提供足够的公平的薪酬。应该对优异的绩效和巨大努力进行表彰，鼓励合作和团队精神，在聚会或者公开场合表达赞美会起到很好的效果。领导也要做到公正，例如，不要将绩效奖金和工人工资削减混在一起。

　　过程型企业解决方案。有些公司（如 IBM、得州仪器公司、欧文斯康宁、杜克能源）已经从传统组织成功转型为另一种系统——过程型企业。在这些公司里，基本的组织单元已经不是部门，而是过程团队（Hammer and Stanton，1999）。就像以前的流程再造工作组一样，这些跨职能团队对主要的业务过程负完全责任。例如，产品开发团队会在同一地点工作，完成从形成概念到上市销售的所有产品开发工作。他们需要绘制设计图、编写技术文档、制作培训资料以及构思广告方案等。在过程型企业中，权力和资源控制按照新的方式重新分配，以达到过程导向和职能导向利弊特征的平衡与互补。

　　过程型企业和传统组织存在根本性的差异。在过程型企业中，创建了一个新的职位——过程负责人（Process Owner）或者业务过程执行官（Business Process Executive，BPE）。BPE 是永久岗位，BPE 由最高级别的执行官出任，所担负的职责包括设计和部署所负责过程，控制所有的费用支出和支持性技术。他们要制定绩效指标，申请并分配预算，培训一线的操作员工。不过，该过程的操作人员向职能单元汇报，而不是 BPE。在过程型企业中，过程的绩效目标比职能部门的绩效目标更优先，过程的绩效是薪酬调整和职位晋升的基础。

过程型企业的权力划分并不十分严格。需要 BPE 和职能经理共同努力解决分歧。BPE 对工人没有直接的管理权限，不过，因为 BPE 控制预算并设定目标，它们是职能经理绩效评估的基础，因此可以施加相当大的影响力。职能经理也要留意并确保过程的设计合理、资源分配充足、目标明确而公平。简而言之，在过程型企业的管理中，对合作的重视程度是最高的。

决策权矩阵（Hammer and Stanton，1999）是用于理清过程型企业中职责权限的工具之一。该矩阵规定了经理人员在各种决策中的角色，比如过程变更、人员雇用、预算制定等，如对于某一决策，具体的经理人员是否：

1. 做出决策？

2. 事先得到知会？

3. 事先被征求意见？

4. 事后收到通知？

决策权矩阵是管理团队的转型路线图，在从传统组织向过程型企业转型过渡的早期尤其如此。最终矩阵规则将会完全融入团队成员的自觉行动中。

BPE 也必须相互合作。过程的重叠和衔接不可避免，同一个工人也常常在不同的过程中工作。为了避免"平行部门之间的地盘争夺战"，高级领导应该设立企业目标，制定薪酬和激励体系，以便加强不同过程负责人之间的团队合作。

过程之间的合作需要明确地表明没有哪一个过程可以作为孤岛存在。从顾客的角度来看，公司只存在一个过程。要达到卓越企业就要用顾客的眼光来审视全企业。从公司中分离出聚焦于全过程卓越（Process Excellence，PEX）战略的核心业务过程是实现卓越企业的方法之一。PEX 以变革为导向，需要跨职能的合作，六西格玛等是实现 PEX 的战略之一。领导层在公司最高层创设 PEX 职位，为此重要工作制定明确的职责。通常由副总裁担任的 PEX 领导人带领一个过程卓越领导团队（Process Excellence Leadership Team，PELT），PELT 包括职能部门负责人和全职的 PEX 人员（如六西格玛总监）。PEX 领导人不负责具体的过程，但他有权指定关键过程，向首席执行官或者 PELT 提名过程负责人人选并请求批准。

　　PEX 的使命是务必确保所有的业务过程完成与顾客、股东、员工核心价值相关的公司目标。PEX 也帮助 BPE 改善过程，包括内部过程和过程之间的接口。换句话说，PEX 是超大型过程，是过程的过程。BPE、职能部门经理、PEX 领导人与 PELT 一起努力，确保关键利益群体的需求得到满足（见图 1-13）。

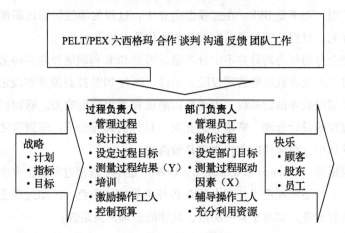

图 1-13　过程型企业中的工作角色和责任

　　六西格玛和过程型企业。 一旦决定要成为六西格玛过程型企业，如何将六西格玛基础架构整合进入过程型企业就会被提上议事日程。一般的建议包括如下几个方面。

　　1. 指定企业的核心过程中的 PEX，为它们选择 BPE。

　　2. 黑带大师向 PEX 领导汇报。黑带大师从企业全局看待问题。他们既要关心 PEX 的内部过程，也要关注所有核心过程之间合作的成果和创造的总价值。

　　3. 黑带向 BPE 汇报，黑带的预算归入 PEX。这样 PEX 施加的影响有助于保证从企业全局考虑问题，而把日常的管理和控制留给黑带的顾客——BPE。

　　4. BPE 分担 PEX 绩效目标，并与激励体系联系在一起，PEX 的绩效奖金出自 PEX 预算。

　　5. 部门领导的绩效奖励基于过程，过程奖励出自 PEX 预算。

　　6. PEX 领导和 BPE 合作制定决策权矩阵，以明确如下事项：

　　● PEX、BPE 和部门经理的工作角色与责任，比如，招聘、预算、项目选择等。

　　● 谁对上述事项行使决定权？

　　● 决策过程中必须听取谁的建议？

- 沟通计划是什么？

7. PEX 帮助制订 BPE 协作计划，以解决过程之间的接口问题：

- 哪些地方的核心过程存在重叠？
- 如何对跨过程的六西格玛项目团队授权及协调？
- 谁负责协调重叠活动和交接工作？（PEX 提供便利。）
- 何时各过程统一标准化最好？过程之间的联系应该不让顾客看见。（例如，不要向顾客重复提供相同的信息；填写一张表格收集所有用于下单、售后服务和顾客登记的信息）。不过，对于特定的顾客需求，多样化也是必要的。

让黑带向 BPE 汇报而不是向 PEX 领导汇报与之前建议的黑带集中汇报的做法并不冲突。两者具有一个关键的不同点：先前的讨论以传统组织架构为假设前提，因此，如果黑带不向中央六西格玛组织（这里是指 PEX）汇报，他们就要向部门领导汇报。在这里，建议的汇报对象是 BPE，作为过程负责人 BPE 的观点和部门领导差别很大。与部门经理不同，BPE 的观点与以过程改善为焦点的六西格玛相吻合。

表 1-5 对传统的管理体系和更高效体系中的职能机构做了对比。

表 1-5　职能机构的变化

	从	到
角色	顾客——向他人索取信息、证据、报告	供应者——提供信息、经验和其他服务
战略	控制——通过加强的政策、规定、审核、检查来实现	支持——通过努力满足他人的需求、客户的自我控制来实现
目标	部门——实现部门目标	组织——共同实现企业目标
共事方式	竞争、对抗	团结、协作
注意的焦点	成果的某些方面，如产品质量、财务绩效 过程的某些部分，如遵守政策和规定	全部过程的相互关系，期望成果的达成
公众形象	管理者、检查者、警察	教导员、帮手、指导员

资料来源：Hutton，994，p. 220（经许可使用）。

1.2.4　在供应链中的运用

20 世纪初，亨利·福特在远大愿景的驱动下建造了福特胭脂河综合工厂。在 1927 年以前，所有的福特汽车都出自该工厂。该工厂真是一个奇迹，它是当时美国最大的制造工厂，高峰时期员工达到 120 000 名。该工厂纵向整合了所有的汽车生产过程，从铁矿石冶炼到原材料生产到最终的成品汽车，完全实现自给自足。工厂里还有码头设施、鼓风炼钢厂、平炉炼钢厂、铸造厂、轧钢厂、金属冲压厂、发动机厂、玻璃制造厂、轮胎厂以及自己的供电和供气动力厂。

1978年6月2日，该工厂被列入美国国家历史地标：50年时间就让盛极一时的奇观变成了历史遗迹。

和它一脉相承的古老的想法认为，一个公司可以仅凭自身生产高质量的产品和服务。这在胭脂河工厂的鼎盛时期尚有可能，那时整个供应链都被垂直整合到一个巨无霸的实体中，而现在却并非如此。当今世界，在制造产品的成本中有50%～80%用于购买零件和原材料。当顾客付钱购买你的产品时，他们无法区分哪些用于你们，哪些用于你们的供应商。

你可能会说你们不是制造行业，对吗？任何行业的情况依然相同。以个人财务软件公司为例，顾客在计算机上运行你的软件，而计算机并非由你们设计，你们也控制不了它的操作系统。他们使用你们的软件进入自己在财务公司的账户办理退税，并最终将电子文档传送到联邦税务局（IRS）。当用户在他们的电脑桌面上点击图标运行你们的软件时，他们认为所有这些中间环节都是他们应得的已付钱购买价值的一部分。

服务性行业也一样。思考一个折价股票经纪公司，顾客想通过它们的服务购买普通股票、固定收益产品、衍生投资品等。他们也会需要办理借记卡、出支票、付账、管理养老金等其他服务，包括理财建议、投资组合分析、年金等。当你的顾客将资金存入在你公司开的账户时，他们希望你的公司负责与所有其他"第三方"无缝对接。

显然，如果你的供应商处于三西格玛水平，你将永远无法达到六西格玛的质量。

在供应商方面，需要用最少的成本开展有供应商参与的改善项目，让供应商的质量也达到六西格玛水平。组织中负责供应链管理（Supply Chain Management，SCM）的部门应该领导供应商的六西格玛计划，包括供应商六西格玛导入计划，该计划包括下面主要内容：

- 供应商六西格玛政策
- 供应商六西格玛计划的目标和交付成果
- 供应商沟通计划
- 部署时间表和阶段划分（如加速推进最关键供应商）

- 定义供应商联络规则、供应商项目特许书、供应商项目报告和跟踪等的程序
- 培训需求及其时间表
- 评估供应商六西格玛有效性的方法
- 整合协调供应商六西格玛计划和公司自身的活动

SCM 从六西格玛执行委员会和公司六西格玛办公室获取指导。六西格玛办公室通常会向供应商六西格玛项目提供专业知识和其他资源。

SCM 应该发起或者联合发起供应商六西格玛项目。有时 SCM 应该领导项目，并由供应商的人员充当共同领导人的角色。有时，他们需要帮助黑带和绿带完成其他涉及供应商的改善项目。当项目的首要焦点是供应商的产品和过程时，通常仅由 SCM 主导发起，比如，降低关键产品的延迟交付率。涉及供应商但不是以它们为焦点的项目，通常将 SCM 作为联合发起人，比如仅需要对供应商的网上订购表格稍作修改的订单履行过程重新设计项目。SCM 的协助有下面的多种不同方式：

- 负责内部团队成员和供应商的沟通联络
- 就供应商六西格玛项目的费用分担和预算权限做协商谈判
- 估计和报告供应商项目成本节约额度
- 重新商谈合同条款
- 解决冲突
- 确定待办事项的负责方
- 安排访问供应商的时间
- 制定处理供应商自有信息的程序
- 在供应商请求六西格玛方面的支持时给予响应

除了 SCM 部门外，组织中的其他部门也应提供重要的支持。通常黑带来自六西格玛办公室，尽管有些大型公司也会给 SCM 项目指定一个全职的黑带团队。绿带通常来自发起与供应商有关项目的部门。和其他六西格玛项目一样，项目成员根据需要从各个部门抽调。

过程和项目需求的最终发言权肯定在顾客这里，但是供应商需要对过程本身负最终责任，因为他们持有并控制过程，或许还承担保修的义务。六西格玛团队必须清楚，只有 SCM 有权提出正式的变革诉求。如果黑带认为有必要正式要求供应商采取变革措施并提出此建议，SCM 将感到难为情。基于这个误解，SCM 可能会收到供应商新的标书、价格变更通知、投诉信等。组织与供应商的关系通常也比较脆弱，"谨慎"是所有六西格玛团队都应该遵循的金科玉律。

除了要对他们的过程负责以外，供应商通常也必须在供应商场所中开展活动的六西格玛团队中担负领导角色。供应商的领导必须在其组织内支持六西格玛活动。供应商也必须为项目的成功完成提供必要的资源，包括人手和资金。

1. 2. 5　沟通和认知度

采用 DMAIC 模型的最高级别六西格玛项目可以建立人们对变革行动的认同，并通过广泛的沟通扩大认知度，如下文所示（Keller，2005）。

定义

定义指确定六西格玛变革行动的范围和目标，这里的变革行动通常涉及全企业。

定义也包括确定受变革影响的关键利益相关者。关键利益相关者的参与对变革行动的成功非常重要，他们包括：

- 重要顾客
- 股东和其他企业主
- 高级领导
- 中层管理人员
- 六西格玛变革代理人
- 所有的员工
- 供应商

定义一个或多个用于跟踪目前组织的质量方面的指标，具体描述见下述的测量部分。

测量

测量关键利益相关者对变革行动认同程度的基准，以及质量基准。

认同程度可以按照以下从低到高的量表来测量（Forum，1996）：反对、不同意、接受、支持、认同。注意，想要达到的认同程度仅仅是支持还是不够的。要达到完全认同，还要充满激情。调查表和焦点小组（见第 2 章）经常用于测量认同程度及质量观。

Juran 和 Gryna（1993）将公司的质量文化定义为有关质量的想法、信念、惯例和实践。虽然有时难以量化，但是组织文化确实对公司的产品质量有决定性影响。如果不能理解质量文化，就不能持续开展质量改善活动，显著提升质量水平。

评估组织文化的两种常见方法是焦点小组和书面问卷调查表。下面对这两项技术进行详细讲解。涉及影响公司产品质量的文化要素包括态度、认知、活动等，因为其天生的敏感性，文化评估活动通常匿名进行。本书作者认为，有必要使用为自己公司定制设计的问卷问题，设计问卷本身构成一项专门的技术。关键事件技术（Critical-Incident Technique）是一种设计问卷问题的方法，过去的使用经验证明它效果很好。具体做法是，从调查对象中选择一个小的代表性样本（$n \times 20$），向他们询问开放性问题，比如：

"你们公司哪些信念、惯例、实践对质量有利？"

"你们公司哪些信念、惯例、实践对质量有害？"

提问题的访谈人应该不带任何偏见，并向受访者保证不透露他们的名字。访问的方式通常是面谈和电话交流，有时也通过书信获得反馈。问题的顺序（有利、有害等）被随机打乱，以避免出现偏向性回答，访谈人不要用任何方式提示受访人。受访人的回答需要用原话一字不动地记录下来，这一点非常重要。鼓励受访者尽可能多地给以反馈，一个 20 人的小组一般可以产生 80～100 条反馈意见。

反馈信息本身通常包含大量的有用信息。此外，可以将反馈意见重新分类，审视它们可以获得对公司质量文化更深入的理解。反馈意见及其分类可以用于设计调查表细节，准备焦点小组问题清单。随后需要考虑参与本阶段活动的人数是否足够，即用统计方法验证调查活动的有效性。

分析

分析不认同的主要原因，它们可能包括一些问题或者心态（Forum，1996，Keller，2005）

- **目标不清晰**。利益相关者需要清楚地知道目标。
- **无切身利益**。目标需要与利益相关者的利益挂钩，比如减少麻烦、改善工作环境等。
- **预定的方案**。如果不让团队分析所有的可行选择而直接给出解决方案，那么团队成员将对能否取得成效持怀疑态度。产生这一现象的根本原因是管理层不愿意集思广益，不敢放手让过程当事人大胆试验，或者缺乏对顾客的关注。第 2 章对此有更详尽的讨论。
- **沟通不足**。应该将分析及其结果与利益相关者进行充分的沟通。
- **过多的优先级**。团队需要关注可以达成的目标。
- **关注于短期**。除了短期目标以外，清晰的长远目标也是必不可少的。
- **无人负责**。应将责任明确地落实到项目发起人、利益相关者和团队成员上。

- **对顾客的定义持异议**。成功地完成项目需要明确定义利益相关者，否则会出现组织中各部门间所谓的"地盘争夺战"。
- **完成项目的概率很低**。正式的项目启动和审批手续可以保证顺利实施。
- **中途变更项目的范围和方向**。变更项目的方向和范围会降低或失去大家的认同感。任何变更都必须与相关人员进行适当的沟通以防止认同感的降低。

改善

针对抗拒的原因来改善认同感，比如采用上述的建议方法。沟通是建立认同感的基本方法，六西格玛沟通计划可以有效提高认同感。只有在员工、股东、客户、供应商等都清楚理解并真心接受公司愿景和实施计划之后，才会成功实现六西格玛。因为涉及文化变革，所以很多人都对六西格玛感到害怕，良好的沟通是治愈恐惧的良药，如果没有良好的沟通必将导致谣言四起、士气不振。需要在全组织中建立清晰明确的对六西格玛的承诺。它们不会自发形成，需要精心地规划和实施。

需要通过多种渠道宣传六西格玛。现代的组织有大量的通信技术可供使用。记住，沟通是双向的行为，要创造各种上行、平行和下行沟通的机会。下面是一些实现有效沟通的建议：

- 全体员工参与的启动大会，并使用适用的道具，营建有利的氛围
- 员工会议固定议程
- 内部简讯、杂志、网页，公司主页关于企业六西格玛网址的醒目的链接
- 在年度报告中有最新的六西格玛动态
- 证券分析报告中对外公布六西格玛目标
- 局域网上的论坛
- 双向的邮件沟通
- 调查表
- 建议箱
- 录影带和 DVD 展示资料
- 执行官与员工问答互动的闭路卫星广播电视
- 全体员工参与的讨论会
- 海报
- 印有徽标的衬衫、工具包、钥匙链、咖啡杯以及其他日用附件

- 演讲和演示文稿
- 备忘录
- 表彰仪式
- 公司入口大厅的展示
- 信封和信纸

　　扩大六西格玛认知度实际上是公司内部的营销。应该向营销专家咨询，他可以是公司营销部的员工。如果公司规模比较小，营销方面的畅销书也可以提供有益的指导（Levinson et al.，1995）。

　　对于所有的利益相关者来说，关键包括以下几个方面：

　　1. 他们中谁对沟通负主要责任？

　　2. 他们的沟通需求是什么？如六西格玛能给他们带来的利益，申请成为黑带等变革代理人职位的流程等。

　　3. 需要用到哪些沟通的工具、技术和方法？包括会议、电子邮件、公司简讯、一对一的沟通、网站等。

　　4. 沟通的频率是多少？记住，通常需要多次沟通才能确保信息传达到位并被透彻理解。

　　5. 谁负责实现沟通需求？

　　6. 如何测量是否成功？谁来做？

　　7. 使用类似于表1-6的形式，将需求和责任确定下来。

表 1-6　六西格玛沟通计划和需求矩阵

需求	方法	频次	责任人
高级领导			
计划的策略、目标、计划纲要	• 高级员工会议 • 高级领导培训	• 至少每月一次 • 计划开始时	• CEO • 六西格玛总监 • 培训部门
指标/绩效表现	• 高级员工会议	• 至少每月一次	• 六西格玛总监
中级领导			
计划的策略、目标、执行计划	• 定期传达上级员工会议的纪要，公司简报 • 管理人员培训	• 员工会议至少每月一次；计划开展期间至少2周发布一份简讯，其后按需发布 • 第一轮六西格玛项目开始之前	• 高级领导负责传达员工会议纪要 • 核心团队负责在内部传达公司简报 • 培训部门

　　注：其他人员包括顾客、企业主、股票分析师、变革代理人、谈判部门、不受超时条款保护的受薪员工、供应商，以及其他的利益相关群体。

当大家认为管理层的支持不够而导致参与度降低时，组织应采取必要的行动加强领导的参与。组织内外部的很多人都需要高级领导花时间面对。每周用一个小时的时间来开会讨论六西格玛，如果领导认为这样做就足够了，那就想得太简单了。事实上，不管组织的规模是大是小，高级领导都要留出足够的时间用于组织转型，每月仅仅用几个小时来听取进展汇报是远远不够的。

用象征性的逸闻、事件来传递管理层对变革的决心，这样可以充分利用执行官的时间。让故事在员工中散布和流传所起的效果远胜于干巴巴的宣言与文字陈述，比如，一家美国大型汽车制造厂的员工之间曾经就流传过这样一个故事。

在20世纪80年代早期，公司刚刚开始实施质量改善活动。在一次由高级经理和知名质量顾问参加的会议上，有人偶然提到他们的质量水平随季节变化，夏季是质量最糟糕的时候。质量顾问就向大家询问原因。是否变更了产品设计方案？有没有使用不同的机器设备？供应商原材料情况如何？对所有这些问题的回答都是"没有"。随之展开的调查发现，问题出在休假上。当一个员工去休假以后，另一个员工会临时填补其工作岗位，新的员工往往不如原来的员工熟练。新员工的工作又需要另一个人去做，如此往复。研究显示，一个人休假会导致六个人从事非例行工作。解决这个问题的方案是在休假高峰期公司停产两周，这样就显著减少了从事非例行工作人员的数量，而且质量也恢复到了其他季节的正常水平。这样的安排在汽车工业不景气、产能过剩的时候是没有问题的。然而，在又一个夏季到来的时候，财务部门却要求高级执行官重新考虑夏季停产政策。因为此时行业景气周期来临，订单需求节节攀升，公司可以生产多少就销售多少。会计人员指出，停产造成的销售额损失达到每天1亿美元。

当卡车业务的副总裁询问是否已采取措施防止夏季的质量下滑时，他得到的回答是"没有"。副总裁接着问："如果我们回到以前的政策，质量水平也会回落到以前的样子吗？"别人告诉他："是的。""那么我们就维持现有政策不变，在高温假期关厂停产。"副总裁最后这样宣布。

随后，财务副总裁对此做法提出疑问："我知道我们对质量的承诺，不过你确定你想用14亿美元的销售额损失为代价来展示承诺吗？"卡车副总裁回答道："法兰克，我做这些不是为了'展示'什么。因为我们的质量水平无法与国外的竞争对手相比，数年以前我们的公司差点倒闭。眼睛盯着这14亿美元的销售额损失和当初让我们陷入困境的短视如出一辙。我这样决定是为了给公司省钱。"

故事像野火一样在公司内蔓延传播，每个听到故事的经理都深受触动。它同时说明了很多事情：高级领导对质量的承诺，运营和财务的分歧，看起来无关的政策如何产生灾难性效果，目光短浅对公司造成的危害，长远思维在特定场景中所起的作用，等等。一个故事胜过一百次演讲和使命声明。

控制

制订计划控制变革的进展，维持认同度。接受过变革代理人培训的人员可以担任组织中的各种战略性职位，如图 1-14 所示，这样他们就可以协助制订未来的质量改善计划并实施。各种层面的质量改善几乎都涉及各个层级的多个部门。变革代理人协助评估组织的优劣势，并通过变革来发挥优势弥补劣势。在评估的过程中，相关员工也在接受教育，一旦他们知道组织的优势和劣势具体是什么，实现变革的途径就更加明显。

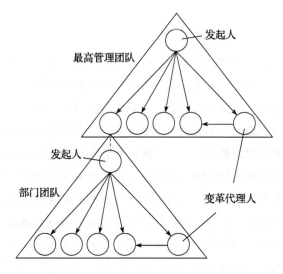

图 1-14　发起活动地层层传导

识别并利用机会

第 1 章的重点是成为响应式的、可适应变化的组织需求，以及为满足该需求而设想的基本实施计划。第 1 章描述的基础架构让组织能够定义并实施六西格玛项目，包括顾客、股东、员工等关键利益相关者的具体需求。这样，六西格玛项目就可成为实现组织更大目标的途径。第 2 章讨论识别关键利益相关者需求所需的组织机制，它对于组织的成长，有时候甚至是生存，是必不可少的。

六西格玛的核心原则是认识顾客价值，该术语来源于精益实践。顾客的输入是定义顾客价值的关键，因为组织的存在，从根本上来说就是为了满足顾客的需求。获得有效的顾客输入也是一门科学。市场研究公司使用诸如关键事件法、焦点小组、内容分析法、用户调查等科学方法来识别"顾客的声音"。

本章描述了多种收集顾客输入的方法，用于定义顾客价值。另外，还包括各种识别改善机会的方法，如量化不良质量成本、对标杆行业的最佳实践和创新等。最后是制订战略计划，即识别组织未来的愿景以及定义愿景的具体目标。第 3 章以战略计划为基础，讨论如何部署战略计划，以适应不断变化的市场环境。

2.1 收集用户数据的方法

通常，有很多方法可以用于收集组织内部或外部顾客的信息，它们包括以下几个方面。

- 抽样调查
- 焦点小组

- 运营反馈系统，包括试验

2.1.1　抽样调查

在抽样调查中，从总体中抽取样本数据，并估计总体的特征值，比如分布的范围或离散度、事件发生的频次、某些重要总体参数的期望值等。这里使用的术语与第 7 章枚举型统计研究中的定义是一致的，这是常规的抽样调查方法。如果在规定的时间间隔重复进行抽样调查，就可以使用统计过程图对抽样数据进行分析以获取潜在的过程信息（见第 8 章）。在"大型"调查之外，卓越过程领导人也应该给小型的、日常的、定期的调查分配预算。没有这些时间序列数据，就无从获知过程信息，比如，顾客满意度或者对组织产品质量认知度是否变化，改善是否取得进展等。

抽样调查由下列主要步骤组成（GAO，1986，p.15）。

1. 初步规划调查问卷。

2. 确定反馈的度量方法。

3. 设计抽样方法。

4. 编制、测试调查问卷。

5. 印制调查问卷。

6. 准备、分发邮寄资料。

7. 收集数据。

8. 整理数据。

9. 分析数据。

问卷开发参考指南

下列参考指南背后的逻辑是，问卷开发人员必须彻底了解反馈群体，必须能从反馈群体的角度理解调查的主题。

在以顾客为调查对象的时候，开发问卷的员工常会遇到问题。解决的方法见下文，开发优秀的问卷需要遵守如下八个基本的指导原则。

1. 提问的方式以及问卷的目的应与所需的信息相适应。

2. 确保问题相关、适当，需要时还要验证其是否合格。

3. 按照反馈人员的语言水平清楚而简明地书写问题。

4. 提供一个包含所有且相互排斥的问题清单供选择，确保每个反馈者都能很容易给出自己的答案。

5. 使用适当的格式和结构,按照合适的顺序排列问题,保证提问不带偏见。

6. 预知并考虑到不同反馈者的倾向,获取无偏见的回答。

7. 尽可能将反馈结果量化。

8. 提问的路径有逻辑而不带偏见,以保持读者的注意力,让回答更轻松。

上述指导原则适用于问题的形式。使用关键事件法则可以开发优秀问题的内容,详见下文。

反馈类型

根据反馈类型,可将常见的问卷问题分为下列几种。

- **开放性问题**。反馈者可以不受任何限制地组织自己的答案。这类问题的主要优点在于,很容易用普通的语言来写,即使写问题的人不具有所提问内容的相关知识也可以。这类问题的缺点在于,难以对收集的答案进行分析。它们最适用于确定调查的范围和内容,不适用于获取供分析和过程改善使用的答案。

- **填空型问题**。向反馈者提供了回答问题的方向及具体的单位。填写说明中应明确指明答案的单位。只能在询问非常具体的问题时才能使用它们,比如:"你的年龄是多大?_____(以年为年龄单位)"。

- **是/否型问题**。这一类问题非常普遍。虽然它们也有一些优点,它们的问题很多,用处不大。是/否型问题最理想的应用场合是二分变量,比如合格品或不良品。不幸的是,这种形式的问题也常被人们用于答案跨度很大的衡量指标,比如"你对你新购汽车的质量满意吗(是/否)?"是或者否的回答对这类问题而言基本上没有意义。

- **排序型问题**。排序型问题按照某种准则对选项进行排序,如重要性程度等。排序型问题既难编写也难回答。它们包含的真实信息很少,很容易发生让所有的反馈信息都无效的严重错误。应尽可能不用它们,而使用更好或者不容易出错的问题类型,如评级型。即使使用排序型问题,排序类别也不能超过五个。

- **评级型问题**。此类问题的回答分别对应一个评级,每个评级代表一个给定范围的绝对位置。评级量表易于编写,问题也易于回答,而且其量化的结果能够满足大多数的应用需求。使用这类问题往往能获取有效的调查结果,下面是一个评级型问题的示例。

对于下列问题,请在适当的选项前打钩。

采购商提供的工艺标准是：

| 清楚的 |
| 正好满足要求 |
| 不清楚的 |

- **格特曼型**。在格特曼型问题中，选择项的范围依次扩大，也就是说，高等级选项包括低等级选项。例如：

  关于从质量改善培训中获得的收益，以下描述正确的是：

| 未发现收益 |
| 有发现到的收益 |
| 有测量到的收益 |
| 有以美元为单位的评估收益 |
| 进行了成本/收益分析 |

- **李克特以及其他强度等级量表型**。这种形式常用于度量态度或观点的强度。例如：

  就下列陈述"顾客服务代表知识丰富"，请给适当的选项打钩。

| 非常不同意 |
| 不同意 |
| 中立 |
| 同意 |
| 非常同意 |

强度等级易于构建。在反馈者可同意或者不同意一个问题的时候，它是最好的问题形式。使用时要注意问题的措辞，即陈述必须只代表争论问题的一方面意见。反馈者同意某表述以后，我们还要推断他同意的原因。人们一般都有表示同意的倾向，为克服这一问题，通常使用否定性陈述，比如，"顾客服务代表不是知识丰富的"。

在运用强度等级时，使用奇数个级别，最好是 5 或者 7 个等级。如果有可能存在偏见，将想推翻的假设放在前面，将想确认的假设放在靠后位置。按照这种排列顺序，可以得到验证能力更强的检验结果。如果不存在偏见，则将最不希望出现的选项放在最前面。

- **语义差分型**。在这一类问题中，没有完全定义所有可能选项的值，只是标记了端点。比如：

指出上个月你主动和顾客沟通的次数：

反馈者必须知道答案的范围是等分的。一般来说，将整个范围划分为 7 个等级效果较好。

如果我们不知道如何在两个端点间划分区段，语义差分型最有用。不过，编写这类问题非常困难，如果编写得不好，最终的结果就会模糊不清。

🎬 案例分析　关键事件法

这是一个为某社区医院设计邮寄调查问卷表的实际案例。作者也使用相同的方法为不同行业的客户设计了调查表。

这项研究用于调查某社区医院的服务质量和病人满意度，该医院有 213 个床位，位于美国西南部。该医院是依靠公共财政拨款经营的非营利性机构，为社区的成人提供服务，服务不含儿科项目。

本问卷调查的目的有如下几个方面。

1. 识别病人评价医院服务质量的决定因素。

2. 识别影响病人评价结果的内部过程。

3. 确定病人评价结果与未来的捐款打算或者将医院推荐给其他人之间的关联性。

为了开展调查，作者与项目核心团队以及一些临时团队的员工组成项目团队，紧密合作。核心团队中包括护理部门负责人、质量管理部门负责人、营养服务部门负责人。[1]

项目团队成员决定先各自独立制定评判标准。大家同意，最好的办法就是直接从目标团体，即住院病人处获取信息。因为医护服务的特点决定了，焦点小组方法对于本次调查不适用。很多时候，病人出院以后还要经历一段相当长时间的康复治疗，因此他们无法一出院就能参加焦点小组访谈。而病人入院期间一般也因为身体状况而不能参加。有些病人还有传染病，因此参加焦点小组访谈也不明智。

考虑到人的记忆特性（Flanagan，1954），团队决定病人最好在出院 72 小时内接受调查。因此，目标总体就是所有曾经在医院住院、现在已经出院回家的成年人。下列人群不是目标调查对象：在住院期间病人过世的家庭、出院后直接去私人疗养院的病人、接受精神病护理的病人。[②]

团队使用关键事件法来获取病人的意见。第二次世界大战期间，挑选和分类飞行员候选人首次使用 CIT（Flanagan，1954）。1980 年编写的一份文献清单列举了 700 多例 CIT 的研究或使用记录。考虑到 CIT 方法的普及型，使用 CIT 进行服务质量评估就不足为奇了。

CIT 包括一组明确定义的程序，用于收集观测到的人类行为，收集的信息专门用于解决特定的实际问题。它的优点在于精心设计的数据收集结构和数据分类方法，它可以收集到其他研究方法收集不到的详细信息。CIT 可以通过直接观察得到数据，也可以通过访谈获得回忆信息，它让研究者可以获得第一手的病人意见。这种自我报告方法保存了信息的丰富细节，也确保了个人经验的真实性。研究表明，CIT 能够提供可靠有效的信息。

团队准备严格按照 Flanagan 提出的五个步骤开展本次调查，它们是：①建立总体调查目标；②为观察者或者访谈者制订计划；③收集数据；④分析数据（或对数据分类）；⑤解释分析结果。

建立总体调查目标

总目标就是活动的意图。本例中，我们想了解医院给住院病人提供的所有服务，它包括从入院到出院的所有服务项目。[③]从服务提供方的角度来看，总目标是按照某种方式建立并管理服务供应流程，该流程要让病人在未来依然愿意使用服务供应方的服务。要达到这点，服务供应方必须要知道病人记得的具体的高质量服务项目。

我们的总目标是向服务供应方提供顾客所记住的住院期间的信息，即愉快的和不愉快的经历。这一信息将被用于制定新的病人调查工具，并在以后定期发给刚出院的病人。各服务过程的管理人员则将收集到的信息当作顾客对他们服务质量的反馈。

访谈计划

访谈人员会得到一份出院不超过三天的病人名单。出院名单包括所有病人，只有出院后回"家"的非精神病病人才是访谈的候选人。家的定义将调查对象限定在依然健在的且没有去私人疗养院的出院病人范围内。访谈者按照指引向病人朗读一组预定的陈述，受访病人从出院病人清单中随机挑选。如果挑出的病人无法接受访谈，那么访谈者在当天晚些时候再次联系对方。为每个病人准备一份访谈表。为了避免偏差，50% 的访谈表要病人首先回忆不愉快的事件，另外的 50% 则首先回忆愉快的事件。访谈者被要求按照病人的原话记录病人的反馈。

收集数据

一共有四位访谈者参与收集数据，他们都是医院管理人员。三位是女性，一位是男性，访谈人员在他们繁忙的正常工作日抽空进行访谈。所有访谈需要在 1993 年 9 月完成。事先给访谈者提供了 Hayes（1992）建议的产生关键事件的指导方法。

一共打出去 36 个电话，联系上 23 位病人。在这些病人中，3 位讲西班牙语。有 1 位讲西班牙语病人的家人接受了访谈。因此，一共完成了 21 个访谈，比 Hayes（1992）建议的 10～20 个访谈数量稍高。21 个访谈产生了 93 个关键事件。

数据分类

CIT 要求的关键事件分类系统是一个严格的精心设计的方法，其目标是尽可能保留细节，让收集到的数据能解决手头的问题（Flanagan，1954）。要做到这一点存在三个问题：①建立一个可以描述所有关键事件的总体框架体系；②逐步推导出各个主要类别和次要类别；③选择最适合的详细程度级别用于报告数据。

本研究中，关键事件的分类方法如下：

1. 用被调查病人的语言，将关键事件写在 3×5 英寸[⊖]的卡片上。

1. 用被调查病人的语言，将关键事件写在 3×5 英寸⊖的卡片上。

2. 彻底打乱卡片的顺序。

3. 随机从所有卡片中抽取大约 10% 的卡片（约 10 张），放在旁边。

4. 四人小组中的两人离开房间，剩余两人将余下的 83 张卡片按照关键事件的类别分组，并给每个类别命名。

5. 将放在旁边的 10 张卡片归入第四步确定的类别中。

6. 最后，将类别名称告知没有参与分类的两名成员。打乱所有的 93 张卡片，让他们将所有的卡片归入预先确定的关键事件类别。

上述方法最终产生了下列的关键事件分类：

- 住宿（5 个关键事件）
- 医生的服务质量（14 个关键事件）
- 医院员工的护理（20 个关键事件）
- 食物（26 个关键事件）

⊖ 1 英寸 = 0.0254 米。

- 出院手续（1 个关键事件）
- 医院员工的态度（16 个关键事件）
- 总体情况（11 个关键事件）

数据解释

一致判断率（两组人将相同的关键事件放入同一类别的百分比）达到 93.5%，这比专家建议的 80% 的最低要求要高很多。随机抽取部分卡片然后再放回所列类别中，这样做的用意是检查识别出的类别是否完备。如果有任何卡片无法放入预定的类别中，则表示原先的分类不能包括所有影响病人满意度的事件。不过，项目小组顺利地将所有的卡片都放入了预定类别中。

理想的情况下，一个关键事件应该具有两个特征：①具体；②用表示行为的词描述服务供应者，或者用具体的形容词描述服务（Hayes，1992）。在评估了"总体情况"类别中关键事件以后，团队小组认为它们不满足上述的一个或者两个特征，因此，总体情况类别中的 11 个关键事件被丢弃。团队小组还决定将"医院员工的护理"和"医院员工的态度"两个类别合并为"医院员工护理质量"一个类别。最后，得到病人满意度评价的五维度模型：食物、医生服务质量、员工护理质量、住宿、出院。

上述清单很明显遗漏了结账过程。不包括结账的原因是，病人出院 72 小时内还收不到他们的账单。不过，在病人出院之前会被告知他们的收费情况。这一关键事件被放在"出院手续"类别中。团队也讨论了结账的问题，发现账单寄出以后确实会收到有关结账的抱怨，说明结账过程也可能是一个满意度评价的维度。不过，最终团队没有这样做，原因是：①结账过程时间延迟太长。如果等到结账过程结束，那么病人会忘记很多住院期间的细节；②担心病人的整体判断会受到刚发生的"收到账单"事件的过多影响；③医院内已经存在识别结账问题并相应调整结账过程的管理系统。

设计调查项目

正如前文所述，总体调查目标是为服务提供者提供病人记住的住院期间的信息，包括愉快的和不愉快的。然后使用这些信息来制作新的病人调查表，并定期寄给刚出院的病人。各服务过程的管理人员也将该信息视作病人对他们服务质量的反馈。

医院的核心团队认为，达成以上目标需要关键服务过程的管理人员积极参与到调查表的设计中，因此，组建了临时项目团队来设计用关键事件法确定的五个维度的调查项目。作者向临时团队简要介绍了优秀调查项目的特点。也就是说，临时团队需要根据核心团队的意见，设计出符合下列五个标准的调查项目：①与所度量的维度紧密相关；②简洁；③明确；④一个项目只针对一个维度；⑤措辞中不含双重否定。我们也向临时团队出示了作为关键事件分类基础的具体的病人意见陈述，并告诉他们，应该将它们作为设计调查项目的基础。

编写问卷项目是一项艰巨的任务。平均来说，设计每个维度的调查项目需要召开三次会议，每次会议大约持续2个小时。临时团队的规模从4人到11人不等。设计的过程沉闷乏味，为了一个具体的措辞经常会争论很久。

然后，核心团队与各临时团队讨论调查项目的类型。核心团队建议使用李克特五级量表。最后达成的一致意见也是使用李克特五级量表，强度等级从"非常同意"到"非常不同意"连续变化。主体的问题描述的措辞原则是：回答"同意"表示医院的服务绩效较好，"不同意"表示服务绩效较差。

在选择型调查项目之外，大家认为还应该给病人提供自由回答的机会。因为，这种问题类型具有明显的优势，即它还可以产生额外的关键事件，用于验证问卷的有效性。因此，问卷中也包括了开放型问题，这样病人就可以用自己的语言自由地发表意见。

最终的问卷调查表含有50个调查项目和3个开放型问题，见附录13。

调查活动的管理和试运行

需要用小规模样本数据测试调查问卷的有效性。大家决定使用全设计方法（Total Design Method，TDM）来管理调查活动（Dillman，1983）。虽然TDM非常苛刻而乏味，但Dillman指出，它可以保证高反馈率。调查活动的管理由护理部门负责。

TDM是一项繁重而琐碎的管理过程。每张问卷都要带有一封用蓝墨水签字的附函。在首次邮件寄出以后的第1周、第3周和第7周还要发出跟踪信件。第3周与第7周的跟踪信包含另外的附函和调查问卷。不允许"批处理"，比如用计算机生成的信件和标签。Dillman强调，应该将TDM作为整个调查活动不可分割的一部分，这一点非常重要（Dillman，1983）。

因为研究的医院规模不大，作者希望获得最高的反馈率。在遵守TDM指导方法以外，还建议每份调查问卷中放入1美元作为奖励。不过，作者最后没有成功地说服医院管理人员，他们认为给每份问卷1美元的奖励不值得。最后大家同意，对1美元奖励的效果进行测试，即随机抽取50%的回答问卷的人给予1美元的奖励。

医院决定先对 100 个病人进行初步调查。自 1994 年 4 月 1 日出院的病人中挑选出前 100 名病人，问卷反馈率如表 2-1 所示。

表 2-1　病人调查试运行反馈信息

	发出数量	反馈数量	百分比
问卷	92	45	49
附 1 美元的问卷	47	26	55
未附 1 美元的问卷	46	10	42

总反馈率是 49%，这相对于一般的邮件调查问卷已经很高了，但是它比 Dillman 报告的 77% 的平均水平和 60% 的最低水平要低很多。作者猜测，可能的原因是这个医院有大量的说西班牙语的病人，因此，医院也准备以后提供西班牙语版本的调查问卷。

最后分析了问卷反馈者的人口统计特征，并将他们与没有反馈的人群做了比较，以便确定抽样是否具有代表性。我们还采用先进的统计方法来评估各调查项目的可靠性和有效性，并将可靠性系数低的项目以及有效性有疑问的项目从问卷中删除。

注：1. 营养服务部门的经理非常关心她的部门可以获取足够的细节信息，因此她使用的关键事件访谈问卷包含了有关事务服务的特殊问题。

2. 项目团队中没有说西班牙语的访谈者，也就是说，有些候选病人无法参加本次调查。

3. 结账过程没有包括在调查的 CIT 阶段，因为病人还没有在 72 小时内收到账单。

2.1.2　焦点小组

焦点小组是一种特殊小组，表现在意图、规模、成员构成和组建程序等方面。一个焦点小组通常由互不认识的 7～10 人组成。他们在有关焦点小组主题方面有某些共同之处，因而选择他们。

研究人员在小组中营造一种自由发言的氛围，以培养不同认知和观点，参与人员也没有投票、计划和达成共识等的压力。按照相似的形式开展多轮小组讨论，以识别认知方面的趋势和范式。然后对讨论结果进行仔细而系统的分析，从中得到的线索能帮助深入理解别人是如何看待产品、服务、机会等的。

因此，可以将焦点小组法定义为在一种宽松而没有威胁的环境中通过有计划的讨论收集有关人员对某一主题的意见和看法的数据收集方法。讨论轻松而舒适，参与人员通常因为分享了看法和意见而心情愉快。通过对别人的想法发表意见和进行讨论，小组成员之间也相互影响。

在六西格玛活动中，焦点小组法广泛应用于多个场合：

- 在战略规划过程之前
- 设计调查问卷
- 评估需求，如评估培训需求
- 确定顾客决策的判定标准
- 开发新顾客

焦点小组法是一种社交导向性的研究方法。它的优点在于成员之间可以相互启发，可以产生大量高质量的意见，这是个人访谈所不能达到的。如果需要，那么研究者也可以就某一问题进一步探究以获得更多的信息，或者澄清某些问题。焦点小组产生的结果非常生动，因为它们的参与者是用普通语言表述的，而不是一般人看不懂的行业术语。获取信息的成本相对较低，速度也很快。

焦点小组法也有缺点。和个人访谈相比，在小组环境中研究者把控得更少。小组成员互动的时候，通常很难知道最终的对话结果，焦点小组研究的效果非常依赖于访谈主持人的资质。经过培训的有技巧的访谈主持人很难找到。组与组之间的变异会相当大，这让分析变得更为复杂。最后，焦点小组的活动通常难以组织安排。

顾客代表小组是另一种方法，它和焦点小组相似。顾客代表小组是由顾客代表组成的，小组成员同意定期地通过电话或者邮件问卷的方式向公司反馈意见。这种小组比顾客投诉和顾客建议系统等更能代表顾客态度的范围，管理起来却比焦点小组容易得多。为了保持调查的有效性，不能将小组中顾客的身份透露给向他们提供服务的公司员工。

2.1.3 运营反馈系统

很多公司都有顾客投诉和建议系统，且有在线聊天室或一般的顾客支持功能。它们给顾客提供了易于使用的渠道，以便向管理层反馈正面或者负面的信息。因为选择性偏差，所以这些方法不能给公司提供有效的信息。不过，它们类似于普查性统计，而不是抽样调查，所以每个顾客都有机会发表意见。它们是提升顾客忠诚度的"关键时刻"，还可以在其中发现很多故事，这些故事都是生动的第一手资料，通常是促发改善的源头。

顾客投诉和建议系统可以涉及几乎各方面的顾客－供应商关系，包括产品缺陷、信息准确性问题、不充分的沟通、延迟的发货过程等，这里仅仅举了一些例子。顾客报告问题的可能性通常与缺陷的严重程度、该缺陷造成顾客的损失大小、顾客对于纠正措施的可能性等相关。考虑到这些因素，组织应该意识到实际问题可能比顾客汇报的问题分布得更广，因此要对实际影响进行调查，并将问题以及纠正措施及时告知受影响的顾客。

收到顾客投诉的时候，它既是一个可以提升顾客忠诚度的机会，也是失去一个顾客的风险。处理顾客投诉的重要性如图 2-1 所示。该数据显示，再次采购的决定高度依赖于顾客对抱怨的处理是否满意。有抱怨的顾客可能会将他们的经历告知 14 个其他的顾客，考虑到这一事实，处理顾客抱怨在顾客关系管理中的重要性就显而易见了。

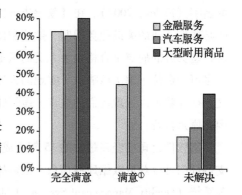

图 2-1　再次采购与抱怨处理的关系
①注意，大型耐用商品顾客调查中无"满意"反馈类别。

尽管图 2-1 严重低估了问题的实际严重程度，它已足以让人印象深刻。抱怨不是仅仅代表顾客不高兴，它表示顾客很不高兴以至于要向公司报告自己的不满意。研究显示，高达 96% 的不高兴顾客都不会向公司报告。很多公司都不幸地被误导，因为报告显示，妥善解决了顾客抱怨以后，顾客的忠诚度提高了。考虑到流失顾客的影响，完全有必要将每次顾客的抱怨都当成提升顾客忠诚度的机会认真对待。应该积极搜寻顾客抱怨，虽然这是毫无疑问的有违直觉的事情。因此，需要建立并实施一套体系来鼓励员工发现顾客抱怨、想法和建议，来感受顾客的痛点。该系统也应给不高兴的顾客提供一个可信任的渠道来自己联系公司，比如免费热线、电子邮件、意见卡片等。

以顾客为中心的组织将有关顾客价值的反馈系统融入组织的日常运营。从而，组织可以知道顾客对价值的定义，并将收集和处理这些信息作为组织固有功能的一部分。因为用户调查从设计到实施存在延迟时间，而顾客接触却可以提供实时反馈，因此组织必须建立能与顾客直接接触并实时收集信息的系统。这种可视化是贯穿本书第二篇的精益方法的一个重要方面。每次与顾客的接触都是一次这样的机会，它是响应式组织的核心，满足顾客需求是响应式组织的内在驱动力，而获取顾客信息则是满足顾客需求的第一步。它是组织的血液，因为组织产品和服务的存在就是为了满足顾客对价值的需求。前文也提到过，没有满足某一顾客的需求或者期望并不一定会导致顾客抱怨，因此仅仅依赖顾客主动发起的投诉不能达到最佳效果。相反，组织应该定期接触顾客，了解他们的哪些期望已经被满足了，哪些还没有。

近来，在很多公司的销售部门流行"解决方案销售"法，它也是一本畅销书的名字（Eades，2004）。在《新解决方案销售》中，伊迪斯讨论了了解顾客痛点的必要性：他的关键业务问题、挑战和困扰。在解决方案销售法中，识别并确认潜在购买者的痛点是合格销售人员的最低要求，因此，销售方的产品和服务就应该尽可能定位于解决该痛点。实现的方法也非常简单：与熟悉情况的利益相关者交谈往往就足以发现他们的痛点。缓解顾客痛点的解决方案会产生价值，他们也因此愿意付费。

某软件公司已经在过去的 15 年中成功地实施了类似的模型。它的销售和技术支持部门可以获取数据库的信息，该数据库包含所有的顾客投诉和建议。质量管理系统（Quality Management System，QMS）数据库与统计过程控制分析工具整合在一起，以提供问题、解决方案等为发展趋势。最值得一提的是它的改善机会系统（Improvement Opportunity，IO）以及它对待改善机会的方式。一条改善机会输入系统以后，会在技术支持、销售、开发部门传阅，直到传到副总裁的级别的人，内部相关群体都可以立即看到 IO 信息。可以立即对类似于严重影响顾客或者潜在顾客的错误、严重影响顾客关键需求的销售方案等高优先级问题展开调查，制订改进计划。当然，这也需要与顾客多次反复交流以精准理解他们的需求，有时要与适当的高层级人员沟通以确保收到正确的信息。这会花费时间和资源，但它有助于建立良性的顾客关系，实现组织的长期目标。该公司将组织的层级设计得很少，这样可以确保顾客几乎可以与所有部门接触，包括各领域的专家。他们这种快速迭代产品的能力主要得益于精益新产品开发技术。他们有效地取消了所有不产生价值的官僚手续，只将有限资源用在产生市场价值的过程上。随着新顾客的增加和现有顾客的产品升级及规模扩大，它的业务继续稳步增长。

在所有的组织中，领导层设定公司的愿景和战略。篮球教练不可能在比赛中上场传球，也不可能给运动员持续提供投球、传球、防守等的即时指导。他们需要培养运动员的能力，并让他们不断练习以判断使用各项技术的最佳时机。

和篮球场上的情形一样，在顾客导向的组织中责任也必须传递到第一线。不是要紧密监视员工确保满足顾客需求，而是必须减少官僚作风，让组织层级扁平化，以加强组织各层级之间的沟通，特别是要保证与顾客直接接触的一线员工的沟通顺畅。对一线员工充分授权，将他们的职责、关注焦点、权力都转移到赢取顾客忠诚度的事情上，而不需要额外的管理层批准。有效授权的前提是组织的柔性、信息共享以及相关人员对业务的精通，跨职能培训有益于此。最终的结果就是 Carlzon（1987）提出的顾客关系"关键时刻"，即顾客感受到的组织致力于解决他们问题的时间点。

一旦获得顾客反馈，必须基于它们来改善过程和产品质量。顾客反馈系统的运用有以下几个步骤：

1. 基层经理和员工为顾客提供日常性服务，并基于公司总体政策和程序制定适用于基层使用的修订版程序。

2. 使用标准化的适用于基层场景的问卷，定期地获取顾客的需求和态度信息。

3. 与财务数据、顾客期望和以往态度的比较，确定优势、劣势以及可能的原因。

4. 确定在哪里以及如何采取措施以纠正劣势、保持优势。

5. 重复上述 1~4 步，以保持或者达到一个稳定的状态，或者随着顾客的变化而变化。

6. 使用汇总调查信息和组织现有政策，在更高的组织层级运用类似的过程。

2.2 不良质量成本

质量成本的历史可以追溯到 1951 年出版的《朱兰质量手册》第一版。当今，质量成本会计系统已经和许多质量标准一起成为现代组织中质量改善战略的一部分。质量成本系统可以识别组织内部的投资回报机会。本来，质量成本法强调的是避免产生缺陷及其他导致顾客不满的行为，而在产品或者服务是如何满足顾客需求方面提供的信息很少。有可能一个公司将质量成本降到了 0 而依然在市场竞争中被淘汰出局。

质量成本包括任何因为不完美质量而产生的成本，它包括那些显然的报废和返工成本，也包括那些不太明显的成本，比如更换不良物料的成本、更换物料的加急运输成本、更换产生的人员和设备成本，等等。服务部门也会产生质量成本。比如，如果客房服务给客人少发了物品，酒店就会产生相应的质量成本。具体地说，质量成本是实现或者未实现产品和服务的质量而产生的成本的量度标准，这里的质量包括公司制定的产品和服务要求，也包括顾客或社会与公司签订合同中的要求。其要求包括：营销规格、最终产品和过程规格、采购订单、工程图纸、公司规章、操作说明书、专业和行业标准、政府法规，以及其他影响产品和服务定义的文件与顾客需求等。更具体地说，质量成本包括所有下列总成本：①预防不合格品的投资；②鉴定产品或服务是否合格的成本；③处理不合格品故障的成本（见图2-2）。

预防成本
因为采取各种措施预防产品或服务中不良质量活动发生而形成的成本。例如，新产品评审、质量计划、供应商能力调查、过程能力评估、质量改善小组会议、质量改善项目、质量培训等发生的成本

鉴定成本
对产品或服务进行测量、评估和审计以确保与质量标准和绩效需求符合而产生的成本。其包括采购物料的收货检验和发货检验、过程检验和成品检验、产品或服务或过程的审计、测量测试设备的检定、相关的用品和材料消耗等成本

故障成本
因为产品或服务与规格或顾客/用户需求不符合而产生的成本。故障成本又分为内部故障成本和外部故障成本两个类别

内部故障成本
向顾客交付或运输产品或提供服务之前发生的故障成本。例如，报废、返工、重新检验、重新测试、零部件评审、物料降级使用等发生的成本

外部故障成本
向顾客交付或运输产品或提供服务之后发生的故障成本。例如，处理顾客投诉、顾客退货、质保索赔、产品召回等成本

总质量成本
上述成本的总和。它等于产品或服务的实际成本与如果公司不可能有不合标准的服务、故障产品或生产过程中的产品缺陷而对应的较低成本之间的差异

图 2-2 质量成本的一般性描述

资料来源：摘自 Campanella 1990，ASQ 质量出版社。

在大部分的公司里，质量成本属于隐性成本。除非详细规定了各质量成本项目的定义，很少有会计系统包含确认质量成本的细则。正因如此，未测量的质量成本有增加的趋势。不良质量影响公司的方式有两种：成本增加、用户满意度下降。低满意度进而会打压价格，让流失订单，最终使销售额下降。更高的成本和低迷的销售额最终会给公司带来危机，威胁公司的生存。缜密的质量成本衡量方法可以防止这种危机的发生，图2-3是隐性成本概念的示意图。

一般来说，检测点越靠近生产和供应链的下游，质量成本会越高。在一开始就预防问题的发生通常对应最低的质量成本。在发生故障的时候，它们一发生就尽快被检测出来，往往成本最小。否则就有可能产生其他的额外损失，顾客发现了故障会导致最昂贵的质量成本。除了要产生更换或者维修故障零部件的损失外，还会失去顾客对公司的好感，当顾客将他的经历告诉其他人时，公司的声誉

更会受到损害。在极端的情况下，甚至会发生诉讼，成本和信誉损失会更大。

图 2-3 隐性质量成本及其后果

资料来源：摘自 Campanella 1990，ASQ 质量出版社。

早期检测的另一个好处是更容易发现产生故障的根本原因。从制造到现场发现故障之间存在相当长时间的延迟，这为追溯当时制造过程的实际状态带来困难。尽管追溯现场发生故障的原因有助于找到以后的解决方法，但是实际上分析以前的问题价值不大。

质量成本测量不需要精确到毫厘不差。测量质量成本的用意是为管理决策和行动提供大方向上的指导。质量成本本身的性质决定了不可能对它们精确测量。有时，只能大致估计某一期间产生的诸如顾客信誉损失成本、公司声誉损害成本等。估计的方法包括专门审计、统计抽样以及其他市场调查方法等。上述调查可以由营销、会计、六西格玛部门的人员共同开展。因为这些质量成本往往数额巨大，因此必须对它们进行估计。不过，也不需要每月都估计，每年一次就足以发现它们的趋势。

2.2.1 质量成本示例

Ⅰ. **预防成本**——预防未来不符合规范产品或服务的发生而产生的成本，包括下列项目：⊖

A. 营销/顾客/用户

- 市场调查
- 顾客/用户认知调查、诊断
- 合同/文件评审

⊖ 所有的详细质量成本描述均摘自 John T. Hagan 的《质量成本原理》附录 B，美国质量学会质量出版社（威斯康星州密尔沃基港）。

B. 产品/服务/设计开发

- 设计/质量进展评审
- 设计支持活动
- 产品设计验证/测试
- 服务设计验证
- 现场测试

C. 采购活动

- 供应商评审
- 供应商评级
- 采购订单技术数据评审
- 供应商质量计划

D. 运营（制造或服务）

- 制造过程验证
- 制造质量计划
- 质量检测和控制设备的设计与开发
- 运营支持质量计划
- 操作人员质量培训
- 操作人员 SPC/过程控制

E. 六西格玛、精益、质量管理

- 管理人员工资
- 管理活动开支
- 管理活动计划
- 绩效报告
- 教育和培训
- 改善项目
- 过程和产品审计
- 其他预防成本

Ⅱ. 鉴定成本——测量和控制现有的生产过程以确保与规格的符合性所产生的成本，包括下列项目：

A. 采购鉴定成本

- 收货或入厂检验和测试
- 测量设备
- 供应商/产品资质认证
- 货源检验和控制计划

B. 运营（生产和服务）鉴定成本

- 计划的运营检验、测试、审计
- 检查的人工
- 产品或服务审计
- 检验、测试用品
- 检验和测试的准备与调试
- 特殊测试（生产）
- 过程控制的测量
- 实验室支持
- 测量设备
- 贬值准备
- 测量设备开支
- 维护和检定人工
- 外部的批准和认证

C. 外部鉴定成本

- 现场绩效评估
- 特殊的产品评估
- 现场库存和备件的评估

D. 测试和检验数据评审成本
E. 其他的质量评估成本

Ⅲ. **内部故障成本**——不合格产品在发出之前所产生的成本，包括下列各项：
A. 产品/服务设计故障成本（内部）

- 设计更改
- 设计变更导致的返工

- 设计变更导致的报废

B. 采购故障成本

- 采购物料拒收处置
- 采购物料更换
- 供应商纠正措施
- 供应商拒收返工
- 物料失控损失

C. 运营（生产或服务）故障成本

- 物料评审及纠正措施
- 处置
- 修理或分析故障（运营）
- 调查支持
- 运营纠正措施
- 运营返工和维修
- 返工
- 维修
- 再次检验/再次测试
- 增加运营步骤
- 报废（运营）
- 最终产品或服务降级
- 处理内部故障的人工

D. 其他内部故障成本

IV. **外部故障成本**——发出不合格产品后所产生的成本，包括下列各项：

A. 顾客/用户服务/抱怨调查

B. 退货

C. 改型

D. 产品召回

E. 质保索赔

F. 责任成本

G. 罚金

H. 顾客/用户对公司的好感

I. 流失的订单

J. 其他外部故障成本

2.2.2 质量成本基准

分析质量成本需要一个基准，选择质量成本基准的指导原则如下：

- 基准应该与质量成本之间有实际的联系。
- 收到质量成本报告的经理人员应该知晓该基准。
- 基准应该为实施质量成本测量区域的业务量量度指标。
- 综合使用多个基准可以获得质量成本的全貌。
- 常用的基准如下（Campanella，1990）：
  - 人工基准（如总人工、直接人工、被产品成本吸收的人工）
  - 成本基准（如车间成本、作业成本、物料人工总成本）
  - 销售额基准（如净开票销售额、成品销售额）
  - 数量基准（如生产产量、销量）

尽管实际的质量成本开支好像是最好的基准，因为可以根据它确定哪些质量改善项目可以产生最大的效果，或者应该在什么地方采取纠正措施。实际上，除非生产相当稳定，否则它也不能代表质量成本的变化趋势。因为测量质量成本的目标是逐步改善质量成本，因此，如果时间跨度较大，那么有关时间的数据会受到生产量、通货膨胀等的影响，有必要对它们做出调整。调整的方法之一是质量成本指数，比如将总质量成本除以适用的质量成本基准。最后将它们绘制成控制图，按照第 8 章讨论的方法进行分析。

对于长期的分析和计划，净销售额作为基准在向最高管理层的报告中用得最多（Campanella，1990）。在某些行业中，销售额随时间变化不大，可以对较短时间范围进行质量成本分析。其他销售额随时间变化较大的行业必须将质量成本分摊到较长时间区间，以去除销售额剧烈波动对实际质量成本的影响。比如，对于造船和卫星制造行业，有些时间段内可能根本就没有订单交付，而有些时间段则产生巨量销售额。质量成本和销售额的时间段需要匹配起来，这一点非常重要，可以将销售额看成是产生质量成本的"机会"。

下面是一些质量成本指数的例子（Campanella，1990）：

- 内部故障成本占总生产成本的百分比

- 外部故障成本占净销售额的平均百分比
- 采购鉴定成本占总采购物料成本的百分比
- 运营过程鉴定成本占总生产成本的百分比
- 总质量成本占生产成本的百分比

2.3   标杆管理

标杆管理是六西格玛中的一大通用主题。因此，这里讨论的标杆管理应用领域不限于定义顾客期望、设定过程或产品需求以及设定目标。一般而言，我们可以把标杆管理定义为将本组织的绩效与行业最佳公司进行比较，研究行业最佳公司成功的原因，并将这些信息作为本组织制定战略、设定目标以及实施它们的基础。

标杆管理研究行业、公司以及过程的最佳实践。标杆管理不仅仅局限于所在行业的"行业标准"，它还将对标公司活动分解到过程操作级别并研究特定操作的最佳实践。比如，为了实现零件配送过程的改善，Xerox 对零售商 L. L. Bean 进行对标研究。

标杆管理也不是简单地设定目标。它聚焦于能够产生一流绩效的实践方法。标杆管理还意味着建立伙伴关系，大家可以互相学习。竞争对手也能参与标杆管理，只要不涉及知识产权事宜即可。

和其他大型项目一样，标杆管理的实施必须有结构化的方法以确保成功完成彻底而准确的调研。不过，必须灵活采用创新性的新方法去获取一些难以获取的信息。它是发现新知识和学习新经验的过程，它强制组织用局外人的眼光来审视自己。

2.3.1   标杆管理过程

下面是 Camp（1989）提出的标杆管理过程实施步骤：

1. 计划

1.1　确定要对标的事项

1.2　确定比较公司

1.3　决定数据收集方法，并收集数据

2. 分析

2.1　确定现有的绩效"差距"

2.2　预测未来的绩效水平

3.　整合

3.1　将对标过程中的发现在组织内沟通并寻求认同

3.2　建立职能层级的目标

4.　行动

4.1　制订行动计划

4.2　实施具体的行动并监控进展

4.3　重新对标

5.　成熟

5.1　取得市场领导地位

5.2　实践方法完全整合到组织过程中

标杆管理的第一步是确定在哪些方面对标。为了将对标活动聚焦于关键问题，应该在开始时识别对顾客最重要的关键过程输出（即关键过程特性）。这一步骤运用于组织的每个职能，因为它们都有输出和顾客。QFD/顾客需求评估理所当然是标杆管理的预备步骤。

2.3.2　启动对标

标杆管理的精髓在于获取有价值的信息，它始于识别需要对标的过程，应该挑选对组织的成功有重大影响的业务过程。

选定过程以后，与相关的商业信息库取得联系并申请查询感兴趣行业的信息。商业信息库包含丰富的外部信息渠道，如杂志、专题报告等。你也应该在互联网或者其他电子渠道上亲自动手搜索。不过，要准备好如何从海量信息中搜寻想要的内容（例如，在百度中输入"标杆管理"一词都会出现 20 000 多条信息），也不要忘记自己组织内部的资源。如果企业有局域网，也可以在上面搜一搜。还可以与关键部门（如研发部门）的人员一起开会讨论。公司每天与顾客、竞争对手、供应商和其他"外部"组织打交道的人也是重要渠道，尽力利用他们的专业知识。通常，公司董事会成员的人脉都甚广。

当然，也不是盲目搜寻信息。只研究那些"最佳中的最佳"公司，而不是泛泛之辈。有很多渠道可以了解哪些公司属于精英公司。方法之一是建立一个在业务过程改善方面获得行业大奖或荣誉的企业清单，比如《工业周刊》的最佳工厂奖、美国国家标准与技术研究院的马尔科姆·鲍德里奇质量奖、欧洲质量管理基金会大奖、美国职业安全与健康标准奖（OSHA）、美国联邦质量研究院奖、戴明质量奖、美国海军最佳制造实践，以及竞争力论坛和《财富》等的年度评比等，在此不一一列举了。也可以在某些机构的网站注册以获得"交换服务"，缴纳一定的注册费之后可以进入网站数据库，获取其他注册用户的信息。这也是一个与对标公司建立联系的重要渠道。

不要忽略了你自己的供应商，它们也是重要的信息源。如果公司有评选"最佳供应商"计划，可以与最佳供应商联系，看看它们是否愿意分享"秘诀"。供应商大都愿意配合其顾客的工作，它们会自动敞开大门。也可以联系你的顾客，它们可以从帮你改善中获得既得利益。如果你的质量、成本和交付绩效得到改善，那么你的顾客会直接受益。顾客或许愿意和你分享其他供应商的信息。再次说明，不是一定需要从直接竞争者处获得信息。你顾客的供应商中哪个制单最好？订单履行周期时间呢？顾客服务呢？将注意力放在过程层级上，一般不会涉及企业机密信息。通过顾客获取潜在的对标对象还有一个好处，就是顾客的推荐让你们更容易建立合作关系。

另外一个获取具体公司信息的渠道是学术研究。公司通常允许学术机构将它们的细节信息用于研究。虽然公开发表的研究报告往往会略去具体的公司名称，通常可以从中获取详细的分析和比较结果，从而可以识别出最好公司的最佳实践和绩效水平。这些专家提供的信息在发布之前都要经过严格的同行评审，这往往会帮你节省大量时间。

编制潜在的候选对标公司清单以后，下一步是挑选出最好的3~5家公司。有些候选公司在开始的时候看起来很好，再次评估以后却要从清单中删除。甄选的标准有下面几条（Vaziri，1992）。

- 业绩不是最佳
- 不愿意分享信息或者实践方法（即没有将标杆管理过程看作是互惠互利的学习机会）
- 候选公司的信息难以获取或者可靠性成问题

随着对标的进展，最期望的候选公司的特征会逐渐明朗。因为在这个过程中，你对组织的关键质量特征、最重要的成功要素、竞争对手和市场竞争态势等都会有更深入的理解。

在对标中获得的知识以及随后采取的行动，会大大强化组织的竞争力。

2.3.3 为什么对标会失败

和其他项目一样，对标项目失败主要有以下原因（DeToro，1995）：

- **缺乏领导支持**。项目团队应该向管理层提交一份 1~4 页的对标项目任务书，它包含项目的描述、目标以及潜在的成本。如果团队未获批准或者没有发起人，表明项目未能获得理解或支持，启动这样的项目就没有意义了，也不大可能在项目结束的时候能推行纠正措施。

- **项目成员选择不当**。谁是标杆管理项目团队的适当人选呢？参与标杆管理的个人应该是过程的负责人和当事人。试图让团队人员解决一个他们不熟悉领域内的问题或者他们无法施加影响的过程问题，是不会有效果的。

- **团队人员没有完全理解他们的工作**。如果团队人员没有仔细研究对标的过程，绘制过程图、流程图，制定过程文件，如果对标公司也没有将它们的过程形成文件，就不可能进行有效的技术转移。对于项目团队而言，每个对标项目的意图都是透彻理解自己组织的过程，并将它与其他公司的过程在细节层面上做比较。相互交流过程步骤信息是绩效改善的核心。

- **项目范围太大**。项目团队承担的任务范围太大以至于无法管理。应该将项目范围条理清楚地分解成可以管理的小任务，逐个完成它们。建议的方法之一是根据整个公司职能流程图识别主要过程，如生产、营销等。也可以按照某一判定标准选出对公司目标贡献最大的过程来对标。

- **缺乏管理层的长期支持**。因为管理层对具体工作细节的熟悉程度不如员工，他们往往会低估成功完成一个对标项目所需的时间、成本和难度。经理如果无法确切获得一个典型对标项目所需的时间，可以参照下面的经验法则：四五个人组成的团队，用 1/3 的工作时间，大概需要 5 个月才能完成一个项目。

- **关注于指标而不是过程**。有些公司将对标的焦点放在绩效目标（指标）上而不是过程上。如果竞争对手有卓越的资产回报率，并不意味着我们只把它的绩效作为我们的目标（除非我们了解该竞争对手是如何有效地使用其资产，并且在评估其过程以后发现我们可以模仿甚至超越它们）。

- **没有把标杆管理纳入六西格玛战略**。标杆管理是用于缩短周期时间、降低成本、减小波动、流程再造等众多六西格玛工具之一。标杆管理与这些工具相容互补，共同使用可以发挥各自的最大价值。

- **对组织使命、目标的误解**。管理层发起的所有对标活动都应该是实现组织总体愿景和使命的一部分，都要通过实现短期目标来最终达成长期目标。

- **以为收集信息都要实地考察**。经常从公共领域就可以获得足够的信息，这让实际考察变得没有必要。它可以加速对标项目的实施，显著降低项目成本。
- **过程进展监控不到位**。一旦某一具体的领域或过程对标完成以后，就要为变革过程设立新的标杆。管理人员应该监控过程变革的进展及实施效果。

上述问题的讨论会贯穿全书。处理它们的最好方法是从一开始就精心规划和管理项目，防止上述问题发生。

可以将上述清单作为评估项目计划的检查表。如果项目计划中没有完全排除这些问题，则该计划就是不完整的。

2.3.4 标杆管理的优点

标杆管理具有下列优点：

- 建立一种追求卓越持续改善的文化
- 打压"不是我们发明的"（方法就不采用）的态度，强化创造性
- 提升对外部环境变化的敏感度
- 将组织的思维模式从自满转换到有强烈的危机感，促进持续改善
- 让员工参与绩效目标的设定，从而提高资源利用率
- 排出待改善领域的优先顺序
- 在对标合作方之间分享最佳实践

2.3.5 标杆管理的缺点

标杆管理基于学习他人，而不是自己开发新方法或者改进它们。因为所有人都可以学习被研究的过程，标杆管理不可能一劳永逸地带给公司可持续的竞争力。尽管标杆管理很有帮助，但不应将它当作首要的改善策略。

竞争分析是很多公司设定目标的方法，它实际上是局限于自身行业的对标。虽然这种方法很常见，竞争分析最多只能保证二流的质量，因为公司总是在追随竞争对手。如果全行业都使用竞争分析来设定目标，行业内所有公司就会停滞不前，最终将被外部创新者所取代。

2.4 创新

最近《哈佛商业评论》上的一篇文章很严肃地批评了"创新"一词在当代的

过度使用,并讽刺性地引用 Kellogg 公司的案例作为佐证,该公司将新产品花生酱风味的小点心也冠以"创新"的名头。而惠普公司在一场关于生产线降本计划的电话会议中居然使用了 70 次"创新"一词。很明显,它们都不是创新的例证。

实际上,创新指的是突破性发明。哈佛商学院的克莱顿·克里斯坦森教授在其著名的《创新者的窘境》一书中构造了"破坏性创新"来指代创新。它们在价格、可接近性、便利性等方面彻底颠覆了传统的思维方式,改变了游戏规则。最近发生的例子包括个人电脑、数码相机、智能手机等。亨利·福特通过大规模生产将汽车的成本降低到一般工人都能买得起的程度,也是创新的经典之一。

缺乏创新被认为是行业巨头柯达和通用汽车公司日薄西山的关键原因。再不创新,微软公司也终将难逃厄运(Silberzahn and Jones,2012)。本书作者认为创新之于组织与创新之于阿诺德理论中的文明很像:当一个社会能够有效地激励所有人创新性地做出对社会的贡献,它就会从外部吸引到更多的有创意的人来给社会提供营养,文明就会繁荣。当创新能力消耗殆尽以后,创造性就会被控制所代替,文明开始走下坡路。缺乏创新,再强大的文明终将消失。Kotter(2012)认同柯达内部领导层在创新上的自满是公司破产的原因。他们显然过分关注于胶卷业务的高(然而却短期)利润率(一位柯达内部员工如是说)。

顾客很少会带给公司真正的创新灵感,因为他们不知道供应商行业最新的进展,或者供应商生产设施中的具体过程。不过,正如 Kano 模型所提出的,他们的期望通常会驱动供应商的产品或过程的发展。

2.4.1 Kano 模型

卡诺(Noritaki Kano)建立下述模型,描述顾客满意度与质量之间的关系,如图 2-4 所示。

在 Kano 模型中,顾客对于产品质量有一些基本要求。比如,所有的汽车都应该有窗户和轮子。如果问顾客,他们甚至不会提及基本质量要求,他们认为公司当然应该满足基本质量要求。不过,如果这些质量要求没有得到满足,顾客就会不满意。注意,所有的"基本质量"曲线都位于模型图的下半部分,仅与"不满意区域"对应。也就是说,仅仅提供"基本质量"的产品是不会让顾客满意的。

"期望质量"线代表的是顾客明确提出期望的质量要求,比如,在结账柜台前排队的时间长度。模型显示,如果"期望质量"没有得到满足,顾客就不会满意;期望质量越好,顾客的满意度越高。

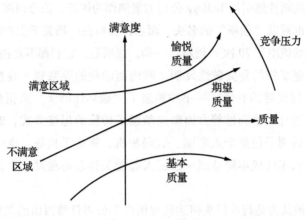

图 2-4   Kano 模型

"愉悦质量"线全部位于"满意区域"。它是创新产生的效果，愉悦质量代表预料之外的质量要求，即顾客收到的产品质量超过原先预想的水平。比如，凯迪拉克首先推出一种汽车头灯系统，它可以延迟一段时间关闭，为车主提供从停车地点走到家门口这一段时间的照明。在第一次出现的时候，这一质量特性让顾客感到欣喜。

市场竞争会不断抬高顾客的期望。今天的"愉悦质量"可能在明天就变成了"基本质量"，引领市场的公司必须不断创新。相反，只提供基本质量的公司不需持续研究顾客期望的变化，以确定当前顾客接受的质量水平。仅仅跟随竞争对手是不够的，因为顾客期望也受到外在因素的影响，比如，制造领域的质量革命也提高了顾客对服务质量的期望水平。

将质量定义为仅仅没有不合格品产生是一种不完整的质量观。摩托罗拉在制定它的西格玛水平指标的时候从来就不这样定义质量。不过，在六西格玛改进项目中确实有人会有种误解。

有些徒有虚名的六西格玛项目有个问题，就是它只关注 Kano 模型的下半部分。如果六西格玛项目仅仅聚焦于顾客期望和预防不合格品及缺陷，则它只关注了 Kano 模型中位于"期望质量"线之下的部分。在这些质量需求方面不断加强和改善当然没有错，但它不会确保组织永久生存。组织的长期成功需要不断创新，创新是创造性活动的结果。

参见在线视频 Kano 模型，www. mhprofessional. com/SSH4。

2.4.2 质量功能展开

质量功能展开（Quality Function Deployment，QFD）是实施产品和服务创新的顾客驱动的过程。它以"顾客的声音"开始，它是设定需求的基础。QFD 矩阵表有时也被称作"质量屋"，它用图形的方式展示了计划的过程。QFD 矩阵表有大量的变种，有的 QFD 矩阵表还会显示竞争目标和过程优先级等信息。矩阵表是由跨职能小组共同制定的，这样可以克服职能型组织中常见的沟通障碍。

QFD 是根据顾客需求设计产品和服务的过程。它将顾客需求系统性地转化为具体的产品或服务的技术规格。QFD 涉及全公司的产品设计和质量控制活动。最后，QFD 还将决策过程的文件记录下来。QFD 过程包括四个不同的步骤（King，1987）。

1. **组织阶段**。管理层选择需要改善的产品或过程，挑选合适成员组建跨部门团队，定义 QFD 的关注点。

2. **描述阶段**。项目团队从下列不同的方面定义产品和服务：顾客需求、功能、结构、可靠性、成本等。

3. **突破阶段**。项目团队选定改进的对象以及改进方法，方法包括新技术、新概念、更好的可靠性、成本降低等，同时监控瓶颈过程。

4. **实施阶段**。项目团队定义新产品或服务及其制造方法。

QFD 的实施需要建立一系列矩阵表。在最简单的 QFD 矩阵表中，行表示顾客需求，列表示产品或服务特征。行与列相交的单元格代表单个产品或服务特征与某顾客需求的关系，即产品或服务特征对于顾客需求的重要性。有时也称这样的矩阵为"需求矩阵"。在需求矩阵的基础上还可以增加各产品或服务特征之间的相关性，这种强化了的需求矩阵也被称作"质量屋"。图 2-5 是一种常用的质量屋布局图。

质量屋以一种简单的图形格式将顾客需求、产品特性以及竞争力分析联系在一起。建立上述包含顾客需求的矩阵应该非常慎重，这一点至关重要，因为它是整个 QFD 的基础。顾客需求最终通

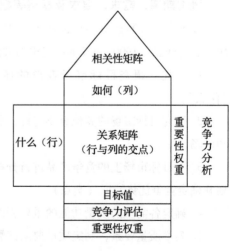

图 2-5　质量屋

过一层层的 QFD 被"展开"部署到最终的产品特征和生产过程特征。

另外一种经改编的 QFD 被称作 Macabe 方法，它由依次相关的四个矩阵组成（King，1987）：产品计划矩阵、零件部署矩阵、过程计划矩阵、生产计划矩阵。每个矩阵都是从前一个矩阵衍生出来的，如图 2-6 所示。

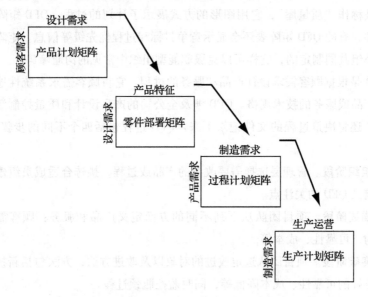

图 2-6 Macabe 方法 QFD

图 2-7 展示了一个 QFD 实例。

顾客期望、需求、要求及规格等数据收集和评审

赤尾洋二（Yoji Akao）也基于 QFD 提出了一种新的质量计划和质量设计方法。赤尾洋二（1990，p.7-8）提出的方法的 11 个步骤如下：

1. 首先，调查目标市场客户的显性和隐性质量需求，然后决定要制造"什么"。

2. 研究目标市场的其他重要特性，制作需求质量功能部署图，反映市场需求和市场特征。

3. 对目标市场上的竞争产品进行分析，我们称之为竞争力分析。制订质量计划并确定竞争优势特征（卖点）。

4. 确定各需求的质量功能的重要程度。

5. 列举质量要素，制定质量要素部署图。

6. 将需求质量部署图与质量要素部署图合并，形成质量图。

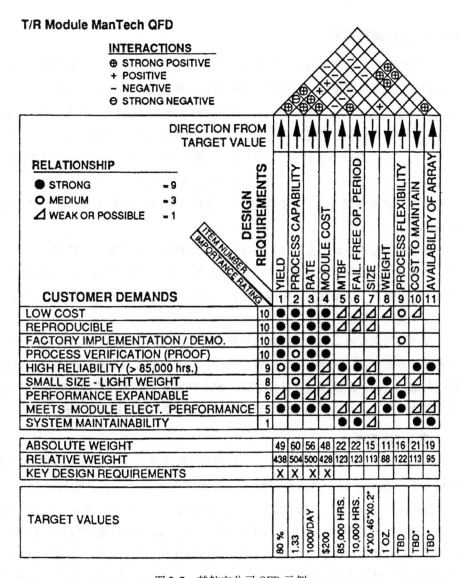

图 2-7 某航空公司 QFD 示例
资料来源：Wahl 和 Bersbach, 1991。

7. 对竞争产品进行研究，了解其他公司在各质量要素上的竞争力水平。

8. 分析顾客投诉。

9. 根据顾客质量需求和投诉，确定最重要的质量元素。

10. 将质量特征转化为质量要素，确定具体的设计质量。

11. 确定质量保证方法和测试方法。

2.4.3　转化顾客需求

一旦顾客向公司明确提出了他们的要求，公司就要将顾客的要求转化为公司内部的产品或服务质量需求与规格。该过程是一种转化，因为它实际上就是把一种语言（顾客的）转化为另一种语言（员工的）。比如，以车门为例，顾客可能会说，"我想一推车门它就完全关闭，但是希望风吹的时候不会关上"。研究这一需求的工程师必须将其转化为工程术语，类似于需要几磅的力才可以将门关上，门开启的角度，等等。在制定内部质量需求的过程中必须始终围绕顾客的原始意图，直至将其转化为产品或过程的规格，从而将顾客的声音传到整个组织内部。

在保持顾客的声音不变之外，还需要给各项顾客要求分配重要性权重。产品和服务的设计总是离不开权衡取舍：燃油经济性会随着车辆自重的增加而变差，而安全性会提高。重要性判定标准必须由顾客决定，当不同的顾客有不同的判定标准时，设计决策会更复杂。

在顾客需求模糊不清或者顾客与顾客之间的需求存在差异的时候，在相互冲突的设计方案中进行抉择会变得困难。另外，由于内部人员和目标的差异，比如部门与部门之间、设计师与设计师之间、成本与质量之间等，快速选定设计方案就变得格外复杂。按照严格的程序做出选择决策有助于处理这种复杂性。

结构化决策方法

行动决策的第一步是确定目标。举例说明，假设你是一个公司产品开发过程的负责人，你们公司专门销售帮助个人管理财务数据的软件。你们的软件叫"DollarWise"，在市场上占据主导地位，总体而言，公司因为出众的产品而赢得了顾客和竞争者的尊敬。公司业务利润可观，领导自然也想维持这种可喜的局面，并希望在未来取得更大的发展。公司决定继续保持 DollarWise 在细分市场中的领导地位，并利用自己产品的良好声誉发布新产品，将顾客群扩大到有财务需求的小公司。他们决定，产品开发是部署此战略的核心过程。

作为过程负责人，或者业务过程执行官，你可以控制产品开发的预算，包括升级现有产品所需的资源。尽管 DollarWise 依然被认为是最好的个人财务软件，但它也有点过时，竞争对手也在稳步缩小他们与你们的技术差距。你认为需要对 DollarWise 进行重大升级，并将资源聚焦于顾客最看重的地方。因此，你的目标是：

目标：确定最需要投入资源升级的地方

通过一系列信息渠道（焦点小组、用户实验室、网络论坛、展览会面谈、小型会议、调查、信件、技术支持反馈系统），你了解到顾客的问题和意见如下：

- 我可以将 DollarWise 中的总额数与字处理软件中的报告连接起来吗？
- 我可以高速联网，并希望能从大型数据库中下载数据到 DollarWise 中进行分析。
- 我喜欢快捷键，这样就不需要来来回回点击菜单按钮了。
- 我的网速只有 56K，用 DollarWise 时联网速度很慢。
- 我联网在线支付银行的账单，我想直接用 DollarWise 支付，而不用再到银行的网站上。
- 我希望软件有互动教程，帮我学习如何使用。
- 我想要打印的文件。
- 我希望安装很简单。
- 我希望用户界面很人性化。
- 我希望能下载银行结单报表并可对其进行调节。
- 我希望可以联网升级。
- 我想管理库存组合并跟踪投资回报率。
- 我想将每月的报表保存起来，并易于更新。
- 我每次分析开支费用的时候，按照不同的方式分解会很复杂。
- 在 DollarWise 和 Excel 之间传送数据很费事。
- 当有小问题的时候，我希望在网上或者帮助文件中有易于使用的自助说明。
- 当出现我自己解决不了的问题时，我希望有价格合理、易于获得的技术支持服务。
- 你们应该在网上免费提供补丁和软件错误修复工具。

使用上述用户意见清单的第一步是发现其中隐藏的结构。如果大部分的意见都只关注少数的几个问题，顾客真正需要的产品特性就很容易了解。虽然有统计工具（比如，结构化建模、主成分分析、因子分析）可以实现此任务，但是这些统计工具很复杂，而且需要使用精心设计的调查问卷来收集大量的数据。另外一种方法就是绘制"亲和图"，它是一种简单的方法。根据构建的亲和图，我们发现了下列结构：

1. 易于学习。

1.1　我希望安装很简单。

1.2　我希望软件有互动教程，帮我学习如何使用。

1.3　我想要打印的文件。

1.4　我希望用户界面很人性化。

2. 学习之后很快可以使用，使用也很简单。

2.1　我喜欢快捷键，这样就不需要来来回回点击菜单按钮了。

2.2　我想将每月的报表保存起来，并易于更新。

2.3　我每次分析开支费用的时候，按照不同的方式分解很复杂。

3. 连接互联网。

3.1　联网在线支付银行的账单，我想直接用 DollarWise 支付，而不用再到银行的网站上。

3.2　我的网速只有 56K，用 DollarWise 时联网速度很慢。

3.3　我可以高速联网，并希望能从大型数据库中下载数据到 DollarWise 中进行分析。

3.4　我希望能下载银行结单报表并可对其进行调节。

3.5　我想管理库存组合并跟踪投资回报率。

4. 能与其他软件很好地兼容。

4.1　在 DollarWise 和 Excel 之间传送数据很费事。

4.2　我可以将 DollarWise 中的总数与字处理软件中的报告连接起来吗？

5. 易于维护。

5.1　我希望可以联网升级。

5.2　你们应该在网上免费提供补丁和软件错误修复工具。

5.3　当有小问题的时候，我希望在网上或者帮助文件中有易于使用的自助说明。

5.4　当出现我自己解决不了的问题时，我希望有价格合理、易于获得的技术支持服务。

根据亲和关系分类归并以后得到的缩减版的顾客需求模型只使用了 5 个关键要素就概括了各种顾客意见（见图 2-8）。

下一步，我们要按照各要素对顾客的重要性赋给它们相应的权重。确定重要性权重的方法有很多，比如：

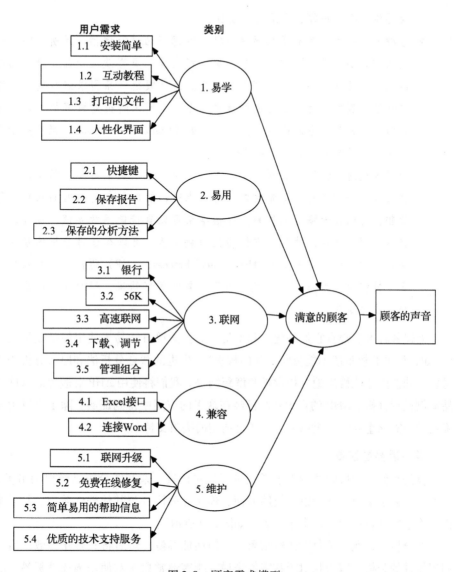

图 2-8　顾客需求模型

- 让顾客用数字给每一质量特征项的重要性权重赋值（比如，在从 1 到 10 的重要性量表中，选择"简单的帮助信息"这一特征的重要性等级）。
- 让顾客用主观性量表评价每一质量特征项的重要性（比如，不重要、重要、非常重要等）。
- 让顾客决定，如果他们只有 100 美元的预算，他们会如何在每个质量特性之间分配。此时，一般顾客会首先向最重要的质量特征项分配预算，然后再将剩余的预算分配给其他项目。

- 让顾客对一系列具有不同显著特征的假想产品进行评估，对所有的产品按照"购买可能性"排序或者评级，指出他们更喜欢的产品。精心选择的假想产品具有不同的顾客需求组合。设计假想产品需求组合的方法要能保证根据顾客对产品的偏好值推导出每个需求特征对顾客的相对重要性值。这种分析方法被称作联合分析法（Conjoint Analysis），很多关于市场研究统计学的教科书中都有介绍。

- 让顾客逐对评估不同的质量需求特征，指出他们更偏好哪一特征，或者两种特征一样重要。首先对类别进行比较，然后对各类别内的项目进行比较，可以大大降低工作量。评估结果可以直接使用数字值，也可以先使用描述性标识，然后将它们转化为数字值。可以在逐对分析的基础上使用层次分析法（Analytic Hierarchical Process，AHP）得出各需求项目的重要性权重。因为 AHP 使用了两两比较的偏好结果，AHP 矩阵也常被称作优先序矩阵。

上述各种方法都有它们的优点和不足之处。简单方法易于使用但是效果欠佳（比如，得出的权重值不能反映实际的权重）。先进的联合分析法和层级分析法则需要特殊技能才能恰当地分析数据并解释结果。我们将使用 AHP 对假想的软件产品案例进行分析。AHP 的强大功能已经在众多的应用中得到证实。除了可以用来确定顾客需求重要性权重以外，它还是通用的决策支持工具。

类别重要性权重

首先我们对顶层的质量需求类别进行逐对比较。亲和图分析已经识别出了 5 个类别：易于学习、学会以后使用方便、连接互联网、与其他软件兼容、易于维护。将这些项目排列成一个矩阵表，如图 2-9 所示[○]。

在分析中，我们给每对比较结果一个描述性标签，然后将其转化为数字值以利于软件的分析。因为相对于数字值来说，顾客通常更喜欢使用描述性标签。所有比较结果都以顾客希望购买哪种产品为基础，这与我们的目标是一致的，即确定对哪些重点产品特征进行升级。矩阵表中高亮显示的单元格将"易于学习"特征与"学会以后使用方便"特征进行比较。顾客必须确定哪个特征对他们更重要，或者两个特征的重要度相同。在图 2-9 中，顾客认为，与"学会以后使用方

○ 尽管使用特殊软件可以简化分析，但也可以使用电子表格软件获得非常近似的结果。具体参见附录 17。

便"相比，他更偏好"易于学习"，偏好的强烈程度是"中等到非常"。根据顾客的评估结果，软件在单元格中自动填入"+4"表示比较结果（比较结果的量表等级为 1/9 到 +9，其中 +1 表示两个特征重要性"相等"）。类似地，将剩余的类别两两比较，得到的结果矩阵显示在图 2-10 中。特征类别中的柱状阴影条的长度直观地显示了各类别对顾客的重要性程度。用数字表示的各重要性权重如下[⊖]：

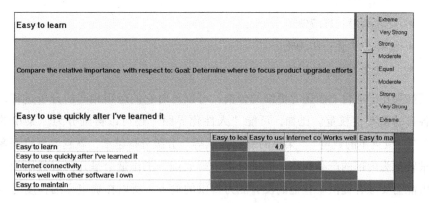

图 2-9　逐对比较的类别矩阵

资料来源：由 Expert Choice 软件制作，www. expertchoice. com。

	Easy to lea	Easy to us	Internet co	Works well	Easy to ma
Easy to learn		4.0	1.0	3.0	1.0
Easy to use quickly after I've learned it			0.20	0.33	0.25
Internet connectivity				3.0	3.0
Works well with other software I own					0.33
Easy to maintain	Incon: 0.05				

图 2-10　完成的顶层比较矩阵

- 易于学习：0.264（26.4%）
- 学会以后使用方便：0.054（5.4%）
- 连接互联网：0.358（35.8%）
- 与其他软件兼容：0.105（10.5%）
- 易于维护：0.218（21.8%）

这些相对重要性权重值既可以用于这里的 AHP 分析过程，也可以用于 QFD。在分配资源的时候，与重要性权重较低的类别相比，我们会重点考虑重要性权重较高的类别。

⊖　可以使用 Microsoft Excel 获得权重值的近似结果，参见附录 17 中的示例。

子项目重要性权重

将获得各类别重要性权重的方法对各类别中的子项目重复使用一次即可得到。比如，将"易于学习"类别下的"交互教程""打印的文件""人性化界面"等两两比较，即可得到各子项目的重要性权重。本例中，根据顾客的输入，可能得出如下的结果：

- 交互教程：11.7%
- 打印的文件：20.0%
- 人性化界面：68.3%

如果在子项目下面还有更细的分类，可以再对它们运用相同的分析过程，得到各自的重要性权重。比如，可能"人性化界面"还可以再细分为"菜单的数量""二级菜单的数量""菜单的易读性"等。分级分得越细，就越容易将顾客的需求转化为内部的产品规格。但是分级分得太细，工作量会呈几何级数增加，而且可能需要顾客提供一些他们没有能力提供的输入，所以在确定详细程度时需要做一个权衡。本例中，我们分到第二个级别可能就足够了。

总体重要性权重

刚刚得到的子项目权重只是告诉我们它们相对于各类别的相对重要性，而不是针对总目标的，因此，也经常称它们为局部重要性权重。不过，子项目重要性权重并没有告知它们对于总目标的影响，或称总体重要性权重。总体重要性权重等于各子项目重要性权重与所在类别的重要性权重的乘积。本例中的各子项目总体重要性权重按照降序排列，如表 2-2 所示。

表 2-2   局部和总体重要性权重

类别	子项目	局部权重	总体权重
易于学习	人性化界面	68.3%	18.0%
连接互联网	在线支付	43.4%	15.5%
连接互联网	下载银行结单	23.9%	8.6%
连接互联网	下载投资信息	23.9%	8.6%
与其他软件兼容	与电子表格快捷连接	75.0%	7.9%
易于维护	免费联网打补丁	35.7%	7.8%
易于维护	免费联网自助技术支持	30.8%	6.7%
易于学习	高质量文件	20.0%	5.3%
易于维护	合理定价的高级技术支持	20.0%	4.4%
连接互联网	与 56K 网速良好配合	8.9%	3.2%

（续）

类别	子项目	局部权重	总体权重
易于学习	交互教程	11.7%	3.1%
易于维护	自动联网升级	13.5%	2.9%
与其他软件兼容	可以编辑用字处理软件中的报告数据	25.0%	2.6%
学会以后使用方便	可以保存经常使用的报告格式	43.4%	2.3%
学会以后使用方便	快捷键	23.9%	1.3%
学会以后使用方便	只显示经常使用的快捷菜单	23.9%	1.3%
学会以后使用方便	宏功能	8.9%	0.5%

　　根据总体重要性权重分配资源可以有效地服务于总体的目标：确定最需要投入资源升级的地方。在本例中，"连接互联网"显然对顾客有重大影响。而"学会以后使用方便"则相对来说影响较小。"易于学习"主要由一个子项目决定，即"人性化界面"。这些权重值将用于评估不同的升级方案。每个升级方案都根据各子项目进行评估，并根据它们对于实现该子项目的程度赋予一个数值。将该数值与对应子项目的总体重要性权重得到该方案的总分值。对各方案按照总分值进行排序，过程负责人可以参考该排序结果来做出分配资源的决策。或者更进一步，使用各子项目的总体重要性权重制订软件升级方案，以解决顾客觉得最重要的需求。

　　表 2-3 是使用总体重要性权重评估多种升级方案所得结果的一部分。表中的数字评级结果数值中，0 代表没有影响，1 代表有一些影响，3 代表有中等影响，5 代表有很大影响。因为所有的总体重要性权重之和为 1（100%），任何升级方案可能获得的最大值是 5。在评估的 5 个方案中，方案 C 的分值最高。可以看出，方案 C 对于满足最重要的 6 个顾客需求效果最好。至少它对最重要的 11 项需求中的 10 项都具有中等影响，只有在"合理定价的高级技术支持"上出现了例外。这些项目代表了大约 90% 的顾客需求。

表 2-3　使用总体权重评估不同方案的示例

子项目	方案得分	人性化界面	在线支付	下载银行结单	下载投资信息	与电子表格快捷连接	免费联网打补丁	免费联网自助技术支持	高质量文件	合理定价的高级技术支持	与56K网速良好配合	交互教程
总体权重		18.0%	15.5%	8.6%	8.6%	7.9%	7.8%	6.7%	5.3%	4.4%	3.2%	3.1%
方案 A	3.57	3	5	1	1	3	3	4	3	5	3	3
方案 B	2.99	1	1	1	3	3	5	5	5	5	5	5

（续）

子项目	方案得分	人性化界面	在线支付	下载银行结单	下载投资信息	与电子表格快捷连接	免费联网打补丁	免费联网自助技术支持	高质量文件	合理定价的高级技术支持	与56K网速良好配合	交互教程
方案 C	4.15	5	5	5	5	5	5	3	3	1	3	3
方案 D	3.36	3	3	3	3	3	3	5	5	5	5	5
方案 E	2.30	5	0	0	0	5	5	1	1	0	1	1

当然，分值只是各个升级方案决策的一个输入。因为其严格性，所得分值往往具有很高的决策价值。也可以使用相同的方法来评估其他信息，比如成本、及时性、可行性，将它们的分析结果综合到决策中。比如，过程负责人可以将不同的输入逐对比较（顾客影响分值、成本、可行性等）并最终赋给权重，然后根据权重确定各种方案的总分值。注意，这种方法实际上综合了 AHP 和 QFD。

下载优先级矩阵 Excel 模板：www.mhprofessional.com/SSH4。
下载 Excel 格式的示例：www.mhprofessional.com/SSH4。

2.4.4 创造性解构

Innosight 是创新研究的先驱克莱顿·克里斯坦森创立的一家全球领先的战略和创新咨询公司，该公司的一项针对近百年市场数据的研究结果显示，市值最大的标准普尔 500 强榜单（即标准普尔 500 指数成分股公司）中公司的寿命越来越短：1958 年榜单上公司的平均寿命是 61 年，1980 年降到了 25 年，2010 年更是降到只有 18 年。在上个 10 年中，近一半的标准普尔 500 强公司已经在榜单上被其他公司取代（Innosight，2012）。市值萎缩（包括但不限于破产）是被移出清单的主要原因，其他的原因包括被竞争对手兼并或者私有化。

Innosight 公司的福斯特声称，公司寿命取决于它们在三个相互竞争的管理目标之间取得平衡的能力，它们是：①创建新的业务机会；②核心业务运营的有效性和效率；③根据业务增长和投资的期望，出售或者关闭不可持续的业务的单元。2001 年福斯特在名为《创造性解构》的文章中提出著名的"创建、运营、出售"模型。根据这个模型理论，因为不同的单位会竞争有限的资源，有些单位会出于长期战略考虑而被出售，公司中会出现紧张气氛。福斯特也介绍了几个运用"创建、运营、出售"模型的公司，包括 GE、IBM、强生、宝洁，这些公司股票在 2002 ~ 2012 年都大幅度跑赢标准普尔 500 指数。福斯特将它们的创新能力称作明显的竞争优势,由此他建议公司的领导团队应该考虑三个关键问题(Innosight, 2012):

1. "我们达到世界级运营水平了吗?"福斯特坚称,卓越运营是有效地创建新业务或者出售前景不佳业务单位的前提条件,因此首先要关注运营问题。

2. "我们要如何变革才能保持行业中的地位?"变革的速度是根据具体行业而定的。福斯特也指出,变革速度比行业平均水平低的公司是低成本竞争者取代的对象,这些竞争者经常来自国外。

3. "我们的控制系统是否能有效工作?"在这里,控制系统指的是运营的控制系统,即在核心业务中维持标准。

Innosight 的研究表明,一个经济体中创造性解构的速度与总体经济增长速度相关联。增长乏力之时,就是需要用创造性解构来创新之时。他们建议,组织领导人应该通过创造性解构来积极创新,否则,就会无可避免地成为创造性解构的牺牲品。

最近埃森哲公司对欧洲和美国 500 家大型公司(年度销售额超过 1 亿美元)的调查发现,成功的创新存在两大障碍:仅仅关注扩展产品线,而没有突破性的新产品;在将新想法转化为可靠而实用的业务模型方面缺乏能力(Koetzier and Alon, 2013)。有证据显示具有正式创新系统的公司比其他公司要好得多,因此,作者建议将创新作为一个单独的价值流来管理,并强调速度和灵活性。创新应该集中于业务解决方案(即满足顾客需求的整个过程),而不是产品本身。

宝洁公司的创新工作文件化做得很好,部分原因是它与 Innosight 的关系,另外很可能是由于它们压倒性的市场占有率,而高市场占有率又是由它们的创新所造成的。宝洁公司每年花在产品研发上的经费大概有 20 亿美元(比它最接近的竞争对手要高出 50%),另外数百个创新团队对接近 500 万消费者的研究每年也要花费另外的 4 亿美元。在 2000 年尽管只有 15% 的创新项目达到利润和销售额目标,2010 年有 50% 达到了(Brown and Anthony, 2011),考虑到创新项目中固有的高风险,这是巨大的成功。宝洁公司的首席技术官布鲁斯·布朗和 Innosight 的斯科特·安东尼将宝洁公司创新工作总结成一份纲要,纲要指出,要通过创新促进公司的增长,公司的管理层应该关心以下问题。

1. **紧密协调创新过程与核心业务的关系**。核心业务产生增长所需的现金流,因此公司的增长总体上取决于核心业务的成功。核心业务在能力、资源、工具、市场知识方面都有优势,这些优势也是创新所必需的。

2. 建立创新项目类型组合，每个创新项目类型都有自己的投资预算和预期回报，对它们实行区别化管理。宝洁将创新项目划分为四种基本类型，并重点强调能够支持核心业务并促进核心业务成长的持续型和转型－持续型项目。

a. **持续型项目**：对现有产品和服务的小规模改进，以维持这些产品和服务在市场上的地位。

b. **商业性项目**：旨在增加市场份额的营销或促销活动，它们甚至不针对具体的产品。

c. **转型－持续型项目**：它们对现有业务采取重大变革，根本性地重新定义市场。抗衰老美白霜 Olay Pro-X 就是例证，它（和其他宝洁品牌相比价格较贵）直接与更昂贵的处方类产品进行竞争。

d. **破坏性项目**。彻底颠覆市场的突破性产品，比如宝洁的 Swiffer 品牌。

3. 从小项目开始，逐渐成长。创新不可能一蹴而就地快速解决问题，它需要长期的投资，需要经历很多的波折和试验。取决于项目的类型（见上文）以及它们与核心业务的整合程度，有些项目可能应该按照创业公司来对待，将它们与现有的业务单元完全分开管理。在投资新项目的时候，需要根据其独特的需要灵活地设置组织机构和分配资源。

4. 用新的绩效指标衡量新业务。宝洁公司使用新方法来评估新产品的潜在市场，比如用小规模的试验来收集消费者的意见，衡量市场对新产品的兴趣度。

5. 确保正确的人做正确的事。培训是重要的创新途径，因为创新项目需要占用最有经验全职员工的时间。和六西格玛项目一样，创新项目团队最好也是小而精的团队。

6. 鼓励交流。宝洁与非竞争组织积极合作以加强对外部环境的洞察力并向最佳实践看齐。它们也会从外部招募人员，以快速获得所需的技能，对组织内部欠缺的技能加以补足。身兼创新的特拉斯和美国太空探索技术公司两家公司的 CEO 埃隆·马斯克说，两家公司之间充分分享想法，是大规模生产迄今为止世界上最长续航里程全电动汽车所需创新的关键源头（Endler，2013）。"你看不到用大量钢材制造的飞机……用铝制造汽车看起来好像显而易见，实际上在整个北美地区只有 Model S 是用铝制造的。"马斯克说。

上文中宝洁公司创新经验重要的一个方面就是创新项目类型的组合。虽然破坏性创新可以成功地开发突破性的产品或服务，转型－持续型项目也产生了巨大的投资回报，但是它们都需要长期的高额投资，风险很大（即产生回报的概率很小）。

为了确保创新成功，Kanter（2006）在下述四个关键领域提出了需要注意的事项。

　　1. **战略**。项目投资的金字塔结构：较少的破坏性项目，辅以较多的前景良好的中等项目（中等指的是投资额及投资回报），数量最多的是维持型项目（所需的投资更小）。这样可以从大量的短平快项目中获得持续的回报，虽然每个项目的回报都相对来说较小（投资额也较小）。不要仅仅关注新产品，也要关注现有产品、服务、过程。

　　2. **过程**。保持预算和计划的灵活性，这样公司领导人可以对当前环境做出快速反应。不要设置太僵化的需求，期望的回报要与当前（成熟）的产品线相匹配。他用英国的热播电视连续剧《办公室》作为例子，证明灵活的预算过程导致的成功：预留一部分预算用作特殊项目，机会合适时就动用该笔预算。

　　3. **结构**。创新不应在黑暗中进行，也不应给创新团队成员不应有的威望。应该在核心过程人员和创新团队之间培养沟通与合作精神，而且是双向的，因为创新项目会得益于富余的核心业务产能，而最终的成功创新会给整个组织带来销售额的增长。

　　4. **技能**。沟通和合作技能是创新的基础，培训显然有助于提升创新技能，如果不是必不可少。团队成员应该承诺在整个期间一起工作，应该避免在项目中途有人退出。

　　在所有的四个领域中，这些建议基本上都和上文中宝洁公司的发现相符。基于创新与组织现有过程和组织价值观的契合程度，克里斯坦森和奥弗多尔夫进一步明确了项目团队所需的技能和资源需求。在有关创新的语境中，价值观仅限于组织对风险的态度和对成长的渴望。顾名思义，大型组织需要大型机会以维持特定的增长速度。例如，一个100亿美元规模的公司要达到10%的业务增长需要新增10亿美元的销售额，而一个100万美元的公司只需要10万美元就够了。很多时候，大型公司的风险承受能力较强。

　　如果创新项目与现有的过程和价值观在两个方面都契合得很好，那么可以从不同的职能部门抽调人员组建成功的创新团队（即跨职能团队），在现有的组织框架内对其进行管理。无论如何，团队成员都应该全职投入创新工作，并对自己所管辖范围的成功完全负责。如果创新项目与现有的过程和组织价值观有很大的差异，应该以一个独立公司或者在类似于洛克希德马丁臭鼬工厂的环境下来开展，并独立于现有组织框架，以便在一套全新价值观之下培育新的过程。如果仅仅是价值观有冲突，而创新项目与组织现有过程能够很好地吻合，那么可以在现有组织框架下开展项目，以便利用现有过程，然后单独成立公司开展商业化经营

（Christensen and Overdorf，2000）。

　　上文提及，创新可以有多种形式，有的只是在现有产品或服务上进行相对较小的拓展，有的则是颠覆市场的突破性创新。不过，任何规模的创新都有其价值，原因很简单，因为它们都加强了公司的竞争优势。Porter（1996）指出，战略定位的出现通常就是创新的结果。在战略定位中，组织要在下面两者中做出决策：是服务于广大顾客的小部分需求，还是服务于少部分特定顾客（或地域性市场）的多项需求。做出这样的决策就需要权衡，因为出于资源限制和品牌形象等考虑，组织必须选择一个市场同时放弃另外的市场。它就是战略，要实现战略就必须将它与组织的活动紧密整合到一起，这就是战略规划的目的。

2.5　战略规划[⊖]

　　虽然未来必将来到，它却不可预测。即便如此，长期规划能给组织提供有益的价值，因为它给经理人员提出下列关键问题的机会：①目前的趋势能否延伸到未来？②目前的产品、服务、市场、技术就是明天的产品、服务、市场、技术，这个假设是否正确？③或许最重要的是，是否将能量与资源白白地耗费在抵御"昨天的竞争"上（Drucker，1974）？

　　传统的战略规划从回答两个简单问题开始："我们的业务目前是什么"以及"我们的业务应该是什么"。

　　战略规划不是预测，正如德鲁克（1974）直截了当地指出："它不是值得尊敬的人类活动，超过一定期限以后就失去其价值。"我们需要战略规划恰恰是因为我们无法预测未来，它故意通过创新和组织变革来左右大自然的未知性。

　　战略规划是一种持续的过程，它包括：①基于对未来的最深刻理解，系统性地制定目前的企业决策；②系统性地组织各项所需活动以实施该决策；③通过有组织的系统反馈来衡量实际决策结果，并判断它与期望是否相符（Drucker，1974）。

2.5.1　组织愿景

　　组织在回答这些问题的同时，实际上就是在建立价值观陈述和使命宣言，以解释组织的长期目标（有时也非常具体）。成功的组织不会随着其内部成员的老去而消失。因此，它的使命必须要明确长期的愿景，阐述组织生存的意义。没有

　　⊖　摘自《质量管理手册》，McGraw-Hill，2013，并获得许可。

组织仅仅为了"盈利"而存在。组织获取利润是因为它提供的价值超过对应的成本，利润是生产力的结果，而不是原因。让我们看看下面的两个例子。

1. 三菱电气工业公司是世界上最大的公司之一。它的使命宣言是：以尽可能低的成本向全世界的人们提供它的产品以消除贫困（Mintzberg and Quinn，1991）。

2. 亨利·福特的使命是：向普通人提供低成本的交通工具。

可能有人会进一步问，为什么要建立组织来实现其使命。答案在于组织创始人的价值观，至少在一开始的时候是这样的。出于某种原因，亨利·福特认为给农民提供他们买得起的可靠的机动交通工具很重要（即是有价值的）。此外，为了获得组织内其他成员的合作，组织的价值观也必须与其成员的价值观相兼容。

组织领导人负责制定组织的愿景。制定愿景就是想象组织在未来会是什么样的，未来的组织与理想将更为接近。在这里我们将"理想"定义为组织的价值观完全实现的状态。此时的组织"看起来"如何？员工都做些什么事呢？它服务于哪些顾客？它又怎么对待顾客、员工、供应商等？清晰地勾勒出组织在未来的图景有助于领导人明确自己的职责，不断地将当前组织向未来目标引领。如果脑海中没有此图景，执行官就不会将组织带出充满死胡同的迷宫。如果有愿景的引导，组织的转型过程就会按部就班地前进。这并不表示转型过程就会一帆风顺。相反，愿景就好像带人们走出危险地域的专业向导一样，它可以引领组织走向成功的转型。前进的方向很明确，而脚下的路途依然坎坷。

如果个人有自己的愿景，知道自己最终要走到何方，他就会奋力追寻。不过，对于组织而言，光有愿景还不够。领导人必须将愿景与组织内的其他成员进行充分沟通。沟通愿景与下达指令或者其他明确的想法有很大的差异。

组织的愿景体现了抽象的价值观，因此，组织的愿景自然也是抽象的。为了有效地向他人传达愿景，领导人必须将抽象变成具体。方法之一就是身体力行，率先垂范。领导人将价值观体现在自己的所有行为和决策中，比如他参加哪些会议，忽略哪些会议，比如他对哪些事情全情投入而又在哪些方面草草应付。想了解组织愿景到底是什么的员工会亦步亦趋地紧随领导。

另外，沟通抽象概念还可以用讲故事的方法，组织中总是不乏故事。顾客通过员工和系统接触公司，供应商与工程师的交流，等等，公司每天都会产生成千的故事。有时候，某个故事就恰好可以体现领导人愿景的本质。比如，一个办事员向顾客提供了出类拔萃的服务，一个工程师敢冒风险指出了纰漏，一个供应商为了保证生产线不中断而付出巨大的努力。这些都是领导人梦寐以求的未来组织中能够出现的实实在在的例子。他应该在他人面前不断重复这类故事，并对当事人公开予以表扬。领导人也应该制造自己的故事，炮制也行，只要故事本身能够成为体现价值观的绝佳象征，这与诚实与否没有关系。例如，在诺德斯特龙曾经流传一个故事：他的销售人员接受了一位顾客退回的有问题轮胎。这个故事具有巨大的象征意义，因为诺德斯特龙根本就没有销售过轮胎！这个故事体现了诺德斯特龙的一项政策，即在服务顾客方面，任何时候都允许员工根据自己的最佳判断做出决定，即便有犯错误的可能，或者服务得过头了。这件事是否发生值得怀疑，不过，它的真假在这里不重要。当新员工在入职培训中听到这个故事的时候，其传递的信息非常清楚。用故事来沟通价值观，而不是沟通让人迷惑的抽象概念。

2.5.2　战略制定

一旦明确了的愿景和使命，组织的业务发展就有了终极目标，也意味着要着手战略部署的第二项活动，即制定实现目标的战略（即具体的计划）。然而，规划的范畴不能仅限于组织在未来可以提供什么新业务这么简单。还必须对目前所从事的各项活动、提供的产品和服务、正在运营的过程等提出疑问，"假如它们尚不存在，我们会重建它们吗？"如果答案是"不"，那么组织就应该制订计划终止它们，越快越好。

规划的用意在于变革组织：改变人们工作的方式，改变向顾客提供服务的系统，以便他们可以满足未来顾客的需求。战略计划表明了如何分配稀缺资源及落实责任，也需要确定完成日期，并持续跟踪其进展直至最终的结果。

传统上，内部的优势及劣势与外部环境的机会及威胁的比较结果是形成战略的基础（即 SWOT 分析法），如图 2-11 所示。在评估组织所在外部环境中的机会和威胁并识别出关键成功要素，并且评估了组织自身的优势和劣势并提炼出自己的独特竞争力之后，综合考虑两者才制订多种备选战略方案。要利用组织的优势抢占外部机会，同时避免威胁并处理好自己的劣势。通过了解顾客及其市场来识别机会和威胁，而内部的优势劣势分析是通过严格的组织评审来进行的。在制定战略以及随后对它们的评估中，同时还要考虑社会责任和企业领导人价值观等因素。

一旦选定了组织的战略，将使用本书第二篇的各种改善方法通过跨职能的改善项目来实施它们。结构化的 DMAIC 改善框架模型以及休哈特的 PDSA 改善循环可以有效地在相关利益群体和关键的中层管理人员之间建立认同感。

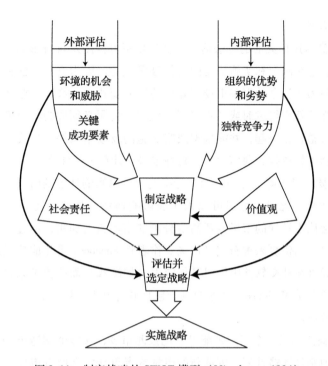

图 2-11　制定战略的 SWOT 模型（Mintzberg，1994）

　　基于对顾客需求的理解和期望组建项目团队，组织愿景的实现过程就开始了。组织的评估、顾客数据等是 DMAIC 框架中测量阶段的基础。分析阶段则明确了顾客满意度的关键驱动要素。战略的具体实施体现在改善阶段，并由控制阶段持续地验证。

　　在执行官层面制定了组织的宏观战略以后，改善阶段中贯穿整个组织的各项活动最好分解成较小的项目，每个较小的项目都有很具体的子战略目标，然后在组织的较低层级中一一实现。

2.5.3　战略类型

　　战略计划需要根据特定的组织以及特定的生命周期来具体制定。在一个成熟市场中，将《财富》100 强公司的成功战略，直接运用于一个小众市场中的初创公司是不可能成功的。Reeves 等人（2012）根据制定战略的方法将战略分成下列四个大类。

　　1. 传统类。只有所处环境可以准确预测且市场成熟的组织才应该使用传统方法制定其战略。例如，石油开采和生产、航空运输/物流、食品饮料、公用事业、纸产品和烟草等。

2. **适应类**。这种灵活的方法适用于在环境不可预测及自身影响变化能力微乎其微的时候，它在制定和实施战略的时候鼓励试验。因为竞争、创新以及经济的不确定性等原因，当今的很多市场都处于持续的变化中，这让战略计划的某些方面在几个月之后就变得过时或者不妥了。此时，公司必须成为学习型组织，将战略与运营紧密整合在一起，并能根据战略实施的反馈结果快速迭代新的战略。这样的行业包括生物科技、通信设备、特种零售、计算机硬件等。

3. **塑造类**。当环境不可预测而自身有能力可以影响环境的时候，建议使用塑造方法制定战略。此时，组织可以采用能影响市场的战略，比如通过突破性创新。这可能会让不景气的市场或者高度分割的市场雪上加霜，不过，公司的目标就是要利用自己的优势来重新定义市场。作者将 Facebook 看作成功运用塑造战略的典范。它通过在社交软件中辅以其他应用（如游戏）而取代了原先垄断虚拟社交空间的竞争对手 MySpace。其他的例子包括软件开发、航空、零售、顾客服务、无线通信等行业。

4. **愿景类**。如果一个组织既能可靠地预测市场，又能够塑造市场环境，它可以果断大胆地制订战略计划，创造新的市场或者重新定义原有市场。因为市场可以预测，所以公司可以利用时间和资源制订并执行完备的计划。作者将下列公司或行业作为愿景类的例证：XM 卫星广播公司、使全球电子商务成为可能的 UPS、航天和国防、食品制造业等。

遗憾的是，作者注意到，接受调查的绝大部分公司都使用愿景方法（40%）或者传统方法（30%），这些方法都依赖于市场的可预测性，而此可预测性假设显然值得怀疑（Reeves et al.，2012）。

2.5.4   基于情境的战略决策

很明显，制定并实施组织的战略需要创造性。不过，严格而科学的方法可以保证各种可能性的选择都得到研究和评估。Lafley 等人（2012）提出了下面的战略制定七步法，它以情境为基础，这让它与传统方法明显不同。

1. **建立选择的框架**。构建评价标准，这让讨论的重点从研究问题转移到评估方案和做出决策。

2. **产生选择项**。集思广益创造性地产生选择项。通常将现状也作为一个选项，并深刻研究为什么要维持现状，从而突显采取变革措施的必要性。它还给团队成员灌输了一个理念，即选择总是有的。在这个阶段，只要选项具有基本的合理性即可，不对它们进行彻底的评估，不过要足够具体，这样团队可以理解其实质。在实际工作中，作者建议至少要 3 ~ 5 个选项。

3. **明确前提条件**。明确出于战略考虑在何种前提条件下应该实施何选项及其局限性。注意，这时候不必争论各选项的优劣，也不追究某选项所需的前提条件现在是否存在或者以后是否会发生。而是让团队明确某选项在变得有吸引力的时候要对它评估的事项。如果大家完全定义了某选项的前提条件，在它们出现的时候，团队就会一致同意接受该选项。如果某一条件是期望的，但并不需要，应将它从前提条件中除去。这一步骤的最终目的是在评估各选项之前明确它们的局限性。

4. **识别阻碍条件**。确定哪种条件是最不可能的，这一步的重点是识别最困难的条件：你最担心哪个条件会无法达到？

5. **设计测试方案**。对于每一关键选项，设计测试方法，实施以后就可以说服团队该选项是否可行。哪些证据可以让团队在一定的置信水平上对选项是否可行做出判断？这可能要进行顾客和供应商调查，或者与关键供应商与顾客坦诚交流，取决于团队对该选项的信心。作者建议，哪个成员对某选项怀疑最大，就让他承担测试该选项的任务。

6. **实施测试方案**。实施上一步确定的测试方案。作者建议先测试团队最缺乏信心的阻碍条件，如果测试验证了大家的猜测，就可以立即放弃对应的选项，从而免去另外测试的必要性。有人称其为"懒人方法"，它可以有效地降低分析的成本和投入的精力。

7. **做出最终抉择**。经过测试之后，受阻碍条件影响最小的选项自然会浮现，成为优先选项。

宝洁公司前任董事会主席及首席运营官雷富礼声称，宝洁公司成功地将基于情境的方法运用于公司的战略决策，使玉兰油产品线成为享有盛誉的顶级品牌，并最终实现 25 亿美元的年销售额。当考虑通过大众渠道向年轻顾客销售高端奢侈产品时，需要确定下列条件（Lafley et al.，2012）：

- **行业细分**。需要有足够多的女人"与衰老的七个信号宣战"。
- **成本结构**。日益显现的大众奢侈品（即通过大众渠道销售的奢侈商品）在成本结构上细分市场应该至少和目前的大众细分市场一样有吸引力。
- **渠道**。大众商品零售商应该赞成大众奢侈品这一新的概念，并利用它来吸引高端顾客。

- **顾客**。最佳价位既可以吸引大众消费者支付溢价，也可以将高端顾客吸引到大众渠道中。
- **打造业务模型的能力**。宝洁可以在大众渠道打造类似于奢侈品的品牌定位、包装和店内促销活动。宝洁还可以与大众零售商建立牢固的伙伴合作关系以创造大众奢侈品细分市场并从中获取高额利润。
- **成本**。宝洁的产品成本结构可以让它既能保持最佳价位，又可以拥有奢侈品的形象。
- **竞争对手**。因为有渠道冲突，奢侈品竞争对手不会跟随玉兰油进入大众奢侈品细分市场，而大众商品竞争对手也难以跟随，因为基本型的 Olay Complete 系列产品已经覆盖了它们的价格区间。

本例中，雷富礼认为定价时确定最佳定价点是最具有挑战性的。分析的重点是找到一个价格点，既能让顾客认可其为奢侈品，又能吸引他们到大众渠道来购买。这种挑战性和成功，证明了基于情境的战略决策威力不凡。

与传统的战略规划相比，作者认为基于情境的战略决策具有如下的明显不同。

1. 不是问"我们要做什么"，而是问"我们可以做什么"。前者导致草率的决定，而后者鼓励内省式思考，从而可以对其仔细审查。

2. 对各选择项条件的详细描述强制团队成员在采纳某选项之前要考虑其假设前提。不要直接去解决各种想象中的限制，还要考虑可能性。

3. 实际上团队成员被强制要求通过提出正确的问题来做出最佳的决策，而不是拍脑袋直接给出答案。通过提问来解决问题是最科学的方法。

2.6   用约束理论制定战略

现在的公司领导发现，自己比以往任何时候都更需要系统级别的工具以维持来之不易的成功业务。约束管理就是一种系统级别的工具。约束管理认为，质量不是业务成功的唯一重要因素。约束管理致力于帮助组织内各级别的经理人员将关注的重心放在对全局成功最关键的因素上，即系统的约束。在某些系统中，它可能与质量有关。在其他系统中，它可能远超过传统的质量领域。

约束的种类有很多。有些是有形的，有些并不是有形的（比如，没有足够的空间，缺乏资源等）。在很多时候它们是政策引起的，如确定什么可以做什么不可以做的法律、规定、规则、程序等。很多人都听说过"我们这里就是这样做事的",或者"我们这里可不这样做事"。他们说的话里就包含政策,有可能还没有形成书面文件,不过已经被大家作为传统实践接受了。若某项政策阻碍我们需要或者希望达成的目标,它也就构成了约束。

在约束管理的实践运用中,我们发现约束无处不在。约束管理让我们知道为什么约束会存在,以及我们如何解决面临的约束。

约束管理是约束理论(Theory of Constraints,TOC)在实践中的应用。20 世纪 80 年代,以色列裔物理学家艾利·高德拉特在其名为《目标》(Goldratt,1986)的著作中提出了 TOC,它包括一系列的概念和原则。这些概念和原则融合了已有的思想以及作者的独创想法。在传统概念上延伸出的新思想构成了一套全盘理解并管理复杂系统的稳健方法。为了将理论性的概念和原则运用到实践中,高德拉特还开发了三类工具,后文将对它们一一详细介绍。总之,TOC 和约束管理一起构成了系统管理方法论。

2.6.1　系统方法

什么是系统管理?在整个 20 世纪,管理思想基本上都是行为导向的。在 20 世纪初,弗雷德里克·泰勒的科学管理(Taylor,1947)提倡将工作分解以后再分解,直到可以密切监控、测量和调整的具体任务或活动为止,以便达到最高的效率。在 20 世纪下半叶,关注点有了一些扩大,包括了由多个活动组成的管理过程。在有些层面上,这些过程可以非常庞大且复杂,比如生产过程、采购过程、市场营销或者销售过程等。处理复杂性的方法之一就是分割,即将大的过程切割成"可管理的小块"。表现在组织中通常就是设立各职能部门,每个部门负责一定的职能,它们形成了整个系统的某一部分。也可以说,这里的"部分"实际上就是单独的过程,这是一种有条理地解决复杂性问题的方法。

20 世纪 80 年代到 90 年代早期,各种质量运动层出不穷,它们都有一个共同点,即质量的成功源自持续的过程优化。最终的目标是"六西格玛",它是一种 20 多年前还没有人听说过的零缺陷质量水平。毫无疑问,不管是商业组织还是非商业组织都需要这种对零缺陷的关注。不良质量成本(它通常是不良过程质量的结果)可以让一个组织迅速走下坡路,其他任何因素都赶不上它。不过,尽管投入了巨大的努力和资金,但是很多公司还是由于没有达到期望的回报而失望。对于有些公司,它们的首要约束是产品质量,对它们来说,似乎印证了"酒香不怕巷子深"这句俗语。对于其他公司来说,这种策略的作用好像不明显。

尽管"也要考虑你的内部顾客"这样的告诫不绝于耳，但是很多职能部门依然我行我素，好像它们是各不相连的深井。它们光有"口号"而没有实际行动。它们的关注点依然是向内的，即自己部门的一个个绩效指标。大家努力改善与供应链的连接关系，而供应链之间的连接关系或者接口却少有人问津，整个供应链的管理也没有得到应有的关注。

系统思维

这些公司没有想到，它们需要从更高层级来思考，即系统思维。如果单个过程的质量水平已经相当好，就会出现其他的需要关注的因素。下面我们以美式橄榄球队来打一个比方。

很多专业运动项目都投入大量的时间和资金用于过程改善，只是没有这样称呼而已。球队老板可能会花费数百万元签下一个明星四分卫。他们希望"天才的到来"可以改善"传球过程"。不过，很多时候花费巨资的明星四分卫并没有带来让人翘首期盼的"达阵得分"。在"过程的失效模式及效果分析"中，教练发现，一个被撂倒在地的高价值四分卫是不可能成功传球的。他们发现要想获得胜利，还需要更好的阻击后卫，或者加固整个进攻线，或者改善比赛策略等其他要素。

关键是，像橄榄球队一样，作为一个完整的系统，任何组织的成败都不是孤立的独立因素简单相加的结果。一部电影剪辑传递的信息比瞬时的截图要多得多，类似地，系统思维能更清晰地描述组织的动态关系。在《第五项修炼》（Senge，1990）中，彼得·圣吉指出，只有将组织转型为"学习型组织"才能形成唯一的可持续竞争优势。圣吉还说，做到这点的关键是五个基本的原则，每个有志于赢取竞争胜利的组织都必须掌握它们，它们是：系统思维、自我超越、心智模式、建立共同愿景和团队学习。猜一猜他认为哪一个最重要？尽管它是第五项，却被首先列出来，而且以它为书冠名。

系统优化与过程改善

如果"思考系统"，下一个问题肯定就会出现：我们该怎样进行过程改善？我们现在是否忽视了应该在更高层级进行思考？不，过程改善依然重要。它是组成系统的基础材料，系统的绩效以过程为基础。不过，就像上文的橄榄球队一样，一旦你在每个位置都有了"明星球员"，就会产生另一种挑战：协调系统中的每个部分的活动，使它们保持同步，以产生最佳结果。换句话说，先让鸭子站好队，再让它们齐步走。我们称之为系统优化。

优化系统相对于其组成部分有多重要？戴明在他的著作《产业、政府和教育新经济学》（*The New Economics for Industry, Government, Education*）（Deming, 1993, p. 53, 100）中回答了这个问题：

优化就是协调各组成部分的活动以达到预期目标的过程。优化是管理者的工作。优化让每个人都成为赢家。

如果系统中任何组成部分优化得不够，那么最终都会给整个系统的每个组成部分带来损失。任何小组都应该将优化比小组更大的系统作为其目标。

系统的任何组成部分都有义务为系统做出最大贡献，而不是仅仅将自己的产量、利润、销售额或者其他的竞争性指标最大化。为了实现整个系统的优化，有些组成部分甚至要做出牺牲，而其他组成部分也可能要接受损失。

这真是对弗雷德里克·泰勒时代以来绝大部分公司做事方式的有力控诉，其中也包括 20 世纪八九十年代的"质量启蒙运动"。实际上，戴明指出，系统中局部效率的最大化并非总是好事。

链式系统

为了更简单地描述系统约束概念，高德拉特将系统比作链（Goldratt, 1990, p. 53）：

当今，我们正在面对的一系列活动就像"链"。什么决定了链的绩效呢？一条链的强度由最弱环节的强度决定。每条链中有多少最弱环节呢？只要存在统计波动性，各环节就不会完全相等，也就是说，一条链中只有一个最弱环节。

高德拉特进一步提出，一个系统中存在多少真正的独立链，就会有多少约束。在实际中，大部分的系统中真正独立的链并不多。字典（Barnes and Noble, 1989）中给系统的定义是"由事物或零件聚集或组合形成的一个复杂而统一的结构、组织、社会、业务等"。

Thomas H. Athey 将系统定义为：可以视作为总体目标而一起工作的任意组成部分的集合（Athey, 1982, p. 12）。这些定义中都隐含了相互关联性和相互依赖性，那么根据定义可知，一个系统中真正的独立链并不多。因此，如果一个特定的系统中的独立链并不多，比如制造、服务、政府等系统，在任何给定时点，只有很少的变量决定着系统的整体绩效。

这个想法对于经理人员而言意义深远。如果只有很少的变量决定着系统绩效，经理人员工作的复杂度就可以大幅度降低。用帕累托规则来看，也就是 20%

的问题会影响80%的系统绩效。如果这一结论正确，经理人员就可以将他们的精力集中在关键的20%问题上。高德拉特的"链"和"最弱环节"等概念将帕累托原理又往前推进一步：一个系统能否实现其目标，99%是由其最弱的环节决定的（Goldratt，1990，p. 53）。

2.6.2　基本的约束管理原则和概念

约束管理体现了戴明有效管理行动的重要理论基础（Deming，1986）。理论可以是描述性的，也可以是规定性的。通常，能解释为什么物体呈现某些特征的理论就是描述性理论。它在解释现象之外并未提供任何行动指南。牛顿的万有引力定律或者爱因斯坦的相对论就是描述性理论的例子。规定性理论也能解释现象，除此之外它还预先告诉人们应该采取什么行动。大部分的管理理论都是规定性的。戴明的管理哲学就有14条原则性规定（Deming，1986）。肯尼斯·布兰查德的《一分钟经理人》（Blanchard，1988）和彼得·圣吉的《第五项修炼》（Senge，1990）详细介绍了规定性理论。约束管理也是规定性理论，它提出了约束的一般性定义、四个基本假设以及指导管理行动的五个步骤。

约束的定义

简单而言，约束就是限制系统（或者公司或者机构）达成其目标的任何事物（Goldratt，1990，p. 56-57）。这个定义非常宽泛，因为它包括了大量可能的约束性要素。约束可能是有形的物（设备、设施、材料、人员），也可能是政策等无形要素（法律、规定或者其他我们选择或者不选择的做事方式）。很多时候，政策约束会导致有形约束的产生。

约束的类型

如果可以有条理地将约束进行分类，识别和打破约束就会容易一些。先前已经讨论，系统中的约束可以是有形的物，也可以是无形的政策。在这两个大类里，还有七个基本的类型（Schragenheim and Dettmer，2000，第4章）：

- **市场**。产品或服务的需求不充足。
- **资源**。没有足够的人员、设备、设施来满足顾客对产品或服务的需求。
- **物料**。没有能力获得足够数量或质量的物料来满足顾客对产品或服务的需求。
- **供应商**。不可靠（或者缺乏一致性）的供应商，或者它们对订单的响应时间太长。

- **财务**。没有足够的现金流维持运营。例如，公司在收到顾客支付已完成工作的款项之前无法继续生产，因为公司可能需要那笔款项来购买物料，而供应商收款后才发货。
- **知识/能力**。知识约束是组织或系统内没有改善业务绩效所需的信息或知识。能力约束是员工没有保持竞争力所需的技能或者技能水平不够。
- **政策**。任何阻止系统目标达成的法律、规定、规则、业务实践方法等。

注意：很多情况下，在前六类约束的背后往往都有政策约束的原因。因此，约束理论中给政策分析以很高的权重，我们将在下文的"逻辑思维过程"中详细讨论。

并不是每个系统中都有以上所有类型的约束。物料和供应商约束可能就不适用于服务型组织，对市场约束与政府等非营利机构没有影响，而资源、财务、知识/技能和政策约束有可能会影响所有的组织。

四个基本假设

约束管理关于系统的工作方式有四个基本假设（Schragenheim and Dettmer，2000，第二章），这些假设具体如下。

1. 每个系统都有自己的目标和有限的前提条件，要实现目标，该前提条件必须满足。如果对于目标和所需条件没有一个清晰的认识并达成共识，就不可能出现能够改善系统绩效的有效措施。

2. 系统各局部最优并不意味着总体最优。换句话说，如果不考虑系统组成部分之间的互动关系，单独地最优化各系统组成部分不会形成最有效的系统。

3. 在任何时点，限制系统绩效的变量很少，甚至可能只有一个。这和上文讨论的"最弱环节"的概念等效。

4. 所有的系统都存在逻辑因果关系。任何的行动、决策或实践都会有自然的或逻辑的后果。对于已经发生的事件，可以将它们的结果可视化地绘制在图上以帮助情境分析或问题分析。对于将要采取的或者构思中的行动、决策、事件，也可以估计它们的结果并把它们可视化地绘制在流程图上。

约束管理中的所有描述和规定都基于上述假设。

目标及必需条件

上面的第一个假设认为，每个系统都有自己的目标和有限的前提条件，要实现目标，该前提条件必须满足（Schragenheim and Dettmer，2000，第二章）。哲学家弗里德里希·尼采曾经说过，一旦失去目标，你就失去方向。或者换成另外一种说法：如果你不知道目的地是哪里，那么哪条路都可以通往目的地。

毫无疑问，在绝大多数情况下此假设都是有效的，不过还是有一些组织对此置若罔闻，没有花时间和精力来清晰明确地定义它们的目标。即使定义了目标，也没有再进一步明确实现目标所需的最低条件，或者关键成功要素。

例如，绝大多数营利性公司都将一些财务绩效作为目标。高德拉特同意营利性公司将"赚钱、赚钱、赚钱"作为目标（Goldratt，1990，p.12）。另一种说法是盈利能力。当然，它不是诸如国防部或者教育部等政府机构的合适目标，对于这类机构应该设立非财务目标。不过，财务目标对于大部分从事商务活动的公司都是适用的。

另外，仅有财务目标是不够的。对于任何组织，要想盈利并且保持利润持续增长，它必须要具备一系列所需的前提条件。有些条件可能只是某行业所独有的，而其他的则对于所有的营利性公司都适用。不过，对于所有的组织而言都有一个共同点：必需的前提条件很少，可能少于五个。

必需的条件是关键的战略性要素。它们是实现目标实际所需要的条件，例如，毫无疑问顾客满意是稳步实现财务目标的基础，员工满意可能也被看作是实现该目标所需的条件。将类似于这样的必需条件作为目标层级的一部分可以保证目标的可信度，这些条件也不是临时性的，必须在组织的寿命周期中始终得到满足。图 2-12 展示了一个典型的目标/必需条件层次体系。

必需条件与目标不是一个概念。目标本身通常没有限制（一般用来描述目标的措辞，使它永远不可能完全实现），而必需条件却是有限的。它们可能是"0 或 1"型的：要么有要么没有（一种"有或无"状态），比如，一个营利性公司可能想尽可能多地赚钱——没有限制。但是作为必需条件的员工安全和满意度必须达到合适的最低水平。不能期望一个营利性公司的目标是无限地满足员工的需求，但是组织应该理解它需要达到一定水平的员工安全感和满意度，即实现目标所需的最低要求。这也不是说所有的必需条件天生都是"0 或 1"型的。有些，比如顾客满意度，可以增加，增加它们以后可以加快实现目标。不过，在现实中这些必需条件也都存在一定的限度。

识别系统（或组织）的目标和必需条件的重要性在于，它们是评价结果以及评估各种决策方案的基准。昨天或是上个月的行动更好地满足了必需条件或者对实现目标做出了贡献吗？如果答案是肯定的，组织就会知道它们正在正确的方向上取得了进展。我们能期望今天或者下周深思熟虑的决定能促进公司向目标前进吗？或者满足必需条件吗？如果确实如此，这就是正确的系统决策。

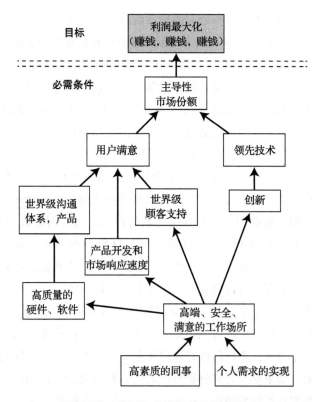

图 2-12　目标和必需条件的层次体系

处理约束的五个步骤

　　一旦明确了必需条件，为了持续坚定地实现这些必需条件，约束理论规定了五个步骤（Goldratt，1986，p. 307）。

　　高德拉特提出五个步骤的用意是确保管理层"盯着球看"，即一直关注真正对成功重要的东西——系统的约束。在某些方面，这些步骤与舒哈特 PDCA 循环很像（Deming，1986）。它们形成连续的循环，你不会在"转一圈"以后停下来。五个聚焦步骤（Schragenheim and Dettmer，2000，第二章）具体如下。

　　1. **识别**。第一步是识别系统的约束。什么因素正在限制系统的绩效？它是系统内部的（资源还是政策）还是系统外部的（市场、物料供应、供应商等）？一旦识别出系统约束，如果不需要太多投资就可以打破它，那就立即去做，然后再返回第一步。如果不容易打破约束，那就转移到第二步。

　　2. **榨取**。决定如何尽力用足系统约束的产能。一方面，"榨取"的意思是在没有额外投资的情况下在约束性因素处"获取最大的产出"。换句话说，改变作业的方法，在约束性因素处获得最大的财务收益。举例来说，如果系统约束是市场需求（销售额不足），"榨取"的意思就是迎合市场以赢取更多的订单。另一方面，如果系统约束是内部资源，"榨取"意味着按照最大化净利润边际贡献的方式来使用该资源，比如过程质量改善、重新设计过程中的工作流、改变产品的组合等。榨取约束是战术性计划的核心，对应系统目前可以获得的最高绩效。因此，榨取的责任落在一线经理人员的身上，他们必须制订计划并与他人沟通，这样所有人都可以理解不久的将来要实施的榨取方案。

3. **服从**。一旦决定了如何榨取约束资源，让其他的任何决定都服从榨取方案。这是五个聚焦步骤中最重要的，同时也是最难实现的。为什么如此困难？因为它需要系统中和约束性因素没有直接关系的任何人与任何组成部分都要服从，也就是要将它们自己的成功指标、绩效指标和自我心理"放在第二的位置上"。它要求每个人，从最高管理人员到一线人员，都接受一个想法，即系统中大部分地方存在过剩产能不仅是可以接受的，实际上还是好事情。

服从正式将系统中不是约束的部分（称作"非约束"）降低到支持性角色，对约束起保障和支持作用，这可能会在公司几乎各个层面产生行为问题。很难让大部分人接受一个事实，即他们或者他们所在的组织单位对于系统的成功没有其他人或单位重要。结果是，大部分非约束处的人都会抵制应该做的事情，即系统中的其余部分都服从系统的约束，这让第三步成为最难做到的一步。

约束对组织产生影响的更为关键的原因是它的相对弱势。非约束的不同之处是其相对强势，这让它具有更多的弹性，因此，组织当前的绩效实际上取决于最弱点。虽然系统中的其他部分可以生产更多，因为最弱点的存在，多做毫无意义。取而代之的是，要获得更好绩效的关键是明智地让强势点服从弱势点的需要，这样可以完全发挥最弱点的产能。

实际上服从重新定义了系统中每一过程的目的。任一过程都应该实现某一使命，它是由最终目标所决定的。不过不同的过程之间可能会存在相互冲突的优先关系，比如对同一资源的竞争。实际上让非约束服从是让每一过程的努力真正地聚焦于对组织目标的支持上，它让约束资源的能力得到尽可能的发挥。

设想一个原材料仓库。它的目标是什么？它充当了原材料从供应商到达的时间和生产现场需要相同物料的时间之间的"桥梁"，按照需要保存和发放原材料。如果某一具体的工作中心成为约束，那么任何该工作中心所需的物料都应该在需要的时候准确发放到位。如果市场需求是唯一的约束，那么接获的新订单应该触发物料发放。

　　然而，即使没有新订单进入系统，车间的领班通常喜欢继续生产，这样可以保持工时利用率较高。如果生产系统中的非约束真正地服从于约束，物料就不应该发放。物料发放过程必须服从系统约束的需要，而不是随心所欲地让它服从自身的效率指标。将生产订单留置在仓库里也是一种服从。和将约束处很快就要用以生产特定顾客订单所需的物料迅速发出相比，给一个不是急需的订单发放物料应该被作为较低的优先级对待。

　　服从可以将各种努力聚焦于有助于最大化系统绩效的事情上，与此相悖的任何行动都应该受到抑制。

　　有可能在第三步完成以后，系统约束就已经被打破。如果是这样，就可以明显地看出来。系统的产出通常会陡然提升，系统中的某些其他部分开始呈现"瓶颈"特征。此时，回到第一步，重新开始五个聚焦步骤。识别哪一个要素成为新的系统约束，确定如何"榨取"该处资源，并让其他部分服从约束。

　　4. **升级**。不过，如果在采取上述三个步骤以后，最初的约束依然是系统的约束，我们就可以确信已经无法再提高生产率了，也就是说，如果不采取其他管理措施，系统的绩效就不会更好。第四步就是讨论采取什么措施，即评估各种升级约束的方法（可能是一个约束，也可能在偶然的情况下会同时有多个约束）。"升级"的意思是"提高能力"。如果约束是内部资源，可能意味着获得更多的时间来利用该资源从事生产性工作。常用的方法包括获取更多的机器或人员，增加班次或者加班直到用足每天 24 小时。如果约束是市场需求（销售额不足），升级可能就是做广告或者投放新产品来促进销售。总之，升级就是"投入更多的资金，以获取更大的收益"。

　　注意这一步骤使用的"升级"一词。使用"升级"一词是用来强调，解决问题的方法总是不止一种，这从前述的例子中就可以清楚看出：购买更多的设备、增加班次或者加班等。有些方法比其他方法所需资金更少。有些方法在非财务指标方面更具吸引力（比如，更易于管理）。无论如何，通常需要从多种"升级"方法中选出最好的，因此，直接采用一开始就想到的方案可能不是最好的主意。

　　在评估不同的升级方法优劣的时候，下一个潜在约束是考虑的因素之一。约束不会自行消失，当一个地方的约束被打破，其他的因素，不管是系统内的还是系统外的，将成为新的系统约束。尽管系统此时处于一个较高的绩效水平，但是约束依然是约束。有可能下一个潜在的约束比当前的更难处理，那么我们对系统的控制余地可能会减小。

　　也有可能升级以后系统的约束会改变地点再次出现，我们可能更希望它们出现在某一地方，而不希望它们出现在另一些地方。处理潜在的新约束会比打破现有约束也有可能需要更长的时间。此时，如果我们决定打破现有约束，那么我们应该对于新约束的处置措施早做打算。

无效升级：示例。假设有一个公司生产固态电路板，约束出现在生产过程的第一个步骤：气体渗透表面贴装设备（Schragenheim and Dettmer，2000，第二章）。在没有考虑下一个新约束的时候，他们倾向于添置一台表面贴装设备，这肯定会缓解最初的约束。但是，在相距大概八个步骤的下游，自动化测试设备（ATE）成为新的约束，处理它非常困难。生产排程会更复杂，问题也更多，而且，将约束排除出 ATE 工段也非常棘手。添置 ATE 设备所需的投资也比贴装设备大很多，也很难找到合格的 ATE 操作人员。

简而言之，管理或者打破 ATE 约束比打破表面贴装约束需要更多的时间、力气和投资。如果公司能够预测 ATE 成为下一个约束，它可能就会选择其他的方法，比如①继续将约束保持在表面贴装设备处；或者②在增加表面贴装产能之前就开始准备耗时很长的 ATE 设备采购和操作人员培训。这样做既可以增加系统的绩效，又能将系统约束保持在一个更便于管理的地方。

另外，投资回报是重要的考虑因素。一旦上述公司打破了表面贴装约束，产出可能会增加，但是，到底增加多少呢？如果 ATE 的产能只比最初的表面贴装产能多出一点儿，那么公司投资新表面贴装设备所得的回报只是稍微增加了产出，这肯定是令人失望的结果。

只有下一个约束的产能限制比现有约束要大很多的时候，才可以放心地说升级是正确的选择。本例中，当 ATE 的产能上限很大时，即使"榨取"ATE 难度更大，产出也会大幅度增加，这样做也可能是值得的。ATE 的实际产能可能总是与其最大潜力略有差距，而公司却照样不断增加利润。这里的经验教训是什么？评价升级方案的实际投资回报需要彻底理解约束理论，即要明确下一个约束是什么，在达到约束上限之前的产能可能增加多少。因此评估在升级步骤中占有极其重要的地位，升级决策取决于升级后系统中出现的新约束、出现地点及其他特征。

如何确定下一个约束的出现地点。最简单的方法是在第一次实际升级之前"在脑子中"实施五个聚焦步骤中的前三个步骤。换言之，识别下一个最大的限制因素，不管是系统内还是系统外的，这个因素将在目前约束被打破以后限制整个系统取得更好的绩效。然后确定应该在以后采取什么措施"榨取"新约束，系统中的其他部分如何服从新约束的"榨取"措施。

完成上述工作以后，各种方案的评估结果自然就会明了，升级方案的选择决策就会更加明智，尽管它们往往不是最明显的那种，或者投资最少的那种。

5. **返回步骤一，谨防惯性。**即使"榨取"和"服从"步骤还没有打破系统的约束，但是"升级"步骤很可能会，除非有意将升级幅度控制在一定的范围内。在每种情况下，"服从"和"升级"步骤之后都要回到第一步（识别）来验证系统中某处是否出现了新的系统约束，还是原先的系统约束依然存在。有些时候，因为外部环境的变化，而不是有意采取的措施，造成约束从一个地方移动到另一个地方。比如，因为市场重心的变化，可能会驱使公司变更产品的组合比例，进而导致约束移动到其他地方。尽管此类外部变化不常发生，但是偶尔回到第一步重新分析也是值得的，其目的是验证原先的约束是否依然是系统的限制性因素。

对于惯性的警示语是"不要自满"，原因有二。第一，当约束移动以后，为了榨取或者让系统中其他部分服从于"老"约束的措施和政策可能不再是提升整体系统绩效的最佳选择。如果我们不重新评估系统中新约束的位置，那么我们就永远发现不了上述的不足。第二，大部分人都有一种倾向，"嗯，我们已经解决了问题，没必要再重新来一遍了"，今天的解决方案最终都将在明天成为"老古董"。一个懒于（或者将注意力放在其他方面）重新评估以前的解决方案的组织最终（迟早）肯定会发现，它们无法实现潜在的最佳绩效水平。

2.6.3　约束管理工具

任何事务的成功或者失败往往取决于正确工具的选择和合理使用，约束管理也不例外。尽管五个聚焦步骤给任何系统的战术和战略管理提供了有效的指南，在特定的情况下，约束的性质以及相关的问题要求不同的工具和程序。榨取服务领域中的约束可能和制造过程大相径庭，生产标准化产品的重工业制造公司的服从肯定与小型加工作坊迥然不同。如果有工具可以指导我们做出正确的约束管理行动不是很好吗？

逻辑思维过程

约束的种类如此繁多，大部分约束背后还隐藏着政策约束，我们如何才能知道究竟应该采取什么具体的应变措施呢？很多的约束也不容易识别。因为，它们通常是无形的，或者难以测量的。它们有时还超越了生产过程的范围，但对生产依然产生影响；有时它们会影响整个组织，比如政策性约束。

为了方便对复杂系统的分析，高德拉特创建了逻辑思维过程。该思维过程由六个逻辑图或逻辑树组成（Dettmer，1997，1998）。它们是针对组织中的政策性约束专门设计的，用于确定哪一个（或一些）政策约束了系统达到更高的绩效。

从下面的角度来看，该思维过程是独一无二的：它是为数不多（或许是唯一的）的问题解决方法，既包括问题识别和方案生成，还延伸到方案验证和实施规划。该思维过程的各部分如下。

1. **当前现实树（CRT）。** 帮助识别系统约束，特别是某种类型的政策性约束。图 2-13 是一个典型的当前现实树示例。

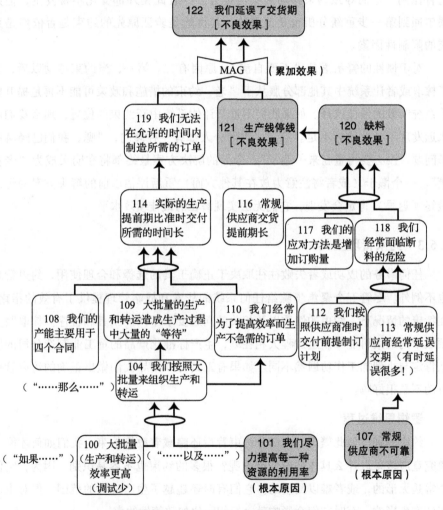

图 2-13　当前现实树－制造过程示例

资料来源：摘自 Schragenheim 和 Dettmer，2000。

2. **消雾图（EC）**。它是一种解决冲突的图示方法，有助于产生突破性的方法来解决导致约束的隐藏冲突。图 2-14 是一个典型的消雾图示例。

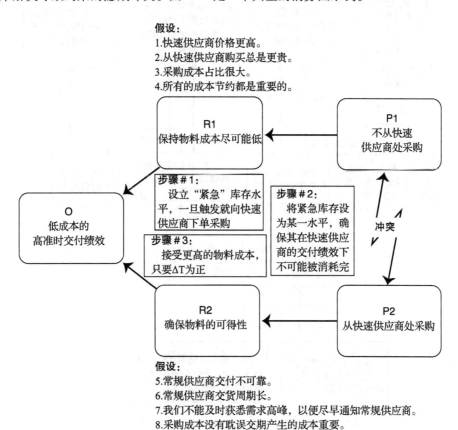

图 2-14　消雾图——交期不可靠供应商示例

资料来源：摘自 Schragenheim 和 Dettmer，2000。

3. **未来现实树（FRT）**。测试和验证潜在的解决方案（见图 2-15）。

4. **负效应枝条（NB）**。它实际上是未来现实树的一个子集。它的作用是帮助识别并避免未来现实树中的方案可能造成的任何毁灭性的新效果。图 2-16 是一个负效应枝条的概念图，用作预测某激进方案可能造成的毁灭性后果。注意，这个示例也强调了一个事实，即思维过程工具的应用不仅仅局限于商业领域。

5. **必备条件树（PRT）**。它有助于揭示并消除选定方案实施过程中遇到的障碍。同时它也按时间顺序列出达成目标需要采取的措施。图 2-17 显示了一个典型的必备条件树。

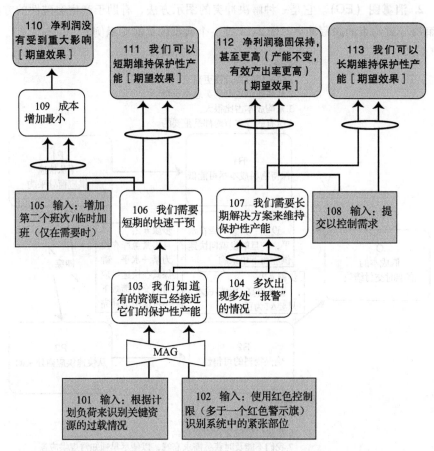

图 2-15   未来现实树——"红线控制"（生产控制示例）

资料来源：摘自 Schragenheim 和 Dettmer，2000。

6. **转变树**（TT）。它有助于建立一步步的实施计划，也可向负责实施的人员解释行动计划的合理性。在制订计划和实施计划分属于不同人员的时候，它的重要性尤其明显。图 2-18 是一个典型的转变树。转变树和必备条件树构成了改进项目活动网络图的基础。

其中的四个树图（当前现实树、未来现实树、负效应枝条、转变树）是因果关系，阅读的逻辑是"如果……那么……"。而消雾图和必备条件树则是必要条件关系，阅读它们的方式稍微有点不同，其逻辑是"为了……我们必须……"。

这些工具是为了回答五个聚焦步骤中的前三个步骤中的三个主要问题而特别设计的，即：

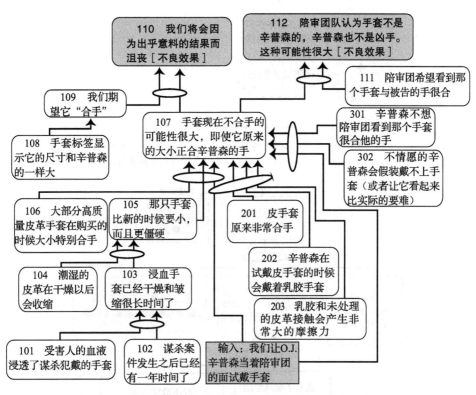

图 2-16 洛杉矶地方检察官的负效应枝条——如果它不合手, 必须无罪释放
资料来源: 摘自 Dettmer, 1998。

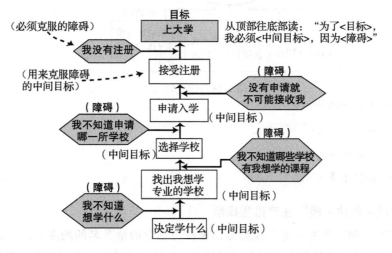

图 2-17 必备条件树示例
资料来源: 摘自 Dettmer, 1997。

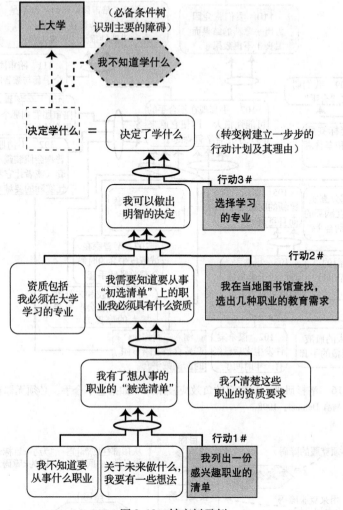

图 2-18 转变树示例

资料来源：摘自 Dettmer, 1997。

- 要改变什么？
- 要变成什么？
- 如何促成变化？

"鼓 - 缓冲 - 绳"生产排程模型

或许"鼓－缓冲－绳"模型是高德拉特创建的最著名的约束管理工具（见图 2-19）。高德拉特和科克斯在《目标》（Goldratt, 1986）中用它们做类比，来描述存在依赖关系和统计波动的系统，并以此给该模型取名。该书描写了一次童子军远足的经历，走得最慢的小男孩就相当于是"鼓"，它决定了其他人的速度，而"缓冲"和"绳"是保证其他人的速度与最慢小男孩基本一致的手段与方法。

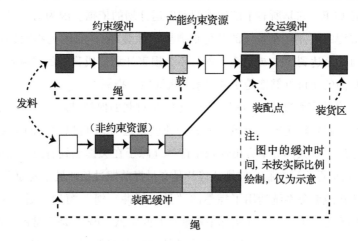

图 2-19 基本的 DBR 概念

资料来源：摘自 Schragenheim 和 Dettmer，2000。

高德拉特和福克斯在《竞速》（Goldratt and Fox，1986）中详细介绍了受童子军远足故事启发提出的鼓、缓冲、绳概念在生产过程的应用。DBR 是一种协调生产过程步调的方法，它可以让存在"最弱环节"的生产链中的各个环节保持同步。

"鼓"。在生产或者服务性公司中，"鼓"就是产能最低处的资源或者工作中心的工作量计划，我们称产能最低的环节为能力约束资源（Capacity- Constraint Resources，CCR）。CCR 很重要，因为它决定了整个生产系统的最大产出能力，它也代表整个系统的实际产出，因为系统的产出不可能大于产能最低资源的产出。

"缓冲"和"绳"要确保 CCR 既不会因等待工作而未充分利用，又不会因过载而造成积压订单。在约束管理中，用时间来度量缓冲的规模，而不是产品数量。

"缓冲"。CCR 的待工可能是上游过程波动造成的，波动会延迟在制品的转运时间，转运时间超过期望时间时就会出现 CCR 缺料。为了保证 CCR 不会待工缺料，需要用缓冲时间来保护 CCR 免受上游波动的影响，缓冲时间就是在 CCR 计划"开始生产"某工作的时间点之前所需物料提前到达 CCR 的时间段。举例说明，如果已经计划宝贵的 CCR 资源要在周二下午 3:00 生产某特定工单，该工作所需物料必须提前安排足够的时间发出以保证所有的上游工序都必须在周一下午 3:00 之前完成（比需要的时间提前一个工作日）。这里的缓冲时间就是一个工作日。缓冲时间的作用是保护最宝贵资源，避免待工缺料。CCR 缺料是严重的系统故障，因为它的产出就是整个系统的产出。

注意，只有生产或者服务系统中的关键点才受缓冲保护（见图 2-19）。这些关键点就是 CCR，它是所有下游的装配和发运计划的依据。因为对波动的保护仅集中于最关键的地方（在系统的其他地方要消除缓冲），实际的提前期可以显著缩短，有时甚至达到 50% 或更多，而且不会损害计划完成日期的准确性。更短的提前期和更高的交付可靠性是顾客在意的重要服务指标。

"绳"。在约束管理中，"绳"是避免 CCR 过载的保护措施。实质上，它是物料发放计划，它要防止向系统投放物料的速度超过 CCR 可以生产的速度。"绳"用来防止系统中的大部分地方出现积压订单（除了在关键点处有意计划的缓冲量外）。这一点很重要，在制品的排队等待是交付提前期过长的最主要原因。

当对生产或服务系统运用了完整的"鼓-缓冲-绳"模型以后，100% 交付可靠性目标不再遥不可及，在实际中提前期时间降低 70% 都是正常的。伯利恒钢铁公司的 Sparrows Point 工厂将交付可靠性从 49% 提高到了接近 100%，而实际的提前期则从 16 周下降到了大约 4 周时间（Dettmer，1998，第一章）。

关键链

在约束管理的工具箱中，还有另一个叫"关键链"的重要工具。它也是高德拉特写的一本书的名字（Goldratt，1997）。关键链是有效的项目活动计划工具，它可以适应活动的不确定性并解决同时使用某一资源的冲突（资源竞争）。关键链运用于一次性项目中的原理和 DBR 运用在重复性生产过程中是完全一样的。在项目计划和资源配置中运用关键链技术会提高项目准时完工的概率，有些时候，甚至会缩短整个项目的周期。关键链最初只用于单个项目的管理，其基础是上文"鼓"的概念，现在已经扩展到了多项目管理场合（参见"鼓-缓冲-绳"）。

因为项目与重复性生产不同，在项目时间计划中运用的关键链与 DBR 有一些差异，但两者的原理是一致的，而关键链和 PERT/CPM 以及其他传统项目管理方法有什么区别呢？

第一，关键链考虑了人的行为特征，而传统的项目管理方法却没有（Leach，2000；Newbold，1998）。这些人类行为特征如下。

1. 技术人员喜欢虚估单个项目任务的时间，以保护他们自己，避免在计划时间内不能完成项目。

2. 所谓的学生综合征：总是等到最后一秒才着手从事一项有规定截止时间的任务。

3. 帕金森定律：不管实际完成某项工作需要多长时间，只要有时间，工作就会持续，直至用完所有的计划时间。

4. 多任务：给员工同时分配多个具有截止日期要求的任务。多任务可以导致极其糟糕的后果。项目人员在不同的任务之间来回切换，往往造成每个任务都"不能按时完成"。进而，其他的以这些任务为输入的工作也会延迟。当涉及几个同时进行的项目时，延迟会在它们之间传递。

上述行为导致项目延期的原因是如下的错误管理假设：只有项目中的每项任务都能按时完成，项目才能准时完工。这种通用的错误项目管理理念会促使管理层过度强调项目中每个活动都要准时完成。然后，项目人员就会高估项目任务所需的时间以保证自己按时完成所有计划的任务。与此同时，他们也会尽力不在自己高估的截止时间之前太早完成，以免在下一次项目中项目任务时间被缩短。这些人为的把戏会形成恶性循环，造成项目一再延期，最初计划的可靠性也没有改善。

第二，为了解决这一问题，关键链方法将单个任务中的大部分的保护时间挤出来，并将它们集中放到项目活动网路的关键点前面，即项目任务交汇点或者项目交付之前。因为集中保护整个活动链比对每个任务进行单独保护要有效得多，只需要将大约一半的从各单个活动中挤出的时间放在关键位置就够了。其他的时间则可以让项目尽早结束。在传统的项目执行中，如果某具体活动的保护时间没有使用，那就会白白浪费——它们不会被后续活动使用，哪怕后续活动实际需要的保护时间比计划的保护时间更多。这些先前"浪费"了的时间，在关键链中会得到利用。

第三，在某一活动需要使用关键资源时，关键链给关键资源以更多的关注。在项目中必须强制性地均衡使用资源。关键链就是在项目中同时考虑了任务的依赖和顺序关系以及资源使用后所得的最长任务链，而传统的关键路径只反映了依赖活动之间的顺序连接关系。

关键链项目管理方法中的重点组成部分如下：

- **关键链**。在考虑任务先后顺序和资源依赖关系的时候，一组任务决定了项目周期（Newbold，1998）。相互依赖活动组成的最长活动队列就是 PERT/CPM 方法中的"关键路径"。但是，如果将活动队列总时间根据最优资源使用原则（资源使用均衡化）进行调整，整个关键路径的定义就不再适用。基于资源的使用，将得到不同的项目周期时间，即关键链周期（见图 2-20）。因为此时关键链是项目最早完工的约束，监控关键链上各任务的进展就变得至关重要了，它反映了整个项目的进展情况。

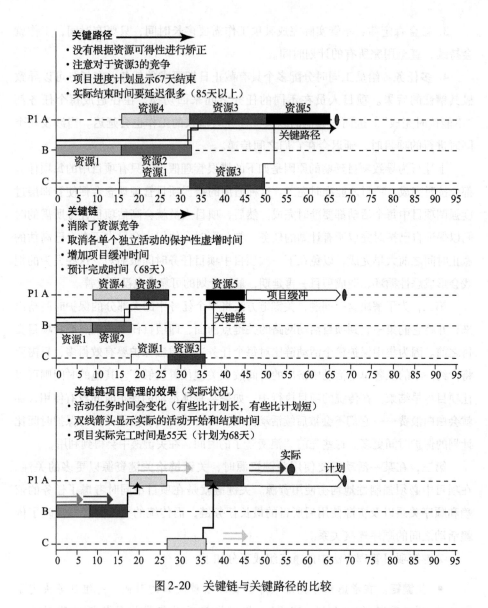

图 2-20　关键链与关键路径的比较

- **项目缓冲**。在关键链上最后一个任务之后以及所需的交付日期之前安排了项目缓冲，它用于保护关键链免受极端波动和不确定的影响。
- **馈伺缓冲**。作为关键链输入的各项活动任务（或任务序列）都合理地安排了一定的缓冲时间以保护该特定活动或活动序列免受波动的影响。馈伺缓冲保护关键链，避免关键链以外任务的延迟造成关键链的延迟。这些缓冲只防范波动性，它们并未提供对多任务的保护，即组织内的技术人员需要同时完成不同的项目任务。实际上，关键链技术成功或者失败的一大决定因素就是管理人员是否愿意停止多任务工作方式。

- **缓冲管理**。它是一种控制手段。在项目周期的任何时候，缓冲管理让项目经理有机会了解哪些缓冲已经被消耗了多少，并在项目有可能会延期的时候尽早采取措施。活动任务的延期完成会消耗缓冲时间，但是因为很早就可以得到预警信号，通常可以防止项目延期，所需的纠正措施或者极端措施也相当少。对各种缓冲，特别是项目缓冲进行监控，提高了项目准时完工的概率。

- **鼓**。这个和 DBR 模型类似的概念只应用于多项目的情境中。它选出工作负荷最大的资源作为"鼓点"，然后根据该资源的可得性来安排所有项目的计划。

关键链项目管理方法的最终效果是更高的项目按时交付可靠性、更多的提前交付、更少的"赶工"以及更好的项目成本控制；缓冲管理则提供了更好的项目进展信息。

2.6.4　基于约束管理的绩效衡量

约束理论对管理知识体系所做出的独一无二的贡献之一就是它用于评估系统目标实现程度的衡量方法。高德拉特认识到传统测量方法中的一些固有缺点，并提出了更可靠的新方法，用来衡量结果或者评估决策。

两难：系统还是过程

测量方法问题使人回想到早前关于系统和过程的讨论，以及局部最优就会形成总体最优的误解。传统的理论认为系统中每个独立部门都达到潜在的最大生产率就是良好管理的表现。通常用输出与输入的比来代表生产率，这些输入、输出经常用财务术语表示。经理人员经常殚精竭虑地追求自己部门的高生产率，而对整个系统的效益关心甚少。这就是问题的核心所在：我们怎么能肯定我们每天的决策真正对整个系统有帮助呢？换句话说，局部决策是如何和公司总体绩效产生联系的？

这不是一个容易回答的问题。让我们暂时设想你是一位生产经理。现在，一位销售经理找到你，要你停止正在进行的生产活动（即重新调试）来生产一小批顾客急需的订单。如果按照销售经理的要求来安排生产，公司的净利润会如何变化？重新进行生产准备会产生多少成本（对财务和生产经理的生产率指标的影响)？公司的效益会受到多少影响？生产部门呢？显然它们不容易回答，而很多公司的人每天都在做着这样的决策。

新的财务指标

假设公司的目标就是赚取利润。高德拉特建立了三个财务度量指标，确保局部的决策与公司总体目标有效地保持一致。公司里几乎任何层级的任何人都可以轻松地使用这些度量指标，它们是有效产出、库存或投资、运营费用（Goldratt，1990，p. 19-51）。

有效产出（Throughput，T）的定义为通过销售获得金钱的速度（Goldratt，1990，p. 19）。从另一个角度看，它也可以被看作是销售对净利润的边际贡献。这一指标可以评估整个公司在某些时间段的有效产出，也可以将它们按照产品线进行细分，直至细分到销售的每件产品。有效产出的数学表达式等于销售额（SR）减去变动成本（VC）。

$$T = SR - VC$$

库存（Inventory，I）的定义是所有用于采购的金钱，采购的东西是计划售出的（很可能会在它们上面增加价值）（Goldratt，1990，p. 23）。因为高德拉特对库存的定义包括了固定资产，比如设备、设施、不动产等，I 也可以用来代表投资，而不仅仅是库存物料。库存/投资肯定包括将要变成成品或服务的物料，但它也包括公司的资产，因为它们会以折旧、报废等形式被出售，并由新资产取代，这甚至对工厂的厂房也同样适用。不过，在日常的决策中，大部分的经理仅仅用 I 代表用于生产成品和提供服务的消耗性库存物料。

运营费用（Operating Expense，OE）的定义是用于将库存转化为有效产出的所有金钱（Goldratt，1990，p. 29）。注意，管理费用没有包括在有效产出的公式（和定义）中。管理费用以及其他的大部分固定成本都包含在运营费用中。约束管理衡量方法有意地将固定成本与有效产出计算分开是因为以下重要原因：将固定成本按照销售的产品数量分配会扭曲日常生产中实际产品的成本信息。

举例说明，假如你是一家小型的精密加工零件生产商。你正在为某原始设备供应商生产 100 件零件的订单。生产中途，顾客打电话要求将订单中的产品数量增加 10 件，这会增加 53 分钟的生产时间。新增的 10 件产品增加了多少成本呢？只要这个工单没有积压，新增产品的成本只是原材料价值而已。你不需要给机器操作人员支付更多的工资（按照计时制付薪，而不是计件制）。一般来说也不需要支付更多的电费，因为电灯在上班的时候总是开着的。公司给总经理配的专车成本也不会因为多生产 10 件产品而改变。因此，增加订单量导致的成本基本只限于物料成本。

人工成本属于运营费用，因为几乎在所有的情况下，公司按照固定的时间付薪，而不是按照生产的产品数量。公司按照小时、周、月、年等支付薪水给员工，无论他们是否生产了供销售的产品。另外，生产产品或者服务的产能（用到的资源，如人、设施、设备等）都是"一大块一大块"地获得的。公司不可能只雇用一个员工的 6/10，或者采购一台设备的 3/4。

因此，每次用于扩大产能的费用支出通常都是相当大的，它类似一种阶跃函数。另外，通常按照件数来生产产品或者给产品定价，更类似于一种连续函数或者小幅度阶跃函数。这种情况造成按照产量分配固定成本很困难。也就意味着，这样做会得到不真实的产品成本信息，不能根据它们来制定运营决策。

在日常的管理决策中，我们希望它与系统的目标建立联系。这时候，用 T、I、OE 来衡量组织的成功程度就比传统的净利润（NP）、投资回报率（ROI）和现金流（CF）更有用。不过，也需要在这两类指标之间建立联系，如下所示：

$$NP = T - OE$$
$$ROI = (T - OE)/I$$
$$CF = (T - OE) \pm \Delta I$$

净利润是有效产出和运营费用之差。投资回报率等于净利润（有效产出减去运营费用）除以库存或投资。而现金流等于净利润（有效产出减去运营费用）加上或者减去库存变化的绝对值。

如果有效产出增加，运营费用保持不变，则净利润也增加。如果运营费用减小，则净利润也会增加（只要有效产出保持不变或者增加）。如果库存下降，只要有效产出和运营费用保持不变，投资回报率就会增加。可见，这些指标与运营管理决策之间的相关性比净利润和投资回报率更密切。它们比诸如设备利用率、日产量或者周产量等抽象的绩效指标更能保持日常决策与系统目标的一致性。

下面是一些使用 T、I、OE 来评估决策质量的例子（Dettmer, 1998, p. 33）：

- 是否可以更好地使用约束最严重的资源（即在相同或者更短的时间内有更多可供销售的产品）？
- 是否充分利用了约束最严重的资源？
- 总的销售额增加了吗？
- 提高向顾客交付的速度了吗？

- 是否形成一种竞争对手所没有的产品或服务特征（例如，交货速度）？
- 是否赢得重复订单或者新业务？
- 是否减少了报废和返工量？
- 是否减少了售后质保费用和置换成本？
- 是否能够让员工从事其他的顾客愿意支付费用的工作（以前不能做的工作）？如果是这样，那么这些决策将会改善有效产出。
- 我们需要的原材料或者采购件会减少吗？
- 我们能降低库存物料水平吗？
- 可以降低在制品数量吗？
- 只要更少的资本设施或设备就可以完成相同的工作吗？如果答案为"是"，那么这些决策会降低库存或投资。
- 管理费用会下降吗？

向供应商支付的成本会降低吗？如果是，那么运营费用会降低。

让我们再回到先前的生产经理的例子，他需要决定是否应该应销售经理的请求而中断目前的生产。如果使用传统的指标来推理，那么一个效率导向的生产经理会认为他的生产率指标会变差，因为重新调试设备会损失一部分时间。插入紧急订单也会打乱正常的生产计划，所有后续订单的开始时间和结束时间都会相应延迟。

然而，具有约束管理理念的经理会有不同的看法。他首先会问："我是否受到内部资源短缺的约束？"答案相当明显，因为这位经理已经知道积压订单的规模。如果答案为"否"，则生产过程具有富余产能，不用耽误其他已计划的工作就能满足加急订单的要求。新增订单的成本只是原材料而已，最多再加一件用于调试设备的在制品。设备操作人员的时间不会产生成本。公司按照小时支付薪水，不管他们是调试设备还是生产产品，对公司而言成本都是一样。接受销售经理的请求而直接增加的公司净利润就是新订单带来的有效产出（销售额减去变动成本），甚至向顾客提供加急服务以后或许还能赢得更多的重复订单。因此，只要制造过程不是内部约束，有约束理论意识的生产经理可能会接受新订单，而具有传统观念的经理则会对销售人员说："排队吧！我们按照先来先得生产。"这位经理的"绩效数字"在月底的时候可能很好看，不过，他的决策对公司产生了什么影响呢？

在管理决策中，我们也并不是要用 T、I、OE 来取代公认会计准则（GAAP）。GAAP 需要或许一直需要，用于外部报告，比如股东年报、证券交易所的备案、税务报告等。但是，在衡量日常决策对公司财务绩效的影响方面，有效产出、库存和运营费用更容易被绝大部分的一线经理人员所理解和使用。

T、I 和 OR 的战略含义

高级经理人员和执行官在运用它们时所隐含的战略含义，让有效产出、库存/投资和运营的意义更为重大。当然，每个公司执行官都想改善净利润、投资回报率和现金流。但是，虽然 T、I、OE 更适合于日常的管理决策，它们却"隐藏"于标准的会计术语中，难以分辨。

让我们来考察柱状图 2-21，三条柱分别代表 T、I 和 OE。大部分公司会在降本上孜孜以求（包括固定成本和变动成本）。在质量成本管理中也将降本作为首当其冲的提升质量的正当方法，精益制造和降库存也是一样的。实际上，在很多的公司战略中，降本总是位居优先级的前列。

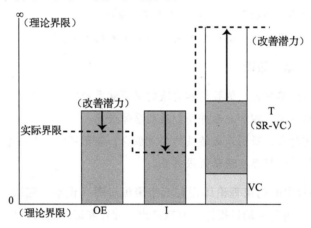

图 2-21　T、I、OE 的界限，为什么追求降本是无效的
资料来源：Schragenheim 和 Dettmer，2000。

该图讲述了一个不一样的故事。虽然在这些领域（OE 和 I）可能确实能降低很多成本，到达某点之后，降本的效果会越来越小。现实中，存在某一 OE 和 I 水平，不能在该水平之下继续减少 OE 和 I，否则会影响公司产生有效产出的能力。一旦超过该限度，降本时削减的就已经不再是"脂肪"了，而是"肌肉"。事实上，绝大部分经理都不能确切地说出该实际界限所在的位置。此外，很多公司在长期的降本之后已经将大部分的 OE（甚至是产生有效产出的变动成本）削减殆尽。为了改善财务绩效，除了有效产出外，其他地方已经无本可降。如图 2-21 所示的有效产出柱。虽然潜力也不是无限的，但是从现实的角度来讲，增加 T 获得的盈利能力改善潜力要比降低 I 和 OE 大得多。把泰坦尼克号甲板上的椅子重新排排好，还是掉转船头绕开冰山，哪种方法更有意义呢？总之，不是所有的公司都能靠"节省"就能兴旺发达。

人们经常将 T、I、OE 的使用称作有效产出会计、约束会计或者基于有效产出的决策支持。它们还没有严密到足以取代标准会计中的公认会计准则的程度，但是它们更简单，在日常决策中通常也比传统的管理会计更有效。有关如何使用 T、I 和 OE 的详细介绍请参阅 Goldratt（1990）、Noreen 等人（1995）、Corbett（1998）和 Smith（2000）。

2.6.5 总结与结论

总而言之，约束管理：

- 是一种系统管理方法。
- 在"次要的多数"中分离出"关键的少数"
- 强调对决定整个系统成功的关键少数因素的关注。

它基于四个基本假设：

- 每个系统都有自己的目标和有限的必须满足的前提条件。
- 各局部最优，相加之后并不能得到总体最优。
- 在任何时点，限制系统绩效的变量很少，甚至可能只有一个。
- 所有的系统都存在逻辑因果关系。

高德拉特提出的约束理论体现在五个聚焦步骤（识别、榨取、服从、升级、重复/惯性）、一组财务衡量指标（有效产出、库存和运营费用）以及三个通用工具（逻辑思维过程、鼓 - 缓冲 - 绳、关键链）中，它们可以运用于各种组织情境。

数据驱动的管理

基于客观数据制定管理决策是六西格玛管理的重要内容。六西格玛改善是通过一个个项目达成的，每个六西格玛项目都要先分析过程数据，最终实现过程的改善。在大型组织中，最高层级的组织优先目标也是由众多的过程改善实现的。组织的优先目标也是在分析顾客、股东、员工等关键利益相关者的需求和期望后制定出来的。从这个角度讲，数据驱动的管理是实现组织目标的方法，它将利益相关者的期望和需求与现有基准之间的差距进行量化，并根据这些数据采取行动以减小关键的绩效差距。

3.1 优秀绩效指标的特征

选择哪些绩效指标来衡量对于组织成功至关重要。如果指标选择不恰当，就不会出现最优的行为，人们的努力方向就不是朝着组织的目标而是背离组织的目标。Joiner（1994）提出三个组织层面的绩效量度，即综合顾客满意度、总周期时间、首次质量合格率。衡量首次质量合格率的一个有效指标是总不良质量成本（Cost of Poor Quality，COPQ）（本章下文有详细讨论）。一旦选定了绩效指标，必须向所有的组织成员传达。如果要让指标有作用，员工就必须能够通过个人的工作来影响它们，而且这种影响机制必须清楚且精确。

Rose（1995）列举了优秀绩效指标的特征，它们是：

- 它们必须以客户为中心，关注给顾客产生价值的指标，比如产品质量、服务可靠性、交货及时性，等等。或者必须与组织内部的工作流程相关联，关注组织的成本降低、减少浪费、团队协作与协调、创新、顾客满意度等。

- 它们衡量绩效随时间变化的情况，能够显示绩效的发展趋势，而不是某一个时点的"绩效快照"。
- 它们提供的信息可以被组织层级直接使用。不需要再对它们进行处理和分析即可明确其意思。
- 它们与组织的使命、战略和行动计划相关联。它们服务于组织的命令和控制系统。
- 它们由团队集体制定，团队共同提供、收集、处理并使用绩效数据。

罗斯还提出了下列包含八个步骤的绩效测量模型：

- 第一步：业务及绩效类别。根据组织的主要业务划分出几个主要业务类别，用于回答这个问题：我们是做什么的？划分绩效类别的依据包括：组织的战略愿景、核心竞争力或者使命宣言。一个组织可能会识别出多个业务类别。业务类别确定了衡量绩效的组织单位。
- 第二步：绩效目标。目标陈述是业务类别期望状态的具体说明。它定义了业务类别的目标，因此，应该用简洁的行动导向的词语来描述，即它是可操作的定义。最初的目标陈述可能直达目标，有时它过于复杂，因此需要将业务类别绩效再次细分，有时它又过于狭窄，因此需要将某些业务类别进行组合。经常需要在划分业务类别和制定绩效目标这两个步骤之间反复平衡，最终才找到满意的结果。
- 第三步：绩效指示量。这是模型中最重要的步骤，因为它揭示了实现绩效目标的具体进展过程。如果某一个绩效量度对组织的目标不产生影响，需要将它们剔除。这是建立关键绩效量度的环节，关键绩效量度确定了组织成功地实现目标的路径，组织内所有人员都知道其重要性。每个目标都有一个或者多个指示量，每个指示量都必须有自己的可操作的定义，它清楚地描述了该指示量的意图，以及在实现组织目标中的角色。在组织的不同层级，相同指示量的范围会有所差异。
- 第四步：度量元素。度量元素是确定绩效指示量的最基本输入成分。它们是测量数据的源头，是被实际测量的对象，也是组织的控制对象。如果测量的对象是组织不能控制的，那么只会徒劳无益地耗费组织的资源和精力，因为组织不能根据收集到的信息采取行动。下一步会专门处理此类情况。

- 第五步：外部参数。它们是影响度量元素的外部因素，比如环境、约束资源、边界等。它们不受组织的控制，但是可以对度量元素的使用产生重大影响。如果测量数据的分析结果显示这些外部因素严重阻碍了组织的进展，就应该修改相应的政策。

- 第六步：度量方法。只有在实际测量以后，前述步骤才有意义。它是书面的概括性实际操作说明，描述度量元素和相关的外部参数是如何确定绩效指示量的水平的。该说明可以非常简短，清楚地说明意图比文件的长度更重要。

- 第七步：概念性指标。在这一步中，将根据前述步骤得到的潜在指标形成概念性描述并记录下来。这样可以让所有人员就如何运用前述步骤测量组织的绩效达成一致。它给绩效制定过程的验证提供了基础，也是随后的制定具体指标的起点。

- 第八步：具体指标。在最后一步中，将最终要实际运用的绩效指标形成文件，明确其可操作定义和功能性描述。定义和描述包括收集什么数据、如何收集、如何使用，更重要的是，各种数据的意义以及它们对组织绩效的影响。可以用实际或者虚构的数据来建立指标模型，并对各种测量结果的应对举措进行说明。最后一步是对各项指标的实际测试。它必须能识别需要采取什么行动，详细说明在什么情况下能够改善过程。

罗斯提供了此模型在美国陆军物资总部的应用示例（见图3-1）。

绩效测量模型的应用

组织绩效指标

业务类别：物料采购

绩效目标： 在尽可能短的时间内提供技术上最优设备，同时确保最佳采购价值

绩效指示量	度量元素	外部参数	度量方法	概念性指标	具体指标
工业基础管理（评估并保证有充足的工业设施来满足军方的需求）	物料和服务的供应源头 供应商的质量	物料和服务需求 采购政策	确定工业基础对所需物料和服务的支持水平	现有及潜在工业部门供应商的数量和产能/物料需求	（另外的文件包，包括：可操作定义、数据收集及使用的功能性描述、数据的意义、示例）
（其他绩效指示量）			对现有和潜在供应商进行质量认证	认证合格的工业部门供应商百分比	

（其他业务类别和绩效目标）
（可选：下一层级的组织绩效指标）

图 3-1　组织绩效指标模型

测量原因和效果

绩效指标仪表盘（Dashboard Metrics，也称作绩效指标一览表）是复杂系统或过程的绩效测量结果。本质上，这些结果是过程内部发生的各种情况的"效果"。例如，"单件成本"可能是一个顶层仪表盘的指标之一。它又由物料成本、管理成本、人工成本等组成。物料成本是单件成本的"原因"，物料成本还可以进一步细分，比如原材料成本、采购组件成本等。在某些地方，我们会找到"根本原因"，或者说"效果"背后的最基本原因。黑带和绿带会学到大量的工具，来识别这些根本原因。不过，仪表盘是探寻根本原因的起点。

在六西格玛工作中，我们用 Y 表示结果，用 X 表示原因。在历史上，六西格玛源自科技领域，它的创始人大部分都有工程技术和科学研究的背景。在工程师和科学家学到的数学知识中，经常用下面的方程来表示关系：

$$Y = f(X) \tag{3-1}$$

这个方程表示，字母 Y 表示的值由另外一个值 X 的函数决定。如果方程的具体表达式是 $Y = 2X$，也就意味着，知道 X 的值以后，将它乘以 2 就可以得到 Y 的值。如果 X 是一种溶液的温度，Y 可能是该溶液完全蒸发所需要的时间。方程的形式也可以很复杂，比如，$Y = f(X_1, X_2)$ 表示 Y 的值取决于两个不同变量 X_1 和 X_2 的值。应该将式（3-1）中的 X 理解成可以是任何数量的变量。在顶层 Y（也叫大 Y）到根本原因 X 之间，可能会有多个层级的仪表盘。在六西格玛工作中，发展出了很多的特殊概念，比如，在区分根本原因和中间结果的时候，我们通常将中间结果称作"小 Y"。

也可以在这些方程中将 Y 看作过程的输出而 X 是过程的输入，而符号 $f(\ )$ 表示的就是过程。可以将过程看作是某种转化函数，它将输入按照某种方式转化为输出。用菜谱打比方，参见下面的例子：

玉米脆（12 份）菜谱

3/4 杯粗玉米粉

1 杯开水

1/2 茶匙盐

3 汤匙融化的黄油

将烤炉预热到 400 ℉ ⊖。将玉米粉和开水放入一个大玻璃量杯中搅拌均匀，

⊖　华氏度 = 摄氏度 × 1.8 + 32。

加入盐和黄油。混匀以后倒入曲奇烤盘。使用平铲将面糊尽量摊薄，摊得越薄玉米脆就会越脆。烘烤 30 分钟，直到变脆变黄，将它们分成 12 等份。

在这个例子中，大 Y 就是顾客对最终玉米脆成品的总体满意度。小 Y 包括玉米粉的等级、脆度、味道、新鲜度，以及由顾客提出并对大 Y 产生影响的指标。决定小 Y 的 X 可能包括面糊的厚度、盐的均匀度，各份玉米脆的大小、颜色，以及其他成品的特性等。过程的每个主要步骤都有输入，比如，实际测量成分、炉温、搅拌的程度、水温、烘烤时间等，还包括使用的烤炉、炊具、餐具等。

最终，不同厨师的操作方式就是转化方程或者将原始成分转化为玉米脆的过程。观察厨师的动作肯定能识别大量的变异源（更多的 X）。非常清楚，即便这样一个简单的过程也可以激发很有意思的讨论。如果你还没有建立过绩效仪表盘，将玉米脆制作过程作为实际案例练习很有必要。

图 3-2 展示了仪表盘指标与六西格玛项目建立关联的过程。

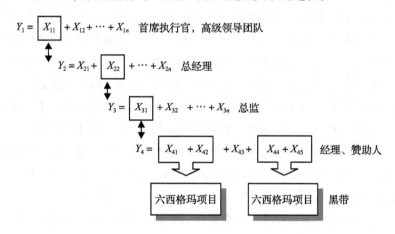

图 3-2　战略向驱动因素和项目的落实

3.2　平衡计分卡

考虑到六西格玛绩效水平和传统的三西格玛的巨大差异，追求六西格玛绩效显然需要彻底改变我们做事的方式。矢志追求六西格玛的组织各有各的做事方式。因为六西格玛项目所要花费的时间和资源巨大，将六西格玛项目及活动与组织的最高层级目标建立关联尤为重要。更重要的是，我们要确保组织目标本身是正确的。使用六西格玛方法追求错误的组织目标只会让我们更快地犯错。组织目标必须来源于它最终服务的对象：顾客、股东、员工等。从长期来看，过分关注某一单个利益相关者的需求会危害所有人的利益。例如，只将股东绩效视作唯一重要目标的公司可能会失去员工和顾客。为此，高级管理人员必须使用平衡计分卡（Balanced Scorecard），并将基于利益相关者的目标转化为组织的绩效指标。然后根据这些目标和指标制定相应的战略，来实现它们。建立仪表盘，显示各利益相关者的指标。最后，用六西格玛项目来弥补关键性的绩效差距，或者开发与最高管理战略保持一致的新过程、产品或者服务。

戦术性质量计划就是制定方法来实施战略性质量规划。Sheridan（1993）将政策部署定义为建立以测量为基础的系统，并将其作为在全组织各个层级开展持续改善的方法。（政策部署最初源于日本，在日语中称作"方针管理"，意思为"方向控制"。全世界的公司已经广泛采用政策部署，用于清晰定义公司的长期发展战略，而不是短期战略。）

平衡计分卡有助于组织保持对前景的洞察力，它精准地显示了四个方面的绩效指标，即顾客、财务、内部过程、学习和成长，这四个方面大体上和主要的利益相关者对应起来（Kaplan and Norton，1992）。同时测量四个方面的绩效指标预防了局部最优导致总体次优的发生。以牺牲其他地方的绩效来获得组织中某个地方的绩效改善，这是常见的现象。这会形成这样的怪圈，即今天我们关注质量改善，却增加了成本。明年又采取措施降低成本，而周期时间又变长了。当我们关注周期时间的时候，人们又采取一些快速见效的手段，以牺牲质量水平为代价，等等。这种现象在更高层级上也时有发生，比如关注顾客、股东和员工利益的同时却伤害了当前未关注的其他利益相关者的利益。很明显，对这种"救火"行为最后谁都不高兴。我们真正需要的是"平衡计分卡"中的平衡。

在《平衡计分卡》一书中，卡普兰和诺顿定义了四个关键的过程，让组织能够将日常的决策与战略建立关联，并在全组织内持续检查战略的部署情况，它们是将愿景转化为目标、沟通和关联、业务规划、反馈与学习。

3.2.1　将愿景转化为目标

只有致力于达成目标，组织的战略愿景才可能会实现。必须将组织愿景转化为目标，它才可以指引组织的活动，并衡量是否成功。从组织的绩效指标中可以看出战略实现的程度，定义它们不是一个简单的过程，但是必不可少。这个过程强迫中高层管理人员慎重思考并真心拥护组织的战略和愿景。为每个战略选择合适的绩效指标，强制人们将难以企及的长远目标转化为可以衡量的日常工作目标。最终的结果是组织的高层管理团队对战略愿景达成共识，并建立一套合适的绩效指标来监测进展，随时了解组织长远目标和愿景的实现程度。

顾客满意度

现在我们具体讨论平衡计分卡的四个方面，首先从顾客开始。平衡计分卡需要管理层将模糊的公司使命（如"顶点公司在为顾客提供价值方面成为第一名"）转化成顾客关心的具体量度。顾客计分卡回答的问题是："我们的顾客怎么看我们？"

要回答这个问题，你必须自问两个相关的问题：顾客在评估我们的时候会考虑哪些事项？我们是怎么知道的？要真正知道他们的答案，唯一的方法就是和实际顾客交流，但是相当确定的是，在评估一个组织的时候顾客一般会考虑四个大类：

- 质量。你是否像承诺的那样向顾客提供无差错的服务或者交付零缺陷的产品？我收到的东西是我订购的吗？是否完好无损？承诺的交付时间是否准确？是否得到免费质保？索赔是否很麻烦？
- 及时性。服务有多快？把我订购的产品发出来要多长时间？改善是否及时？
- 绩效和服务。你的产品和服务能帮到我什么？它们是否可靠？
- 价值。购买或者拥有你的产品或服务会产生什么成本？是否值得？

将愿景转化为目标的第一步是精准地确定顾客在评估组织的时候在考虑哪些问题。可以通过一对一接触、焦点小组、问卷调查、聊天室、论坛等方式与顾客沟通，获取想要的信息。管理层应该看到顾客实际使用的第一手未加修饰的措辞，顾客用它们来描述对公司、产品和服务的最真实想法。一旦管理层彻底了解其目标顾客，他们需要用对顾客有意义的措辞清楚地表述顾客的目标。例如，管理层或许会说：

- 我们将把开发并推出新产品的时间从 9 个月降低到 3 个月。
- 我们要成为行业内准时交付方面最好的公司。
- 我们会邀请顾客亲自参与下一个主打产品的设计。

要让这些目标转化为实际，必须为它们指定绩效指标。将目标本身想成只是潜伏的或掩藏的，管理层需要识别与目标直接相关的可以观察和测量的东西。它们就是将组织引向目标的绩效指示量，表 3-1 给出了上述目标如何具体实施的例子。

表 3-1 顾客目标的具体实施

目标	备选的指标
我们将把开发并推出新产品的时间从 9 个月降低到 3 个月	• 最近一个月或上个季度引入新产品的平均时间 • 上个季度引入新产品的数量
我们要成为行业内准时交付方面最好的公司	• 准时交付百分比 • 行业最佳准时交付百分比除以我们公司准时交付百分比 • 延迟交付百分比
我们会邀请顾客亲自参与下一个主打产品的设计	• 设计团队中的顾客人数 • 新设计采用的顾客建议数量

　　计划、预算、组织目标、绩效目标是领导团队为组织设定的关键需求。如果它们没有被适当实施，由这些关键需求驱动的组织行为就会和领导需要或者期望的状态相去甚远。关键需求用于评估员工的绩效，将它们与升职、加薪、奖金以及其他员工特别关心的事情联系起来。

　　设定目标中最常见的问题是将愿望或者希望设为目标。领导看着一个绩效指标，然后自己为它指定一个"好的"绩效水平。如果会议桌四周有足够的人点头同意，那么这个绩效水平就成了绩效目标。

　　制定绩效目标更好的办法是首先检查该绩效的实际历史记录。应该将这些信息绘制在过程表现图上（参见第 7 和第 8 章）。如果该指标大部分时间都在计算出的控制限内变动，那么可以认为该过程是可以预测的。通常来说，除非该指标用于实施一项竞争优势策略，可预测过程的目标应该维持在历史水平上。这些指标不会出现在领导例行查看的仪表盘上。不过，它们的绩效受到过程负责人的监控，在特殊情况下，如果过程表现偏离预期水平，那么领导也会被及时告知。

内部过程

　　在平衡计分卡的内部过程部分，我们建立的指标有助于回答这个问题：哪些内部过程对于满足顾客和股东目标是关键的？卓越的内部过程与顾客认知价值相联系，但是这种联系是间接的，也是不完美的。很多时候，投放更多资源把问题掩盖了，顾客可能就感觉不到问题的存在了，例如，增加检验和测试工序。此外，顾客认知价值也会受到除内部过程以外的其他因素的影响，如价格、竞争产品等。类似地，内部运营要消耗资源，因此它们也会影响到股东的价值。和上面一样，这种联系是间接且不完美的。比如，有时出于对组织战略利益的考虑，会为了满足关键顾客的短期需求或者应对市场上的竞争行为而增加成本。因此，仅仅从股东或者顾客的绩效仪表盘来看，领导并非总能得出内部过程绩效时好时坏的结论。需要为它单独准备一个绩效仪表盘。

本部分的计分卡给运营经理提供了关注顾客需求的方向。应该选择支持领导层制定的顾客策略的内部过程绩效指标,并需要知道顾客对内部运营的需求。应该绘制流程图来显示供应商、输入、过程活动、输出、顾客(SIPOC)的联系。SIPOC 是一种流程图技术,它有助于识别对顾客满意度产生最大影响的过程,详细介绍见第 7 章。

公司需要识别并衡量它们的核心竞争力,它们就是公司必须表现出众的领域,是竞争优势的来源。这些领域内的目标必须更宏大更有挑战性。它们是顾客情不自禁赞美的地方。在其他的关键领域内追求的目标要能让顾客满意,或许维持有竞争力的绩效水平即可。表 3-2 显示了核心竞争力和顾客价值诉求的关系。对于不同的公司,绩效指标可能相似,而绩效目标可能差别很大。例如,A 公司可能更重视开发和导入新服务所需的时间。B 公司和 C 公司可能在内部运营中不会忽视这个方面,但是它们在这个领域的目标可能不如 A 公司激进,因为 A 公司是创新方面的行业标杆。

表 3-2　顾客价值诉求与核心竞争力

内部过程	A 公司	B 公司	C 公司
创新	X		
顾客关系管理		X	
运营与物流			X
顾客价值诉求	产品和服务特征	灵活性、定制化	成本、可靠性

注:"X"表示公司的核心竞争力。

当然,你的竞争对手也可能在你具有核心竞争力的领域超越你,成为新的行业标杆并抢走你的顾客。你也可能发现你的既有客户群正在萎缩,能够发挥你竞争力的市场规模日益减小。领导必须对诸如此类的发展变化保持警觉并做好快速应对的准备。只要市场足够大,很多公司都会为了保持行业领导地位而尽力拼搏。六西格玛可以帮助公司在战斗中取胜,因为从战略上来说六西格玛项目通常耗时较短,黑带可以被迅速重新部署到最需要的地方。

创新和学习

在平衡计分卡的创新和学习部分,我们建立的绩效指标有助于回答这个问题:我们能继续改善并创造价值吗?哪里需要创新?

成功的目标是移动的。昨天还行之有效的方法可能明天就一败涂地。平衡计分卡前两个部分识别的绩效指标对于短期的成功最重要。不过组织必须做好准备满足不断变化的新需求，因为在更远的将来组织一定会面临它们。为股东创造价值尤其依赖于公司的创新、改善和学习能力。公司的内在价值就是它在剩余寿命中产生的所有现金的现值（Buffett，1996）。内在价值与公司的下述能力直接相关：创造新产品和过程，改善运营效率，发现和开发新市场，增加销售额和利润率。长期来看，在这些方面表现突出的公司会比表现平平的公司产生更多的现金。产生的现金可以被股东提取或者再投资到企业中，它们都为股东创造更大的价值。

在过去，创新和学习是持续改善（Continuous Improvement，CI）活动关注的领域。知道 CI 依然活跃在六西格玛中，热爱 CI 的人会感到高兴。不过，就范围来讲 CI 项目往往是局部的，而大部分的黑带六西格玛项目则是跨部门的，只有所谓的绿带六西格玛项目能让人想起以前的 CI 项目。另外，CI 更专注于工作流程，而绿带项目覆盖更广泛的业务流程、产品和服务。一个精心设计的组织级别六西格玛计划既有黑带项目又有绿带项目，它们会分别关注一系列的企业全局和公司局部的过程改善问题。

衡量创新和学习绩效的绩效仪表盘通常关注三个主要领域：员工的能力发展、科技、企业文化。它们的具体实施方式有很多种。其中的一个指标是各个组织的西格玛水平平均改善率。第 1 章讨论过，一个组织层级旨在减少错误、差错、缺陷等，其六西格玛战略可能设置这样的目标：每两年将公司的错误率降低 10 倍。这种突破性的改善速度通常不能立即达到，实际的改善速度就成为创新和学习仪表盘最佳候选绩效指标之一。改善速度可以度量六西格玛行动计划总体成熟度。其他的创新和学习候选绩效指标可以包括：

- 产品研发的周期
- 新产品的特色
- 新产品和服务贡献的销售额百分比
- 培训需求的完成程度

财务收益

过分迷恋财务收益是很多改善行动失败的原因。如果高级领导只看财务结果，他就认识不到这样的事实，即最终的财务结果产生自复杂的相互关联的过程链，过程链才是正确而高效地创造顾客价值的源头。企业只有提供顾客愿意支付的价值才会有销售额，而且要以低于售价的成本生产才会带来利润。对于很多公司来说，只看短期财务收益的后果就是长期业务的萎缩，且很多公司已经彻底消失了。

认识到上述不幸的历史事实以后，很多批评者倡导彻底摒弃用财务指标来指引领导行动的做法。他们的理由是因为最终的财务绩效是由顾客满意度和组织的内部运营过程的优劣共同决定的，如果组织在这两个方面能给予适当的关注，达到期望的财务绩效只是迟早的事。这种说法就像把孩子连同洗澡水一起倒掉一样荒谬，它存在逻辑错误，即想当然地认为领导和经理准确地知道顾客满意度和卓越的内部运营如何产生期望的财务绩效。这种自以为是因为缺乏正当的理由。我们经常看到的恰好与此相反，即我们关注的重点是错误的，最终财务目标没有实现。比如，我们可能仓促地开始提升某一过程的产出率，而实际上该过程的产能却是过剩的。努力的结果只能是更多的过剩产能。即使精心管理的改善也不一定产生净利润，因为管理人员没有采取必需的改善行动，比如降低过量的库存，裁撤冗余的人员，处理掉无用的设备，等等。正如丰田公司的大野耐一（Taiichi Ohno）所说：

> 如果改善工作减少了 0.9 个人的人力，结果也是白费。至少要减少一个人的工作量才有实实在在的成本降低。因此，我们必须实现人头的减少。

大野耐一

丰田生产方式：超越大规模生产

事实上，裁员很棘手，它也是对改善参与人员的负面奖励。很多经理承认这是他们做得最糟糕的工作，但是，简单地对它视而不见也不是最好的处理方法。在项目开始之前必须要制订计划，将项目收益转化为真正的财务利润。如果因为没有计划将节约量转化为需求资源的实际减少，从而对净利润不产生贡献，那么该项目一开始就不应该启动。另外，可以在公司层面制订计划来处理六西格玛项目取得的积极成果，比如延长招聘，鼓励提前退休等。如果增加的销售额或者扩大的业务可以吸收多余的产能则更好。通常，由于产品更可靠、价格更低、交付更快或者周期时间更短等，顾客对公司的价值诉求会变化，从而实现销售额增长或者业务扩大。

疏于监测财务绩效对组织十分危险。我们可能会盲目地投入资源来提升顾客的满意度，而它是由设计不当或者不完整的用户调查得出的错误结果。真正的原因可能是，竞争导致了新技术的发现，我们的产品和服务已经被市场淘汰。有太多的因素可以导致内部战略和财务绩效之间的不一致，仅仅依靠卓越的内部运营无法确保最终的财务绩效，财务绩效指标给我们提供了及时的反馈信息，我们可以据此检验之前所做的假设。

监测财务绩效的实际指标有很多。最高层级的仪表盘通常包括两个领域的指标：改善的效率（例如，单件成本、资产利用率等）和改善的有效性（例如，销售额增长率、市场份额的增长、单客利润等）。

战略部署计划

传统的绩效测量系统主要用于内部控制，它在执行中会存在偏差。与传统的绩效测量系统不同，平衡计分卡基于公司战略，其思路是使用一组相互关联的战略来实现组织愿景。绩效指标具体实施这些战略，并将组织的活动与领导力愿景结合在一起。

图3-3用一个虚拟的组织说明上述关系，图中绩效指标显示在左侧的方框中。战略部署计划清晰地展现了绩效指标与更高层级目标之间的关联，后者用椭圆表示，它们是不能直接观测到的或者是潜伏的，只能由绩效指标推导出来。这种观念有助于领导理解绩效指标的局限性及其价值。比如，如果所有以股东认知价值为导向的绩效指标都有积极表现，而股东的调查结果（股东的声音）显示他们并不满意，那么仪表盘上的指标就显然不充分，应该重新修订。

组织在采用特定战略的时候，领导团队会选择五个竞争优势指标（Differentiator Metrics），它们是：

1. 单件成本。
2. 新渠道销售额。
3. （顾客）服务关系。
4. 产品引进，（新产品）销售额。
5. 研发周期时间。

这些绩效指标的目标将设得很高，目的是突出组织在竞争中的优势。其他绩效指标（关键需求）的目标的设定以保持竞争力为准，一般维持它们的历史水平。

组织的领导人相信，他们的核心竞争力在技术和顾客服务领域。他们希望顾客将公司看作"能够提供完全根据顾客最严苛需求定制的最好产品的公司"。

比较竞争优势指标和组织的愿景陈述可以发现两者的不一致之处：在第2~5项成为标杆后会与类似的第1项的目标冲突。冲突表明，组织的生产率战略需要重新评估。除非公司正在因为其不具竞争力的产品价格而失去市场份额，或者因为利润不佳而失去投资者，或许应该将第1项作为关键需求，并将其他指标目标维持在历史水平上。如果成本偏离太多，单件成本就应该受到更多的关注，而不是一般地将其控制在合理水平即可。不过，它也不应该成为战略仪表盘上的竞争优势项目。公司还不希望成为顾客和股东眼中的成本领导者，愿景陈述可以体现这一点。

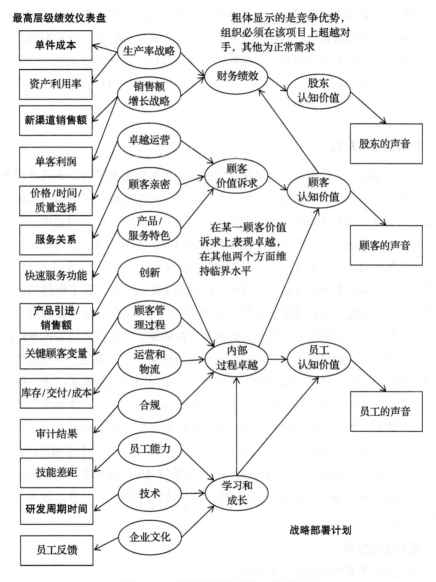

图 3-3　一个假想组织的战略部署计划

六西格玛活动在实现组织愿景的过程中起到重要作用，因为它提供了促进组织变革所需的资源。六西格玛项目与仪表盘指标的关联是通过第 4 章讨论的项目选择过程进行的。在选择时需要计算项目对仪表盘绩效指标的预期影响。六西格玛项目所使用的绩效指标通常位于较低的层级，因为较低层级的绩效指标是由最高级绩效指标逐层分解得到的，两者的关联也显而易见。选择项目时，首先识别组织现状与最高层级绩效目标之间的差距。一般来说，负责协助组织六西格玛部署的黑带也会协助选择项目。将对于差距较大的竞争优势绩效指标有影响的六西格玛项目作为重点候选项目对待，这些信息也可以用于选择黑带人选。如果组织内某黑带候选人具有与即将启动的重点候选项目类似的项目经验背景，那么应该在同等条件下给予他优先权。

3.2.2   沟通和关联

在整个组织内宣传沟通绩效指标是实现组织目标的重要部分。虽然道理看起来显而易见，但是现实中这样做的企业并不多见，在需要员工了解组织战略目标对他们的日常工作有何影响方面，沟通的问题特别严重。在绩效沟通中，需要将组织整体战略目标进行层层分解，以便各业务单元、职能领域、部门甚至个人都理解他们的相对贡献。确实如此，比如有的组织甚至定义了个人的平衡计分卡，以帮助制定培训需求和顾客服务等目标。出发点是让每个员工都了解他们的日常行动是如何影响组织总体战略计划的。这些低层级的平衡计分卡为管理层和普通员工的绩效评估和奖励系统提供令人信服的客观数据，尽管作者认为这种做法在员工层面会有一定的风险，比如可能出现非预期后果、玩弄规则、数据的使用和验证位于同一组织层级等。同样地，在从业务单元到职能领域到部门最后到个人的逐层沟通过程中，各个层级都参与了绩效指标和目标的制定，这会极大地提高他们对于组织总体战略的认同，实现组织目标的概率也会大大提高。相对于基于销售额或者利润的奖励制度，基于绩效指标的员工奖励是一个根本性的进步，就像平衡计分卡提供了组织的长期绩效目标而不是短期的财务指标一样（参照前文）。

可以使用 QFD 矩阵方法建立组织战略目标与仪表盘指标、运营、活动和项目之间的关联。

战略部署矩阵

建立战略部署矩阵包括三个步骤：

1. 创建一个战略 – 绩效指标矩阵。
2. 确定各战略与绩效指标之间的相关强度。
3. 计算各绩效指标的相对重要性权重。

首先，建立一个矩阵，矩阵的行是组织战略（我们想达成的目标），矩阵的列是仪表盘指标（如何具体实现战略，如何监测其进展）。注意，它也是典型的"结果－方法 QFD 矩阵"结构，在这里稍做修改。在每个单元格内（行和列的交汇处）填入一个图标，指定行和列的相关性强度。完整的第一阶段战略部署矩阵如图 3-4 所示，所使用的权重和图标如图 3-5 所示。

权重值的选择带有主观性，适合特定的用途即可。在本例中，权重值按照差不多指数的关系变化，对于强相关性给予更高的权重，这样可以清楚地界定优先级。如果按照 1-2-3 的分值来分配权重，不同的关系强度将大体上呈线性变化，选择你感到最适合的权重比例。

在圈定了各单元格的关系以后，然后计算各行的分值。记住，行代表战略。例如，第一行代表生产率战略。在此战略部署计划中，生产率战略是由单件成本和资产利用率等绩效具体实现的，图中显示这三个绩效指标与生产率战略之间存在强相关关系。不过，矩阵也显示库存周转率和生产率战略之间的强相关性，它也对资产利用率产生影响。CTQ（关键质量指标）和单客利润与生产率战略也有一些相关关系。要得到生产率战略的总分值，我们将第一行的所有单元格中的权重加在一起，结果是 29。行（战略）权重分值给出的信息表示仪表盘指标衡量战略的优劣程度，分值为 0 表示该仪表盘绩效指标根本就不能衡量对应的组织战略。不过，相对较低的行分值并不表示一定有问题。比如，合规性战略的得分是 9，它只来自一个与该战略有强相关关系的绩效项，即合规审计。因为合规审计覆盖所有指标的主要合规问题，因此，完全有可能出现一个绩效指标就足以衡量某个战略的情况。

矩阵上的列表示最高层级的仪表盘上的绩效指标，只有竞争优势指标才会被持续监测。每个绩效指标的目标在每列的底部显示，战略部署矩阵会检查各指标的实际达成情况。我们会用类似的 QFD 矩阵将绩效目标与特定的六西格玛活动联系在一起，六西格玛活动旨在实现绩效目标。在项目实施阶段，很容易估计项目对绩效产生的影响。如果组织活动的总体，包括项目以及能影响目标的非项目活动，还不足以实现目标，那么需要更多的能力，或者需要修改目标。

在本例中，组织的愿景是成为顾客的首选供应商，为他们提供按照最苛刻需求定制的最先进的产品。要达到这个愿景，组织必须将它们的战略关注于四个竞争优势指标：新产品引入、新渠道的销售额、亲密的顾客关系以及研发周期时间。按照我们选定的权重方案，竞争优势指标列的战略重要度分值为 5，在标有"战略重要性得分"的行中用"●"标出。这些指标必须得到组织领导层自始至

図3-4 战略部署矩阵

仪表盘指标

战略	分类的战略矩阵	新产品引进	新渠道销售额	顾客关系	研发周期时间	库存周转率	快速服务	新产品销售额	快速交付	产品功能	技能审计的差距	CTQ	资产利用率	单客利润	价格	单件成本	合规性审计得分	员工反馈	产品质量	物流成本	产品选择	区域得分(行和)
财务绩效	生产率			△		◎						△	◎	△								29
	销售增长	◎	◎		○			◎						◎		◎						40
顾客价值	运营卓越					◎	◎		◎		△	○	○	△	◎				◎		◎	55
	顾客亲密度		△	◎				△				○				△				△		15
	产品特色	◎			◎		◎			◎	△				○	○						33
内部过程卓越	创新	◎	◎	◎				◎		△												37
	顾客管理过程						○					◎	○	△	△							25
	运营与物流	◎	◎	◎	◎		◎	△	◎	◎	○			△	△					◎		41
	合规				○												◎					9
学习和成长	员工能力		○				△		△		◎			△	△		○	○				21
	技术	◎	◎		○			△	△	◎	◎							◎	△		✓	39
	企业文化	◎	○	◎	◎						○											27
绩效指标目标		+50%	总销售的20%	VOC平均>6.5	−30%	+20%	前25%	25%	高于行业平均	全天候能力	3.5个西格玛	4.5个西格玛	15% RONA	增长10%	不涨价	−6%	4个西格玛	评分1>6.2	前20%	−10%	改善5%	
绩效指标得分		36	34	28	24	27	22	20	19	19	17	16	15	14	14	13	12	12	10	10	9	
战略重要性得分		●	●	●	●	✓	✓	✓	✓	✓	✓	✓	✓	✓	✓	✓	✓	✓	✓	✓	✓	
绩效指标相对权重		■	■	■	■																	

终的关注，其设置的目标值也应该足够高。其他的指标必须至少达到有竞争力的
水平，只有在它们出现意外的时候领导层
才给予关注。标有"绩效指标相对权重"
的行是"绩效指标得分"与"战略重要性
得分"百分比的乘积。四个竞争优势指标
的"相对权重"最高，而产品选择（即有
大量的标准产品可供顾客选择）指标则
最低。

关系描述	权重	图标
强相关	9	⊙
中等相关	3	○
相关	1	△
竞争优势指标	5	●
关键需求指标	1	✓

图 3-5　战略部署矩阵中的权重和图标

　　只使用战略部署计划矩阵来关注最重
要的列，这点非常重要！

　　在"战略重要性得分"行中用"●"标出的列不是竞争优势绩效指标。这并
不是说它们不重要，而是意味着这些指标的目标可能定在由过程行为图确定的历
史均值水平或其附近较为妥当。意图是维持这些指标的水平，而不是在这些指标
上达到新高度。组织用于变革的资源总是有限的，必须将这些有限的资源用在它
们可以产生竞争优势的地方，而且顾客和股东要能注意到。这个例子中，完整的
组织仪表盘包含 20 个绩效指标，很难认为它有"突出的重点"。我们通过将注意
力只给予四个竞争优势指标，组织就可以实现既定战略，这些战略的成功可以让
组织在市场上脱颖而出，为顾客和股东创造价值。⊖

3.2.3　业务规划

　　业务规划流程明确了在战略目标各职能层面的关键驱动因素，以及衡量目标
实现进度的时间框架。例如，组织的战略目标是增加销售额，它可能取决于几个
（特定）产品线销售额的增长。这又进一步需要增加各产品线生产和交付的产能，
以及市场营销方面的变化，它们和其他所需活动共同实现组织的目标。只有将组
织的目标逐层分解到各职能部门，各职能部门才会理解驱动组织全局战略所要采
取的局部变化措施。

　　通过关注战略计划中的少数关键驱动因素，组织各职能层级可以有效地分配
资源，在实现组织战略计划中做出最大的贡献。按照平衡计分卡的四个方面定义
绩效指标（顾客、财务、内部过程、学习和成长）、实现目标的具体日期（即里

　⊖　关键需求可能不需要明确的支持计划。不过，如果有可以使用 QFD 来评估该计划。关键需
　　　求，QFD 应该单独处理。

程碑），这样就可以持续一致地衡量绩效。

最重要的是，业务规划流程本身可以强制各层级的经理人员问出关键而难以回答的问题，它们包括组织战略以及自己在实现组织战略中所起的作用。在全组织内宣传战略打消了员工的揣测，如果只有执行官层级的人参与业务规划，那么员工的揣测是难免的。业务规划也就如何实现组织战略在全公司内达成共识，并获得基层人员的承诺。

在一个预算过程是各层管理者的主要责任（每周、月、季度定期评审）的组织中，业务规划过程强制性地将战略计划与运营预算整合在一起，这样可以确保给实现战略目标所需的运营资源制定预算并获得它们。

建立运营优势

为了保持对竞争优势指标的适当关注，需要建立只与竞争优势指标相关联的第二层级矩阵。这个矩阵将仪表盘竞争优势指标与部门的支持战略联系在一起（见图 3-6）。

为简便起见，我们仅仅将竞争优势指标与三个部门建立关联，即工程部、制造部和营销部，每个部门都可以准备自己的 QFD。注意，原先的四个竞争优势指标列在图 3-6 的矩阵中显示为行。它们现在变成 QFD 中的"结果"。软件自动将上一个矩阵的绩效指标目标、绩效指标得分和相对绩效指标得分传递过来，这些信息用于评估三个部门的战略支持计划。

三个部门的战略支持计划显示在列中，它们是 QFD 的"方法"，或者说三个部门是如何计划实现竞争优势指标的，结果和方法的关系见前文的讨论。在每一列中，将各单元格权重与绩效指标相乘的乘积加总，得到矩阵表靠近底部"得分"行的对应结果。这个信息用于选择六西格玛项目并确定它们的优先级，见下一个阶段的 QFD。

图 3-6 还有一个顶部，它显示了"方法"之间的关系。它有助于识别六西格玛项目之间的相关性，不管是同一个部门的还是不同部门的。例如，两个工程活动之间存在强相关性：快速原型开发和改善概念 – 设计周期时间。或许可以将快速原型开发作为范围更大的改善概念 – 设计周期时间的子项目。这也可能表明，"改善概念 – 设计周期时间"的项目范围太大。营销部的"提升对顾客需求变化的响应能力"与工程部和制造部的三个项目都相关。当一个战略支持计划存在很多跨职能的相关项目时，可能表明存在某核心过程。此时，需要指定更高级别的赞助人或者流程负责人来协调项目。

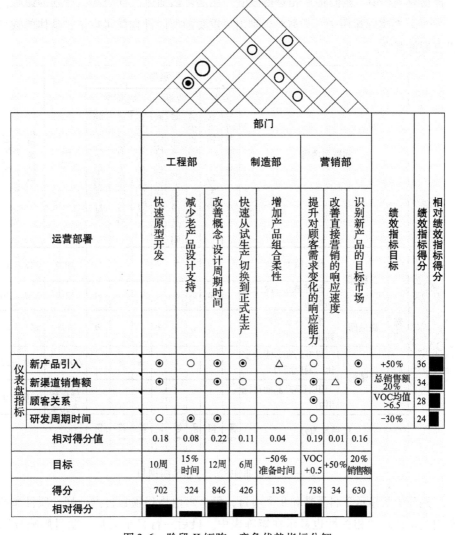

图 3-6　阶段 II 矩阵：竞争优势指标分解

资料来源：由 QFD Designer 软件绘制，www.qualisoft.com。

制订运营和项目计划

图 3-7 的 QFD 矩阵将部门支持计划与六西格玛项目联系在一起。（在实际使用中，可能还需要额外的分解层级，不过分解层级应尽可能少。）行显示的是部门计划，软件直接将上一层矩阵中的"相对得分值"带入此矩阵，它衡量的是部门计划对于总体竞争优势绩效指标的相对影响。最右侧标记"目标得分"的列是该行中所有关系权重的和。在本例中，只有最重要的五个部门计划进一步部署到

六西格玛项目中。我们将"相对得分值"相加可以知道，五个部门计划的影响占到86%。在实际运用中，只需要识别出最重要的部门计划就可以了，具体的数量没有硬性规定。

部署到项目			黑带								目标	相对得分值	目标分值
			麦克		劳瑞		纽耶特						
			保持制造产能	顾客需求→工程需求	减少B错误	减少原型-生产-模型设计时间	减少供应商询价周期时间	减少顾客询价周期时间	减少顾客[无反应]投诉	降低新产品中的零件数			
部门	工程部	快速原型开发		○		◉	△			○	10周	0.18	16
		改善概念–设计周期时间		◉	○	◉				◉	12周	0.22	30
	制造部	快速从试生产切换到正式生产		△	○	○	◉			◉	6周	0.11	25
	营销部	提升对顾客需求变化的响应能力		○			△	◉	◉		VOC+0.5	0.19	22
		识别新产品的目标市场									新市场销售额占20%	0.16	0
项目影响分			0.00	3.22	0.99	3.96	1.37	1.73	1.73	3.53			

图 3-7　阶段Ⅲ矩阵：六西格玛项目

矩阵中共显示3名黑带和8个项目，每个六西格玛项目占据一列。项目和各部门支持计划的相关性也显示在矩阵表中。最后一行显示的是"项目影响分"，它是各单元格中相关强度值与对应行的相对得分值乘积之和。

解释：因为"相对得分值"与部门支持计划关联，部门计划又与竞争优势指标关联，竞争优势指标最终与组织的战略关联，因此"项目影响分"能够衡量六西格玛项目对组织战略的影响，尽管也有人对此"分值传递"过程的有效性提出质疑（Burke et al.，2002）。这种组织战略目标逐层分解到项目的业务规划过程就是战略部署计划。通过战略部署计划，我们可以将六西格玛项目的需求一直溯源到组织的利益相关者。这种逻辑推理过程可以让六西格玛项目人员紧密联系实际，他们也可以据此知道项目活动对组织的意义。

"目标分值"列也可以用于确定各六西格玛项目对部门计划的支持。注意，营销部的"识别新产品的目标市场"计划没有得到任何六西格玛项目的支持（假设这里列出的 8 个项目就是所有的六西格玛项目）。这样可能没有问题，也可能有问题。这取决于该计划对于组织战略目标的重要性，以及其他项目或活动对该计划的补充作用。六西格玛执行委员会可以检查项目 QFD 矩阵表，以确定要采取什么行动来为六西格玛项目重新分配资源。

"项目影响分"一行也同样有用。可以对这行的得分进行排序，来确定哪个项目对战略的影响最大，也可以用它识别不相关的项目。麦克的项目追求改善"销钉制造能力"，它对任何部门计划都没有影响。除非它会影响其他未显示在 QFD 矩阵表中的战略支持计划，否则它不应该是六西格玛项目，应当舍弃。为了实现某一关键需求目标，制造部可能而仍需开展该项目。不过，作为通用法则，需要黑带参与的六西玛项目应该聚焦于与竞争优势战略有直接关联的计划。

3.2.4　反馈与学习

业务规划过程实际上建立了一组关于组织战略的假设：如果各职能领域都在指定的时间框架内实现各自的目标，组织就可以实现其战略目标。比如，图 3-6 中的竞争优势指标矩阵表指出，"新渠道销售额"指标与下列的关键驱动因素紧密相关：工程部的快速原型开发和改善概念 – 设计周期时间，营销部的提升对顾客需求变化的响应能力和识别新产品的目标市场。当工程部和营销部在向各自局部目标靠近的同时，我们也有理由期望"新渠道销售额"也在向目标靠近。如果不是，假设本身肯定就有问题。或许遗漏了一个关键驱动因素，或许它们的关系强度与料想的有出入，或者根本性的市场变化（包括竞争者的创新）推翻了原先的合理因果关系，这些因果关系是业务模型的核心。

这种使用实时数据来质疑业务模型中根本性的因果关系假设的能力称作双回路学习（Argyris, 1991）。它使组织成为学习型组织，并不断地对所用的根本性假设进行检验，在需要的时候采取措施修订假设，最终实现组织的目标。有时，这种学习过程甚至对战略本身也提出疑问，在当前的市场状况和顾客价值诉求下，这可能是对双回路学习方法的滥用。

仪表盘设计

我们经常将绩效指标一览表称作仪表盘。战略是由仪表盘上的指标具体实现的。仪表盘上显示的信息是用于全组织的经设计的标准化信息。组织中各个层级的过程负责人应能够快速理解仪表盘数据的意义，并可以借助于仪表盘加速对业务发展状况的了解。战略部署计划建立在核心假设上。科学管理需要对假设进行检验，以确定假设与实际是否相符及采取什么行动，甚至相应地修订战略部署计划。

仪表盘指标应该体现优秀指标的主要原则，见本章前文。

1. 显示绩效随时间的变化。

2. 包括基于统计科学的使用指南，以区分信号（可识别因素的波动）和噪声（类似于随机波动）。

3. 显示波动的已知原因。

4. 确定可接受绩效和不可接受绩效（缺陷）的标准。

5. 与更高级别的仪表盘（长远目标和组织战略）和更低级别的仪表盘（驱动因素）关联，以便将组织内的各项活动向战略目标引导。

统计过程控制图（见第 7 章和第 8 章）可以解决前两个问题：对于分析指标随时间的变化趋势以及在稳定过程中区分真正的过程变化和预期的随机波动的方法（如统计控制限），它们是适当的工具。统计控制限可操作地定义了要采取干预措施的时间。一般而言，如果指标的值位于控制限内，就可任由过程自己发展。如果某一指标的值落在控制限之外，表明某些重要的过程因素已经发生变化，需要引起注意。有时候，为了达到某一特定目标也可以对稳定受控过程加以慎重地调整，这是上述通用规则的一个例外情况。在这种情况下，推测的指标值应该随着调整向有利的方向变化。从控制限可以知道调整是否达到预期的结果。如果确实如此，指标值会超出某一控制限，表示指标值得到改善。一旦指标稳定在新的更好的水平上，重新计算控制限并用它来监测过程绩效的衰退。SPC 软件包括更多的先进功能，可以由高层级指标逐层往下分级（原则 5），或者显示并量化过量波动的原因（原则 3 和原则 4）。图 3-8 是一个业务单元级别的仪表盘示例，它以前文所述的战略部署计划为基础。指标表格（右侧显示窗格的左上部）是最高层级指标一览表，以及在给定时间内的状态（是否受控）和西格玛水平。比如，服务时间（Service Time）的西格玛水平 1.115 就比较低，对应大约 13% 的过程缺陷率。而其状态为 "In Control"（受控），表示这个错误率是过程固有的，它不是未预测波动导致的。也就是说，要降低该过程 13% 的过程缺陷率，必须对过程进行根本性的改变（控制图的详细解释请参见第 7 和第 8 章）。

每个关键的仪表盘指标都可以展开以显示其随时间的变化，如图 3-8 中所示的服务时间指标。本例中的控制图显示了 30 天时间窗内观测到的过程绩效变动状况。没有数据超过控制上限 18.375 和控制下限 0.234，表明在此时间段过程处于稳定状态，这个指标表格中的信息一致。我们注意到，有一段时间过程变异向控制图的中心线收缩。图上圆圈圈出的数据点，表示这段时间较低的过程变异在统计上是显著的。对这一时间段的进一步研究可能导致对过程的深入理解，进而降低过程的总波动。

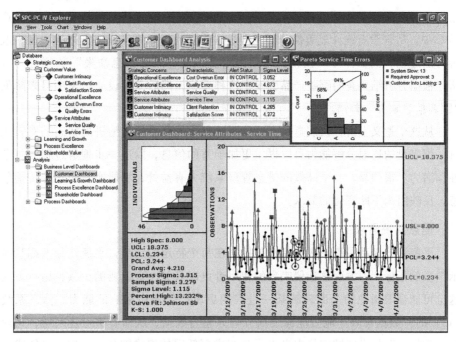

图 3-8　带分解功能的业务层绩效指标仪表盘示例

资料来源：www.qualityamerica.com 友情提供。

　　过程的目标（即上规格限）一般也按照传统标示在图上，本例中其值为 8 分钟。在图形化的显示界面中可以很容易地发现，一共有 19 个观测值超过规格需求，其中 13 个数据点用三角形标示出来，三个用正方形，三个用实心圆点。每种图标都对应一种潜在的原因，这种定义关系是在数据输入的时候提前设定的，比如正方形表示"系统慢"，三角形表示"需要批准"，实心圆表示"缺乏顾客信息"等。因为控制图的数据点是按照自然发生顺序绘制的，所以正常情况下，不合格现象应该大体上平均分布在整个时间段内，而不应该集中出现在某一个较短的时间段内。

　　进一步展开或许还能得到相关数据的帕累托图。图 3-8 中的帕累托图显示了服务时间超过规格（即服务时间超过 8 分钟）的相关产品的信息，在每个产品中还按照顾客服务差错编码用堆积图对它们进一步细分。根据此分析我们可以看出，产品 C 的差错最多（58%），然后是产品 A（26%），其余的差错发生在产品 D 上。还可以进一步展开生成另外的帕累托图（图中没有显示），它表明这些百分比大体上与对应的产品数量百分比相当。换而言之，在其他条件相同的情况下，如果产品 C 占总产品数量的 60%，我们可以预期它的服务差错也将占总差错的 60%。

还可以看到一个有趣的现象，所有的产品 D 的差错都与"顾客信息缺失"差错有关，产品 A 的大部分差错都源自"需要批准"，而这些差错都没有出现在产品 C 中。尽管没有统计显著性分析，但是这些发现可以用于指定具体的项目来改善特定过程。例如，可以在较长时间内对类似的"顾客信息缺失"数据进行分析，根据分析结果查明哪些产品会发生这种差错，然后专门设立一个项目来降低"顾客信息缺失"差错。

从这个意义上讲，仪表盘是实时监测组织向战略目标转型进展状态的有效工具。仪表盘的逐层分解能力可以提供更加丰富的信息，以进一步理解过程的复杂性和潜力。很明显，一个高效的信息管理系统大有益处，它能实时收集并传播信息，反映组织不断变化的需求。

信息系统需求

平衡计分卡从最高层级的指标开始。在每个特定的层级，平衡计分卡都只显示少量的指标。一方面这让仪表盘的使用者可以只关注更重要的少数，另一方面这也可能会限制他们全面理解某一过程变更所产生潜在影响的能力。信息系统（IS）的"数据钻取"能力能够逐层分解并整合数据，从而解决上述问题，见前文。数据钻取技术能够将仪表盘指标分解成更低层的组成部分。比如，单件成本指标可以按照业务集团、部门、工厂、班次、操作人员、周次等层层分解。这些高层级指标的组成部分有些时候已经显示在低层级的仪表盘上，这时候不用数据钻取就可预先得到答案。有时候，如果现成的低层级仪表盘指标不能解释面临的问题，可能就需要钻取数据来分析问题。先进而强大的联机分析处理（OnLine Analytic Processing，OLAP）技术通常可以轻松满足 IS 的数据钻取需求。

它提出了一个新的重要问题：在六西格玛组织中，IS 必须得到更多人的评估。很多 IS 部门的态度都是"数据管理系统是我们的。如果你需要某些数据，就申请吧"。在六西格玛组织中，这样的态度绝对是不合时宜的。在六西格玛项目实施过程中，对 IS 的需求会急剧增长。在创建各种仪表盘、相关的数据挖取和问题调查之外，六西格玛黑带和绿带要在项目中频繁使用 IS。"给我看数据"是六西格玛工作的口头禅，这种对数据的强调产生了更多的 IS 需求。在制定组织级别的六西格玛规划时，公司应该指定一个高级拥护人监管 IS，保证其适用于六西格玛项目的需求，目标是在保持数据安全和完整的前提下让获取数据尽可能容易。

　　尽管及时性很重要，但是大部分六西格玛项目不需要实时获取数据。能得到一天前甚至几天前的数据通常都足够满足分析的需要。IS 部门可以考虑为六西格玛项目团队或者专业人员提供离线数据分析设施。有时，能够处理大量数据或者进行集中运算的高端数据站也非常有用，特别是在要用到聚类分析、神经网络、决策树等数据挖掘技术的场合。

　　六西格玛技术领导人需要从组织的信息仓库中提取信息，并将它们转化为可以指导行动的知识。为了确保获得所需的信息，六西格玛活动应该与组织的 IS 系统紧密集成在一起。显然，六西格玛技术领导人的技能和培训中必须包含信息系统，这需要相应的软硬件投资的配合。

信息技术与六西格玛的整合

和六西格玛活动紧密相关的信息系统主题有以下三个。

- 数据仓库
- 联机分析处理
- 数据挖掘

　　数据仓库技术涉及组织数据的保存以及六西格玛活动对它们的使用。它影响数据储存的安全性和完整性，从而关系到六西格玛分析的便利性。联机分析处理让非技术人员也能对大型数据库进行分析，他们通常不必具备六西格玛技术领导人的技术背景。数据挖掘使用先进的工具和技术对数据进行回顾性分析（Retrospective Analysis）。

　　大型组织显然需要先进的数据仓库、OLAP 和数据挖掘等技术与工具，小型组织实施适当规模的信息管理系统得到的收益会更大。简单地说，从长期来说，Excel 电子表格或者在电子表格基础上二次开发的系统是与六西格玛团队所需的信息管理和分析不相适应的。用 MS Access 或者 SQL Server 后端服务器开发的简单数据库比电子表格要强大得多，如果配以可以轻松进行数据钻取或者数据查询的用户界面则更是如此，这样的系统有实验室信息管理系统（Laboratory Information Management System，LIMS）和企业资源计划系统（Enterprise Resources Planning，MRP）等。

　　数据仓库。数据仓库技术发展迅速。现在每个大公司都至少有一个数据仓库，有些甚至有多个，而在 20 世纪 90 年代数据仓库基本上还没有出现。很多供应商可以提供数据仓库解决方案，从软件到硬件到完整系统。数据仓库技术尚未形成统一的全球标准，有多少数据仓库就有多少标准。不过，近年来随着技术的不断发展和价格的持续降低，采用多层架构的数据仓库似乎受到越来越多企业用户的青睐。

多层数据仓库架构关注组织使用数据的方式。尽管从获取或者储存的角度考虑应该将来自多个部门的数据汇总，如果数据仓库可以保存原始的详细信息，那么将有利于六西格玛团队对历史过程数据进行分析。此架构的主要组成部分如下（Berry and Linoff，1997）：

- 源系统（Source System）。产生原始数据的系统。
- 数据传送和清洗（Data Transport and Cleansing）。在不同的数据存储空间正确地传送数据。
- 中央仓库（Central Repository）。数据仓库的主要存储空间。
- 元数据（Metadata）。可以获得的最小数据单位。
- 数据集市或专用数据栈（Data Mart）。为最终用户和应用软件提供快速的专用接口。
- 操作反馈（Operational Feedback）。决策支持与操作系统的集成。
- 最终用户（End User）。最终的使用者，他们的需求是开发数据仓库的原因。

图 3-9 是多层数据仓库架构的示意图。

任何数据仓库都包含至少一个上述的基本构件。数据产生于源系统并通过各种构件流至最终用户。可以将基本构建按照特性分成软件、硬件和网络。数据仓库的目的是传递信息，利用信息产生新的知识，基于知识改善组织的绩效。因此，数据仓库归根结底也是决策支持系统的一个组成部分。

OLAP。联机分析处理是一组工具的集合，普通用户可以利用 OLAP 从大型数据库提取有用数据。这些数据可能存在于数据仓库中，也可能没有。对数据仓库使用 OLAP 的好处在于，数据已经经过清洗，获取数据的效率更高。OLAP 包含客户端服务器工具，它有先进易用的图形用户界面，可以获取按照"立方体"形式组织起来的数据。数据立方体是最理想的数据查询工具，它允许用户用各种方式对数据切割分解。相对于 SQL 等标准的关系型数据库而言，OLAP 的查询速度更快，因此更适合大型数据库。

OLAP 的基本单位是"数据立方体"。OLAP 数据立方体又由子立方体组成，它们将来自一个或者多个数据库中的数据汇总在一起。每个数据立方体都有多个维度，它们代表数据库中不同的域。比如，一个质保理赔 OLAP 数据立方体可能包含月份、产品、区域等维度，如图 3-10 所示。

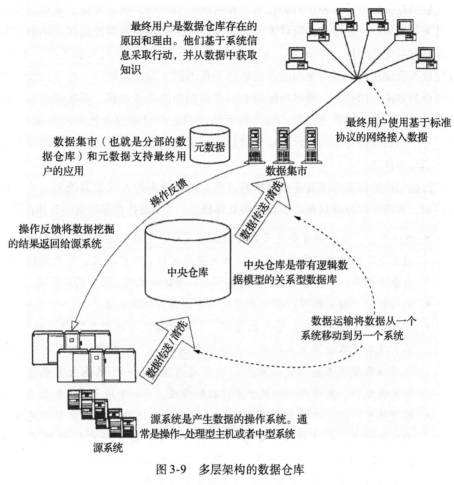

图 3-9 多层架构的数据仓库

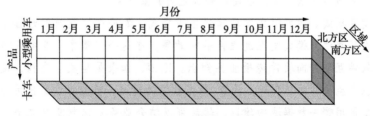

图 3-10 OLAP 数据立方体

数据挖掘。数据挖掘就是用自动或者半自动的方法探索并分析海量数据,以发现有价值的模式,用模式中反映出的规则来提升绩效,即找到新的更好的做事方式。在六西格玛项目中运营数据挖掘可以提升顾客满意度,降低成本,缩短周期时间,改善质量。

数据挖掘糅合了各种学科的技术。和六西格玛一样，数据挖掘也要通过提出问题来发现知识，通过试验设计来验证假设。六西格玛和数据挖掘在评估数据时的研究方向完全相同，即分类、估计、预测、关联规则、聚类和描述等。不过，数据挖掘所使用的工具与常用的六西格玛工具不同，因此它提供了另一种发现改善机会的方法。同时，六西格玛倾向于研究组织内的业务过程，而数据挖掘主要研究市场、销售、顾客支持等。因为六西格玛的最终目标也是提升顾客满意度，关注外部的数据挖掘不仅给六西格玛项目提供了前馈信息，还给六西格玛的成功提供了反馈信息。

数据挖掘是回溯性探究业务数据的过程。越来越多的人对数据挖掘的步骤达成共识，大部分的分歧只是各步骤中的具体任务。[⊖]下面是数据挖掘的具体步骤。

- 定义目标。第一步需要定义数据挖掘的目标，它通常是业务目标或者一般与业务目标相关的事件，比如按揭还款拖欠额、客户流失、生产流程中的能量消耗等。这一步骤还包括制定针对不同数据模式的改善行动预案。

- 选择数据。确定数据挖掘项目所需的数据以及获取渠道。

- 准备数据。清洗数据、合并数据源、汇总数据派生新的数据列（域）、计算、现有数据域的文本处理。最终的结果是一个可以直接运用数据挖掘应用（即发现数据模式的算法）的普通数据表。一个数据表常被分成两个数据集合，其中的一个用于发现数据模式，另一个用于验证数据模式。

- 探究数据。在开始模式发现之前对准备好的数据进行初步探索以获得更准确的方向，也是对数据准备的验证。通常，需要检查描述性统计量（最小值、最大值、平均值等）以及各单个数据域的频次分布。它也包括绘制域–域散点图，以便理解域之间的依赖关系。

- 发现模式。运用模式发现算法生成模式，如果在探究数据过程中运用了发现算法，模式发现过程将最有效。在这个步骤中，业务人员可以与软件互动并向软件传授业务知识。比如，如果是生成分类树，使用者可以在生成树的任何时点检查/探究数据的过滤，检查算法给出的下一个分支使用哪一数据域的建议，然后可以结合业务知识判断建立下一分支所需的数据域。模式发现阶段还可以分析模型的预测能力，即不仅可以知道某事件在建模数据中的发生情况，还可以预测所有数据中该事件的发生情况。

⊖　参见 www. attar. com/tutor/deploy. htm。

- 部署模式。运用发现的模式解决实际的业务问题，实现数据挖掘项目的目标。它可以包括多种形式：
  - 展现模式。形成文件，它包含模式的描述（或者树状图）及相关的数据统计量。
  - 商业智能。将发现的模式用作数据库的查询规则，得到商业情报报告。
  - 数据评分和标记。用发现的模式给数据库中的每个数据评分或做标记，评分表示某种倾向，标记表示模式类型。
  - 决策支持系统。将发现的模式作为决策支持系统的一个组成部分。
  - 报警监控。将发现的模式作为业务过程的正常状态。监控模式可以尽早发现偏离正常状态的事件。实现方式包括：可以将数据挖掘作为一个组成部分嵌入监控系统，或者常规的方法如控制图等。
  - 模型有效性监测。因为业务过程随时间变化，从历史数据中发现的模式的有效性会劣化，因此需要用新数据检测模式，尽早发现模式的变化。如果模式发生显著的变化，意味着或许需要使用更近期的数据发现新的模式。

OLAP、数据挖掘、六西格玛。OLAP 不能代替数据挖掘，OLAP 是强大的报告数据的工具，而数据挖掘旨在发现数据中隐藏的模式。OLAP 有助于使用者探究现有的理论，因为它可以快速呈现数据，以确认或者否定某一特定假设。实际上，它是一种半自动的分析工具。OLAP 和数据挖掘是补充性工具，它们使常规六西格玛武器库中的工具和技术更加全面。OLAP 和数据挖掘都用于回溯性研究，即通过研究过去的历史数据来获得某种假设。另外，试验设计却是前瞻性研究，即用它来检验 OLAP 和数据挖掘得到的假设。同时使用的时候，六西格玛、OLAP 和数据挖掘可以构成强大的业务改善工具组合。

最大化利用资源

最成功的六西格玛项目是由企业外部而不是内部产生的，它关注回答这样的问题：我们如何才能让顾客更具有竞争力？顾客的关键成功要素是什么？探寻这些问题的答案并提供解决方案是我们唯一需要的关注点。

——杰克·韦尔奇 通用电气首席执行官

本章介绍六西格玛项目的选择以及为促成项目成功管理层所应提供的支持。项目是六西格玛组织驱动变革的核心活动。尽管其他活动也会促发变革，比如 Kaizen（持续改善）活动，基于项目的变革始终是推动突破性变革和组织文化转型的力量。在一个成熟的六西格玛组织中，大约 1% 的员工会全职投身于变革活动，这些变革代理人每年大约完成两三个项目。另外还有大约 5% 的兼职变革代理人，他们每年会完成大约 2 个小型项目。这就相当于在一个拥有 10 000 名员工的大型组织中，每年都有大约 500 个大型项目和 1000 个小型项目被完成。显然，有效地选择、管理和执行项目是六西格玛成功的关键。

4.1 选择正确的项目

项目必须聚焦于正确的目标。这是高级领导的责任，比如项目发起人、执行六西格玛执行委员会或类似的人或组织。只有高级领导才有指定跨部门间的责任以及使用部门间资源所需的权力。六西格玛项目将影响到主要利益团体：顾客、股东或员工。虽然计算一个六西格玛项目对所有三个利益团体产生的影响是可能的，但是我建议先分别对每个利益团体进行评估。这将使分析更简化，也便于保证各团体在六西格玛项目组合中的比例分配适当。

4.1.1　项目的类型

顾客价值项目

如果不是绝大部分，至少也是很多六西格玛项目被选中的原因——它们对顾客价值有正面影响。在评估这一类项目时，企业必须能够确定业务流程与顾客认知价值之间的内在联系。第 2 章讨论了如何建立顾客驱动的组织，这一点至关重要。在顾客驱动的组织里，特别是流程型企业，聚焦于顾客的价值已经常态化。由此将在策略部署过程中产生众多的以顾客价值为导向的六西格玛项目。然而，除了第 3 章描述的六西格玛与战略的关联之外，同样还需要以顾客需求为关注点直接产生六西格玛项目。两者区别在于，这里的关注点不是战略部署或者预算制定，而是基于具体的顾客需求的六西格玛改善项目。

了解顾客价值首先要接触顾客，比如顾客焦点小组、访谈、调查等。顾客认知价值与业务流程，或者"顾客价值流"之间的联系通过绘制业务流程映射图（见第 6 章、第 7 章）和质量功能展开来识别。六西格玛执行委员会和项目发起人应该精心分析上述的关联性以找到"杠杆支点"，让六西格玛项目可以对顾客价值产生最大影响。

股东价值项目

六西格玛可以在效率和销售额方面发挥双重效果。在提升顾客的价值认知以后，组织就可以给优质产品定高价，或者保持有竞争力的价格从而扩大销售量和市场占有率，最终提升销售额。降低不良质量成本、缩短周期时间、消除过程的浪费则可以改善效率。评估高阶业务流程图（包括 SIPOC）和作业流程图，有助于识别解决业务流程效率不理想所需的六西格玛项目。

其他六西格玛项目

其他六西格玛项目旨在解决诸如员工士气、法律合规、环境保护等问题。它们可能和关注顾客或者股东价值的项目一样重要。

4.1.2　分析备选项目

现在你已经拥有了一个六西格玛项目备选清单。假设组织的资源是有限的，下一个任务就是在它们中间选出一部分项目，投入资金和人员加以实施。

实施项目需要金钱、时间，并对正常的生产运营和日常行为产生干扰，因此，改善项目应该仅限于对企业而言很重要的流程。此外，应该选择成功的可能性较高的项目。可行性取决于项目的范围和成本以及过程负责人的支持力度。本节陈述的是有助于识别六西格玛改善项目的一系列技术和方法。

收益成本分析

收益成本分析可以非常复杂，也可以非常简单，视项目支出需要而定。我们建议六西格玛经理先进行收益成本分析（具体由财务或者会计部门制定、审核、批准），这样可以更容易获得高层管理团队的支持。财务部门具有评估成本和收益的可信度，而六西格玛部门或者其他部门则不具备，这是简单的事实。最好的方法是财务部门汇总数据并进行最终的收益成本分析而项目涉及的其他部门提供支持。下文提供了在收益成本分析中有用的原则和技术概览。

通常，开展收益成本分析有一个基本的问题，就是难以准确估计收益。一般来说，成本信息都可以在预算中找到，它们需要占用公司现有的资源。与此相对，收益仅是对未来事项的预测，它们可能发生也可能不发生。此外，收益的表述往往使用非货币单位，这使收益和成本的比较成为问题。这种问题在质量改善项目中尤为突出，比如，某个计划中的项目可能需要给顾客"热线"增配人员。成本计算很容易，如拟增加的人员数量和工资率、设备、办公面积、管理费用等，而收益的估计则困难得多。或许有数据显示平均的电话等待时间会改善，不过改善的数量及其发生的可能性则存在疑问。即使等待时间的估计很准确，它对顾客满意度的影响也仅仅是估计，而顾客满意和销售额之间的关系又需要估计。即便如此，建立合理的因果关系是收益成本分析的基础。为了弥补收益估计的不确定性，相对较高的收益成本比是合理的要求，比如，高级领导要求六西格玛项目在第一年有高达100%的投资回报率也是常见的。六西格玛黑带不要被这类的"不公平"所困扰，相反，他们应该意识到这样的严苛要求是对收益评估难于量化的反应。

成本节约的种类

会计或者财务部门应该对各种成本节约的类别给出正式的定义。成本节约通常分成两类：

- 硬性节约是在目前的支出水平上实际减少的货币量，如降低预算，缩减雇员，降低采购合同的价格，等等。硬性节约可以用于降低产品售价，改变竞标模型，增加利润，或者其他的可以大概率增加收益的各种用途。

- 软性节约是难以量化的项目收益，比如，由于降低库存、减少测试、缩短周期时间、提高合格率、降低返工率、更少的报废品等所产生的收益。

将实现的成本节约整合到组织的管理系统中非常重要。如果制度性框架不改变，那么已实现的节约也会消失。比如，如果一个六西格玛项目改善了过程的合格率，要确保此 MRP 系统用新的合格率进行相关的计算。

计算留住老顾客的价值

顾客给企业带来价值。当我们在考察向企业购买产品的顾客时，这是显而易见的事实，他们给企业带来销售额和利润。然而，当顾客向企业提出某种需求，比如退货或者要求技术支持时，将它看作损失是一种自然的倾向。在这种时候，必须要理解，不能基于短期的单个交易来看待顾客的价值，这点非常重要。顾客价值必须基于重要顾客关系生命周期来度量。贝恩公司的 Fredrick Reichheld 和密歇根大学的 Claes Fornell 在著作中提出了一种计算忠诚顾客全生命周期价值的方法（Steward，1995），它就是：

1. 确定计算的合理时间期间。这取决于公司的计划周期和业务类型，比如，人寿保险公司可能会跟踪顾客好几十年，而尿不湿厂商则可能只跟踪几年。

2. 计算顾客每年产生的利润（净现金流）。跟踪多个样本（包括新顾客和老顾客）以确定他们每年给公司带来多少业务，以及每年公司给他们提供服务的成本。如果可能，按照年龄、收入、销售渠道等对他们进行细分。记住，需要在第一年扣减获客所产生的成本，比如广告费、佣金、登记新账户的后台成本等。获取具体的数据，如每个顾客在第一年、第二年等的利润，而不是笼统地计算所有顾客所有年份的平均利润。长期顾客一般购买量更大、支付额更多（新顾客通常是折扣吸引来的），坏账也比较少。

3. 根据样本数据发现每年顾客群缩减规模，构建顾客"生命周期期望"。再次说明，针对各细分顾客群的具体数据比类似于"每年 10%"的平均数据更好。老顾客离开公司的可能性更小。在个人银行业，26% 的账户在第一年会发生违约，而在第九年，违约率降低到只有 9%。

4. 一旦获得每个顾客每年所产生的利润以及顾客保持率数据，就可以简单地计算出净现值（Net Present Value，NPV）。取一个折现率，比如，如果资产年回报率是 15%，就可以使用 15%。第一年的 NPV 就是利润除以 1.15，第二年的 NPV 就是（第二年利润×保持率）除以 1.15 的平方。在最后一年，设为第 n 年，NPV 为按照保持率调整以后的第 n 年利润除以 1.15 的 n 次方。第 1 年到第 n 年的总和就是顾客的价值，即你可以期望从他的整个生命周期中获得的利润的净现值（更详细的关于净现值的计算参见第 6 章的交付成果部分）。

这样的信息非常有价值，它可以用于确定吸引新顾客的支出，以及吸引哪些顾客。还可以通过提高顾客满意度来获取更大利润，比如，按照保持率提升 5% 来计算顾客价值的增加值。图 4-1 显示了三个行业中保持率增加 5% 所对应的顾客 NPV 增加值。

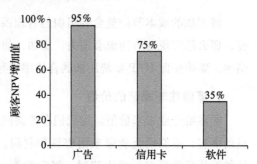

图 4-1　顾客保持率增加 5% 所对应的 NPV 增加值

一旦获知顾客的终身价值，它就形成了基于顾客忠诚度的顾客关系管理™。Reichheld（1996）提出，基于忠诚度的顾客关系管理就是精心选择顾客、员工、投资人，然后努力保持他们的行为。投资人、员工和顾客忠诚度之间存在紧密的因果关系，他们是公司的人力资本。

评估六西格玛项目的系统

评估六西格玛项目与其说是一门科学不如说是一门艺术，其对于项目及黑带个人的成功都很关键。很多黑带的失败都源于在选择项目时区分不够。如果草率地选择项目，那么整个六西格玛计划的失败在所难免。

可以将这里介绍的方法看作是客观的量化选择，因为每个选择纬度都有对应的分值，而且会计算出项目总分值。当然也存在主观性，因为需要评估情景、估计概率和成本以及各方的投入程度等。然而，严格按此评估项目可以提高对项目的判断力。这里的数字（权重、分值、可接受的项目周期、金额的划分界限等）只是建议，可以而且应该根据组织内的优先级由企业领导做出调整。判定法则中的每个维度对应 0 ~ 9 的分值，所有纬度的权重和为 1，所以一个项目可能达到的最大加权分值是 9。

六西格玛组织或者流程卓越部门可以根据这些评估标准编制备选项目汇总清单，将清单按照降序排列可以对制定最终项目的选择决策给出指导。可能每位黑带或者绿带都有他们自己的清单，他们也可以按此方法进行排序和挑选。

工作表 1　六西格玛项目评估

项目名称：	评估日期：
黑带：	黑带大师：
项目加权总分值：	项目编号：

评估法则	分值	权重	加权分值[1]
1. 发起行为		0.23	
2. 收益（指定主要受益人） 2.1 外部顾客 2.2 股东 2.3 雇员或内部顾客 2.4 其他（如供应商、环境）	收益总分值 □	0.19	
3. 除团队之外的资源可得性		0.16	
4. 黑带工作的效果		0.12	
5. 交付成果		0.09	
6. 完成项目所需时间		0.09	
7. 团队成员		0.07	
8. 项目任务书		0.03	
9. 六西格玛方法的价值		0.02	
总计（加权分值列）		1.00	

注意：得分为 0 的评估项需在项目批准之前加以处理。

①加权分值＝各评估维度的分值×对应的权重

工作表 2　六西格玛项目评估指南

1.0　发起行为

分值	说明
9	已识别总监级别的发起人、规定其责任、保证充分的参与时间、时间计划已制订
3	已识别总监级别的发起人、规定其责任、保证充分的参与时间、无具体时间计划
1	已识别总监级别发起人，并认可项目任务书内容
0	未识别总监级别发起人，或者不认可项目任务书内容

2.0　利益团体收益

"对于重要利益团体的有形的可验证的收益"

2.1　利益团队：外部顾客

2.1.1　顾客满意度

分值	说明
9	总体顾客满意度或忠诚度有实质性和统计上的显著提升
3	某主要类别顾客的满意度或忠诚度有实质性和统计上的显著提升
1	某些顾客的满意度或忠诚度有实质性和统计上的显著提升
0	顾客满意度影响不清楚或者不存在

2.1.2　质量改善（CTQ）

分值	说明
9	10 倍或以上的 CTQ 指标改善
5	5 ~ 10 倍的 CTQ 指标改善
3	2 ~ 5 倍的 CTQ 指标改善
1	统计上显著的 CTQ 指标改善，但是不足 2 倍
0	项目对于 CTQ 指标的改善不确定

2.2 利益团体：股东

2.2.1 财务收益

分值	说明
9	净硬性收益（预算或竞标模式变化）大于 50 万美元，ROI 卓越
5	净硬性收益介于 15 万到 50 万美元之间，ROI 卓越
3	净硬性收益介于 5 万到 15 万美元之间，ROI 良好
1	净硬性收益低于 5 万美元，或者成本规避大于 50 万美元，ROI 一般
0	项目声称有财务收益但净硬性收益低于 5 万美元，或者成本规避小于 15 万美元，或者财务收益不清楚

2.2.2 周期时间缩短

分值	说明
9	由于周期时间缩短而提高的销售额、改变竞标模式或者降低的预算大于 50 万美元，ROI 优秀
5	由于周期时间缩短而提高的销售额、改变竞标模式或者降低的预算介于 15 万到 50 万美元之间，ROI 优秀
3	由于周期时间缩短而提高的销售额、改变竞标模式或者降低的预算介于 5 万到 15 万美元之间，或者产生 50 万美元以上的成本规避，ROI 良好
1	由于周期时间缩短而产生 15 万到 50 万美元的成本规避，ROI 一般
0	项目声称缩短周期时间但是硬性收益低于 5 万美元，成本规避少于 15 万美元，或者改善的财务收益不清楚

2.2.3 销售额提升

分值	说明
9	显著提高销售额，ROI 优秀
3	适度提高销售额，ROI 良好
1	提高销售额，ROI 一般
0	对销售额的影响不清楚或者不存在

2.3 利益团体：员工或内部顾客

2.3.1 员工满意度

分值	说明
9	总体员工满意度有实质性和统计上的显著提升
3	某主要类别员工的满意度有实质性和统计上的显著提升
1	某些员工的满意度有实质性和统计上的显著提升
0	员工满意度影响不清楚或者不存在

2.4 利益团体：其他

2.4.1 说明具体的利益团体：＿＿＿＿＿＿＿＿＿＿＿＿＿＿＿＿＿＿＿＿＿＿

分值	说明
9	
5	
3	
1	
0	收益不清楚或不存在

3.0 除团队之外的资源可得性

分值	说明
9	所需要的资源在需要时可以得到
3	只能得到有限的所需资源，只有较低的优先级
0	资源不可得，或者有过度的限制

4.0 黑带工作的效果

分值	说明
9	项目回报显著超过要求的回报
3	项目回报超过要求回报
1	项目回报与要求回报大体相等
0	项目回报未达要求回报

要求回报可以按如下方法计算：

（1）项目所需时间（月）= _____

（2）黑带需要投入的时间比例（介于 0 与 1 之间）= _____

（3）成功的可能性（介于 0 与 1 之间）= _____

要求回报 = 83 333 美元 × (1) × (2) ÷ (3) = _____美元

项目回报：_____美元

5.0 交付成果（范围）

分值	说明
9	已清楚而完整地定义新的或者改善的过程、产品、服务
3	已定义新的或者改善的过程、产品、服务
0	交付成果的定义不清楚或者不正确。例如，所定义的交付成果实际上是一个诸如过程图之类的工具

6.0 完成项目所需时间

分值	说明
9	3 个月之内取得结果
3	3~6 个月之内取得结果
1	7~12 个月之内取得结果
0	12 个月以上才能取得结果

7.0 团队成员

分值	说明
9	已雇用正确的团队成员并制订时间计划
3	已雇用正确的团队成员，时间计划未制订
1	仅雇用正确的团队成员
0	团队成员未雇用，或者雇用不到

8.0　项目任务书

分值	说明
9	项目任务书中的所有部分都已完成并可接受。项目活动与交付结果之间的关系清晰
3	项目任务书可以接受，需做少量修改
0	项目任务需做重要修改

9.0　六西格玛方法的价值（DMAIC 或其等同方法）

分值	说明
9	六西格玛方法是项目的成功关键。黑带、绿带技能是项目成功所必需的
3	六西格玛方法对项目的成功有帮助但并非必须。黑带、绿带技能可以运用到项目中
0	六西格玛方法的用处不突出。不需要具体的黑带、绿带技能

其他识别高收益项目的方法

所选择的项目应支持组织的总体战略和使命。基于这样的总体观，大部分项目都需要多个不同职能领域的共同参与。不仅单个项目会横跨多个组织边界，不同的项目之间也会相互关联。为了有效管理这些复杂性，需要在整个组织内整合计划和项目的执行。质量功能部署（QFD）是实现它的方式之一，其具体介绍见第 2 章。除了 QFD 和上述的量化评估法以外，下面的方法也有助于识别具有潜在高收益的项目。

4.1.3　使用帕累托分析法识别六西格玛备选项目

帕累托原则指的是一小部分的过程产生企业中绝大部分问题的现象。可以使用帕累托原则来缩小项目的选择范围，发现少数有巨大潜力的项目。在使用帕累托分析法时要时刻留意可能隐藏在"疼痛信号"之后的问题。开始的时候，问题表现为计划干扰、顾客抱怨之类的疼痛信号。人们经常仅仅对这些症状而不是潜伏的"疾病"进行处理。比如，如果质量问题导致计划拖延进而产生顾客抱怨，"解决方案"可能是保有大量库存并在不良品中挑选出合格品。这样做的结果虽然满足了交期，顾客也停止抱怨，但代价却是高昂的。这其中存在的改善机会比目前治愈的"疼痛"要大得多，但是因为"解决方案"已经被设计到业务系统中而难以发现真正的机会。针对这样的隐藏问题，解决方案之一是聚焦于流程而不是表面症状。表 4-1 列出了一些识别有待改善的功能失调过程的指导方法。

"症状"列有助于识别问题并设定优先级。"疾病"列将注意力集中到问题的根本原因，而"治疗方法"列可以用于改善项目团队的授权和使命陈述的准备。

表 4-1 功能不良过程的症状及其隐含的疾病

症状	疾病	治疗方法
过多的信息交换、数据冗余、重复键入	自然过程的任意分割	找出人们需要频繁沟通的原因，整合过程
堆积的库存、缓冲及其他资源	系统应对不确定性的多余能力	除去不确定性
对增值工作的高比例检查和控制（过多的测试和检验、内部控制、审核等）	碎片化	除去碎片化，整合过程
返工和重复工作	长时间工作过程中的反馈不足	过程控制
复杂、意外、特殊原因	在简单过程上的大量叠加	找出原先的"简单"过程，为特殊情况设置新过程；除去过多的过程标准化

用 PPI 给项目排序

在认真搜寻改善机会之后，企业领导人可能会发现他们的项目超过资源所能支持的数量。帕累托优先指数（Pareto Priority Index, PPI）是给这些机会排出优先次序的简单方法。PPI 的计算如式（4-1）所示（Juran and Gryna, 1993）：

$$PPI = \frac{\text{成本节约} \times \text{成功概率}}{\text{投入成本} \times \text{项目完成时间(年)}} \qquad (4-1)$$

仔细检查 PPI 公式会发现，它就是用成功概率进行调整的投资回报率。当然，所有的输入都是估计值，其结果取决于输入的正确性。针对指定项目的计算结果是一个指数值，使用 PPI 值可以比较不同金额的项目。可以轻易选出 PPI 显著较高的项目。表 4-2 显示了几个假定项目的 PPI 值。

表 4-2 帕累托优先指数 PPI 演示

项目	成本节约（千美元）	成功概率	投入成本（千美元）	所需时间（周）	PPI
降低波纹焊缺陷 50%	700	0.7	15	15	2.18
NC 机床能力改善	500	0.9	20	20	1.13
ISO9001 认证	1 500	0.9	75	78	0.23
消除顾客的交付抱怨	2 500	0.5	35	26	1.37
降低装配缺陷 50%	900	0.7	30	20	1.05

根据 PPI 的大小顺序，应该首先将资源配给降低波纹焊缺陷项目，然后是消除顾客交付抱怨项目，以此类推。有时候 PPI 不能给出清晰的优先级次序。当两个或者多个项目的 PPI 靠近时，必须采用其他的判定法则做出决策。

4.1.4　基于有效产出的项目选择

项目的精心规划和管理无疑是重要的,不过,如果实施的项目对财务绩效(有效产出)没有影响,它们就没有意义了。在本章下文中,你将看到如果选择了错误的项目,即使它们可能对质量和生产率的"改善"有很大的作用,但可能对于公司的净利润毫无影响。由此可见选择哪些项目来执行至关重要。本节将讨论如何运用约束理论来确定项目。

约束理论

每个组织都存在约束。约束的形式也多种多样。当一个生产或者服务过程存在资源约束时(即没有足够的某种资源以满足需求),就需要用科学的规则来确定改善项目的执行顺序。根据 Goldratt(1990),这些规则是:

1. **识别系统中的约束。** 假设有一个虚构的工厂只生产两种产品 P 和 Q(见图 4-2)。P 的市场需求是 100 件/周,售价为 90 美元/件。Q 的市场需求是 50 件/周,售价为 100 美元/件。假设 A、B、C、D 是操作工人,他们所拥有的技能不可互换,每周只有 2400 分钟时间可用(每天 8 小时,每周 5 天)。为简单起见,假设过程中不存在任何的波动、浪费等且该过程中的瓶颈在于工人 B。这一事实对于如何选择六西格玛项目具有深远意义。

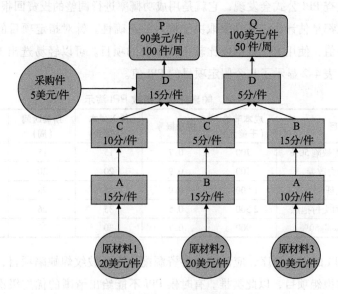

图 4-2　一个存在约束的简单过程

2. **确定如何用尽约束资源**。寻找可以将约束资源的浪费降低到最小的六西格玛项目。比如，如果约束是不能满足市场需求（即产能约束），那么可以将 100% 准时交付作为六西格玛项目的目标。不要浪费任何约束资源，如果约束资源是某机器设备或者工艺步骤，比如在本例中，则需要聚焦于降低开机调整时间、消除差错和报废，让该过程步骤尽可能充分运行。

3. **让其他的所有资源服从于上一决定**。选择六西格玛项目，让约束资源处的有效产出最大化。在完成步骤 2 之后，选择项目以消除下游过程中的浪费。一旦约束资源已得到充分利用，不要让它生产出来的产品在下游过程的问题中产生损失。然后再选择项目以确保约束处可以从上游过程得到充足的合格品的供应。最后才关注上游过程是因为它们具有多余产能，因此，如果上游过程中产生少量的浪费，那么只要在未到达约束处就发现它们，对有效产出的影响也不大。

4. **提高约束处的能力**。提高的意思就是增加，它和步骤 2 不同。通常，经过步骤 2 和步骤 3 以后就可以消除约束。如果不是这样，则需要寻找可以给约束处提供更多资源的六西格玛项目。举个例子，这可能包括购买新的设备或者雇用具有特定技能的额外员工。

5. **如果在前述步骤中已打破约束，重新回到步骤 1**。大家往往对于存在的约束司空见惯，从而变得麻木，这是思维惯性的结果。如果约束处的产能已经被提高，然后就需要重新从零开始考察整个过程，返回到步骤 1，重新开始整个循环。

TOC 和传统方法的比较

事实表明，在选择项目中 TOC 方法优于传统的 TQM 方法。以下表中的数据为例，如果运用帕累托分析法来选择项目降低报废率，可能会先考虑在过程 A 处实施六西格玛项目。事实上，假设在最优的产品组合中，过程 A 大约有 25% 的富余能力，因此可以在过程 B 不停止的情况下补足报废损失，而过程 B 是约束。根据 TOC 应该先解决过程 B 及其下游的过程 C 和过程 D 的问题，这与根据帕累托方法得到的先解决过程 A 问题的建议恰恰相反。

过程	A	B	C	D
报废率	8%	3%	5%	7%

过程报废率

当然，在决定给哪一个项目提供财务支持之前，需要进行收益成本分析，并估计项目取得成功的可能性大小。不过，使用 TOC 方法至少可以知道在什么地方寻找改善机会。

用约束策略聚焦六西格玛项目

运用前文所示的 TOC 策略可以知道应该在过程中重点关注什么地方。而 CTX 信息（见表 4-3）则有助于确定关注点处应选择的项目类型，即该项目到底应该关注质量，还是成本，还是交期呢？假设现有三个六西格玛备选项目，它们都针对过程的约束处，即步骤 B。关注点是正确的，不过如何确定项目的类型呢？假设这三个项目中第一个是解决质量问题，第二个是成本，第三个是排程。这些新的信息对于选择项目类型有帮助吗？当然！正确使用表 4-3 中的信息的方法是，将同一优先级中的项目按照它们对于有效产出的影响进行排序。

表 4-3 约束处 CTX 项目的有效产出排序

项目类型	讨论
CTQ	约束处生产的每件产品都特别有价值，因为任何的损失或者报废都必须占用约束资源时间。因为约束时间决定了有效产出（整个系统的净利润），实际的损失比报废或者返工报告中的数据要大得多。约束处的 CTQ 项目具有最高优先级
CTS	CTS 项目可以降低生产产品所需的约束资源的时间，即约束资源可以生产更多的产品。这将直接影响有效产出，约束处的 CTS 项目具有最高优先级
CTC	因为约束决定有效产出，因此无法获得约束资源会导致整个系统有效产出的减少，这使约束资源处的停机时间成本极高。相比较而言，约束处的运营成本通常微乎其微，而 CTC 项目会对质量和交期产生负面影响。因此，约束处的 CTC 项目优先级较低

可以将同样的逻辑运用到约束的上、下游工序中，其结果显示在表 4-4 中。

表 4-4 项目有效产出优先级及项目的关注点

	六西格玛项目关注点			
		约束上游	约束	约束下游
CTX： X 代表关键特性	质量（CTQ）	△	◎	◎
	成本（CTC）	○	□	○
	交期（CTS）	□	◎	○

注：□ 低有效产出优先级
　　○ 中有效产出优先级
　　◎ 高有效产出优先级

注意，表 4-4 中隐含了一个假设，即约束的上游工序没有造成约束处能力的损失。记住，总是以对有效产出的影响作为评估基准。如果约束的上游工序确实对约束处造成不利影响，就需要将它们也作为约束来对待。当上游工序的合格率平均值可以满足约束的产能需求时，并不代表上游工序不会造成约束处的供应不足。举例来说，如果上游工序每天生产 20 件产品且平均合格率 90%，即平均而言每天有 18 件合格产品可以供应约束工序。如果约束处的产能是每天 18 件，则

50% 的时间内不会出现问题，而另外的 50% 的时间则会供应不足。对此问题的解决方案是在该上游工序和约束处放置一定的在制品（Work-in-process，WIP）作为缓冲库存。这样即使在上游工序产出少于 18 件的时候，约束工序也可以保持正常运行。不过，因为 WIP 会增加成本，所以需要设置合理的缓冲库存水平。有鉴于此，如果一个六西格玛项目可以提高合格率，缓冲库存就可以减少甚至完全取消，所以有时即使某项目不对约束工序直接产生影响，只要收益成本分析的结果表明是值得的，也应该考虑该项目。另外，如果上游产能特别充足，可以轻易补充约束工序所需求的产品，则对应的六西格玛项目只能是有效产出低优先级。

有效产出优先级有助于决策者做出更合理的项目选择决策。当然，它只是影响项目选择的因素之一，基于其他因素可能会得出不同的结论，比如，与其他项目之间的依赖关系、监管需求、中长期的投资收益等。

多任务方式和项目排程

在六西格玛企业中，总是没有足够的资源来实施所有识别出的项目。资源（通常指黑带和绿带）的稀有性决定了必须对项目的实施进行排程，即项目实施的时间安排和先后顺序。在这种情况下，人们往往希望将稀有资源同时用于多个任务。多任务方式就是在同一时间段内将某一资源分配给多个项目。其背后的逻辑是，同时进行多个项目或者任务可以更快地完成所有的项目组合。不过，它仅在项目独立且各自使用独立的资源或者各子项目可以平行开展的时候是可行的，当将某一资源运用于多个项目或者相互依赖的任务中时，它不再成立。

考虑如下的场景。有三个六西格玛项目 A、B、C。单任务管理时，每次仅仅开展一个项目，比如先做 A，然后做 B，最后做 C，其时间安排如下：

A	B	C
第 10 周完成	第 20 周完成	第 30 周完成

如果每个项目需要 10 周的时间，那么项目 A 将在第 10 周内完成，项目 B 将在第 20 周内完成，项目 C 在第 30 周内完成。完成三个项目的平均时间是（10 + 20 + 30）/3 = 20 周，平均时间也不能反映所有的情况。实际上，在第 30 周的时候，项目 A 已经完成了 20 周，项目 B 已经完成 10 周，它们在完成后立即就产生了收益。

如果考虑使用多任务方式，那么我们将每 10 周的时间都一分为三用于三个项目。这样与单任务管理相比，项目 B 和项目 C 的发起人可以很早就看到它们的项目活动启动了。新的排程安排如下：

A	B	C	A	B	C	A	B	C

在多任务的情况下，项目 A 的完工时间是 23.3 周，项目 B 是 26.7 周，项目 C 依然是 30 周。总的平均完工时间从 20 周增加到 26.7 周，即平均完工时间延长了 33%，这还是最佳的情景。在实际生活中，从一个项目切换到另一个项目总存在时间损失，比如，黑带需要整理思路，制订未来的行动计划，准备下一个项目，收集整理所需的文件，与发起人重新沟通，组建新的团队，等等。这些任务都需要大量的时间，从而增加了完成项目所需的时间。

项目组合管理中的关键链

在项目组合管理中使用关键链技术可以优化组织对于项目组合和单个项目的管理，从而避免多任务现象。

管理组织的项目组合

首先，在组织层面停止让关键资源同时运用于多任务。同一时间只允许将人员及其他关键资源聚焦于一个项目。这就意味着管理层必须承担责任，对项目进行优先级排序，同时制定相应的政策，必须同一时间只关注同一项目，不允许多任务方式。要想成功地实施项目，组织就必须确定其执行项目的产能。每个组织都会发现，它们的潜在改善机会总是比现有资源所能支持的要多。这就要求，在某个时间段内，只能开展有限的项目。约束资源往往与组织中的关键岗位有关，比如项目发起人、工程人员、程序员等的可用时间。需要根据关键资源信息来规划组织执行项目的产能并根据它们确定各项目的开始时间，这种技术称作项目发布同步化（Project Launch Synchronization），决定项目时间进度的稀有资源称作同步器资源（Synchronizer Resource）。

同步器资源的使用

项目管理关键链技术不允许采用多任务方式使用稀有资源。只能将关键的人和设备等同步器资源依次分配给单一项目。项目的执行次序源自企业的优先级。如果项目需要使用同步器资源，那么按照同步器资源的时间计划来确定项目起始时间事关项目的成败。具体地说，就是同步器资源的时间规定了所涉及项目的具体活动（以及整个项目）的"不得提前开工"的日期。尽管同步器资源会留有冗余能力，但是理论上项目活动或许可以在指定的日期之前开工，通常的做法是尽量利用未纳入计划的多余能力，从而使组织可以有更多的改善机会，最终提高组织实施项目的总产能。注意，人力资源是对活动所需的技能而言的，而不是人本身。事实上，资源管理者不得给个人分派任务，除非所有的前置活动已经完成且做好执行拟分派任务的所有准备。这样可以防止多任务方式的发生，因为人们在看到某项活动的开始时间已经逼近的时候有此冲动。

项目的开始时间是这样决定的：首先考虑优先级最高的项目，然后根据需要同步器资源的所有活动的持续时间计算同步器资源的结束时间。在第一个项目中同步器资源预期结束时间基础上留出一定的缓冲能力，就得到第二优先级项目的开始时间。第三优先级项目的开始时间在第二优先级项目结束时间的基础上按照同样方法得到，以此类推。因为某种原因，同步器资源在预计的开始时间之前是可用的，可以利用这个时间来提高组织的总能力，执行更多的项目，图 4-3 展示了上述策略。

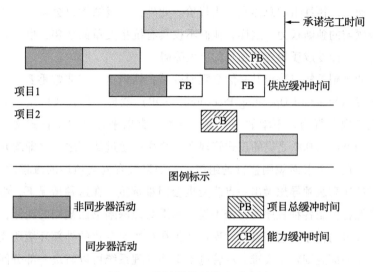

图 4-3　关键链排程技术示意图

项目汇总及初步选定

在根据多种遴选法则选出了所有的备选项目之后，需要对它们进行排序，并确定初步的项目清单。可以使用上述的工作表 1 和工作表 2 来进行。因为数据可能不完备，所以称它们是初步的项目清单。实际上，六西格玛项目团队在开始执行项目以后，仍然会持续对它们进行评估，随后收集的信息可能会降低或者提高项目的优先级。项目发起人负责协调过程经理，根据实际情况对项目优先级做出变更。

4.2　持续的管理层支持

一旦选定项目，管理层需要在项目的整个周期内持续提供多种支持。第 5 章讨论了项目团队及其领导人所期望的项目报告需求。管理层需要确保项目按既定目标正常开展，或者基于项目团队发现的新情况对目标做适当的变更。一般情况下，管理人员需要对项目提供反复的支持，以清除下文讨论的各种障碍。管理层也需要对项目的结果、项目团队的绩效进行评估，并反馈到管理体系中以识别改善机会，下文将对此进行进一步的讨论。

4.2.1　内部障碍

大部分的组织依然采用命令－控制型的层级式组织结构，有时称其为"烟囱型"或者"谷仓型"组织。负责某一"烟囱"的职能专家倾向于优化自身的职能领域，并通常以牺牲组织总体利益为代价。此外，层级结构也会赋予职能经理在各自专业领域的独断权力。这样，他们不仅具有抗拒变革的愿望，也具有抗拒变革的权力，从而变成质量改善项目的巨大障碍。

组织的规则的特点决定其必然会阻碍变革，认识这一点非常重要。书面的标准作业程序（Standard Operating Procedure，SOP）就是一种正式的组织规则，它的用意在于规范行为。不幸的是，质量专家一直以来过度强调正式文件。诸如ISO 9000 和 ISO 14 000 之类的正式管理文件往往在通过认证之后立即就几乎成了一纸空文。在一个书面规则盛行的组织中，如果没有提交烦琐的流程改变文件，那么有时就连高级领导想做出一点改变也会困难重重。在这种情况下，组织的真正权力掌握在控制各种程序的官僚手里。如果组织深陷书面规则的泥淖，任何事情都建立大量的程序，它们就会发现自己正在被快速变化的外部环境所淘汰。过多的不必要书面规则就是灾难。尽管电子文档管理系统可以解决一部分问题，但是也只能根据组织总体目标的需要来使用它，不能仅仅为了管理好文件。

限制性规则的形式不必是一种限制。详细定义每小时工作细节的程序本身也会是一种障碍，比如，工会的作业细则。六西格玛项目几乎总是需要对工作方式做出某种改变，而这样的程序则禁止改变。制定过多 SOP 的组织也往往会有繁多的工作规则，两者一起成为质量改善活动的大敌。

除了正式的书面程序和规则以外，让组织保持现状的原因还有很多。其中之一就是，需要从各部门、委员会、专家等处获得批准，否则不得做出改变。即使组织可能没有正式要求某种"批准"，实际效果就是如此，比如，"你应该问问会计部门再开始""应该跟张先生、王女士汇报一下项目的情况"之类的措辞就反映了这种情况。当需要不常会面的一组人来批准变革计划（比如项目预算、计划节点审批等）时，项目计划人员就会遇到问题。为了赶上下一次会议，可能会匆忙制订计划，不然项目就会被推迟数月。需要修订的计划也会被搁置到数月以后的下一次会议，甚至因为错过截止时间而永久性地取消项目。

4.2.2　外部障碍

现代的组织不是孤岛。强有力的外部力量经常积极参与组织内部的事务。各种政府机构制定了盘根错节的人力资源法规，组织必须时刻谨慎才不会招致惩罚和制裁。外部监管者所加的限制对于当代组织来说至少是充满挑战的。出于商业伦理和法律的考虑，从事研发的员工常常需要获得外部的批准。审批结果充满不确定性，视"知情同意"、安全、成本等条款而定。

很多行业有专门的机构来处理审批事务，比如，医药行业必须获得食品药品管理局的批准。通常在开展项目之前必须咨询它们的意见，例如，政府部门发布了涉及产前孕妇的新治疗方法，可能会导致药物使用方法的变更（比如按照门诊而不是住院来管理）。

很多专业人员都会面临责任风险，它已经成为每个决策的一部分。这种担忧常常会引发"多一事不如少一事"的谨慎心理，从而构成变革的障碍。在项目涉及创新的未经尝试的新方法和新技术的时候，这种担忧会更大。

4.2.3　来自个人的变革阻力

或许最大的变革，也是最困难的变革，就是变革我们自己。阻止自身的变革好像是人天性的一部分。总的来说，我们现在的所有都是努力工作的成果，对于威胁我们现状的任何东西我们的第一反应就是拒绝。Forsha（1992）提出个人变革的过程，参见图 4-4。

调整路径导致保持现状，而行动路径则导致变革。一旦个人做出了行动承诺，就可以运用著名的 PDCA 循环。变革的目标就是持续的自我完善。

在组织内部，个人的参照群在个人对抗变革的过程中起作用。参照群就是某人在使用"我们"一词时所想到的人的集合。如果"我们"指的是公司，那么公司就是参照群，说话者会将公司的成功和失败与自己关联在一起。

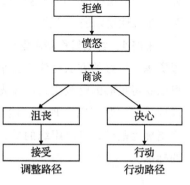

图 4-4　个人变革的过程

不过，"我们"也可能指说话者的"职业"或者"业务"群体，比如，"我们医生""我们工程师""我们工会成员"。在这种情况下，个人对于项目成败的态度受正式组织机构图上的领导人影响甚小。当一个项目存在相互竞争的外部参照群时，建立认同和共识的任务将异常艰巨。

4.2.4　无效的管理层支持策略

策略1：命令他人按自己的意愿行事。 如果高级领导仅仅命令他人按照自己的意愿行事，不遵从的员工将受到纪律处分。组织中较低层级的员工往往会高估权力的作用。事实上，高级领导用颁布命令进行管理的权力也是有限的。人类具有根据自己的最佳判断来行事的天性。正因为这样，命令的作用通常比预期的小很多。此外，命令驱动式的管理容易导致人们在决策时会猜测领导人的意图，所有人都等待领导的命令让决策陷于迟滞和混乱。将"发号施令"作为"领导力"的一种形式也是一种纯粹的沟通问题，人们误读领导的命令通常已经是最好的结果了。

策略2：颁布命令来改变规则。 用命令来改变规则会导致困惑。人们心里会问：今天的规则是什么？明天它会怎么变？这也导致决策的迟滞，因为人们无法对未来做出提前计划。尽管规则会阻碍变革，它们也带来了稳定，它们的结构对于某些目的是适用的。基于权力而不是指导性原则随意改变规则，弊大于利。

策略3：授权规避规则。 此时，规则虽然没有改变，但是领导人因个人偏爱而发起的"宠物项目"不受其限制。其结果就是对于规则的亵渎和漠视，以及引起要遵守规则的人的怨恨。改善它的方法可以是正式建立规避规则的程序，比如，让步申请程序。虽然这样减少了随意性，却增加了复杂度，也没有对影响变革的基础性规则进行变更。

策略4：给项目重新配置资源。 领导人可能会使用他们的职权给项目额外配置资源。更好的方法是建立公平且易于接受的政策来保证具有战略意义的项目可以获得足够的财政支持。在先前项目排程章节中，我们讨论了在短时间内完成项目的"赶工期"现象。然而，那时候的假设是：资源配置以成本及其他客观指标为基础，且以组织的最大利益为出发点。这里却以政治因素为资源配置的标准。

4.2.5　高效的管理层支持策略

策略1：正式组织以及组织文化的转型。 迄今为止，解决组织障碍问题的最好方案就是对组织进行转型，消除障碍赖以生存的环境。正如前文所述，这不可能通过颁布命令实现。在领导人帮助项目团队取得成功的过程中，他将获知组织对转型的需求。具有领导魅力的管理者将发挥其个人影响力说服众人，建立一种拥抱变革的文化氛围，而不是与变革为敌。

策略 2：导师的教导。 在希腊神话中，门托耳是一位老者，是奥德修斯的顾问和导师，也是其子忒勒马科斯的守护人和老师。今天，人们用"Mentor"表示智慧而值得信任的顾问或老师，即导师。当这样的人在组织层级中占据重要位置时，他可以有力地消除变革的障碍。现代组织是复杂而混乱的，想知道谁可以解决问题或者哪里可以获得所需的资源通常不容易。导师可以指明组织中的权力关系，指导项目经理走出"迷宫"。同时，身处高位的导师能够明辨复杂性的来龙去脉，取消不必要的规章制度。

策略 3：识别非正式领导并赢取他们的支持。 因为导师具有丰富的经验，他们往往知道项目真正需要哪些人的支持，他们可能不是组织机构图上相应位置的人。导师可以将项目领导引荐给具有实际影响力的人，例如，项目可能需要工程副总的批准，如果高级冶金专家不同意该项目，工程副总也就不会让项目审批顺利通过。

策略 4：用合法途径解决人员、程序、资源约束和其他阻碍问题。 项目经理有可能根本不知道获得批准和所需资源的方式。或许对项目计划做一个微小的改动就可以完全绕过一个烦琐的审批程序。比如，在团队中加入一位工程师或许就可以让团队自动获得审批过程试验计划的权力，而不再需要经由工程部门。

4.2.6 跨职能合作

这部分讨论组织架构对六西格玛项目的影响。

六西格玛项目以过程为导向，大部分过程会跨越多个对质量有重大影响的部门。现在组织却是层级式结构，也就是由各种上下级关系组成。各组成部分倾向于关注专门的职能，比如会计、工程等，而为顾客提供增值活动需要不同职能的协同配合。最理想的情况是对组织进行转型，将组织设计成不需要层级结构就可以提供顾客增值活动。不过，在此之前，六西格玛项目经理需要处理层级环境中跨职能项目一开始所面临的冲突。

项目经理从其他部门"借入"人员组建团队，从而形成了矩阵式组织架构。矩阵式组织的重要特征是组织成员具有两个或者两个以上的上司，有时要同时服务于多个项目团队。这些人员实际上需要向多个人员汇报，比如，项目经理和他们自己的职能领导。罗斯金和埃斯蒂斯将具有多个上司的人称作"多头上司个人"，将他们的汇报职能经理和项目经理称作"多头上司"。组织内某层级处也存在"共同上司"，他可以解决多头上司之间自身无法协调的冲突。当然，多头上司之间也可以通过合作和协调避免冲突的发生。

多头上司个人通常参加多个项目，这将进一步增加问题的复杂性。多头上司之间需要通过制订合作计划来确定如何分享多头上司个人以及其他资源的时间。欲了解更复杂的矩阵式组织架构请参阅 Ruskin 和 Estes（1995）。

良好的沟通有助于防止问题的产生。项目经理需要向所有的相关方频繁地非正式地通报项目的最新情况，或许这是最重要的沟通。正式的状态进展报告也需要在项目计划中明确，并发给有关人员。项目经理需要针对不同的人确定不同的报告内容，因为项目管理中多头上司的存在，这一点很棘手。有些经理可能不希望其他部门的同事"过多"分享自己部门的"业务"信息。如果收到的信息比别人少，有些经理也会被触怒，这需要充分发挥项目经理的外交手段以求平衡各方。

进展报告不可避免地会显示原先的项目计划不是很尽善尽美，需要事先了解修正项目计划的流程。该流程应该规定谁有权对项目计划做出调整，职能经理和项目经理在项目计划调整中各有多少权限。

协商一致的协议应该归档，这样可以将烦琐的审批和书面工作减少到最低程度，而且归档的文件记录了相关人员的共识，可以帮助项目经理在项目执行的过程中节约大量争论时间。

4.3　跟踪六西格玛项目结果

收集并报告项目结果信息非常重要，它可以用于多种用途。

- 评估六西格玛项目选择系统的有效性
- 确定总的投资回报
- 制定预算
- 评估个人和团队的绩效
- 设定工作目标
- 帮助新员工的六西格玛培训
- 识别需要增加（或者减少）六西格玛项目的区域
- 解答疑问
- 平息嘲讽

工作表 3　项目评估汇总表

项目描述或 ID	项目分值	PPI	ROI	有效产出	备注

　　六西格玛项目和失败项目之间的最大区别是对有形的、可度量结果的强调。六西格玛特别提倡一点，即选出的项目必须能提供兼顾长期和短期的回报，以证明投入的资金和努力是值得的。除非有证据，否则任何有关回报的声明都是空口白话。

　　现在信息存储成本已经越来越便宜，一般的组织都能承担大容量数据库的成本。唯一的限制因素是数据输入还要花费大量的人力。当数据输入需要占用诸如黑带大师、黑带和绿带等稀缺资源的时候，这一点尤为重要（见表 4-5）。

表 4-5　可能需要收集的信息清单

项目任务书信息（标题、发起人、成员、完工日期等）
用平实的语言描述的项目说明
项目状态报告
项目收益的类型（硬性、软性、成本规避、CTQ 等）
过程负责人、业务单元负责人
关键的会计信息（成本归并号等）
项目提出人
项目关联的顶层战略
评论、问题
经验教训
关键词（用于文件搜索）
相关的文档和链接
过程变更的评审记录
项目任务清单和日程信息

　　通常根据员工在项目中的角色、组织中的位置等设定项目信息的查看权限，而修改权限通常只限于项目发起人、领导或黑带。不过，如果可能，则应该按照易于切片分割的方式组织数据。根据部门、发起人、黑带等分别制作定期汇总汇报。数据库系统应该也可以根据特定项目轻松查询结果，如表 4-6 所示。

表 4-6　典型的六西格玛项目查询结果

项目 ID	项目标题	状态	黑带	发起人	计划完成时间	收益类型	总收益	成本
76	Cup Dipole Antenna	Pending approval	J Jones	Jane Doe	3/1/04	Hard	$508 000	$5 900
33	Tank assembly	Define	B Olson	Sam Smith	9/30/03	Hard	$250 000	$25 000

（续）

项目 ID	项目标题	状态	黑带	发起人	计划完成 时间	收益类型	总收益	成本
35	SSPA	Completed	N Hepburn	Sal Davis	10/31/03	Cost avoidance	$1. 3 Million	$13 000
37	FCC RFI compliance	Control	M Littleton	Henry Little	9/30/03	Other	NA	$1 500
•	•	•	•	•	•	•	•	•
•	•	•	•	•	•	•	•	•
•	•	•	•	•	•	•	•	•

4.3.1 财务结果验证

各六西格玛项目报告的财务收益必须得到会计或者财务部门专家的确认。初步的收益估计可以由黑带或者发起人计算，不过最终的结果至少需要得到财务部门的认可，这一流程应该在一开始就订立。给项目分配的财务人员应该列在项目任务书中，没有他们的参与，声称的项目收益会缺乏可信度。对自己的项目计算收益难免存在偏见，此外，还存在资质问题。最有资格计算财务收益的人，一般都是财务或者会计部门等以此为职业的人。

当然，这并不代表财务专家计算出的结果就无可挑剔。如果结果看起来不合理，无论是高了还是低了，都应该用发起人能够理解的语言解释清楚。六西格玛领导也有责任确保数字的有效性，无效的结果也对六西格玛活动自身的存在合理性构成威胁。例如，黑带汇报在某个项目中节约了几十万美元的"未支付加班费"，财务人员也表示同意。然而，六西格玛领导却不接受此结果，理由是如果公司从来都不曾支付过该加班费，节约就无从谈起。这并不表示该项目没有收益，或许工作时间缩短以后工人的士气会提高，离职率也会降低。在汇报项目收益时，一定要采取谨慎的态度。

4.3.2 团队绩效评估

评估六西格玛项目团队绩效要遵循一般的绩效评估原则。在决定团队任务完成得如何之前，需要确定基准以及目标。使用标杆等方法设定目标的讨论见本章的其他部分，如第3章。需要将团队在实现目标过程中的进展进行记录。

绩效的度量一般侧重于团队任务，而不是团队内部事务。对于六西格玛项目而言，财务绩效指标中的投资回报比率通常在2:1到8:1之间，下面是几个常见的具体绩效指标。

- 生产率
- 质量
- 周期时间
- 投诉
- 医疗损失（如病假天数）
- 缺勤
- 外包服务
- 离职率
- 开除
- 咨询费用

众多的无形绩效指标也受六西格玛项目的影响，下面是一些例子。

- 员工态度
- 顾客态度
- 顾客满意度
- 顾客抱怨

团队运行的绩效也应该进行测量。项目失败率应加以仔细监控。可以使用 p 图来评估项目成功率比值的波动并找出原因。失败原因应进行严格分析。Aubrey 和 Felkins（1988）将团队有效性指标列举如下。

- 接受过培训的领导人员数量
- 潜在资源参与团队活动的人数
- 实际参与团队活动的人数
- 参与团队活动人数的百分比
- 已启动的项目数量
- 已放弃的项目数量
- 通过结案批准的项目数量
- 未通过结案批准的项目数量
- 提高的生产率
- 改善的工作环境
- 团队的数量

- 不活跃团队数量
- 改善的工作质量
- 改善的服务水平
- 净年度收益

4.3.3 团队认可和表彰

公司识别并感谢对公司的成功做出积极贡献的员工，这种认可是对员工的激励。在一个理想的公司中，激励源自员工对自己工作成果的自豪。当员工在管理人员的授权之下可以从事自己的工作并生产优质产品或提供高效服务的时候，员工就会受到激励。

激励系统是重要的，它的重要性不仅在于因提供了物质奖励而提升工作质量，还在于它表明了公司对于质量的态度。分析一个公司的员工表彰体系可以清楚地看见公司付诸行动的价值观，它们是真正的驱动员工行为的价值观。管理层所说的价值观可能不同于此，比如，如果一个公司将顾客满意度挂在嘴边而仅仅对销售业绩进行表彰，或许顾客满意度根本就无法体现。

公开表彰的效果更好，有两个原因如下。

1. 某些（不是全体）员工更愿意在同事面前得到表彰。

2. 公开表彰向所有员工传达了组织的价值观和优先级。

表彰的形式可以是一个便签簿、一个小礼品也可是一大笔现金。不过，如果现金奖励成为常态，以后就会出现两个问题。

1. 因为公司同时有多个高优先级事项要求员工参与，需要提供高额现金奖励才能左右员工的选择。

2. 定期的大额现金奖励会被奖励获得者看作是正常劳动报酬的一部分，而不是表彰对于公司核心价值观的支持行为。

Carder 和 Clark（1992）列举了如下的有关表彰的指导原则和评论意见。

- 表彰并非是管理层操纵员工的工具。如果员工没有完成某些工作内容，即使建立表彰计划以提高这些工作内容的优先级也于事无补。表彰不应该用于让员工转而从事目前没有从事的工作，如果目前没有从事该工作是因为管理层之间信息的相互矛盾。更有效的方法是管理层首先检查目前的优先级设定机制，只有解决了机制问题才可以消除矛盾。
- 奖励不是报酬。这里的奖励是指组成员工日常报酬的重要部分并具有重大影响的奖励。奖励和报酬的区别体现在很多方面，它们是：

- 报酬水平是基于长期因素的考虑，比如员工的合同期限、教育背景、技能等级、责任范围等，而奖励是基于个人或者团队的具体任务。
- 奖励具有弹性。一旦薪酬确定下来，基本上不可能降低。改变薪酬计划是困难且昂贵的。
- 奖励具有即时性。可以根据具体任务的完成情况立即提供奖励。
- 奖励具有个人性。经理直接并亲自奖励个人。颁发奖励的时候，避免造成重要人物（经理）向下属（工人）施舍的误解。

- 正强化并非总是有益于表彰的效果。如果仅仅某一经理按照特定的行为评定规则确定表彰，表彰接受者不会认为行为和表彰之间有确定的关系。
- 员工应该相信，并不是因为走运才受到褒奖。可以从别人的嘲讽中看出这种迹象，其他员工也会告诉你，管理层言行不一致。
- 表彰满足基本的个人需求愿望。表彰，特别是公开的表彰，满足了人们对于归属感和自我尊重的需求。通过这种方式，表彰可以在工作场所发挥重要作用。根据亚伯拉罕·马斯洛的理论，除非归属感和自我尊重的需求先得到满足，否则诸如工作中的自豪感、成就感、个人成长、学习新技能等自我实现的需求就无法实现。
- 表彰活动不要产生输家和赢家。表彰的时候不能总是表彰某一个人或者团队，而其他的个人或团队长期得不到表彰。这将产生静态的排序，前文讨论的传统组织中的问题会一一出现。
- 表彰的对象包含所付出的努力，不仅仅是达成目标。根据 Imai（1986）的理论，在直接产生销售额以外的一系列诸如纪律、时间管理、技能发展、参与度、士气、沟通等行为对于公司非常重要，理解这一点的经理会重新考虑表彰的评估标准。为了有效地利用表彰来达成公司的目标，经理必须具有度量这些团队过程成就的能力，并适时表彰。
- 员工参与是设计并执行表彰活动的关键。在设置一个表彰体系或者对旧的表彰体系进行修订之前，进行充分的规划是必需的，需要对员工的认知和期望进行调查。

4.3.4 积累经验教训并复制推广

从一个项目中获得的经验教训经常被运用到其他的内部或者外部过程。很多公司里，从事相同或者相似工作的个人或者单位都不止一个，很多公司也有从事和公司内部工作相似的供应商和外包方。将六西格玛项目中的变革复制出去，可以让收益成倍扩大，成本显著降低。可以将六西格玛项目作为标杆来看待，不用再去寻找并学习业内最佳过程，六西格玛团队可以自己创建业内最佳过程，并把它教授给其他过程。

人们在运用标杆管理的时候事先就对变革什么有了倾向，然后再去学习有关的知识和技能。六西格玛与此不同，过程拥有者甚至不知道他们可以从六西格玛项目中学到什么新知识、获得什么收益，应该在规划六西格玛项目时就考虑到分享经验和教训。此过程融合了激励、教育、向目标观众推介新方法。可能做项目的人并不是向他人推介新方法的最合适的人，做项目的人可以作为推介人的技术顾问。六西格玛职能部门（卓越过程部门）通常作为负责人，建立复制并分享经验教训的管理系统。

除了学习业务流程的经验以外，还可以学习到如何成功开展项目的经验。几年以后，即使一个中等规模的六西格玛部门都可以完成成百上千的项目。项目中获得的经验和教训应该记录整理，以便帮助其他项目团队。通常项目黑带用简单的描述来表达经验教训，可以将这些描述加上索引以便搜索引擎或者组织中其他黑带的使用，经验教训数据库是六西格玛组织最宝贵的资产。

第二篇

六西格玛工具和技术

基于 DMAIC 和 DMADV 的项目管理

第二篇重点讲述在六西格玛管理中普遍使用的各种工具和技术。它们中的大部分已经被质量专业人员和应用统计学家使用了数十年。六西格玛管理将这些工具的使用规范化到 DMAIC 和 DMADV 项目实施方法论的框架中，在现实项目中为可识别的利益相关者提供看得见的成果。

5.1 DMAIC 和 DMADV 部署模型

当应用于现有产品、过程、服务的绩效改善时，使用定义 – 测量 – 分析 – 改善 – 控制（DMAIC）模型。DMAIC 模型的概览参见图 5-1。

D	定义改善活动的目标，将其归纳到项目任务书中。获得管理层支持，组建团队
M	测量现有的系统。建立有效而可靠的指标来帮助监控过程是否逐步达成上一步定义的目标。使用指标来建立现有过程基准的绩效水平
A	分析系统是以识别消除系统或过程目前表现与期望目标之间差距的方法。使用探索性和描述性数据分析来帮助理解系统或过程。使用统计工具指导分析
I	改善系统。用创新的方式来寻找更好、更经济、更迅速的做事方法。使用项目管理以及其他计划和管理工具来实施新方法。使用统计方法来验证改善的有效性
C	控制新的系统。通过修改工资和奖励系统、政策、规程、MRP、预算、操作手册和其他管理系统把改善的系统制度化。也可以使利用诸如 ISO9000 等标准来确保文档的正确性。使用统计工具来检测新系统的稳定性

图 5-1　DMAIC 模型的概览

DMAIC 模型提供了一个有用的框架，形成了项目控制的"进阶式流程"，如图 5-2 所示。完成某一特定阶段的评估标准已经定义，在开始下一阶段之前需要评估项目以确定是否所有的标准都得到满足。如果所有的标准都已经得到满足，某一阶段（比如"定义"）即可以"关闭"。

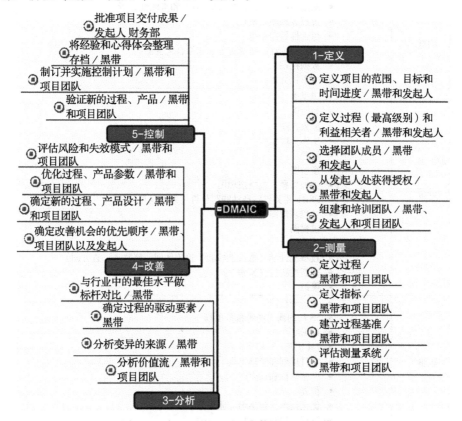

图 5-2　在六西格玛项目中使用 DMAIC 模型

表 5-1 列出了在项目的各阶段用到的一部分工具。实际上，它们在项目的各个阶段上存在重叠。

表 5-1　项目各阶段常用的六西格玛工具

项目阶段	可选用的六西格玛工具
定义	<ul><li>项目任务书</li><li>VOC 工具（调查表、焦点小组、信件、评论卡片）</li><li>流程图</li><li>QFD、优先矩阵、矩阵图</li><li>SIPOC</li><li>标杆管理</li><li>项目规划和管理工具</li><li>工作分解结构</li><li>帕累托分析</li></ul>

（续）

项目阶段	可选用的六西格玛工具
测量	• 测量系统分析，包括 R&R 研究和直线性分析 • 过程表现图（SPC） • 探索性数据分析 • 描述性统计，包括直方图和拟合优度测试 • 数据挖掘 • 帕累托分析
分析	• 因果图 • 箱线图 • 帕累托图 • 工作分解结构 • 树图 • 意粉图 • 头脑风暴，包括亲和图 • PERT 和关键路径甘特图分析（缩短周期时间） • 过程表现图（SPC） • 过程图 • 试验设计 • 枚举统计学（假设性检验、置信区间、列联表、直方图） • 推断性统计（X 和 Y） • 模拟
改善	• 力场分析图 • 5S 和均衡生产等精益工具 • FMEA • 7M 工具 • 项目规划和管理工具 • 产品样机和试生产 • 仿真 • 优化技术，包括响应曲面分析 • 过程表现图（SPC）
控制	• 过程表现图（SPC） • 测量系统分析 • 流程图 • FMEA • ISO900× • 变革预算、竞价模型、成本估计模型 • 报告系统

如果项目的目标是开发一种新的或者做大量重新设计的产品、过程、服务，则使用定义 – 测量 – 分析 – 设计 – 验证（DMADV）模型（见图 5-3）。DMADV 模型是面向六西格玛的设计（Design for Six Sigma，DFSS）工具组合的一部分。

图 5-4 展示了 DMAIC 模型和 DMADV 模型的相互关系。

通过项目这一方式，人们可以系统性地改变过程和产品；项目是计划和实施之间的桥梁。

定义	定义设计活动的目标
测量	测量顾客的输入以确定从顾客的角度看什么是关键质量指标。当设计全新的产品或服务时使用特殊方法（参见第 2 章讨论的 Kano 模型）。将顾客需求转化进入项目目标
分析	分析创新的产品和服务概念，为顾客创造价值。决定相似的最佳设计的表现
设计	设计新的过程、产品和服务以向顾客提供价值。使用预测性模型、模拟、产品样机、试运行等来验证设计概念是否有效满足足设计目标的要求
验证	验证新系统的表现符合预期。建立能够确保持续优化系统表现的机制

图 5-3　DMADV 模型概览

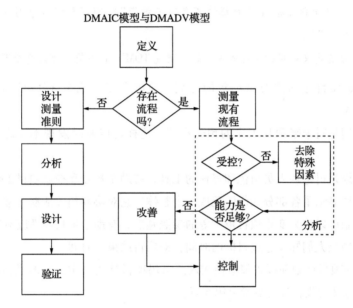

图 5-4　DMAIC 模型和 DMADV 模型的比较

弗兰克·格里在仔细观察项目后有如下发现（Juran and Gryna，1988，p. 22.18-22.19）。

- 项目获得所有人的一致同意就具有了法定性质。法定项目拥有正式的优先权，所需的预算资金、设施和人员因而得以保障。指导项目的领导人员也能出席会议，以获取所需数据、批准开展试验等活动。
- 项目提供了一个交流平台，抵触情绪和相互指责的氛围被建设性的意见所取代。
- 参与项目活动越多，项目团队对于完成项目交办的任务就越积极。
- 所有的突破性成就都是一个个项目实现的，除此之外别无他法。

- 有效的项目管理可以防止一些问题的产生。
  - 项目与组织的成功之间没有关联，或者说关联很小，即使项目成功，也没有人会真正在意。
  - 团队之间目标重叠。例如，甲团队的目的是降低焊锡拒收量，乙团队的任务是降低波峰焊的拒收量，丙团队则是为了减少电路板装配问题。
  - 对已经有计划要进行彻底的重新设计、搬迁或者停产的过程进行改善。
  - 研究的系统范围过于庞大（如"病人入院"），而不是可以管理的过程（门诊手术病人的入院准备）。
  - 研究问题表征（"对焊接不良进行补焊"）而不是根本原因（"波峰焊缺陷"）
  - 没有定义项目的交付成果。如"研究 TQM"而不是"缩短急诊等待时间"

在开始项目之前需要做细致的计划，原因有以下几个（Ruskin and Estes，1995，p. 44）：

1. 计划是对未来项目工作的预先模拟，这样可以及时发现不妥之处并加以纠正。
2. 计划是讨论各人员角色和责任的工具，有助于指导和控制项目工作。
3. 计划显示了各部分如何匹配成一个整体，它对协调相关活动非常重要。
4. 计划可以作为变更项目范围等的参照基准，有助于项目经理应对其顾客。
5. 计划让人们知道达成目标的时间，即项目结束的时间。

正式的项目计划和授权都概括在六西格玛项目计划书中，它的最初版本出现在项目的定义阶段，其要点参见第 6 章。

5.1.1 项目进度规划

有助于项目经理制订可行的时间计划、根据时间计划分配资源、在实施中跟踪项目计划的进度的工具和技术目前有很多。下面我们回顾最常见的两种，它们是甘特图和 PERT 类项目管理系统。

甘特图

甘特图（Gantt Chart）显示项目任务和时间约束之间的关系。甘特图的横坐标代表时间单位（日、周、月等），纵坐标代表待完成的活动。进度条显示各种活动估计的开始时间以及持续的时间长度。图 5-5 是一个甘特图的示例，该图是用微软 Project 软件制作的，并做了修改以反映 DMAIC 模型的关键节点。

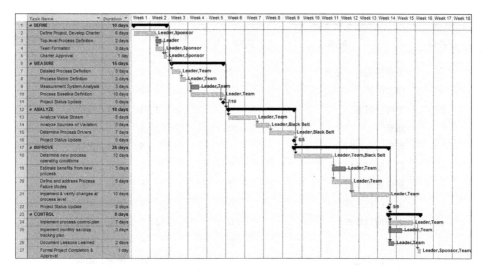

图 5-5　增强的甘特图（里程碑图）

关键节点图标代表的是事件而非活动，它不消耗任何时间和资源。修改后加上关键节点的甘特图有时也被称作"里程碑图"。

甘特图和里程碑图经过修改后可以呈现其他信息，如任务的责任人、任务延期的原因、已经采取和计划的补救行动。

尽管每个项目都是唯一的，使用 DMAIC 模型和 DMADV 模型的六西格玛项目具有很多相同的任务，至少在最高级层面如此。很多人发现，使用通用的模板可以帮助他们快速高效地编制项目任务计划，对于项目管理经验有限的新黑带和绿带尤其如此。表 5-2 可以用作六西格玛团队的计划工作，它包含了制作上述甘特图的细节信息，包括所有的任务、每个任务所用的时间、任务的紧前任务（由任务号表示）、各任务的责任人。基于各阶段所包含的任务以及它们的紧前关系计算各 DMAIC 阶段（汇总任务号 1，6，12，17 和 23）所需时间。资源中的"领导"一般指负责该项目的黑带。如果经过培训的绿带担任项目领导合适，需要黑带提供特殊技能的任务会明确标示。模板中的项目总共需要 76 个工作日，或者按照每个月 22 个工作日计算合大约 3.5 个日历月。

表 5-2　典型的 DMAIC 项目任务和责任

任务号	任务	用时（天）	紧前任务（任务号）	资源
1	定义	10		
2	定义项目，填写计划书	6		领导、发起人

（续）

任务号	任务	用时（天）	紧前任务（任务号）	资源
3	最高级别过程定义	2	2	领导
4	组建团队	3	2	领导、发起人
5	审批计划书	1	4，3	领导、发起人
6	**测量**	15	1	
7	详细定义过程	3	5	领导、团队
8	定义过程指标	2	7	领导、团队
9	测量系统分析	3	8	领导、团队
10	定义过程基准	10	8	领导、团队
11	更新项目状态	0	10，9	领导、发起人
12	**分析**	18	6	
13	分析价值流	8	11	领导、团队
14	分析变异的来源	3	13	领导、黑带
15	确定过程驱动要素	7	14	领导、黑带
16	更新项目状态	0	15	领导、发起人
17	**改善**	25	12	
18	确定新过程运行条件	10	16	领导、团队，黑带
19	估计新过程的益处	3	18	领导、团队
20	定义并研究过程失效模式	5	18	领导、团队
21	实施和验证过程级别的变更	10	20，19	领导、团队
22	更新项目状态	0	21	领导、发起人
23	**控制**	8	17	
24	实施过程控制计划	7	22	领导、团队
25	按月检测项目的降本额度	3	22	领导、团队
26	记录经验教训	2	22	领导、团队
27	正式结束项目并获得批准	1	24，25，26	领导、发起人、团队

从 www.mhprofessional.com/SSH4 下载微软 Project DMAIC 模板。

PERT-CPM

　　尽管传统甘特图很有用，但它对于项目进度的分析能力有限。成功地管理大型项目对于制订计划、安排时间进度、协调各任务之间的关系等要求更为严格。为了实现这个目标，在 20 世纪 50 年代初基于任务网络和网络技术开发出了多种正式的项目管理与规划工具。其中最著名的是计划评审技术（Program Evaluation and Review Technique，PERT）和关键路径法（Critical Path Method，CPM），两者都已经被整合到微软 Project 软件中。通常将两者称作 PERT 类项目管理系统。两者的主要区别在于任务时间的估计方法，CPM 假定任务时间是事先确定的，而 PERT 中的任务时间满足一定的概率。换句话说，在 CPM 中的时间估计是不变的（如 5 天），而相同的任务在 PERT 中其时间估计存在变化（如 3 ~ 7 天）。在很多应用场合，PERT 中的某一任务的时间估计有三个输入，即**最可能时间、乐观估计时间、悲观估计时间**。根据它们就可以利用下文中描述的统计方法计算任务的**期望**完成时间。现在，PERT 和 CRM 这两个术语经常可以互换使用，尽管它们在任务的时间估计上存在明显的区别。

按照 PERT-CRM 方法规划项目包括四项基本的内容：项目规划、进度安排、改进和控制。项目规划指把项目分解为各种不同的任务或活动，然后确定各任务活动的时间估计值，画出项目网络图（或箭头图），图中每个箭头代表一个活动。

PERT 类项目管理系统用于如下几个方面：

- 帮助项目规划和控制
- 确定具体截止日期的可行性
- 识别项目中最可能成为瓶颈的任务
- 评估项目需求和项目时间进度变更的影响
- 评估项目时间进度偏差的影响
- 评估项目资源增加或者减少的影响

进度安排阶段的最终目的是制定一张项目进度表，以显示各种活动的开始和结束时间，以及它们在项目中的依赖关系。必须通过项目进度表识别关键活动，它是指那些必须按时完成才能保证整个项目进度不延期的活动。

仅仅依照最初的项目进度行事是不行的，还必须用在制定进度表时获取的信息来改善项目进度。重点分析关键活动以便改进，可以使用帕累托分析法来识别对整个项目按时完工影响最大的关键活动。在考虑时间信息的时候也要考虑成本信息，并用帕累托方法对成本/时间进行分析。

PERT-CRM 项目管理的最后一个阶段是控制，就是使用网络图和甘特图来定期评估进展情况。

CPM 示例。项目的各项活动任务及其时间估计值如表 5-2 所示。明确一个事实非常重要——某些活动必须先于某一特定活动完成，即严格的先后关系。例如任务 3 和任务 4（定义最高级别过程和组建团队）需要先完成任务 2（定义项目、填写项目任务书）后才能开始。然而，任务3可以在任务4完成之前开始，也可以反过来。应该清楚地认识到，同步而不是顺序执行任务3和任务4有助于缩短总的项目周期。网络图用图形显示任务间的先后关系，如图5-6所示（箭头图）。

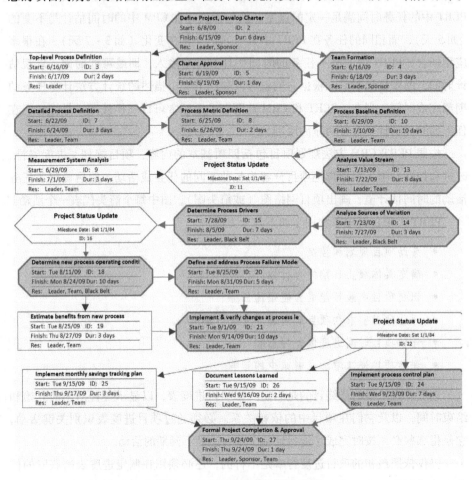

图5-6　DMAIC项目网络图示例

分析每个活动的时候，两个时间值的计算很重要，它们是最早完成时间（Earliest Finish Time，EF）和最迟完成时间（Latest Finish Time，LF）。根据在某项活动之前的所有活动都尽可能早地开始（即最早开始时间，Earliest Start Time，ES）计算所得的完工时间就是某项任务的最早完成时间。而一项活动的最迟完成时间的计算以不造成整个项目的（可能的）最早的完工时间进程为基准。在计算任务的最早开始和最早结束时间时，从第一个活动开始，然后依次向前（项目完工方向）计算每个活动的开始时间，假定各任务在其紧前任务结束后尽可能早地开始，且各相关活动仅按照估计的时间完成。最迟开始时间（LS）的计算从最后一个活动的最迟完成时间（LF，对于最后一项活动取其最早的结束时间）开始，然后依次向后（项目开始的方向）倒推，在最迟完成时间上减去活动时间得到。

　　表 5-3 列出了表 5-2 中各项活动的最早开始时间（ES）、最早结束时间、最迟开始时间和最迟结束时间的计算结果。（注意，为了说明计算过程，汇总任务没有在表中列出。）具体的计算如表 5-3 所示。

表 5-3　DMAIC 项目中关键路径和时间计算

任务号	任务	持续时间（天）	紧前任务（任务号）	ES	EF	LF	LS
2	定义项目，填写计划书①	6		0	6	6	0
3	最高级别过程定义	2	2	6	8	9	7
4	组建团队①	3	2	6	9	9	6
5	审批计划书①	1	4, 3	9	10	10	9
7	详细定义过程①	3	5	10	13	13	10
8	定义过程指标①	2	7	13	15	15	13
9	测量系统分析	3	8	15	18	25	22
10	定义过程基准①	10	8	15	25	25	15
11	更新项目状态①	0	10, 9	25	25	25	25
13	分析价值流①	8	11	25	33	33	25
14	分析变异的来源①	3	13	33	36	36	33
15	确定过程驱动要素①	7	14	36	43	43	36
16	更新项目状态①	0	15	43	43	43	43
18	确定新过程运行条件①	10	16	43	53	53	43
19	估计新过程的益处	3	18	53	56	58	55
20	定义并研究过程失效模式①	5	18	53	58	58	53
21	实施和验证过程级别的变更①	10	20, 19	58	68	68	58
22	更新项目状态①	0	21	68	68	68	68
24	实施过程控制计划①	7	22	68	75	75	68
25	按月检测项目的降本额度	3	22	68	71	75	72
26	记录经验教训	2	22	68	70	75	73
27	正式结束项目并获得批准①	1	24, 25, 26	75	76	76	75

①关键路径上的任务。

- **最早开始时间（ES）**。第一项活动的 ES 值为 0。其后任务的 ES 等于其紧前任务中 EF 的最大值。比如，任务 5 的紧前任务为任务 3 和任务 4。任务 4 的 EF 是 9，任务 3 的 EF 是 8。任务 3 和任务 4 的 EF 的最大值是 9，因此任务 5 的 ES 是 9。

- **最早结束时间（EF）**。等于本活动的 ES 加上完成本活动所需的时间。例如，任务 3（定义最高级别过程）需要 2 天时间完成，它的 ES 是 6，则它的 EF 是 6 + 2 = 8。

- **最迟结束时间（LF）**。最后一项活动的 LF 设定为等于项目的 EF。向后（在表格中为向前）倒推，各活动的紧前任务的 LF 设为与其紧后任务的最小的 LS 相等。比如，任务 27 有三个紧前任务 24、任务 25 和任务 26，因此这三个活动的 LF 就是任务 27 的 LS（其值为 75）。任务 22 是任务 24、任务 25 和任务 26 的紧前任务。这三个任务的最小 LS 值是 68，所以任务 22 的 LF 是 68。

- **最迟开始时间（LS）**。从最迟结束时间减去任务时间得到 LS。例如，任务 25 的 LS 是 75 – 3 = 72。

富余时间对应某项任务最迟时间与最早时间的差值。假设其他任务都按照进度计划进行，任务的富余时间对应项目总进度在不受影响的情况下该任务可以耽搁的最长时间。

富余时间为 0 的事件和活动都位于项目的关键路径上。关键路径被定义为由富余时间为 0 的活动组成的贯穿活动网络的一条任务链。所有的富余时间为 0 的活动都在关键路径上，非 0 的活动肯定不在。图 5-6 中粗边六边形表示的活动组成关键路径。（注意，图中只显示了整个网络图的部分，读者可以下载完整的微软 Project 格式的网络图供参考。）在表 5-3 中，①标志表示关键路径活动。

以上的时间计算很少需要手工计算，微软 Project 等软件可以自动计算并识别关键路径，如图 5-5 所示的深色的任务条。识别关键路径对于项目管理（以及其他基于时间顺序开展的活动）非常重要，更详细的描述见下文有关进度落后解决办法的章节。

PERT 示例。上例可以用 PERT 做进一步分析，即指定特定活动或任务的持续时间有三种估计值（输入）——最可能时间、悲观估计时间、乐观估计时间。基于任务持续时间服从贝塔分布（Beta Distribution）的假设，任务的期望（或平均）用时及其标准差可以分别计算如下：

$$\mu = [悲观估计时间 + (4 \times 最可能时间) + 乐观估计时间]/6$$
$$\sigma = (悲观估计时间 - 乐观估计时间)/6$$

所有非 0 任务的持续时间期望值（均值）和标准差的计算结果如表 5-4 所示。根据各任务持续时间计算结果确定关键路径，计算考虑了悲观估计时间和乐观估计时间的影响。在本组数据中，关键路径仍保持不变，然后，有些时候在考虑了悲观和乐观估计时间后它是会改变的。将关键路径上各活动的持续时间期望值相加就得到了项目总的持续时间期望值，在这里它是 86.6 天（大约比之前计算的 76 天高出 14%）。项目总的标准差不等于各项目任务标准差之和，但是各任务方差（即标准差的平方）可以直接相加。在本例中，标准差之和为 40.3，取其平方根就得到了项目总持续时间的标准差 6.3 天。

表 5-4　DMAIC 项目活动、持续时间及关键路径计算

任务号	任务	最可能时间（天）	悲观估计时间（天）	乐观估计时间（天）	持续时间期望值（天）	持续时间标准差	持续时间方差
2	定义项目，填写计划书①	6	2	10	6.0	1.3	1.8
3	最高级别过程定义	2	1	3	2.0	0.3	0.1
4	组建团队①	3	1	5	3.0	0.7	0.4
5	审批计划书①	1	0.5	6	1.8	0.9	0.8
7	详细定义过程①	3	1	6	3.2	0.8	0.7
8	定义过程指标①	2	1	5	2.3	0.7	0.4
9	测量系统分析	3	2	5	3.2	0.5	0.3
10	定义过程基准①	10	7	25	12.0	3.0	9.0
13	分析价值流①	8	5	15	8.7	1.7	2.8
14	分析变异的来源①	3	2	10	4.0	1.3	1.8
15	确定过程驱动要素①	7	5	20	8.8	2.5	6.3
18	确定新过程运行条件①	10	5	20	10.8	2.5	6.3
19	估计新过程的益处	3	2	6	3.3	0.7	0.4
20	定义并研究过程失效模式①	5	3	15	6.3	2.0	4.0
21	实施和验证过程级别的变更①	10	5	15	10.0	1.7	2.8
24	实施过程控制计划①	7	5	15	8.0	1.7	2.8
25	按月检测项目的降本额度	3	2	5	3.2	0.5	0.3
26	记录经验教训	2	2	4	2.3	0.3	0.1
27	正式结束项目并获得批准①	1	1	5	1.7	0.7	0.4

①关键路径上的任务。

根据这些项目总持续时间的标准差和均值的估计值，可以在假设其服从正态分布的基础上进一步分析项目（因为中心极限定理的存在，以上假设具有其合理性，只要项目总持续时间包含的单个项目时间数量较多）。随后就可以根据正态分布特性回答如下的问题：x 天内完成项目的可能性有多大？或者在 90% 的计划时间内完成项目的概率是多少？

举例说明。计算 76 天（或者很短的时间）完成项目的概率 z 时，计算过程如下：

$$z = (x - \mu)/\sigma$$

$$z = (76 - 86.3)/6.3 = -1.67$$

在附录 2 中查表可得，与此 z 值对应的累积概率是 4.8%。换句话说，根据 PERT 的概率估计结果，在上述用 CPM 的定值估计得到的 76 天内完成项目的可能性只有 5% 左右（以前版本中是 Normdist 现在改为 Norm. Dist 的 Excel 函数也可生成近似数值）。类似地，可以使用正态分布表（或者 Excel 中的 Norm. Inv 函数）估计具有 90% 概率完成项目对应的天数为 94.7 天。（正态分布有关的详细讲解见第 8 章，这里仅仅展示其运算结果在项目规划中的应用。）

控制和预防进度落后

项目经理可利用多种项目进度分析方法来帮助管理项目，其中之一就是密切关注位于关键路径上的所有活动，这些活动的任何延误将直接导致整个项目的相应延误。此外，缩短非关键路径活动的持续时间则不能起到加快整个项目进度的作用。

项目经理应该检视网络图寻找可以缩短整个项目周期时间的机会。因为项目网络根据活动时间的估计值制作，实际的完成时间往往有所变化。如果情况确实如此，常常就会出现新的关键路径。因此，网络图不应该被看作是一成不变的，应根据情况的变化对它做相应修订。

造成进度落后的重要原因是项目规划不当以及管理不善，MS Project 等软件中的资源管理及进度报告工具有助于改善这个问题。紧凑的时间进度计划必须加强管理以避免出现延误，此外，超出项目经理可控范围的外部力量也影响项目进度的达成。然而，能够找出种种"外部力量"借口并寻求原谅是不行的。精明能干的项目经理应尽可能对此进行预测并制定应对的预案。过程决策程序图（Process Decision Program Chart，PDPC）对于识别项目进展中可能遇到的意外状况非常有用。图 5-7 是应用于 DMAIC 项目关键路径任务的 PDPC 的一个局部，PDPC 强调失效（"意外问题"）对项目进度的影响。PDPC 描述了防止意外问题发生所应该立即采取的行动，以及问题发生时应该采取什么措施来降低其影响。可视作经典 PDPC 的增强版本的故障树分析法具体在第 11 章中介绍，它给各种意外问题按照主观经验分配了发生的概率，并据此确定应对行动的优先顺序。应急预案到底应该详细到什么程度，需要根据个人的判断力决定。项目经理既要考虑潜在问题的影响大小又要考虑其发生的可能性。

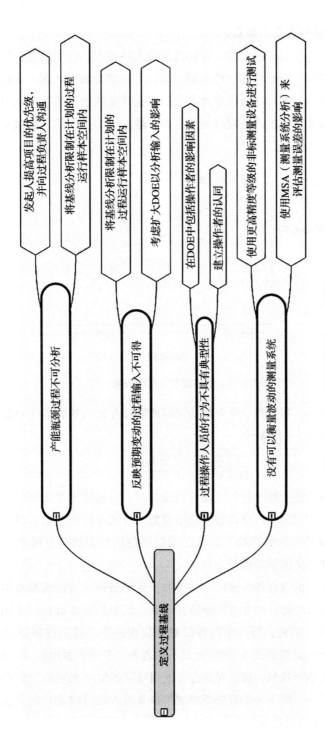

图5-7 DMAIC项目部分PDPC示例

资料来源：由Mind Genius软件制作。

项目时间计划中的成本考量

大部分的项目进度都可以压缩，只要增加投入的成本。这里的分析仅仅包括直接成本。间接成本（行政费用、管理费用等）在最终分析中考虑。假设在完成某任务正常进度所需成本和加急进度成本之间存在简单的线性关系。同时假设存在一个加急时间极限，超过该极限以后无论如何增加成本投入都不能减少所需时间，图5-8反映上述概念。

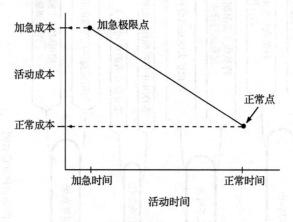

图5-8 活动的成本－时间关系

对于给定的活动，每节约一个单位的时间所需额外投入的成本（单位节约时间成本）可以用式（5-1）表示：

$$\frac{加急成本 - 正常成本}{加急时间 - 正常时间} \tag{5-1}$$

当要确定关键路径上哪个任务活动有待改善时，应该优先考虑单位节约时间成本最小的活动。项目经理也应该做到心中有数，活动时间被压缩了以后可能会出现一条新的关键路径。如果确实如此，则应该使用最新的信息做进一步的分析，即对新关键路径上的活动进行分析。

仍然使用上文中的数据作为示例，并增加了关键路径活动的成本和加急时间信息，如表5-5所示。此时只考虑关键路径活动，因为只有改善它们才能缩短整个项目的周期时间。因此，第一个改善的对象就应该是"确定过程驱动要素"，因为它每节约一天时间需要投入1200美元（在表5-5中用＊表示）。如果有额外的资源可用于缩短整个项目，那么对此任务使用可以产生"最划算"的结果。假定关键路径保持不变，则下一个首先考虑增加成本投入的活动是"定义新的过程水平"，其次是"定义过程细节"。

表 5-5 DMAIC 项目中的成本 – 时间关系

活动	正常进度		加急进度		斜率
	时间（天）	成本	时间（天）	成本	
定义项目，填写计划书	6	1 000	5	3 000	2 000
组建团队	3	1 600	2	3 400	1 800
审批计划书	1	7 500	1	7 500	0
定义过程细节	3	3 000	1	6 000	1 500
定义过程指标	2	4 400	1	6 000	1 600
定义过程基准	10	13 750	8	17 500	1 875
分析价值流	8	3 500	6	7 000	1 750
分析变异来源	3	3 000	1	6 000	1 500
确定过程驱动要素	7	9 200	5	11 600	1 200 *
定义新的过程水平	10	3 000	8	5 500	1 250
定义并减少失效	5	4 800	1	11 000	1 550
实施并验证	10	4 900	6	12 000	1 775
制订控制计划	7	5 600	3	12 000	1 600
正式关闭项目	1	4 500	1	4 500	0

在逐个分析了项目任务以后，完成整个项目所需时间将会减少，而对应的直接成本也会增加。图 5-9 用图形展示了项目中的这种成本 – 工期关系。

与此相反，诸如管理费用等间接费用会随着项目完工时间的延长而增加。由直接成本加上间接成本构成的总成本，大致上表现为图 5-10 所示的模式。

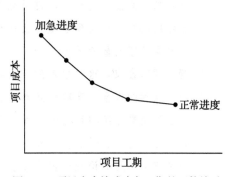

图 5-9 项目中直接成本与工期的函数关系

为了最优化资源利用率，项目经理制订的项目计划应以总成本最小化所对应的进度为目标。当然，组织中可能同时有多个项目在开展，此时面临的资源分配约束更多。

5.1.2 项目报告

随着项目的进展，应该持续收集项目信息。获得的信息应该及时与利益相关者和发起人沟通，他们通常可以帮助项目经理维持或赶上原定的项目进度。

项目任务书（在第 6 章中将做进一步讨论）规定了正式的书面报告的形式，它是重要的反馈工具，向有关方面做的定期报告包括以下内容。

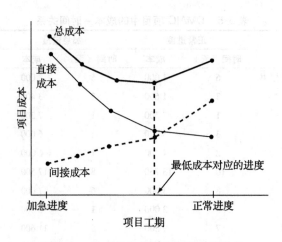

图 5-10　总成本和项目工期的函数关系

- **项目进展报告**。正式的定期书面报告，通常具有标准化的格式，它指出与上一版本项目任务书中的计划相比目前的进展如何。当项目的表现与计划不符时，报告中还包含问题出现的原因以及相应的纠正措施。在得到发起人的批准之后，修订计划有时也是补救措施之一。当项目无法按时完成的原因是遇到了项目团队无法克服的障碍时，进展报告中也要呼吁高层管理人员的干预。

- **管理评审会议**。这些预定的会议给项目领导和管理团队重要成员提供了一个互动的机会。管理团队对此会议负主要责任。会议的目的在于向管理团队简要介绍项目进度、重新检查项目任务书和项目团队的根本任务，讨论可能对项目进展产生影响的管理活动，等等。它是解决团队所遇到的系统性问题的论坛：团队必须在现有的系统框架下开展工作，而管理层有权在需要的时候变更现有系统。有时，哪怕是微小的系统变更能对项目的进展产生巨大的推动作用。

- **预算检讨会**。虽然进展报告中会包括预算报告，预算检讨会则正式评估相对于预算而言实际的资源利用情况。预算检讨中也可能在初始审定预算的基础上根据项目的进展情况向上或者向下调整预算额度。对于不具有统计学知识的人来说，他们倾向于把每个预算的随机变化都看作是由于特殊变异因素导致的，这一点让人遗憾。六西格玛经理应该就变异的原理对财务和管理人员进行辅导，以防止他们在预算管理过程中胡乱行事。（有关预算更详细的讨论见"项目预算"章节。）

- **顾客审核。**此语境中的顾客是指项目涉及的主要利益相关者的高级领导。项目的交付成果以满足顾客目标为制定原则，顾客也应在保证项目按计划完成的整个过程中积极参与。
- **计划和时间表的更新。**反馈的目的在于提供信息，并以此为基础修订未来的行动计划。因为未来的行动被记录在项目计划和进度表中，必须对这些文件进行修改以确保采取合适的行动。
- **资源重新分配。**修改计划和进度表会导致项目资源的增加或者减少，项目进度的延迟或者加速。管理人员应从组织整体目标出发来评估资源重新分配对其他项目的影响。

5.1.3　项目预算

分配用于消耗的资源的过程在此后一律称作"预算管理"，将项目的开支分解成具体的类别称作项目预算。

Ruskin 和 Estes（1995）列举了和项目有关的预算类别。

- **直接人工预算。**一般各个工作所需直接人工在项目计划中指定，然后加总得到整个项目的直接人工预算。控制一般在工作任务级别进行以确保实际使用量不超过总的预算限额。预算的单位可以使用美元或者其他的计量单位，比如直接人工小时数。
- **支持性服务预算。**也需要对它进行预算，因为如果没有预算，支持性服务的成本就将按照实际发生额归并到项目中，也无法衡量实际与限额之间的差异以及返工成本，等等。制定预算、不轻易变更预算的纪律通常导致效率的提升和质量的改善。
- **采购项目预算。**它包括采购的原材料、设备和服务等，预算可以基于谈判价格或者市场交易价格。上述服务预算的问题对此同样适用。

预算活动对未来使用到的资源进行分配，未来却无法准确预测。因此，在预算制定之后对实际开支进行跟踪就成为预算管理的重要内容。项目经理有时还需要和他们财务部门的联系人一起负责持续评估项目支出。通常，需要编制预算差异报告来比较实际支出与预算支出（在这里，用于会计领域的差异指实际数量与计划数量的差，与用于统计领域的方差含义不同，虽然两者的英文单词都是 Vanance。会计上差异可能是也可能不是由特殊变异因素导致的，需要统计技术来确定它）。

　　差异报告的形式有很多。最常见的形式是一张按照预算科目显示实际值、预算值、差异值的表格，以及本会计期间的合计数量和项目从期初到现在的累积数量。因为变异为 0 不可能发生，通常有个误差限额，比如 5%，只有没有超过或者低于该限额才要求解释原因。比差异报告更好的方法是将历史发生数据画在控制图上，设定控制限额，观察其发展趋势和模式。变异数据的模式包含重要信息，项目经理应该仔细观察。理想状态下的模式是既有正的变异也有负的变异，而且变异量很小。假设一个按进度开展的准时项目呈现这样的模式，它表明预算制定是合理的，即支出的估计准确。各种预算类型（直接人工、材料等）的变异应该单独评估。不过，整个项目的总差异报告是项目资源利用情况的第一信息渠道。

　　因为要预算到的资源一般都比较稀有，透支它们意味着严重威胁整个项目的按期完成，甚至影响整个企业。如果一个项目透支了预算，它就消耗了其他活动和项目的可用资源。项目团队、项目领导和发起人应设计监测系统以便在它威胁整个项目或组织的成功之前发现并纠正。透支经常是其他项目问题的征兆，比如，在进度落后以后加大投入以赶上原定计划，使用额外的资源来返工，等等。

- **盈余产生的问题可能和超支一样严重。**如果项目的预算是合理的，那么项目费用将是既定进度计划和质量水平的反映。费用盈余可能是"投机取巧"或者允许供应商放慢交货速度的结果。任何重大的与原定计划之间的偏差都应该解释原因。

5.1.4　项目记录

　　不管是对正在进行的还是已经完工的项目，项目记录提供的信息都非常重要。项目记录的基本作用主要有三个：成本会计需求、法规要求、经验积累。

　　项目记录应按照单独数据库的标准来组织和维护，尽管将所有记录放在一个地点是不可能的。文档应该有官方正式拷贝，在项目进行中应该指定专人对信息负责看管。项目结束时，文件应该送交公司存档。大型的项目改善既花费巨大又旷日持久。相关的过程很复杂，没有受过教育的人往往也难以理解其中用到的技术。不过，通过"项目过程"的记录数据可以学到很多东西。通过多个项目的存档资料可以发现项目间共同的问题以及问题的模式。例如，对项目进度计划的估计普遍过于乐观或者过于悲观。

　　下列文件的记录应被保存。

- 工作陈述

- 项目及其子项目的规划和进度
- 通信记录（书面的和电子的）
- 书面协议书
- 会议记录
- 交办事项及负责人
- 预算和财务报告
- 成本 - 效益分析
- 进展报告
- 演示资料
- 计划和预算的变更档案
- 遵守的程序或制定的规范
- 重要的经验教训记录

　　项目团队在项目结束以后召开正式的会议对项目进行"解剖分析"是一个很好的做法。会议应该在项目结束后立即召开，因为此时记忆犹新。会议讨论的内容包括项目开展过程的经验教训以及改善建议，会议纪要应用作培训项目经理的教材。

　　低成本文档控制和项目管理软件可以自动将信息编订成册，并能快速简单地在整个数据库中检索。如果有条件则应该将完整的项目资料永久存档。

5.2　六西格玛团队

　　六西格玛项目团队是部署六西格玛战略实现企业目标的主要途径。六西格玛团队通常由黑带领导，有时也由经过适当培训的绿带或者对项目充满激情的六西格玛拥护者领导。如果是后者的情形，团队中应该包含一位黑带来监管数据分析工作，因为在绿带和拥护者的培训中未包含数据分析。

　　组成六西格玛团队的个人拥有团队所需的权力、知识、技能、能力和个性。六西格玛团队和其他团队没有特别的不同，它们都是由具有不同背景和才能的人为了完成一个共同的短期目标而组建的。和所有由人组成的群体一样，为了完成团队的任务需要理解其动态机制。本章重点讨论有助于保证黑带、绿带、发起人、拥护者、督导和领导人成功地实践各种活动，关注的焦点放在以下几个方面。

- 团队精神形成的几个阶段
- 维持团队和执行任务两种角色的区别

- 识别并鼓励高效团队的必备特征
- 识别并阻止损害团队效率的因素
- 引导团队会议
- 建设性处理冲突
- 评估、表扬和奖励组织成员

5.2.1　团队成员

现代组织架构建立在劳动分工的原则之上。当今的组织大部分都由各部门组成，每个部门围绕其特定专长发展。这样的组织有一个根本的问题，即各独立职能部门往往为了最大化自身效率而不自觉地损害组织整体效率。

实际上传统组织在各部门之间竖立障碍。部门经理通常不得不为有限的资源而相互竞争，换句话说，他们之间在上演"零和游戏"，别的部门获得资源意味着自身部门资源的减少。组织行为研究表明身处"零和游戏"中的人以非输既赢的观点看待事情。这将导致残酷的割喉式竞争，是对组织的自我破坏。克服这一问题，需要改善部门之间的沟通和合作。

跨部门团队具有创造价值所需的多种技能，团队的工作方式保证了创造价值的效率和有效性。为团队配置所需技能是管理层的职责，他们还必须去除影响合作的障碍，见第2章的讨论。

5.2.2　团队动态管理，包括冲突解决

冲突管理通常是六西格玛项目团队领导的责任。如果团队中还有促进者，那么他可以帮助团队领导，鼓励而不是压制建设性冲突，寻找冲突的内在原因。如果"性格差异"威胁到团队会议的顺利开展，那么可以安排只有冲突当事人双方参加的会议，从中调停化解冲突。

组建高效团队的第一步是制定一致同意的团队决策规则，也就是说：

团队决策中不含个人判断，除非得到每个成员的默许或者明确同意。

这样的团队活动最低要求可以通过以下的行为准则来保证。

- 避免为自身的立场争论。尽可能清晰、有条理地表达自己的观点，但要仔细考虑其他成员对此观点的反应。

- 在讨论意见时，避免"非输即赢"的僵局，抛弃"有些人赢了其他人就必须输"的观念。如果讨论到了无路可走的僵持状态，寻找所有人都可以接受的下一个选择方案。
- 不要为了避免冲突、达成一致意见及营造和谐氛围而改变观点。顶住压力不要向没有客观依据或者没有严谨逻辑基础的观点屈服。努力启发灵活性，但不要直接投降。
- 避免使用诸如投票、平均、讨价还价、抛硬币、做交易等"冲突化解"技巧。将意见分歧的原因视作信息没有完全共享，或者任务分配、个人感情或者直觉等原因。
- 将不同意见视作自然而然，这对决策有帮助，且不妨碍决策。一般而言，观点表达越充分，冲突的可能性就越大，同时信息资源也会更多。
- 对初始的同意持怀疑态度。探询表面上同意的背后原因，在将个人观点变成团队观点之前，明确得出结论是基于相同的基本原因还是相互补充的不同原因。
- 不要利用影响力微妙地操纵决策。比如，当表示异议的成员最终同意了以后，不要认为必须以在随后的其他事项上向他让步的形式给予奖励。
- 相信你的团队可以做到上述行为，并完美完成任务。避免说泄气的话，不要对团队的潜力做负面评估。

有时将上述几点综合在一起称作"达成共识技术"。测试表明，75% 采用上述方法的团队其决策质量胜过最好的个人决策。

5.2.3　团队发展的阶段

各种不同团队都有相似的发展过程，对指导组建高效团队的过程非常有帮助。Tuckman（1965）提出团队发展的四个阶段：形成、激荡、规范、执行。

在形成阶段，团队倾向于解决程序问题。团队成员的互动多为礼貌性试探。领导人在决策中占主导地位，团队的前进主要靠领导人的作用。

激荡阶段在形成阶段之后。团队成员之间、成员和领导之间爆发冲突是这一阶段的特点。成员对领导权威、团队目标、组织结构、决策流程等提出疑问。对于让他们不依赖于领导人而独立决策的要求普遍存在抗拒，成员都试图定义自己在团队中的角色。

领导人建设性地处理冲突非常重要，可以通过如下方式来实现。

- 不要控制过紧或者强制成员遵守在形成阶段制定的规章制度。如果对决策程序产生分歧，引导团队在一致同意的基础上讨论制定新的程序。
- 探索冲突背后的真实原因，协商一个更容易被接受的解决办法。
- 在成员之间充当调停人。
- 直接面对有损于团队效率的行为。
- 继续驱动团队向不依赖于领导人而独立决策的方向发展。

在规范阶段，团队开始对目标承担责任，建立归属感以及行为规范。重点为了高效工作，团队的规范经由团队成员不断强化。

最后一个阶段是执行。作为团队成员之一及承担特定的角色，他们对取得的成就感到自豪。

表 5-6 列出了团队的常见问题以及补救行动（Scholtes，1988）。

表 5-6 常见团队问题及补救行动

问题	补救行动
缺乏行动目标	回顾计划 建立行动计划
专家	与抗拒方私下交谈 用数据说话 坚守一致同意的决定
强势的成员	表达意见时建立结构性规则 平衡各成员的参与度 充当把关人
有抵触情绪的成员	表达意见时建立结构性规则 平衡各成员的参与度 充当把关人
使用观点而不是事实	以数据为依据 使用科学方法
仓促行事	提供建设性反馈 以数据为依据 使用科学方法
归因（即将问题归咎于与我们持不同意见的人）	不要猜测动机 使用科学方法 提供建设性反馈
忽略某些评论	积极倾听 给团队培训倾听技巧 与抗拒方私下交谈
严重的跑题	遵守书面议程 重申正在讨论的议题
隔阂	与抗拒方私下交谈 建立或者重申基本规则

5.2.4 成员角色和责任

高效团队成员角色

团队成员承担的基本角色类型有两种，即任务履行角色和团队维持角色。团队的任务履行角色是在选择、定义并解决特定问题过程中给团队的工作提供便利和协调的相关功能，表 5-7 列出了常见的团队成员任务履行角色。

表 5-7 团队成员任务履行角色

角色	描述
发起人	提议新的想法、任务或者目标；解决问题或者组织团队建议规则或想法
信息搜寻者	就讨论的问题寻求相关事实
观点搜寻者	就问题或者建议寻求意见
信息提供者	就讨论的主题提供有用信息
观点提供者	就建议提供观点，重点在观点而不是事实
详细说明者	提供例证
协调者	指出建议之间的关系、存在的问题以及其他备选方法
确定方向者	保持团队的行动方向与团队目标一致
评估者	对想法的背后逻辑、想法或建议的价值提出疑问
增加能量者	让团队成员精力充沛地行动
规程技术专家	通过诸如分发材料、检查座位等活动保证团队不分心
记录者	保持团队的记忆

另一种在小型团队中的角色类型是团队维持角色。它具有建立团队凝聚力、形成以团队为核心的行为的功能，表 5-8 列出了具体的内容。

表 5-8 团队成员维持角色

角色	描述
鼓励者	表扬其他成员，接受其他成员的贡献
和谐氛围者	通过幽默和协调减少紧张情绪，让团队成员用一种有利于团队整体的方式探索意见分歧
妥协者	当某位成员的观点受到挑战时或许会出现此角色，如承认错误，提议变更其职位
把关者	鼓励成员的参与，提出规则以保持沟通渠道畅通
标准制定者	提出团队成员要得到的标准，并评估其进展
观察者/评论者	记录团队建设过程，帮助团队评估其功能
跟随者	被动接受其他人的观点，在团队讨论中充当听众

建立和发展任务履行与团队维持角色对于团队建设至关重要。团队建设的过程就是团队成员学会作为一个有机整体履行任务的过程，团队不是个体的简单集合。

负面的团队成员角色

在建立高效团队导向行为之外，识别并处理那些阻碍建立有凝聚力的高效团队的负面个人角色也非常重要，这些个人角色如表 5-9 所示。

表 5-9　负面的团队成员角色

角色	描述
挑衅者	在价值观上或者仅仅基于对他人的感觉而否定别人的想法，表现出妒忌情绪
阻挡者	在已解决问题上坚持己见，阻碍进展，抗拒共识，无理由地反对
寻求认同者	通过自夸引起别人对自己的注意，从个人成就出发考虑问题等
布道者	将团队场所作为宣扬与团队价值或者目标无关的个人意识形态的讲坛
玩世不恭者	愤世嫉俗、大声喧哗，缺乏对团队工作的承诺
支配者	使用打断别人的谈话、逢迎、玩弄伎俩的手段或者声称自己的优越地位来建立和维护权威
寻求帮助者	试图用"我真可怜"的态度来获取其他成员的同情和/或帮助
特定利益辩护者	为特定团队的利益辩护，此团队利益与他的个人利益一致

5.2.5　管理层角色

就团队建设而言，对管理层最重要的事情可能就是给予耐心让团队变得高效。和其他工作一样，这需要管理层保持团队成员的稳定。团队成员一定不能没有充分理由就调离，不断有新的临时员工被调到团队工作也是不可取的。如果团队的建设按照本章前述的四个阶段发展一直到最关键的执行阶段，团队和管理层都需要具有严格的纪律性。

另外，管理层需要给予帮助的一个方面是在公司内部构建一个团队可以高效运转的氛围。

5.2.6　督导技巧

何时使用外部督导人员

使用外部第三方来督导团队并非总是必要的。尽管督导人员对团队的成功有所帮助，他们也会增加成本，因此需要慎重考虑是否需要使用外部督导者。下列指导方针可以用于确定是否需要外部督导人员（Schumann，1996）。

- **不信任或偏见**：在明显存在或者怀疑有不信任或偏见的时候，团队应该使用不抱偏见的外部人员来督导（或者召集）团队。

- **威胁**：有些人可能有受到威胁的感觉，外部督导人员的出现可以鼓励这些人的参与。
- **敌对情绪**：个人和组织之间的敌对情绪可以经由外部督导人员的出现得到缓解。
- **问题定义**：如果问题定义不准确，或者不同的团队有不同的定义，中立的倾听者和分析人员有助于构建对问题统一、共享的理解。
- **人员限制**：邀请督导人员领导小组活动可以让团队成员将注意力集中于目前的问题，从而导致结果的改善。
- **复杂性或创新性**：在一个复杂或者崭新的情景下，过程专家可以帮助团队机智地共事、解决问题、把工作做得更好。
- **时间要求**：如果需要及时决策，比如在危机时刻，使用督导人员可以加速团队的工作。
- **成本**：督导人员可以帮助团队降低会议的成本。会议组织没有效率是妨碍协作的重要因素。

选择督导人员

督导人员应该具有四个基本能力（Schuman，1996）。

1. 他应该能够预见完整的问题解决和决策过程。
2. 他应该使用支持团队的社交和认知过程的规范流程。
3. 他应该对讨论的内容、问题和价值观保持中立。
4. 他应该尊重团队理解和学习问题解决流程的需求。

当督导人员按照下述方式行事时，督导工作效果最好。

- 用战略性和综合的观点来看待问题解决和决策流程，从一系列可能性中选择与团队需求和当前任务相契合的特定方法。
- 支持团队的社交和认知过程，给团队成员足够的授权，让他们可以将注意力聚焦在本质问题上。
- 因为没有偏见或者与结果没有利害关系，所以作为中立方被所有的团队成员信任。
- 帮助团队理解所用到的技术，帮助团队改善其自身的问题解决流程。

团队和督导团队的原则

人类具有社交的天性，人们倾向于寻找其他同类人员，这是我们种族的巨大优点，它使我们超越并主宰了比我们强大得多的野兽。这种能力让人类可以放牧，围猎迅捷的羚羊，保护自己免受掠食者的伤害。然而，就像每个人都属于团队一样，某些行为可以让团队的功能比成员作为个体的总和更为有效（或者无效）。

我们将团队定义为共享一个或者多个共同特征的个体的集合。共享的特征可以只是地域上的，比如，所有的人在同一时间聚集在同一地点。或许团队共享血缘关系（比如一个家庭），现代社会由许多不同的团队组成，我们参加的第一个团队当然是家庭。我们也属于朋友、体育小组、教堂、家庭教师协会等团队。团队之间千差万别，它们有不同的目标、时间计划、成员。然而，所有的高效团队都具有某种共同的特征。约翰逊在著作《团队合作》（*Joining Together*）中列举了高效团队的下列特点。

- 团队目标必须被清晰理解，与团队成员的需求相关，可以唤起每个成员对追求更高成就的承诺。
- 团队成员必须精确且清晰地表达他们的想法和感觉。有效的、双向的沟通是所有团队正常工作以及团队成员互动的基础。
- 参与者和领导者必须是团队成员。所有的人都应积极参与，所有的人的意见都应得到聆听。因为领导力需要确立，成员都负有聚会的责任。平等参与和领导要求所有的成员都参与团队工作，致力于完成团队的决议，对自己的团队成员身份感到满意。团队也需要保证所有成员的资源被充分利用，团队的凝聚力得以提升。
- 适当的决策流程必须被灵活地运用，以便与特定情景的需求相适应。在时间和资源的可得性（比如成员的技能）和决策方法之间必须达到平衡。决策的最有效方法通常是达成共识（参见下文）。共识可以促进普遍的参与、权力的均衡、有效的争论、高度凝聚力和参与度以及承诺的履行。
- 权力和影响需要在团队中大致平均地分布。它们需要以专业技能、能力、对信息的获取能力为基础，而不是威权。有助于个人目标的联合应该基于团队成员间的相互的影响和依赖而形成。
- 产生于不同意见和观点（争论）的冲突应该得到鼓励。争论促进团队工作的参与度、质量、决策的创造性的提高以及对于实施组织决定承诺的履行。少数人的观点也应该被接受和使用，由于不相容的需求和目标、资源的稀缺性（金钱、权力）以及竞争等造成的冲突必须以一种双赢的方式进行协商,不能损害团队成员之间的合作性依赖。

- 团队的凝聚力应该高涨。凝聚力形成的基础是成员之间的相似性,成员继续成为团队一部分的渴望,成员对于其团队成分的满足感,团队成员之间相互接受、支持和信任的程度。支持心理安全感、个体特征、创造性、意见冲突、成长和变化的团队规范需要得到鼓励。

- 问题的解决应该具有高度的适用性,应该用最少的能量永久性地消除问题,应该具有感知问题存在、提出并实施解决方案以及评估方案有效性的程序存在。当问题得到充分处理的时候,团队的问题解决能力就会提升,创新得到鼓励,团队的有效性随之加强。

- 团队成员之间的人际交往需要很高的有效性。人际交往的有效性是行为与意图相适应程度的度量。

无论团队从事什么活动,以上这些高效团队的特征都适用。不管团队是从事于防空研究还是制作舞会礼服都无关紧要,它们的共同点都是一群人为了完成团队目标而努力。

推进团队任务的过程

团队活动可以分为两个主题:任务履行相关和团队维持相关。任务履行相关活动涉及团队组建的原因、团队的章程以及明确的目标。

督导人员应该在团队组建之前就选定。他应该协助识别潜在的团队成员和领导人以及设计团队的章程。

督导人员也在协助团队基于章程设定特定目标中扮演重要角色。目标设定是一项艺术,团队的目标与管理层在成立团队时的实际设想关系不紧密是常见的事情。常见的问题有:目标过于宏大、目标过于局限、没有验证就假定因果关系来设定目标。后者的例子有意在降低报废的团队假设零件 X 具有最大的报废损失(可能基于一周的数据得出此假设)并将降低此零件的报废率作为目标,而督导人员可以作为团队和管理层之间的沟通渠道。

督导人员也可以协助团队领导设立可行的完成目标的时间进度表。项目计划问题在第 6 章详细讨论。

督导人员应该确保团队项目的记录被充分保存,记录应该包括项目现状的信息。记录的形式应该设计成便于向管理层做定期的状态报告。督导人员应该提供文书工作方面的支持,比如设计表格,安排会议,准备会议室,提供试听设备和办公用品。

其他的需要督导人员提供协助的活动包括以下几个方面。

- **会议管理**：预先安排会议的时间，确保关键人员被邀请并计划出席，准备一个议程并遵守，准时开始。在会议开始的时候清楚地说明会议的目的，记录会议纪要，不时做总结。积极鼓励发言少的人发表意见，适当干预发言过多的人。管理冲突，清晰、具体地明确任务和责任人，准时结束。

- **沟通**：现在认为"质量部门"可以"保证"并"控制"质量的观点被认为是不可能的。为了达到既定质量，督导人员必须获取团队之外的大量人员的支持和合作。督导人员可以在团队和组织中的其他人员之间传递书面与口头的沟通。口头沟通即使在实时电子沟通时代也有其价值，五分钟的电话交谈可以提供询问问题并得到答案的机会，而通过电子邮件或者传真可能需要一周时间。同时，团队会议也仅是沟通平台的一种，督导人员可以协助团队成员在会议之间进行相互沟通，比如作为中间人安排一对一的会议等。

帮助维持团队的过程

研究团队的过程，督导人员处于独特的位置可以不参与团队而观察团队的活动。是否某些成员在团队活动中处于支配和主导地位？面部表情和肢体语言对团队的方向表达了没有明说的异议吗？生性安静的成员是否被排除在讨论之外？

当观察到这些问题时，督导人员应该向团队提供反馈和指导意见。询问性格腼腆成员的意见和建议，询问是否有人对团队的方向有不同意见。扮演故意唱反调的人以引导人说出未说出来的顾虑。

定 义 阶 段

定义阶段的主要目的有：

- 完成项目任务书
  - 界定范围、目的和时间进度
  - 界定过程（最高级别）及其利益相关者
  - 选择团队成员
  - 获得发起人的授权
- 组建并培训团队

6.1　项目任务书

六西格玛项目任务书（有时也称项目计划书、项目宪章等）概括了项目的正式计划和授权，参见图 6-1。项目任务书可以视作项目团队和发起人之间的合同。正因如此，任何关键的变更（如范围、目的或者时间进度等）都需要获得发起人的批准并在团队成员之间达成一致。

项目任务书将项目的原因、方法、人员、时间形成文档，包括下列内容：

- 陈述存在的问题
- 项目目的或意图，包括由此解决的业务困境
- 项目的范围
- 可交付成果（即用以评估设想的、变化的、有效性的、客观性的成功指标，详见下文讨论）

- 团队成员
- 项目时间进度计划（使用甘特图或者作为附件的 PERT）
- 其他所需的资源

Project Charter

Project Name/Title:	Order Processing Efficiency	Start Date: 9/17/07

Problem/Project Description:

Current capacity in Sales/Customer Support area is constrained, while there are untapped opportunities for increased sales. We should limit, wherever possible, Sales involvement in order processing to free up resource for active lead follow-up and sales generation. In addition, errors and/or gaps in information acquired during Order Processing procedure have a negative impact on time required to generate, and/or receipt rate of, email marketing and software renewals to existing clients. This has an especially large potential impact, since it requires correction by senior sales staff, who might otherwise have more time to engage with clients, develop marketing efforts, or work with product development staff.

Project Scope (Process, Product, functional areas):

Limited to software products.

Project Objectives & Goals:		Metric	Baseline	Goal
To decrease cycle time & costs of specific Sale Department activities: ➤ Order Processing by 50%+ ➤ Marketing to existing clients by 80+% ➤ Software renewals by 80+%		Cost/Order Time/campaign Time/update	$32 download $40 shipped 2-4 hours 2-4 hours	$16 download $20 shipped 20 minutes 20 minutes

Business Need	**Customer Impact:** Improved notification rate for renewals & upgrades; reduction in total cycle time as procedure more streamlined. **Shareholder Impact:** Increased sales potential, immediately on upgrades, but also for future sales with availability of sales staff; Reduced cost for order processing. Reduced costs for marketing & renewal campaigns. **Employee Impact:** Clearer responsibilities; Less interruption in process flow.

Project Sponsor:	Stakeholder Group:	Signature / Date
Peter Keene, VP	Sales & Operations	
Team Black Belt:		
Patrick Killihan		
Team Members:		
Don Debuski	Customer Support	
Helen Winkleham	Shipping & Packaging	
Anne Sheppard	Accounting	

DEFINE	MEASURE	ANALYZE	IMPROVE	CONTROL
Objective DateComplete	Objective DateComplete	Objective DateComplete	Objective DateComplete	Objective Date Complete
➤ Project Def. 9/17/07 ➤ Top level Process Def. 9/19/07 ➤ Team Formation 9/19/07	➤ Process Definition ➤ Metric Def. ➤ Estimate Baseline	➤ Value Stream Analysis___ ➤ Analyze Variation ➤ Determine Drivers___	➤ Implement Process___ ➤ Assess Benefits___ ➤ Evaluate Failure Mode___	➤ Standardize Methods___ ➤ Control Plan___ ➤ Lessons Learned___

图 6-1　项目任务书范例

　　这些说明书上的项目往往相互关联：随着范围的增加，时间表和交付成果也必将扩大。不管是由管理层发起，还是运营人员提议，很多项目的范围在起初时都过于宽泛。随着项目周期的延长，项目实施的可见成本（如人员和材料的使用）也将增加，项目的无形成本也会同时增加：因为进展不尽如人意而导致的挫败感、占用其他活动的人力资源、项目收益的延迟实现等，在这里仅仅列举了一部分。如果项目的周期时间超过 6 个月或者更长的时间，这些无形成本可能会导致关键项目成员的离职，进而造成项目完工的进一步延误。这些"世界大和平"项目（伟大却不现实的目标）通常只会打击团队的士气，损害六西格玛活动的信誉。

6.2　项目分解

　　大型项目必须分解成较小的项目，以至于体现具体的工作内容和任务。将项目目标分解到任务的过程称作项目分解。项目分解的结果是项目范围：就过程而言，就是特定的关注区域和项目的重点。

6.2.1　工作分解结构

　　Ruskin 和 Estes（1995）提出工作分解结构（Work Breakdown Structure，WBS）过程的概念，以定义项目的最终以及中间产品及其相互关系。定义项目任务通常很复杂，需要借由一系列的项目分解来完成，最后再将它们整合在一起。例如，开发一个 SPC 应用软件的软件开发项目需要将顾客需求解构成非常具体的解析性需求（例如，生成 X 平均值图的顾客需求被分解成解析性需求，如计算子组的均值和极差、绘制数据点、画线等子程序）。整合则包括将不同的模块连接在一起以产生 X 均值图并显示在屏幕上。

　　WBS 可以用树图来呈现，如图 6-2 所示。树图用来将想法逐步分解或者分层为更具体的细节。目的是将较大的想法或者问题分割成更小的部分，最终达到"微型"项目的程度。这样就可以让想法更易于为他人理解，让问题更易于解决。基本的思路是，在某种细节程度上，相对而言更容易轻松找到问题的解决方法，或者说将问题的范围分解到足够小，让解决问题更简单，这就是"微型"水平。工作就是针对树图上的最底层的元素开展的。

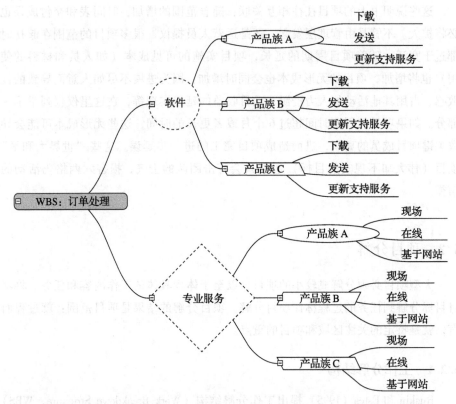

图 6-2 订单处理项目的 WBS 示例

资料来源：由 Mind Genius 软件制作。

举个例子，一个软件销售和培训公司的订单处理项目团队基于软件与专业服务将订单处理任务分解，然后按照产品族（如产品族 A、产品族 B、产品族 C），最后按照产品族中的销售类型（下载、发运、升级支持）进行分解。工作分解让团队有机会分析哪些独特的元素应该改进。

虽然 WBS 提供了潜在的项目元素的图形化描述，它并未就改进某一元素可以获得的相对收益提供深入的理解，这时帕累托分析往往大有裨益。在定义、测量和分析阶段，帕累托图有助于聚焦可以产生高回报的区域、不合格品或者失效原因。

6.2.2 帕累托分析

帕累托图是按照优先顺序（或者也许更直接地说按照机会）显示问题的纵向柱状图，因此可以据此决定哪个问题或者机会应该先着手处理，纵向的柱状图的分类之间相互排斥。在帕累托图上，类别的排列是根据需要显示的计数或者成本按照降序从左至右排列。

在定义阶段，帕累托图和 WBS 一起使用，来量化作为 WBS 结果的每个微型元素的内在改进机会。

例如，表6-1 中的数据记录了上述 WBS 分析中的订单处理职能所接收到的订单数量。

表6-1　帕累托分析原始数据

产品族	下载	发运	支持
A	27	3	30
C	33	5	8
B	13	5	0

表6-1 中的数据在表6-2 中以更有意义的方式呈现，用以说明它是如何用于图6-3 所示的帕累托图的分析的。此时，使用"堆积"帕累托图来显示已处理的订单的类型：每一柱条的最下面部分代表"下载"订单，中间部分代表"发运"订单，最上面部分代表"升级支持"订单。

表6-2　组织数据用于帕累托分析

排位	产品族	计次	百分比	累积（%）
1	A	60	48.39	48.39
2	C	46	37.10	85.49
3	B	18	14.52	100.01

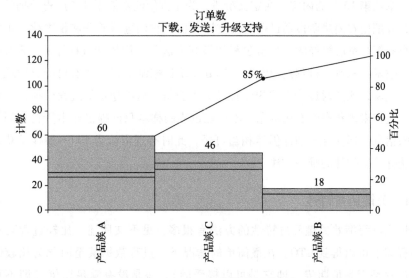

图6-3　用 Green Belt XL 软件制作的帕累托图示例

资料来源：www.qualityamerica.com。

注意，经常会发生，最后的累积百分比不等于100%的现象，这是由于四舍五入造成的，不必为此担心。

6.3 关键指标

六西格玛项目重点关注下列三个关键指标中的一个或者多个：成本、质量和时间进度。关键成本指标（Critical to Cost，CTC）包括影响在制品、产成品库存、管理费用、交期、材料、人工等参数，即使在成本可以转嫁给顾客时也一样。关键质量指标（Critical to Quality，CTQ）或许是运营人员最熟悉的，因为它们直接影响由内外部顾客所要求的职能性需求。关键进度指标（Critical to Schedule，CTS）则影响产品或服务的交付时间。

尽管还存在其他的关键指标（CTx）可以考虑，比如关键安全指标等，这些因素通常最好用质量、时间进度和/或成本来表述。这三个首要因素对于组织的目标是最有意义的，因此，它们仍然是绝大部分项目的焦点。

大部分质量、时间进度和成本的估计都基于统计抽样。因为，对每个可能的产品或服务的样本（即100%抽样）的所有的关键特性进行抽样，在考虑成本的基础上通常是不可行的，所以，经常用过程的样本子组来估计质量、成本或进度指标。就此而言，恰当地评估作为统计估计的指标尤为关键，更进一步的讨论参见第7章到第10章的内容。在定义阶段，为了方便经常使用基于历史数据的粗略估计，并期望在测量阶段通过彻底的统计分析对它们进行验证和精准化。正如在第7章和第8章所解释的，分析过程的最好方法是使用统计过程控制（SPC）的原则和技术。只有在过程是稳定时（即处于统计控制状态）才有可能有效地预测过程失效率，比如通过恰当的SPC控制图来获得。从不稳定的过程中抽样无法提供关于过程未来状态的有用信息，不稳定过程的样本只能提供样本所在时间期间的有限信息。即使这一估计仍然相当可疑，此时有理由认为100%抽样是获得适当的统计特征估计的唯一方法。

6.3.1 关键质量特性

量化过程绩效关键质量特性的方法有很多，见下文所述。比较过程观察值和过程需求可以得到CTQ。在最简单的情况下，过程数据甚至简化为比较的结果：过程是否满足期望（即它是可以接受的），还是没有满足期望（即不可接受，有质量缺陷）。此时，实际的过程绩效测量值并未被记录，仅仅记录了失效、错误和不合格品的数量。这些属性值或者计数型数据与实际的连续性或者计量型数据相比提供的信息较少。更详细的讨论参见第 8 章和第 9 章，其简要介绍如下。

以打磨圆棒直径到 0.995～1.005 英寸规格的过程为例。从过程中抽取一个圆棒样本测得其直径值为 1.001 英寸。因为此数值在最大直径和最小直径的允许值范围内，可以认为其满足需求是合格品。类似地，1.004 95 英寸的圆棒也满足需求，因为其直径比最大值 1.005 英寸小。然而，尽管这两个圆棒在实际使用中都是可以接受的（其实这是有问题的），测量值所含信息要比仅仅计算不合格品数量丰富得多。比如，如果绝大部分抽样的圆棒直径都接近最大允许值，若对所有的产品进行测量可能就会出现有的圆棒直径会超过最大值。也就是说，即使在抽样结果中没有发现超过最大允许值的圆棒，根据所测得的计量型数据我们可以准确地预测，增加抽样比例将会出现一定百分比的超差。即便没有直接的错误证据，我们也能够根据抽样方法的统计特性使用计量型数据（即测量值）来预测错误率，从而说明计量型数据比计数型数据的信息量更大。

下文中的 CTQ 使用样本的不合格品比率来估计。次品的百分比可以来自实际数据（如直径的测量值）或者不合格品的数量。根据上一段的讨论，我们清楚计数型估计没有计量型数据可靠，第 8 章将对此做进一步讨论。

SPC 控制图是估计次品率的最好方法（参见第 8 章）。对于属性值（计数型）数据，给定过程特征的错误率用 p-图的中线估计（p-bar，平均错误百分比）。属性值控制图中的中心线对应过程的长期期望质量水平，比如，在 p-图中的平均次品比率。而计量型（测量值）数据，对过程特征的缺陷率的估计取决于计量型控制图（如 X-bar 控制图）以及过程特性观察值统计分布的假设。

定义阶段中错误率的估计由可得的运行数据决定，因此，除非使用控制图持续监测过程的运行情况，否则过程绩效控制图要等到测量阶段才可以制作出来。到那时，就可以用控制图的结果来验证最初的控制图参数估计值。

注意，不管是什么行业，术语"缺陷"和"差错"通用于存在顾客的所有过程。服务过程，如药店中填写处方的顾客可能希望进店后 30 分钟取到药。在这种情况下，取药时间就被认为是关键质量指标，因为它涉及顾客所认知的服务质量。当然，处方的填写内容（例如，正确的药物品种、药效和服用剂量说明）也可能是关键质量指标。根据第 2 章和第 3 章的内容可以清楚地知道，可以根据多种过程参数来建立质量指标，包括和时间及成本有关的，以达成顾客的基本、期望和愉悦质量需求（见 Kano 模型）。指标的达标值可以由外部顾客、内部顾客、合同要求或者法规等来规定。

百万机会次品率和西格玛水平

当考虑某一过程特性的百万机会次品率（DPMO）时，直接使用估计的次品率（如次品率百分比，即 100 件产品中的次品数）乘以 10^6 来计算 DPMO。例如，一个过程估计的差错率为 1.2%（0.012），则其 DPMO 为 12 000。当计算单一特性时（如次品类型），DPMO 数值和 Minitab 软件计算出的每百万件产品次品数相同。

在某些时候，分析人员会估计整个过程的 DPMO。以上述引用的药品为例，它有四个关键特性（交付期、药品配方、配方药效、剂量）。如果对于 1000 个处方检查四个关键特性，若发现有 12 个处方至少有一种关键特性出错，则总的过程缺陷数即为每百万机会 12 000 个缺陷，与上一段中引用的情况相同。然而，其 DPMO 的计算为每百万机会 3000 个缺陷，因为在 12 000 个样本中每个样本有 4 个出错机会。敏锐的读者可能会质疑此指标的有效性，因为可以通过随意增加关键特性的数量来减小 DPMO（例如，如果使用 6 个关键特性，相同的结果将是 DP-MO 对应 2000）。有鉴于此，对于超过一个关键特性的 DPMO 的估计值至少应该慎重对待。

计算出的 DPMO 可以使用附录 14 的对应表轻易转化为西格玛水平，下例展示了使用该附录的计算和转化过程。

在表 6-3 的示例数据中，大约 600 件产品（如采购订单、生产产品、软件变更等）通过连续的五个过程步骤进行了加工处理，具有一个或者多个错误的产品需要进行返工以纠正错误。

每个加工步骤的 DPMO 计算如下：

$$DPMO = [错误数 / (关键特性数 \times 产品数)] \times 10^6 \qquad (6\text{-}1)$$

第一个加工步骤的 DPMO 计算为：

$$DPMO = [74 / (4 \times 600)] \times 10^6 = 30\,833$$

随后各个步骤的 DPMO 计算与上述方法类似。在有些过程中，有些产品可能因为不能返工而进行报废或丢弃，这在制造领域中很常见。此时，计算随后各步骤时 DPMO 分母要相应减去上一步骤中报废或者丢弃的产品数量。各加工步骤出错机会的数量是变动的，以反映各步骤实际加工的产品数量。

根据正态分布特性可以计算各流程步骤的西格玛水平（正态分布及其计算方

法在第 8 章中做正式介绍）。DPMO 的百分位按照正态分布的右尾计算。然后将此百分位转换成标准正态分布的 z 值，对于分布的右尾部此值为正数。（换句话说，在式（6-3）中减去计算出的 α，就可以得到正的 z 值）。最后再按照 1.5 倍西格玛漂移矫正 z 值（参见第 1 章的讨论，同时参见本节稍后米克尔·哈里博士的评论）。

$$\alpha = \frac{\text{DPMO}}{1\,000\,000} \qquad\qquad (6\text{-}2)$$

$$\text{西格玛水平} = z_{1-\alpha} + 1.5 \qquad\qquad (6\text{-}3)$$

查附录 2，96.92 百分位对应的 z 值为 1.87，则流程步骤一的西格玛水平计算如下：

$$\alpha = \frac{30\,833}{1\,000\,000} = 0.0308$$

$$\text{西格玛水平} = z_{0.9692} + 1.5 = 1.87 + 1.5 = 3.37$$

也可以利用 Excel 方便地计算西格玛水平如下：

$$= (\text{NORM. S. INV}(1 - (\text{DPMO}/1\,000\,000))) + 1.5 \qquad\qquad (6\text{-}4)$$

备注：上述计算显示的公式函数在 Excel 2013 版本中生效，此前版本中使用的函数为 Normsinv。

表 6-3　600 件已完成产品的示例数据及 CTQ 计算结果

流程步骤	关键特性	检出的差错	次品数	DPMO	西格玛水平	一次通过率（%）	DPU	流通合格率（%）
1	4	74	51	30 833	3.37	92	0.12	88
2	3	103	98	57 222	3.08	84	0.17	83
3	1	67	66	111 667	2.72	89	0.11	89
4	3	157	86	87 222	2.86	86	0.26	74
5	1	44	43	73 333	2.95	93	0.07	93

上表中计算出的西格玛水平反映了 1.5 个西格玛的漂移，尽管这样的处理是一种惯例且是六西格玛绩效对应 3.4DPMO 的必要前提，它也成为六西格玛界很多思考和争论的主题。在过去的一段时间里，大家提出了引入该漂移的多种理由。其中最有说服力的一个是，即使流程处于受控状态，长期而言，流程特性仍然会由于未被识别的流程变异的影响而漂移，最终对客户产生影响。

与摩托罗拉共同建立六西格玛实践的米克尔·哈里博士从 2013 年 12 月开始积极通过一系列领英（LinkedIn）贴积极参与辩论。基于当年早些时候他写的一篇文章，他解释道：

简而言之，六西格玛模型（包括漂移因素）是一个设计工程目标，而不是一个过程度量指标，它也不应该被用作实际过程能力数据的代表。作为目标，它不需要证明也可以应用——它仅仅是一个目标而已……

在所有的讨论中我已经反复声明1.5的漂移因素是设计工程工具，而不用作实际数据的代表，尤其是在评估生产过程的能力或者控制状态时。设计工程师应该将1.5倍西格玛漂移视作一个常数，以便为相应的蒙特卡洛模拟提供一致的偏差（其目的在于评估设计的健壮性）。作为通用规则，过程工程师不应该将1.5倍西格玛漂移视作常数，因为它取决于现实中过程的独特表现和形式。在这种情况下，过程工程师一定不能将1.5倍西格玛漂移视作实际过程能力数据的代表。

这些最近的发现似乎与他的影响深远的著作《六西格玛：突破性管理策略》（*The Breakthrough Management Strategy Revolutionizing the World's Top Corporations.*）中所描述的实践相矛盾。在第1章中有大量的案例（从第14页到第16页，地毯清洁、航空包裹处理、开票和收款），并评估了过程的绩效，包括一个详细的示例范本（如何估计过程的西格玛能力）。在每个案例中，过程数据被用于估计DPMO，然后转化成包括1.5倍西格玛漂移的西格玛水平（如上述的式（6-3）和式（6-4）所示）。

显然，西格玛水平指标存在潜在的混乱。很多的实践者倾向于去除漂移，而其他人则要将它包括在内。只要组织将其定义标准化，或者清楚地向受众说明，这也不是大问题。最佳的建议是避免使用它，如此上述的DPMO指标不会产生歧义的替代方法。更好的替代方法是第8章中讨论的过程能力指数，它是稳定过程的预测指标。当过程不稳定时，任何指标都不能预测它的未来表现。此时，过程绩效指数是最佳的指标，它可以估计指定的过程样本。

流通合格率

对于过程来说，流通合格率是无差错地生产产品或者提供服务的过程生产率的度量。对于产品而言，流通合格率是用各产品质量特征的函数表示的整体产品质量水平的度量。

流通合格率的计算基于各过程步骤的单位缺陷数（Defect Per Unit，DPU）。

$$DPU = \frac{缺陷数}{产品数} \tag{6-5}$$

$$Y_T = 1 - DPU \tag{6-6}$$

过程步骤一的 DPU 和流通合格率计算如下：

$$DPU = \frac{74}{600} = 0.12 \quad Y_T = 1 - 0.12 = 0.88 = 88\%$$

注意，流通合格率与一次性通过率（First Pass Yield，FPY）不同，FPY 的计算如下：

$$Y_{FP} = 1 - \frac{有缺陷产品数}{总的产品数} \tag{6-7}$$

在这里，有缺陷产品的数量是指没有采取任何返工之前的数量（即在第一次加工之后以及任何的其他加工之前）。流通合格率关注总的差错以表明过程差错的严重程度，而一次性通过率则仅仅考虑受影响的产品数量。当每件产品可能出现多余的一个差错或缺陷时，即使在只有一个关键特性时，两者都具有明显的差异（比如硬盘的表面瑕疵）。

综合流通合格率

综合流通合格率（Rolled Throughput Yield，RTY）将多步骤过程或者多特征产品的流通合格率加以概括。RTY 是整体质量水平的度量：一件产品或服务无差错地流经所有步骤的概率（Harry and Shroeder，2000）。

N 个步骤的过程（或者 N 个特征的产品）的综合流通合格率 Y_{RT} 用从步骤一到步骤 N 的流通合格率 Y_T 计算得到，如下所述：

$$Y_{RT} = Y_{T1} \times Y_{T2} \times Y_{T3} \times \cdots \times Y_{TN} \tag{6-8}$$

表 6-3 中所示的五步骤过程的综合流通合格率计算如下：

$$Y_{RT} = 0.88 \times 0.83 \times 0.89 \times 0.74 \times 0.93 = 0.44$$

可见，综合流通合格率比最差的过程步骤的流通合格率还差。在上例中，它也低于平均的流通合格率 85%。

归一化合格率

使用式（6-9）计算含 k 个步骤的过程或者有 k 个产品的部门或者组织的归一化合格率（Normalized Yield，或标准化合格率），它是一种平均方法。

$$Y_N = \sqrt[k]{Y_{RT}} \tag{6-9}$$

对于表 6-3 中的五步骤过程，综合流通合格率为 0.44（或者 44%），其归一化合格率计算如下：

$$Y_N = \sqrt[5]{0.44} = 0.85 \tag{6-10}$$

归一化合格率可以作为测量系统整体质量水平的计算手段。因为它是一种平均指标，它不需要表明特定的产品或者过程的合格率或者组织的产品交付使用后表现如何。计算的时候，请参考本章的"综合流通合格率"和"百万机会缺陷率和西格玛水平"的相关内容。

然而，得到 RTY 并非总是如上文描述般简单直接。在现实世界中，很少能找到按照完美线性方式依次运转的流程步骤。实际上，不同的供应来源有很多，它们的数量和合格率也不同。有时需要流经某些流程步骤有时则跳过，还有测试环节和检验工位，也会产生缺陷产品，存在返工和维修，这个清单很长。在这些情况下，有时跟踪流经过程的特定批次产品是可能的，并在每个过程步骤后监控结果。然而，对其进行控制则异常困难，生产和信息系统并非为了提供精确的跟踪结果而设计。如果尝试这样做，通常得到的数据存在问题，或者以失望告终。

高端的模拟软件提供了另外的解决方法。通过模拟可以对每个步骤进行建模，然后用软件将各步骤汇总成流程。当用软件模拟过程运行时，可以根据所需精确度决定运行的频率，在这个过程中软件一直监控结果，图 6-4 是一个示例。注意，特性对话框针对过程中的第 12 步（药品正确?）。将此模型编程后可以一直跟踪药品订单在流程中流转所出现的差错。计算整个流程的 DPU 和 RTY 的统计量也被定义（参见图 6-4 右下角的用户统计量框）。因为该流程是非线性的（即它含有反馈回路），确定哪一个步骤对 RTY 有最大影响不是一件容易的事情。然而，软件可以让六西格玛黑带进行一系列的假设情景测试来确定这个问题。它还可以与 Minitab 和 Excel 相关联来进行详细的数据捕捉与分析。

6.3.2 关键交期指标

关键交期（Critical to Schedule，CTS）指标与周期时间和排期效率有关，包括：周期时间、过程周期效率、过程提前时间、过程速度、综合设备效率（Overall Equipment Effectiveness，OEE）。

周期时间

过程的周期时间通常是指过程中总的耗用时间（从过程开始到过程结束）。注意，这可能与过程的总任务时间不同，因为在没有执行任务时也可能会耗用时间（比如两个任务之间的排队时间）。这个总耗用时间从顾客的角度更能准确反映过程的绩效，即使它可能并不精确反映提供服务所产生的内部成本。在实际中，建议清晰地定义周期时间以便受众明了其在讨论中的意义。

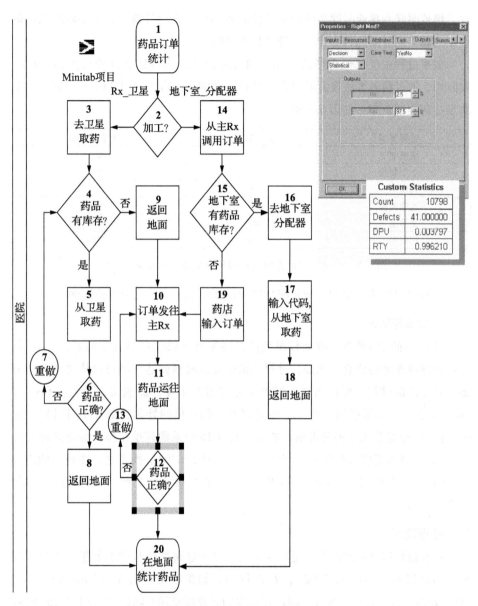

图 6-4 用模拟软件获得 RTY

资料来源：用于六西格玛分析的 iGrafx 过程，Corel 公司。

过程周期效率

过程周期效率是对于确定改善机会的优先级非常有用的指标。过程周期效率的计算方法是用过程中的增值时间除以过程总的提前时间（George，2002）。注意，增值时间和提前时间所使用的单位必须相同。在此计算中，不要将增值时间表示为总周期时间的百分比，尽管这是常见的。

如果过程中仅仅包含增值活动，则过程周期效率将达到理论最大值100%。实际中，通过精益方法改善的过程，其过程周期时间可以超过25%。不同过程的典型过程周期效率，如图6-5所示。

过程类型	典型效率	世界级效率
机械加工	1%	20%
手工制造	10%	25%
装配	15%	35%
连续流程	30%	80%
交易型	10%	50%
创新型	5%	25%

图6-5   典型的和世界级的过程周期效率（George，2002）

改善过程周期效率的关键是减少过程提前时间，即公式中的分母项。

过程提前时间

过程提前时间是指从收到订单到产品或服务可以生产所发生的延误。有时，可以通过推断来得到它，比如，过程在供应商的材料到达并经过收货之前不能开始。对于内部过程，可以用每小时产量除以过程中在制品数量来估计（George，2002）。比如，如果平均需要2个小时完成采购订单的处理，则每小时可以完成0.5个，它就是公式中的分母项。如果一共有10个采购订单在排队等待处理（分子项），则过程提前时间就是20个小时（10÷0.5=20）。换言之，在现有的需要20个小时处理的在制品（Work in Process，WIP）被完成之前，任何新的订单将得不到处理。

过程速度

一旦过程提前时间已知，过程速度就可以通过将增值步骤的数量除以过程提前时间而得到（George，2002）。在前例中，如果在采购订单（Purchase Order，PO）处理过程中有5个步骤，则过程速度的计算就是用5除以20等于0.25步骤/小时。

过程速度代表过程对于顾客需求的响应性或者灵活性。冗长的提前时间导致缓慢的速度，当在制品减少时，提前时间会减少，速度会提高。

其原理非常简单：在流程中的工作（或者在制品）没有完成之前，顾客的新订单无法开始。从而，新订单的所有活动不得不停止，例如医院等候区的情形。此时，病人就是在制品，在先到的病人没有就诊完毕之前，新病人将得不到医生的服务。

综合设备效率

综合设备效率是综合了时间开动率、性能开动率和合格品率于一个指标中的精益指标。最终的 OEE 结果可以用于对比，以及制定流程改善的优先级。同时也建议基于 OEE 得分中单独的时间开动率（A）、性能开动率（P）和合格品率（Q）分量来跟踪并确定优先顺序，因为它们的相对值意味着不同的成本效益比信息。

$$OEE = A \times P \times Q \tag{6-11}$$

$$A = 实际的操作时间 / 计划操作时间$$
$$P = 理想的周期时间 / 实际周期时间$$
$$Q = 合格品数量 / 总产量$$

OEE 中的时间开动率按照过程实际加工产品（或提供服务）的时间除以计划的生产时间计算得到。根据定义，计划的生产时间去除机器不工作时的计划停机时间，比如午饭时间、停机、工厂节假日休工等。计划的生产时间剩余部分包括可用加工时间和停机。这里的停机指因为换班、更换产品、等待原料、设备故障等造成的加工时间损失。也就是在计划的加工时间内可以测量得到的任何无法加工的时间，100% 的时间开动率意味着过程运行时间为 100% 。

OEE 性能开动率是旨在最小化运行时间的过程效率。性能开动率由理想的周期时间除以实际周期时间得到。它反映效率损失，不良的原材料质量、操作人员的效率损失、设备故障等都可以造成效率损失。100% 的性能开动率意味着过程按照最大速度运行。

OEE 合格品率是总产出中不需要维修或者返工的满足要求的产品百分比。它有时也被称作一次通过率，100% 的合格品率意味着过程没有出现差错。

6.3.3 关键成本指标

关键质量指标和关键进度指标（按照定义）通常也是关键成本指标。和过程有关的成本必须包括因隐藏工厂和顾客的影响而产生的损失，比如发运的延迟以及信息交换不畅等。

CTC 评估中使用的指标通常用于量化和比较机会，包括净现值和内部回报率（Internal Rate of Return，IRR）。NPV 和 IRR 的计算反映了金钱的时间价值，随着时间的流逝，可以在初始投资的基础上获得利息，以及原始投资已经产生的累积收益，这种计算方法称作复利。

考虑货币时间价值非常重要，因为改善活动一般都需要预先进行投资，而其收益需要在未来的某一时间才能显现。初始投资代表资金的转移，其来源可能是债权人或者其他的投资机会。那么特定的投资价值就由投入的资金成本决定，它随市场条件以及投资回收期的长度而变化。

收益成本财务分析

在进行收益–成本的财务分析时，理解一些基本的财务分析原理大有益处，特别是盈亏平衡分析（Break-even Analysis）和货币时间价值（Time Value of Money，TVM）。

假设有两种成本：

1. 变动成本指其期望值随着公司的销售额同比例变化的成本。销售的产品越多，总的变动成本就会增加，例如，销售佣金、运输成本、时薪人工成本、原材料等。

2. 固定成本指在特定的产量范围内不管生产多少产品而保持不变的成本。总的单位固定成本会随着产量的增加而减少，例如，房租、工资、设备折旧等。

图6-6展示了以上的概念。

盈亏平衡点

我们可以将盈亏平衡点定义为息税前利润（Earnings Before Interest and Taxes，EBIT）等于零所需的销售量，也就是利润正好等于固定成本和变动成本之和时的销售水平。

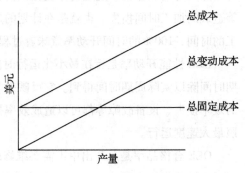

图6-6 固定和变动成本

设 Q 代表销量，P 代表单价，V 代表单位变动成本，F 代表总固定成本。那么 $P - V$ 就代表单位变动利润，而且

$$Q(P - V) - F = EBIT \tag{6-12}$$

如果我们在式（6-12）中将 EBIT 设为0，就可以解得盈亏平衡时的销量 $Q^\star$，即

$$Q^\star = F/(P - V) \tag{6-13}$$

盈亏平衡分析示例

一个出版社以每本书30美元的价格销售，其中变动成本为每本书10美元，

总的固定成本为 100 000 美元，则盈亏平衡点就是：

$$Q^\star = \frac{F}{P - V} = \frac{100\ 000\ 美元}{30\ 美元 - 10\ 美元} = 5000(本) \tag{6-14}$$

当然，管理层通常都想要赚取利润，而不仅仅是达到盈亏平衡就满足了。在这种情况下，在式（6-12）中直接将 EBIT 由 0 设置成期望的利润额，就可以得到实现管理层目标所需的产量，即：

$$Q^\star{}_{\text{Target}} = \frac{F + EBIT_{\text{Target}}}{P - V} \tag{6-15}$$

例如，如果上述的出版社想赚取 5000 美元的利润，则盈亏平衡时的销售额就变为：

$$Q^\star_{\text{Target}} = \frac{F + EBIT_{\text{Target}}}{P - V} = \frac{100\ 000\ 美元 + 5000\ 美元}{30\ 美元 - 10\ 美元} = 5250(本) \tag{6-16}$$

在项目的成本效益分析中，将盈亏平衡点销量与销售预测做比较，以决定能够实际赚取期望回报的可能性。

货币时间价值

货币在投资以后可以赚取更多的钱，因此我们说货币具有"时间价值"（Time Value of Money，TVM），货币的时间价值的概念是大部分财务决策理论的基础。下面我们讨论两种货币时间价值概念：终值（Future Value，FV）和现值（Present Value，PV）。

终值：假设你现在有 1000 美元，你可以将它进行投资并每年获得 10% 的利息。那么一年以后，你的 1000 美元将增加 100 美元，变为 1100 美元。1100 美元这个数字就是现在的 1000 美元一年以后的终值，一年以后 1100 美元的现值就是 1000 美元。如果以 FV 代表终值，以 PV 代表现值，用 i 代表利率。那么，就可以将上例用表达式写作：

$$FV = PV + PV \times i = PV \times (1 + i) \tag{6-17}$$

现在，假设可以按照每年 10% 的收益投资两年，那么投资的增长就会如下表所示：

年度	年初金额（美元）	利息（美元）	年末金额（美元）
1	1 000	100	1 100
2	1 100	110	1 210

可以看出，在第 2 年中，既获得了初始金额的利息，也获得了第 1 年利息的利息。结果就是第 2 年获得的总利息比第 1 年多，这就是复利的概念。这里的年

度就是复利期间，因此，两年以后的 FV 就是 1210 美元，其计算公式如下所示：

$$FV = [1000 \text{ 美元} \times (1.10)] \times (1.10) = 1000 \text{ 美元} \times (1.10)^2 \quad (6\text{-}18)$$

上式中，中括号的部分代表第 1 年年终的价值。这种方法可以应用于任何 N 期的复利期间。对应的公式为：

$$FV = PV \times (1 + i)^N \quad (6\text{-}19)$$

当然，也可以用式（6-19）解出 PV，即某一未来数量的钱以一定的利率折合到现在的现值。

$$PV = \frac{FV}{(1 + i)^N} \quad (6\text{-}20)$$

非整年度复利期间（Non-annual Compounding Period）。注意，上式中的 N 也可以用任意的时间期间表示，而不一定是年度。例如，如果复利期间是季度，N 就是季度的数量。当然，此时的利率也是对应的季度的利率。例如，如果 1000 美元按照 10% 的利率投资两年，按照季度复利计息，可得：

$$FV = PV \times (1 + i)^N = 1000 \text{ 美元} \times \left(1 + \frac{0.1}{4}\right)^{2 \times 4}$$

$$= 1000 \text{ 美元} \times (1 + 0.025)^8 = 1218.40 \text{ 美元} \quad (6\text{-}21)$$

连续复利（Continuous Compounding）。可以看到，随着复利期间的增加，FV 会变大。其极限就是复利期间无穷大，也就是连续复利。对于连续复利，其 PV 和 FV 的，关系式为：

$$FV = PV \times e^{i \times t} \quad (6\text{-}22)$$

$$PV = \frac{FV}{e^{i \times t}} \quad (6\text{-}23)$$

当 t 是以年为复利的时间长度时，e 是常数 2.718 28，公式中其他项同上述定义。举一个例子，如果是两年的期间，则：

$$FV = PV \times e^{i \times t} = 1000 \text{ 美元} \times 2.718\,28^{0.1 \times 2} = 1221.40 \text{ 美元} \quad (6\text{-}24)$$

净现值。当评估项目的成本和收益时，成本和收益经常表现为现金流，而不是一次性的收入或者投资总额。此外，现金流也是非平稳的，也就是说，其数量在各期间之间会出现变化。上述的方法也适用于非平稳的现金流，只要将各 PV（或者 FV）分别计算以后相加即可。使用这样的方法得到的结果叫净现值。这样的方法在概念上容易掌握，在实际应用中很快就会变成繁重的工作。幸运的是，大部分的电子表格软件都有内嵌的功能来进行相关的分析。

假设正在考虑一个项目，其预测的成本和收益如下表所示。

年度	成本（美元）	收益（美元）
1	10 000	0
2	2 000	500
3	0	5 000
4	0	10 000
5	0	15 000

同时假设管理层希望该投资的收益可以达到12%，那么这个项目的NPV是多少呢？

解决这个问题有两种方法，两者产生的结果相同（见图6-7）。方法一是计算项目每一年成本和收益的差值净额，然后得到现金流的NPV。另一个方法是分别计算成本的NPV和收益的NPV，然后将两者相减。

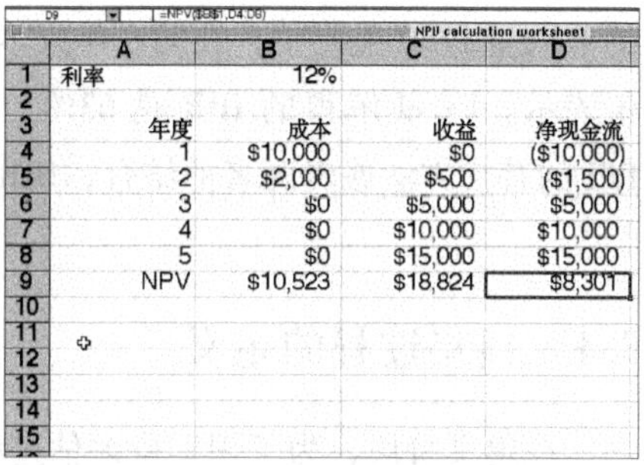
NPV calculation worksheet

	A	B	C	D
1	利率	12%		
2				
3	年度	成本	收益	净现金流
4	1	$10,000	$0	($10,000)
5	2	$2,000	$500	($1,500)
6	3	$0	$5,000	$5,000
7	4	$0	$10,000	$10,000
8	5	$0	$15,000	$15,000
9	NPV	$10,523	$18,824	$8,301

图6-7 用Excel计算项目的净现值

成本列的NPV是10 523美元，收益列的NPV是18 824美元。项目的NPV就是将收益NPV减去成本NPV，或者是每年的项目收益减去成本之后的净现金流的NPV之和。不管是哪一种方法，NPV分析的结果都相同，即项目的NPV为8301美元。

内部收益率。在进行项目的财务分析时，经常需要在给定的价格和现金流的情况下确定项目的投资收益率。例如，可能就是用这样的方式来决定项目优先次序。当项目的现金流不平稳时，通常用计算机来求解。例如，在Excel中，我们可以利用其IRR函数来求解，IRR就是未来现金流的现值即投资成本时的投资回报率，计算机在求解IRR时使用迭代过程。换言之，计算机首先用一个“猜测”的IRR数值试算，以确定计算出的现金流的PV和投资成本的接近程度，然后向上或者向下调整IRR的估计值。此过程一直持续，直到计算结果达到所需的精度。

IRR示例。一家医院的质量改善小组正在调查丢失手术仪器的问题。该医院发现，在两台手术之间，工作人员为了迅速清理手术室，很多仪器无意间被当作垃圾丢掉。测试表明，一台价值1500美元的金属探测器节省的费用如下表所示。

年度	节约量（美元）
1	750
2	1 000
3	1 250
4	1 500
5	1 750

5 年以后金属探测器的报废残值为 250 美元。用 Excel 电子表格计算此时的现金流 IRR，其求解结果如表 6-8 所示。

显示在图上部窗口中的 Excel 公式是用"插入公式向导"（Insert Formula Wizard）建立的，现金流在单元格 B2：B7 中，最初的试算 IRR 值为 0.1（10%）。注意，第 5 年的残值 250 美元被加到了预测的节约量 1750 美元中，在第 0 年成本以负值表示。Excel 解得的 IRR 是 63%。作为 PPI 的替代方法或者两者的结合，IRR 可以作为项目排序的依据之一。

B8	▼	=IRR(B2:B7,0.1)	
			Fig. 5.13 IRR exan
	A	B	C
1	年度	现金流	
2	0	($1,500)	
3	1	$750	
4	2	$1,000	
5	3	$1,250	
6	4	$1,500	
7	5	$2,000	
8	IRR	63%	

图 6-8 使用 Excel 计算项目的 IRR

6.4 顶层过程的定义

在定义阶段，为了识别待评估过程的范围，需要从顶层来检视过程。"30 000 英尺⊖过程俯视图"给具体的项目目标、可交付结果的计算、关键利益相关者的定义等的讨论提供了关键的参考。

过程映射图

在定义阶段，过程映射图用于将顶层的过程活动及其利益相关者进行记录。利益相关者（也称利益相关群体）可以是受活动及其结果影响的部门、客户、供应商等。

在图 6-9 的顶层过程映射图中，各个概括性过程活动都被放置在合适的"泳道"内，各泳道代表一个特定的利益相关者。注意，顶层过程映射图的过程活动提供的用于定义现有过程的细节信息不多。反映过程任务和决策的过程细节图在测量阶段建立，并在分析阶段也被提及以说明过程的复杂性。在改善和控制阶段，新的过程被记录在修订的过程映射图上，以便与利益相关者进行沟通。

大型的项目影响到组织中很多的利益相关者。在定义阶段最重要的是识别关键利益相关者，也就是可以产生或者阻碍与该过程相关的变革努力的群体。正如在第 1 章中讨论的，关键利益相关者必须衷心拥护过程变革的成功实施。

⊖ 1 英尺 = 0.3048 米。

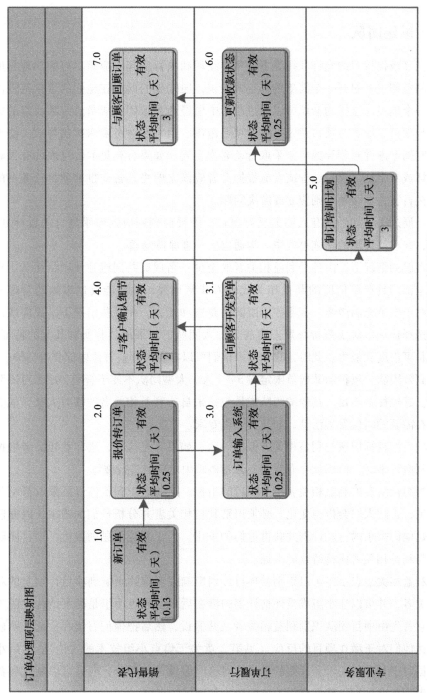

图6-9 订单处理顶层映射图示例

6.5 组建团队

在高级执行官的允许和指导下，项目经理和项目发起人应该尽可能早地与所有的利益相关者召开一个简单的非正式会议，通知他们即将在他们的管辖范围内开展一个项目。这样的会议可以通过邀请中层经理委派团队成员进入项目组的方式参与项目，或者对项目建议书中的项目范围、目标和业务需求提出异议。给予经理时间考虑并对领导的决策采取行动非常重要。如果有充足的信息表明有人暗中破坏或者阻挠，项目经理或者流程拥有者应该立即将其告知批准项目任务书的高级执行官，高级领导则应立即解决问题。

一周过去了如果没有人明显反对项目，项目经理则应该着手制订项目计划。当然，在项目计划的实施过程中，沟通也应一直保持畅通。

理想的情况下，由各个利益相关者的至少一名成员共同组建成项目团队。选出在本部门具有可信度的利益相关代表人非常重要，他还能提供本地的管理支持，对于变革充满激情，有服务于团队的意愿和能力。在某些情况下，我们或许可以选择让一位对变革持怀疑态度的人加入团队，如果他具有所有其他的特征，特别是可信度和能力。此时，我们选择他们可以在相关利益群体内部获得拥护。

高效团队一般将团队成员限定在 5～7 人。大型团队不便于管理，成员对团队的责任感也往往不足。其他的团队成员包括来自非利益相关者的临时人员，他们仅仅在需要的时候参加活动，如作为过程专家。

项目的目标应该与利益相关者保持一致。如果不是这样，当利益相关者根据自身利益行事时，他们就会有意或者无意地暗中对项目进行破坏。

竭力让所有的利益相关者接受项目的指标。除非意识到价值以及采取行动的紧迫感，否则人们会拒绝变化。必须识别利益相关者并分析他们的需求，以便制订满足他们需求的行动计划并获得他们的承诺。为了避免问题的发生，项目团队必须与利益相关者保持持续的沟通。

利益相关焦点小组可以识别受项目计划影响或者施加影响到项目计划上的利益相关者，并可以让小组成员评估计划的潜在后果。焦点小组是高度结构化的方法，它首先由项目团队识别利益相关者及其假设，然后把他们召集在一起，明确地表达他们对于潜在项目的反应（见第 2 章关于焦点小组技术的讨论）。然后小组根据对于利益相关者和计划的重要性对这些假设进行评分，或者可以制订利益相关者满意度计划以确保获得关键的个人和群体的支持。

测 量 阶 段

测量阶段的目的包括以下四个方面：

1. 过程定义：以确保所观察的流程已清晰定义。

2. 指标定义：以定义一个与项目关键指标相关联的可靠方法来测量过程。

3. 确立过程的基准：量化当前的过程运行表现以验证先前定义的业务需求是否得到满足，进而通过数据体现改善的结果。

4. 评估测量系统：以确保据以得出有意义结论的数据的可靠性。

应用于面向六西格玛的设计时，使用 DMADV 模型，测量阶段的目的则限定于定义关键指标，以及一旦新设计正式进入生产阶段以后获取测量数据的测量系统和测量计划。

有人声称，质量始于测量，只有在量化了质量水平之后，才可以开始有意义地讨论改善。就概念而言，测量很简单：按照某种规则给观察者的现象赋值的活动中。测量是任何科学的需求，包括管理科学。

7.1 过程定义

过程是由一系列按照特定顺序执行的重复的任务组成的。如果不能将某一过程定义为一系列重复的任务，那么可能实际上存在多个过程，甚至是无限多个过程，也有可能只是对过程的定义不当。

当与过程当事人交流时，出现下述的情况是常见的。操作人员可能为了处理一个特殊情况而对过程加以改动，却并没有将改动告知其他的相关人员。如果是这样，给顾客带来的显著变异将随着班次的变化而变化，变异甚至也取决于处理顾客订单的具体人员。有时，这些变异改善了产品和服务，而有时正好相反。无论怎样，因为我们试图在测量阶段理解实际的过程，过程人员的输入都是必需的。此后，在改善阶段，在收到所有利益相关者的输入以后，我们将把期望的过程编写进正式文档。

定义过程的常用工具包括以下几个方面：

1. 流程图（Flowchart）对于突显过程的复杂程度非常有用。

2. 过程映射图（Process Map）为每一流程步骤的职能责任提供更详细的说明。过程映射图已在第 6 章具体讨论过。

3. SIPOC 工具适用于识别过程的输入、输出和利益相关者。

一般来说，这些工具都会配合使用。

7.1.1 流程图

流程图就是描述流程步骤顺序的简单的图形化工具。在流程图中，每个流程步骤的任务都由一个图标表示。ANSI 标准已经定义了图标的类型，主要针对的是计算过程。而大部分使用者都用矩形代表流程任务，用菱形代表决策点。决策应该只有两个结果（是或否），因此决策点的画法应该遵守这一原则。举例说明，如果一个决策点有三个可能的结果 A、B、C，此时应该构建一系列的决策点，每个决策点都只有"是"或"否"两种可能的结果。第一个决策点或许可以构建为"结果是 A"，此决策点的"否"决策枝导向第二个决策点"结果是 B"。因为"结果是 C"是剩下的唯一可能性，显然，第二个决策点的"否"决策枝导向第三个决策点"结果是 C"。

图 7-1 是一个简单的流程图的示例。注意菱形决策点有两种可能的结果：一种继续沿流程的主要路径向下走，另一种则转向其他的路径。同时注意，第二条路径可能跳转到流程的更下游部分（如第一个决策点中"是"决策枝所示），甚至也可能跳转回到流程的上游部分。决策点以及流程的终点，都有可能与其他的流程图相连，比如图中用双线表示的流程终点"发运"所示。

流程图在测量阶段用于描述当前（现状）流程。在分析阶段，需要监视流程图以发现多余的决策点，它们是造成延误甚至产品缺陷的原因之一。也可以使用不同颜色或形状的图标来表示过程延迟、各流程步骤的职能责任部门（如用椭圆代表客户服务部门），或者用节点表示流程中的测量步骤。

订单处理：测量阶段的过程定义

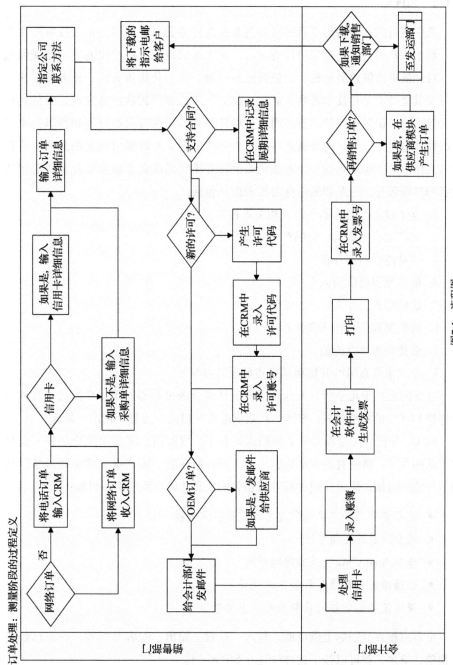

图7-1 流程图

7. 1. 2　SIPOC

几乎所有的六西格玛项目所针对的业务流程都会对最高层的企业战略产生影响。在上一章中，建立备选项目清单占用了大量的篇幅，所使用的方法是谨慎地把项目和战略用绩效展示板、质量功能展开表、结构化决策方法、业务流程映射图以及其他的工具和技术等联系起来。然而，六西格玛团队通常发现，虽然这些方法可以成功识别重要的项目，而这些项目的范围要在有限的时间和预算约束内完成则显得过于广大。需要做更多的工作来清楚定义有待项目改善的总业务流程中的具体部分。实现它的一个方法是绘制过程流程图或者子流程图直至指定团队改善的过程部分。一系列的问题需要考虑，包括：

1. 这个过程首先为哪个利益相关者存在？
2. 它产生什么价值？它的产出物是什么？
3. 谁是流程的拥有者？
4. 谁给流程提供输入？
5. 这些输入是什么？
6. 这些流程使用什么资源？
7. 哪些步骤产生价值？
8. 存在带有自然的开始和结束点的子过程吗？

这些问题对于几乎所有的六西格玛项目涉及的过程都通用，它们已经被整理为称作 SIPOC 的标准格式。SIPOC 代表供应商—输入—过程—输出—顾客。

SIPOC 分析从对过程有所了解的人员着手。可能包括那些不是全职投入西格玛团队的人员。将所有的人都请到一个房间然后开展一场"聚焦的头脑风暴"活动。开始的时候，简短介绍过程并就相关的定义达成一致意见，例如：

- 让顾客可以很容易地通过电话获得技术支持
- 减少模具的存储空间
- 降低 Niad CNC 机床的停机时间
- 让铺屋面人员准时到达工作现场
- 降低复印机维修人员额外的外出次数

准备白板并分别标上供应商、输入、过程、输出、顾客等标签。一旦已经将过程描述清楚，就可以按下述方法建立 SIPOC 图。

1. 建立一个简单的、高层次的过程图。在进行其他剩下的步骤时，将它们显眼地展示出来，以便提醒团队。

2. 按照头脑风暴规则来识别过程的输出。将所有的想法都记录在输出白板上，此时不要批评任何想法。

3. 按照头脑风暴法则来识别接收到该输出的顾客。将所有的想法都记录在顾客白板上，不要批评。

4. 用头脑风暴法则来识别过程产生输出所需的输入。将它们记录在输入白板上，不要批评。

5. 用头脑风暴法则识别输入的供应商。将它们记录在供应商白板上，不要批评。

6. 通过分析、复述、合并、移动等整理清单。

7. 建立 SIPOC 图。

8. 与项目发起人和流程拥有者检视 SIPOC 图，需要时进行修改。

SIPOC 示例

一个软件公司想改善总体顾客满意度（大 Y）。研究表明总体满意度的一个关键因素是对于技术支持的满意度（小 Y）。对顾客评论进行更深层级的逐步分析知悉，技术支持满意度的一个重要驱动因素是顾客的认知——接触技术支持很容易。可以获得的技术支持有几种，比如内嵌入产品的自助功能、网络、电话。流程拥有者为各种接触方式启动了六西格玛项目，这个团队的任务是电话支持。

开始的时候，团队建立了过程映射图，如图 7-2 所示。

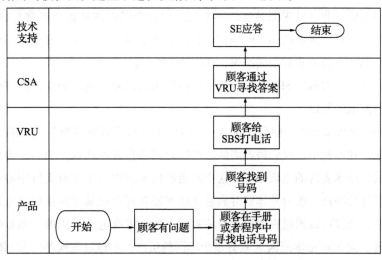

图 7-2　通过电话接触技术支持的过程映射图

　　然后，团队认为，开发票有好几种方法，并进行了工作分解，将每个开票方法当作一个子项目来对待，此例中体现的是一分钟开票（Billing-by-the-minute，BBTM）子项目。在完成上述过程以后，团队制作出的 SIPOC 如图 7-3 所示。

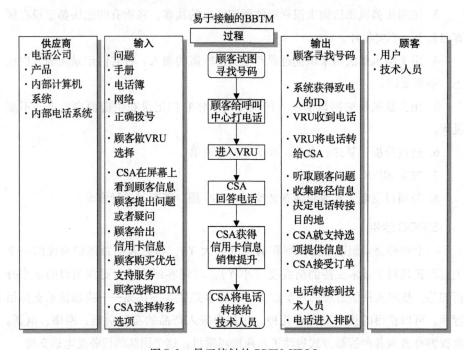

供应商	输入	过程	输出	顾客
·电话公司 ·产品 ·内部计算机系统 ·内部电话系统	·问题 ·手册 ·电话簿 ·网络 ·正确拨号 ·顾客做VRU选择 ·CSA在屏幕上看到顾客信息 ·顾客提出问题或者疑问 ·顾客给出信用卡信息 ·顾客购买优先支持服务 ·顾客选择BBTM ·CSA选择转移选项	顾客试图寻找号码 顾客给呼叫中心打电话 进入VRU CSA回答电话 CSA获得信用卡信息销售提升 CSA将电话转接给技术人员	·顾客寻找号码 ·系统获得致电人的ID ·VRU收到电话 ·VRU将电话转给CSA ·听取顾客问题 ·收集路径信息 ·决定电话转接目的地 ·CSA就支持选项提供信息 ·CSA接受订单 ·电话转接到技术人员 ·电话进入排队	·用户 ·技术人员

图 7-3　易于接触的 BBTM SIPOC

　　可以看到，此时过程图的层级非常低。在这个层级的过程图通常是线性的，没有显示决策框。典型的 SIPOC 按照过程应有的表现方式显示，有时候 SIPOC 也可以显示非故意的或非期望的结果，如图 7-4 所示。

　　这种"不良过程"SIPOC 仅仅用于团队的头脑风暴，它有助于团队在分析阶段建立待测试的假设。

　　SIPOC 分析重点关注驱动 Y 的 X。它有助于团队理解驱动顶层绩效的大 Y 的底层因素。在本例中，我们假设团队已经收集到信息并据此认为相当一部分的顾客无法找到技术支持的电话号码。这个问题的根本原因在于写有支持中心电话号码的位置比较隐蔽。改善总体顾客满意度就和顾客可以轻易找到正确的电话号码联系起来，或许可以通过在使用手册的封面上贴上带有电话号码的大而显眼的标签来实现。大 Y 和根本原因 X 具有多个不同的层次，不过过程映射图和 SIPOC 分析链提供了联系各层级的方法。

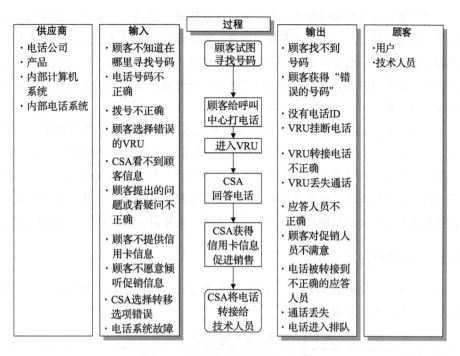

图 7-4 具有非期望结果的 SIPOC

在分析阶段，将进一步检视 SIPOC 以去除非增值的输出、输入或者任务。

7.2 指标定义

测量阶段的重要目标是建立过程的基线，本章稍后对此进行讨论。在任何改善活动启动之前，过程基线都会给出过程绩效的量化衡量。在建立过程基线时，与之前定义的过程交付结果相关的一个或者多个适当的过程指标被定义和测量。基于已有的对过程的深入理解，有时候这些指标很容易被定义。例如，如果关键的顾客对订单的交付时间非常在意，那么交付时间或许就是适当的指标，假设它满足下文讨论的条件。然而，有的时候顾客关键指标并不能提供与之前定义的交付结果相关的过程绩效的有意义的衡量。例如，在化工和某些制造流程，在过程终点测量顾客关键特性很常见，过程终点处的特征取决于前面的内部过程环境，最终用户对它们并不了解。在这种情况下，内部指标或者项目交付结果本身或许就是适当的过程绩效估计。在所有的情况下，指标的有效性和精确性必须要评估，详见本章后文讨论。

　　测量就是给观察所得赋予一个数值。测量给被观察物和其他因素之间的关系传递了特定的信息。测量既涉及理论领域，即由经验关系系统表达的实质性关系方面，也涉及由所选择的特定数字关系系统表达的领域。从经验关系到数字关系之间有一个映射函数，数字系统经过了处理，研究处理结果有助于分析者更好地理解经验关系。

　　在现实中，测量存在问题，因为分析者永远不可能知道被测量物体的"真值"。测量结果的数字提供了特定测量尺度的信息，它们也对应不可观察的变量。有些测量比其他测量更丰富，也就是说有些测量比其他测量提供更多的信息。数字的信息内容取决于所使用测量尺度，测量尺度决定了用来正确研究数字的统计分析的类型。除非已经确定测量的尺度，否则无从知道给定的分析方法是否有效。

7.2.1　测量尺度

　　四种测量尺度分别为名义、定序、定距和定比。Harrington（1992）总结了各测量尺度的特性（见表7-1）。

表7-1　测量尺度类型及允许的统计方法

测量尺度	定义	举例	统计方法
名义	仅表达属性的有无，仅能计数	通/止、成/败、接受/拒绝	百分比、比例、χ^2检验
定序	可以表达某一物体的属性比另一物体多或者少，可以对一组物体进行排序	口味、吸引力	序列相关分析
定距	任一两个连续点之间的差别相等，即使等距的假设不正确也常作为定比尺度来处理。可以进行加、减运算，或者对物体进行排序	日历时间、温度	相关性、t-检验、F-检验、多元回归
定比	绝对零点意味着属性不存在，可以进行加、减、乘、除运算	消逝的时间、距离、重量	t-检验、F-检验、相关性、多元回归

注：摘自哈林顿（1992），经ASQ质量出版社授权允许使用。

　　名义尺度上的数值根本就不是测量值，它们只是用数字表示的类别标识。名义测量值可以表明小组的成员（1 = 男性，2 = 女性），或者仅仅是一种指定（John Doe 是 43 号成员）。名义尺度是最简单的测量形式，名义变量最好被看作是一种分类形式而不是测量尺度。理想情况下，名义尺度的分类应该按照以下方式构建，即总体中的所有物体属于而且只属于一个类别。按照名义尺度收集的数据称作属性值数据，运用于名义尺度的数学运算只有 " = "（等于，即物体具有所研究的属性）或者 " ≠ "（不等于）。

定序变量中所有可能的取值具有天然的排序，但是各值之间的距离并未定义，如产品偏好序列中的好、更好、最好。可以运用于定序数据的数学运算有" ="（等于）、" ≠ "（不等于）、" > "（大于）和" < "（小于）。可以用于定序数据的统计技术很多，包括在第 10 章将要讨论的 Pearson 相关分析。其他的定序模型包括比率测量、对数 – 线性模型和分对数模型，后两者都用于列联表中定序数据的跨类别分析。在质量管理中，通常将定序数据转化为名义数据，然后使用二项分布或者泊松模型进行分析。例如，如果用"不良 – 合格 – 优"等级对产品进行分类，质量分析人员就可能会画出不良产品比例的 p-图。

等距尺度对应测量值的差异比值不变。例如，$90℃ = 194 ℉$，$180℃ = 356 ℉$，$270℃ = 518 ℉$，$360℃ = 680 ℉$。显然，$194 ℉/90℃ ≠ 356 ℉/180℃$，但是

$$\frac{356 ℉ - 194 ℉}{680 ℉ - 518 ℉} = \frac{180℃ - 90℃}{360℃ - 270℃}$$

两个定距尺度之间可以由下面的公式进行转换

$$y = ax + b \quad (a > 0)$$

例如，

$$℉ = 32 + \left(\frac{9}{5} \times ℃ \right)$$

此时 $a = 9/5$，$b = 32$。和定比尺度一样，当使用允许的转换方法进行统计分析时，不同定距尺度所得结果不受影响。同时，在任何尺度上的 0 都是随意设定的。在此例中，0°并不表示没有热量。

定比尺度测量值之所以有如此称谓是因为在使用定比尺度时，运用两种不同的指标测量同一物体所得测量值具有恒定不变的比值。比如，如果一件物体的质量用英镑（x）和公斤（y）进行测量，那么对于所有的 x 和 y 值都有 $x/y = 2.2$ 成立。这就意味着两个定比测量值之间的转换通过 $y = ax$（$a > 0$）的形式得到，例如，英镑数 $= 2.2 \times$ 公斤数。当使用了允许的转换后，不管使用何种定比尺度，数据的统计结果都一致。0 具有内在意义，在本例中它表示没有质量存在。

7.2.2 离散型和连续型数据

人们对测量值进行了更为通用的分类，它对于定义适当的概率分布和本章稍后讨论的分析工具十分有用。当数据点取值有限并可以由非负整数代表时就可以说该数据是离散的。一个离散型数据的例子就是样本中的不合格品数。如果数据具有一个或者多个间隔区间则称为连续性数据，一个连续性数据的例子就是酸碱

度 pH 值。

出于多种目的，名义和定序数据被视作是离散型的，而定距和定比数据则具有连续型数据的特征。离散型数据的取值只能是整数，而连续型数据的值在理论上可以是无限位数的小数，只要可以测量得到即可。虽然时间和长度在理论上可以测量出无限位数的小数，但是我们在现实世界中受到测量系统的限制。如果长度和时间的变化比测量的最小单位还小，那么所得到的数据实际上是离散的，因为有大部分数据都被记录成一个数据值。这与对具有相同测量结果的项目计数所获得的信息内容相似。

任何项目的测量在根本上都应该满足两个测试：

1. 该测量的项目是想要测量的（即有效性）。
2. 各个体的重复测量结果顺序保持不变（即可靠性）。

本章的其余部分描述了确保测量系统能够产生以上特征测量结果的技术和规程。

7.3　过程基线估计

对过程基线最形象的描述就是"项目开展之前的现状"。获取过程基线的原因有下面几项：

- **确定是否要开展项目**。尽管项目任务书提供了项目的业务情境说明，但是有时额外的详细信息却不支持开展该项目，这样的情况时有发生。情况可能没有人们预想的那么糟糕，或者项目只是关注问题的一个不重要的方面。

- **给项目团队提供方向**。过程基线帮助团队识别 CTQ 和其他硬性指标。有关这些指标的历史绩效信息可以为团队指明战略方向，例如，如果过程经常出错并且不稳定，团队就会寻找与过程一贯地运行于较低的质量水平不同的改善策略。

- **提供用于评估节约成果的数据**。在项目结束以后，团队需要确定节约的成本和改善的规模，此时基线信息就变得非常有价值。项目结束以后所需的信息不再可得，很多黑带到那时才意识到获得的收益无法评估。比如，一个致力于理顺生产控制系统的项目通过减少劳动时间豁免员工的无薪加班时间来提升士气。然而，在项目开始前既没有员工士气的测量，也没有记录任何无薪加班时间。结果是，黑带无法为声称的改善效果提供例证，他的资质认证（以及加薪）因而被推迟。

　　过程基线是任何改善活动的关键部分，因为它们提供了声称改善收益的参考点。如果没有合适的基线估计，就没有可信的可持续的改善证据，除非改善效果非常明显。在绝大多数的情况下，当运用了适当的测量系统后，如果不采用有意义的统计方法，无法证实过程观测值是变动的。

　　考虑如下的场景：改善团队使用精益技术来减少处理订单的时间。在变化之前随机抽取的 25 个订单的样本显示平均的处理时间是 3.5 个小时。变化之后随机抽样的 25 个订单样本平均有 2 个小时的订单处理时间。团队声称他们已经减少了订单处理时间 40% 以上。这可信吗？如果原先的 25 个订单的订单处理时间计算了置信区间，或者声称的平均只有 2 个小时处于原先的区间之外时，那么是否更为可信？

　　正确的答案是"不"，对两种情况都是。如果没有迹象表明新的过程在统计上显著变化，就不能声称改善取得效果，使用置信区间分析过程是错误的统计工具。它的错误在于将计数统计工具用于分析型统计的情形。没有证据表明第一个 25 个样本的 3.5 个小时的估计是有效的过程参数的估计，因为我们并未说明过程是稳定的（不随时间变化）。有可能第一个 25 个样本中有一部分订单的处理时间比 3.5 个小时长很多，而另一部分则比 3.5 个小时短很多，可能是订单处理人员或者是订单中包含的产品数量的差异造成的。置信区间的计算假设数据来源于同一个样本总体。

　　常见的分析型统计问题可能包括下面几个。

- 过程的中心趋势不随时间变化吗？
- 过程的离散程度不随时间变化吗？
- 过程的分布在不同时间保持一致吗？

　　如果对上面任何问题的回答是"否"，那么造成不稳定的原因是什么？为了帮助回答这个问题，在画出时间序列图和各种分类图时，询问"过程表现模式所揭露的变异的本质是什么"。

　　如果以上问题的答案都没有"否"，这时，我们就可以提出下面这些问题：

- 过程现在满足要求吗？
- 过程能够满足要求吗？
- 是否可以通过调整中心趋势来改善过程？
- 如何才能降低过程中的变异？

7. 3. 1   枚举型和分析型研究

Deming（1975）将枚举型和分析型研究定义如下：

- **枚举型研究**（Enumerative Study）：对总体采取措施的研究。
- **分析型研究**（Analytic Study）：对过程采取措施以提升未来绩效的研究。

术语"总体"按照通常的方式定义为：所有的研究对象的集合（例如，人员、物料、产品件数），它们都带有某些待研究的特征。枚举型研究的一个示例是对一个孤立的批次进行抽样以确定该批次的质量状况。

在分析型研究中，关注的焦点是过程以及如何改善它，也是将来。因此，和对正在研究的总体做出推测的枚举型研究不同，分析型研究所感兴趣的总体在研究的时候并未形成。表7-2 比较了枚举型研究和分析型研究（Provost，1988）。

表 7-2   枚举型研究与分析型研究的比较

项目	枚举型研究	分析型研究
目标	参数估计	预测
关注点	总体	过程
评估方法	计数、统计学	过程模型（流程图、因果图、数学模型）
不确定性的主要来源	抽样变异	对将来的外推预测
不确定是否可以量化	是	否
研究的环境	静态	动态

Deming（1986）指出"有趣的是，教科书中所教授的变异分析、t-检验、置信区间以及其他统计技术都不是恰当的，因为它们不能提供预测未来的基础，而且它们没有利用生产顺序所带有的信息"。传统统计方法有它们的用武之地，但是在现实世界中它们被大量滥用。在这样的情况下，统计学实际上是在混淆问题，而不是在启发解决方法。

分析型研究方法提供的是归纳式思维，而枚举型研究方法大部分是演绎式思维。分析型研究方法主要使用一些绘图手段，比如最简单的运行图或者更为通用的统计控制图。分析型统计只是给运作提供了方向，而不是精确计算概率。因此，诸如"有一个点超过3倍标准差控制线时犯Ⅰ类错误的概率是0.13%"之类的陈述是错误的（作者承认自己以前犯过这样的错）。不能用确定的置信水平预测未来。取而代之的是，基于包括分析型研究的各种来源所获得的知识，人们可以说他对于某某行为可以导致过程的某某行为具有一定的确信度（如高或低）。

两种研究类型的另一个不同点在于枚举型统计需要预先确定的假设，而分析型研究则试图帮助研究者产生新的假设。在过去，这种特别有用的方法却受到统计科学家的诟病，认为是"钓鱼性推理"或者"合理化说明"。然而，回顾历史，作者相信使用数据来建立可信的解释是产生待验证新理论的完美的正统方法。拒绝探究数据显示的可能性则局限了统计在质量改善和控制中的应用范围。

尽管大部分的六西格玛应用都是分析型研究的，有时候枚举型研究也证明是很有用的。这些枚举型方法将在分析阶段做更详细的讨论，它们对于量化变异的来源非常有用。分析人员需要时刻牢记，必须用分析型方法来验证使用枚举型方法得到的结论，以确保该结论对所研究的过程的重要程度。

在 DMAIC 的测量阶段，统计过程控制（Statistical Process Control，SPC）图（即分析型统计）被用于定义过程的基线。如果 SPC 图证明过程在统计上是稳定的，那么过程能力和西格玛水平就可以被用于量化相对于需求的过程绩效。

如果 SPC 分析证明过程不是统计上的稳定，那就需要寻找变异的来源并进行明确，本节稍后对此进行讨论。如果变异的特殊原因可以轻易识别并去除，并建立了稳定的基准过程，则基准目标的需求就得到了满足。如果没有（大多数情况下都是这样），那么基线估计就为分析阶段提供了有用的关键信息，在该阶段通过试验设计让过程处于受控状态。

当然，基线估计依赖于测量系统的有效性，具体在第 9 章讨论。虽然在进行基线测量之前需要进行测量系统评估，这看起来显而易见，出于以下两个原因我们还是先讨论基线再讨论测量系统的验证。

1. 用于验证测量系统的一个关键分析技术是控制图。读者应该先熟悉它的基本使用方法以及在过程基线中的应用，然后才能讨论它在测量系统验证中的特殊应用。

2. 当六西格玛项目的目标包括 CTQ 或者 CTS 指标改善时，测量阶段的基线提供了定义阶段估计的初始状态的验证。在基线确定之前对测量系统进行显著的改善或变化将会造成基线相对于初始状态的偏置。因此，需要使用已有方法，首先估计基线，然后重复进行（在测量系统改善之后），如果测量系统的错误显著。遵从这个建议会增加改善的可信度，因为项目团队可以展示重复性错误以及最终的改善效果。在某些情况下，人们发现测量错误是过程变异的最显著原因。此时，六西格玛项目的关注焦点就从改善过程本身转移到测量系统的改善了。

统计控制图提供了过程位置（即过程均值或中位数）及其变异（即过程标准差）的估计。然而，最重要的是，过程的目前状态与现有的需求或者项目目标的比较结果如何。在适当理解统计分布之后才可以对上述问题进行回答，下文即对统计分布进行讨论。

7.3.2　统计过程控制的原则

统计过程控制的中心概念是每个可测量的现象都服从一个统计分布。换言之，由一组观察到的数据形成的样本，它们是未知的一般原因（随机因素）导致的结果。也就是说，即使我们已经尽力去除所有源自特殊因素的变异，受控状态也将呈现一定程度的变异。图 7-5 就是一般原因、特殊原因及其分布的展示。

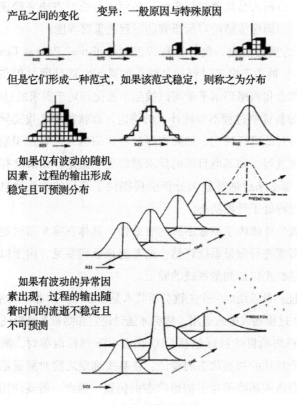

图 7-5　过程控制的概念

分布有三个基本的特性：位置、离散度和形状。位置就是分布的典型值，如均值。分布的离散度是指最大值和最小值之间的差异。标准差和方差是分布离散度的度量指标。分布的形状说明其模式，如峰度、对称度等。给定的观察现象可以具有任意分布形状，比如其分布可能是钟形的、矩形的或其他形状。

中心极限定理

中心极限定理可以表述为：

不管总体服从任何分布，随着样本量的无限增大，从总体中抽取的样本的平均值有服从正态分布的趋势。

也可以证明，样本均值的平均值等于总体的均值，样本均值的标准差等于总体的标准差除以样本量的平方根。舒哈特已经试验证明了，即使总体服从的分布呈显著的非正态，只要较少的样本量就可以获得近似的正态分布。图7-6是舒哈特测量四个样本获得的结果，中心极限定理的实际意义非常深远。考虑一下，如果没有中心极限定理效应，我们必须为实际遇到的每个非正态分布建立不同的统计模型。这是决定系统是否呈现随机变异的唯一方式。而根据中心极限定理，我们可以利用正态分布，使用小样本量的均值来评估任一过程。中心极限定理是舒哈特控制图的基础，该控制图是最有效的统计过程控制工具。

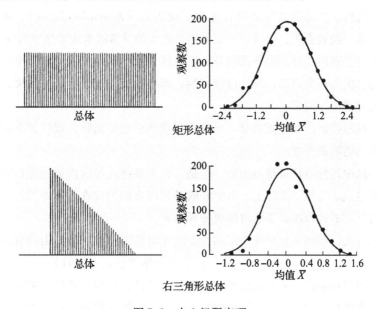

图7-6　中心极限定理

产生变异的随机因素和异常因素

Shewhart（1931，1980）将受控定义为：

当我们可以基于过去的经验预测，或者在一定限度内预测，某一观察的现象在未来会如何变化，我们就说此现象是受控的。在这里，对"在一定限度内预测"的理解是，我们可以说明，或者至少可以近似说明，观察到的现象落入某一给定范围的概率。

这个定义中的关键一点是，受控并不等于完全没有变异。受控仅仅是指一种变异可以预测的状态。受控的状态不一定是有效管理的标志，不受控状态也不一定必然会产生不合格产品。

　　所有的预测都存在风险。在本书中，我们将任何未知的、导致变异的随机原因称为随机因素或者一般因素，两者意义相同，等效使用。如果任何一个特定的随机因素的影响非常小，而随机因素的数量巨大且保持不变，那么此时的变异就在一定限度内可以预测。从上面的定义可以看出，这样的状态是一种受控状态。舒哈特博士使用随机因素（Chance Cause）来表述，戴明博士则发明通常因素（Common Cause）来表述相同的现象。这两个术语我们在实际工作中都会经常使用。

　　不用说，并非所有观察的现象都只包含随机因素。经常，变异的来源并非随机因素。这样的变异因素被舒哈特称为系统因素（Assignable Cause），戴明称之为异常因素。经验表明，导致过程变异越来越小的异常因素通常难以发现。

　　我们需要利用统计工具来帮助我们有效区分变异的随机因素和异常因素的作用。从而引出另一个定义：统计过程控制，即有效使用统计分析方法来识别过程中存在的异常变异因素。

　　统计过程控制的基本规则是，异常因素应该识别并消除，仅仅留下对过程施加随机影响的随机因素。

　　这一规则是舒哈特最早提出的。但是，也不要将此规则误解为可以完全忽视随机因素造成的变异。实际上，对变异的随机因素的研究在过程外进行。也就是说，通过长期的过程改善来解决随机变异因素。

　　简而言之，在两条由虚线表示的控制限之间的波动被认为是由随机因素系统造成的。如果有任何超过这个固定上下限的变异就假定有源自异常因素的波动。我们将任何只有随机因素造成波动的系统称作"统计受控"系统。需要注意的是控制限并非随意制定的，它们是使用有效的统计方法对实际的过程数据计算得到的。图 7-7 与图 7-9 显示的内容一样，只是多了控制限。注意过程（a）表现出源自异常因素的波动，而过程（b）没有。这意味着为了降低变异而采取的措施的类型在各种情况下具有不同的性质。如果没有统计方法的指导，那么到底是异常还

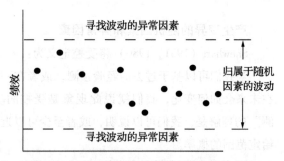

图 7-7　展示了确定变异类别所需的统计方法

是随机因素导致变异的争论将不会休止。

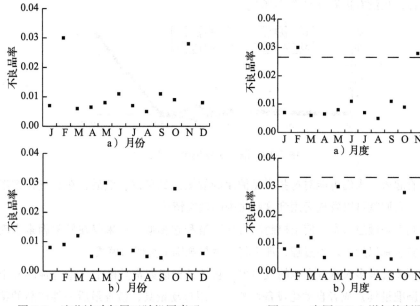

图 7-8　这些波动归属于随机因素吗　　　图 7-9　在图 7-7 上增加控制限

干预效果及诊断

　　当对处于统计控制状态的过程进行调整时会产生干预。调整一个受控的过程总是会增加过程的变异，而变异显然不是期望的结果。诊断干预效果的最好方法是进行过程能力研究并使用控制图来指导对过程的调整。

　　或许对干预效果的最好分析来自 Deming（1986）。戴明用将漏斗对准期望目标的类比方法得出四种常见的干预效果类型。戴明描述的"漏斗法则"（1986，p. 328）如下：

> 　　将漏斗固定，对准目标，没有调整。
> 　　弹珠第 $k(k=1,2,3\cdots)$ 次落下时停留在点 z_k，z_k 的测量原点是目标点。（也就是说，z_k 是第 k 次落下时的误差）。将漏斗从上一位置移动 $-z_k$ 的距离。记忆。
> 　　将漏斗每次放在距离目标点 z_k 的地方。没有记忆。
> 　　将漏斗每次放在距离上一次落点 z_k 的地方。没有记忆。

　　法则 1 是稳定系统的最佳法则。按照这个法则，过程均值保持稳定且方差最小。法则 2 也产生稳定的输出但是其方差是法则 1 的两倍。法则 3 产生一个"爆炸"的系统，它的方差递增且没有边界，呈对称形态。法则 4 产生的模式稳定地偏离目标，且没有边界（见图 7-10）。

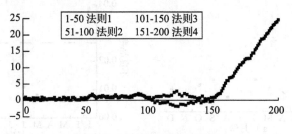

图 7-10 漏斗法则模拟结果

乍看起来，人们可能对这些明显抽象的规则感到疑惑。然后，在经过仔细考虑以后，人们就可以发现运用到这些法则的现实情景。

法则 1 是理想状态，使用控制图指导决策和它相似。如果仅在异常因素表现出来并被识别以后才调整过程，那么将产生与规则 1 类似的模式。

法则 2 对很多人具有本能的吸引力。它常见于诸如量具标定（检查标准并根据标准调准量具）或者自动化设备调整（使用自动量具，检查最后一件产品的特征尺寸并做补偿性调整）。因为系统仍然产生稳定的结果，这种情况可以不被发现地一直延续下去。然而，Taguchi（1986）所说，方差变大意味着更差的质量和更高的成本。

得出法则的原理像这样："进行一次测量后发现比目标多 10 个单位，因为系统多设定了 10 个单位所以会发生这种情况，我希望均值与目标相等。为了实现这个目标我必须把下一个测量的产品的结果调低 10 个单位。"举例来说，可能在配置化学溶液时会用到这种法则。虽然表面上看起来有道理，但是这种方法的结果是一个大范围震荡系统。

法则 4 的通常例子是"培训培训者"方法。一位大师在很短的时间内培训一群"专家"，然后专家再培训其他人，以此类推，比如，现场在职培训。另一个例子是用上一个班次的工件来作为标准设定设备参数。还有一个例子是量具的标定，就是使用一个标准来建立另一个标准，然后再使用新建立的标准去建立另一个标准，等等。最终结果距离理想状态有多远取决于传递层次的多少。

7.3.3 使用过程能力分析法估计过程基线

本节讲述使用统计控制图分析数据和确定过程满足需求程度的通用方法。

1. 从连续生产的产品中收集 25 个或者更多子组的样本数据。

2. 将结果绘制在适当的控制图上。如果所有的子组都处于统计控制状态，就跳到步骤3。否则，通过观察它们发生时的状况或时间来试图识别波动的异常因素。如果可能，就采取措施消除异常因素并记录下来作为过程改善努力的一部分。注意，异常因素也可能是有益的。有益的表现也可能每次都被当作异常而消除，异常因素的异常仅仅是因为它们不稳定存在，而与它们的影响的好坏无关。

3. 使用上一步骤的控制限（称作运行控制限）制作控制图并运行一段时间。一旦你有把握认为已经有足够长的时间来识别并消除大部分的异常因素，并经由控制图得到验证，转到步骤4。

4. 使用第6章中的计算方法估计过程能力。这个估计值应该验证原先在定义阶段估计的错误率以证明项目的合理性。注意，如果过程波动仅限于随机因素（即过程处于统计控制状态），那么"问题解决"（即研究各种不良现象）将无助于提升质量，可能会导致干预效果。对一个稳定过程的干预已经证明会增加其波动，这将起到适得其反的效果。

对用于基线研究的控制图的运用和选择具体在第8章中讲述。

过程行为图

8.1 分布

分布代表所研究的特性或者关系的可能测量值的总体，定义数据的分布可以决定所研究数据的概率，根据一个稳定的过程或者总体的指定分布可以回答下列问题：

- x 值出现的概率是多少？
- 比 x 小的值出现的概率是多少？
- 比 x 大的值出现的概率是多少？
- 介于 x 与 y 之间的值出现的概率是多少？
- 在给定的数值范围内，概率是如何变化的？

简而言之，分布提供大量的信息。我们将在简要说明抽样之后讨论几个常用分布及其应用和解读。

8.1.1 计数方法

计数方法就是对于大量可能结果的清点计数技术，该方法即使对非常小的样本量也适用。在六西格玛中，计数方法广泛应用于大量的统计工具。

这里描述的计数方法的基础是乘数法则，即一系列试验可能结果的数量等于每一次试验可能结果的数量的乘积。比如，抛两次硬币，第一次抛的时候有两种可能的结果（字/花），第二次抛的时候也有两种可能的结果，两次抛掷硬币就有

$2 \times 2 = 4$ 种结果，参见图 8-1 的图示说明。

指定个数的元素有顺序的安排叫排列。假如有四个物体和四个空容器，每个容器放入一个物体，思考有多少种将物体放入容器的方式。第一个物体可以放入四个容器中的任何一个，此后，在放第二个物体时只能在剩下的三个容器中选择，以此类推，第三个物体有两个容器可放，最后剩下的一个容器放第四个物体。使用乘法法则，把四个物体放入四个容器中的安排总数有 $4 \times 3 \times 2 \times 1 = 24$ 种。一般地，如果有 n 个位置用来放置 n 个物体，则有 $n!$ 种安排，公式如下：

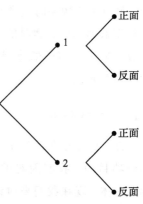

图 8-1　抛硬币中的乘数原则

$$n(n-1)\cdots(2)(1) = n! \tag{8-1}$$

$n!$ 读作 n 的阶乘，我们定义 $0! = 1$。

在质量管控中对离散型数据运用概率论时，我们经常需要有效地清点计数的方法。组合就是一个有效的方法，组合的公式如式（8-2）所示。

$$C_r^n = \frac{n!}{r!(n-r)!} \tag{8-2}$$

组合公式告诉我们，从 n 个物体中每次抽取 r 个物体有多少种不同的安排，其中 r 是小于或等于 n 的整数。例如，从 X、Y、Z 三个字母中每次抽取 2 个字母，则 $n = 3$，$r = 2$，使用上述的组合公式，得到：

$$C_2^3 = \frac{3!}{2!(3-2)!} = \frac{3 \times 2 \times 1}{(2 \times 1)(1)} = \frac{6}{2} = 3$$

实际上，三种组合是 XY、XZ 和 YZ。注意，计算组合数时并不把不同顺序的字母当作不同的组合，即 XY 和 YX 是相同的组合。

8.1.2　频率和累积分布图

频率分布是观察值的一种经验表达方式。如果频率分布没有分组，频率分布图就只显示观察值以及观察值的出现频率。如果频率进行了分组，则数据被安排到等间隔的数据小组中，每个数据小组都是一个子组，连续且不重叠，所有子组的数值构成观察值的总体。根据各数据小组内观察值的频率得到分组的频率分布图，频率分布图常用于绘制直方图或者茎叶图。

直方图和茎叶图给出特定数值或者子组的频率，分析人员却通常要考察数据的累积频率。累积频率是指比某一特定数值小且包含该数值的频率。在数据分组中，计算累积频率时包含小于并包含特定数据小组右边界的观察值的总数。累积分布图通常呈尖拱形，如图 8-2 所示。

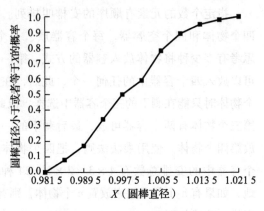

图 8-2 圆棒直径累积分布图

8.1.3 样本分布

在大部分涉及计数统计的六西格玛项目中，我们面对的是样本，而非总体。现在我们来讨论样本数据的分布特征或参数的估计。

经验分布给每个样本 X_i 分配相同的概率 $1/n$，则该分布的均值为

$$\overline{X} = \frac{1}{n} \sum_{i=1}^{n} X_i \tag{8-3}$$

$\overline{X}$ 读作 X 的均值。因为经验分布由样本决定，$\overline{X}$ 也称作样本均值。

样本的方差由下式给出：

$$S^2 = \frac{1}{n-1} \sum_{i=1}^{n} (X_i - \overline{X})^2 \tag{8-4}$$

上述 S^2 的公式也通常称作无偏样本方差，样本标准差由下式给出：

$$S = \sqrt{S^2} = \sqrt{\frac{\sum_{i=1}^{n} (X_i - \overline{X})^2}{n-1}} \tag{8-5}$$

另一个在六西格玛中特别有用的抽样统计量是样本均值标准差，也称作均值标准误，或者直接简称为标准误，这个统计量由下式给出：

$$S_{\overline{x}} = \frac{S}{\sqrt{n}} \tag{8-6}$$

可以看到，均值标准误与样本容量的平方根成反比。也就是说，样本量越大，样本均值的标准差就越小，这种关系如图 8-3 所示。当 $n=4$ 时，其均值分布的变异只是从中抽样的总体的一半。这一简单事实将在本章的稍后用到以显示相对于标出个体值的单值 X 控制图而言 $\overline{X}$ 控制图的表现为什么更好：当过程漂移导致绘制的子组数据偏离中心线时，$\overline{X}$ 控制图由于控制限更窄因而发现偏离更容易。

8.1.4 二项分布

假设一个过程产生一定比例的不合格品，我们称该比例为 p。如果通过样本获得 p，则 p 等于不合格品的数量除以抽取的总样本数。下述式（8-7）给出，在包含 n 个产品的样本中，出现 x 个不合格品的概率。

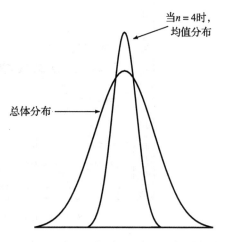

图 8-3 样本量对于标准误的影响效果

$$P(x) = C_x^n p^x (1 - p)^{n-x} \quad (8\text{-}7)$$

这是二项概率分布公式。它不仅有助于计算连续生产过程中不合格品数量的实际分布，也可以用来近似估计抽样数量少于 10% 批次数量时的超几何概率分布。

运用二项概率分布的示例

有一个过程连续生产玻璃瓶。以往的历史表明有 1% 的瓶子存在一处或多处瑕疵。如果我们从该过程中抽取由 10 个产品组成的样本，不合格品的数量为 0 的概率是多少？

根据以上信息，$n = 10$，$p = 0.01$，$x = 0$。将它们带入式（8-7）可得：

$$P(0) = C_0^{10} \, 0.01^0 \, (1 - 0.01)^{10-0} = 1 \times 1 \times 0.99^{10} = 0.904 = 90.4\%$$

从另一个角度来解释，"检查 10 件产品，如果没有不合格品就接受该过程"的抽样计划存在 90.4% 的可能性接受了一个实际上平均的不合格品为 1% 的过程。

使用 Excel 计算二项概率分布的示例

Excel 内嵌了可以分析二项概率分布的功能。在使用 Excel 计算上例时，输入样本量、p-值、x 值，如图 8-4 所示，计算结果出现在屏幕的下方。（从 Excel 2013 开始，Excel 中的 Binomdist 函数已经被 Binom. Dist 所取代，两者参数一致。）

8.1.5 泊松分布

另外一个经常在质量控制中遇到的情形是，我们不仅仅关心不合格品的数量，我们也同时关心不合格本身的数量。例如，假设我们正在控制计算机的质量，彻底检查成品计算机肯定可以发现一些不合格的地方，即使这些不合格可能

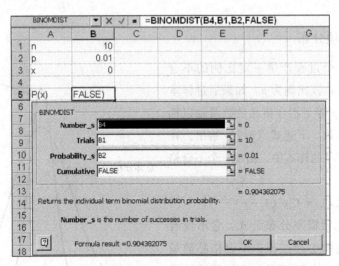

图 8-4 用 Excel 求二项分布概率的示例

并不重要（比如，背板上的标签粘贴得不是绝对的正）。如果我们使用超几何或者二项概率分布来评估这种情况下的抽样计划，我们将会发现它们行不通，因为我们的批次或者过程的不良品率是100%。显然，此时对不合格品本身不感兴趣，而对不合格感兴趣。在其他情况下，对抽样件数进行计数甚至是不可能的，例如，事故的数量必须按照事故的发生次数来计数。评估不合格数量的正确概率分布是泊松分布，其概率密度函数由式（8-8）给出：

$$p(x) = \frac{\mu^x e^{-\mu}}{x!} \tag{8-8}$$

在式（8-8）中，μ 是每件产品上的平均不合格数量，x 是样本中的不合格数量，e 是约等于2.718 281 8 的常数。函数 $P(x)$ 给出了抽样中恰好发生 x 处不合格的概率。

运用泊松分布的示例

一条生产线正在生产制导导弹。每件导弹完成的时候，空军代表人员要对它进行检查，每个与要求不符合的地方都需被检查出来。虽然重大不合格才会导致拒收，但是优秀的承包商也想控制次要不合格，诸如模糊的印刷文字、小毛刺之类的小问题也都在检查中被记录下来。据以往的历史显示，每个导弹平均有 3 处微小的不合格。下一件导弹具有 0 处不合格的概率是多少呢？

此时，$\mu = 3$，$x = 0$。将它们带入式（8-8）得到：

$$P(0) = \frac{3^0 e^{-3}}{0!} = \frac{1 \times 0.05}{1} = 0.05 = 5\%$$

换句话说，100% - 5% = 95% 的导弹都将至少有 1 处不合格。

泊松分布既是不合格数量的精确表示，在某些情况下也是近似二项分布。当使用泊松分布来近似表达二项分布时，只要让式（8-8）中的 $\mu = np$ 即可。朱兰（1988）建议，如果样本量大于等于 16 且总体至少是样本量的 10 倍，同时每次试验中事件发生的概率 p 小于 0.1 时就可以用泊松分布近似表示二项分布。这种方法的最大优点是可以直接使用泊松分布表，如附录 7 所示，而且，这种方法对于设计抽样计划也有用。

使用 Excel 进行泊松分布概率计算的示例

微软 Excel 内嵌了分析泊松概率的功能。当用 Excel 求解上述问题时，可以如图 8-5 所示输入均值和 x，公式计算的结果显示在电脑屏幕的底部。（从 Excel 2013 版本开始，Excel 中的泊松函数已经被 Poisson. Dist 取代，两者使用的参数相同。）

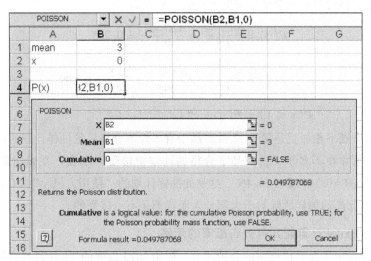

图 8-5　用 Excel 计算泊松分布概率的示例

8.1.6　超几何分布

假设我们从分销商处收到一个批次的 12 件产品。我们急需这些零件，只要不合格品数量少于 3 件就接受这个批次。我们决定只检查 4 件产品，因为没有足够的时间检查所有的零件。在检查样本时发现有 1 件产品不满足要求，我们应该拒收该批次中的其余产品吗？

这种情况涉及无放回抽样。我们从批次中抽取 1 件产品进行检查，然后再从该批次中抽取第 2 件产品。此外，批次的容量较小，样本占到批次总容量的 25% 。计算这种抽样方式的概率的公式称作超几何概率分布，如式（8-9）所示：

$$p(x) = \frac{C_{n-x}^{N-m} C_x^m}{C_n^N} \tag{8-9}$$

在式（8-9）中，N 是批次的容量，m 是该批次中的不合格品数量，n 是样本容量，x 是样本中的不合格品数量。$P(x)$ 是样本中恰好有 x 件不合格品的概率。注意，分子中的项 C_{n-x}^{N-m} 给出了非不合格的组合数，而 C_x^m 则给出不合格的组合数。因此，分子项给出了在含有 m 件不合格品的 N 件产品的批中抽取 n 件产品恰好有 x 件不合格品的抽样安排的总数。分母项 C_n^N 是从 N 件产品的批中抽取 n 件产品的抽样安排组合数，此时不考虑不合格品。从而，在假定条件下抽到不合格品的概率就是两者的比值。

在我们的例子中，我们必须在上述公式中解出 $x = 0$ 和 $x = 1$ 的概率，因为我们没有不合格时我们也会接受该批次产品，解答如下：

$$P(0) = \frac{C_{4-0}^{12-3} C_0^3}{C_4^{12}} = \frac{126 \times 1}{495} = 0.255$$

$$P(1) = \frac{C_{4-1}^{12-3} C_1^3}{C_4^{12}} = \frac{84 \times 3}{495} = \frac{252}{495} = 0.509$$

$$P(x \leq 1) = P(0) + P(1)$$

将两个概率相加就是接受 12 件产品中有 3 件不合格品的抽样计划的概率。检查 4 件产品并在不多于 1 件产品不合格的计划中接受"不良"质量批的概率是 0.255 + 0.509 = 0.764 或者 76.4% 。这是此抽样计划的"使用方风险"（Consumer's Risk），如此高的抽样风险对于大部分人而言都是不可接受的。

使用 Excel 计算超几何分布概率的示例

Excel 内嵌了超几何概率的分析能力。使用 2013 以前的 Excel 版本求解上述问题时，按图 8-6 所示输入总体和样本量。注意，显示在屏幕底部的公式计算结果（0.509）给出了 $x = 1$ 时的概率。为了得到累积概率，我们需要将 $x = 0$ 和 $x = 1$ 的概率加在一起，以此类推。

自 2013 版本以后，Excel 中的 Hypgeomdist 函数已经被 Hypgeom. Dist 取代，并用带有标记为"Cumulative"的额外参数来指定函数的形式：如果是 TRUE（或者 1），其表达式直接提供累积概率，不再需要手动求概率和。比如，使用 Excel 方程式计算上例中小于等于 1 件不合格品的概率：

= HYPGEOM. DIST(1,4,3,12,TRUE)

图 8-6　使用 Excel 计算超几何概率的示例

8.1.7　正态分布

迄今为止，在六西格玛项目中遇到的最常用的连续分布是正态分布。有时，过程本身近似服从正态分布，如果不是，则可以通过对数据进行数学转换或者使用均值，得到正态分布。正态分布的概率密度函数由式（8-10）给出：

$$f(x) = \frac{1}{\sigma \sqrt{2\pi}} e^{-(x-\mu)^2/2\sigma^2} \qquad (8\text{-}10)$$

根据 x 的取值画出 $f(x)$，就得到了广为人知的正态分布"钟形曲线"。正态分布也被称作高斯分布（Gaussian Distribution），图 8-7 是一个正态分布的例子。

在式（8-10）中，μ 是总体的均值，σ 是总体的标准差。这些参数已经在本章前面讨论过。

计算 μ 和 σ 的示例

求解表 8-1 中提供的总体数据所对应的 μ 和 σ。

总体均值的求解公式为：

$$\mu = \frac{1}{N} \sum_{i=1}^{N} x_i \qquad (8\text{-}11)$$

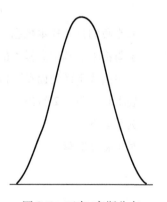

图 8-7　正态/高斯分布

表 8-1　总体数据

i	x_i
1	17
2	23
3	5

用上述数据计算的均值为:

$$\mu = \frac{1}{3}(17 + 23 + 5) = 15$$

方差和标准差都是离散度或分散度的测量。计算总体方差 σ^2 和总体标准差 σ 的公式如下:

$$\sigma^2 = \sum_{i=1}^{N} \frac{(x_i - \mu)^2}{N}$$

$$\sigma = \sqrt{\sigma^2} \tag{8-12}$$

以上述均值 μ 等于 15 的数据为例,计算出它的 σ^2 和 σ,如表 8-2 所示。

表 8-2 总体标准差的计算示例

i	x_i	$x_i - \mu$	$(x_i - \mu)^2$
1	17	2	4
2	23	8	64
3	5	−10	100
总计			168

$$\sigma^2 = 168/3 = 56$$

$$\sigma = \sqrt{\sigma^2} = \sqrt{56} \approx 7.483$$

通常我们仅有样本数据,总体数据无法获得。总体是观察值的全部集合,样本及子集都来自其中。样本的均值、方差和标准差的计算参见本章开头部分。

正态曲线下面的面积可以用数学方法求式(8-10)的积分得到,不过通常都是查表求解。附录 2 给出了正态曲线的面积值。该表是进行了 Z 转换之后的值,转换关系如下:

对于总体数据:

$$Z = \frac{x_i - \mu}{\sigma} \tag{8-13}$$

对于样本数据:

$$Z = \frac{x_i - \overline{X}}{s} \tag{8-14}$$

通过 Z 转换,任何正态分布都变成均值为 0 且标准差为 1 的标准正态分布,这样就可以使用一张表查询所有的正态分布概率。

使用正态分布表的示例

正态分布对于预测长期的过程表现非常有用。假设我们检查微电路生产中的金线黏合工艺的断裂强度并发现平均强度为 9 镑标准差为 4 镑，该过程服从正态分布。如果工程规格要求最小为 3 镑，那么该过程中在规格之下的百分比是多少？

因为使用的是抽样数据，必须使用式（8-14）来计算。

$$Z = \frac{3-9}{4} = \frac{-6}{4} = -1.5$$

图 8-8 展示了这样的情形。

在附录 2 中查找 $Z = -1.5$ 得到对应的低于此 Z 值的面积是 6.68%。那么，将有 6.68% 的断裂强度处于规格下限 3 镑以下。当运用于质量控制场合时，我们通常要求平均值距离规格至少 3 倍标准差。要达成这个要求，我们要

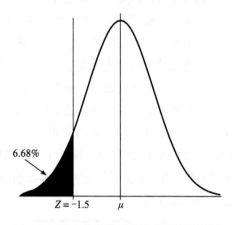

图 8-8　用 Z 表查询正态分布面积的展示

么通过提高断裂强度，要么降低过程的标准差或者两者兼有来改善过程。

使用 Excel 计算正态分布概率的示例

微软 Excel 内嵌了正态分布概率的计算功能。当使用 Excel 求解上述问题时，按照图 8-9 输入均值、标准差和 x 值，显示于屏幕下端的计算结果给出了期望的概率。（从 2013 版本的 Excel 以后，Normdist 函数已经被 Norm. Dist 所取代，两者的参数一致。）

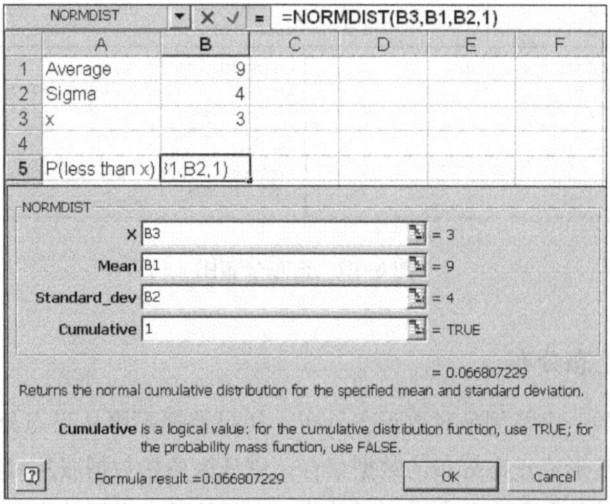

图 8-9　使用 Excel 计算正态分布概率的示例

评估数据的正态性

如果样本数据大体上呈正态分布，不难回答类似于前文的有关样本的大量问题。如果样本数据的显示近似于正态分布，则可以假设数据是正态的。

图 8-10 中显示的正态分布图是评估正态性的方便工具（数据在稍后的表 8-4 中给出）。当近似于正态分布时，数据将沿直线分布，仅有微小的偏离。为了消除在确定某点是否距离直线"太远"时的主观性，分析者应该使用 K-S（Kolmogorov-Smirnov）统计量，该统计量的原假设是数据服从某种分布。K-S 的值在 0 到 1 之间变化，当其值小于 0.05 时表明原假设中的拟合优度应该被拒绝（即有证据表明数据不符合假定的分布）。接近 1 的值表明原假设被拒绝的可能性低，也就是与某种分布的拟合优度高。图中的 K-S 值等于 0.9，表明示例数据可以被近似看作服从于正态分布。

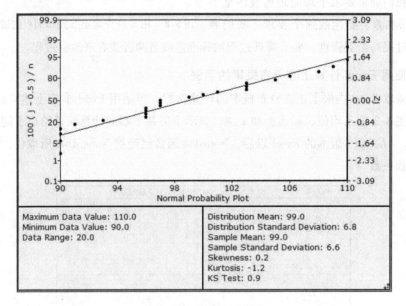

图 8-10　正态分布图

8.1.8　对数正态分布

正态分布的一个特例是对数正态分布。如果数据不服从正态分布，但是经过取自然对数以后形成正态分布的数据集合，则认为原始数据服从对数正态分布。

检查对原始的非正态分布进行对数化正态转换是否有用的步骤如下：

1. 计算每个数据值的自然对数。

2. 使用正态概率图以及如 K-S 统计量等适当的拟合优度检验方法检查经转换数据的正态性。

3. 对于转化以后的数据集合，计算其均值 μ 和标准差 σ。

4. 使用正态分布预测转化后的数据。使用指数函数将 z 值转化成原始数据（即 Excel 中的 EXP 函数）的单位，因为对数化数据值的指数等于原始数据（即 $EXP(LN(x)) = x$）。

对数正态分布举例

例如，我们可以计算在如下表所示的给定过程的样本数据中获得小于 20 的数据的概率。

样本数据值	经取自然对数转换后的值
1. 2	0. 18
0. 3	− 1. 2
5. 7	1. 74
79. 3	4. 37

1. 各原始数据的对数化转换后的值已经在表中提供。

2. 将转换后的数据绘制在正态分布图上。K-S 值为 0. 8 表明原假设不能被拒绝，即认为转换后的数据服从正态分布。

3. 转换后数据的样本均值和标准差分别计算为 1. 27 与 2. 39。

4. 使用累积正态分布函数计算与 20 对应的百分位，此前必须使用自然对数函数将 20 转换成对数正态分布中的对应数值：$LN(20) = 3.00$。使用 Excel 中的 Norm. Dist 函数（在 Excel 2013 之前是 NORMDIST），我们可以用以下的表达式计算出低于转化后数值 3. 00（原数值 20）的百分比是 77%：

$$= NORM. DIST(3, 1.27, 2.39, TRUE)$$

以 95% 为例，与之对应的百分位可以使用 Excel 中的 Norm. Inv 函数（在 2013 之前版本中为 NORMINV）计算得到：

$$= NORM. INV(0.95, 1.27, 2.39)$$

该函数返回的值是 5. 20，使用 Excel 中的 EXP 函数将其转换为原始的对数正态分布其数据为 181. 5。

8. 1. 9 指数函数

在质量控制工作中经常遇到的另一个分布是指数分布，指数分布在分析可靠性时特别有用。指数分布的概率密度函数表达式为：

$$f(x) = \frac{1}{\mu}e^{-x/\mu}, x \geq 0 \qquad (8\text{-}15)$$

与正态分布不同，指数分布的形状是高度偏斜的，小于均值部分的面积比大于均值部分的面积大得多。事实上，指数分布中 63% 以上的概率小于均值，图 8-11 展示了指数分布的概率密度函数。

与正态分布不同，指数分布具有封闭形式的累积概率密度函数（Cumulative Density Function，CDF），也就是说，存在直接得出累积概率的表达式。因为概率可以由表达式直接求得，因此指数函数不需要概率表，参见式（8-16）。

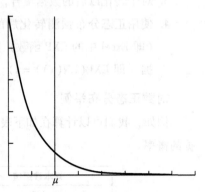

图 8-11　指数分布的概率密度函数曲线

$$P(X \leq x) = 1 - e^{-x/\mu} \qquad (8\text{-}16)$$

使用指数分布累积概率密度的示例

一个城市的供水公司平均每年接报 500 起漏水事故。周末值班人员的工作时间是从周五下午 6:00 到周一早上 6:00，那么周末值班人员不会接到保修电话的概率是多少？

每年漏水的均值 $\mu = 500$ 起，我们必须将此转化为每小时的漏水次数。每年按照 365 天计算，每天 24 小时，全年共 8760 小时。那么故障间隔时间（Mean Time Between Failure，MTBF）是 8760/500 = 17.52 小时。周末工作人员的值班时间从周五下午 6:00 到周一早上 6:00 共 60 小时。因此 $x = 60$。根据式（8-16）可以得到：

$$P(X \leq 60) = 1 - e^{-60/17.52} = 0.967 = 96.7\%$$

因此，值班人员有 3.3% 的周末接不到保修电话。

使用 Excel 计算指数分布概率的示例

微软的 Excel 自带了指数分布概率计算的功能。在使用 Excel 求解上述问题时，按图 8-12 输入均值和 x 值。注意 Excel 中使用 λ 而不是均值进行计算，λ 是均值的倒数。在屏幕底部的公式计算结果直接给出了期望的概率。（自 Excel 2013 版本以后，Expondist 函数由 Expon.Dist 取代，两者使用的参数一致。）

图 8-12　使用 Excel 计算指数分布概率的示例

8.1.10　韦布尔分布

韦布尔分布是另一重要的连续性数据分布，经常用于可靠性分析。上文中讨论的指数分布是更通用的韦布尔分布的一个特例，韦布尔分布可由形状参数 α 和尺度参数 β 即可完全定义。对应 x 值的累积概率由式（8-17）给出：

$$P(X \leqslant x) = 1 - e^{[-(x/\beta)^{\alpha}]} \tag{8-17}$$

累积概率 p 发生时对应的 x 值的求解为：

$$x = \beta \times (-\ln(1-p))^{1/\alpha} \tag{8-18}$$

韦布尔分布举例

例如，可以用累积分布函数来预测形状参数是 2.2、尺度参数是 31 的韦布尔分布中值小于 25 的概率：

$$P(X \leqslant 25) = 1 - e^{[-(25/31)^{2.2}]} = 1 - e^{(-0.623)}$$
$$= 0.464 = 64.4\%$$

在 Excel 中，可以直接使用函数 Weibull. Dist$(x, \alpha, \beta,$ True$)$ 来计算韦布尔累积分布概率（在 Excel 2013 之前版本中使用 Weibull$(x, \alpha, \beta,$ True$)$ 函数）：

$$= \text{WEIBULL. DIST}(25, 2.2, 31, \text{TRUE})$$

根据式（8-18），对于 70% 概率分布的 x 值等于：

$$x = 31 \times (-\ln(1-0.70))^{1/2.2} = 33.73$$

Minitab 具有更简单且全面的韦布尔分布分析方法，包括用拟合韦布尔分布的方法来估计其参数。要求解原先的对应 25 的累积概率问题，在 Calc 菜单中选择 Probability Distribution/Weibull 选项，然后在 Minitab17 中输入下列参数：

> 选择 Cumulative Probability
>
> 在 Shape Parameter 中输入 2.2
>
> 在 Scale Parameter 中输入 31
>
> 在 Input Constant 中输入 25
>
> 选择 OK

类似地，对应韦布尔分布 70% 概率的值可以按如下方法获得：

> 选择 Inverse Cumulative Probability
>
> 在 Shape Parameter 中输入 2.2
>
> 在 Scale Parameter 中输入 31
>
> 在 Input Constant 中输入 0.7
>
> 选择 OK

8.2 连续型数据控制图

在统计过程控制中，均值、极差和标准差是分析测量数据时经常使用的统计量。控制图用来检测这些统计量，任何超过控制限的点都表明出现了导致波动的异常因素，进而应该立即调查以识别该异常因素。

8.2.1 均值 - 极差控制图

均值图是用于评估过程中心趋势随时间变化的统计工具，而极差图则是评估过程离散度或分布程度的统计工具。

均值图回答这样的问题："波动的异常因素导致观察期间的过程中心趋势发生变化了吗？"极差图回答的问题："波动的异常因素导致过程分布的一致性如何变化？"均值和方差图可以用于很多的连续变量，比如重量、尺寸、反应时间等。

控制图的基础是合理子组（参见合理子组的抽样）。合理子组中包括的样本个体应该基本上是在相同条件下生产出来的。对每个子组分别计算均值和方差，然后绘制在控制图上。将每个子组的统计量与控制限比较，并分析组间波动的模式。

子组均值和极差的计算公式

$$\overline{X} = \frac{子组内各测量值的和}{子组的容量} \tag{8-19}$$

$$R = 子组内的最大值 - 子组内的最小值 \tag{8-20}$$

均值和极差图的控制限

均值和极差图的控制限按照这样的思路计算，即一个稳定过程的子组的均值和极差落在控制限之外的可能性很低。所有的控制限都距离控制图中心线上下三个标准差，因此，子组均值的控制限距离总均值上下各三个子组均值的标准差，而子组极差的控制限位于极差均值上下各三个子组极差的标准差之处。对于呈现非正态性的过程分布，控制限也具有非常好的健壮性。

为了便于计算，控制限公式中使用了常数。附录 9 提供了子组容量小于等于 25 时的控制图计算常数，不同控制图常数的变化参见 Burr（1976, pp. 97-105）。

极差图控制限计算公式

$$\overline{R} = \frac{各子组极差和}{子组的数量} \tag{8-21}$$

$$LCL = D_3\overline{R} \tag{8-22}$$

$$UCL = D_4\overline{R} \tag{8-23}$$

使用 $\overline{R}$ 计算均值图控制限计算公式

$$\overline{\overline{X}} = \frac{各子组均值之和}{子组的数量} \tag{8-24}$$

$$LCL = \overline{\overline{X}} - A_2\overline{R} \tag{8-25}$$

$$UCL = \overline{\overline{X}} + A_2\overline{R} \tag{8-26}$$

Minitab 用户应该知道，在 Minitab 17 版本之前，均值控制图中的缺省值设置被定义（在 Option 对话框中的 Estimate 选项卡上）为 Pooled Standard Deviation，这是不正确的。虽然这一错误已经在 Minitab 17 版本中得到改正，先前版本的用户应该在使用 Minitab 的 Xbar-R Chart 选项时验证 Rbar 的设置是否适当。合并标准差总是不能用于控制图，它实际上去除了作为过程分析工具的控制图的基本要素。

均值 - 极差控制图示例

表 8-3 包含 25 个子组，每个子组有 5 个观察值。

表8-3 均值、极差和标准差控制图数据表

抽样1	抽样2	抽样3	抽样4	抽样5	均值	极差	标准差
110	93	99	98	109	101.8	17	7.396
103	95	109	95	98	100.0	14	6.000
97	110	90	97	100	98.8	20	7.259
96	102	105	90	96	97.8	15	5.848
105	110	109	93	98	103.0	17	7.314
110	91	104	91	101	99.4	19	8.325
100	96	104	93	96	97.8	11	4.266
93	90	110	109	105	101.4	20	9.290
90	105	109	90	108	100.4	19	9.607
103	93	93	99	96	96.8	10	4.266
97	97	104	103	92	98.6	12	4.930
103	100	91	103	105	100.4	14	5.550
90	101	96	104	108	99.8	18	7.014
97	106	97	105	96	100.2	10	4.868
99	94	96	98	90	95.4	9	3.578
106	93	104	93	99	99.0	13	6.042
90	95	98	109	110	100.4	20	8.792
96	96	108	97	103	100.0	12	5.339
109	96	91	98	109	100.6	18	8.081
90	95	94	107	99	97.0	17	6.442
91	101	96	96	109	98.6	18	6.804
108	97	101	103	94	100.6	14	5.413
96	97	106	96	98	98.6	10	4.219
101	107	104	109	104	105.0	8	3.082
96	91	96	91	105	95.8	14	5.718

根据以上数据计算的控制限如下：

极差控制图示例：

$$\overline{R} = \frac{各子组极差和}{子组的数量} = \frac{369}{25} = 14.76$$

$$LCL_R = D_3\overline{R} = 0 \times 14.76 = 0$$

$$UCL_R = D_4\overline{R} = 2.114 \times 14.76 = 31.20$$

因为不可能有小于0的子组极差，所以极差控制图上没有显示下控制限LCL。

均值控制图示例

$$\overline{\overline{X}} = \frac{各子组均值之和}{子组的数量} = \frac{2487.2}{25} = 99.49$$

$$LCL_x = \overline{\overline{X}} - A_2\overline{R} = 99.5 - 0.577 \times 14.76 = 90.97$$

$$UCL_x = \overline{\overline{X}} + A_2\overline{R} = 99.5 + 0.577 \times 14.76 = 108.00$$

完整的均值－极差控制图，如图 8-13 所示。

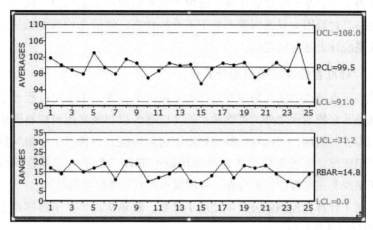

图 8-13　完整的均值－极差控制图

图 8-13 中的控制图表明该过程处于统计控制状态，这仅仅表示我们可以预测该过程的变异范围。要确定过程满足需求的能力，我们必须使用后文的过程能力分析章节所讲述的方法。

参阅在线视频：均值控制图的构建和解读，www.mhprofessional.com/SSH4。

8.2.2　均值－标准差控制图

均值－标准差控制图与均值－极差控制图的概念相同。两者的区别在于前者使用子组的标准差而不是极差来衡量离散度。在子组容量大于 2 的情况下，子组标准差比子组极差在统计上更有效率。而且效率有时随着子组容量的增加而增加。在子组容量等于或大于 10 时，极差统计量显著无效率，因此不建议将极差控制图用于大子组容量的场合。此外，因为六西格玛分析人员不可避免地使用计算机软件进行分析，因此对任何子组容量都推荐使用标准差控制图。

子组均值和标准差的计算公式：

$$\overline{X} = \frac{子组内各测量值之和}{子组的容量} \tag{8-27}$$

$$s = \sqrt{\frac{\sum_{i=1}^{n} (X_i - \overline{X})^2}{n - 1}} \tag{8-28}$$

标准差 s 对于各子组分别计算，使用子组均值而不是总均值。这一点非常重要，因为一旦过程因为异常因素而处于不受控状态，使用总均值将低估过程的能力，甚至是统计上显著的低估。

均值 - 标准差控制图控制限计算公式

均值和标准差图的控制限按照这样的思路计算，即一个稳定过程的子组的均值和标准差落在控制限之外的可能性很低。所有的控制限都距离控制图中心线上下三个标准差。因此，子组均值的控制限距离总均值上下各三个子组均值的标准差，而子组标准差的控制限位于标准差均值上下各三个子组标准差的标准差之处。对于呈现非正态性的过程分布，控制限也具有非常好的健壮性。

为了便于计算，控制限公式中使用了常数。附录 9 提供了子组容量小于等于 25 时的控制图计算常数。

基于 $\bar{s}$ 的标准差图控制限计算公式

$$\bar{s} = \frac{各子组的标准差之和}{子组的数量} \tag{8-29}$$

$$LCL = B_3 \bar{s} \tag{8-30}$$

$$UCL = B_4 \bar{s} \tag{8-31}$$

基于 $\bar{s}$ 的均值图控制限计算公式

$$\overline{X} = \frac{各子组均值的和}{子组的数量} \tag{8-32}$$

$$LCL = \overline{\overline{X}} - A_3 \bar{s} \tag{8-33}$$

$$UCL = \overline{\overline{X}} + A_3 \bar{s} \tag{8-34}$$

Minitab 用户应该知道，在 Minitab17 版本之前，均值控制图中的缺省值设置被定义（在 Option 对话框中的 Estimate 选项卡上）为 Pooled Standard Deviation，这是不正确的。虽然这一错误已经在 Minitab 17 版本中得到改正，先前版本的用户应该在使用 Minitab 的 Xbar-S Chart 选项时验证 Sbar 的设置是否适当。合并标准差总是不能用于控制图，它实际上去除了作为过程分析工具的控制图的基本要素（同时参见第 7 章中有关控制图的更详细的讨论）。

均值 - 标准差控制图示例

为了演示计算过程并比较极差和标准差控制图的区别，对表 8-3 中数据使用子组标准差而不是子组极差重新进行分析。

它们的控制限的计算如下：

标准差控制图

$$\overline{X} = \frac{\text{各子组的标准差之和}}{\text{子组的数量}} = \frac{155.44}{25} = 6.218$$

$$LCL_s = B_3\bar{s} = 0 \times 6.218 = 0$$

$$UCL_s = B_4\bar{s} = 2.089 \times 6.218 = 12.99$$

因为不可能有小于 0 的子组标准差，因而在标准差控制图上没有显示下控制限 LCL。

均值控制图

$$\overline{\overline{X}} = \frac{\text{各子组均值的和}}{\text{子组的数量}} = \frac{2487.2}{25} = 99.49$$

$$LCL_{\bar{x}} = \overline{\overline{X}} - A_3\bar{s} = 99.5 - 1.427 \times 6.218 = 90.62$$

$$UCL_{\bar{x}} = \overline{\overline{X}} + A_3\bar{s} = 99.5 + 1.427 \times 6.218 = 108.36$$

完整的均值 – 标准差控制图，如图 8-14 所示。注意，均值控制限与使用极差方法计算得到的结果只有微小的差别。

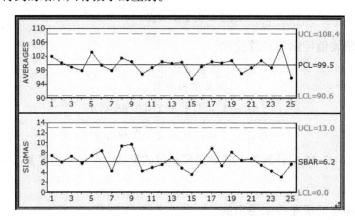

图 8-14　完整的均值 – 标准差控制图

注意，使用极差和标准差所得结论是相同的。

参阅在线视频：均值控制图的计算和在 Minitab 中构建均值控制图，www. mhprofe - ssional. com/SSH4。

8.2.3　单值控制图（X-图）

单值控制图是用于评估过程的中心趋势变化的统计工具，也称作 X-图或者移动均值图。在不能使用均值进行过程控制时，使用单值控制图。有很多可能的原因导致不能使用均值控制图，比如取得观察值成本过高（如破坏性试验）、在短时间内测量结果高度一致（如溶液的 pH 值）、生产的速度很低并且两个连续观察值之间的时间间隔过长，等等。单值控制图也常常用于监控批量生产过程，比如化工工业流程，此时相对于不同批而言同一批产品之间的波动很小以至于标准的均值图上的控制限将会靠在一起。极差图（应用于这样的场合时也叫作移动极差图）用于监控相邻个体观察值的离散程度。

移动极差图的计算

和均值－极差图一样，均值的计算与前一节相同，

$$R = 子组中的最大值 - 子组中的最小值$$

此时的子组为相邻的过程测量值。极差控制限的计算与均值－极差图相同，使用容量为 2 的常数 D_4，即 3.267。也就是：

$$LCL = 0（当 n = 2 时）$$

$$UCL = 3.267 \times \bar{R}$$

单值图均值控制限计算公式

$$\bar{X} = \frac{测量值的和}{测量值的数量} \tag{8-35}$$

$$LCL = \bar{X} - E_2\bar{R} = \bar{X} - 2.66 \times \bar{R} \tag{8-36}$$

$$UCL = \bar{X} + E_2\bar{R} = \bar{X} + 2.66 \times \bar{R} \tag{8-37}$$

其中 $E_2 = 2.66$ 是计算单个测量值控制限的常数，$\bar{R}$ 是子组容量 $n = 2$ 时的极差均值。

单值和移动极差控制图示例

表 8-4 包含 25 个测量值。为便于比较，它们也是之前的均值－方差图和均值－标准差图示例中的每个子组的第一个观察值。

根据上述数据计算的控制限如下：

移动极差控制图的控制限：

$$\bar{R} = \frac{各极差的和}{极差的数量} = \frac{196}{24} = 8.17$$

$$LCL_R = D_3 \overline{R} = 0 \times 8.17 = 0$$

$$UCL_R = D_4 \overline{R} = 3.267 \times 8.17 = 26.69$$

表8-4 用于单值-移动极差控制图的数据

抽样1	极差	抽样1	极差	抽样1	极差
110	无	103	13	109	13
103	7	97	6	90	19
97	6	103	6	91	1
96	1	90	13	108	17
105	9	97	7	96	12
110	5	99	2	101	5
100	10	106	7	96	5
93	7	90	16		
90	3	96	6		

单值控制图控制限:

$$\overline{X} = \frac{各测量值的和}{测量值的数量} = \frac{2476}{25} = 99.04$$

$$LCL_X = \overline{X} - E_2 \overline{R} = 99.0 - 2.66 \times 8.17 = 77.27$$

$$UCL_X = \overline{X} + E_2 \overline{R} = 99.0 + 2.66 \times 8.17 = 120.73$$

完整的单值-移动极差控制图,如图8-15所示。

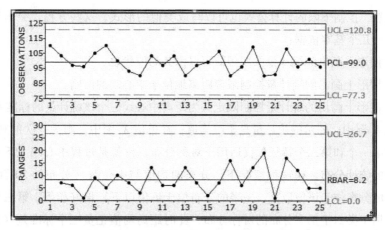

图 8-15 完整的单值-移动极差控制图

可见,本例中的结论与均值图相同。然而,均值图的控制限总是比单值图更紧凑。在某些情况下,均值图的高敏感性无论从经济上还是从工程上讲都不能表明其必要性。当这样的情形发生时，使用均值图只会浪费金钱，因为它所考察的异常因素不具有重要性。

非正态过程的特殊考虑

虽然在计算过程中并没有明示，但是实际上单值图（以及先前的均值图）的控制限都是在中心线上下各三个标准差的位置上。例如，在式（8-25）和式（8-26）中的常数因子 A_2 是通过下列方法计算出来的：

$$A_2 = \frac{3}{d_2\sqrt{n}} \tag{8-38}$$

在式（8-25）和式（8-26）中，因子 A_2 需要乘上 $\overline{R}$ 的值。然而，也可以得到子组均值标准差的计算如下：

$$\sigma_{\overline{x}} = \frac{\overline{R}}{d_2\sqrt{n}} \tag{8-39}$$

因此，式（8-25）也可以写作：

$$UCL_{\overline{x}} = \overline{\overline{X}} + 3\sigma_{\overline{x}} \tag{8-40}$$

类似地，过程的标准差可以按照下面的公式计算：

$$\sigma_X = \frac{\overline{R}}{d_2} \tag{8-41}$$

从而式（8-37）可以简化为：

$$UCL_X = \overline{X} + 3\sigma_X \tag{8-42}$$

显然，控制下限的计算公式也可以写成类似的形式，这些方程式突出显示了控制图的几个基本依据：

1. 图形上画出的统计量的期望值可以由其均值代表。

2. 图形上画出的统计量控制限等距离地位于中心线的两侧。

3. 图形上画出的统计量控制限定义为距离中心线三个该统计量的标准差。

在 $\overline{X}$-图中，图示的统计量是子组均值；在单值 X-图中，则为一次的观察值。上述的第一个和第二个特征仅仅适用于对称分布，也就是过程中心线上下形状互为镜像的统计分布。在这种情况下，分布的均值与中位数（分布的 50 百分位，即一半的分布位于该值以上，一半的分布位于该值以下）恰好相等。第三个特征同样适用于类似于正态分布的对称分布，此时距离均值正负三个标准差（即 z 的取值为 $-3 \sim +3$）的区域涵盖了分布的 99.73%。在这种情况下，当过程均值和标准差稳定时（即不存在波动的异常因素），控制图上的控制限可以在统计上代表期望的过程行为表现的合理边界。

　　然而，自然界和商业行为中的很多过程并不是完全正态分布的。过程设计人员和改善团队往往采取措施特意排除带有长尾的对称分布，比如，自带停机功能的截止操作。在其他的时候，变量的特征决定了其边界，比如循环时间或者排队时间不可能为负值。在这些情况下，当改善过程以降低循环时间时，改善后分布的边界会受到限制。正态分布的频繁使用并不能证明其普遍适用性，因为其简单。正态分布的特性已经得到充分的研究，只要实际的过程分布与正态分布"足够"近似，使用正态分布就可以极大地简化统计分析。

　　考虑标在图 8-16 上的标准单值 X-控制图的过程数据（Keller，2011），显示在左上部的直方图与右侧的控制图相对应。注意，直方图上的数据在接近 0 的地方出现明显的边界，没有比 0 小的数据存在。这些数据可以代表任何以 0 为边界的过程，比如循环时间、等待时间、表面光洁度、总跳动（Total Indicator Reading，TIR）等。

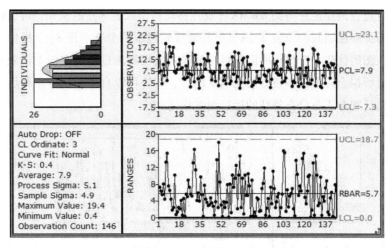

图 8-16　非正态分布过程数据的标准单值 X-图

　　过程数据的非对称性与上述的前两个条件相悖，实际上计算出的低于均值三个标准差的控制下限远小于其可能的取值。位于过程的最小取值 0 和计算出的下控制限之间的死区使控制图无法探测出中心线以下的任何过程偏移。任何对于过程均值的改善（即过程均值向更小值偏移）都无法在控制图上表现出来。

　　幸运的是，非正态过程数据可以轻易地转换成正态的，然后再分析过程的稳定性。在第 10 章讨论的方差稳定部分提出的 Box-Cox 转换是方法之一。另一种更简单的方法是按照合理子组原则划分子组，然后在 $\overline{X}$-图上分析子组数据。如中心极限定理所预示的，画在 $\overline{X}$-图上的子组均值将呈现正态性，即便只有 3~5 个个体的很小子组容量且分布偏度很大也没有关系。本章下文中的"过程能力指数"部分给出了使用此种方法一个例子。在图 8-46 中展示的 EWMA 控制图，或者更简单的移动平均控制图，也能用于统计控制中的非正态过程数据分析。

不幸的是，因为单值 X-图提供了分析过程的简单模型，即使经验丰富的实践人员也往往将画在均值图上的均值与过程的规格进行比较，这种事情是常见的，就好像它们是单个观察值一样。这样做是错误的，因为就像前文所述，子组均值的分布比单个观察值的分布要狭窄得多（两者相差的系数是 $\sqrt{n}$，其中 n 是子组的容量）。直接将图上的均值与规格进行比较可以导致误导：虽然所有的子组均值可能都处于规格之内，子组中的所有观察值都超出规格要求也是可能的。例如，包含观察值 6、8、14、16 的子组均值是 11，该均值处于规格要求的 10 到 12 之间，但是没有一个观察值满足规格要求。顾客所要求的规格不能应用于均值，但是顾客期望每个及所有的观察者都处于规格要求之内。

一旦过程的稳定性得到 EWMA（或者移动均值或者 $\overline{X}$）的验证，可以构建具有非正态分布控制限的单值 X-图来更好地反映过程的分布。图 8-17 提供了一个例子。该图的优势在于分析的简单性：过程人员仅需验证绘制在图上的观察值没有超出为所拟合过程分布建立的控制限即可。软件可以自动运用本章稍后讨论的经修订以反映非正态分布特征的运行测试规则。

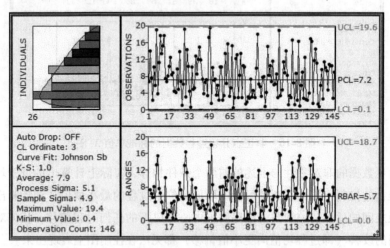

图 8-17   用于非正态分布过程数据的经修订的单值 X-图

参阅在线视频：在过程控制图上分析单值数据，www. mhprofessional. com/SSH4。

8.3　离散型数据控制图

8.3.1　不良品率控制图（p 图）

p 图是用于评估过程产生的不良品率或者不合格品率的统计工具。p 图可以运用于任何以产品件数作为绩效衡量方法的变量。p 图回答的问题是："波动的异常因素在观察期间导致了过程的中心趋势变化从而不正常地产生或多或少的不合格产品吗？"

p 图控制限计算公式

和所有的控制图一样，p 图也包括三条线：中心线、控制下限和控制上限。中心线是平均的不良品率，两条控制限距离中心线三个标准差。如果过程处于统计控制状态，那么几乎所有的不良品率都会处于控制限之间，它们将围绕中心线随机波动。

$$p = \frac{子组的不良品数}{子组的容量} \tag{8-43}$$

$$\bar{p} = \frac{所有子组的不良品数之和}{所有子组容量之和} \tag{8-44}$$

$$LCL = \bar{p} - 3\sqrt{\frac{\bar{p}(1-\bar{p})}{n}} \tag{8-45}$$

$$UCL = \bar{p} + 3\sqrt{\frac{\bar{p}(1-\bar{p})}{n}} \tag{8-46}$$

在式（8-45）和式（8-46）中，n 是子组的容量。如果子组容量变化，那么控制限也会随之变化，并随着 n 的增大而变窄。

p 图的分析

和所有控制图一样，如果存在超出上下控制限的数据点就表明可能出现了异常因素。如果样本容量不相同，则分析控制限之间的 p 图的模式将变得异常复杂，因为 p 的分布会随着样本容量的变化而变化。

p 图计算示例

随机打开每个运输批次中的托盘，并清点带有擦伤的桃子的数量，得到表 8-5 中的数据。每个托盘中放 250 个桃子。一般来说，从每个运输批次中抽取一个托盘。不过，如果有兼职人员的帮助，则每个运输批次抽取 2 个托盘进行检查。

表8-5 *p*图原始数据

运输批次	抽样托盘数量	桃子数量	擦伤数量	*p*-值
1	1	250	47	0.188
2	1	250	42	0.168
3	1	250	55	0.220
4	1	250	51	0.204
5	1	250	46	0.184
6	1	250	61	0.244
7	1	250	39	0.156
8	1	250	44	0.176
9	1	250	41	0.164
10	1	250	51	0.204
11	2	500	88	0.176
12	2	500	101	0.202
13	2	500	101	0.202
14	1	250	40	0.160
15	1	250	48	0.192
16	1	250	47	0.188
17	1	250	50	0.200
18	1	250	48	0.192
19	1	250	57	0.228
20	1	250	45	0.180
21	1	250	43	0.172
22	2	500	105	0.210
23	2	500	98	0.196
24	2	500	100	0.200
25	2	500	96	0.192
总计		8 000	1 544	

以第一个子组为例，使用式（8-43）计算*p*-值：

$$p = 47/250 = 0.188$$

这些计算得到的*p*-值显示在表8-5的最后一列中，使用式（8-44）计算中心线如下：

$$\bar{p} = \frac{\text{所有子组的不良品数之和}}{\text{所有子组容量之和}} = \frac{1544}{8000} = 0.193$$

中心线将用于所有的子组。使用式（8-45）和式（8-44）计算控制限，不同的子组容量分别计算：

当 $n = 250$ 时（1 个托盘）：

$$LCL = \bar{p} - 3\sqrt{\frac{\bar{p}(1-\bar{p})}{n}} = 0.193 - 3\sqrt{\frac{0.193 \times (1 - 0.193)}{250}} = 0.118$$

$$UCL = \bar{p} + 3\sqrt{\frac{\bar{p}(1-\bar{p})}{n}} = 0.193 + 3\sqrt{\frac{0.193 \times (1 - 0.193)}{250}} = 0.268$$

当 $n = 500$ 时（2 个托盘）：

$$LCL = \bar{p} - 3\sqrt{\frac{\bar{p}(1-\bar{p})}{n}} = 0.193 - 3\sqrt{\frac{0.193 \times (1 - 0.193)}{500}} = 0.140$$

$$UCL = \bar{p} + 3\sqrt{\frac{\bar{p}(1-\bar{p})}{n}} = 0.193 + 3\sqrt{\frac{0.193 \times (1 - 0.193)}{500}} = 0.246$$

控制图及子组的不良品率，如图 8-18 所示。

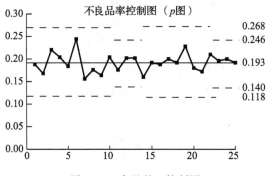

图 8-18　完整的 p 控制图

p 图使用指南

确定是否真的需要"移动控制限"。或许可以使用平均子组样本容量（总的检验产品数除以总的子组数）计算控制限。在本例中，样本容量从 250 翻倍到 500 以后，控制限几乎没有变化。表 8-6 展示了基于 250、500 和平均样本容量（8000 ÷ 250 = 320 个桃子）所得的不同控制限。

注意，使用平均样本容量和使用实际样本容量得到相同的过程绩效结论。在样本容量变

表 8-6　使用平均样本容量的效果

样本容量	下控制限	上控制限
250	0.118 1	0.267 9
500	0.140 0	0.246 0
320	0.126 8	0.259 2

化不是太大时通常都是这样。在这方面有很多的经验法则，但是大部分都极其保守。评估基于平均样本容量所得控制限的最好方法就是用上述方法对其进行检查。SPC 全都是为了提升决策质量的。总的来说，要使用最简单的可以得到正确决策的方法。

8.3.2 不良品数控制图（np 图）

np 图是用于评估一个过程所生产的不良品的数量或者不合格品数量的统计工具。np 图可以用于任何以产品数量作为适当的绩效衡量指标且子组容量保持不变的变量。注意，可以使用 np 图的场合，p 图也一定适用。

np 图控制限计算公式

和所有的控制图一样，np 图也有三条指示线：中心线、下控制限、上控制限。中心线表示每个子组中的不良品数量的均值，两条控制限根据正负三个标准差设定。如果过程处于统计控制状态，那么几乎所有的子组不良品数量都会在两个控制限之间，它们将围绕中心线随机波动。

$$np = 子组不良品数量 \tag{8-47}$$

$$\overline{np} = \frac{所有子组不良品数量之和}{子组的数量} \tag{8-48}$$

$$LCL = \overline{np} - 3\sqrt{\overline{np}(1-\overline{p})} \tag{8-49}$$

$$UCL = \overline{np} + 3\sqrt{\overline{np}(1-\overline{p})} \tag{8-50}$$

注意，

$$\overline{p} = \frac{\overline{np}}{n} \tag{8-51}$$

np 图计算示例

在每个运输批次中随机抽取一个托盘并清点有擦伤桃子的数量，得到表 8-7 中的数据。每个托盘有 250 个桃子（np 图要求 n 保持不变）。

表 8-7 np 图原始数据

运输批次	带伤桃子数量
1	20
2	28
3	24
4	21
5	32
6	33
7	31
8	29
9	30
10	34
11	32

（续）

运输批次	带伤桃子数量
12	24
13	29
14	27
15	37
16	23
17	27
18	28
19	31
20	27
21	30
22	23
23	23
24	27
25	35
26	29
27	23
28	23
29	30
30	28
总计	838

使用上述数据计算的中心线和控制限如下：

$$\overline{np} = \frac{\text{所有子组不良品数量之和}}{\text{子组的数量}} = \frac{838}{30} = 27.93$$

$$LCL = \overline{np} - 3\sqrt{\overline{np}(1-\overline{p})} = 27.93 - 3\sqrt{27.93 \times (1 - \frac{27.93}{250})} = 12.99$$

$$UCL = \overline{np} + 3\sqrt{\overline{np}(1-\overline{p})} = 27.93 + 3\sqrt{27.93 \times (1 - \frac{27.93}{250})} = 42.88$$

控制限和子组不良品数量，如图 8-19 所示。

8.3.3　单位缺陷数控制图（u 图）

u 图是用于评估一个过程生产的产品中单位产品上所具有的平均缺陷数量的统计工具。u 图可以运用于任何以特定事件的发生次数为适当的绩效衡量标准的变量。u 图回答的问题是："波动的异常因素导致观察期间过程中心趋势发生变化，从而使某事件发生次数不正常地变多或者变少吗？"注意，与 p 图或者 np 图不同，u 图不需要对缺陷产品进行计数，它只需对事件进行计数。比如，在使用 p

图的时候，人们需要清点带擦伤桃子的数量。在使用 u 图的时候，清点的是擦伤发生的次数。

u 图控制限计算公式

和所有的控制图一样，u 图也有三条指示线：中心线、下控制限、上控制限。中心线表示单位缺陷数，两条控制限根据正负三个标准差设定。如果过程处于统计控制状态，那么几乎所有的子组单位缺陷数都会在两个控制限之间，它们将围绕中心线随机波动。

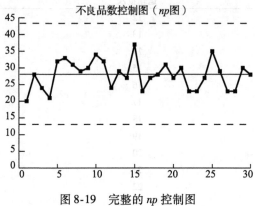

图 8-19 完整的 np 控制图

$$u = \frac{子组中事件发生次数}{子组的单位数} \tag{8-52}$$

$$\bar{u} = \frac{所有子组事件发生次数之和}{所有子组的单位数之和} \tag{8-53}$$

$$LCL = \bar{u} - 3\sqrt{\frac{\bar{u}}{n}} \tag{8-54}$$

$$UCL = \bar{u} + 3\sqrt{\frac{\bar{u}}{n}} \tag{8-55}$$

在式（8-54）和式（8-55）中，n 是子组中个体的数量。如果子组容量变化，控制限也随之变化。有助于确定某组数据到底适用于 u 图还是 p 图的一种方法是检查其控制图中心线的计算公式。如果分子和分母中的计量单位相同，表示 p 图适用，否则表示 u 图适用。例如，

$$中心线 = \frac{每个托盘中的擦伤数量}{托盘的数量} \tag{8-56}$$

分子是关于擦伤的而分母是关于托盘的，两者单位不同，因此应该使用 u 图。

单位大小可以任意制定，但是一旦制定在未重新计算所有子组的平均缺陷数和控制限之前不能变更。举例说明，如果事件的发生为事故，一个单位是 100 000 小时的工作时间，那么工作时间是 250 000 小时的月份对应 2.5 个单位，而工作时间是 50 000 小时的月份就是 0.5 个单位。如果一个单位是 200 000 小时的工作时间，则上述两个月份就分别是 1.25 和 0.25 个单位。中心线和控制限的计算公式将"自动"考虑单位的容量，因此不管对于哪种单位容量，控制图都将给出相同的结果。

u 图的分析

和所有的控制图一样，如果有任何的点超过上控制限或者低于下控制限，则表明可能存在异常因素。如果样本容量不相同，则分析控制限之间的 u 图的模式将变得异常复杂，在这种情况下通常不对它进行分析。

u 图计算示例

随机抽取每个运输批次中的托盘并清点桃子上擦伤的数量，得到如表 8-8 所示的数据。每个托盘盛放 250 个桃子，我们将单位容量设定为一个装满的托盘，也就是说，我们将对托盘计数，而不是对桃子计数。通常情况下，一个运输批次抽取一个托盘作为样本。然而，如果可以获得兼职人员的帮助，则抽取两个托盘作为样本。

表 8-8　u 图原始数据

运输批次	单位（托盘）	缺陷数	单位缺陷数
1	1	47	47
2	1	42	42
3	1	55	55
4	1	51	51
5	1	46	46
6	1	61	61
7	1	39	39
8	1	44	44
9	1	41	41
10	1	51	51
11	2	88	44
12	2	101	50.5
13	2	101	50.5
14	1	40	40
15	1	48	48
16	1	47	47
17	1	50	50
18	1	48	48
19	1	57	57
20	1	45	45
21	1	43	43
22	2	105	52.5
23	2	98	49
24	2	100	50
25	2	96	48
总计	32	1 544	

使用上述数据计算得到的中心线和控制限如下：

$$u = \frac{子组中事件发生次数}{子组的单位数}$$

计算结果显示在表8-8最后一列。

$$\bar{u} = \frac{所有子组事件发生次数之和}{所有子组的单位数之和} = \frac{1544}{32} = 48.25$$

这个计算结果用于所有的子组。

当 $n = 1$ 时，

$$LCL = \bar{u} - 3\sqrt{\frac{\bar{u}}{n}} = 48.25 - 3\sqrt{\frac{48.25}{1}} = 27.411$$

$$UCL = \bar{u} - 3\sqrt{\frac{\bar{u}}{n}} = 48.25 + 3\sqrt{\frac{48.25}{1}} = 69.089$$

当 $n = 2$ 时，

$$LCL = \bar{u} - 3\sqrt{\frac{\bar{u}}{n}} = 48.25 - 3\sqrt{\frac{48.25}{1}} = 33.514$$

$$UCL = \bar{u} - 3\sqrt{\frac{\bar{u}}{n}} = 48.25 + 3\sqrt{\frac{48.25}{1}} = 62.986$$

控制限以及子组的单位缺陷数，如图8-20所示。

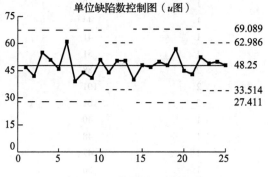

图8-20 完整的 u 控制图

读者可能注意到构建 u 图的数据和用于 p 图的数据相同，除了计数的对象是事件发生次数（擦伤）而不是实际产品的数量（有擦伤的桃子）外。在应该使用 p 图的时候使用了 u 图通常不会产生严重的实际后果，反之亦然。不管是使用 u 图还是 p 图，在六西格玛项目中所遇到的大部分情况下，两者基于控制图的决策非常相似。

8.3.4　缺陷数控制图（c 图）

c 图是用于评估一个过程生产的产品中单位产品上所具有的缺陷数量的统计工具。c 图可以运用于任何以特定事件的发生次数为适当的绩效衡量标准且样本容量相同的变量。c 图回答的问题是："波动的异常因素导致观察期间过程中心趋势发生变化从而使某事件发生次数不正常地变多或者变少吗？"注意，与 p 图或者 np 图不同，c 图不需要对缺陷产品进行计数，它只需对事件进行计数。比如，在使用 np 图的时候，人们需要清点有擦伤桃子的数量。在使用 c 图的时候，清点的是擦伤发生的次数。

c 图控制限计算公式

和所有的控制图一样，c 图也有三条指示线：中心线、下控制限、上控制限。中心线表示单位缺陷数的平均值，两条控制限根据正负三个标准差设定。如果过程处于统计控制状态，那么几乎所有的子组单位缺陷数都会在两个控制限之间，它们将围绕中心线随机波动。

$$\bar{c} = \frac{\text{所有子组事件发生次数之和}}{\text{子组数量之和}} \tag{8-57}$$

$$LCL = \bar{c} - 3\sqrt{\bar{c}} \tag{8-58}$$

$$UCL = \bar{c} + 3\sqrt{\bar{c}} \tag{8-59}$$

有助于确定某组数据到底适用于 c 图还是 np 图的一种方法是检查其控制图中心线的计算公式。如果分子和分母中的计量单位相同，则表示 p 图适用，否则表示 c 图适用。例如，

$$\text{中心线} = \frac{\text{擦伤的数量}}{\text{托盘的数量}}$$

分子是关于擦伤的而分母是关于托盘的，两者单位不同，因此应该使用 c 图。

单位大小可以任意制定，但是一旦制定以后在未重新计算所有子组的单位缺陷数和控制限之前不能变更。

c 图的分析

和所有的控制图一样，如果有任何的点超过上控制限或者低于下控制限，则表明可能存在异常因素。c 图在控制限之间表现出的模式的分析，见本章下文。

c 图计算示例

随机抽取每个运输批次中的托盘并清点桃子上擦伤的数量，得到如表 8-9 所

示的数据。每个托盘盛放 250 个桃子，我们将单位容量设定为一个装满的托盘，也就是说，我们将对托盘计数，而不是对桃子计数。每个子组都包含一个托盘。如果子组容量变化，则需要使用 u 图。

表 8-9　c 图原始数据

运输批次	缺陷数
1	27
2	32
3	24
4	31
5	42
6	38
7	33
8	35
9	35
10	39
11	41
12	29
13	34
14	34
15	43
16	29
17	33
18	33
19	38
20	32
21	37
22	30
23	31
24	32
25	42
26	40
27	21
28	23
29	39
30	29
总计	1 006

使用上述计算的中心线和控制限如下：

$$\bar{c} = \frac{\text{各子组缺陷数之和}}{\text{子组的数量}} = \frac{1006}{30} = 33.53$$

$$LCL = \bar{c} - 3\sqrt{\bar{c}} = 33.53 - 3\sqrt{33.53} = 16.158$$

$$UCL = \bar{c} - 3\sqrt{8\bar{c}} = 33.53 + 3\sqrt{33.53} = 50.902$$

控制限和各子组缺陷数，如图 8-21 所示。

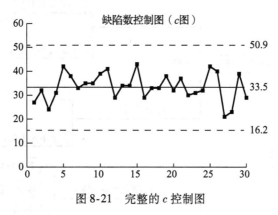

图 8-21　完整的 c 控制图

参见在线视频：并列过程对计数型控制图的影响，www.mhprofessional.com/SSH4。

8.4　控制图的选择

如果方法得当，则为一组特定数据选择合适的控制图是简单的事情，选择的方法如图 8-22 所示。

使用决策树的时候，从最左侧的节点开始先确定数据类型是计量型还是计数型的。如果是计量型数据，则按照合理子组的容量选择控制图。如果数据是计数型的，则确定所计数的对象是产品本身还是缺陷数。查看过程均值的计算公式可以帮助确定。如果分子分母对应的单位相同，则表明可以使用 p 图或 np 图。如果涉及不同的测量单位，则使用 u 图或者 c 图，因为分子对应事件而分母对应抽样期间。

合理子组抽样计划

所有控制图的基础都是合理子组。合理子组中的个体需要在基本相同的条件下生产出来，例如，均值和极差等统计量对于各子组分别计算，然后绘制在控制图上。如果可能，就使用连续生产的产品作为合理子组。每个子组的统计量再与控制限做比较，并分析子组间的波动模式。需要注意这种方法与计数型统计方法中随机抽样的显著区别。

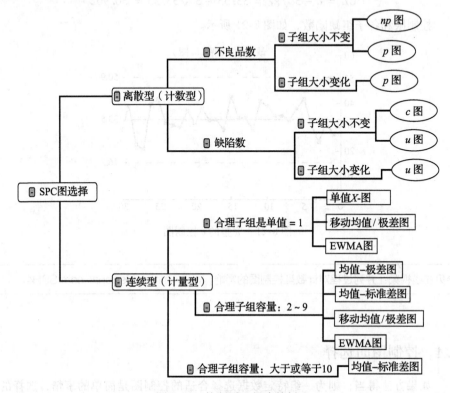

图 8-22 控制图选择决策树

理解子组在控制图中的作用有助于理解合理分组的概念，子组相当于在某一时点的过程快照。以均值图（$\bar{X}$-图）为例，每个子组数据都是过程位置的估计值，而极差图（或者标准差图）则提供了子组组内短期波动的估计值。均值控制限的定义以组内波动的均值为基础（例如，使用组内极差的均值来估计），并且当可以用短期组内波动预测长期组间波动时，过程即处于统计控制状态。当长期组内波动不能由组内短期波动所预测时，则说明有异常因素被识别出来，或者更确切地说，可操作定义了异常因素。

因此，子组最根本的功能是估计过程中的随机因素。因为组内波动用于定义控制限的宽度，因此导致组内波动的因素也是导致组间波动的因素，这一点非常关键。这并不是说每个子组及所有子组所包含的过程波动因素都相同，而是说确定波动因素的系统是一致的。考虑下述情况：

1. 测量由多头填充机装填的 6 瓶啤酒的装填量，将得到的 6 个测量值划分为一个子组。每小时得到一个新的子组数据（即由相同填充机装填的另外 6 瓶啤酒）。

2. 测量挤压板材的厚度。因为板材厚度会沿其宽度而变化，因此需测量三个位置形成一个子组，每 10 分钟测量一个新子组的数据（即沿其长度上的不同位置测量）。

上面的两个例子中，任何一个子组都不是合理子组，因为在该系统中，影响组内波动的因素与影响组间波动的因素不同。在啤酒装瓶操作中，装填量波动受到填充头差异的影响。各填充头之间的喷嘴尺寸和填充压力的一致性差异会导致组内波动过大，这将掩盖任何单一填充头的填充量长期波动。此案例所表现出的特征如图 8-23 所示：很多子组都紧紧围绕在均值图中心线上（违反运行检验模式 7 的点在图上被圈出，运行检验的讨论见下节，可以用它发现分组错误）。

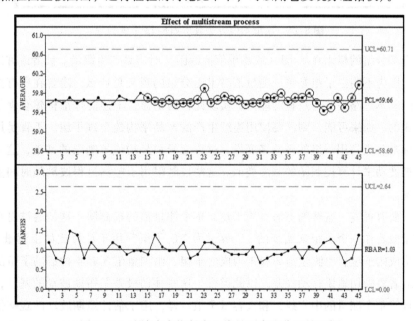

图 8-23　连续多点抱紧中心线是不合理分组的证据

可以用一种特殊版本的均值图来解决连续多点抱紧中心线的问题，这种控制图有时也被称作批均值图（在 Minitab 软件中将这种控制图称作 Between-within Chart）。极差图（或者标准差图）则用于检测过程的波动，但是均值图由单值图取代，该单值图的控制限根据各子组均值的移动极差计算获得。用批均值方法绘制图 8-23 中的数据，结果如图 8-24 所示。

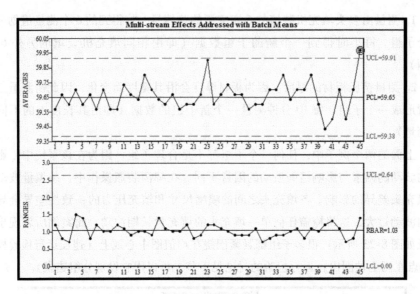

图 8-24   用批均值方法分析图 8-23 中的数据

合理分组的概念在 X-图（或称单值控制图）时容易产生混淆。读者或许感到困惑，因为不明白子组是单一测量值时术语分组的意义是什么。隐含在所有控制图里的基本思路是获得过程的能力，实现此目的是通过上述的仔细构建合理子组来完成的。如果可能，则需要使用连续生产的产品来构建合理子组。不管是用子组的标准差还是用子组的极差来度量，过程变异都是均值控制限的基础，这和根据短期波动来计算控制限的概念类似。这些控制限用于监测过程波动随时间变化的情况。

只要有可能，这样的方法也用于建立单个测量值的控制限。这是通过将相邻的测量值看作一个子组来实现的。"容量为 2 的子组"用于计算比如由测量值 1 和 2 构成的子组、由测量值 2 和 3 构成的子组、由测量值 3 和 4 构成的子组的极差，或者更确切地说移动极差，以此类推。这些移动极差是短期波动的基础，并用于计算单个测量的中心线。和大容量子组一样，用于估计短期波动的观察值相互独立非常重要。当它们之间相互不独立时，我们说过程是自相关的，或者说具有序列相关性（这两个术语意义相同）。自相关可能会在变化的过程中出现（Keller，2011）。

- **服务业过程**：当顾客排队等候服务时，每个顾客依次接受服务，任一顾客的等待时间或者排队时间都受到排在他前面的紧邻顾客的等待时间的影响。在前一个顾客的服务没有结束之前，第二个顾客不可能得到服务，因此观察值之间不独立，它们是相关的。

- **化工生产过程**：如果两次抽样之间时间相差很短，那么从一批液体中抽取的样本会受到其前一样本的影响。同一个批次的样本基本上是同质的，它们的性质变化非常缓慢，因此在任一时间点的测量值都与其紧邻的前一样本相关。
- **离散零件制造过程**：基于之前测量值进行连续调整的过程中的反馈控制系统在短时间间隔内收集的数据之间具有自相关关系。

自相关会导致过程标准差的估计出现偏倚。在上述的例子中，相对而言较小的短期标准差估计值会产生比过程实际情况更窄小的控制限，如图 8-25 所示。

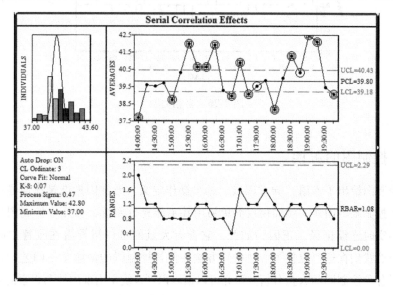

图 8-25　存在自相关的控制图

使用图 8-25 中数据绘制的自相关图如图 8-26 所示，该图有助于理解以产品数量表示的抽样期间的自相关效应长度（也称作滞后期间）。

该图显示，滞后期间从 1 期到 4 期呈现显著的自相关，因此使用第五个样本的数据来构建相互独立的样本。（在该图底部显示的偏自相关函数，Partial Auto-correlation Function 或者 PACF，显示出显著的一阶效应，因此可能滞后一个抽样期间的效应起主导作用，而且滞后期间从 2 ~ 4 期的影响特别不显著。）

参见在线视频：控制图解读：自相关，www. mhprofessional. com/SSH4。

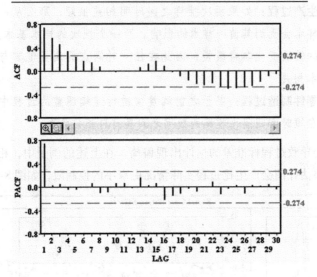

图 8-26 自相关图

8.5 控制图的解读

控制图给出了术语"异常因素"的可操作定义。异常因素就是任何导致观察值超越控制限的因素，然而仅仅简单易用并不能充分发挥其效用。控制图是过程绩效的实时连续记录，正因为如此，它含有大量的可以指导潜在改善方向的信息。虽然我们在这里提供了一些指导方法，但是控制图的解读是一门艺术，只有通过对各种控制图的大量分析并研究可以据以识别系统中出现的波动因素的各种运行模式才可以掌握它。反常模式就是一种经典的异常因素情形（见图 8-27）。反常结果源自影响大且不经常发生的异常因素。在研究反常值时，需要在因果图中寻找符合此判断标准的原因。识别反常因素的关键是收集和记录数据的时间表。如果找不到异常因素，可以试着加大抽样频次。

在当前过程值部分由前一过程状态决定时，一般可以看到过程漂移。以电镀液为例，电镀槽中的溶

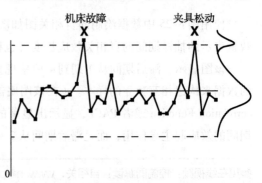

图 8-27 控制图模式：反常模式

液不可能突然变化，它只会逐渐变化（见图 8-28）。另一个常见的例子是机床的磨损：机床的尺寸与其先前的尺寸总是有关的。一旦确定漂移的原因，就可以采取适当的措施。只要经济上可行，就应该消除过程的漂移，例如，为电镀液安装化学药品自动配给装置，或者在机床上添置自动补偿调整功能以纠正磨损。注意，当过程存在漂移时总的过程变异增大，导致成本增加。如果消除

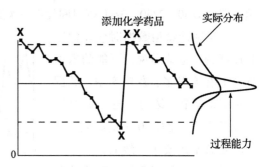

图 8-28　控制图模式：漂移

过程漂移不可能，则可以采用下述两种方法之一来调整控制图：

1. 让中心线和控制限的斜率和自然的过程漂移相匹配。此时，控制图就可以发现偏离自然漂移过程的异常因素。

2. 基于自然的或者期望的漂移绘制各子组的偏离量。

过程的特性决定了时常出现周期性现象。常见的周期包括每天中的某些小时、每周中的某些天、每天中的某些月份、每天中的某些季节、会计期间中的某些周，等等（见图 8-29）。呈现周期性是因为按照常规计划调整过程的输入或生产方法造成的。该计划的存在及其对过程的影响或许是已知的，也可能

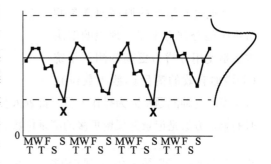

图 8-29　控制图模式：周期

之前并不知道。一旦发现了周期性，就可以采取措施。所采取的措施可能是调整控制的绘制方法，基于变化的基础绘制过程数据。例如，如果因为工作负荷的原因导致一个星期中的发运差错按照工作日呈现周期性，可以按照每 100 个订单出现的发运差错而不是每天的差错绘制控制图。另外，通过变更系统来消除周期或许值得。在输入保持稳定以及生产方法尽可能变化少时，大部分的过程效率更高。

受控的过程仅仅呈现"看起来随机"的波动。如果每 n 个观察值都出现有别于随机的现象，那么这种模式显然是非随机的（见图 8-30），有时这样的模式非常难以察觉。有时，查看平均的不良品率是否与已知的过程环节的倍数相接近有

助于发现这种模式。比如，如果一个具有 40 个站位的装填机器，可以查看每个装填周期的 1/40、2/40、3/40 等时间发生一次的质量问题。

当绘制计量型数据时假设数字是连续的，也就是说，可能的取值理论上有无限多。在现实中，数据不可能是完全连续的（见图 8-31）。当数据超过，比如 10 个的时候，这个问题就不重要了。然而，如果只有少量的几个数字反复出现将给分析造成问题。常见的问题是此时的极差图低估了极差的均值，造成均值图和极差图上的控制限过于靠近。结果出现大量的"误报警"，并因此丧失对 SPC 的信心。

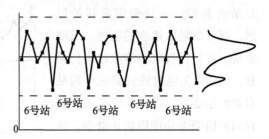

图 8-30　控制图模式：重现

造成这种情况的原因通常是测量系统的分辨力不足。理想的解决方法是使用分辨力更高的测量系统（即增加有效的测量读数小数位）。

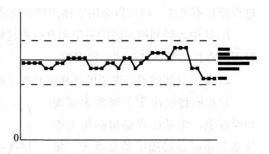

图 8-31　控制图模式：离散数据

有时发生这种问题是因为操作人员、检查人员或者计算机对数据进行了圆整，此时的解决方法是记录并保留更多的测量位数。

参见在线视频　控制图解读：数据分辨力，www. mhprofessional. com/SSH4。

使用 SPC 的原因在于加快对过程的学习并最终实现改善。控制图起到对学习过程进行历史记录的作用，它们也可以帮助其他过程的改善。当改善落实以后，应该将变化记录在之前的控制图上，其作用是证明过程变异减少了。这些控制图也有助于和领导、供应商、顾客以

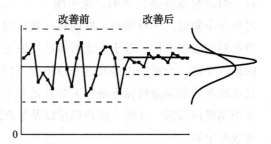

图 8-32　控制图模式：有意实施的改变

及其他对质量改善感兴趣人员沟通改善成果（见图 8-32）。

参见在线视频 控制图解读：历史数据，www. mhprofessional. com/SSH4。

控制图上看似随机变化的模式是过程变动只受未知因素影响的证据，它和无因波动不是一回事。应该持续地努力降低由所谓的随机因素所引起的波动。要做到这一点就需要识别波动的未知因素，实现它的方法之一是对控制图进行追溯性评估。它包括头脑风暴和准备因果图，然后将控制图的模式与因果图中列出的原因进行关联。举例来说，如果"操作人员"是疑似的波动因素，则在控制图上增加操作人员标识（见图8-33）。如果某操作人员标识呈现出一种模式，就有证据表明操作人员存在问题。然后对原因进行调查并开展受控试验（前瞻性研究）以验证提出的假设。如果试验表明因果关系确实存在，就随之开展适当的过程改善行动。记住，统计上的关联性和因果相关性不是一回事。观察到的关联性必须有确定的专业知识和试验数据的支持才可以用于改善。

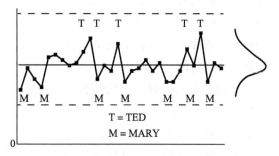

图 8-33 控制图模式：疑似差异

两种不同原因系统被绘制在同一张控制图上的模式称作混合效应（见图8-34）。它表明建立合理子组不当，需要识别不同的系统并采取措施，矫正措施的特征决定了控制图将如何修订。

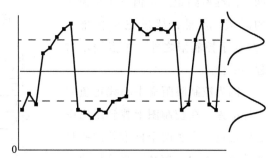

图 8-34 控制图模式：混合效应

混合效应示例一。混合效应由两个不同的操作人员造成，各操作人员都具有较强的一致性，为每个操作人员绘制单独的控制图可以用于监控新的一致过程。

混合效应示例二。混合效应源自周六晚上接收的急诊病人数量和平常时间接诊数量的差异。应该使用不同的控制图来监控不同时间的接诊量。

参见在线视频 控制图解读：并列过程，www. mhprofessinal. com/SSH4。

运行检验

如果过程稳定，则子组均值的分布将近似于正态。以此为基础，我们可以分析控制图呈现出的模式以便知道波动是否应该归因于某种异常因素。

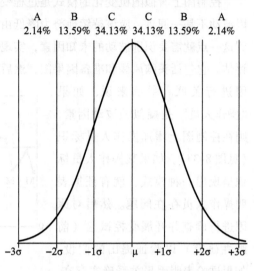

图 8-35   正态分布各区间百分位

为此，我们将正态分布分成几个区间，每个区间的宽度是一个标准差。图 8-35 显示了一个稳定过程中我们期望大约有多少百分比的观察值分别落在各区间内。

区间 C 是均值到距离均值各一个标准差的区域，区间 B 是从距离均值一个标准差到距离均值两个标准差的区域，区间 A 是从距离均值两个标准差到距离均值三个标准差的区域。当然，超过三个标准差（即处于控制限之外）的点表示过程不受控。

因为控制限距离中心线正负三个标准差，在控制图上找到距离中心线正负一个和两个标准差的线只要简单地将两个控制限与总均值之间的距离分成三等分即可。这样就将控制图的上下两侧都分成了三个

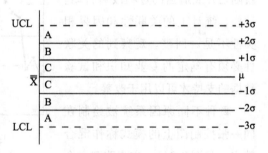

图 8-36   控制图的区间划分

区间。三个区间分别用字母 A、B、C 表示，如图 8-36 所示。

基于各区间的期望百分比，可以建立灵敏的运行检验规则对各个区间的波动模式进行分析。记住，非随机模式的存在意味着可能出现过（或者正在出现）导致波动的异常因素。图 8-37 中的运行检验规则适用于均值 $\overline{X}$-图和单值 X-图。检验规则 1 到规则 4 也同样适用于 np 图和 c 图。

运行检验规则 1、规则 2、规则 5 和规则 6 表明过程出现普遍的漂移。检验规则 3 表明有过程漂移的趋势。检验规则 4 预示混合效应，或者是从并列过程中间抽样的结果。而检验规则 7 表明存在组内并列过程抽样（参见上文的合理子组抽

样）。检验规则 8 也表示了并列过程的存在，其中均值以上的点来自一个流道而均值以下的点来自另一个流道。

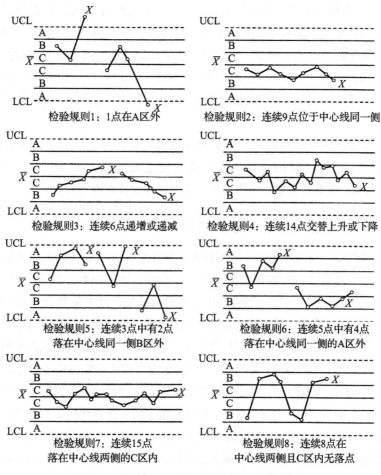

图 8-37　控制图上过程不受控模式的检验规则

注意，当一个点符合某异常检验规则时，只是为了简化控制图的解读才将它们按照不同的规则加以分类标记。使用这种惯例有助于使用控制图的模式排除故障，实践中，使用 SPC 软件分析控制图已经极大地简化了分析过程。

8.6　短期过程统计控制技术

对于很多的制造型企业而言，短期的生产运行是一种常态，以后它将变得更为普遍。制造业正朝着为单一顾客的特定需求定制产品而生产更小的批量趋势发展。它是精益思想的核心：仅仅生产顾客已经订购的产品。"不管顾客需要什么颜色的汽车，我只生产一种黑色的"的亨利·福特时代已经一去不回了。

诸如 $\overline{X}$-图和 R-图的经典 SPC 方法是在大批量生产同一产品时代发展起来的。生产的运行往往持续几周、几个月甚至几年。现在使用的很多"SPC 经验法则"都是为这种情况设计的，例如，在没有获得至少 25 个容量为 5 的子组数据之前不计算控制限的规则。在 20 世纪 30 年代这可能不是问题，不过在今天它肯定是。事实上，很多生产运行的产品数量甚至不足以开始一个标准的控制图所需的数量。

大部分情况下可以对通常的 SPC 稍加改动以便运用于短期小批量的生产运行。举例来说，可以使用移动均值和移动极差来生成 $\overline{X}$-图和 R-图（Pyzdek，1989）。然而，也有适合短期小批量生产应用场合的特定的 SPC 方法。

8.6.1 计量型数据的短期小批量控制图

计量型数据，有时也称作连续型数据，涉及对诸如尺寸、重量、pH 值、温度等的测量。在理论上，不存在完全相同的两个测量数值的数据就是计量型数据。作为大致的经验法则，如果有至少 10 个不同的取值，且重复数值占总数据不足 20% 时就可以将它当作计量型数据对待。如果不是这种情况，则数据过于离散，从而不能用于标准的控制图。此时可以考虑使用如本章下文所述的缺点图等用于离散型数据的控制图。我们将对下述适用于短期小批量生产的 SPC 方法进行讨论。

1. 精确方法。在建立 X-图、$\overline{X}$-图和 R-图时，使用特殊的控制图常数计算控制限，对子组数量不足的事实加以弥补。精确方法也用于计算代码值图和稳定控制图中控制限的计算（见下文）。使用精确方法可以在只要少量数据时计算出正确的控制限。随着可获得数据的增加，精确方法的控制限也得到更新，最终当获得足够多的数据时停止更新控制限，转而使用常规的控制图的系数（Pyzdek，1992a）。

2. 代码值图。通过在测量值上减去名义值或者其他的目标值来建立控制图。这些控制图经常通过将测量单位转化为纯数字进行标准化。比如，如果测量值的单位是千分之一英寸，则比名义值大 0.011 的读数仅被记录为"11"。代码值图让使用者能够将来自同一过程的不同零件的数据绘制在一张图上，也可以将同一产品的不同特征值放在一个控制图上。当使用有限的数据构建代码值图时，可以使用精确方法来调整其控制限。

3. 连续变量的稳定控制图。统计学家知道正态化转换方法已经有很多年了。该方法也可以用于构建不依赖度量单位的控制图，并且可以通过适当的比例缩放将多个不同的特征量绘制在一张控制图上。因为稳定控制图不依赖于度量单位，所以可以认为它是真正的过程控制图。在数据有限时，可以使用精确方法来调整稳定控制图的控制限。

精确方法

这个程序改编自 Hillier（1969）及 Proschan 和 Savage（1960），运用于短期生产的运行或者任何用少量子组数据构建控制图的场合。它包括三个阶段：

1. 找到过程（建立统计控制）
2. 为初次运行的剩余生产设定控制限
3. 为未来运行设定控制限

该程序正确弥补了因使用少量数据计算控制限所造成的不确定性。

阶段一：找到过程

1. 收集子组的初始样本（g）。附录 12 中黑框中的系数对应建议的最小子组数量。如果无法得到最小子组数量的数据，则根据实际可得子组数量选择适当的控制限计算常数。

2. 根据附录 12 中的表使用极差上控制限公式（UCL_R）$= D_{4F} \times \overline{R}$ 计算极差图控制限。将子组极差与 UCL_R 做比较并舍弃不受控子组。重复这一过程，直到所有剩余子组的极差都小于 UCL_R。

3. 使用步骤 2 中得到的 $\overline{R}$，计算均值图或者单值图的控制限。控制限的计算方法是在总均值上加上或者减去 $A_{2F} \times \overline{R}$。将均值不受控的子组舍弃，重新计算。继续此过程直到所有的剩余值都在控制限以内。转到阶段二。

阶段二：为初次运行的剩余生产设定控制限

根据附录 12 中的表计算剩余生产中的控制限。A_{2S} 系数用于 $\overline{X}$-图，D_{4S} 系数用于 R-图；g 是阶段一中用以计算控制限的子组的数量。

阶段三：为未来运行设定控制限

在生产结束以后，以全部生产中收集的所有原始数据为基础重复上述阶段一的过程。遵循阶段二的程序，用该分析结果设置下次生产的控制限。如果此时已经有超过 25 个子组的数据，则直接使用常规控制图的常数表。

注意

1. 阶段三隐含了两次生产之间没有出现波动异常因素的假设。如果有，那么在使用阶段三控制限时过程可能会失控。在这种情况下需要消除异常因素的影响，如果不可能消除，则对每次生产都分别运用此程序（即每次都从头开始）。

2. 使用这种方法在累积到足够多的数据以后，直接使用常规控制图的常数表。

3. 用于阶段一的控制图常数是 A_{2F} 和 D_{4F}（下标 F 表示第一阶段），第二阶段使用 A_{2S} 和 D_{4S}。这些系数和通常使用的系数 A_2 和 D_4 相对应，只不过它们因为实际可得的子组数量有限而进行了调整。

过程设定批准程序

下列程序用于确定根据相对较小的样本数得出的过程设定是否可以接受。

1. 在初始设定以后，不对过程进行调整生产 3 ~ 10 件产品。

2. 计算样本的均值和极差。

3. 计算 $T = \left[\dfrac{\text{均值} - \text{目标}}{\text{极差}} \right]$

使用绝对值进行计算（即忽略任何的负号），目标值通常取规格的中值或者名义值。

4. 如果 T 比表 8-10 中的临界值小则接受此设定，否则调整设定值使其更靠近目标值。注意，一个达标过程通不过本检验的概率大约为 1/20。

表 8-10 可接受设定的临界值

n	3	4	5	6	7	8	9	10
T 临界值	0.885	0.529	0.388	0.312	0.263	0.230	0.205	0.186

举例说明

假设我们想用 SPC 来分析一个过程，该过程每个批次生产 30 件产品，大约每个月生产一次。需要控制的质量特征是零件上的槽深，每个零件的槽深都要测量。我们将使用容量为 3 的子组，在获得 5 个子组的数据以后计算用于上述阶段一的控制限，所得的测量值如表 8-11 所示。

表 8-11 精确方法示例中使用的原始数据

子组号	样件号			$\overline{X}$	R
	1	2	3		
1	0.098 9	0.098 6	0.103 1	0.100 2	0.004 5
2	0.098 6	0.098 5	0.105 9	0.101 0	0.007 4
3	0.101 2	0.100 4	0.100 0	0.100 5	0.001 2
4	0.102 3	0.102 7	0.100 0	0.101 7	0.002 7
5	0.099 2	0.099 7	0.098 8	0.099 2	0.000 9

使用表 8-11 中的数据，计算出的总均值和极差均值如下：

$$总均值\ \overline{\overline{X}} = 0.100\ 53$$

$$极差均值\ \overline{R} = 0.003\ 34$$

从附录 12 中查得子组容量为 3，子组数（g）为 5 所对应的阶段—极差控制图常量 $D_{4F} = 2.4$，因此，

$$UCL_R = D_{4F} \times \overline{R} = 2.4 \times 0.003\ 34 = 0.008\ 0$$

所有子组的极差都没有超过此上控制限，因此可以继续进行均值图的分析。如果有超过极差控制线的子组，我们将在继续下一步骤之前对其原因进行分析。

均值控制限的计算如下：

$$LCL_{\overline{X}} = \overline{\overline{X}} - A_{2F} \times \overline{R} = 0.100\ 53 - 1.20 \times 0.003\ 34 = 0.096\ 52（已圆整）$$

$$UCL_{\overline{X}} = \overline{\overline{X}} + A_{2F} \times \overline{R} = 0.100\ 53 + 1.20 \times 0.003\ 34 = 0.104\ 54（已圆整）$$

所有子组的均值都在这两条控制限范围内，因此可以使用常数 D_{4S} 和 A_{2S} 对剩余生产设定控制限。经过圆整之后的计算结果如下：

$$UCL_R = 0.011\ 3\ 6$$

$$LCL_{\overline{X}} = 0.095\ 62$$

$$UCL_{\overline{X}} = 0.105\ 44$$

在获得更多子组数据（比如 10 个）以后，可以根据自己的愿望重复此计算程序。这将更准确地估计控制限值，但是也需要花费相当多的时间和成本。当所有的生产都完成以后，将会得到 10 个子组的数据，每个子组包括 3 个个体数据。然后使用所有 10 个子组的数据来重新计算阶段一和阶段二的控制限。最终得到的阶段二控制限将被运用于此零件的下一次生产运行。

下文介绍的代码值图和稳定图结合使用精确方法得到的控制限，可以用于该零件下一次在该过程中的生产运行（假设零件间差异可以忽略不计）。注意，如果在两个阶段都使用常规控制图常数，那么得到的控制限（经过圆整后）为：

$$UCL_R = 0.008\ 60$$

$$LCL_{\overline{X}} = 0.097\ 11$$

$$UCL_{\overline{X}} = 0.103\ 95$$

随着计算控制限的子组数据的增加，"短期生产"控制限向常规控制限趋近。然而，如果在数据不足时仍然使用常规控制限，错误地拒绝一个实际上受控的过程的风险会增加（Hillier，1969）。

代码值图

使用代码值图制作程序，可以在一张控制图上控制多个质量特性，它对数据做了一个简单的转换，即：

$$\hat{x} = \frac{X - 目标值}{度量单位} \tag{8-60}$$

然后将$\hat{x}$的计算结果用于计算控制限，并将各子组对应数据点绘制在$\overline{X}$-图和R-图上。这样的处理方法使得目标值与SPC无关，从而让一张控制图用于多个质量特性或者多个零件成为可能。

举例说明

使用一台车床生产几种不同尺寸的齿轮毛坯，如图8-38所示。

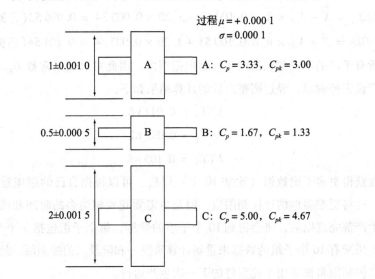

图8-38 几种加工的齿轮毛坯

产品人员希望所有加工完成的齿轮毛坯尽可能接近它们的名义尺寸。过程人员认为该过程生产大型毛坯和生产小型毛坯时两者变差相同。质量人员相信，测量系统的测量误差对于大型毛坯和小型毛坯而言近似相等。过程能力分析和测量系统分析的结果确认了上述假设（我希望你已经开始建立这样的意识，即首先提出假设，在使用代码值图之前假设必须经验证有效）。基于以上的结论，建议使用代码值图。使用代码值图的好处包括减少大量的文字处理工作，也可以获得更多的设定控制限所需的数据。同时，过程的历史情况也更容易了解，因为信息不再散布在多个控制图里。表8-12的数据显示了过程开始时得到的测量结果。

表 8-12 以 0.000 01 为单位的目标值偏离量

零件	名义尺寸	序号	样件号			$\overline{X}$	R
			1	2	3		
A	1.000 0	1	4	3	25	10.7	22
		2	3	3	39	15.0	36
		3	16	12	10	12.7	6
B	0.500 0	4	21	24	10	18.3	14
		5	6	8	4	6.0	4
		6	19	7	21	15.7	14
C	2.000 0	7	1	11	4	5.3	10
		8	1	25	8	11.3	24
		9	6	8	7	7.0	2

注意，过程必须能够按照最严格的容差 ±0.000 5 英寸生产。能力分析应该对它的能力做出佐证，也就是说，按照最严格容差计算出的 C_{pk} 应该至少是 1.33。在生产较低容差要求的零件时，也不允许过程漂移或者能力劣化。过程控制与产品的规格要求无关。允许过程退化到其最低的可接受水平（从产品规格要求的角度出发）将变成工程上的噩梦，因为它将在需要生产高规格产品时不再满足要求。它传达的信息也给操作人员和追求高质量人士制造混淆，并降低士气。事实上，只公布过程绩效需求而将产品规格要求当作秘密可能是最好的做法。

表 8-12 中的数据对应的控制图如图 8-39 所示。因为只有 9 个子组的数据，它在计算控制限时使用了精确方法。注意，控制图上的数据显示的是距离目标值的偏离量，而不是实际测量值。例如，对于零件 A，其子组 1 中样件 1 的实际测量值偏离目标 1.000 0 英寸 +0.000 04 英寸，因此在图上显示为 +4 十万分之一英寸。也就是说，零件的实测值是 1.000 04 英寸。阶段一控制图分析显示过程显然处于受控状

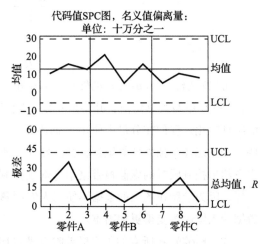

图 8-39 表 8-12 数据的代码值图

态，不过，对于任何名义尺寸的零件而言，过程生产的零件普遍偏大。如果过程达标，那么总均值应该非常接近零。如果按照本章前述的设定批准程序进行操

作，那么应该在生产第二个子组的时候就已经发现了设定的问题。

可以基于不同零件分析过程绩效的能力是代码值图的优势之一。在图上标示出实际的零件切换时间是一种很好的做法（见图 8-39）。

连续变量的稳定控制图

所有的控制限，不管是标准生产批量还是短期小批量，都是基于相同方法得到的，即如果过程统计量位于两条控制限之间，则可以期望只有随机因素（偶然因素、通常因素）导致的波动存在。在大部分情况下，统计量都是过程中的实际测量值，并且和过程测量的度量单位相同。我们在代码值图中可以看到，有时将数据进行某种转换有助于数据的有效使用。在代码值图中的简单的转换就消除了不同的名义尺寸和目标值对制图的影响。有时候，我们还需要所有的测量值单位都相同，比如都是英寸等。举例来说，上述的齿轮毛坯控制图中所有变量的单位都是 0.000 01 英寸。如果还想把齿轮毛坯的两个面之间的垂直度绘制出控制图，我们就需要另外的控制图了，因为垂直度的单位是度而不是英寸。

通过将所有的测量值转化为标准的非尺寸单位，连续变量的稳定控制图克服了度量单位的问题。这样的"标准化转换"并不新鲜，它们已经存在许多年了，而且在各种统计分析中普遍使用，我们使用的两种转换方法如式（8-61）和式（8-62）所示。

$$\frac{\overline{X} - \overline{\overline{X}}}{\overline{R}} \tag{8-61}$$

$$\frac{R}{\overline{R}} \tag{8-62}$$

可以看出，式（8-61）的转换在各子组均值（或者各单个测量值，如果子组容量是 1）中减去总均值，并将所得的差除以极差均值。注意，这不是分母是 σ 的统计转化。我们在分母中使用 $\overline{R}$ 而不是 s，可以极大简化，其代价是牺牲了一些诸如正态性和独立性等统计特性。然而，所得的控制限仍然有效，过程受控但有点超出控制限时的虚假报警概率与常规控制图相同。此外，和所有的转换效果一样，因为绘制在图上的数据不使用人们所熟悉的常用度量单位，解读结果发现数据输入错误等变得更加困难。

式（8-62）将所有的子组极差除以极差均值。因为分子和分母的度量单位相同，度量单位被相互抵消，最终得到的数字代表极差包含的均值极差的个数。而控制限的单位不变，因为在计算标准控制限时我们用适当的系数表乘以 R 以确定两条控制限之间的宽度。

Hillier（1969）注意到，用式（8-61）和式（8-62）进行转换和按照如下方式设定控制限是等效的。

单值或者均值图的控制限：

$$- A_2 \leqslant \frac{(\overline{X} - \overline{\overline{X}})}{\overline{R}} \leqslant A_2 \tag{8-63}$$

极差图控制限：

$$D_3 \leqslant \frac{R}{\overline{R}} \leqslant D_4 \tag{8-64}$$

Duncan（1974）提出了针对计数型控制图，确切地说是 p 图的类似转换方法（见下文），并将所得到的控制图称作"稳定 p 图"。我们也将连续型数据经过转化所得的控制图称作连续变量稳定控制图。

稳定图允许在相同的控制图上绘制多个测量单位数据。本章中所描述的制作连续变量稳定控制图的程序要求各子组容量相同。而本章下文讨论的计数型数据稳定控制图的程序不要求子组容量保持不变。当使用稳定控制图的时候，控制限总是固定的。原始数据被转换缩放后与控制限匹配。当只能获得有限数据时，使用附录 12 中的常数来计算稳定控制图的控制限。随着数据量的增加，该常数与附录 9 中的标准控制图常数系数趋近。对稳定均值图、稳定极差图以及稳定单值控制图的控制限的总结在表 8-13 中。A_2、D_3、D_4 的值可以在附录 9 的常规控制图常数系数表中查得。

表 8-13　稳定图控制限常数系数

阶段	子组数量		控制图			附录
			$\overline{X}$	R	X	
一	小于等于 25	LCL	$- A_{2F}$	无	$- A_{2F}$	12
		均值	0	1	0	
		UCL	$+ A_{2F}$	D_{4F}	$+ A_{2F}$	
二	小于等于 25	LCL	$- A_{25}$	无	$- A_{25}$	12
		均值	0	1	0	
		UCL	$+ A_{25}$	D_{45}	$+ A_{25}$	
一或二	大于 25	LCL	$- A_2$	D_3	$- 2.66$	9
		均值	0	1	0	
		UCL	$+ A_2$	D_4	$+ 2.66$	

举例说明

电镀生产线生产电路板。三个重要参数需要进行 SPC 分析：电镀槽铅浓度、镀层厚度、电阻值。已经用超过 25 个子组的数据对过程能力进行了分析，因此，根据表 8-13 得到均值控制图的控制限为：

$$- A_2 \leqslant \overline{X} \leqslant A_2$$

极差控制图的控制限为：

$$D_3 \leqslant R \leqslant D_4$$

A_2，D_3，D_4 的实际取值由子组的容量决定。当子组容量为 3 时，$A_2 = 1.33$，$D_3 = 0$，$D_4 = 2.574$。

过程能力，如表 8-14 所示。

表 8-14 过程能力示例

特征代码	特征	总均值	极差均值
A	铅浓度%	10%	1%
B	镀层厚度	0.005 英寸	0.000 5 英寸
C	电阻	0.1 欧姆	0.000 5 欧姆

对每个质量特征抽取 3 个样本，3 个铅浓度样本取自电镀槽的不同位置。一组抽样测量结果，如表 8-15 所示，图中也显示了它们的稳定转换值。

表 8-15 抽样数据示例

样本号	铅浓度%（A）	厚度: 英寸（B）	电阻: 欧姆（C）
1	11	0.005 0	0.100 0
2	11	0.005 5	0.101 0
3	8	0.006 0	0.102 0
$\overline{X}$	10	0.005 5	0.101 0
R	3	0.001 0	0.002 0
$(\overline{X} - \overline{\overline{X}})\ /\overline{R}$	0	1	2
$R/\overline{R}$	3	2	4

稳定控制图上仅仅绘制出了极端值。图 8-40 显示了几个子组的稳定控制图。可以看出，数据点对应的质量特征代码也被标在图上。如果某一特征出现一系列最大或最小值，则表明该特征已经发生了变化。如果过程对于所有的特征都是稳定的，对应极端值的特征将随机变化。

在使用稳定控制图时，能够在一张图上绘制某一个零件的过程数据，也可以将生产

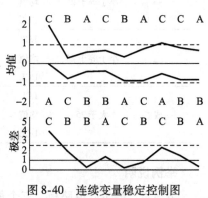

图 8-40 连续变量稳定控制图

的全部产品序列放在图上，例如，上例中的电路板控制图可以包含所有生产阶段的过程和产品特征测量值数据。此时，控制图将显示某一零件或者所有生产批的"加工历史"。稳定图成为特定零件的清晰的生产日志，这是稳定图的优势。表 8-16 列出了可能使用这种方法的过程控制计划。

表 8-16　FWB 生产过程能力及 SPC 计划

作业	特征	$\overline{X}$	$\overline{R}$	n
清洁	电镀槽 pH 值	7.5	0.1	3/h
	冲洗污染物	100ppm	5	3/h
	清洁度	78	4	3pcs/h
层压	Riston 膜厚度	1.5mm	0.1mm	3pcs/h
	黏合度	7in－lb	0.2in－lb	3pcs/h
电镀	电镀槽铅浓度（%）	10%	1%	3/h
	厚度	0.005in	0.005in	3pcs/h
	电阻	0.1Ω	0.005Ω	3pcs/h

在考察加工历史时需要谨慎。当通常是短期小批量生产时，众多不同零件的控制图中的给定过程的加工历史信息可能会丢失。可以用一个过程单独绘制一张控制图的方法来避免这个问题。虽然这会增加一些文字处理工作量，但往往是值得的。如果增加的工作量过大，那么可以考虑使用计算机软件。

8.6.2　属性值数据的短期小批量控制图

在难以获取数据时，短期小批量生产往往就会出现这样的情形，应该尽一切可能使用连续变量稳定控制图。连续型变量比离散的属性值数据包含更多的信息，例如，用机器将金属管切割成规定的长度，规范要求长度应该在 0.990 到 1.010 英寸之间，恰好 1.000 英寸最好。有两种检验过程的方法：方法一使用千分尺测量管子的长度并记录最接近 0.001 英寸的测量值；方法二使用"过/不过检具"对成品进行检验。在方法二中，长度小于 0.990 英寸的零件能够放入检具"不过"部分，当大于 1.010 英寸的零件无法放入检具"过"部分。当使用方法一时，我们可以获得零件的精度等级为 0.001 英寸的尺寸，而使用方法二最多能获得的精度等级只有 0.020 英寸，也就是说，我们只能对零件做出三种判断：合格、太长、太短。如果一个过程可以保持小于 0.020 英寸的容差，那么方法一可以一直提供将过程保持在它能够保持的变差所需的信息，而方法二只能在所生产零件超差时才能发现过程的漂移。

也可以用另一种方式来看待上述的两种方法，即按照零件的长度将每个零件归入一个分类。方法一可以将任一合格的产品放入 20 个分类中的一个，在考虑超差产品时，方法一甚至可以将所生产的产品分成多于 20 个的分类。方法一还可以显示某一个零件是否属于最佳分类，即距离（1.000 ± 0.000 1）英寸。如果不是，那么我们还能知道该零件距离最佳分类是多少。方法二只能获得三个分类：太短、合格、太长。一个短了很多的零件和一个稍短一点点的零件都被放在一个类别中，而一个刚好合格的零件和一个正好是 1.000 英寸的零件也都被分在一个类别中。

即便有上述的缺点，有时也需要使用属性值数据。在使用属性值数据控制短期生产过程时需要使用特殊的方法，在这里我们讨论其中的两种。

1. 属性值稳定控制图

2. 缺点控制图

属性值稳定控制图

在绘制短期过程的属性值数据统计量时，往往会遇到两个典型的困难。

1. 子组容量变化

2. 每次生产的子组数量很少

第一个困难将导致各个不同容量的子组的控制限不一致，从而生成凌乱的控制图，并且扭曲变形的控制图也容易掩盖显著的过程波动，识别异常波动的模式变得非常困难，因为波动既受子组容量的影响又受真正的过程变化的影响。第二个困难让跟踪长期过程趋势变得困难，因为趋势被众多不同零件控制图所中断。由于上述原因，因此很多人认为除非是长期的大量生产过程否则 SPC 不实用。情况并非如此，大部分情况下，使用属性值稳定控制图可以解决这些问题。尽管比经典的控制图更为复杂，属性值稳定控制图可以在其他方法难以奏效的过程中发挥 SPC 的效用。

在生产本质上具有相同特质的产品的过程中，可以使用属性值稳定控制图。生产批量和样本容量的变化不会给控制图造成可见的影响。

示例一车床生产不同尺寸的机器零件。定期抽取样本（不同容量）检查毛刺、划痕、刀痕以及其他可见的缺陷。

示例二手工安装印刷电路板时将电子元器件安装在大量的不同电路板上。虽然电路板之间的差异巨大，但手工安装的操作过程相似。

示例三车间的焊接工序生产各个订单定制的小批量产品。然而，该操作总是将尺寸相似、材料相似的零件焊接在一起，此过程控制统计量是每 100 英寸焊缝中的焊接缺陷数。

建立属性值稳定控制图所用的技术都基于相应的常规计数型控制图方法，它涉及四种基本的控制图。

1. 稳定 p 图, 用于每个样本的不良品率控制

2. 稳定 np 图, 用于每个样本的不良品数控制

3. 稳定 c 图, 用于单位缺陷数控制

4. 稳定 u 图, 用于平均单位缺陷数控制

所有这些控制图都使用如下的转换方法:

$$Z = \frac{样本统计量 - 过程均值}{过程标准差} \tag{8-65}$$

换句话说, 此稳定控制图中的数据点表示样本统计量和长期过程均值之间的标准差个数(或正或负)。因为传统上控制限按照 ±3 个标准差设定, 与此对应, 此稳定控制图的上控制限总是 +3, 下控制限总是 −3。属性值稳定控制图中使用的控制限计算公式总结在表 8-17 中。

表 8-17　属性值稳定控制图统计量

属性值	控制图	样本统计量	过程均值	过程标准差	Z
不良品率	P 图	p	$\bar{p}$	$\sqrt{\bar{p}(1-\bar{p}/n)}$	$(p-\bar{p})/\sigma$
不良品数	np 图	np	$\overline{np}$	$\sqrt{n\bar{p}(1-\bar{p})}$	$(np-\overline{np})/\sigma$
单位缺陷数	c 图	c	$\bar{c}$	$\sqrt{\bar{c}}$	$(c-\bar{c})/\sigma$
单位平均缺陷数	u 图	u	$\bar{u}$	$\sqrt{\bar{u}/n}$	$(u-\bar{u})/\sigma$

当用于长期生产运行时, 属性值稳定图可以弥补样本量变化的影响, 并认为过程均值保持不变。不过, 即使过程均值变化也可以制作属性值稳定图。在平均质量剧烈变化的小批量零件生产中运用此技术就是这种情况。例如, 在多种导弹的波纹焊生产工艺中, 电路板的复杂程度变化很大, 有的电路板上的焊点少于 100 个, 而有些则超过 1500 个。表 8-18 和表 8-19 显示了制作稳定 u 图的处理方法。单位的容量随意选择, 比如 1000 个焊点。单位容量如何设置不重要, 无论如何都会得到正确的计算结果, 因为焊点的实际数量需要除以选定的单位容量。$\bar{u}$ 是每 1000 个焊点的平均缺陷数。

表 8-18　波纹焊过程的数据

导弹	电路板	焊点数	单位/板	$\bar{u}$
凤凰	A	1 650	1.65	16
	B	800	0.80	9
	C	1 200	1.20	9
TOW	D	80	0.08	4
	E	50	0.05	2
	F	100	0.10	1

表8-19 用于稳定 u 图的波纹焊数据

序号	电路板	$\bar{u}$	单位数	抽样	n	σ	缺陷数	u	Z
1	E	2	0.05	10	0.50	2.00	3	6.00	2.00
2	A	16	1.65	1	1.65	3.11	8	4.85	−3.58
3	A	16	1.65	1	1.65	3.11	11	6.67	−3.00
4	B	9	0.80	1	0.80	3.35	0	0.00	−2.68
5	F	1	0.10	2	0.20	2.24	1	5.00	1.79
6	E	2	0.05	5	0.25	2.83	2	8.00	2.12
7	C	9	1.20	1	1.20	2.74	25	20.83	4.32
8	D	4	0.08	5	0.40	3.16	6	15.00	3.48
9	B	9	0.80	1	0.80	3.35	7	8.75	−0.07
10	B	9	0.80	1	0.80	3.35	7	8.75	−0.07

示例四在表8-18的过程中，抽取10个用于TOW导弹的E型电路板。样本中发现3个缺陷。使用表8-17和表8-18，计算出各子组的 Z 值如下所示：

$$\sigma = \sqrt{\bar{u}/n}，从表8-18中查得 \bar{u} = 2$$

$$n = \frac{50 \times 10}{1000} = 0.5 \text{ 单位}$$

$$\sigma = \sqrt{2/0.5} = \sqrt{4} = 2$$

$$u = \frac{\text{缺陷数}}{\text{单位数}} = \frac{3}{0.5} = 6 \text{ 缺陷／单位}$$

$$Z = \frac{u - \bar{u}}{\sigma} = \frac{6 - 2}{2} = 2$$

因为 $Z = 2$ 处于 $+3 \sim -3$，我们可以得出过程受控的结论，也就是说，没有异常因素导致过程波动。

图8-19显示了此过程的几个样本数据。生成的控制图显示在图8-41中。注意，控制图表明在生产第 $2 \sim 4$（或许）个子组产品的时候过程表现得比均值更好。负的 Z 值表示缺陷率低于（优于）长期过程均值。第7子组和第8子组明显不受控，表明过程恶化。正的 Z 值表示缺陷数高于（差于）长期过程均值。

在产品和样本容量发生变化时仍能轻易发现过程的趋势和变化是属性值稳定图的一大优点。使用属性值稳定图的不便之处在于以下两点。

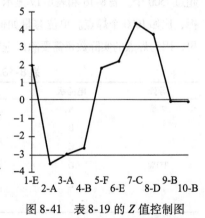

图8-41 表8-19的 Z 值控制图

1. 它将易于理解的缺陷数或不合格品数转化成不具有直观意义的统计量，容易让人产生混淆。

2. 计算烦琐。

通过培训和经常使用并获得经验可以解决第一个问题，可以使用计算机解决第二个问题。使用电子表格可以轻松完成大量计算，表 8-19 可以作为建立电子表格的指南。价格适中的手持式计算器可以用在过程现场进行计算，从而可以立即获得计算结果。

缺点控制图

上文已经讨论过，SPC 经常使用两类数据：连续型数据和属性值数据。在短期生产运行时，使用属性值导致的信息损失往往是我们承受不起的。不过，可以使用下述方法在属性值数据中提取更多的信息。

1. 通过增加分类类别来减少属性值数据的离散度。

2. 给类别分配权重值以突出不同的质量水平。

考虑一个混合微电路底板的生产过程。底板的表面质量特性非常重要，"最佳的理想零件"需要表面平滑，完全没有任何可见的瑕疵和缺陷。然而，产品在生产中经常出现斑点、凹坑、孔洞、裂纹及其他表面缺陷。虽然不希望出现这些缺陷，但是实际生活中质量未达到最佳的零件也往往被客户接受。

如果我们对此过程使用传统的计数型 SPC 方法，那么可能结果会令人失望。因为被拒收的零件实际上很少，标准 p 图或者稳定 p 图可能只显示一条大部分时间都接近 "0 缺陷" 的平直曲线，即使真正的质量水平未达到最佳零件的标准。连续性数据 SPC 方法是不宜使用的，因为诸如斑点之类的计数性数据不容易用连续性测量值表达。在这种情形下缺点控制图就是运用 SPC 技术的有效方法。

在运用缺点图的时候，我们必须首先确定零件中各类缺陷的数量，然后给各类缺陷赋予一个权重值。一个给定样件的质量得分就是零件上各类缺陷发生频率与相应权重乘积的和。表 8-20 展示了这种方法在底板样件上的运用。

表 8-20　底板缺点扣分

子组序号		1		2		3	
属性	权重	频率	扣分	频率	扣分	频率	扣分
亮斑	1	3	3				
黑斑	5			1	5	1	5
小孔洞	1			2	2	1	1
中型孔洞	5	1	5				

（续）

子组序号		1	2	3
凹坑：0.10~0.05mm	1			3	3
凹坑：0.06~0.10mm	5		2	10	
凹坑：>0.10mm	10	1	10		
总缺点扣分		18	17	9

如果子组容量保持不变，缺点控制图的均值则按照下式计算（Burr，1976）：

$$均值 = \overline{D} = \frac{各子组缺点扣分的总和}{子组的数量} \tag{8-66}$$

控制限的计算分两步进行。第一步首先计算各缺陷类别的加权平均缺陷率，比如，假设分类和权重如下表所示：

类别	权重
显著缺陷	10
不显著缺陷	5
次要缺陷	1

显著缺陷、不显著缺陷、次要缺陷所对应的平均缺陷率分别用如下的符号指代：

$$\overline{c}_1 = 每个子组中显著缺陷的平均数量$$

$$\overline{c}_2 = 每个子组中不显著缺陷的平均数量$$

$$\overline{c}_3 = 每个子组中次要缺陷的平均数量$$

对应的权重分别是 $W_1 = 10$，$W_2 = 5$，$W_3 = 1$。用这些符号计算上例的三个类别缺陷标准差为：

$$\sigma_D = \sqrt{W_1^2 \overline{c}_1 + W_2^2 \overline{c}_2 + W_3^2 \overline{c}_3} \tag{8-67}$$

通用的标准差计算公式为：

$$\sigma_D = \sqrt{\sum_{i=1}^{k} W_i^2 \overline{c}_i} \tag{8-68}$$

对应的控制限为：

$$LCL = \overline{D} - 3\sigma_D \tag{8-69}$$

$$UCL = \overline{D} + 3\sigma_D \tag{8-70}$$

如果下控制限的结算结果为负值，将下控制限设为0。

简化的质量扣分控制图

上述方法是精确按照理论得出的，有时其烦琐的运算阻碍了该方法的有效实施。在必要时可以使用其简化形式，简化方法的总结如下所示。

1. 将子组中的零件按下表分类（权重值可以任意设定）。

类别	描述	权重
A	期望的质量水平。所有的产品特性都达标或者近似于达标	10
B	可接受的质量水平。某些产品特性显著偏离目标质量水平，但是它们与拒收标准之间依然保持一定的安全距离	5
C	临界质量水平。一个或者多个产品特性接近拒收标准	1
D	拒收质量水平。一个或者多个产品特性未达到最低的接收需求	0

2. 绘制每个子组的总分值图，保持各子组容量不变。

3. 将总分值当作连续型数据对待，准备单值 – 移动均值控制图或者均值 – 极差控制图。这些控制图的描述参见 Pyzdek（1989）以及其他的 SPC 介绍。

8.6.3　短期生产 SPC 总结

短期小批量生产在现代商业环境中非常普遍。这种情况下需要采取不同的策略，预先规划至关重要。使用特殊常数表以及数学转换以弥补小样本容量和短期生产造成的过程不确定性，需要采用特殊的变量控制图技术。计数型短期 SPC 方法的引入让小批量生产时的过程模式也能呈现出来。使用缺陷图和计分系统从计数型数据中提取更多的信息。

8.7　SPC 技术在自动化制造中的应用

很多人错误地认为自动化生产过程中不需要统计学。它们认为，因为每个产品都进行了测量，在过程特性不达标时，我们只要修正过程就可以了，抽样方法不再适用。

这样的态度反映了对于过程本身及过程输出两者关系的根本性误解，这也是对过程和测量值固有变异缺乏深入的理解。事实是，即便已经有每个产品各种质量特性的"全部"数据记录，你也仅仅只有过程输出的一个样本而已。过程是未来导向的，而测量记录是过去导向的。除非达到统计上的受控状态，否则你不能使用过程产生的数据来预测过程未来的变异（参见第 7 章有关控制的定义中的"波动的随机因素和异常因素"部分）。如果不使用统计工具就无从判断统计受控状态是否存在。

不理解统计方法就无从知道过程变更的效果，这是过程控制需要基于对统计方法的理解和正确使用的另一个原因。举例来说，考虑下面的过程调整规则：

测量齿轮轴的直径。如果直径测量值大于名义尺寸，那么调整过程以减小直径。如果直径小于名义尺寸，调整过程则加大直径。

这种调整方法的问题已经为戴明发现并描述在"漏斗规则"中（参见第 7 章的"干预效应及其诊断"）。这种过程控制方法的变异是一个统计受控过程的 141%，这肯定不是过程控制分析人员所期望的结果。问题的根源在于没有意识到零件的测量值只是一个过程的样本，尽管样本数据提供了有关过程状态的信息，该信息并不完整。只有通过使用适当统计方法才可以提取、分析并理解信息。

8.7.1 传统 SPC 技术的问题

传统 SPC 技术隐含一个基本假设，即观察者之间相互独立。只要不过度违背此假设，SPC 工具对此并不敏感（Wheeler，1991），但是自动化生产过程经常违背此假设到足够的程度以至于传统 SPC 不再适用（Alwan and Roberts，1989）。使用第 10 章中的散点图，你可以检查数据之间相互独立的假设是否满足。如果它们不独立，那你应该考虑使用如下的方法代替传统的 SPC。

8.7.2 异常和随机因素图

在使用传统 SPC 技术时，下述规则总是适用的。

1. 只要控制图上所绘制的统计量的波动在控制限以内，不对过程采取措施。

2. 如果超过控制限，则需要寻找原因。

只要过程保持静态，上述规则就有效。然而，很多自动生产过程的均值会因为内在的过程因素发生漂移。换句话说，这样的漂移是由于随机因素引起的。除此以外，可能为了弥补过程的漂移还有已知的人为干预存在。传统 SPC 方法可能会认为，所采取的干预应该让控制图只表现随机波动，然而，这可能会造成额外的成本。不经深思熟虑就运用任意的规则以期望在类似于稳定控制图这样的抽象工具上得到期望结果是不可取的做法，采取行动时应该考虑所有的选项。

取而代之的另外一种方法是允许漂移持续发生，直到干预的成本与生产运行不达标的成本相等，可以使用"随机因素控制图"来实施这种方法。Alwan 和 Roberts（1989）与 Abraham 和 Whitney（1990）提出的这种方法需要建立过程均值图。不过，与传统的 $\bar{X}$-图不同，此图中没有绘制控制限，而是用行动限代替。行动限在以下方面与控制限存在差异。

它们是基于干预成本绘制的,而不是传统上的统计理论。

因为控制图显示的只是源自随机因素的波动,过程统计量突破行动限并不意味着要寻找特殊因素,而是采取预定行动将过程调整到更接近目标值。

此控制图被称作"随机因素控制图"的原因是过程统计量均值变化是过程的内在特征。

使用指数加权移动均值(Exponentially Weighted Moving Average,EWMA)来跟踪过程均值。虽然比传统的 $\overline{X}$-图要复杂一些,但 EWMA 对于自动生产过程存在一系列的优势。

- 它们可以用于过程具有内在漂移的场合。
- EWMA 控制图提供了下一个过程测量值的预测,形成前馈控制。
- EWMA 模型可用于建立动态过程的控制程序,如下文所示。

8. 7. 3 EWMA 随机因素控制图

当在处理一个本质上是静态的过程时,每个样本的均值预测值就是总均值而已。而 EWMA 控制图则使用实际的过程数据来确定可能会发生漂移过程的预测值。如果该过程中具有趋势或者周期性成分,EWMA 也会反映出这些成分的作用效果。同时,EWMA 控制图可以预测下一个样本均值,而传统的 $\overline{X}$-图只能显示样本抽取时过程的状态。因此,利用 EWMA 控制图可以事先对过程采取预防措施以阻止过程偏离目标值太远。

如果过程具有内在的非正态成分,则应该使用 EWMA 随机因素控制图。此时的 EWMA 中的控制限被经济行动限所代替。下文中讲述的 EWMA 控制图可以根据行动限和波动的关系来监控过程。

计算 EWMA 的公式为:

$$EWMA = \hat{y}_t + \lambda(y_t - \hat{y}_t) \tag{8-71}$$

在上面的公式中,$\hat{y}_t$ 是 t 时刻 y 的估计值,y 是 t 时刻 y 的真实值,λ 是介于 0 和 1 之间的常数。如果 λ 靠近 1,式(8-71)中历史值所赋给的权重就低;如果 λ 靠近 0,当前观测值所赋给的权重就低。EWMA 也可以被看作是 $t+1$ 时刻过程的预测值,换言之,EWMA $= \hat{y}_{t+1}$。

因为大部分人对传统 $\overline{X}$-图已经具有较深的理解,认识常规 $\overline{X}$-图和 EWMA 控制图之间的关系有助于理解 EWMA 控制图。可以发现,常规 $\overline{X}$-图给当前的样本数据赋予 100% 的权重,而过去的样本数据的权重为 0,这大体上与当 $\lambda=1$ 时的

EWMA 控制图等同。换句话说，常规 $\bar{X}$ 图可以看作是一种的特殊形式的 EWMA 控制图，即其中的过去数据被认为不重要（假设链检验未被应用于舒哈特常规控制图）。这也就是说，所有的数据点都相互独立。与此相反，EWMA 控制图则使用了所有以前样本的信息。尽管式（8-71）看起来好像只使用了最近数据点的结果，实际上 EWMA 使用了所有的以前样本的数据，只不过距离现在越远其权重越小而已。图 8-42 对 EWMA 和 $\bar{X}$-图的权重安排做了对比。

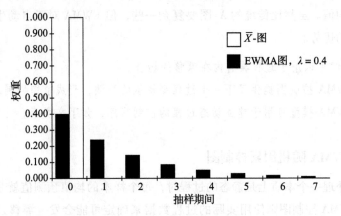

图 8-42　$\bar{X}$ 和 EWMA 的权重安排

　　另外，随着 λ 越来越趋近 0，EWMA 控制图就会更像 CUSUM 控制图。在 CUSUM 控制图中，所有以前的数据点权重相同。在两个极端之间，EWMA 控制图给历史数据赋予介于舒哈特图和 CUSUM 图之间的权重。可以根据被监控过程的实际情况，通过改变 λ 的取值来调整 EWMA 图。

　　除了历史数据的权重以外，EWMA 控制图和 $\bar{X}$-图还有另外一个不同之处。从 $\bar{X}$-图得到的预测都是一样的：下一个数据点等于历史总均值。也就是说，$\bar{X}$-图上的数据点都来自中心趋势不变的过程（这点隐含在预测值总是总均值这点上）[⊖]。

　　在使用 $\bar{X}$-图的时候并不要求抽样间隔保持一致。毕竟，过程行为被假设是静态的。然而，EWMA 图是为了过程的漂移而设计的，因此 EWMA 图的抽样间隔应该保持不变。不过这对于自动化生产来说通常不是问题。

举例说明

Krisnamoorthi（1991）描述了一个以每分钟一件的速度生产湿砂模的制模线。

　⊖　我们并不是说这种情况确实存在，我们只是说，$\bar{X}$-图按照这样的假设来处理过程。研究波动的模式经常会发现使过程与控制图更一致的线索，即便过程始终在控制限内波动。

砂模是用于浇铸大型发动机的缸体。通过在该过程运用 SPC 发现，过程中存在无法消除的异常因素。铸型砂部分地循环使用，其温度随所生产缸体的尺寸以及一次性生产缸体的数量而或高或低。型砂的温度很重要因为它影响到砂型铸造的重要参数压实度，不增加一个自动冷却装置则无法有效控制型砂的温度，而自动冷却装置被认为是不经济的投资。不过，型砂温度对压实度的影响在改变型砂掺水量后可以忽略不计，因此前馈控制是可行的。

尽管 Krisnamoorthi 并没有表示在此过程中使用了 EWMA 控制图，但它其实是一个运用 EWMA 随机因素控制图的极好的地方。只要知道其具体值，型砂的温度高低并不重要。型砂的温度趋向于周期性地漂移，因为型砂中循环使用的热砂量取决于上一次铸造缸体的大小以及数量。对温度运用常规控制图会显示型砂的温度失控，这个信息没有价值，因为我们已经知道。我们真正需要的是一种预测型砂在下一次测量时的温度的方法，这样操作人员就可以通过调整掺水量将温度对压实度的影响降低到最小。这样压实度的控制图将处于受控状态，而压实度才是真正重要的参数指标。

表 8-21 显示了针对型砂温度数据的 EWMA 计算。使用 Excel 电子表格可以计算出最优的 λ 值为 0.9，此时的误差平方和最小，拟合度最高。图 8-43 显示了基于这些计算前型砂温度和计算后温度的 EWMA 随机因素控制图。EWMA 是型砂下次测量时的温度预测值，操作人员可以根据预测温度来调整加水量。

表 8-21　型砂温度的 EWMA 图数据

型砂温度	EWMA	误差
125	125.00[1]	0.00
123	125.00	-2.00[2]
118	123.20[3]	-5.20s
116	118.52	-2.52
108	116.25	-8.25
112	108.83	3.17
101	111.68	-10.68
100	102.07	-2.07
98	100.21	-2.21
102	98.22	3.78
111	101.62	9.38
107	110.6	-3.06
112	107.31	4.69
112	111.53	0.47
122	111.95	10.05

（续）

型砂温度	EWMA	误差
140	121.00	19.00
125	138.10	-13.10
130	126.31	3.69
136	129.63	6.37
130	135.36	-5.36
112	130.54	-18.54
115	113.85	1.15
100	114.89	-14.89
113	101.49	11.51
111	111.85	-0.85
128	111.08	16.92
122	126.31	-4.31
142	122.43	19.57
134	140.64	-6.04
130	134.60	-4.60
131	130.46	0.54
104	130.95	-26.95
84	106.69	-22.69
86	86.27	-0.27
99	86.03	12.97
90	97.70	-7.70
91	90.77	0.23
90	90.98	-0.98
101	90.10	10.90

①将目标值设为 EWMA 的初始值，如果没有目标值，则使用第一个观测值作为初始值。
②误差 = 实际观测值 – EWMA，例如：-2 = 123 – 125。
③除了第一个样本外，所有的 EWMA 按照 EWMA = 前一期 EWMA + λ × 误差计算。例如，123.2 = 125 + 0.9 × (-2)。

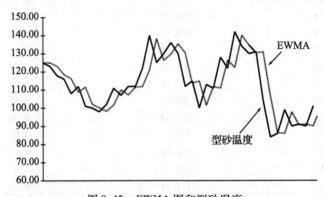

图 8-43　EWMA 图和型砂温度

EWMA 控制限

如上例所示，通常 EWMA 控制图上的控制限不是必需的，不过情况需要时也可以在图上添加控制限。EWMA 图中根据 3 倍标准差得到的控制限的计算如下所示：

$$\sigma^2_{\text{EWMA}} = \sigma^2 \left[\frac{\lambda}{(2 - \lambda)} \right] \qquad (8\text{-}72)$$

对于上例型砂温度的示例，$\lambda = 0.9$，即

$$\sigma^2_{\text{EWMA}} = \sigma^2 \left[\frac{0.9}{(2 - 0.9)} \right] = 0.82\sigma^2$$

σ^2 是利用所有数据估计出来的。对于型砂温度可以计算得 $\sigma = 15.37$，因此 $\sigma^2_{\text{EWMA}} = 15.37 \times \sqrt{0.82} = 13.92$。EWMA 控制图的 3σ 控制限就是在总均值上加或减 41.75。图 8-44 显示了基于上例数据的控制限。EWMA 必须在控制限内运行，因为 EWMA 已经包括了过程中心线的"正常漂移"因素，一旦有超过控制限的偏离即意味着存在有别于可以解释正常漂移的随机因素的异常因素。再次指出，因为可以通过调节加水量来改善型砂温度变化的影响，所以温度的 EWMA 控制图中的控制限也可以不需要。

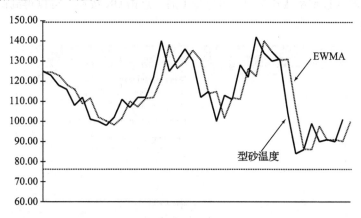

图 8-44　带控制限的型砂温度 EWMA 控制图

选择 λ 的值

很多著述对 λ 值的选择进行了讨论。接近 0 的 λ 值赋予历史数据更多的权重，表现为图形更为"平滑"，而接近 1 的 λ 值则赋予当前值更大的权重。大部分的著述作者都推荐使用 0.2 ~ 0.3 范围内的 λ 值，这样做的理由可能是基于 EWMA 在经济领域运用的结果。EWMA 方法在经济领域中已经大量被使用，而在工

业领域中的运用却不常见，尽管 EWMA 技术的使用正快速增长。

Hunter（1989）提出一个 EWMA 控制图中 $\lambda = 0.4$ 的权重安排。具有此 λ 值的 EWMA 控制图的统计特性与结合链检验的常规的 $\overline{X}$-图类似，这里所说的链检验采用了《AT&T 公司统计质量控制手册》的判定规则（通常也称作西部电气公司规则）。它的另一个优点是其控制限恰好是常规 $\overline{X}$-图的一半，因此，在 $\lambda = 0.4$ 时计算 EWMA 控制限只要计算出常规的 $\overline{X}$-图（或者单值图）的控制限，然后将它们与中心线的距离除以 2 即可。EWMA 应该在此控制限内运行。

如上所述，可以使用电子表格软件来求得最优拟合时的 λ 值，方法是改变 λ 值以使误差平方和最小。如果电子表格软件无法自动求得误差平方和最小时对应的 λ 值，则可以手动调整 λ 单元格的值或者设定 λ 的取值范围以观察误差平方和的变化趋势来逐步逼近近似最佳拟合的 λ 值。将不同的 λ 值与其对应的误差平方和绘制成一张曲线图可以直观地找到最佳拟合 λ 值的位置。

用 Minitab 分析 EWMA 示例

Minitab 中内嵌了 EWMA 分析功能。我们用 Minitab 来对型砂温度数据重新分析。选择 Stat > Control Charts > EWMA 菜单路径，可以看到一个类似于图 8-45 的对话框。输入权重系数 0.9 和子组容量 1 后，点击 OK 按钮，可以得到图 8-46 中的控制图。

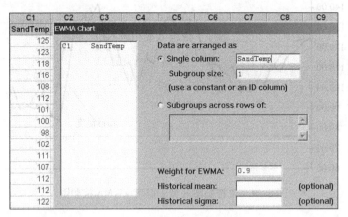

图 8-45　Minitab 中的 EWMA 对话框

你可能会发现，Minitab 计算出的控制限与之前示例中计算的结果不相同。原因是 Minitab 中的标准差的估计值以移动极差的均值为基础。这样得到的标准差为 7.185 517，与之前使用全部数据计算的估计值 15.37 相比显著较小。Minitab 的计算方法去除了过程漂移的影响效果，而是否需要消除它对标准差估计值的影响效果则是一个有趣的问题。在大部分情况下，我们或许希望消除它，以便控制图对异常波动更为敏感，这样可以发现并消除更多的异常因素。然而，正如本例所示，有的时候情况并不清楚。在上例的情形中，我们真正的期望或许是把漂移的波动考虑进控制限的计算以防止操作人员的过度干预。

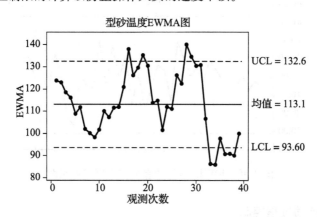

图 8-46　Minitab 生成的 EWMA 图

8.7.4　EWMA 控制图与单值图的比较

在很多情况下，单值图（I-图）与 EWMA 控制图的结果相似。在这种情况下通常选择更为简单的单值图。图 8-47 显示的单值图用于与 EWMA 图的比较，它与 Minitab 中得到的 EWMA 图非常相似。

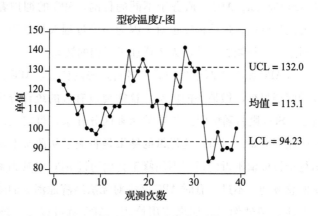

图 8-47　型砂温度 I-图

异常因素图

到底是使用没有控制限的 EWMA 随机因素图还是 EWMA 控制图，使用控制图跟踪预测误差是一个很好的判断方法。以 EWMA 预测值和实际观测值之差为基础绘制的常规 X-图为异常因素控制图。图 8-48 为上文分析的型砂温度的异常因素图，该图表明过程处于良好的统计控制状态之中。

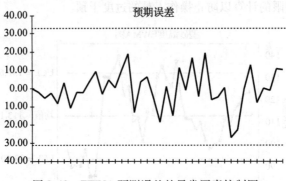

图 8-48　EWMA 预测误差的异常因素控制图

SPC 及自动过程控制

随着 SPC 的日渐普及，对越来越多的过程而言它的使用变得必不可少。但是这一趋势在自动化生产过程中遇到了来自过程控制与分析人员的阻力，因为他们所运用的方法与此不同而且取得了成功（Palm，1990）。SPC 的拥护者试图将 SPC 技术强制推行，以便在过程控制中导入反馈机制，而过程控制与分析人员也正确地指出了 SPC 使用不当的现象。不过，SPC 的创设初衷就要与自动过程控制（Automatic Process Control，APC）服务于不同的目的。SPC 的拥护者也指出 APC 不是包治百病的灵丹妙药，这话说得也对，因为很多过程人员基于统计上无效的数据分析结果对过程进行调整，从而人为增加了过程的波动。

其实，SPC 和 APC 都在六西格玛中具有各自正确的位置。APC 试图动态地控制过程以使波动围绕目标值做最小的波动。这需要以有效的统计分析为依据，需要借助统计科学。SPC 则将随机因素与异常因素区分开来，事实上，APC 将所有的波动当作源于相同因素来对待，这样做的结果是丧失了从源头上减小波动的机会。对一个运行于目标值附近的过程不加修正会比通过 APC 将其频繁地往目标值修正产生更小的总波动。不过，有时 APC 必须对无法经济地消除的随机因素做出反应，比如，上述的型砂例子。如果应用恰当，APC 就可以极大地减少输出的变差。

Hunter（1986）指出，存在和常用的比例积分微分控制（PID Control）公式等同的统计控制公式。PID 公式为：

$$u(t) = Ke(t) + \frac{K}{t_1} \int_0^1 e(s)\,ds + KT_D\left(\frac{d_e}{d_t}\right) \qquad (8\text{-}73)$$

之所以称其为 PID 公式，是因为第一项为比例项，第二项为积分项，第三项为微分项。PID 是比例、积分、微分三个英语单词的首字母的综合。Hunter 在基本的 EWMA 公式中增加了两项对其加以修正，并将修正后的结果称作经验控制公式，如下所示：

$$\hat{y}_{t+1} = \hat{y}_t + \lambda e_t + \lambda_2 \sum e_t + \lambda_3 \nabla e_t \qquad (8\text{-}74)$$

其中的 ∇e_t 项为误差 e_t 的一阶差分，即 $\nabla e_t = e_t - e_{t-1}$。和 PID 公式类似，经验控制公式也有比例、积分和微分项。可以在 APC 中使用它，也可以将其结果绘制在随机因素控制图上并由操作人员根据控制图对过程进行调整，如上文所述。也可以根据经验控制公式的预测值来跟踪实际值的误差，制作出异常因素图，这种方法有助于同时将 SPC 和 APC 用于过程改善。

8.8　过程能力指数

过程能力指数是预测过程满足客户需求能力的关键指标。过程能力指数只有在过程处于统计控制状态时才能作为预测工具，并通过适当的控制图来实现。出于这个原因，在谈及过程能力指数时最好包含对应的控制图。

统计过程控制图提供了过程波动的估计，并在需要时也给出过程的均值位置。估计过程标准差的公式为：

极差图法

$$\hat{\sigma} = \frac{\overline{R}}{d_2} \qquad (8\text{-}75)$$

标准差图法

$$\hat{\sigma} = \frac{\overline{s}}{c_4} \qquad (8\text{-}76)$$

其中常数 d_2 和 c_4 的值可以从附录 9 的表中查得。

如果过程处于不受控状态，则不能使用过程能力指数。因为过程均值和过程标准差的估计值仅在过程受控时是有效的，所以不受控过程的过程能力指数是无效的。不幸的是，不受控过程不存在稳定的单一过程均值和过程标准差估计。也就是说，过程失控是过程中存在异常因素波动的象征，这些因素导致了过程均值或者过程标准差的偏移。

　　与过程能力指数相似的是过程绩效指数。下文中的一组过程能力指数（C_p，C_R，C_M，C_{PK}，C_{pm}）都具有不同的过程绩效指数（P_p，P_R，P_M，P_{PK}，P_{pm}）与它们分别对应，两者的区别仅仅在于过程能力指数使用的是样本标准差（而过程绩效指数使用的是过程标准差）。两者的差别看起来不大，其隐含的意义却截然不同。

　　简单来说，过程的可预测波动仅在过程受控状态可得到。控制图的预测能力建立在所分析数据具有自然时序性的基础之上，而样本标准差忽略了测量值之间的时间关系。（参见第 7 章的讨论，以及戴明关于计数型研究与分析型研究区别的引文。）

　　因此，过程能力指数的应用范围是受限制的，它仅仅提供抽样所在批的过程输出的估计值。如果在形成一个批量的时间内过程失控，获得能够代表批量的样本就是困难的，且取决于与异常因素相关的过程偏移的大小和持续时间。当样本中的个体具有不同的分布时，正确计算样本标准差需要假设一个批次中各种分布的百分比，而不使用控制图就无从获知它，结果是如果希望正确测量该过程满足产品规范的能力就需要对整个批量进行差不多100%抽样。

　　使用过程能力指数虽然使用产品数据，其结果却针对的是过程。它在数据分析之外又前进了一步，如果使用不当，那么这也可能成为它最大的不足之处。分析人员可能会忘记过程能力分析的目的，即质量改善。只要过程能力指数有助于实现此目标，就值得一试。如果它将人们的注意力从目标转移到其他地方，那就是有害的。分析人员在解读过程能力指数时应该牢牢记住这一原则。

　　C_p：最先建立的过程能力指数之一。根据控制图的绘制原理（见前文所述）使用6σ计算过程的"自然容差"。

$$C_p = \frac{\text{工程容差}}{6\hat{\sigma}} \tag{8-77}$$

　　其中，工程容差 = 规格上限 – 规格下限。它也可以写作：

$$C_p = \frac{USL - LSL}{6\hat{\sigma}} \tag{8-78}$$

　　该指数将过程的自然容差与工程需求直接对比。假设过程服从正态分布且过程均值正好处于工程需求上限与下限的中点，C_p 等于 1 的过程表示能力充足。然而，为了给过程漂移留出一点余地，一般将 1.33 作为可接受过程 C_p 的最小值。通常而言，C_p 越大，过程能力越充足。对于六西格玛过程，即3.4 个百万机会缺陷率且存在1.5 个标准差过程漂移的过程，C_p 的值应该等于2。

　　C_p 指数存在两个重要的不足之处。首先，其使用的前提是规格上限和规格下限同时存在。其次，它不考虑过程中心线的位置。如果过程均值和工程需求上下限的中点没有正好重合，将产生误导性的 C_p 结果。近些年来，C_p 基本上已经被 C_{PK}（见下文）所取代。

C_R：与 C_p 的作用相同。

$$C_R = 100 \times \frac{6\,\hat{\sigma}}{\text{工程容差}} \tag{8-79}$$

其中，工程容差 = 工程规范上限 − 工程规范下限。

此指数只是将过程自然容差与工程需求进行比较。假定过程服从正态分布且过程均值正好处于工程规范上限与下限的中点，C_R 等于100%表示过程能力充足。然而，为了给过程漂移留出一点儿余地，可接受过程的最大 C_R 值一般设为75%。通常来说，C_R 越小越好。C_R 指数具有和 C_p 完全相同的缺点。对于一个六西格玛过程，即3.4个百万机会缺陷率且存在1.5个标准差过程漂移的过程，C_R 的值等于50%。

C_M：该指数用于机器能力的评估，并不针对整个过程。鉴于过程波动随着其他波动源（例如，模具、工装夹具、材料等）的增加而增加，C_M 使用8倍标准差而不是6倍标准差的幅度来代表过程的自然容差。对于六西格玛过程中的机器而言，则相应使用10倍标准差。

$$C_M = \frac{\text{工程容差}}{8\,\hat{\sigma}} \tag{8-80}$$

其中，工程容差 = 工程规范上限 − 工程规范下限。

$Z_{\min}$：为 Z_L 和 Z_U 中的较小值。

$$Z_U = \frac{\text{工程规范上限} - \overline{\overline{X}}}{\hat{\sigma}} \tag{8-81}$$

$$Z_L = \frac{\overline{\overline{X}} - \text{工程规范上限}}{\hat{\sigma}} \tag{8-82}$$

上式中的 $\overline{\overline{X}}$ 是过程统计控制图中估计的过程中心线。

$$Z_{\min} = \text{Min}\{Z_L, Z_U\} \tag{8-83}$$

Z_U 和 Z_L 指数衡量过程位置（中心趋势），即以标准差表示的规格上限和规格下限各自距离中心线的程度。如果过程服从正态分布，在附录2表中查 Z_U（或者 Z_L）的对应值，可确定超出上规格限（或者下规格限）的比例。查表的方法与前文"正态分布"章节所述相同（用 Z_U 或者 Z_L 代替 Z）。

通常，Z 值越大越好。Z 值至少需要为 +3 才能保证产生的不良品等于或者低于 0.1%。考虑到过程偏移的事实，一般需要 Z 值至少为 +4，而六西格玛过程的 $Z_{\min}$ 应为 +6。

C_{PK}：C_{PK} 的值就是 $Z_{\min}$ 除以 3 得到的商。

$$C_{PK} = \frac{Z_{\text{MIN}}}{3} \tag{8-84}$$

因为最小的 C_{PK} 值对应规格限距离中心线最小，故 C_{PK} 的值可以反映一个过程能够真正满足规格需求的能力。C_{PK} 至少应该等于 +1，最好是 +1.33。注意，C_{PK} 和 C_p 的概念非常接近，两者的差代表了潜在的通过调整过程中心线可以获得的能力提升空间。对于六西格玛过程，C_{PK} 应为 2。

举例说明，假设基于子组容量为 5 的 $\overline{X} - R$ 图判定一个过程处于统计受控状态。计算得到的总均值（或者 $\overline{X}$ 的中心线）为 0.998 32，而平均极差（或者 R 图的中心线）计算为 0.022 05。当查附录 9 的 d_2 常数表得到子组容量为 5 时，d_2 的值为 2.326。然后，使用上述的极差图法公式计算过程标准差：

$$\hat{\sigma} = \frac{0.022\ 05}{2.326} = 0.009\ 48$$

如果过程规范的下限为 0.980，上限为 1.020（即规格要求为 1.000 ± 0.020），计算其 Z 值如下：

$$Z_U = \frac{规格上限 - \overline{\overline{X}}}{\hat{\sigma}} = \frac{1.020 - 0.998\ 32}{0.009\ 48} = 2.3$$

$$Z_L = \frac{\overline{\overline{X}} - 规格下限}{\hat{\sigma}} = \frac{0.998\ 32 - 0.980}{0.009\ 48} = 1.9$$

查附录 2 表，可得大约 1.1% 的产品尺寸偏大（因为 Z_U 的值为 2.3），大约 2.9% 的产品尺寸偏小（因为 Z_L 的值为 1.9）。将两者相加可知总的拒收率为 4.0%，相当于 DPMO 为 40 000，或者合格率为 96.0%。

将上例延伸到其他能力指数上，可以得到：

$$C_p = \frac{工程容差}{6\ \hat{\sigma}} = \frac{1.020 - 0.980}{6 \times 0.009\ 48} = 0.703$$

$$C_R = 100 \times \frac{6\ \hat{\sigma}}{工程容差} = 100 \times \frac{6 \times 0.009\ 48}{0.04} = 142.2\%$$

$$C_M = \frac{工程容差}{8\ \hat{\sigma}} = \frac{0.04}{8 \times 0.009\ 48} = 0.527$$

$$Z_{\min} = \text{Min}\{1.9, 2.3\} = 1.9$$

$$C_{PK} = \frac{Z_{\min}}{3} = \frac{1.9}{3} = 0.63$$

假设规格目标值为 1.000，我们可以计算 C_{pm} 如下：

$$C_{pm} = \frac{C_p}{\sqrt{1 + \frac{(\overline{\overline{X}} - T)^2}{\hat{\sigma}^2}}} = \frac{0.703}{\sqrt{1 + \frac{(0.998\,32 - 1.000)^2}{0.009\,48^2}}} = 0.692$$

因为最小的可接受 C_p 值为 1，0.703 的结果表明该过程不能满足规格需求。此外，因为 C_p 指数尚没有考虑过程的中心位置，可见将过程中心向规格上限与规格下限的中点调整也无法让过程可接受。我们也可因此预料 Z_U、Z_L 及 Z_{min} 的值将是不可接受的。

C_R 值与 C_p 指数得出的结论总是相同的。该值意味着过程的自然容差是工程需求的 142.2%，这当然不可接受。

C_M 的值应该是 1.33 或者更大，显然它没有。如果这是一个机器能力的研究，那么 C_M 值表明机器不能满足需求。

C_{PK} 的值仅比 C_p 的值略小，这表明通过调整过程中心获得的能力提升空间不大。可以按照过程中心线恰好是 1.000 来重新计算 Z_{min}，从而得到真正的 C_{PK}，此时预测的拒收率将是 3.6%，而不再是 4.0%。

Minitab 中内嵌了称作"六大组合工具包"（Six Pack）的分析工具，它将六个最常用的统计量分析浓缩在一张图中显示，其中的控制图显示过程是否受控。如果不受控，则应停止生产并找到原因，直方图和正态概率图用于验证正态性假设的正确性。如果不是，则不能相信过程能力指数的结果，并考虑使用 Minitab 中的非正态能力分析功能（下文给出示例）。"Within"（组内）能力指数只依据组内波动得出 C_p 和 C_{PK}，组内波动也称作短期变异。"Overall"（总）能力指数 P_p 和 P_{PK} 则基于总波动得出，总波动有时也称作长期变异，它既包括组内波动又包括组间波动。在理想情况下，六西格玛过程的过程变异（过程容差）应该大约是规格容差的一半。此例中的过程能力图显示过程容差实际上比规格容差还大。

六大组合工具包中没有包括过程合格率的估计。可以改变六大组合工具包的设置选项，让它也包括储存在 Minitab 工作表文件中的过程合格率（以及其他的更多项目）信息。另外的方法是运行 Minitab 的 Capability Analysis（Normal）程序以得到该信息以及直方图。PPM 水平确认了过程能力指数和过程绩效指数的计算结果。

使用 Minitab 进行非正态过程能力分析示例

Minitab 内建了对非正态数据进行过程能力分析的功能，下文使用示例来展示它。它是一个技术支持电话中心。电话中心记录了 500 条"处理"技术支持电话所用时间的信息。质量指标处理时间包括收集基本信息、解决顾客问题、完成电话后任务的总循环时间。它是关键质量指标，因为它影响股东利益。处理时间的上限已经规定为 45 分钟，数据收集之后，对其进行如下的分析。

阶段 1：检查异常因素。 开始分析之前，我们必须确定过程中是否存在异常因素波动。异常因素的操作性定义就是超越控制限的数据点。有些专家认为应该用单值图进行所有的分析，我们首先采用这种方法分析，结果如图 8-49 所示。

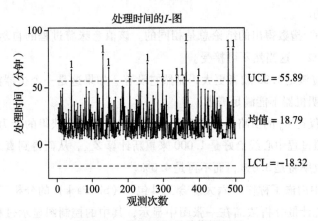

图 8-49 处理时间的单值控制图

图 8-49 的控制图中出现 12 个超过控制限的点，表明存在异常因素。然而，进一步的观察会发现这个控制图中的奇怪现象。注意，LCL 为 - 18.32 分钟。因为我们讨论的是处理时间，它是不可能小于零的。一个理性的过程拥有者可能会认为，一旦 LCL 处于不正确的位置（显然就是这种情况），那么 UCL 也可能是错误的。并且，看起来所有的数据好像在靠近底部的地方被整齐地截断。由此可见，单值图不是分析类似数据的最佳方式。

那应该怎么办呢？因为我们不知道过程中是否存在异常因素，因此我们无法确定数据所服从的分布。同样，因为不知道数据的分布，所以我们也就无法判断过程中是否存在异常因素，另外控制限的位置可能是错的。这就像是经典的"是先有鸡还是先有蛋"的问题。幸运的是，存在解决办法。中心极限定理告诉我们服从任何稳定分布数据的均值服从正态分布，即便个体数据本身并不服从正态分布。因为"稳定"意味着没有异常因素，那么样本均值呈现非正态的过程肯定受到异常因素的影响，这正是我们需要寻找的结论。我们在 Minitab 中建立容量为 10 的子组（即将观测值 1 ~ 10 放入子组 1，观测值 11 ~ 20 放入子组 2，以此类推），然后检验子组均值的正态性。图 8-50 所示的概率图表明均值服从正态分布。
（注意，EWMA 和移动均值也可以用于本例中的 $\bar{X}$ 图，因为中心极限定理也适用于子组的组合。）

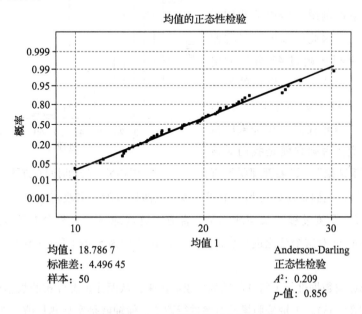

均值：18.786 7
标准差：4.496 45
样本：50

Anderson-Darling
正态性检验
A^2：0.209
p-值：0.856

图 8-50　$n=10$ 子组的正态性检验

图 8-51 显示了使用子组均值而不是单个样本观测值得到的过程控制图，该控制图表明过程处于受控状态。过程均值稳定在 18.79 分钟。5.9 分钟的 LCL 大于零，让人放心。任何小于此值的均值都表示过程表现得比在正常情况下好，最好查清楚背后的原因以便维持这种状态。任何大于 31.67 的均值都表示过程表现劣化，我们也应该找出原因并

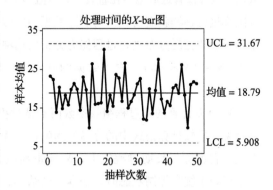

图 8-51　处理时间均值（$n=10$ 子组）

排除它。均值处于两条控制限之间表示过程正常。

阶段 2：检验数据分布。在数据的稳定性确定之后，我们就可以相信，个体观测值的直方图正确地显示了处理时间的分布。我们将规格上限 45 分钟添加在直方图中并与样本数据做比较。我们不能直接使用图 8-51 中的控制图来进行比较，

因为图中数据为样本均值而非单个观测值。图 8-52 显示了处理时间直方图并添加管理需求规格上限 45 分钟。显然，很多电话的处理时间超过 45 分钟的要求。均值控制图已经告诉我们过程是稳定的，因此可以期望过程原本就应该有很多超过 45 分钟的电话。想知道为什么某个电话的处理时间会超过 45 分钟是毫无意义的，答案就是"除非我们对过程采取根本性的改变，否则它就是我们对该过程的期望结果"。如果管理层不喜

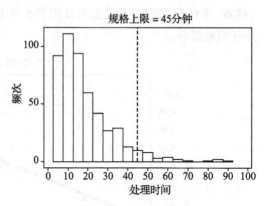

图 8-52　处理时间直方图

欢这个回答，他们就应该发起一个或者多个六西格玛项目来改善过程。

阶段 3：预测过程的长期缺陷率。直方图直观地显示过程分布不是正态的。可以用 Minitab 对这个结论进行统计检验，操作路径为 Stats > Basic Statistics > Normality test。

Minitab 将数据进行了特殊的缩放后绘制出来，从而让正态分布的数据形成一条直线（见图 8-53）。纵轴按照累计概率进行缩放，横轴就是实际测量值。图形显示，数据甚至都没有近似地落在直线上，p-值等于 0 也确认了数据的非正态性。[⊖] 为了对缺陷率进行预测就需要找出与观测数据高度拟合的分布函数。Minitab 提供了韦布尔分布而非正态分布进行过程能力分析的选项。选择 Stat > Quality Tools > Capability Analysis（Weibull），输入数据的列标题"Handle Time"，输出结果如图 8-54 所示。

Minitab 计算的是过程绩效指数而不是过程能力指数（即 P_{PK} 而不是 C_{PK}），也就是说，指数计算公式中的分母使用的是过程总标准差而不是基于组内变异的标准差。它也称作长期过程能力，Minitab 将其标记为"Overall（LT）Capability"。当过程处于统计控制状态时，如本例的情形，两个标准差的估计相差很小。处于不受控状态过程的短期过程能力没有意义，其长期过程能力也不可靠。过程绩效指数的解读与相应的过程能力指数完全一致，Minitab 分析结果表明过程能力不足（$P_{PK} < 1$）。该过程长期绩效估计值为每百万次电话有 41 422 次处理时间超长。实

⊖　本检验的原假设为数据服从正态分布。p-值是原假设为真时得出错误结论的概率。此例中，其概率为 0。

际观测数据更糟糕，每百万次电话出现 56 000 次超长。两者的差异源自实际数据与分布模型拟合度不足。我们对韦布尔分布曲线最感兴趣的是超出 45 分钟的长尾部分，拟合曲线比实际数据在右侧尾部下降得更快。在此情况下，最好按照实际的过程不良数据而不是 Minitab 的估计值来预测长期过程绩效。

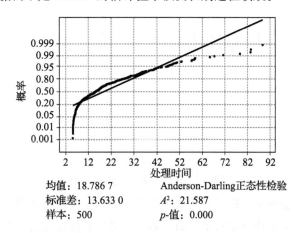

均值: 18.786 7　　　　　Anderson-Darling正态性检验
标准差: 13.633 0　　　　A^2: 21.587
样本: 500　　　　　　　　p-值: 0.000

图 8-53　处理时间的正态性检验

过程数据

USL	45.000 0
目标	*
LSL	0.000 0
均值	18.961 8
样本量	500
形状参数	1.523 7
尺度参数	21.043 3

总的（长期）过程能力

Pp	0.62
PPU	0.58
PPL	2.40
Ppk	0.58

观测的长期绩效

PPM < LSL	0.00
PPM > USL	56 000.00
PPM total	56 000.00

期望的长期绩效

PPM < LSL	0.00
PPM > USL	41 422.03
PPM total	41 422.03

处理时间的过程能力分析，结论基于韦布尔分布模型

图 8-54　基于处理时间服从韦布尔分布的过程能力分析

参见在线视频　Minitab 中的过程能力分析，www. mhprofessional. com/SSH4。

测量系统评估

好的测量系统具有几个特征。第一，测量结果与被测特征的真值接近，也就是说，它应该是精确的。第二，对同一对象使用测量系统多次测量，产生的结果相互之间接近，即它应该是可重复的。第三，测量系统应该能够在全量程内获得准确且一致的结果，即它应该是线性的。第四，经过适当培训的个人使用测量系统应该产生相同的结果，即测量结果应该是可再现的。最后，当使用测量系统测量同一物体时，将来应该生产和过去相同的结果，即它应该是稳定的。本章的其余部分都在讨论确定特定测量系统是否具有上述特征的方法。一般来说，本书中的方法和定义与美国汽车工业行动集团（Automotive Industry Action Group，AIAG）发行的《测量系统分析参考手册》（MSA Reference Manual）第三版一致。

9.1 定义

偏倚：平均测量值与参考值之间的差异。这里的参考值指公认的标准值，如可以追溯到国家标准机构的标准样件（见下文）。在检测属性值时，偏倚是指检测系统得到结果与被检物体标准值一致的能力。偏倚取决于校准的结果，校准就是将测量值与标准值进行比对的过程，偏倚的概念如图9-1所示。

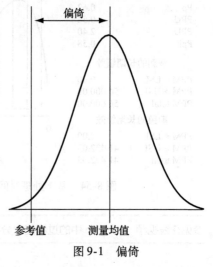

图 9-1 偏倚

　　重复性：AIAG 将重复性定义为同一个测量人员使用某测量系统对相同零件的某一特征进行多次测量，所得测量的波动。当在相同条件下重复使用测量系统时，所产生的波动通常是由测量系统的固有因素造成的。

　　美国质量学会（ASQ）将精确性定义为"随机选择的单个测量值或者检验结果之间一致性的程度"。注意，测量误差的标准差常称作"不精确性"。这些概念与被我们称作重复性的概念相似，重复性如图 9-2 所示。

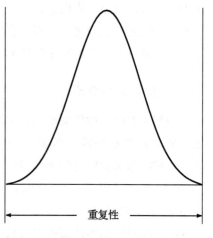

图 9-2　重复性

　　再现性：再现性是不同测量人员使用同一测量系统对同一零件的同一质量特征进行测量所得测量值均值的波动。重复性如图 9-3 所示。

　　稳定性：稳定性是同一测量系统对同一标准件或者零件的同一特征在一个较长的时间内进行多次测量所得测量值的总波动。如果在不同时间点得到的测量结果相同，就说明该系统稳定，稳定性如图 9-4 所示。

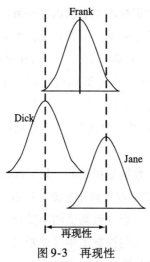

图 9-3　再现性

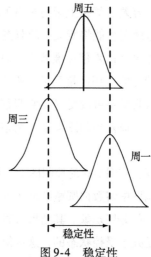

图 9-4　稳定性

　　线性度：测量作业量程内偏倚值的变化。线性度如图 9-5 所示。

　　以前，校准是限制偏倚效果的标准方法，而偏倚一直被认为是测量误差的最根本的源头。现代测量系统分析除了校准以外，还有更有效的减少偏倚的手段。

某个量具可能在检查标准件时完全准确，而在测量产品或者控制过程时却完全不可接受。本章介绍的技术用于量化分析分辨力、稳定性、偏倚、重复性、再现性以及测量系统的波动。借助于控制图对测量过程进行的图形化表述，分析人员能够发现仅通过数字无法发现的异常因素。

9.1.1　测量系统分辨力

　　分辨力有时也称作解析度，是指测量系统将测量数据分成"数据类别"的能力。在同一数据类别内的所有零件测量结果相同，比如，对于一个分辨力为0.001英寸的测量系统而言，尺寸为1.0002、1.0003、0.9997的零件都被归入数据类别1.000中，即用此测量系统测量这些零件所得结果都是1.000英寸。测量系统的分

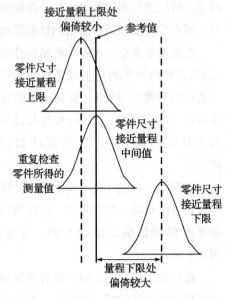

图9-5　线性度

辨力应该能够将所关心的测量范围分成多个数据类别。在六西格玛中，所关心的范围就是容差（规格上限与规格下限的差）与六倍标准差之间的较小值，并且要求测量系统至少能将所关心的范围划分为5个数据类别。举例来说，如果一个过程能力充足（即六倍标准差小于规格容差）且 $\sigma = 0.0005$，分辨力为0.0005的量具是可接受的（用此量具可将所关心的范围划分6个数据类别），而只有0.001分辨力的量具则不可接受（用它只能划分3个数据类别）。当使用分辨力不可接受的量具时，极差控制图会呈现离散的"跳跃"或者"阶跃"，图9-6展示了这种情形。

　　注意，在图9-6的控制图上，绘图所使用的数据是相同的，只不过在底部的两个控制图中将数据圆整到最接近25的倍数。其影响效果在 R 图上最明显，图形出现显著的分层现象。其结果有时（但并非总是）会导致均值图不受控，而实际上过程是处于受控状态的，这从使用原始数据绘制的控制图中可以看出。对此的补救方法是使用分辨力更高的测量系统，比如增加测量值的有效小数位。如果无法做到这一点，则无论采用如何复杂的计算方法都不能将由于圆整误差造成的控制图错误调整正确，详细描述参见 Pyzdek（1992a，p.37-42）。

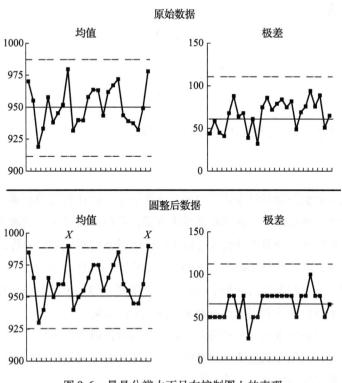

图 9-6 量具分辨力不足在控制图上的表现

9.1.2 稳定性

测量系统稳定性是指当使用某测量系统对给定母样件或者标准件进行测量时，所产生偏倚随时间的变化。统计稳定性是个更广义的术语，它指测量系统在一段时间内所得测量值之间的总体一致性，包括各种因素产生的波动，如偏倚、重复性、再现性等。可以使用控制图来确定一个测量系统的统计稳定性。通常用标准件或者母样件的测量值绘制均值-方差图。其方法是，在较短的时间内（比如一个小时）对标准件重复测量，然后按预定的时间间隔（如每周）重复这一步骤。确定子组容量、抽样时间间隔需要统计专家的专业知识，并且要遵循测量程序，然后构建控制图并对其评估。一个（统计）稳定系统不会在根据测量值均值绘制的均值控制图上出现超过控制限的失控信号。不存在表示统计稳定性程度的量化计算公式，一个系统或者是统计稳定的，或者就是统计不稳定的。

一旦测量系统达到稳定状态，就可以确定稳定的程度。度量方法之一是基于 R 图或者 s 图的标准差。

R 图方法

$$\hat{\sigma} = \frac{\overline{R}}{d_2} \qquad (9\text{-}1)$$

s 图方法

$$\hat{\sigma} = \frac{\overline{s}}{c_4} \qquad (9\text{-}2)$$

上两式中的d_2和c_4是根据附录 9 查得的常数。

9.1.3 偏倚

偏倚是观测到的测量结果均值与参考真值的差。估计偏倚的步骤是首先选择一个代表参考值的标准件，然后对其多次测量，获得测量结果。标准件可能是一个其值已经由比现有测量系统精度等级更高的测量系统确定的母样件，或者是可追溯到美国国家标准与技术研究所（NIST）的参考标准件。因为零件和过程在一个范围内变化，量程范围内的每个点对应一个偏倚。如果量具是非线性的，那么量程内各点的偏倚也不相同（参见前文对线性度的定义）。

确定偏倚时首先选择一个测量人员和一个参考件或者标准件，然后测量人员对参考件进行多次重复测量获取测量值，最后计算重复测量结果的均值与参考件或者标准件的已知值的差，它就是偏倚。

计算偏倚的示例

一个机械检查员使用分辨力为 0.025mm 的游标卡尺对一个已知值为 25.4mm 的标准件进行 10 次测量，获得的读数如下。

25.425	25.425	25.400	25.400	25.375
25.400	25.425	25.400	25.425	25.375

将 10 个测量值的总和除以 10 得到均值：

$$\overline{X} = \frac{254.051}{10} = 25.4051\text{mm} = 25.405\text{mm}（按游标卡尺分辨力圆整）$$

偏倚是均值与参考值的差，即

偏倚 = 均值 – 参考值 = 25.405mm – 25.400mm = 0.005mm

测量系统的偏倚也可以用产品容差的百分比或者过程波动的百分比来表示。例如，如果此测量系统用于测量一个生产容差为 ±0.25mm 产品的过程，那么

$$\% \text{偏倚} = \frac{|\text{偏倚}|}{\text{容差}} \times 100\% = \frac{0.005}{0.5} \times 100\% = 1\%$$

其解读如下：平均来说，该测量系统的结果比真值大 0.005 mm，这一差异相当于许可的产品容差的 1%，图示说明如图 9-7 所示。

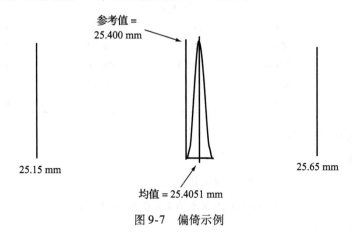

图 9-7　偏倚示例

9.1.4　重复性

如果测量系统具有一致的变异，则称其是可重复的。一致性变异的可操作性判定方法是，首先构建基于零件的多次重复测量值的极差图或者标准差图，测量值应该与过程波动或者产品容差中的较大者相当。如果极差图或者标准差图失控，则表明测量系统中存在导致变异不一致的异常因素。如果它们处于受控状态，那么可以用平均极差或者平均标准差的标准差来估计重复性。估计标准差的计算公式如下例所示。

估计重复性示例

表 9-1 中的量具分析数据来自两个检验员。每个检验员对 5 个零件的表面粗糙度进行测量，每个检验员对每个零件测量两次。表面粗糙度的测量结果以微英寸为单位进行记录。量具的分辨力为 0.1 微英寸。

表 9-1　测量系统重复性研究数据

零件	第 1 次读数	第 2 次读数	均值	极差
		检验员 1		
1	111.9	112.3	112.10	0.4
2	108.1	108.1	108.10	0.0
3	124.9	124.6	124.75	0.3
4	118.6	118.7	118.65	0.1
5	130.0	130.7	130.35	0.7

（续）

零件	第1次读数	第2次读数	均值	极差
		检验员2		
1	111.4	112.9	112.15	1.5
2	107.7	108.4	108.05	0.7
3	124.6	124.2	124.40	0.4
4	120.0	119.3	119.65	0.7
5	130.4	130.1	130.25	0.3

控制限计算如下：

极差图

$$\overline{R} = 0.51$$

$$UCL = D_4\overline{R} = 3.267 \times 0.51 = 1.76$$

均值图

$$\overline{\overline{X}} = 118.85$$

$$LCL = \overline{\overline{X}} - A_2\overline{R} = 118.85 - 1.88 \times 0.51 = 118.65$$

$$UCL = \overline{\overline{X}} + A_2\overline{R} = 118.85 + 1.88 \times 0.51 = 119.05$$

图9-8 显示了这些数据及控制限。R 图显示所有的 R 值都比上控制限小，这表明测量系统具有一致的变异，即不存在异常因素波动。

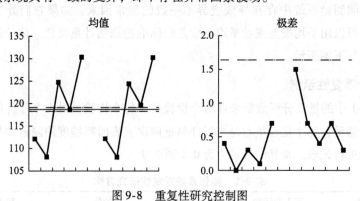

图9-8 重复性研究控制图

注意，很多均值处于控制限之外。它本来就应该如此，$\overline{X}$-图控制限的宽度是根据极差均值得到的，而极差均值反映了重复性误差。如果所有的均值都在控制限之内，也就意味着零件间变差比量具重复性误差造成的变差小，这是我们不希望看到的。因为 R 图受控，所以我们可以估计重复性误差的标准差，也称量具波动。如下所示：

$$\hat{\sigma} = \frac{\overline{R}}{d_2^*} \qquad (9\text{-}3)$$

上式中的 d_2^* 是从附录 11 查表得到的常数。注意，我们在这里使用的是 d_2^*，而不是 d_2。因为量具 R&R 研究中的子组容量通常较小，因此使用经过相应调整的 d_2^*。附录 11 表中常数均由两个值的组合决定：m 是重复测量的读数数量（本例中 $m=2$），g 是零件数与检验员人数的乘积（本例中 $g = 5 \times 2 = 10$）。由此可得：

$$\sigma_e = \frac{\overline{R}}{d_2^*} = \frac{0.51}{1.16} = 0.44$$

然后用在过程波动中所占百分比的形式报告重复性误差，即 σ_e 除以零件间波动（见下文）。

9.1.5 再现性

当不同检验员的检测结果一致时，称测量系统是可再现的。检验员间波动源自检验员之间的差异。可以通过比较各检验员测量结果的均值来估计检验员之间的差异，即再现性。再现性标准差（σ_o）通过将检验员间极差（R_o）除以 d_2^* 来估计。然后用在过程波动中所占百分比的形式报告再现性误差，即 σ_o 除以零件间波动（见下文）。

再现性计算示例（AIAG 方法）

使用上例中的数据，计算每个检验员的测量结果均值，我们得到：

检验员 1 均值 = 118.79 微英寸

检验员 2 均值 = 118.90 微英寸

极差 R_o = 0.11 微英寸

根据一个子组两个检验员在附录 11 中查表得到 $d_2^* = 1.41$（$m=2$，$g=1$），因为只计算了一次极差，所以 $g=1$。由此可得 $R_o / d_2^* = \frac{0.11}{1.41} = 0.078$。

估计再现性时，需要将同一检验员的所有测量数据进行平均。然而，因为每个检验员重复测量同一零件，此时得出的再现性估计值中也包括了重复性误差引起的波动。为此，使用下式对再现性估计值进行调整。

$$\sqrt{\left(5.15 \frac{R_o}{d_2^*}\right)^2 - \frac{(5.15\sigma_e)^2}{nr}} = \sqrt{\left(5.15 \times \frac{0.11}{1.41}\right)^2 - \frac{(5.15 \times 0.44^2)}{5 \times 2}}$$

$$= \sqrt{0.16 - 0.51} = 0$$

有时也会出现再现性方差大于重复性方差与再现性方差之和的情况。此时将再现性方差设为 0，因为理论上不存在方差为负。因此，上例中我们估计再现性方差为 0。

测量系统标准差为：

$$\sigma_m = \sqrt{\sigma_e^2 + \sigma_o^2} = \sqrt{0.44^2 + 0} = 0.44$$

然后用在过程波动中所占百分比的形式报告测量系统误差，即 σ_m 除以零件间波动（见下文）。

再现性计算示例（第二种方法）

上述评估再现性误差的方法有一个问题，即它不能生成控制图以帮助分析人员的评估，现在介绍的方法则可以。采用此方法时，首先对表 9-1 中的数据重新排列，让给定零件的测量值排成一列，如表 9-2 所示。

表 9-2 评估再现性误差的测量数据

零件	检验员 1		检验员 2		$\overline{X}$ 值	R 值
	第 1 次读数	第 2 次读数	第 1 次读数	第 2 次读数		
1	111.9	112.3	111.4	112.9	112.1	1.5
2	108.1	108.1	107.7	108.4	108.1	0.7
3	124.9	124.6	124.6	124.2	124.6	0.7
4	118.6	118.7	120	119.3	119.2	1.4
5	130	130.7	130.4	130.1	130.3	0.7
				均值	118.9	1.0

可以看出，当数据按此排列以后，R 值度量的极差既包括重复测量零件的极差也包括检验员之间的极差。例如，零件 3 的最小测量读数来自检验员 2(124.2)，最大读数来自检验员 1(124.9)。因此 R 值源自两种测量误差：重复性与再现性。

控制限的计算如下：

极差图

$$\overline{R} = 1.0$$

$$UCL = D_4\overline{R} = 2.282 \times 1.0 = 2.282$$

注意，子组容量为 4。

均值图

$$\overline{\overline{X}} = 118.9$$

$$LCL = \overline{\overline{X}} - A_2\overline{R} = 118.9 - 0.729 \times 1.0 = 188.12$$

$$UCL = \overline{\overline{X}} + A_2\overline{R} = 118.9 + 0.729 \times 1.0 = 189.58$$

测量数据及控制限如图 9-9 所示。在 R 图中可以看到所有的 R 值都比上控制限小，这表明重复性和再现性误差组合导致的测量系统变异是一致的，也就是说，不存在异常因素产生的波动。

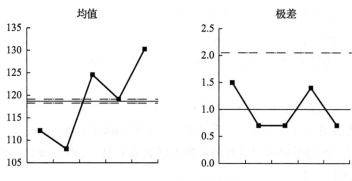

图 9-9　再现性研究控制图

也可以使用此方法估计重复性与再现性组合在一起的标准差，即 $\sigma_0 = R_0 / d_2^* = 1/2.08 = 0.48$。我们知道，方差具有可加性，因此

$$\sigma^2_{重复性+再现性} = \sigma^2_{重复性} + \sigma^2_{再现性} \tag{9-4}$$

也就是说

$$\sigma_{再现性} = \sqrt{\sigma^2_{重复性+再现性} - \sigma^2_{重复性}}$$

在前例中，我们已经计算出 $\sigma_{重复性} = 0.44$。将它代入上式可得：

$$\sigma_{再现性} = \sqrt{\sigma^2_{重复性+再现性} - \sigma^2_{重复性}} = \sqrt{0.48^2 - 0.44^2} = 0.19$$

本例中，测量系统误差 σ_m，或 $\sigma_{重复性+再现性}$ 的估计值为 0.48。

9.1.6　零件间波动

$\overline{X}$-图显示了零件间的波动或变差。重述一下，如果测量系统能力充足，大部分零件的数据都将落在 $\overline{X}$-图控制限之外。如果落在控制限以外的零件少于一半，则该测量系统就没有能力发现此过程中零件间的正常变差。

如果测量系统具有足够的分辨力且稳定、准确、呈线性（见下文），重复性和再现性误差是一致的，通过零件间波动就可以估计出来。使用测量系统研究数据估计以标准差表示的零件间波动步骤如下：

1. 将所有零件的均值（包括所有检验员的测量值）绘制在一张均值控制图上，同上文再现性误差分析中的第二种方法。

2. 确认至少有 50% 的零件均值落在控制限之外。如果不是这样，则需要使用更好的测量系统。

3. 找出零件均值的极差 R_p。

4. 计算零件间标准差 $\sigma_p = R_p/d_2^*$。在附录 11 中，根据 $m=$ 零件数量和 $g=1$ 查得 d_2^* 的值，因为极差 R 只计算了一次。

5. 总过程标准差 $\sigma_t = \sqrt{\sigma_m^2 + \sigma_p^2}$。

在上述计算完成以后，就可以得到所有的测量系统评估结果。

1. 重复性误差百分比 $\% EV = 100 \times (\sigma_e/\sigma_t)\%$

2. 再现性误差百分比 $\% AV = 100 \times (\sigma_o/\sigma_t)\%$

3. 测量系统误差（重复性 + 再现性）百分比 $\% R\&R = 100 \times (\sigma_m/\sigma_t)\%$

4. 使用该测量系统可以得到的数据类别数为 $1.41 \times (PV/R\&R)$。其中 $PV = 5.15\sigma_p$，$R\&R = 5.15\sigma_m$。

9.2   测量系统分析汇总

1. 将所有零件的均值（包括所有检验员的测量值）绘制在一张均值控制图上，同上文再现性误差分析中的第二种方法，已完成（见图 9-8）。

2. 确认至少有 50% 的零件均值落在控制限之外。如果不是这样，则需要使用更好的测量系统。5 个均值有 4 个（或者说 80%）落在控制限之外，因此此测量系统误差可以接受。

3. 找出零件均值的极差 R_p。

$$R_p = 130.33 - 108.08 = 22.25$$

4. 计算零件间标准差 $\sigma_p = R_p/d_2^*$。在附录 11 中，根据 $m=$ 零件数量和 $g=1$ 查得 d_2^* 的值，因为极差 R 只计算了一次。

$$m = 5, \quad g = 1, \quad d_2^* = 2.48, \quad \sigma_p = 22.25/2.48 = 8.97$$

5. 计算总过程标准差 $\sigma_t = \sqrt{\sigma_m^2 + \sigma_p^2}$。

$$\sigma_t = \sqrt{\sigma_m^2 + \sigma_p^2} = \sqrt{0.44^2 + 9.97^2} = \sqrt{80.65} = 8.98$$

在上述计算完成以后，就可以得到所有的测量系统评估结果。

1. 重复性误差百分比 $\% EV = 100 \times (\sigma_e/\sigma_t)\% = 100 \times (0.44/8.98)\% = 4.90\%$

2. 再现性误差百分比 $\% AV = 100 \times (\sigma_o/\sigma_t)\% = 100 \times (0/8.98)\% = 0\%$

3. 测量系统误差（重复性 + 再现性）百分比 $\% R\&R = 100 \times (\sigma_m/\sigma_t)\% = 100 \times (0.44/8.98)\% = 4.90\%$

4. 使用该测量系统可以得到的数据类别数为 $1.41 \times (PV/R\&R)$。其中 $PV = 5.15\sigma_p$，$R\&R = 5.15\sigma_m$。

$$1.41 \times \frac{5.15 \times 8.97}{5.15 \times 0.44} = 28.74，取值 28$$

因为可分辨数据类别最少为 5 个即可。此分析表明该测量系统有充足的能力，可以用于过程分析及过程控制。

使用 Minitab 进行量具 R&R 分析

Minitab 内建了进行量具重复性和再现性分析的功能。我们仍然使用上文的数据来演示如何使用 Minitab 的这一功能。开始的时候，首先按照 Minitab 要求的格式重新排列数据（见图 9-10）。C1—C4 列数据沿用原先的格式，仅供参考。相同的数据按照 Minitab 要求的格式重新输入 C5—C8 列中。

♦	C1	C2	C3	C4	C5	C6-T	C7	C8
	Part	Reading1	Reading2	Inspector	StackedData	Subscripts	Operator	PartNum
1	1	111.9	112.3	1	111.9	Reading1	1	1
2	2	108.1	108.1	1	108.1	Reading1	1	2
3	3	124.9	124.6	1	124.9	Reading1	1	3
4	4	118.6	118.7	1	118.6	Reading1	1	4
5	5	130.0	130.7	1	130.0	Reading1	1	5
6	1	111.4	112.9	2	111.4	Reading1	2	1
7	2	107.7	108.4	2	107.7	Reading1	2	2
8	3	124.6	124.2	2	124.6	Reading1	2	3
9	4	120.0	119.3	2	120.0	Reading1	2	4
10	5	130.4	130.1	2	130.4	Reading1	2	5
11					112.3	Reading2	1	1
12					108.1	Reading2	1	2
13					124.6	Reading2	1	3
14					118.7	Reading2	1	4
15					130.7	Reading2	1	5
16					112.9	Reading2	2	1
17					108.4	Reading2	2	2
18					124.2	Reading2	2	3
19					119.3	Reading2	2	4
20					130.1	Reading2	2	5

图 9-10　Minitab 中的数据输入格式

Minitab 提供了两种进行量具 R&R 研究的方法：交叉法和嵌套法。当每个零件都由仅有的一个检验员测量时，使用嵌套法量具 R&R，比如破坏性测试。其他情况下使用交叉法量具 R&R。选择路径 Stat > Quality Tools > Gage R&R Study（Crossed）后跳出 Minitab 对话框，如图 9-11 所示。在交叉法与嵌套法之外，Minitab 提供的选项还包括 ANOVA 法和 $\overline{X} - R$ 图法。如果想按照检验员和零件对再现性误差进行分解，就必须选择 ANOVA 法。ANOVA 法分析结果中也会显示 $\overline{X} - R$ 图，因此此 $\overline{X} - R$ 图的信息总可以得到。本例使用的是 ANOVA 法。注意，其计

算结果与 $\overline{X}-R$ 图法有稍微的差别。

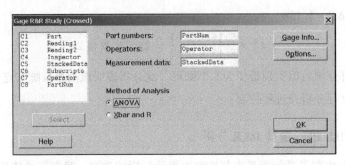

图 9-11 Minitab 中的量具 R&R（交叉法）对话框

量具 R&R 分析中有一个过程容差选项。它可以将量具波动与产品规格以及过程波动进行对比。当量具用于判定产品是否可以接受时，此选项提供的信息尤为重要。如果过程波动小于产品容差，即认为过程"有能力"，那么按照同样的方式进行。如果一个量具有能力检查过程，则它也能用于产品的接受检验。不过，如果过程能力不足，其生产的产品需要经过拣选，用于拣选的量具应该比用于过程控制的量具具有更强的分辨力。比如，有能力将过程波动区分为 5 个数据类别的量具，可能在测量产品时只能分辨出 4 个或者更少的数据类别。出于演示的目的，我们在 Minitab 选项对话框的过程容差格中输入 40（见图 9-12）。

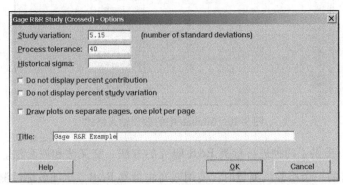

图 9-12 Minitab 中的量具 R&R（交叉法）选项对话框

输出

Minitab 可以提供丰富的输出结果，包括六个单独的图形、多个表格等。它们中的大部分都与本章前文讨论的内容相同，在此不再赘述。

表 9-3 显示了量具 R&R 分析得到的 ANOVA 表。在 ANOVA 表中，重复性误差的均方和 MS（0.212）作为分母或者误差项来计算检验员与零件交互作用检验员 * 样本数的 F 比，即 $0.269/0.212 = 1.27$。而检验员（Operator）的 F 比使用检验员与零件交互作用检验员 * 样本数的 MS 作为分母，即 $0.061/0.269 = 0.22$。F 比用于计算 p-值，p-值是原假设为真时做出错误判断的概率。习惯上将 0.05 作为临界 p-值，p-值小于 0.05 表示波动是"显著的"，即波动存在。举例说明，零件行样本数的 p-值是 0，意味着零件间波动几乎肯定不是 0。而对应检测员和检测员与零件交互作用的 p-值分别是 0.66 和 0.34，都大于 0.05，我们可以得出结论，由这两个因素导致的变异可能是 0。如果检验员项是显著的（$p < 0.05$），我们可以推断检验员之间存在统计上的显著差异，进而需要调查背后的原因。如果交互项是显著的，我们可以得出结论，检验员与某些（而不是全部）零件构成的组合之间存在差异。

表 9-3　带交互作用的两因子 ANOVA 表

方差来源	自由度（DF）	平方和（SS）	均方误（MS）	F 值	p-值
样本数	4	1 301.18	325.294	1 208.15	0
检验员	1	0.06	0.061	0.22	0.660 2
检验员 * 样本数	4	1.08	0.269	1.27	0.343 17
重复性	10	2.12	0.212		
总计	19	1 304.43			

不考虑 Minitab 模型中的交互作用，得到另一个输出结果如表 9-4 所示。此时误差项的自由度增加 4，因而检验更为灵敏。有些时候，它可以发现在含有交互作用的模型中遗漏的显著影响因素，不过本例中两者结论相同。

表 9-4　取消交互作用的两因子 ANOVA 表

方差来源	自由度（DF）	平方和（SS）	均方误（MS）	F 值	p-值
样本数	4	1 301.18	325.294	1 426.73	0
检验员	1	0.06	0.061	0.27	0.614 5
重复性	14	3.19	0.228		
总计	19	1 304.43			

Minitab 还将总方差进行分解，如表 9-5 所示。VarComp 列显示了源自各因素的方差，而% of VarComp 列则显示各因素方差占总方差的百分比。分析显示，几乎所有的过程波动都由零件间波动引起的。

表 9-5　方差成分分析

方差来源	各方差组成项的值（VarComp）	各方差组成项的比例（% of VarComp）
量具重复性和再现性之和	0.228	0.28
重复性	0.228	0.28
再现性	0	0
检验员	0	0
零件间变异	81.267	99.72
总和	81.495	100

　　表 9-5 中的方差虽然准确无误，但是其使用的单位和原单位不同（方差是测量值的平方）。从技术上说，它是分析数据离散程度的正确方法，因为方差具有可加性，而使用原始单位的离散度测量值则不具有可加性。然而，人们自然地希望看到用原始单位表示的离散程度分析，因此 Minitab 也提供了这种输出结果，如表 9-6 所示。其中 StdDev 列表示标准差，也就是表 9-5 中 VarComp 列对应各波动源的正的平方根。Study Var 列显示了对应 StdDev 列的 99% 置信区间值。而 % Study Var 列表示各波动源在总波动中所占的比例，由各波动源对应的 Study Var 除以总波动得到。最后，% Tolerance 由 Study Var 除以容差得到。有趣的是，该列最后一行的总计值大于 100%。这表示所度量过程的波动大于规格容差。可见，即使 ANOVA 不是过程能力分析，这里的数据分析结果也指出了可能存在超出产品容差的问题。表 9-6 中的信息也可用图 9-13 进行图形化表述。

表 9-6　波动幅度分析

方差来源	StdDev	Study Var (5.15 ∗ SD)	% Study Var (% SV)	% Tolerance (SV/Toler)
量具重复性和再现性之和	0.47749	2.4591	5.29	6.15
重复性	0.47749	2.4591	5.29	6.15
再现性	0	0	0	0
检验员	0	0	0	0
零件间变异	9.0148	46.4262	99.86	116.07
总和	9.02743	46.4913	100	116.23

9.3　线性度

　　确定线性度时首先选择能够覆盖测量仪器整个或者大部分的工作量程的被测零件或者标准件，然后获取量程中各点的偏倚，最后对所获数据进行线性回归分析。

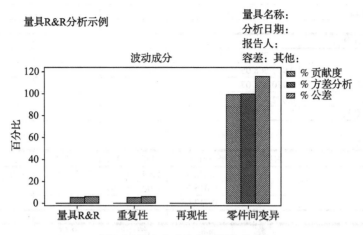

图 9-13　波动成分的图形化分析

线性度的值定义为回归所得直线斜率与过程波动或者产品容差中较大值的乘积。绘制偏倚散点图有助于分析线性度。

计算线性度示例

下面的例子引用自美国汽车工业行动集团的《测量系统分析》。

工厂内的一名班组长想研究一下有关测量系统的线性度，然后跨测量系统工作量程挑选了 5 个已知参考值的零件并对它们进行检验。同一检验员对每个零件重复进行了 12 次测量，零件的选择是随机的。图 9-14 记录了各零件的测量值均值和偏倚均值。偏倚的计算方法是测量值均值减去参考值所得的差。

零件	1	2	3	4	5
均值	2.49	4.13	6.03	7.71	9.38
参考值	2.00	4.00	6.00	8.00	10.00
偏倚	+0.49	+0.13	+0.03	-0.29	-0.62

图 9-14　量具线性度分析数据

随后对所得数据进行线性回归，结果显示在图 9-15 中。

p-值（小于 0.05）表明回归的结果在统计上是显著的，也就是说，该量具实际上存在偏倚。回归所得直线的斜率是 -0.132，截距是 0.74。$R^2 = 0.98$ 表示回归直线所解释的波动占偏倚量总波动的 98%，所得结果汇总如下。

偏倚	$b + ax = 0.74 - 0.132$（参考值）
线性度	│斜率│× Max（过程波动，容差）= $0.132 \times 6 = 0.79$，其中 6 为容差
线性度（%）	100% × │斜率│ = 13.2%

汇况输出					
回归统计分析					
复相关数	0.900 770 98				
R^2	0.977 668 05				
调整的R^2	0.970 224 07				
标准误	0.072 846 87				
观察值数量	5				
ANOVA					
	自由度（df）	平方和（SS）	均方误（MS）	F值	F值显著度
回归	1	0.696 96	0.696 96	131.336 683	0.001 425 98
残差	3	0.015 92	0.005 306 67		
总和	4	0.712 88			
	系数	标准误	t统计量	P-值	
截距	0.74	0.076 402 44	9.685 554 13	0.002 337 1	
参考值	−0.132	0.011 518 1	−11.460 222	0.001 425 98	

图 9-15　线性度回归分析汇总数据

注意，偏倚为 0 的位置可以用下式求得：

$$x = -\frac{截距}{斜率} = -\frac{0.74}{-0.132} = 5.61$$

在本例中，此点处的偏倚最小，距离此点越远的地方，偏倚越大。

上述信息在图 9-16 中用图形进行了展示。其中，x 代表参考值，y 代表偏倚。

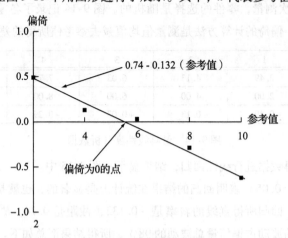

图 9-16　线性度分析图

使用 Minitab 进行线性度分析

Minitab 内置了量具线性度分析的功能，图 9-17 显示了数据输入的格式以及对话框。图 9-18 是分析的输出结果。

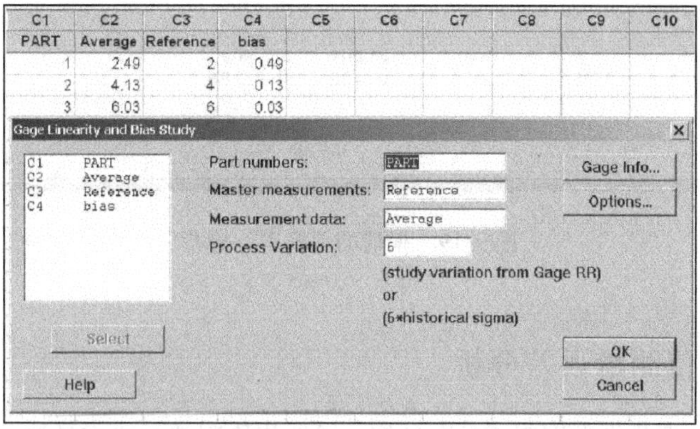

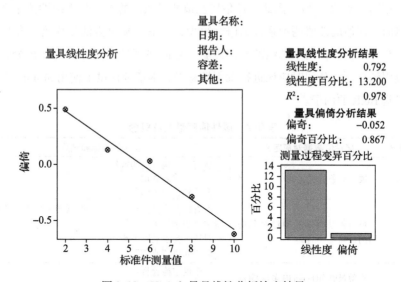

图 9-17　Minitab 量具线性分析对话框

图 9-18　Minitab 量具线性分析输出结果

　　注意，Minitab 的线性度分析中没有提供 p-值，因为需要进行另外的回归分析以验证分析结果的统计显著性。在此例中，散点图中的斜率显然不为 0，因此不需要 p-值也可以得出偏倚值显著非线性的结论。但是是否存在显著的偏倚不明显，因为偏倚百分比只有 0.867%。事实上，对偏倚进行单样本 t-检验，以偏倚均值等于 0 为原假设，所得结果如图 9-19 所示，表明偏倚均值可能为 0（$p = 0.797$）。

```
One-Sample T: bias

Test of mu = 0 vs mu not = 0

Variable         N      Mean      StDev    SE Mean
bias             5    -0.052      0.422      0.189

Variable             95.0% CI              T        P
bias           ( -0.576,   0.472)      -0.28    0.797
```

图 9-19 偏倚的单样本 t-检验

9.4 属性值测量误差分析

属性值数据是指类别而不是测量值。属性值检测就是确定被测对象的所属类别，比如，"良品"还是"不良品"。属性值测量系统的优劣判断原则与连续性测量系统相同（见表9-7）。因此，评估属性值测量系统的方法与连续性测量系统类似。然而，评估属性值测量系统的研究很少，本书的建议方法是作者多年以来在给雇主和客户提供咨询中总结的有用经验。它们并不是任何标准的一部分，在将它们应用到自己的公司时应该进行批判性思考，本章也提供了使用 Minitab 分析属性值量具 R&R 的例子。

表 9-7 属性值测量系统概念

测量概念	属性值数据对应定义	建议的指标和意见	
精确度	被测对象分类正确	所有人正确分类的数量 总检测数量 需要知道"真值"	
偏倚	被归入某类别的测量对象的比例正确	所有检验员检测结果中某一类别所占比例的平均值减去该类别的正确比例 对所有类别加以平均 需要知道"真值"	
重复性	检验员在短时间内多次测量同一对象，每次都将其归入同一类别	对于给定检验员： 归类结果相同的数量 总的归类次数 总的重复性：重复性的平均值	
再现性	所有检验员测量同一对象时，均将其归入同一类别	所有检验员归类结果相同的数量 总的归类次数	
稳定性	不同时间实施属性值量具 R&R 研究所得结果的变差	指标	指标稳定性的度量方法
		重复性	重复性的标准差
		再现性	再现性的标准差
		准确度	准确度的标准差
		偏倚	平均偏倚量

（续）

测量概念	属性值数据对应定义	建议的指标和意见
线性度	在检验包括所有分类的对象时，所得结果一致	各分类的不准确性与偏倚量 需要知道"真值" 注意，因为名义尺度数据没有自然顺序，连续性数据线性度在属性值数据上没有精确的对应定义。不过，建议指标有助于突出检验员与具体类别的交互作用

9.4.1　操作性定义

需求的操作性定义必须借由测量手段做出界定。要判断"高质量焊接"必须首先对什么是高质量焊接给出清晰定义。具体的方法可能包括文字描述、放大、照片、实物与样件比对等。

操作性定义示例

1. 臭氧传输评估组织（Ozone Transport Assessment Group，OTAG）目标的操作性定义。

目标：跟踪识别臭氧减少量及其前体物的传输，提供建议，结合其他措施，以便在 OTAG 区域达到并保持臭氧标准。

针对此目标的操作性定义建议如下。

- OTAG 区域内大气中的臭氧及其前体物的通用减少模型。
- 在 OTAG 区域内给大气和地面中臭氧及其前体物的减少未达标地区边界建立模型。
- 在 OTAG 区域内最大限度地遏制地面臭氧浓度峰值达到上限地点的增加速度（此部分操作性定义尚在评估中）。

2. 韦尔斯利大学儿童关爱政策研究合伙公司对未满足需求的操作性定义。

- 判断邻里服务充足性的比较标准：所在更大区域（汉普登县）可得服务的中位数。
- 未满足需求的定义为：在邻里可以得到的关爱服务与周边区域可得服务的中位数的差（用各个服务项目与对应的适龄儿童人口的比表示，即项目/儿童）。

3. 酸和碱的操作性定义。

- 溶于水后 H^+ 离子浓度增加的物质为酸。

- 溶于水后 OH⁻ 离子浓度增加的物质为碱。

4. 智力的操作性定义。

- 对人实施斯坦福-比奈 IQ 测试并打分，一个人的智力就是其测试所得的分值。

5. 深蓝色地毯的操作性定义。

- 判断需由通过美国空军色盲鉴定的检验员做出。
- 使用 GE 的冷白荧光灯管作为光源，将地毯与 7462 C 号 PANTONE 色卡进行比对，观察距离为 16 ~ 24 英寸。
- 如果两者看起来一致，则认为地毯为深蓝色。

9.4.2　如何进行属性值检查研究

表 9-8 是常用的属性值检验分析所用的方法。

表 9-8　评估属性值检验系统误差的方法

真值	评估方法	备注
已知	专家裁决法： 在检验员归类之后由专家确认归类是否正确	• 指标：正确百分比 • 量化归类的准确性 • 评估简单 • 专家判断的正确性存疑 • 留意所有的类别是否都被包括进来 • 比较检验员困难，因为不同的人检验可能次数不一样 • 需要决定检验能力的可接受水平，并考虑成本、对顾客的影响等
已知	循环分析法： 选出跨所有类别的待测对象 1. 专家检验每个对象，记录结果 2. 检验员至少检验每个对象两次	• 指标 　1. 各检验员的正确百分比 　2. 检验员重复性 　3. 检验员再现性 　4. 稳定性 　5. 检验员"线性度" • 包括所有类别 • 量化所有的测量误差 • 人们知道自己在接受研究，可能会影响其检验 • 不是日常工作条件 • 必须确保严格按要求进行 • 需要决定检验能力的可接受水平，并考虑成本、对顾客的影响等

（续）

真值	评估方法	备注
未知	一致同意法： 选出跨所有类别的待测对象 每个对象被每个检验员至少检测两次	• 指标 • 除了"真值"未知以外，与循环分析法类似 • 无法度量准确性和偏倚。只能衡量相同资质人员之间的一致性 • 包括所有类别 • 人们知道自己在接受研究，可能会影响其检验 • 不是日常工作条件 • 必须确保严格按要求进行 • 需要决定检验能力的可接受水平，并考虑成本、对顾客的影响等

9.4.3 属性值检验误差分析示例

三个检验员在受控条件下分别检查两张印刷图案相同的纸张。熟练印刷工已经对它们仔细检查过多次，并确认其中的一张为合格品，而另一张为非合格品。检验员坐在桌子旁边的凳子上，待检查印刷图案放置在桌子上。桌子上固定一个带照明的放大镜，放大镜的臂长可调，检验员可以根据需要将放大镜拉到桌子的任何地方（见图9-20）。

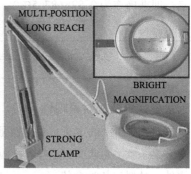

图9-20 印刷质量检查所用的工作台、座椅、放大镜

每个检验员每天检查两次，早晚各一次。根据检查结果，检验员做出合格或不合格的判断。下一周再重复进行这样的检查过程，检查结果如表9-9所示。

在表9-9中，"零件"列显示被检查的印刷图案编号，而"标准"列显示的是熟练印刷工的评估结果（标准值）。1表示合格，0表示不合格。检验员A、检验员B和检验员C列则分别显示三个检验员的检查结果。如果三个检验员的检查结果一致，那么"再现性"列显示1，不管该结果与熟练印刷工的判断是否一致。

而当三名检验员的检查结果都与熟练印刷工的判定一致时，"准确性"列显示1。

表9-9 印刷质量属性值检验误差分析检测结果

	A	B	C	D	E	F	G	H	I
1	零件	标准	检验员 A	检验员 B	检验员 C	日期	时间	再现性	准确性
2	1	1	1	1	1	Today	Morning	1	1
3	1	1	1	1	1	Today	Afternoon	0	0
4	2	0	0	0	0	Today	Morning	1	1
5	2	0	0	0	1	Today	Afternoon	0	0
6	1	1	1	1	1	Last Week	Morning	1	1
7	1	1	1	1	0	Last Week	Afternoon	0	0
8	2	0	0	0	1	Last Week	Morning	0	0
9	2	0	0	0	0	Last Week	Afternoon	1	1

单个检验员准确率

将每个检验员的分类结果与标准值进行比较得到单个检验员的准确率，比如，在表9-9 中 C2 单元格，检验员 A 判断结果为合格，这与标准值一致，可见该判定是正确的。在 C3 单元格中，检验员判断结果为不合格，而实际上它是合格的，即该判定不正确。继续这样的分析，可以知道检验员 A 在 8 次判断中有 7 次正确，即准确率为 0.875（87.5%）。各检验员的准确率，如表9-10 所示。

表9-10 检验员评估准确率

检验员	A	B	C
准确率	87.5%	100%	62.5%

重复性以及成对再现性

按照表9-7 中的定义，重复性是指同一检验员在较短的时间内检查同一对象所得结果一致。由表9-9 可得，检验员 A 在"Today"（本日）上午（Morning）检查零件 1 时判定其为合格（1），而在下午（Afternoon）则判定其为不合格（0）。另外的三组中上午与下午的归类相同，因此其重复性是 3/4（75%）。

成对再现性是将不同检验员在同一天的同一时间段检查同一零件的结果进行两两比较。比如，在"本日""上午"检查"1 号产品"时，检验员 A 的归类结果与检验员 B 的相同。而在"本日""下午"检查"1 号产品"时，两者的结果却不一致。两两检验员之间的检查结果一共有 8 对。比较检验员 A 和检验员 B 可知，他们在 8 次检查中有 7 次相同，即成对再现性为 7/8 = 0.875。

表9-11 中位于对角线上的值表示重复性，而非对角线上的为成对再现性的

值，包括"本日""上周"以及两者合并在一起的汇总值。

表 9-11 重复性和成对再现性

	汇总				本日				上周		
	A	B	C		A	B	C		A	B	C
A	0.75	0.88	0.50	A	0.50	0.75	0.50	A	1.00	1.00	0.50
B		1.00	0.50	B		1.00	0.75	B		1.00	0.50
C			0.25	C			0.50	C			0.00

总重复性、再现性、准确率和偏倚

在使用统计量的汇总数据时总会丢失一些信息，而经汇总的数据处理量会大幅度减少，有时在权衡之后会发现有必要对数据进行汇总。在上例中，汇总统计量计算公式的操作性定义如下。

- 总重复性为两天汇总值的均值，即 $(0.75 + 1.00 + 0.25)/3 = 0.67$。

- 再现性为两天中的各重复性的均值（参见表 9-9），即 $\left[\left(\dfrac{1+0+1+0}{4}\right) + \left(\dfrac{1+0+0+1}{4}\right)\right]/2 = 0.50$。

- 准确率为两天中的各准确率的均值（参见表 9-9），即 $\left[\left(\dfrac{1+0+1+0}{4}\right) + \left(\dfrac{1+0+0+1}{4}\right)\right]/2 = 0.50$。

- 偏倚为检验结果中不良品率与实际不良品率的差值。本例中，实际的不良品率为 50%（2 个零件中有 1 个不良品）。在 24 次检验中，有 12 次判定结果为不合格。因此偏倚值为 $0.5 - 0.5 = 0$。

总稳定性

对上述各指标分别计算稳定性，结果如表 9-12 所示。

表 9-12 稳定性分析

稳定性对应的指标	操作性定义	计算结果
重复性	6 个重复性的标准差	0.41
再现性	平均再现性的标准差。对于表 9-9 中的数据，= STDEV [（AVERAGE（H2：H5），AVERAGE（H6：H9））]	0.00
准确率	平均准确率的标准差，对于表 9-9 中的数据，= STDEV [AVERAGE（I2：I5），AVERAGE（I6：I9）]	0.00
偏倚	两周内的偏倚平均值	0.0

结果的解读

1. 评估系统总体上看没有偏倚且准确。但是，对单个检验员的分析显示，改善的空间依然存在。

2. 单个检验员准确率分析表明检验员 C 的准确率有问题（见表9-10）。

3. 量具 R&R（成对再现性）分析显示检验员 C 的重复性和再现性都有问题（见表9-11）。

4. 重复性不稳定（见表9-12）。在比较表9-11 中的"本日"和"上周"对角线数据时，可以看出检验员 A 和检验员 C 在不同的周得到不同的结论。如果不是这样，系统看起来就相当稳定。

5. 检验员 A 和检验员 B 的再现性不完美。找出两者再现性出现差异的原因可能会有收获。

6. 因为检验员 B 的准确率和重复性都很好，对其进行研究可能会发现最佳实践。

9.4.4   使用 Minitab 进行属性值量具分析示例

Minitab 带有内建的分析属性值量具系统分析功能，软件中的显示名称为"Attribute Gage R&R Study"。使用 Minitab 对上例进行分析的过程如下。

表9-9 中的数据不能直接在 Minitab 中使用，必须对它进行重新排列。在按照 Minitab 要求格式对数据重新排列之后，在菜单中选择 Stat > Quality Tools > Attribute Gage R&R Study 进入 Attribute Gage R&R Study 对话框（见图9-21）。注意复选框

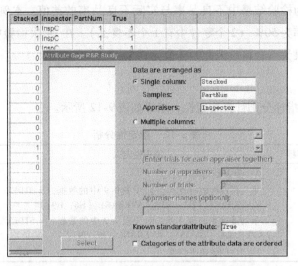

图 9-21   属性值量具 R&R 分析对话框和数据输入格式

"Categories of the attribute data are ordered"。如果数据是定序的并具有多于两个的取值，则勾选此复选框。定序变量数据可对取值进行排序，比如"1"在某种意义上比"0"更好或者更大。例如，在测试口味时，评估人员经常会被问道："按照 0（糟糕）、1（一般）、2（美味）来给口味打分，你给出的分数是多少？"我们的数据是定序的（合格比不合格好），不过只有两个水平，所以以本例中不需要勾选复选框。

　　Minitab 中通过检查"自己在各次检验中检验结果一致"的比例来评估检验员重复性，即检验结果一致的次数与总的检验次数的比值。在本例中，每个检验员对 2 个零件检验了 4 次。Minitab 的输出结果表明检验员 A 的检查结果中 50% 是前后一致的，检验员 B 为 100%，而检验员 C 为 0，如图 9-22 所示。一致性百分比的 95% 置信区间也包含在输出结果中，图 9-23 为其示意图。

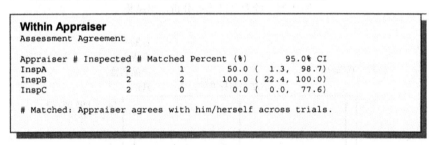

图 9-22　Minitab 检验员重复性分析结果说明

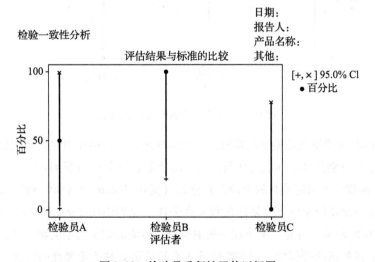

图 9-23　检验员重复性置信区间图

准确性分析

Minitab 根据检验员对给定零件的检查结果与标准值是否一致判断准确率。图 9-24 为本例的准确率分析结果。和以前一样，Minitab 使用两天汇总数据进行分析，结果如图 9-25 所示。

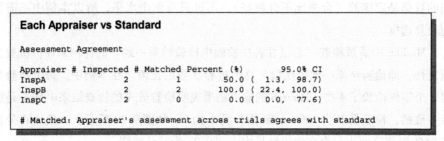

```
Each Appraiser vs Standard

Assessment Agreement

Appraiser # Inspected # Matched Percent (%)       95.0% CI
InspA            2          1        50.0 (  1.3,  98.7)
InspB            2          2       100.0 ( 22.4, 100.0)
InspC            2          0         0.0 (  0.0,  77.6)

# Matched: Appraiser's assessment across trials agrees with standard
```

图 9-24 检验员准确率分析输出结果

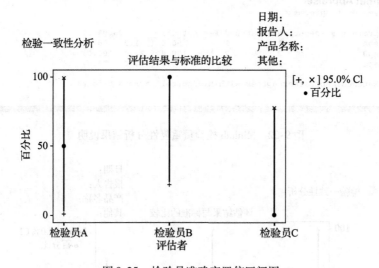

图 9-25 检验员准确率置信区间图

Minitab 试图发现检验员的检查结果与标准之间是否存在明显的对应模式。具体的方法是分别计算将标准为 0 判定为 1 的次数及百分比（见#1/0 Percent（%）列）、将标准为 1 判定为 0 的次数及百分比（见#0/1 Percent（%）列）以及检验员自身检查结果混杂即不重复的次数及百分比（见#Mixed Percent（%）列），结果如图 9-26 所示。可见，不存在一致的偏倚，偏倚的定义为始终将零件归入错误的类别。正如前面分析的，存在检验员 A 和检验员 C 缺乏重复性的问题。

检验员间的评估

接着，Minitab 提供了检验员之间评估结果的比较，即将各检验员对同一零件的检验结果进行比较，看不同检验员得出相同评估结果的百分比。如图 9-27 所示的分析结果表明，本例中检验员之间结果相同的情况没有发生，分析结果中也包含 95% 的置信区间。

```
Assessment Disagreement

Appraiser   # 1/0 Percent (%)   # 0/1 Percent (%)   # Mixed Percent (%)
InspA           0         0.0        0         0.0        1        50.0
InspB           0         0.0        0         0.0        0         0.0
InspC           0         0.0        0         0.0        2       100.0

# 1/0: Assessments across trials = 1 / standard = 0.
# 0/1: Assessments across trials = 0 / standard = 1.
# Mixed: Assessments across trials are not identical.
```

图 9-26   检验员评估结果不一致的分析

```
Between Appraisers
Assessment Agreement

# Inspected # Matched Percent (%)      95.0% CI
      2         0        0.0 (  0.0, 77.6)

# Matched: All appraisers' assessments agree with each other.
```

图 9-27   Minitab 中检验员之间评估结果一致性分析

所有检验员与标准的比较

最后，Minitab 将所有检验员对某一零件的分析结果之间是否一致、检验结果与标准值是否一致进行了分析，理论上说，此分析的结果不可能比图 9-27 中的检验员间评估结果一致性高。果然，图 9-28 所示的分析结果显示，本例中不存在所有检验员与标准一致的情况。结果中也包括了 95% 的置信区间。

```
All Appraisers vs Standard
Assessment Agreement

# Inspected # Matched Percent (%)      95.0% CI
      2         0        0.0 (  0.0, 77.6)

# Matched: All appraisers' assessments agree with standard.
```

图 9-28   Minitab 中所有检验员与标准一致性分析

分析阶段

分析阶段的主要目标包括以下几个方面。

- 对于现有过程,分析其价值流,寻找适当的方法,以弥补目前绩效与期望绩效之间差距。
- 分析造成上述差距的波动源(DMAIC)或者是造成设计绩效差距的波动源(DMADV)。
- 确定与顾客需求(CTQ、CTS、CTC)以及显著影响过程绩效和设计绩效的驱动因素,即 $y = f(x)$ 中的 x。
- 使用第 3 章中的标杆管理方法,研究相似产品或者服务的业内最佳实践。

10.1 价值流分析

价值流包括从原材料到交付顾客的产品生产、从顾客下单到交付的订单履行、从概念到发布的产品设计等过程,既包含增值活动也包含非增值活动。价值流改善通常从工厂内部的门到门范围内开始,然后向外扩展,最终包含整个价值流(Womack and Jones,1996)。价值流由产品、服务流和信息流组成。

分析价值流时,使用精益原则。精益也称作精益生产体系,源自第二次世界大战后的日本。为了应对困扰日本工业界的大量问题,丰田公司的生产高级管理人员大野耐一创建了精益方法。当时的主要问题是日本国内市场需要多样化产品。亨利·福特发明的可以经济地长时间生产同一产品的大批量生产技术不适合当时丰田所面临的情况。丰田在 20 世纪 40 年代后期所面临的情况对于目前的各行各业普遍存在,全世界的工商业领域都在采用精益生产方式来提高生产效率,为顾客提供更好的服务。

精益生产方式（"精益"一词由美国麻省理工学院的研究人员在 20 世纪 90 年代初提出）系统性地减少价值流中的浪费（日语称作 Muda），直至消除。Muda 包括所有的不合格工作，而不是仅仅指产品。浪费的时间、动作、材料等都是 Muda。Ohno（1988）年将公司中的浪费归纳为以下七类：

1. 不良品

2. 过量生产

3. 库存（在制品或者成品）

4. 不必要的加工

5. 不必要的人员移动

6. 不必要的运输

7. 等待

沃麦克和琼斯在 1996 年增加了另外一个浪费：

8. 不按顾客需求设计产品或服务

大野耐一对此做了进一步的澄清（2013）。

我不知道是谁提出来的，不过现在人们总是说"七大浪费"。可能从书出版的那一天开始的吧，不过浪费不仅仅限于七种类型。有句老话讲"没有坏习惯的人都有七个浪费"，即使你认为自己没有浪费了，但仍然存在至少七种浪费。所以我提出过量生产、等待等浪费，不过这并不意味着只有七种类型的浪费。所以，不要纠结在诸如"这是什么类型的浪费"之类的问题上，继续寻找并改善就好了。

很明显，焦点在于价值。价值就是顾客想要的或者需要的，而且愿意并有能力支付。浪费就是任何消耗资源而对顾客不存在价值的活动，因此浪费也被称作"非增值活动"。区分增值与非增值并不容易，特别是对新产品和服务尤其如此，不过必须要区分它们。对于现有产品，可以使用本书介绍的焦点小组、调查或者其他方法。对于新产品，考虑 DFSS 方法。最重要的是，不要仅仅依赖于内部渠道。大部分公司从它们已知的领域开始，对它们的产品进行调整。顾客意见包括：他们就目前产品喜欢什么或者不喜欢什么，或者希望增加或者改变什么。这样的逐步变化可能会但也可能不会解决顾客真正的问题。在定义价值的时候，必须由生产商和顾客一起分析，对旧思维提出挑战。

考虑一个团队，他们的任务是减少超级市场产品上架中出现的不良品。最严重的问题是在货架主结构上焊接托架产生的"焊点"。然后团队花了很多的力气来检查货架，在实验室中测试焊点对于货架寿命的影响，对有焊点的货架进行返工等，产生了非常高的报废成本。当团队与顾客一起会面并试图给不可接受焊点做操作性定义时，他们惊奇地发现，顾客对于焊点一无所知！更奇怪的是，当向他们展示有严重焊点和没有焊点的货架时，顾客对两者的区别根本不在意。然而，顾客却对货架前部的形状特别关心。他们希望货架陈列在超市走道上的时候看起来整洁、整齐，他们对于已经交付的货架非常不满意，而公司内部没人知道这点对顾客很重要，也没有采取措施来改进产品的这个特征。

如果在一开始就咨询超市经理共同定义价值，可能他不会说"货架的排列要整齐规整"。他可能会说的是"顾客在沿走道挑选商品时，货架要看起来漂亮"。获取顾客的声音，并用它们来驱动业务流程改善的相关内容见第 2 章和第 3 章，这些核心的六西格玛概念也应该整合到精益实践中。

定义了价值之后，就可以评估哪些活动是增值的，哪些活动是浪费，评估的结果往往让人大跌眼镜。有时，大部分的活动都属于非增值的，例如，一个以降低采购订单（PO）周期时间（即从提出 PO 申请到申请人收到 PO 的时间）为目标的六西格玛项目小组做了一个小测试。他们将 PO 审批所需签字全部列示出来，然后项目人员（在采购总监的批准之下）手持 10 个 PO 完成所有的审批流程。每个采购审批人员都给予项目人员最高的优先级，停止手边的其他工作来先审批项目人员的 PO 申请单。他们发现完成审批流程平均大约需要 6 个小时，而现实中完成一个审批流程大约需要 6 个星期。以每周 40 个小时来计算，PO 审批流程中的增值时间占比只有 2.5%，剩下的 97.5% 都是浪费。

即便如此，这还不是浪费的全部。在获取审批的过程中，团队人员也开始提问需要审批的理由。某些情况下，比如一些标准的五金件和基本办公用品，申请人可以被授权直接采购。采用自动的拉式订货系统后很多的 PO 可以完全取消（拉动系统详见第 11 章）。采购订单审批流程中的增值部分实际上是微不足道的。

发现上述事实的第一反应就是惊恐。想象自己是采购总监或者采购审批人员，一个团队想用数据表明，你的部门大部分活动是非增值的，你会怎么样？你还对变革代理人经常讨论的"变革的阻力"感到吃惊吗？如果变革的代价是失去工作，谁能不抵制变革呢？然而，这就是现实，领导人员需要面对它并做出规划。他们有责任向股东表明他们正在减少浪费，他们有责任向顾客提供价值，他们同样也有责任公正地对待员工。除非所有的领导人已经明确保证公正地对待员工，否则可以设想来自受到变革威胁的员工的强烈阻挠。

采购部门需要重新思考他们增加的价值，即他们的使命。如果他们的工作不是充满官僚习气的翻文件签字，那又是什么？或许更好的改善是将供应链整合到其余的价值流中（参见下一节中关于价值流的讨论）。这可能涉及供应商如何参与设计更易于生产的产品，他们如何才能将产品在需要的时候送到需要的地方，他们如何帮助顾客成功，等等。这在过程型企业中容易实现，在这里，核心业务过程控制着工作的质量（见第 2 章）。转型之后的"采购部门"可能与刚开始时大相径庭。如果人们认为管理层能够公平地对待每一位员工，士气会受到鼓舞，浪费也会逐渐消除。毕竟，谁想成为有浪费习惯的人呢？

好消息是，一旦精益组织重新定义了价值，它们经常会发现，它们可得的顾客会更多，销售额的增长也更快。市场需求的增长速度往往会超过消除浪费后腾出的可以用于为顾客提供价值的资源的增长速度。尽管不能完全保证，但是它却十分常见，因此员工们可以没有后顾之忧地去改善，特别是他们已经在自己的组织中看到这种现象。他们可能还需要学习新的技能并从事不同的工作，不过通常他们会很快适应。

考虑浪费的类别有助于识别浪费。表 10-1 中列出一种分类，可以简记为 CLOSEDMITTS（Spencer，1999）。

表 10-1　CLOSEDMITTS

浪费的类型	举例
复杂性（Complexity）	不必要的步骤、过多的文件、审批太多
人工（Labor）	低效的操作方法、冗员
过多生产（Overproduction）	生产数量多于顾客需求，在顾客需要之前就开始生产
空间（Space）	库存空间、待处理零件、待返工零件、报废品存储空间、过宽的走道、其他浪费的空间
能源（Energy）	浪费的能源或者人的能量
缺陷（Defect）	维修、返工、重复服务、解决问题需要多次要求
物料（Material）	报废、超量订购
呆料（Idle Material）	不流动的物料、库存
时间（Time）	浪费的时间
运输（Transportation）	不增值的移动
安全隐患（Safety Hazard）	不安全的或者易发事故的环境

10.1.1　价值流图

价值流图也称作物料和信息流图，它是流程图的一种变形，它研究的是价值是如何从整个过程到达顾客的，信息是如何帮助工作流动的。看待过程的方法之一就是工作流动的逻辑顺序，另一种方法就是工作实物的流动。图 10-1 显示了一个技术支持过程的工作逻辑顺序。团队认为只有阴影框显示的步骤才是增值的。从流程图中可以明显看出，过程中的绝大部分工作都不是增值的，而是浪费。基于各项活动的时间以及给定支持活动的步骤，总时间中只有 38% ~49% 用于增值活动。

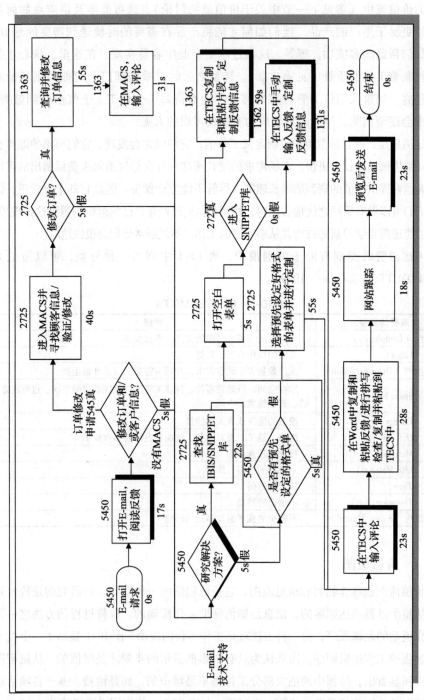

图10-1 E-mail技术支持工作流程

　　不幸的是，很多时候并不能立即消除流程中的所有非增值步骤。可以立即消除而不对业务或者顾客产生任何影响的非增值活动或不必要的活动有时也称作第一类浪费，消除后影响业务或者顾客的称作第二类浪费。某些记录信息的步骤，这有助于以后快速而容易地得到解决问题的方法。这就是根据公司政策设定的非增值但必须有的活动的一个例子。有时也将它们称作业务增值（Business Value Added，BVA）任务，因为可以证明它们是业务活动所需要的，它们不能被立即消除而不对业务或顾客产生影响。其他的典型 BVA 包括大部分的质量功能，比如检验、审计、SPC 以及相关的管理审批。这些职能只有质量水平不佳的时候才会存在：如果顾客有其他的供应商可以选择，他们可以确保完美的质量，取消这些职能既能降低成本又不存在风险，顾客就不会愿意为这些职能付费。有些情况下，BVA 与法规要求有关，比如药品行业的生产。此时，在充分的分析之后只要证明可行，就应该尽量减少 BVA。很多时候，BVA 成为通过过程改善和重新设计而降低成本的绝佳目标。当然，即使没有过程改善和重新设计，业务需求依然存在。

　　可以使用图 10-2 中的标准化图标来建立更详尽、更复杂的价值流图。图 10-3 给出一个制造流程的价值流图示例。应该明确，价值流图的首要关注点是发现浪费。从这个角度讲，有时候简单更好，图标使用和数据收集都要凸显这个关注点。在图 10-3 中，时间线部分可以快速区分增值的加工时间和系统中的非增值时间，汇总结果显示在图的右下角。潜在的改善目标用持续改善爆炸框标示出来。

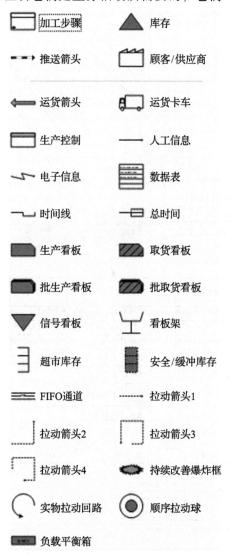

图 10-2　常用的价值流图图标

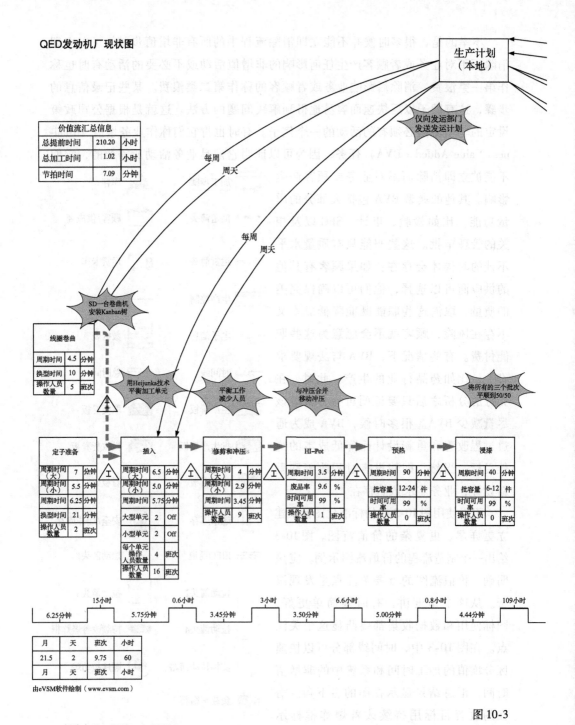

QED发动机厂现状图

价值流汇总信息		
总提前时间	210.20	小时
总加工时间	1.02	小时
节拍时间	7.09	分钟

生产计划
（本地）

仅向发运部门
发送发运计划

每周
周天

每周
周天

SD一台卷曲机
安装Kanban树

线圈卷曲		
周期时间	4.5	分钟
换型时间	10	分钟
操作人员数量	5	班次

用Heijunka技术
平衡加工单元

平衡工作
减少人员

与冲压合并
移动冲压

将所有的三个批次
平顺到50/50

定子准备		
周期时间（大）	7	分钟
周期时间（小）	5.5	分钟
周期时间	6.25	分钟
换型时间	21	分钟
操作人员数量	2	班次

插入		
周期时间（大）	6.5	分钟
周期时间（小）	5.0	分钟
周期时间	5.75	分钟
大型单元	2	Off
小型单元	2	Off
每个单元操作人员数量	4	班次
操作人员数量	16	班次

修剪和冲压		
周期时间（大）	4	分钟
周期时间（小）	2.9	分钟
周期时间	3.45	分钟
操作人员数量	9	班次

HI-Pot		
周期时间	3.5	分钟
废品率	9.6	%
时间可用率	99	%
操作人员数量	1	班次

预热		
周期时间	90	分钟
批容量	12-24	件
时间可用率	99	%
操作人员数量	0	班次

浸漆		
周期时间	40	分钟
批容量	6-12	件
时间可用率	99	%
操作人员数量	0	班次

15小时　　0.6小时　　3小时　　6.6小时　　0.8小时　　109小时

6.25分钟　5.75分钟　3.45分钟　3.50分钟　5.00分钟　4.44分钟

月	天	班次	小时
21.5	2	9.75	60
月	天	班次	小时

由eVSM软件绘制（www.evsm.com）

图 10-3

资料来源：Willson，2010.

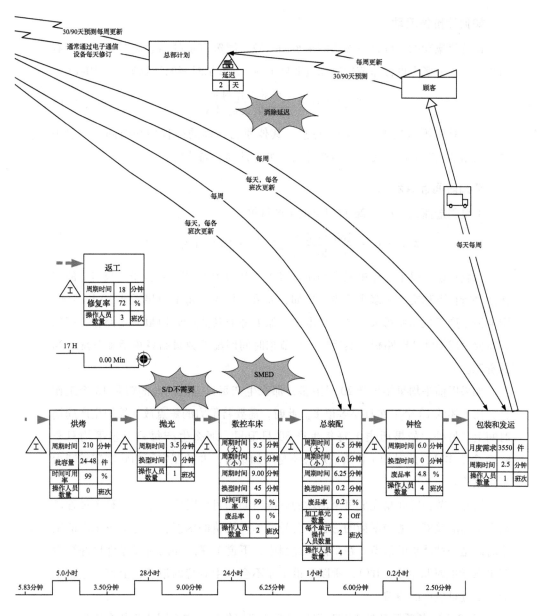

价值流图示例

如何让价值流动

让价值流动的关键是与顾客需求步调一致。顾客需求的内容和时间驱动所有的活动。这一概念也称作节拍时间（Takt Time），节拍时间的计算见式（10-1）。

$$节拍时间 = \frac{可用工作时间}{顾客需求的数量} \tag{10-1}$$

工作时间不包括中饭时间、休息、其他原已计划的过程中止时间。一般来说，根据节拍时间制订短期的生产计划（如日计划、周计划）。

节拍时间计算示例

卫星制造商每年接到 26 只卫星的生产订单。

$$节拍时间 = \frac{260 \text{个工作日／年}}{26 \text{只卫星}} = 10 \text{工作日／卫星}$$

也就是说，每个工作单元和操作位需要在 10 天内完成，相当于一只卫星的工作量并行往下移交，不多也不少。比如，如果平均来说每个卫星需要 10 块电池，则电池生产工位需要每天生产一块电池。如果每个卫星需要 1000 片电路板，则每天需要完成 100 片电路板。然后按照与节拍时间匹配的数量给各项活动分配适当的资源。

如果以前平均每年生产 20 只卫星，那么生产每只卫星的时间就是 13 个工作日，比上述的 10 个工作日要多很多。此时，需要将努力的焦点放在缩短生产周期时间上。另外，如果历史上每年生产 30 只卫星，那么生产每只卫星平均只要8.67 个工作日，此时的工作重点就应该是增加销售，并按照实际的顾客需求减少资源供给。

因此，节拍时间是完成每个活动的标准时间和目标时间，是保证整个过程流动和平衡的关键。适当平衡的过程不会受到库存浪费的困扰，等待下道工序的工序时间是一种严重的浪费。在平衡的过程中，下道工序需要的时候零件恰好被生产出来（准时制生产，JIT），所以下道工序不会产生等待的浪费，上道工序也不会产生过量生产的浪费。

图 10-3 中各项活动的提前时间是明显的浪费象征，它们阻止物料在流程各步骤之间连续流动。非增值的等待时间是精益实践人员的最大顾虑，不过，其他干扰特别是返工和不良品，也明显阻止了物料的连续流动。很多精益专家认为用精益方法实现的低不良品率和一致的过程稳定性可以建立流动（Wilson，2010）。人们通常用库存来掩盖过程的缺陷，不通过过程统计控制（见第 8 章）来改善过程

质量和重复性来削减库存将会给顾客造成大麻烦。

10.1.2　意粉图

　　常用意粉图来描绘当前的实物移动路线。意粉图就是在大批量生产中一件特定的产品沿价值流移动的路径图。之所以起这个名字，是因为产品的移动路径通常看起来像一盘意大利通心粉。在绘制如图 10-4 左侧的意粉图时，可以让一个人"充当零件"并且按照零件的移动路径走完整个价值流。有时，一件零件在未经改善的流程中要移动数英里，而在精益布局中则只要几英尺。精益布局如图 10-4 的右侧所示。当前布局和精益布局之间的差异就是浪费。

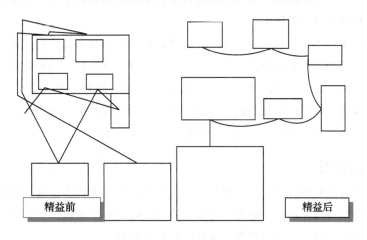

图 10-4　意粉图和精益流动

　　当设定流程的未来状态目标时，发挥想象力通常很有帮助。启发想象的方法之一就是考察某一活动的行业最佳绩效。生产快速润滑油充填装置的 Quickie Lube 公司声称自己高价值的原因是 15 分钟之内完成工作，而街角的"服务站"却要几个小时才可以，它明显快多了。另外 F1 赛车美国 NASCAR 赛道的后勤维修人员，他们维修汽车更快（14 秒或者更短的时间），和他们比起来 Quickie Lube 简直慢得像蜗牛，而且在这 14 秒之内他们完成的工作远不止更换油，还包括添加燃油、清洗玻璃、更换轮胎等。市面上有很多的关于精益成就的出版物，可以用于教育和启发灵感。在通用汽车公司和铃木运营的 CAMI 工厂，设备的换型时间已经从 36 小时降低到了 6 分钟。实现流动的改善方法在第 11 章中讨论。

10.2 分析波动源

不管六西格玛项目的关注点是直接地与价值流作用机制比如周期时间及成本/产能有关的资源分配等有关，还是间接地与产出物的质量水平有关，分析的关键是理解影响价值流的波动源。回顾测量阶段介绍的统计过程控制图会有助于分辨波动的类型：过程内的通常因素和特定条件下偶尔发生的异常因素。在测量阶段已经指出，对于两种波动类型的处理方法显著不同。

六西格玛团队可以先通过头脑风暴方法将各种潜在的过程波动源绘制在因果图上，然后用更先进的统计工具分析各种潜在原因的显著性水平，包括试验设计和有关的枚举性研究方法。

基本的统计方法，包括置信区间和假设检验，在本节下文讨论。这些简单的统计方法可能用于将样本统计量与期望特征值进行直接比较，或者将两个样本的统计量进行比较。试验设计建立在方差分析（Analysis of Variance，ANOVA）和多源波动等概念上，可以量化各波动源对总误差的相对贡献值。通用的回归和相关分析可以作为试验设计的初步线索，帮助理解试验分析技术。

10.2.1 因果图

在大部分的实际应用中，导致某一问题的原因有可能很多。石川馨博士发明了一种简单的方法，用图形的方式将某一质量问题的可能原因——列举出来。该方法的名字有很多，比如石川图、鱼骨图或者因果图。

因果图是将团队对于某一特定问题的所有知识用图形的方式有机地展示出来的工具。

绘制因果图的方法并不复杂。它包括三个步骤。

1. 在一张纸的最右边绘制一个方框，并引一条水平的带箭头直线指向方框。在方框内部，简要描述有待解决的问题。

2. 在水平直线的上方和下方列出导致问题的原因类别，它们相当于树干上的大树枝。

3. 在原因类别上添加具体的原因说明，它们类似于大树枝上的枝杈。

一个高质量的因果图将会有很多的小枝杈，如图 10-5 所示。如果绘制出的因果图上没有足够多的大树枝和小枝杈，就说明对问题的理解还比较肤浅。这时候可能需要来自团队外部的第三方人员来帮助理解和分析问题，和问题关系更紧密的人员也能起到帮助作用。

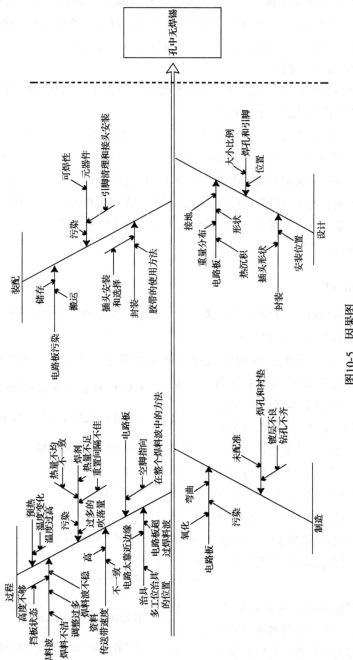

图 10-5 因果图

制作因果图有几种基本方法。比如，分析高离散问题的时候可以反复提问"为什么会发生离散"。我们或许也想知道为什么新鲜的桃子颜色不一样。在有关生产过程的因果图中，可以将生产过程作为主要的问题类别，将它们作为大树枝画在因果图上，共同指向由水平直线代表的树干。

原因枚举型因果图就是按照合理的分类将某一问题所有的可能原因列示出来，这种因果图特别适用于头脑风暴方法。

在基本因果图的基础上，日本的 Ryuji Fukuda 博士发明了 CEDAC 方法（卡片式因果图）。CEDAC 与基本因果图的最重要区别在于团队成员用小卡片收集信息，收集的场所包括会议中以及生产现场等场合。通过事先分发，也可以将卡片用作从团队以外的任何与所研究过程有关的人员那里收集信息的工具。通常，卡片包含的信息比基本的因果图更为丰富。将填写完毕的卡片放到适当的原因类别中就构成了最终的因果图。

10.2.2 箱线图

箱线图显示的是一组数据的汇总性统计信息，它包含 25 百分位数、50 百分位数、75 百分位数以及异常值等。

图 10-6 是一幅带注释的箱线图。箱体的下边界是 25 百分位数。图基（Tukey）称之为 25 百分位数转折点。注意，50 百分位数其实就是所有数据的中位数，而 25 百分位数就是所有低于中位数的值的中位数，75 百分位数就是所有高于中位数的值的中位数。箱体内的水平线代表中位数，箱体包含了 50% 的数据量。箱体的长度是四分位间距，即 25 百分位数与 75 百分位数的差。

箱线图包括两类离群数据值。在箱体上下边界之外超过 3 倍箱体长度的值称为极端值，它们在箱线图上用星号（＊）表示。在箱体上下边界之外处于 1.5 ~ 3 倍箱体

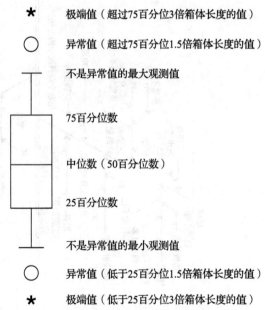

极端值（超过75百分位3倍箱体长度的值）

异常值（超过75百分位1.5倍箱体长度的值）

不是异常值的最大观测值

75百分位数

中位数（50百分位数）

25百分位数

不是异常值的最小观测值

异常值（低于25百分位1.5倍箱体长度的值）

极端值（低于25百分位3倍箱体长度的值）

图 10-6　带注释的箱线图

长度的值称为异常值，用圆圈（〇）表示。不属于离群数据值的最大和最小观测值也显示在图中，并用一根直线将它们与箱体的上端和下端连接在一起（有时也将它们称作须线，并将箱线图称作箱型－须线图）。

箱线图虽然简单，包含的信息量却非常丰富。根据中位数可以知道数据的中心趋势，即位置。从箱体的长度可以判断观测值的离散度或变异性。如果中位数没有位于箱体的中间，就可以推测观测值具有偏度。如果中位数更靠近箱体的底部，说明数据具有左偏态。反之，如果中位数更靠近箱体的顶部，则说明数据是右偏的。分布的尾部长度可以从须线、异常值和极端值看出。

箱线图对于比较不同样本组之间的数据分布特征十分有用。图 10-7 是从事不同工作人员的薪酬的箱线图。

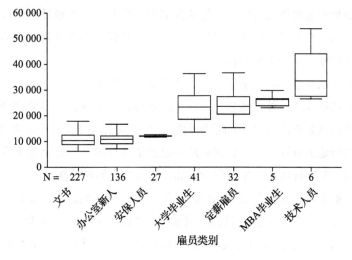

图 10-7　不同员工的薪酬箱线图

根据箱线图可以轻易看出各样本分布之间不同的统计特征，各样本分布的位置、离散度、形状一览无余，而数据统计量则无法提供这种解读数据的便利性。

10.2.3　统计性推断

本节讨论统计性推断的基本概念，请读者查阅附录 1 中的术语了解更多的信息。统计性推断属于枚举型统计研究的范畴。本节中的所有结论仅在稳定过程中有效，即过程需处于统计受控状态。尽管大部分的六西格玛应用都属于分析型统计研究的范畴，有时候事实证明枚举型统计研究也有其用武之地。在这里，我们将推断定义为：①根据已知的或者假定为正确的前提推导出合乎逻辑的结论的行为和过程，或者②从事实性的知识或者证据推理出结论的行为。统计性推断提供了推断过程所需的信息，从其定义中可以看出，推断涉及两个领域：前提、证据或者事实性知识和结论。另外，推断中的前提问题有两个不同的概念性框架：基于抽样设计的方法和基于统计模型的方法。

科赫和吉林斯（1983）提出，以随机选择样品或者随机试验条件作为唯一假设前提的统计分析就是基于抽样设计的推断，或者是随机化的推断，两者等同。这样做的目的是在抽样方法上保证样本的统计特征与目标总体的统计特征相同。如果满足此要求，则根据样本得出的推断具有内部有效性。基于抽样设计推断的局限性在于其结论的正确性受到实际抽取的有限样本的限制，即缺乏外部有效性。然而，如果对足够数量的数据进行适当分组，然后从各组中随机抽取数据。这种具有随机效果的模型可以同时保证内部有效性和外部有效性。保证外部有效性要确保抽取的样本来自所有数据分组，或者各数据分组之间具有同质性，基于抽样设计的推断常用于民意调查。

如果假定已知总体的概率分布形式（比如二项分布、正态分布）或者其他随机过程，并将抽样结论外推到总体，这一过程称作基于统计模型的推断。基于抽样设计的推断和基于统计模型的推断的区别在于两者关于总体分布的假设不同，前者不具有特定的统计分布，后者服从一定的统计分布。当使用基于统计模型的推断方法时，只有证明统计模型假设正确时才具有外部有效性。

统计性推断可以就某一结论给出科学的概率。科学试图给出下列问题的答案，比如"这台设备可以满足我们的需求吗""这个批次的产品质量是否满足合同的条款要求""新的生产方法是否比以前的方法好"，通过试验获得的数据可以对以上问题加以回答。如果数据是变化的，就需要用统计性推断来判断以上问题的答案是否正确。其步骤如下：首先建立统计模型来描述所观测数据的概率分布类型和参数，即建立科学的假设。然后设定拒绝或者接受该假设的规则。正式的假设检验包含两个假设，一个是原假设，另一个为备择假设。两者互斥且遍历。

10.2.4 卡方分布、学生 t- 分布、F 分布

除在测量阶段介绍的分布之外，六西格玛中经常用到三种概率分布来检验假设、计算置信区间和控制限。

卡方分布

六西格玛中遇到的很多数据都服从正态分布或者近似服从正态分布。可以证

明，此时的样本方差服从卡方分布（常数除外），可以用符号表示为χ^2。人们已经制作了卡方分布累积概率函数图的横坐标和纵坐标对应关系表，附录 4 是其中的一种。

样本容量为 n、样本标准差为 s、总体标准差为 σ 的 χ^2 统计量计算公式为：

$$\chi^2 = \frac{(n-1)s^2}{\sigma^2} \tag{10-2}$$

χ^2 分布密度函数随自由度 v 变化，自由度的值就是 $n-1$。对于每个不同的自由度 v 都有与之对应的不同的 χ^2 分布密度函数，如式（10-3）所示。

$$f(\chi^2) = \frac{e^{-\chi^2/2}(\chi^2)^{(v-2)/2}}{2^{v/2}\left(\frac{v-2}{2}\right)!} \tag{10-3}$$

图 10-8 是自由度 $v=4$ 时的 χ^2 分布密度函数。

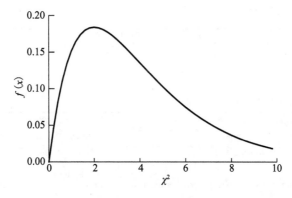

图 10-8　χ^2 分布密度函数自由度 $v=4$

χ^2 统计量应用示例

本例利用 χ^2 分布来计算样本方差等于或者大于某给定值 s^2 的概率，该样本来自服从正态分布的总体，且容量为 n。然后，按照 $\chi^2 = \frac{(n-1)\,s^2}{\sigma^2}$ 计算 χ^2 统计量。假设样本容量为 10，在总体方差为 $\sigma^2 = 25$ 的过程中抽样，求出知道样本方差大于 50 的概率。那么

$$\frac{(n-1)s^2}{\sigma^2} = \frac{(10-1)\times 50}{25} = 18$$

查附录 4 的 χ^2 分布临界值表，在 $v = 10-1 = 9$ 的行中发现 18 处于 0.05 和 0.025 列之间，因此，可以得到样本方差超过 50 的概率大约为 3%。

也可以查表得到只有小于某一特定百分比的时间才会超过样本标准差的值，

例如，我们可能要对 100 次中只会发生一次的样本方差的值特别注意。其步骤为：首先列出 χ^2 统计量计算公式，然后根据附录 4 的表查得临界值，最后解出样本方差的值。仍然使用上例中的数据，100 次中只有一次会被超过的 s^2 的值计算过程如下：

$$\frac{9s^2}{\sigma^2} = \frac{9s^2}{25} = 21.7 \rightarrow s^2 = \frac{21.7 \times 25}{9} = 60.278$$

换句话说，在这个过程中按照容量为 10 抽取样本，样本方差小于 60.278 占到 99% 的时间。

用 Excel 计算 χ^2 分布累积概率的示例

微软的 Excel 内嵌了 χ^2 分布概率的计算功能。可以使用 Excel 求解上例问题，输入自由度 $n-1$ 并计算 χ^2 的值，如图 10-9 所示。显示于截屏图像底部的公式计算结果就是期望的概率。

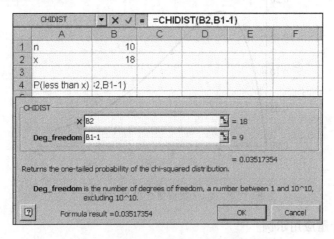

图 10-9　使用 Excel 计算 χ^2 分布累积概率

从 Excel 2013 版本之后，原先的 CHIDIST 函数已经被 CHISQ. DIST. RT 函数取代，它（见图 10-9）返回的值为超过某一给定 χ^2 值的概率（即累积概率分布函数图中右侧尾部所对应的概率）。此外，CHISQ. DIST 函数也可以使用，当 CUMU-LATIVE（累积）参数选为"TRUE"（真）时（否则使用概率密度分布函数而不是累积概率分布函数进行计算），它返回的值为发生的概率小于某指定临界值（即累积概率分布函数图中右侧尾部所对应的概率）的样本方差。

使用 Excel 计算 χ^2 分布临界值的示例

因为微软的 Excel 内嵌了 χ^2 分布概率的计算功能，不再需要查询概率表。使用 Excel 计算上例的 χ^2 临界值时，使用 CHIINV 函数，输入期望的概率和自由度，如图 10-10 所示。显示在截屏图像底部的公式计算结果给出了期望的临界值。

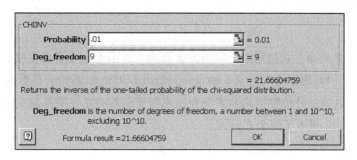

图 10-10　使用 Excel 计算 χ^2 分布临界值

从 Excel 2013 版本以后，CHIINV 函数被 CHISQ. INV RT 函数取代，它（见图 10-10）返回的值是与输入的 χ^2 分布累积概率函数右侧尾部的 α 值所对应的 χ^2 临界值。此外，CHISQ. INV 函数也可以使用，其返回值是与左侧尾部的 α 值所对应的 χ^2 临界值。

学生 t-分布

学生 t-分布统计量广泛应用于有关均值、回归系数以及一系列其他质量管理活动的假设检验中。Student 是高斯（W. S. Gosset）使用的假名，它想量化表示小样本试验的结果并最终发现如式（10-4）所示的 t 统计量表达式。

$$t = \frac{\overline{X} - \mu}{s/\sqrt{n}} \tag{10-4}$$

在式（10-4）中，分母是样本均值的标准差。在附录 3 的表中可以查得与某一 t-值对应的概率。在样本容量 $n > 1$ 时，不同的样本容量具有不同的 t-分布概率密度函数。随着样本容量的增大，t-分布的形状趋近于正态分布，如图 10-11 所示。

t 检验最简单（也是最常用）的应用场合是来源于均值为 μ、方差为 σ^2 的正态总体中的样本，参见本章稍后的假设检验部分。

F 分布

假设有两个来自正态总体的简单随机

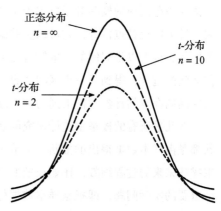

图 10-11　学生 t-分布

样本，s_1^2 是第一个样本的方差，s_2^2 是第二个样本的方差。两个样本的容量可以不相同，F 统计量的表达式为：

$$F = \frac{s_1^2}{s_2^2} \tag{10-5}$$

它服从 F 分布。它包括两个样本方差和两个自由度，分子自由度 $n_1 - 1$ 和分母自由度 $n_2 - 1$。附录 5 和附录 6 的表分别给出了 95% 和 99% 分位数对应的 F 分布临界值。这里的分位数指的是 F 分布概率密度函数曲线在临界值左侧所覆盖的面积。图 10-12 显示了两个 F 分布。

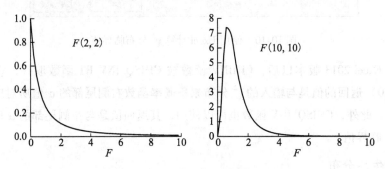

图 10-12 F 分布概率密度函数曲线

10.2.5 点估计和区间估计

现在我们已经介绍了几个重要的统计量，包括样本均值、样本标准差和样本方差。计算出的样本统计量称作点估计，因为它们是用来代表总体参数的一个值。也可以事先给定一个概率，然后构建一个统计量区间范围，让实际的总体参数落在该范围内的概率等于事先给定的概率。这样的区间范围称作置信区间。区间估计可以代替点估计，它可以更精确地表示抽样误差的数量。置信区间可以是单侧的，也可以是双侧的。单侧置信区间就是在点估计参数值上加或者减一个置信区间的宽度，得到另一个区间边界，区间的宽度由指定的置信度确定。双侧置信区间则在点估计参数值上同时加、减半个置信区间的宽度得到区间边界。

在几乎所有的枚举型统计研究的实际应用中，包括六西格玛，总体分布的参数都是由样本数据得出的推断。本节讨论的内容是样本均值和标准差，并用它们来描述未来的过程绩效，比如长期的合格品率、潜在的故障数量等。这里面临一个重要的实际问题，即根据样本数据得到的估计会存在抽样误差。即便样本统计量是总体参数的无偏估计，我们虽然得到最佳估计，但抽样误差也会存在。

均值估计（σ 已知）

对于有放回的随机样本，在样本容量足够大的时候，样本均值 $\overline{X}$ 近似服从均值为 μ、方差为 $\sigma/\sqrt{n}$ 的正态分布。可以查正态分布概率表得到样本均值与 μ 相距一定距离的范围内所包含的概率。

我们将置信区间定义为包含 μ 的概率为 $1-\alpha$ 的区间，即：

$$\overline{X} - Z_{\alpha/2}\frac{\sigma}{\sqrt{n}} < \mu < \overline{X} + Z_{\alpha/2}\frac{\sigma}{\sqrt{n}} \qquad (10\text{-}6)$$

比如，我们可以看到，在所有的样本中有 95% 的均值落在与 μ 相距 ± 1.96 倍标准差的范围内。换句话说，在 95% 的样本中，$\overline{X} - 1.96\alpha/\sqrt{n}$ 和 $\overline{X} + 1.96\alpha/\sqrt{n}$ 所形成的区间包含 μ。这样的区间称作"μ 估计值的 95% 置信区间"，并常用不等式表达为：

$$\overline{X} - 1.96\frac{\sigma}{\sqrt{n}} < \mu < \overline{X} + 1.96\frac{\sigma}{\sqrt{n}}$$

上式中的 1.96 是从附录 2 的正态分布表中查得的 Z 值，它与 $100\% - 2.5\% = 97.5\%$ 的分位数相对应。因为正态分布密度函数是对称的，如果大于 Z 值的概率为 2.5%，小于 $-Z$ 的概率也为 2.5%。一般用符号 $Z_{\alpha/2}$ 来表示置信区间和假设检验中的 Z 值，则 $100(1-\alpha)$ 就是用百分比表示的置信水平。比如，如果置信水平设置为 95%，则根据 $100(1-\alpha)=95$ 可得 $\alpha=0.05$，然后查表得 $Z_{0.025}=1.96$。在假设检验中也将 α 的值称作显著性水平。

在 σ 已知时，估计 μ 值的示例。假设已知 σ 的值为 2.8，按照样本容量 $n=16$ 抽样，计算得到样本均值的均值 $\overline{X}=15.7$。用上一节中的公式可以计算得到 μ 的 95% 置信区间为：

$$\overline{X} - 1.96\frac{\sigma}{\sqrt{n}} < \mu < \overline{X} + 1.96\frac{\sigma}{\sqrt{n}}$$

$$15.7 - 1.96 \times \frac{2.8}{\sqrt{16}} < \mu < 15.7 + 1.96 \times \frac{2.8}{\sqrt{16}}$$

$$14.33 < \mu < 17.07$$

此置信区间的置信水平或者置信度为 95%。14.33 和 17.07 有时也称作置信界限（Confidence Limit）。

注意，上述的置信区间是双边的，即 μ 大于 17.07 的概率是 2.5%，小于 14.33 的概率也是 2.5%。如果我们仅对单边置信区间感兴趣，比如 μ 大于 14.33 的概率，此时的单边置信度即为 97.5%。

使用 Excel 计算 σ 已知时的置信区间示例

微软的 Excel 内嵌了计算均值置信区间的功能。图 10-13 为用于输入参数的对话框。注意，从 Excel 2013 版本以后，CONFIDENCE 函数已经被 CONFIDENCE. NORM 函数取代，两者的参数相同。显示于截屏图像底部的计算结果给出置信区间的宽度 1. 371 972 758。在均值上加上此值得到置信上限，减去此值就得到置信下限。

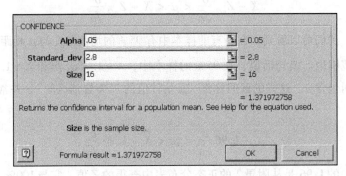

图 10-13　用 Excel 计算 σ 已知时的置信区间

Excel 中的置信区间函数默认为双边，并将输入的 α 值自动调整为 α/2 计算的结果。如果想要得到单边置信区间，可以在 Alpha 参数框中输入指定的显著性水平值的两倍。比如，要得到置信度为 95% 的单边置信区间，在上述对话中 0. 05 的位置输入 0. 10。计算结果（1. 151 397 539）加到均值上得到单边置信区间的置信上限，或者在均值中减去该值得到单边置信下限。

均值估计示例（σ 未知）

在实际应用中，σ 未知是常见的现象。此时，在计算 μ 的置信区间时用 s 代替 σ。此外，用 $t_{\alpha/2, n-1}$ 代替 $Z_{\alpha/2}$，并在学生 t-分布概率表而不是标准正态分布概率表中查得分位数的值。假设在上例中 σ 未知，其他条件相同，即 $n = 16$，计算得到 $s = 2. 8$，$\overline{X} = 15. 7$。查附录 3 的 t-分布概率表，自由度 $n - 1 = 15$，显著性水平 $\alpha = 0. 05$，即 $\alpha/2 = 0. 025$，得到 t-值为 2. 131，那么 95% 置信度的置信区间为：

$$\overline{X} - 2. 131 \frac{s}{\sqrt{n}} < \mu < \overline{X} + 2. 131 \frac{s}{\sqrt{n}}$$

$$15. 7 - 2. 131 \times \frac{2. 8}{\sqrt{16}} < \mu < 15. 7 + 2. 131 \times \frac{2. 8}{\sqrt{16}}$$

$$14.21 < \mu < 17.19$$

可见，此时的置信区间比 σ 已知时的置信区间更宽。因为在自由度为 15 的时候，$t_{\alpha/2}$ 的值为 2.131（见附录 3），它大于上述的 $Z_{\alpha/2} = 1.96$。

使用 Excel 计算 σ 未知时的均值置信区间示例

在 2013 版本以前，Excel 中没有内嵌的计算 σ 未知时的均值置信区间。解决的办法是先使用 TINV 函数计算 t-值，然后将此值带入公式中求得期望的置信区间。图 10-14 演示了该计算方法，公式框中显示的是均值 95% 置信上限的计算公式，结果显示在单元格 B7 中。

B7	▼	=	=$B$1+TINV($B$4,$B$3-1)*
	A	B	$B$2/SQRT($B$3)
1	Mean	15.7	
2	sigma	2.8	
3	n	16	
4	Alpha	0.05	
5			
6	Lower Confidence Limit	14.21	
7	Upper Confidence Limit	17.19	

图 10-14　用 Excel 计算 σ 未知时均值的置信区间

注意，TINV 函数默认为双边模式，即指定的显著性水平（即 α）被等分为 $\alpha/2$，超过置信上限和低于置信下限的概率都是 $\alpha/2$。如果要获得单边情况下的置信区间，在 TINV 函数的 Probability 输入栏中输入 2α 的值，其返回的计算结果就是与 α 对应的 t-值，例如，单边 95% 置信度的均值置信上限为：

$$= 15.7 + TINV(0.10, 15) \times (2.8/SQRT(16))$$

计算的结果为 16.93，即 $\mu < 16.93$。

在 Excel 2013 版本之后，对于双边的情形单独设计了 T.INV.2T 函数取代上述的 TINV 函数。例如，用 Excel 计算上述的 95% 双边 t-值的公式为：

$$= T.INV.2T(0.05, 15)$$

得到的结果为 2.131，与原先的函数 TINV 所得结果一致。

新增加的 T.INV 函数应用与单边的情形，直接输入显著性水平 α 就可以得到正确的 t-值。注意，本书中的附录 3 是基于单边 α 编制的，且 α 位于右侧尾部，所以表中的 t-值均为正。在 Excel 中输入小于 0.5 的 α 时，函数将给出负值。这将影响单边置信下限的计算公式，因为此时需要在均值上加上计算出的负值以得到置信下限和置信上限，例如，单边 95% 置信度的均值置信下限的计算方法如下：

$$= 15.7 + T. INV(0.05,15) \times (2.8/SQRT(16))$$

计算结果为 14.47，即 $\mu > 14.47$。

单边 95% 置信度的均值置信上限的计算方法如下：

$$= 15.7 + T. INV(0.95,15) \times (2.8/SQRT(16))$$

计算结果为 16.93，即 $\mu < 16.93$。

用新增加的 CONFIDENCE. T 函数计算置信界限的方法是，用函数返回值加上样本均值得到双边情况下的置信上限，在样本均值中减去函数的返回值得到双边情况下的置信下限。在此函数的输入框中填入 2α 后得到的返回值，可以计算单边情况下的置信界限。

标准差和方差的估计

可以用 χ^2 分布求解标准差 σ 和方差 σ^2 的置信区间。

置信度为 100 $(1-\alpha)\%$ 的单边方差置信上限的定义为：

$$\sigma^2 < \frac{(n-1)s^2}{\chi^2_{1-\alpha,n-1}} \tag{10-7}$$

置信度为 100 $(1-\alpha)\%$ 的单边标准差置信上限的定义为：

$$\sigma < \sqrt{\frac{(n-1)s^2}{\chi^2_{1-\alpha,n-1}}} \tag{10-8}$$

置信度为 100 $(1-\alpha)\%$ 的单边方差置信下限的定义为：

$$\sigma^2 > \frac{(n-1)s^2}{\chi^2_{\alpha,n-1}} \tag{10-9}$$

置信度为 100 $(1-\alpha)\%$ 的单边标准差置信下限的定义为：

$$\sigma > \sqrt{\frac{(n-1)s^2}{\chi^2_{a,n-1}}} \tag{10-10}$$

用 Excel 计算 σ 和 σ^2 置信区间的示例。假设，样本容量为 16，样本的标准差为 5.73，则 98% 置信度的单边方差和标准差置信区间的计算方法如下。

置信度为 98% 的单边方差置信上限的 Excel 计算方法：

$$= ((16-1) * (5.73^2))/CHIINV(0.98,16-1)$$

（Excel 2013 以前的版本）

或者

$$= ((16-1)) * ((5.73^2))/CHISQ. INV. RT(0.98,16-1)$$

（Excel 2013 及以后的版本）

得到的结果是：

$$\sigma^2 < 82.29$$

置信度为98%的单边标准差置信上限的 Excel 计算方法：

= SQRT(((16 - 1) * (5.73^2))/CHIINV(0.98,16 - 1))

（Excel 2013 以前的版本），

　　或者

= SQRT(((16 - 1) * (5.73^2))/CHISQ. INV. RT(0.98,16 - 1))

（Excel 2013 及以后的版本）

得到的结果是：

$$\sigma < 9.07$$

置信度为98%的单边方差置信下限的 Excel 计算方法：

= ((16 - 1) * (5.73^2))/CHIINV(1 - 0.98,16 - 1)

　　（Excel 2013 以前的版本），

或者

= ((16 - 1) * (5.73^2))/CHISQ. INV. RT(1 - 0.98,16 - 1)

（Excel 2013 及以后的版本）

得到的结果是：

$$\sigma^2 > 17.43$$

置信度为98%的单边标准差置信下限的 Excel 计算方法：

= SQRT(((16 - 1) * (5.73^2))/CHIINV(1 - 0.98,16 - 1))

（Excel 2013 以前版本）

或者

= SQRT(((16 - 1) * (5.73^2))/CHISQ. INV. RT(1 - 0.98,16 - 1))

（Excel 2013 及以后的版本）

得到的结果是：

$$\sigma > 4.17$$

事件发生次数的置信区间估计

也可以用 χ^2 分布来估计事件发生次数的置信区间。

若样本中发生次数为 r，置信度为 $100(1 - \alpha)\%$ 的双边均值置信区间的定义为：

$$\frac{\chi^2_{1-\frac{\alpha}{2},2r}}{2} < \mu < \frac{\chi^2_{\frac{\alpha}{2},2r+2}}{2}$$

若样本中发生次数为 r，置信度为 $100(1-\alpha)\%$ 的单边均值置信上限的定义为：

$$\mu < \frac{x^2_{\alpha,2r+2}}{2}$$

若样本中发生次数为 r，置信度为 $100(1-\alpha)\%$ 的单边均值置信下限的定义为：

$$\mu < \frac{x^2_{1-\alpha,2r}}{2}$$

使用 Excel 计算事件发生次数置信区间示例

假设上一季度共收到 7 起客户抱怨。如果选择 95% 的置信度，那每个季度收到的抱怨数置信区间计算如下。

用 Excel 计算置信度为 95% 的事件发生次数均值双边置信上限：

= CHIINV(0. 025, (2×7) + 2)/2 （Excel 2013 以前的版本）

= CHISQ. INV. RT(0. 025, (2×7) + 2)/2 （Excel 2013 以后的版本）

两者的结果都是 14. 4。

用 Excel 计算置信度为 95% 的事件发生次数均值双边置信下限：

= CHIINV(0. 975, (2×7))/2 （Excel 2013 以前的版本）

= CHISQ. INV. RT(0. 975, (2×7))/2 （Excel 2013 以后的版本）

两者的结果都是 2. 8。因此，在双边置信度的情况下，每个季度收到的客户抱怨数量有 95% 的可能性是 $2.8 < \mu < 14.4$。

用 Excel 计算置信度为 95% 的事件发生次数均值单边置信上限：

= CHIINV(0. 05, (2×7) + 2)/2 （Excel 2013 以前的版本）

= CHISQ. INV. RT(0. 05, (2×7) + 2)/2 （Excel 2013 以后的版本）

两者的结果都是 13. 1，即在单边置信度的情况下，每个季度收到的客户抱怨数量有 95% 的可能性小于 13. 1，或者 $\mu < 13.1$。

用 Excel 计算置信度为 95% 的事件发生次数均值单边置信下限：

= CHIINV(0. 95, (2×7))/2 （Excel 2013 以前的版本）

= CHISQ. INV. RT(0. 95, (2×7))/2 （Excel 2013 以后的版本）

两者的结果都是 3. 3，即在单边置信度的情况下，每个季度收到的客户抱怨数量有 95% 的可能性大于 3. 3，或者 $\mu > 3.3$。

10.2.6 假设检验

统计性推断主要包括参数估计和假设检验，假设检验一般分为四个步骤。

1. 建立关于总体分布的假设。
2. 从总体中收集样本观测值数据。
3. 根据样本数据计算统计量。
4. 按照预先确定的规则做出接受或者拒绝原假设的判断。

统计性推断可能会发生两类错误。

- **第Ⅰ类错误（概率为α）**：原假设为"真"，拒绝原假设的错误，其概率为 α，α 也称为检验的显著性水平。

- **第Ⅱ类错误（概率为β）**：原假设为"假"，接受原假设的错误，其概率为 β，第Ⅱ类错误经常被绘制在使用方抽检特性曲线（OC 曲线）上。

假设检验输出结果通常也包含置信区间。假设检验用于判断关于总体的假设在一定的置信度下是否正确，下面用例子来说明假设检验在六西格玛中的应用。

样本均值双边假设检验示例

在给一种化学试剂装瓶的过程中，装瓶量的名义规格是 30cc。抽样计划为在稳定的过程中抽取样本量为 25 的样本，使用样本的均值和标准差求得 95% 置信度下包括实际总体均值的双边置信区间，双边的意思是显著性水平或者 α 等分于分布函数曲线的两端。如果置信区间包括 30cc，那么应该判断该批次的装瓶量均值为 30cc，否则得出装瓶量均值不是 30cc 的结论。

计算结果：根据 25 瓶样本，计算得到如下的样本统计量：

$$\overline{X} = 28\text{cc}$$

$$s = 6\text{cc}$$

因为总体标准差未知，使用 t 统计量作为检验统计量，其值由下式给出：

$$t = \frac{\overline{X} - \mu}{s/\sqrt{n}} = \frac{28 - 30}{6/\sqrt{25}} = -1.67$$

附录 3 的表中给出了不同的自由度（$df = n - 1$）时的 t 统计量的临界值 t_0。对于 95% 置信度的双边检验，$\alpha/2 = 0.025$，因此，在 $t_{0.025}$ 列和 df 为 24 的行相交处得到 t_0 值为 2.064。因为 t-值比检验统计量的绝对值大，我们不能拒绝该批装瓶量均值为 30cc 的原假设，使用统计学符号表示如下：

$$H_0 : \mu = 30\text{cc}(\text{原假设})$$

$H_1 : \mu \neq 30cc$ （备择假设）

$\alpha = 0.05$（第 I 类错误的概率，或者显著性水平）

接受域：$-2.062 < t_0 < +2.064$

检验统计量：$t = -1.67$

因为检验统计量位于接受域内部，因此不能拒绝原假设，即由抽样数据得出接受该批次装瓶量均值为30cc的原假设。不能拒绝原假设也被称作弱结论，因为不能证明原假设是错误的。

注意，也可以使用 Excel 中的 TINV 函数计算接受域临界值 t_0，以上述数据为例，表达式为 TINV(0.05, 25 - 1)。自 Excel 2013 版本以后，该函数被具有相同计算结果的双边 T.INV.2T 函数代替，即 T.INV.2T(0.05, 25 - 1)。在两种情况下，返回的值都是2.064，因为 Excel 自动将 α 等分于分布函数的两侧。

样本均值单边假设检验示例

在有些应用中，我们对检验均值是否等于某一假设值并不感兴趣，而是想知道均值是否大于或者小于某一个特定的值。例如，我们或许对上例中的装瓶量是否大于最低规格要求26cc感兴趣。此时使用单边均值假设检验，用统计符号表示如下：

$H_0 : \mu \leq 26$ cc（原假设）

$H_1 : \mu > 26$ cc（备择假设）

$\alpha = 0.05$（第 I 类错误的概率，或者显著性水平）

注意，本例中原假设中小于或者等于26cc，这样在拒绝原假设时可以直接给出判断结论，像这样可以证明的结论称为强结论。也就是说，假设检验存在两种可能的结果：

1. 基于充分的统计证据（样本统计量）我们可以拒绝原假设。这样的结论被称作强结论。在拒绝原假设的时候，我们可以断定备择假设正确。有鉴于此，我们往往将希望证明的结论设为备择假设。

2. 当统计证据不足时，我们只是不能拒绝原假设。这样得出的结论称作弱结论。我们不能证明原假设正确，但是也没有足够的证据来拒绝它。此时，收集更多的数据往往更为明智，不能拒绝有可能仅仅是因为没有足够数量的数据。可以用美国的司法体系来做一个形象的比喻，即除非被告人被证明有罪，否则按照无罪来推定。如果没有足够的证据来毫无疑问地证明被告人有罪，就宣布被告人无罪，但这并不代表被告人在案件中就一定是无辜的，而只是代表没有充足的证据证明其有罪而已，假设检验与此类似。

本例中的检验统计量计算如下：

$$t = \frac{\overline{X} - \mu}{s/\sqrt{n}} = \frac{28 - 26}{6/\sqrt{25}} = 1.67$$

在单边检验的时候，当备择假设为 $\mu > \mu_0$ 时，如果计算出的检验统计量 t-值大于分布函数右尾处的临界值 t_0，就拒绝原假设。（当备择假设为 $\mu < \mu_0$ 时，如果计算出的检验统计量 t-值小于分布函数左尾处的临界值 t_0 时，就拒绝原假设。）

可以用 Excel 中的 TINV 函数计算 95% 置信度的单边检验临界值 t_0，具体表达式为 TINV(0.10，25 - 1)，因为 TINV 函数默认为双边检验，在单边的时候使用指定 α 值的两倍作为函数的输入参数（见前文的讨论）。从 Excel 2013 版本以后，可以直接使用指定的 α 值代入 T. INV 函数，具体为 T. INV(0.95，25 - 1)，两者得到的结果相同都是 1.71。（注意，上述两个函数给出的都是右尾临界值 1.71，对应的左尾临界值为 - 1.71。）

因为计算出的检验统计量 t-值 1.67 小于临界值 1.71，不能拒绝均值小于或者等于 26cc 的原假设，即我们不能证明其不正确，即根据样本数据，我们得出装瓶量小于或者等于 26cc 的结论。

与此相关的是决定单边检验的显著性水平，即与算得的 t-值对应的分布分位数。与在一定的显著性水平上拒绝或者接受原假设相比，它的实际意义更大。用上面的例子来阐述，我们或许想知道，计算出来的 t-值与临界值非常接近到什么程度，我们需要收集额外的数据。可以使用 Excel 中的 TDIST 函数来回答上述问题。

在本例中，其具体表达式为 TDIST(1.67，25 - 1，1)，第三个参数 1 表示所进行的检验是单边检验。（从 Excel 2013 版本开始，使用专门的右尾单边检验函数 T. DIST. RT(1.67，25 - 1) 可以得到相同的结果。）两者的结果都是 0.054，该结果表示接受原假设产生的犯错概率最大值为 5.4%。此值与指定的 α 值 0.05 非常接近，因此需要收集更多的数据以减少判断的不确定性。另外，在大部分情况下，我们也可能想知道此犯错概率最大值是否足够小，是否小到可以依据它做出在统计上正确的判断。在 Minitab 中获得假设检验的结果的方法如下：通过菜单路径 Stat > Basic Statistics > 1-Sample t 进入对话框，选定 Summarized Data 选项并输入上述的数据。Options 按钮用于指定显著性水平和备择假设的形式（即备择单边检验还是双边检验）。

两样本均值假设检验示例

也可以使用 t 统计量来检验两个样本是否来自均值相同的总体。Excel 和 Minitab 都提供了简单易用的分析工具，尽管两者都提供了总体方差相同和总体方差不相同的两种选项，我们推荐使用后者，因为它得出的结论更为有力。

判断两个样本均值是否相同的双边假设检验的表达式如下：

$$H_0 : \mu_1 = \mu_2（原假设）$$

$$H_0 : \mu_1 \neq \mu_2（备择假设）$$

$$\alpha = 0.05（第一类错误概率，或者显著性水平）$$

举例说明，假设两台机器的抽样结果如下表所示：

机器 A	机器 B
223.14	221.44
192.18	201.69
216.95	246.18
228.36	201.98
224.3	208.26
247.38	198.83
240.81	
192.32	
223.1	
221.91	
177.67	
193.01	
229.59	
275.35	
223.29	
227.5	
200.85	

在 Minitab 中沿菜单路径 Stat > Basic Statistics > 2-Sample t 进入对话框，选择 Summarized Data 选项并输入上述数据。结果中也可能出现均值差异，但并不常见。输出结果，如图 10-15 所示。

输出结果中的 p-值很高，表明在指定的 95% 置信度下不能拒绝两个样本对应总体的均值相同的原假设。类似地，总体均值差异的置信区间包括 0，再次证明两个均值可能相等。

```
Two-Sample t-Test and CI: Machine A, Machine B
Two-sample T for Machine A vs Machine B

            N    Mean  StDev  SE Mean
Machine A  17   219.9   23.7     5.7
Machine B   6   213.1   18.1     7.4
Difference = μ (Machine A) - μ (Machine B)

Estimate for difference：6.80
95% CI for difference：(-13.81, 27.42)
T-Test of difference = 0 (vs ≠)：T-Value = 0.73 P-Value = 0.483 DF = 11
```

图 10-15 Minitab 双样本 t-检验的输出结果

Excel 的 Data Analysis 插件也具有类似的功能，即 T-test: Two Samples with Une-qual Variance（异方差两样本 t-检验），如图 10-16 所示。（所有版本的 Excel 都有该插件，但是默认情况下没有安装。）如果只想得到检验的 p-值，从 Excel 2013 版本以后，可以使用 T. TEST 函数（比如，假设上表数据分别位于 D10 到 D26 以及 E10 到 E15 区域内，如果是双边检验，其表达式为 = T. TEST(D10：D26, E10：E15, 2, 3)，如果是单边检验，其表达式为 = T. TEST(D10：D26, E10：E15, 1, 3)。）

t-Test：Two-Sample Assuming Unequal Variances

	Machine A	Machine B
Mean	219.86529	213.0633
Variance	559.56393	328.947
Observations	17	6
Hypothesized mean Difference	0	
df	12	
t Stat	0.7261649	
$P(T<=t)$ one-tail	0.240831	
t Critical one-tail	1.7822867	
$P(T<=t)$ two-tail	0.481662	
t Critical two-tail	2.1788128	

图 10-16 使用 Excel 进行两样本均值的双边 t-检验输出结果

有时，两个样本中的数据是配对的，即它们是同一个物体的观测值。例如，我们可能会使用两种不同的测量技术分别测量 10 件物体并比较测量结果。Minitab 中的菜单路径为：Stat > Basic Statistics > Paired t。在 Excel 中，它是上述函数中的选项之一。

两样本方差假设检验示例

假设在一个稳定的过程中，机器 X 的样本方差为 100，样本容量为 25。机器 Y 的样本方差为 50，样本容量为 10。机器 X 的供应商代表认为，他们的机器方差较大只是统计上的偶然事件。如果将偶然事件定义为 100 次试验中发生次数少于 1 次的事件，对于两台机器方差相同的假设进行检验。

检验两样本是否同方差使用 F 统计量，本例中的计算公式如下：

$$F = \frac{s_1^2}{s_2^2} = \frac{100}{50} = 2 \quad \text{分子自由度} = 24，\text{分母自由度} = 9$$

在附录 5 的表中查 $F_{0.99}$ 的值，根据分子自由度 24 和分母自由度 9 可得拒绝域临界 F 值 $F_0 = 4.73$。因为 $F < F_0$，所以根据这个结果我们可以得出结论，机器 X 可能没有问题，其方差较大只是统计上的偶然事件。上例显示，样本方差和样本标准差的抽样误差波动很大。

可以用 Minitab 进行上例的检验。Minitab 中的两样本方差检验菜单路径为：Stat > Basic Statistics > 2 Variances。从下拉列表中选择样本方差（Sample Variances）选项，以便汇总数据输入，然后勾选指定的置信度和备择假设类型（即单边还是双边检验）选项按钮。有时也假设比值不为 1，但这并不常见。图 10-17 中的 99% 置信区间包含比值 1，因此在 99% 置信度下两总体的方差可能相同（即两总体方差相同的原假设不能被拒绝）。

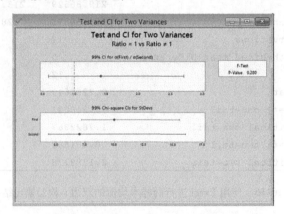

图 10-17　Minitab 两样本方差检验输出结果

如果有原始观测数据，也可以用 Excel 中的 Data Analysis 插件中的 F-test Two-Samples for Variances 选项（两样本方差 F 检验）进行检验，但它不提供汇总数据选项。

标准差假设检验示例

假设有一台机器，生产的零件规格为 0.500 ± 0.006 英寸。根据此规格，统计人员计算得到可以接受的最大标准差绝对值为 0.002 英寸。根据工厂内机器的过程能力图可知，最好的标准差为 0.0022 英寸，样本容量为 25。在统计人员和管理人员讨论之后，大家同意如果在 95% 的置信度下单边置信区间包括 0.002 英寸就可以使用该机器。采用这种方式判断该机器能否使用。

判断样本标准差与给定值的关系的正确统计量是卡方（χ^2）统计量。在本例中，$s = 0.0022$，$n = 25$，$\sigma = 0.002$，χ^2 统计量的自由度 $n - 1$ 为 24。因此，

$$\chi^2 = \frac{(n-1)s^2}{\sigma^2} = \frac{24 \times 0.0022^2}{0.002^2} = 29.04$$

在附录 4 的表中，由显著性水平 0.05 列（因为是单边检验）和自由度 24 行可得临界 χ^2 值为：$\chi_0^2 = 36.42$。因为计算出的 χ^2 值小于 χ_0^2，我们不能拒绝原假设（过程的标准差小于 0.002 英寸），可以使用该机器。读者需要注意，在判断的过程中存在一定的假设前提，比如，我们"知道"最好机器的标准差是 0.0022 英寸。在实际应用中，需要在过程稳定后用统计过程控制图来确认。

10.2.7 重新抽样法

针对参数估计和假设检验所使用的方法存在很多的批评意见，它们包括：

- 这些方法在直观上不易被理解。
- 所得到的结论基于严格的正态性假设，现实情况并非总能满足此假设条件。
- 难以学习和应用。
- 容易出错。

为克服上述问题，近年来出现了新的分析方法，即重新抽样法。该方法在概念上非常简单：使用样本数据，反复计算感兴趣的统计量，检验该统计量的实际分布。比如，在一个批次中抽取 $n = 25$ 的样本，确定该过程能力指数 C_{PK}[⊖] 的置信区间。在使用重复抽样法时，让计算机从抽样结果中选择容量为 25 的样本，并计算 C_{PK}，多次重复此一过程，比如说重复 1000 次。将计算结果按照降序排列，以特定的置信水平找到对应的分位数，从而得到统计量的值。这里的抽样是"有放

⊖ C_{PK} 相关内容参见第 6 章。

回的"，即特定的观测值可能在重复抽样过程中多次出现，或者一次都不出现。

重复抽样法有很多的优点，在数据很容易获得而且计算成本特别低的今天，其优点更为突出。可以用电子表格来编程进行重新抽样并计算感兴趣的统计量。和传统的统计方法相比，重复抽样法更容易为绝大部分的使用者所理解。它不以任何严格假设为前提，而且非常简单。不像传统的方法，它没有给工程问题和统计结果施加很多的限制。它也可以用于更为复杂的问题，比如建模、试验设计等。

想了解重复抽样法的理论基础，参见 Efron（1982）。想获得重复抽样法计算机程序应用案例的介绍，参见 Simon（1992）。

10.3 相关性和回归分析

散点图是最简单的相关性和回归分析工具。散点图就是将成对的变量值绘制出来而得到的图形。其中的一个变量称作自变量或者独立变量，通常用横坐标表示（底部坐标轴）；另一个变量称作因变量，显示在纵坐标上（侧边坐标轴）。

散点图用于分析因果关系。前提假设为独立变量导致因变量的变化。散点图用于回答类似于这样的问题："操作人员接受的培训量和他产生的废品率是否有关系？"

比如，一位果园经理每天都跟踪记录桃子的重量，数据如表 10-2 所示。

表 10-2 散点图所用原始数据

序号	生长天数	重量（盎司）
1	75	4.5
2	76	4.5
3	77	4.4
4	78	4.6
5	79	5.0
6	80	4.8
7	80	4.9
8	81	5.1
9	82	5.2
10	82	5.2
11	83	5.5
12	84	5.4
13	85	5.5
14	85	5.5
15	86	5.6
16	87	5.7
17	88	5.8
18	89	5.8
19	90	6.0
20	90	6.1

注：1 盎司 =28.3495 克。

对应的散点图如图 10-18 所示。

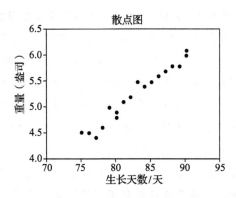

图 10-18   绘制完成的散点图

散点图的注意事项

● 需要解释散点图呈现的模式，散点图解释的简要指南（见图 10-19）。

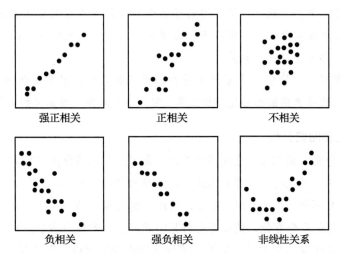

图 10-19   散点图解释指南

● 确保自变量 X 的取值范围足够大。如果取值范围太小，即使存在相关关系可能也看不出来。

● 如果根据自变量 X 的取值范围外的值预测因变量 Y，预测值可能不准确，需要对其进行彻底验证。用取值范围外的 X 预测 Y 的方法称作外推法。

● 注意，不在回归分析中的变量可能存在的影响作用。很多时候，其他不受控变量的影响能干扰甚至彻底掩盖自变量 X 的影响。也许其他不受控变量才是真正原因,却将受控的自变量 X 误作为原因。随机选择 X 的水平可以减少这种问题发生的可能性。以桃子为例,可能有很多变量都在观测期间持续变化,它们(而不是自变量)才是桃子重量变化的原因(如施肥量等)。

- 注意历史数据中的"偶然巧合"现象!可能在过去收集了一些历史数据,其目的并非是绘制散点图。因为对重要变量施加的控制很少甚至根本没有,所以从中无法得到任何结论。如果根据它们得出相关关系,那么可能纯粹是偶然巧合。可以用过去收集的数据来做初步研究,但不能根据它们推断最终结论,以避免偶然巧合现象。历史数据的另一个问题是往往遗漏重要变量,比如,数据记录可能显示不良品率和班次之间存在相关关系。然而,出现不良品的真正原因可能是环境温度,而环境温度刚好随班次的变化而变化。

- 如果因变量的变化可能取决于多个因素,用不同的标记区分不同因素。比如,如果果园经理知道哪些桃子是从靠近一条繁忙的高速公路的树上摘下来的,他就可以用不同的标识在散点图上将它们标识出来。这样更容易发现交互作用,即桃子的重量既受生长天数的影响,也与果园离高速公路的距离远近有关。

- 尽管可以不绘制散点图就能进行高级统计分析,但是这种方法不可取。散点图是有用的图形化分析工具,可以直观地发现数据间的关系。

相关性和回归分析

相关性分析(研究变量之间线性关系的强度)和回归分析(建立一个或者多个自变量与因变量之间的模型表达式)是非常重要的六西格玛工具。回归分析是将一个变量在不同的水平上保持不变,得出其他变量的频率分布。相关性分析则研究两个变量的联合变化,试验者不对其中的任意一个加以限制。相关性分析和回归分析用于研究因果关系。当然,统计分析本身不足以证明因果关系的存在,要证明因果关系的存在还需要对过程有科学理解。本节所讨论的统计方法有助于分析人员完成此项任务。

10.3.1 线性模型

线性模型就是两个变量 x 和 y 之间的关系表达式。对于变量 x 的给定变化,变量 y 也等比例地发生相应的变化,这就意味着 x 与 y 之间存在线性关系。线性模型的表达式为:

$$y = a + bx \tag{10-11}$$

其中 a 和 b 是常数。上式表示，当 x 发生 1 个单位的变化时，y 将发生 b 个单位的变化。两变量的关系用图形表示，如图 10-20 所示。

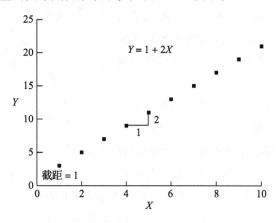

图 10-20　线性关系散点图

在图 10-20 中，$a = 1$，$b = 2$。一般将 a 称作截距，b 称作斜率。当 $x = 0$ 时，y 的取值等于截距。图 10-20 中的 x 和 y 之间的真实拟合直线恰好是完全线性拟合关系，此时，与 x 对应的拟合值 y 和实际的 y 值相同。当然，在根据实际数据得出拟合直线时，x 和 y 的真实拟合关系实际上是未知的。在实际应用中，拟合直线和实际值之间会存在误差，下文将对其进行讨论。

很多时候，变量之间的关系是非线性的，但可以对它们进行某种转换后建立线性关系，以便分析，见后文。

在进行相关性分析和回归分析时，我们需要区分两种变量类型。一种是预测变量或者是自变量，另一种是反应变量或因变量。预测变量或者是自变量，通常可以被设置成期望的水平（如炉温）或者虽然不受控但可以得到其观测值（如室外的空气湿度）。对它们进行有意调控或者在它们发生变化以后，会对反应变量产生影响（比如合成材料的粒度）。我们通常对预测变量与反应变量之间的变化关系感兴趣。最理想的情况是，一小部分的预测变量可以解释几乎所有的反应变量的变化。

在实际中，有时难以区分因变量和自变量。很多时候，如何区分它们取决于研究的目的。比如，在环境温度与油漆质量关系的研究中研究人员可能将环境温度当作自变量，而在洁净室粉尘颗粒和环境温度的研究中，环境温度又变成了因变量。不过，给出上述定义在六西格玛项目应用中是有帮助的。

因果分析的另一个重要概念是数据空间，它指的是所研究的自变量的观测值

范围。通常，基于数据空间以外的自变量进行预测无异于凭空猜测，这种方法被称为外推法，我们不建议使用。图 10-21 展示了两个自变量的数据空间，在涉及庞大的自变量数据的时候，定义数据空间是一项复杂而微妙的工作。

虽然数据的数学分析可以提供有价值的信息，但图形化分析总是不可缺少的补充，比如，用散点图来配合相关性分析和回归分析。图 10-22 显示了散点图对于数学分析的

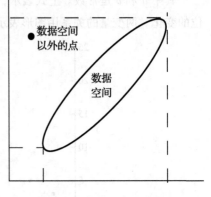

图 10-21 数据空间示意图

补充意义，从散点图中可以一眼看出，存在明显不同的四种关系，但是数学分析却做不到这一点。在六西格玛应用中，仅仅依靠数学分析是不够的。

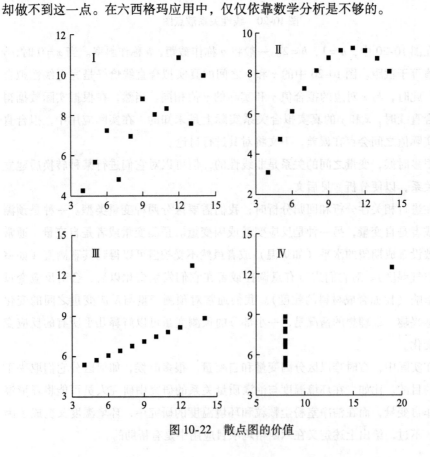

图 10-22 散点图的价值

10.3.2　最小二乘拟合法

如果所有的数据都恰好落在拟合出的直线上，根据任意两点的数据就可以计算出截距和斜率，得出拟合直线的表达式。然而，当数据"散布"在直线周围时，情况就变得复杂了。也就是说，对于给定的 x，实际值与拟合值可能不相同，存在拟合模型误差。图 10-23 就是线性模型中的拟合模型误差的示意图。

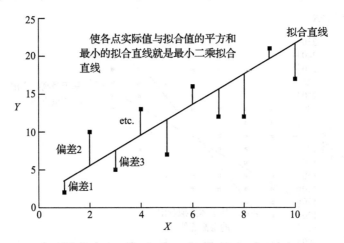

图 10-23　线性模型中的拟合模型误差

考虑模型误差的一元线性回归模型表达式为：

$$y = a + bx + \varepsilon \tag{10-12}$$

其中 ε 为残差项，它是观测值与拟合值的差。通常，在线性模型与数据充分拟合的时候，我们假设拟合模型残差项服从均值为 0 的正态分布，且标准差为常数。残差的标准差称为标准误，验证此假设的方法见下文。

当存在误差的时候（实际上在现实世界中误差始终存在），就可能存在多种拟合直线。因此，需要定义一种某种程度上的"最佳拟合"方法，目前，统计学家提出了各种各样的方法，在六西格玛中有一种最常用的方法，根据该方法得出的拟合直线使偏差平方和最小，即最小二乘拟合法。换句话说，假设根据最小二乘拟合得到的最佳拟合线性模型方程为 $y_i' = a + bx_i$，a 和 b 的取值由满足各数据点处的偏差平方和最小这一条件得到。它们的表达式分别是：

$$b = \frac{\sum (X_i - \overline{X})(Y_i - \overline{Y})}{\sum (X_i - \overline{X})^2} \tag{10-13}$$

$$a = \overline{Y} - b\overline{X} \qquad (10\text{-}14)$$

其中，计算的平方和包括所有的数据点。大部分的电子表格和科学计算器都有计算 a 和 b 的功能。上文也提到过，除了最小二乘拟合法之外，计算截距和斜率还有很多其他方法（比如，最小的偏差绝对值之和、最小的最大偏差等）。在某些情况下，这些方法可能更适用。建议读者参阅其他专门论述回归分析的著作以获取更多信息，比如 Draper 和 Smith（1981）。

读者应该知道，基于 x 拟合出的 y 直线和基于 y 拟合的 x 直线通常是不同的，如图 10-24 所示。

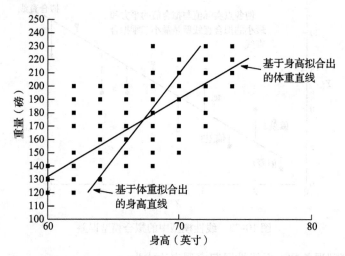

图 10-24 最小二乘拟合重量－身高关系和身高－重量关系

基于身高回归出的体重方程式给出了特定身高（单位为英寸）的平均体重（单位为磅）。基于体重回归出的身高方程式给出了特定体重（单位为磅）的平均身高（单位为英寸）。两条回归直线相交于平均身高和平均体重处。

本例中，使用单一自变量来建立因变量的模型表达式，称作一元线性回归。也可以基于两个或者更多的自变量建立因变量的表达式，称作多元线性回归。多元线性回归的数学模型表达式包含增加的自变量项。式（10-15）是一个包含两个自变量的多元线性回归模型表达式。

$$\hat{y} = a + b_1 x_1 + b_2 x_2 + \varepsilon \qquad (10\text{-}15)$$

式中，x_1 和 x_2 是自变量，b_1 是自变量 x_1 的系数，b_2 是自变量 x_2 的系数。

回归分析示例

一家餐馆开展了一项调查，收集了 42 位顾客关于人员服务、食品质量、总体满意度的数据。用电子表格的回归功能对其进行回归分析，输出结果如图 10-25 所示。

Summary output						
Regression statistics						
Multiple R	0.847					
R Square	0.717					
Adjusted R Square	0.703					
Standard Error	0.541					
Observations	42					
ANOVA						
	df	*ss*	*ms*	*F*	*Significance F*	
Regression	2	28.97	14.49	49.43	0.00	
Residual	39	11.43	0.29			
Total	41	40.40				
	Coefficients	*Standard error*	*t Stat*	*P-value*	*Lower 95%*	*Upper 95%*
Intercept	−1.188	0.565	−2.102	0.042	−2.331	−0.045
Staff	0.902	0.144	6.283	0.000	0.611	1.192
Food	0.379	0.163	2.325	0.025	0.049	0.710

图 10-25　回归分析输出结果

该回归分析中包括两个自变量，即人员服务和食品质量，以及一个因变量，即总体满意度。基本的思路是，将人员服务和食品质量看作原因，将总体满意度看作结果。回归结果的解释如下。

- **复相关系数 R（Multiple R）**：它表示 y 和 $\hat{y}$ 的相关性。本例中其值为 0.847，表示 y 和 $\hat{y}$ 的相关性很高，也就是说，总体满意度和人员服务及食品质量之间有相关关系。

- **可决系数 R^2（R Square）**：它是复相关系数的平方，它表示在由方差度量的因变量均值 $\bar{y}$ 的总波动中，能被回归方程解释的部分所占的比例。本例中，$R^2 = 0.717$，表示拟合的回归方程解释了平均满意度水平总波动中的 71.7%。

- **调整的可决系数（Adjusted R Square）**：它是"调整自由度"之后的可决系数，其值由下式给出。

$$调整的可决系数 = 1 - (1 - R^2)\left(\frac{n-1}{n-p}\right) \tag{10-16}$$

上式中，p 为模型中需要估计的自变量 x 系数的个数。本例中，$p = 2$，因为

需要估计 b_1 和 b_2 两个系数。有些人认为调整的可决系数比未调整的可决系数 R^2 更有意义，而有些人却认为调整的可决系数优势也不明显（Draper and Smith, 1981，p. 92）。

- **标准误**（Standard error）：残差的标准差。残差就是 y 的观测值与根据回归方程得到的预测值之间的差异。
- **观测次数**（Observations）：回归分析中得到的观测值数量，记为 n。
- **方差分析**（Analysis Of Variance，ANOVA）：基于回归模型解释的波动为 0 这一原假设所做的假设检验结果表。如果原假设为真，则观测到的回归关系仅仅为一种巧合。表中的行和列与单因子 ANOVA 表（本章稍后对其进行详细讨论）完全一样。本例中，重要的是标有"Significance F"（F 显著性水平）的项。其值为 0.00，表示仅仅因为巧合而得到此回归结果的概率小于 0.01，也就是说，所观测到的回归关系可能不是巧合造成的。

注意，ANOVA 表是针对回归模型整体而言的，并非仅仅针对其中某一变量。在 ANOVA 表之后的表分别给出线性模型中各参数的检验结果。

- **系数**（Coefficient）**列**：回归模型中各参数的估计值。其中的 Intercept（截距）表示模型方程中的 a。本模型中包含两个自变量，表中的 Staff（员工服务）相当于 b_1，而 Food（食品质量）相当于 b_2。因此，根据系数列，可得回归模型表达式为：$\bar{y} = -1.188 + 0.902 \times \text{Staff} + 0.379 \times \text{Food}$。表中的其余列是对系数等于 0 这一原假设进行假设检验的结果。
- **标准差**（Standard error）**列**：各项的标准差。比如截距的标准差为 0.56 等。
- **t 统计量**（t Stat）**列**：系数除以标准差所得的商，表示观测得到的系数值包含标准差的数量。
- **p-值**（p-value）**列**：在计算出的 t-值外侧的 t-分布尾部区域的面积或概率。在大部分的假设检验中，p-值小于 0.05 可以认为接受备择假设，即系数显著地不等于 0。本例中，p-值都小于 0.05，表示所得回归模型中各系数都显著地不等于 0。
- **95% 置信下限和 95% 置信上限列**：95% 置信度下的系数置信区间。如果该置信区间不包含 0，我们将拒绝系数等于 0 这一原假设，本例中没有置信区间包含 0 值。

10.3.3　相关性分析

前文已经提及，相关性分析研究两个变量的联动关系，试验者不对其中任何一个变量施加限制。回归分析研究的是自变量的变化如何导致因变量的变化，相关性分析与此不同，相关性分析关心的是两个变量是如何联动变化的。在相关性分析中，分析人员每次测量样本中的两个个体的观测值。和回归分析中的控制自变量 x 值不同，相关性分析所研究的变量值往往同时变化。用相关性分析可以确定两个或者多个变量之间的线性关系的强度，它是应用最广泛的统计技术之一。超过两个变量之间的相关性分析需要更高级的方法（比如经典相关分析、因子分析、主成分分析等），除了多元回归外，我们每次只进行两个变量之间的线性关系研究。

在大部分情况下，人们使用统计量 r 来度量相关性，有时也称其为 Pearson 相关系数。通常假设 x 和 y 都服从正态分布，在此假设下，样本统计量 r 就是 x 和 y 两个总体间相关系数的估计值。可以用前文所述的线性回归模型来解释 r，也就是说，在 y 的总波动中，可以由线性回归模型解释的比例是 r^2。计算 r 的公式为：

$$r = \frac{s_{xy}}{s_x s_y} = \frac{n\Sigma xy - \Sigma x \Sigma y}{\sqrt{[n\Sigma x^2 - (\Sigma x)^2][n\Sigma y^2 - (\Sigma y)^2]}} \tag{10-17}$$

当然，r^2 就是 r 的平方。r 的取值为 $-1 \sim 1$。如果上述假设成立，可以用回归模型 ANOVA 来检验 r 的显著性。

对 r 进行解释往往很复杂，因此，经常需要借助散点图（参见前文）。如果 x 和 y 之间不存在线性关系，r 的"解释力"不再准确，使用时需要格外小心。尽管在相关系数很高的时候（比如 $r = 0.99$），可以得出两个变量显著线性相关的结论，但是在 r 值较小时，即使两个变量之间的相关性是显著的（即 r 显著地不等于 0），得出结论也不容易。比如，$r = 0.5$ 并不意味着其数据集中程度正好是完美拟合直线数据集中程度的一半。而 $r = 0$ 也并不代表 x 和 y 之间不存在关系，如图 10-26 所示。当 $r > 0$ 时，y 一般随 x 的增加而增加；当 $r < 0$，y 一般随 x 的增加而减小。

有时，当 $r = 0$ 时，x 和 y 之间却存在严格的对应关系，只不过不是直线关系。另一个极端情况是当 $r = 1$ 时，即"完全线性相关"，但

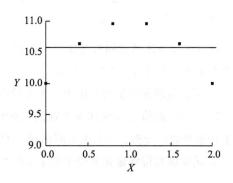

图 10-26　$r = 0$ 时数据之间的曲线关系

是它也并不代表 x 和 y 之间一定具有因果关系。比如，x 和 y 可能都是由某一个变量 z 决定的。在这种情况下，z 称为"潜伏变量"，因为它潜藏在 x 和 y 变量之后，并不为试验者所知晓。某些荒谬的"关系"背后往往就有潜伏变量的身影，比如教师的工资和酒精饮料的销售量（这时的潜伏变量实际上是普遍的经济繁荣）。

建立因果关系需要基于专门知识和经验的对过程的科学理解。统计本身不能证明因果关系的存在。某些统计技术（比如路径分析）有助于确定变量间因果关系的一致性。不过，此方法已经超越本书的讨论范围。

10.4　试验设计

试验设计（Design of Experiment，DOE）在质量改善中具有重要作用。前文介绍的参数估计和假设检验只限于样本统计量与规格值或者两个样本统计量之间的简单比较，而试验设计则使用 ANOVA 技术来区分不同的变异源。本节介绍 DOE 的基本概念，并将统计试验设计法和传统的"一次一因子"方法（OFAT）做比较，也简要介绍田口方法（Taguchi 方法，该统计方法因其创立者是日本的 Genichi Taguchi 博士而得名）的概念。

10.4.1　传统方法与统计试验设计法

我们大部分人在高中的科学课上已经学过传统的试验方法，它在实验中每次改变一个因子而保持其他因子不变。我们在使用这种方法的时候假设变量之间的变化是由因果关系导致的，或者已知它们存在因果关系，但是，这种方法面临下面的一系列问题。

- 保持其他因子不变通常是无法做到的。
- 无法甄别自变量之间的联合变动效应，即交互作用效应。
- 试验误差信息无法获得，包括测量误差。

统计试验方法通常同时变动两个甚至更多的因子，在相同的试验条件下获得多个观测值。它具有三个方面的优势。

1. 可以发现和测量交互作用。无法发现交互作用是 OFAT 方法的一大缺陷。

2. 每个观测值可以发挥多个观测值的作用。合理的 DOE 可以运用一个观测值进行多种效应分析，这会大大降低试验的成本。

3. 试验误差得到量化并用于确定试验结论的可信度。

10.4.2　术语

试验设计早期大部分用在农业研究领域，现在的试验设计专业用语还反映这种渊源，比如，原先的**试验区域**（Experiment Area）就是实施试验的一大片土地；**区块**（Block）则是特性相同的较小的一片土地；**地块**（Plot）则是更小的土地，是试验的基本单位。在不同的地块上种植、施肥并最终得到一定的产量，根据它们的关系可以绘制关系图。处理就是对试验对象的一种操作，如施加肥料。虽然应用场景已经发生了巨大变化，但是这些术语却依然被沿用到试验设计中，它们的字面意思可能会给六西格玛分析人员带来困扰。六西格玛分析人员需要理解它们在质量改善试验中的确切含义。纳特雷拉对此提出如下建议（1963）：

试验区域可以理解为所计划的试验范围。**试验区块**相当于来自某一操作工、机器或者工作日的试验结果的集合，即一些自然的分组，组内的试验条件相同，但组间的试验条件可能会发生变化。**处理**就是单因子试验中待研究的因子（如材料、环境条件等）的设置。在析因试验（同时研究多个变量）中，它是运用于试验对象的多个因子不同水平的组合。**产出**就是测量的结果。可喜的是，试验设计经常会提升实实在在的产出。

定义

试验设计就是识别对试验结果有影响的一个或者多个因子（称为自变量）并制订试验计划且加以执行。从试验设计中收集的数据可以进行统计分析，确定单个因子或其组合的效应。试验设计中也需要考虑对外生变量的处理，它们是并未被明确识别出来的自变量。

- **反应变量**：被研究的变量，也称因变量。
- **主变量**：最有可能产生效应的可控变量。它们可能是连续数据（比如温度、压力、速度等），也可能是离散数据（比如供应商、生产方法、操作工等）。
- **背景变量**：该变量已经被试验设计人员识别出来，它们对试验结果会产生作用，但是不能或者不需要对它们进行精确控制，或者无法保持恒定不变。背景变量的效应会与主变量的效应夹杂在一起，除非对它们进行适当的处理。处理背景变量最常见方法是**区组化**（区组化详见本章后文的描述）。
- **试验误差**：在任何给定的试验状态下，很多变量都可能是潜在的变异源，因为它们的数量实在太多。实际上，设计试验不可能把所有可能的变异源都——进行的明确处理。未明确处理的变异源类似于过程波动中的随机因素，它们代表过程的"噪声水平"，可以用随机化来消除它们对主变量效应的干扰。随机化是一种给试验单元分配试验条件的程序，随机化时，试验单元在各种试验条件下得到处理的概率相等。

- **交互作用**：如果某一因子的效应受其他因子的水平设置的影响，那么我们称此时该两种因子之间存在交互作用，图10-27是其示意图[⊖]。

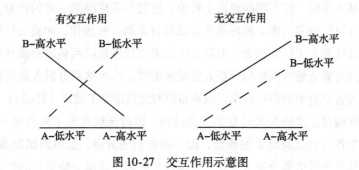

图 10-27　交互作用示意图

10.4.3　试验设计的特征

好的试验不会靠运气，它是用心计划的结果，好的试验需要考虑三个方面（Netrella，1963）。

- 试验的目的
- 观测数据的可得性
- 时间、费用、物资、人员等资源的可得性

分析人员要能够清楚地解释为什么要做该试验、选择该试验条件的依据是什么、试验是如何实现既定目的的。试验计划应该是书面的且应该得到所有关键参与方的支持。试验计划中应该包括试验目的的陈述、试验条件、试验次数、时间计划以及试验结果分析方法的简要介绍。六西格玛分析人员需要特别关心两个概念：重复试验和随机化。

- **重复试验**：在同一试验条件下进行多次试验，收集每次试验的观测值。重复试验是估计试验误差的前提，在试验条件保持不变的情况下出现的变异，肯定是由试验者所控制的变量以外的因素造成的。估计试验误差

⊖　表现在图形上，如果某因子的效应呈现为两条平行的线段，则没有交互作用，否则存在交互作用。——译者注

也不必重复进行所有的试验，如果一个过程已经达到统计受控状态并保持了一定的时间，可以从其控制图来估计试验误差。重复试验可以用于分析不可控因素的效应，减少它们对试验产生的干扰。

- **随机化**：为了消除试验条件中不受控因子对试验结果产生的偏差，需要对试验次序进行随机安排，因此，给试验条件分配试验单元的时候需要采用某种方法以达到随机分配的目的，比如随机数表。随机化保证了组内试验误差估计的有效性。

10.4.4 试验设计的类型

可以根据各种不同的试验目的进行试验设计，下面是常见的试验设计类型的定义。

- **固定效应模型**（Fixed-effects Model）：对所有因子的可能水平都进行研究。比如，如果材料是试验的因子，共有三种可能的材料，则对三种材料都进行试验。

- **随机效应模型**（Random-effects Model）：只对所有因子的可能水平中的随机样本进行研究。比如，材料因子一共有三种不同的材料，随机地取两种进行试验。

- **混合效应模型**（Mixed-effects Model）：同时兼有固定效应和随机效应的模型。

- **完全随机设计**（Completely Randomized Design）：完全随机地设定试验次序的试验计划，比如：

水平	试验序号
A	7, 1, 5
B	2, 3, 6
C	8, 4

- **随机区组设计**（Randomized-block Design）：按照某种分类法则将试验观测值划分为区组的试验设计。按照区组的顺序开展试验，但是区组内部的试验次序是随机的。比如，我们对不同的材料进行油漆测试，材料有 A 和 B 两种，每种材料有 4 个样件。理想的情况下，我们应该同时清洗所有的样件以保证清洗过程对试验结果不产生影响。不过，如果清洗罐每次只能清洗两个样件怎么办？这时候清洗罐的容量就成为"区组化因素"。此时，我们会有 4 个区组，可能如下表所示。

清洗	物料	样件编号
A	1	7
B		1
B	2	5
A		2
B	3	3
A		6
B	4	4
A		8

上表中，每次清洗的时候两种物料都出现而且仅出现一次，我们称这样的设计是均衡的。在均衡设计中，可以对各材料试验观测值的总和与均值直接进行比较。读者应该知道，也存在进行更为复杂的"非均衡"试验的设计和处理的统计工具。

- 拉丁方设计（Latin-square Design）：每种试验条件都在试验计划表的行和列中出现一次且仅出现一次的试验设计。当需要或者想要研究两种不同特质的因子对试验结果产生的影响时，拉丁方设计就可以显示其作用。拉丁方设计最初源自农业试验，其中两种不同特质的因子就是田地的两个方向，而"方"就是一块正方形的土地。拉丁方设计的应用已经扩展到其他类似的有两种不同特质因子影响试验结果的情形，比如，设备、位置、操作人员、运行、工作日等。两个因子自变量和试验结果因变量之间存在某种联系，拉丁方设计的使用存在两个限制条件。

1. 行、列、处理（不同的试验条件）必须相等。

2. 行和列不存在交互作用。

Natella（1963，p. 13-30）给出了下列拉丁方设计的例子。假设我们想比较四种不同材料的耐磨性能，同时假设我们有一台可以同时进行四个样件耐磨测试的机器。两种不同的因子可能是运行次别和样件在机器上的放置位置。此时，如果一共运行四次，一个 4×4 的拉丁方试验计划就可以对位置和运行进行研究。拉丁方试验计划如图 10-28 所示（四种材料分别用 A、B、C、D 表示）。

运行	位置号			
	(1)	(2)	(3)	(4)
1	A	B	C	D
2	B	C	D	A
3	C	D	A	B
4	D	A	B	C

图 10-28　4×4 拉丁方试验计划表

用给定的拉丁方计划进行试验时需要遵循如下步骤，以得到实际的试验次序。

1. 随机地交换各列的位置。
2. 随机地交换各行的位置。
3. 随机地将试验条件设置（处理）与表中的字母代号进行配对。

10.4.5 单因子方差分析

我们用下文中的例子来展示如何解释单因子方差分析（One-factor ANOVA）。随着计算机的广泛普及，很少有人会手动进行这种复杂的计算了。下面的分析是用 Excel 进行的。大部分的高级电子表格都包含常用的统计功能，如回归分析和ANOVA 等。

表 10-3 是一个单因子完全随机试验的代码化结果，该试验用于比较三个机器（A、B 和 C）的产量。

表 10-3　原始的试验结果数据（已代码化）

A	B	C
4	2	−3
8	0	1
5	1	−2
7	2	−1
6	4	0

上述数据的 ANOVA 分析结果，如表 10-4 所示。

表 10-4　ANOVA 分析结果

ANOVA: 单因子						
汇总						
组	次数	总和	均值	方差		
A	5	30.000	6.000	2.500		
B	5	9.000	1.800	2.200		
C	5	−5.000	−1.000	2.500		
ANOVA						
变异来源	平方和（SS）	自由度（df）	均方误（MS）	F-值	p-值	F临界值
Between groups	124.133	2	62.067	25.861	0.000	3.885
Within groups	28.800	12	2.400			
Total	152.933	14				

表 10-4 中第一部分显示的是数据的描述性统计量。分析人员一定要仔细查看

这些易于理解的结果以便发现任何明显的错误。结果显示，其均值从对应机器 C 的最低值 −1 变化到对应机器 A 的最高值 6。

ANOVA 分析的步骤

ANOVA 分析的思路和具体步骤如下。

1. 提出原假设和备择假设：ANOVA 表所检验的假设为：H_0（所有的均值相等）和 Ha（至少有个均值不相等）。

2. 选择显著性水平。本例中所选择的显著性水平 $\alpha = 0.05$。

3. 计算 F 统计量的值，它是组间 MS（均方误）与组内 MS 的比。

4. 假设观测值是来自等方差正态分布总体的样本，根据附录 5 和附录 6 查表得临界值 $F_{1-\alpha}$。其中，分子自由度使用组间行和 df 列对应的自由度，分母自由度使用组内行和 df 列对应的自由度。

5. 如果计算得到的 F 大于查表得到的临界值，即 $F > F_{1-\alpha}$，那么就拒绝原假设，得出备择假设的结论。否则无法拒绝原假设，得到原假设的结论。

ANOVA 表显示，根据这些数据计算出的 F 值是 $62.067/2.4 = 25.861$，而分子自由度为 2 分母自由度为 12 且显著性水平为 $\alpha = 0.05$ 时的临界值 $F_{1-\alpha}$ 为 3.885 ⊖。因为 $25.861 > 3.885$，所以拒绝原假设，得出机器产量显著不同的备择假设结论。注意，我们所知道的只是至少两个极端机器（A 和 C）的产量是不同的，ANOVA 并没有告诉我们 A、B、C 三个机器的产量是否显著不同。也存在做这种分析的方法，比如对比法。读者可以参阅其他试验设计的文章了解更多的信息，比如蒙哥马利（1984）。

手动进行 ANOVA 的方法

在比如参加黑带考试等不能使用计算器的偶然情况下，分析人员必须手动进行 ANOVA 分析，其过程如下：

		总和	次数	偏差平方和
A 处理	4, 8, 5, 7, 6	30	5	190
B 处理	2, 0, 1, 2, 4	9	5	25
C 处理	−3, 1, −2, −1, 0	−5	5	15
		34	15	230

⊖ 实际上在这里不必参考临界值。因为 p-值为 0.000 意味着出现计算所得 F 值的概率小于千分之一，这比选定的 5% 显著性水平要小很多。

$$总偏差平方和 = 230 - \frac{34^2}{15} = 152.933$$

$$组间偏差平方和 = \frac{30^2}{5} + \frac{9^2}{5} + \frac{(-5)^2}{5} - \frac{34^2}{15} = 124.133$$

$$组内偏差平方和 = 总偏差平方和 - 组间偏差平方和$$

$$= 152.933 - 124.133 = 28.8$$

这些数据见 ANOVA 表中的偏差平方和（SS）列（见表 10-4），ANOVA 表中的 MS（均方误）和 F 值通过简单的除法得到。

10.4.6　无重复的两因子方差分析

当试验涉及两个因子，不可能或者没有必要获得同一实验条件下的多次重复试验结果的读数时，就需要用到无重复的两因子方差分析。下文的示例中假设试验的处理是随机分配的。注意，如果没有两个水平的因子，就可使用下文讨论的全因子分析方法对其进行分析。

无重复两因子方差分析示例

就不同的清洁剂和水温对瓷器清洁度的影响进行试验。试验者根据酸碱度 pH 值水平选择三种清洁剂，并在四种不同的温度下进行试验。清洗后将瓷器放入蒸馏瓶中漂洗干净，测量蒸馏瓶中残留物的重量来量化清洗的效果。记录各处理的试验数据得到试验结果。代码化数据，如表 10-5 所示。

表 10-5　清洗试验原始数据

	A 清洁剂	B 清洁剂	C 清洁剂
冰冷	15	18	10
冷	12	14	9
温热	10	18	7
热	6	12	5

Excel 输出结果中的第一部分（见表 10-6）给出了采用不同处理方式时的试验结果描述性统计量的值。ANOVA 表见第二部分。注意，在上述原始数据表 10-5 中，行表示水温，列表示清洁剂，每种处理方式只有一个试验结果，因此不存在重复观测值。由于没有重复观测值，因此 Excel 也呈现不出水温和清洁剂交互作用的效果。如果怀疑它们之间存在交互作用，就需要用同一处理方式重复进行试验，用重复观测值来估计交互作用的效果。在本试验中，任何 p-值小于 0.05 的因子都表示具有显著的效应。ANOVA 表中"行"和"列"的 p-值都小于

0.05，这表明水温和清洁剂都具有显著的效应，即不同的水温会有显著不同的清洁效果，不同的清洁剂也会产生显著不同的清洁效果。在得到各组间有显著差异的结论后，如果想知道哪一组有显著差异，哪一组没有显著差异，试验者可以对清洁剂和温度的均值实施 t-检验（Excel 数据分析工具中的插件包含 t-检验功能）。注意，对 t-检验进行多次比较时会影响产生第 I 类错误的概率。如果进行单次 t-检验时产生第 I 类错误概率是 α，则进行 k 次 t-检验之后的总的产生第 I 类错误的概率是 $1-(1-\alpha)^k$。例如，如果 $\alpha=0.01$，检验了三对均值，则最后的总的 t-检验结果产生第 I 类错误的概率就变成了 $1-(1-0.01)^3=1-0.99^3=0.03$。也存在可保证多次比较情况下总的产生第 I 类错误的概率处于既定水平的统计方法（Hicks，1973，p. 31-38）。

表 10-6　Excel 输出的清洗试验两因子 ANOVA 分析结果（无重复的两因子 ANOVA）

汇总输出					
	次数	总和	均值	方差	
冰冷	3	43	14. 333 333	16. 333 33	
冷	3	35	11. 666 667	6. 333 333	
温热	3	35	11. 666 667	32. 333 33	
热	3	23	7. 666 666 7	14. 333 33	
A 清洁剂	4	43	10. 75	14. 25	
B 清洁剂	4	62	15. 5	9	
C 清洁剂	4	31	7. 75	4. 916 667	
ANOVA					
变异来源	偏差平方和（ SS ）	自由度（ df ）	均方误（ MS ）	F-值	p-值	F 临界值
行	68	3	22. 666 667	8. 242 424	0. 015 043 179	4. 757 055
列	122. 166 666 7	2	61. 083 333	22. 212 12	0. 001 684 751	5. 143 249
试验误差	16. 5	6	2. 75			
总和	206. 666 666 7	11				

10. 4. 7　有重复的两因子方差分析

如果研究的两个因子之间可能存在交互作用，应该在同一试验处理下得到多个试验结果，运用有重复的两因子方差分析对试验数据进行研究，Excel 等电子表格具有进行此类分析的功能。

有重复的两因子方差分析示例

研究者想改善在覆铜印刷电路板上光阻材料的涂敷工艺，提高黏合强度。需要研究两个因子：光阻材料的涂敷压力和预热温度，分别评估三种不同的压力和不同的温度。两个因子之间的水平数可以不一样，总的水平数也不受限制，每种实验处理条件下重复进行五次试验。注意，虽然 Excel 只能进行重复数相等的分析，但大部分的统计分析软件包可以对重复数不等的试验进行分析。试验者记录每个批次中出现的光阻材料缺陷数，代码化数据如表 10-7 所示。

表 10-7 用于 ANOVA 分析的光阻试验原始数据

	高压	中压	低压
高温	39	32	18
	30	31	20
	35	28	21
	43	28	25
	25	29	26
中温	38	10	22
	31	15	28
	31	25	29
	30	31	26
	35	36	20
低温	30	21	25
	35	22	24
	36	25	20
	37	24	21
	39	27	21

在 Excel 中对这些数据进行有重复的两因子方差分析，输出结果如表 10-8 所示。

表 10-8 Excel 输出的光阻试验两因子 ANOVA 分析结果（有重复的两因子 ANOVA）

汇总输出				
	高压	中压	低压	总计
高温				
次数	5	5	5	15
总和	172	148	110	430
均值	34.4	29.6	22	28.666 67
方差	50.8	3.3	11.5	46.666 67
中温				
次数	5	5	5	15
总和	165	117	125	407
均值	33	23.4	25	27.133 33
方差	11.5	117.3	15	59.980 95

（续）

汇总输出

	高压	中压	低压	总计
低温				
次数	5	5	5	15
总和	177	119	111	407
均值	35.4	23.8	22.2	27.133 33
方差	11.3	5.7	4.7	43.266 67
总计				
次数	15	15	15	
总和	514	384	346	
均值	34.266 666 67	25.6	23.066 666 67	
方差	22.066 666 67	44.685 714 29	10.923 809 52	

ANOVA

变异来源	平方和（SS）	自由度（df）	均方误（MS）	F-值	p-值	F临界值
行	23.511 111 1	2	11.755 555 6	0.457 81	0.636 3	3.259 444
列	1034.844 44	2	517.422 222	20.150 6	1.34E-06	3.259 444
交互作用	139.555 556	4	34.888 888 9	1.358 72	0.267 501	2.633 534
组内误差	924.4	36	25.677 777 8			
合计	2 122.311 11	44				

和上一节一样，Excel 输出结果中的第一部分是不同的试验处理条件下得到的试验结果的描述性统计量的值。ANOVA 表位于第二部分，因为现在有了重复试验数据，Excel 可以提供压力和温度交互作用的效应估计值。在本试验中，分析人员认为任何 p-值小于 0.05 的因子具有显著的效应。ANOVA 表中"列"所对应的 p-值小于 0.001，表示不同的列（压力）之间具有显著的差异。而"行"所对应的 p-值 0.6363 则表示不同的行（温度）之间不存在显著的差异。压力和温度的交互作用也不显著，因为它的 p-值 0.267 501 比 0.05 大。

由 p-值可知至少一个因子的效应是显著的，而且我们知道试验中的最大差异为 34.266 666 67 – 23.066 666 67 = 11.2，对应的是不同的压力水平。如果试验者想知道在哪个压力水平下具有显著差异，可以对各压力水平下的均值实施 t-检验（Excel 数据分析工具中的插件包含 t-检验功能）。注意，对 t-检验进行多次比较时会影响出现第 I 类错误的概率。如果进行单次 t-检验时出现第 I 类错误概率是 α，则进行 k 次 t-检验之后的总的出现第 I 类错误的概率是 $1-(1-\alpha)^k$。例如，如果 $\alpha=0.01$，检验了三对均值，则最后的总的 t-检验结果出现第 I 类错误的概率就变成了 $1-(1-0.01)^3=1-0.99^3=0.03$。

10.4.8　全因子和部分实施因子试验设计

全因子试验（Full Factorial Experiment）指的是在各种可能的试验条件组合下至少获得一个试验观测值的试验。比如，假设 A 因子有 2 个水平，B 因子有 3 个水平，C 因子有 5 个水平，一个全因子试验至少可以获得 $2 \times 3 \times 5 = 30$ 个试验结果观测值。

部分实施因子试验不对所有的试验条件组合进行试验。这种情况下，有些因子之间的交互作用无法估计。不过，在计划得当的时候，经常可以用相当低的成本获得所需的信息。

全因子试验的分析

有一个简单的方法可用于分析常见的 2^n 试验[⊖]。这种方法称作 Yates 法，可以很方便地用常用计算器或者电子表格来完成。不管待研究的因子有多少，都可以用它对 2^n 试验进行分析。

在运用 Yates 方法的时候，首先按照标准次序对数据进行排列（当然，实际的试验次序是随机的）。标准次序的概念不难理解，举例说明如下。假设我们对三个因子进行试验，它们分别是 A、B、C。每个因子都具有两个水平，分别称作高水平和低水平。当某因子设置在低水平的时候，用"－"符号表示；当设置在高水平的时候，用"＋"符号表示。三种因子的所有 8 种可能的水平设置组合如下表所示。

标记	A	B	C
（1）	－	－	－
a	＋	－	－
b	－	＋	－
ab	＋	＋	－
c	－	－	＋
ac	＋	－	＋
bc	－	＋	＋
abc	＋	＋	＋

注意，在表的第一行中，所有的因子都处于低水平。然后，第一个因子处于高水平，其他因子处于低水平。如果一个因子处于高水平，则与该因子对应的小写字母显示在"标记"列中。比如，标记列中出现"a"表示因子"A"处于高水平。只要将其他因子逐个添加进来就可以完成整张表，每添加一个新的因子都

⊖　每个因子具有 2 水平的 n 个因子的全因子试验记为 2^n 试验。2^n 既是试验的次数，也是试验本身的标记符号。——译者注

将其与前面的各行分别"相乘"。因此，当加入 b 的时候，它与 1 相乘得到 b，与 a 相乘得到 ab。当加入 c 以后，将它与 1、a、b、ab 分别相乘得到 c、ac、bc、abc，然后将它们分别填入表中，整张表就完成了。（作为练习，读者可以在上表中加入第四个因子 D。提示，所得到的最终结果中增加另外的 8 行。）构建了数据的标准次序以后，增加一列用于填写原始试验数据，再根据因子变量的数量增加相应的列，比如，本例中有三个因子变量，因此一共增加四列，如下表所示。

标记	A	B	C	数据	1	2	3
(1)	−	−	−				
a	+	−	−				
b	−	+	−				
ab	+	+	−				
c	−	−	+				
ac	+	−	+				
bc	−	+	+				
abc	+	+	+				

将试验观测值记录在"数据"列的对应单元格内（如果是有重复的试验，记录各次重复试验结果的和）。现在来填写列"1"的数据，其方法是：将第（1）行和第 a 行的"数据"列中数据相加填写入列"1"的第一个单元格内，即（1）$+a$，然后将在下两行数据之和填入列"1"的第 2 个单元格，即 $b+ab$。依次类推，直到列"1"上半部分的前 4 个单元格填充完毕。其下半部分的单元格数据由"数据"列中的数据依次两两相减得到，比如，下表中 $a-(1)=-5-(-2)=-3$ 就是第 5 个单元格的结果，$ab-b=13-15=-2$ 就是第 6 个单元格的结果，以此类推，直至完成列"1"的填写。基于列"1"的填充结果，按照相同的方法可以完成列"2"内各单元格的填写。最后，以列"2"数据再同样完成列"3"各单元格的填充。完整的最终表格如下所示。

标记	A	B	C	数据	1	2	3
(1)	−	−	−	−2	−7	21	−17
a	+	−	−	−5	28	−38	−15
b	−	+	−	15	−29	−5	55
ab	+	+	−	13	−9	−10	1
c	−	−	+	−12	−3	35	−59
ac	+	−	+	−17	−2	20	−5
bc	−	+	+	−2	−5	1	−15
abc	+	+	+	−7	−5	0	−1

Yates 方法示例

下表显示一个真实试验的样本数据。该试验研究的目的是如何改进一个移动靶射击选手每 25 次打靶的目标命中率。试验选择的因子变量有三个，分别是：a = 枪的口径（12mm 和 20mm），b = 每一靶的射击次数（6 次和 8 次），c = 抛靶器手柄长度（长和短）。该选手一共进行了两轮试验。下表中标有"第 1 次"的列记录了第一轮试验中的中靶数量，标有"第 2 次"的列记录了第二轮试验中的中靶数量。Yates 方法的分析过程从标有"和"的列开始，该列是两轮试验的总命中数。

标记	第 1 次	第 2 次	和	1	2	3	效应	自由度（df）	平方和（SS）	均方误（MS）	F 比
(1)	22	19	41	86	167	288	18	均值			
a	21	24	45	81	121	20	2.5	1	25.00	25.00	3.64
b	20	18	38	58	9	0	0	1	0.00	0.00	0.00
ab	21	22	43	63	11	4	0.5	1	1.00	1.00	0.15
c	12	15	27	4	−5	−46	−5.75	1	132.25	132.25	19.24
ac	12	19	31	5	5	2	0.25	1	0.25	0.25	0.04
bc	13	15	28	4	1	10	1.25	1	6.25	6.25	0.91
abc	20	15	35	7	3	2	0.25	1	0.25	0.25	0.04
试验误差								8	55.00	6.88	
总计	141	147						15	220.00		

"效应"列第一个单元格中的值是列"3"（288）除以总试验次数（$r \times 2^n$）得到的[注]，它是效应的均值，即平均中靶数量为 18。"效应"列中随后的所有单元格的值都是列"3"除以（$r \times 2^{n-1}$）得到的。"效应"列给出了指定的因子水平设置对于反应变量产生的效应。比如，第 2 行中的 2.5 表示，使用 20mm 口径的枪要比 12mm 口径的枪平均多中靶 2.5 次。

我们紧接着会问，这种差异在统计上是显著的吗？或者说，这样的试验结果仅仅是碰巧发生的吗？我们可以根据各试验条件的均方误（MS）与试验误差的比值，即 F 来回答这个问题。各试验条件的自由度都是 1（因子水平数减

⊖ 每个因子有两水平的 n 个因子的全因子试验运行一次可以获得 2^n 个观测值，试验运行 r 次可以得到（$r \times 2^n$）个观测值。——译者注

去1），总的自由度是 $N-1$，本例中为15。试验误差项的自由度为总的自由度减去各试验条件的自由度之和，本例中为 $15-7=8$。各试验条件的偏差平方和（SS）由列"3"值平方后除以 $r \times 2^n$ 得到，比如 $SS_A = 20^2/16 = 25$。而合计的 SS 是所有试验观测值的平方和与列"3"第一行数字的平方除以 $r \times 2^n$ 所得商的差，即：

$$(22^2 + 21^2 + \cdots + 15^2) - \frac{288^2}{16} = 25$$

而试验误差的 SS 等于合计的 SS 减去各试验条件下的 SS 所得的差。MS 列和 F 列的计算与前文所述的单因子 ANOVA 方法相同。本例中，根据 F 比的值可知，在 c 取高水平时显著性水平 $\alpha < 0.01$，抛靶器的效应是显著的，在 a 取高水平时显著性水平 $\alpha < 0.10$，口径的效应是显著的。除此之外的其他 F 比都是不显著的。

因子筛选试验

有些时候，因子的数量众多，全因子试验的次数随着因子数量的增加而呈几何级数递增，即使用部分因子设计，试验的次数也会非常大，考虑到因子之间的交互作用以后情况更为严重。此时，可以先使用因子筛选试验排除掉很不显著的因子。

考虑一个降低订单处理时间的例子（改编自 Keller，2011），它包含的因子清单和试验条件如下表所示。

因子变量	低水平（－）	高水平（＋）
A：订单中包含的项目数量	2	14
B：产品族	A	B
C：处理订单的员工	Charlie	Andrew
D：订单处理的方法	方法一	方法二
E：背景音乐	无	有
F：输入方式	纸质	在线

产品和人员的水平选择考虑了最好与最差的情况。在处理订单的所有人员中，Andrew 是最有经验的，而 Charlie 的经验最少。根据在分析阶段所得的箱型图信息，产品 A 的处理时间中位数最小但变差最大，而产品 B 的变差与产品 C 相仿，但中位数更大。因为订单中只有一个项目的情况极少发生，所以将项目数量的低水平设为 2，高水平的 14 是基于历史数据设置的，其他因子的水平由因子本

身的实际限制条件决定。

作为筛选试验，分析团队对于因子之间的交互作用不关心，只想知道各因子的主效应是否显著。最终选择了有重复的 2^{6-3} 部分因子设计[⊖]，运行一轮完整的试验需要做 $2^{6-3}=8$ 次试验。每一轮试验重复一次（重复的次序是随机的），总共需要做16次试验。一般而言，用较少因子做重复试验来估计交互作用，这要比对全部因子进行试验更有效率。

数据如表10-9所示，重复试验中8种试验条件下的试验次序是随机的。各试验条件下得到的订单处理周期时间记录在"反应变量"列中。此试验的分辨度为Ⅲ：即主效应之间不会相互混杂，但它们可能会和二阶交互效应混杂[⊖]。对试验数据进行初步分析可以甄别哪些因子的主效应是显著的。

表10-9　因子筛选试验数据

运行次序	A	B	C	D	E	F	反应变量
1	+	+	−	+	+	−	19.2
2	−	−	+	−	+	−	6.5
3	−	+	−	−	−	+	5.7
4	−	+	+	+	−	−	9.3
5	+	+	+	−	+	+	11.8

⊖ 记号 2^{k-p} 表示部分实施因子试验，其中 k 为全部因子的个数，p 为除在 2^{k-p} 次全因子试验可以研究的因子数量之外，新添加的需要研究的因子数量。——译者注

⊖ 为了减少试验的次数并尽可能多地取得有价值的信息，利用代数中的正交关系，对全因子试验设计进行合理取舍之后，可以得到最佳的部分实施因子试验设计。比如，对于含有A、B、C、D四个因子的试验，如果只进行8次试验，可以设计一个 2^4-1 部分实施因子试验。令I = ABCD（即定义关系，或称字，字长为4），则有A = BCD、B = ACD、AB = CD……关系（生成元）。它们计算出的效应和回归系数也完全相同，对应的试验条件产生混杂，或者说它们互为别名。一个 2^{k-p} 部分实施因子试验有 2^p-1 个字，所有的字中最短字的长度为试验的分辨度，一般用罗马字母给出。当分辨度为Ⅲ时，主效应无混杂，与二阶交互效应之间可能混杂；当分辨度为Ⅳ时，主效应之间、主效应与二阶交互效应之间无混杂，但主效应与某些三阶交互效应、二阶效应与其他二阶效应之间可能有混杂，依次类推。无法根据 k 和 p 直接用简单公式计算确定分辨度，可以查部分实施因子试验分辨度表获得最佳试验的分辨度值，如下表所示。——译者注

		因子数			
		2	3	4	5
试验次数	4	全因子	Ⅲ		
	8		全因子	Ⅳ	Ⅲ
	6			全因子	Ⅴ
	12				全因子

（续）

运行次序	A	B	C	D	E	F	反应变量
6	−	−	−	+	+	+	8.2
7	+	−	+	+	−	+	17.6
8	+	−	−	−	−	−	10.8
9	−	+	−	+	−	+	10.3
10	+	+	+	+	+	+	17.8
11	−	+	−	−	+	−	6.2
12	+	−	+	−	−	+	10.8
13	−	−	+	+	+	−	9.3
14	−	+	+	−	−	−	6.4
15	+	+	−	−	+	−	10.8
16	+	−	−	+	+	−	17

表 10-9 中的 "−" 表示该因子变量取低水平，"+" 表示取高水平，比如，第 16 次试验的条件设置如下：

- 订单中包含的项目数量 = 14
- 产品族 = A
- 处理订单的员工 = Charlie
- 订单处理的方法 = 方法 2
- 背景音乐 = 无
- 输入方式 = 纸质

表 10-10 中各因子 p-值显示了各因子主效应的显著性水平：p-值大于 0.05（也可在初步筛选的时候将 p-值临界值设为 0.10）的因子被认为是不显著的。可见，因子 A（订单包含的项目数量）和因子 D（订单处理的方法）具有显著的效应。从图形上可以看出，代表因子 A 和因子 D 效应的点远离直线，该直线代表由于随机因素导致的变异，如图 10-29 所示。

表 10-10　因子筛选试验初步结果（代码化系数，Minitab 17）

ANOVA					
变异来源	自由度	调整的偏差平方和	调整的均方和	F 值	p-值
模型	6	281.964	46.994	23.10	0.000
线性	6	281.964	46.994	23.10	0.000
A	1	181.576	181.576	89.27	0.000
B	1	1.501	1.501	0.74	0.413
C	1	0.106	0.106	0.05	0.825

（续）

ANOVA

变异来源	自由度	调整的偏差平方和	调整的均方和	F 值	p- 值
D	1	98.506	98.506	48.43	0.000
E	1	0.226	0.226	0.11	0.747
F	1	0.051	0.051	0.03	0.878
试验误差	9	18.306	2.034		
总计	15	300.269			

项	效应	系数	系数标准差	t- 值	p- 值
常数	11.106	0.357	31.11	0.000	
A	6.738	3.369	0.357	9.44	0.000
B	0.613	0.306	0.357	0.86	0.413
C	0.163	0.081	0.357	0.23	0.825
D	4.963	2.481	0.357	6.95	0.000
E	0.237	0.119	0.357	0.33	0.747
F	-0.113	-0.056	0.357	-0.16	0.878

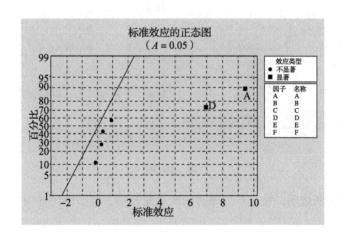

图 10-29　因子效应正态性图

分析的第二步：根据上述试验结果，删除不显著因子，拟合选定模型。只保留因子 A、D 以及它们的交互作用项 AD，对此因子筛选试验重新分析。原则上，每次只在回归拟合模型中删除 p- 值最高的一个项。使用 Backwards Elimination 方法，并勾选 Stepwise 回归选项，Minitab 中可以自动执行此分析步骤。注意，此时虽然试验数据有限，却可以对 AD 交互效应进行分析，因为最初的六个因子变量已经在分析的第一步删除了不显著的四个。此分析给出该过程的拟合回归方程如下：

$$y = 11.11 + 3.37x_1 + 2.48x_2 + 0.94x_1x_2$$

上式中，y 代表订单的处理时间，x_1 代表订单中包含的项目，x_2 代表订单处理所使用的方法。x_1 和 x_2 都是代码化的数据（-1，1）。

分析的第三步：使用 Minitab 中四合一图诊断模型的残差，如图 10-30 所示。在左上角的残差正态性图中，残差与正态直线拟合良好，说明各试验观测值数据与模型拟合良好（可能观测值 1 除外，它的标准化残差超过 2.0）。在右侧的残差对拟合值散点图和残差对观测顺序散点图中，也没有发现明显的系统性误差模式。

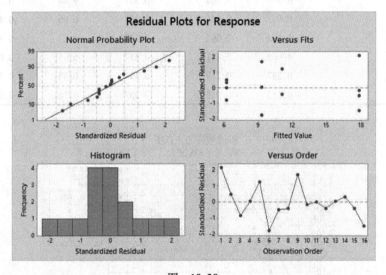

图　10-30

相关性分析表明，在订单处理时间的总变异中，模型中的各项所贡献的变异百分比如下：

- 订单中包含的项目数量：60%
- 订单处理的方法：33%
- 项目数量/处理方法的交互作用：5%

可见，大部分的订单处理时间变异源自订单中的项目数量。与最初的箱线图和数据分层分析相比，处理订单的员工以及产品族对它的相对影响不显著。和通常情形一样，在对过程中观测到的数据进行分析时，会受到某些数据特征的不恰当影响，得出一个纯属偶然的结论，比如，某些产品族的订单通常都包含较多的项目，这会给人造成印象，误将订单项目对订单处理时间的显著影响认为是产品族造成的。类似地，可能某个员工恰好处理某个产品族的订单较多，也有可能认为处理订单的人员也是显著因子。此时，产品族和人员都与订单中的项目数量相关，因而使用传统方法不可能将它们与偶然性数据区分开来。

此外，试验数据的分析结果指出，处理方法是显著因子，而一般的数据分析却甄别不出来。

根据试验的分析结果，改善团队就可以考虑措施，降低订单中项目数量对订单处理时间的影响，比如使用可以在订单中快速添加项目的方法。实际上，它们通过标准化方法二后，降低了 30% 的订单处理时间。在用试验验证了变化的效果后，它们就可以实施到实际的过程中，既缩短了订单处理的平均时间，也减少了处理时间的波动（改编自 Keller，2011）。

10.4.9　检出力与样本容量

统计上的假设检验的检出力指的是原假设为"假"时拒绝原假设的概率，即 $1-\beta$，β 为原假设为"假"时接受原假设的概率，即出现第 Ⅱ 类错误的概率，或"取伪"概率。一般而言，当出现下面这些情况时，统计检验的检出力会提高。

- 原假设与备择假设之间差别很大
- 总体的标准差较小
- 样本容量较大
- 显著性水平（α）较大

很多的统计软件包都提供检出力和样本容量的计算功能。Minitab 中 Stat 菜单下的 Power and Sample Size 选项可以估计常见的假设检验中指定检出力所需的最小样本容量，或者指定样本容量的检出力。

检出力与样本容量计算示例

考虑一个单因子的 ANOVA 检验，原假设为 4 个总体的均值相等。从每个总体中抽取容量为 5 的样本，根据历史数据得到总体标准差为 2.0。如果我们想知道均值相差 3 时可以被发现的概率，可以用 Minitab 软件中的 Power and Sample Size for One-way ANOVA 对话框来估计检出力。对话框的填写如下。

- 水平数（Number of Level）：4
- 样本容量（Sample Size）：5

- 均值最大差异（Value of the Maximum Difference Between Means）：3
- 标准差（Standard Deviation）：2
- 显著性水平，在 Options 对话框中（Significance Level）：0.05

得到本例的结果，即在实际均值相差 3 时，正确地拒绝均值相等假设的概率大约是 39%。注意，当我们将样本容量提高到 10 的时候，检出力大幅度提高到 77%。

10.4.10　通用的前提假设及其检验

很多的统计检验只有在满足一定的隐含假设前提之下才有效。大部分情况下，这些前提假设会和相关的统计技术一起被明确在教科书中。本部分介绍六西格玛项目中常见的前提假设及其检验方法。不过，检验隐含的前提假设涉及的问题非常广泛，如果想进一步了解可与黑带大师或者统计学专家咨询。

连续型数据与离散型数据

在第 7 章已经讨论过，数据有两种基本的形式：连续型和离散。连续型数据就是可以用任意的精度等级表示的数字，至少在理论上是这样的。比如，可以用水银温度计测得的温度为 75 华氏度，用数字温度计测得 75.4 华氏度，而气象局的仪表可能给出更高精度的读数。而离散型数据只能给出特定的值。比如，计数的数值只能是整数，一些调查表要求应答人员只能从既定清单中选择一些特定的数值（比如从 1 到 10 的评估值）。

某些假设检验需要先假定数据的类型是连续的或者是离散的。比如，ANO-VA 分析假定数据是连续的，而 χ^2 和关联分析则要求数据是计数型的。很多时候，当实际数据的类型与统计工具所假设的数据类型不一致时，假设检验的结果也一样有效，即它们对于数据类型不敏感。比如，即使开支额只能精确到两位小数（角和分），实际分析中完全可以将它们当作连续型数据对待。只要分析中用到的计数型数据足够多，就可以将它们当作连续型数据来处理。比如，一个样本中包含 21 个缺陷零件计数结果，其取值范围为 10～30（10，11，12，28，29，30）。

需要连续型数据，而实际数据是离散的。在某些时候，数据类型关系重大。比如，将离散型数据绘制在连续型数据控制图上的时候，就计算不出正确的控制限。链检验和其他非参数检验也会受到类似的影响。有时候，"离散化"数据是在记录的时候过度圆整的结果，这有可能是人为造成的，也可能是计算机程序记录或者显示的小数位不够。针对这种情况的解决方法就是增加数据记录的位数。另外一种可能的情况是测量系统的精度不够，可以进行测量系统分析来识别这一类问题（见第 9 章）。绘制数据散点图可以很容易发现这类问题。

需要离散型数据，而实际数据是连续的。假设你想知道操作工的经验是否对不合格品数量产生影响。一种分析方法是回归分析，建立 Y（不合格品数）对 χ（工作经验年数）的回归方程。另外一种方法可以就不同的经验年数与对应的不合格品数进行 χ^2 分析。这时需要将所有待分析的操作工归入离散的类别中，然后分析各个类别的不合格品数。可以将工作经验年数进行"离散化"来实现分类。比如，可以按照下表建立离散的类别。

经验（工作年数）	经验类别
年数 < 1	新员工
1 ≤ 年数 < 3	中等熟练工
3 ≤ 年数 < 5	熟练工
5 ≤ 年数	高级工

这样，经过分类的数据就可以用于 χ^2 检验以及其他需要离散型数据的统计工具中了。

独立性假设

如果一个随机变量的取值不依赖于另一个随机变量的取值，则称它们在统计上是独立的。换句话说，知道其中一个量的信息无助于判断另一个量。例如，在同时抛掷两个骰子的时候，如果有人告诉你，其中一个骰子的读数是 4，这个信息对于判断另一个骰子的读数没有帮助，因为它们之间是独立的。很多统计技术都假设数据之间是独立的，比如，如果一个回归模型与数据充分拟合，则残差之间就是相互独立的，控制图也假设个体数据值之间也是相互独立的，比如，知道一个过程生产的第 100 个活塞的直径无助于预测第 101 个活塞的直径，也无从知道已经生产的第 99 个活塞的直径。如果数据之间不独立，分析结果会产生错误，比如，在数据和模型未拟合的时候认为它们拟合，或者对处于统计控制状态的过程加以不必要的修正。

检验独立性的方法有很多。如果数据服从正态分布（正态性检验见下文），可以使用控制图中的链检验对其进行检验，也可以使用散点图。比如，令 $y = x_{t-1}$，然后绘制 $x - y$ 散点图。如果数据是独立的，则会呈现随机模式。Minitab 等软件可对时间序列数据进行多种独立性检验。注意，如果时间序列数据之间缺乏独立性,则称该数据序列"自相关"。

如果数据之间不独立,可以采取几种方法来处理。很多时候,最好的办法是找到数据不独立的原因并消除它。如果残差不独立,则可以在模型中添加残差项。如果过程存在漂移,则在模型中添加补偿调整项。

如果消除不独立的根本原因不可行,那么另外的解决方法是使用统计技术来弥补独立性的不足。比如,用 EWMA 控制图(Exponentially Weighted Moving Average)或者用自相关模型(Autocorrelation Model)来分析时间序列数据。还有一种方法,就是修改统计技术,使之适用于自相关数据,比如在控制图上使用倾斜控制限(Sloped Control Limit)。如果数据具有周期性,可以将取样周期设为周期时间,以产生不存在自相关关系的独立数据序列。比如,根据每个周一早晨的绩效制作控制图,此时,因为消除了以周为单位的周期性,可以用它来比较绩效的走势。

正态性假设

很多的统计技术,比如 t-检验、Z 检验、ANOVA 以及很多其他的方法,都要求数据至少近似服从正态分布,用软件可以很容易对此进行检验。正态性检验有两种方法:图形法(Graphical Method)和统计法(Statistical Method)。

正态性的图形分析。 有一种图形分析方法是先绘制数据的直方图,然后在直方图上叠加正态曲线,看两者的吻合程度。使用这种方法的时候最好有 200 个或以上的数据,数据越多效果越好。对于小样本数据而言,难以从直方图上看出其正态性,表现出来的问题就是失拟。无论什么时候,对图形的判读都具有主观性,针对同一组数据,两个人得出的结论可能是截然相反的。图 10-31 给出了四个直方图,其数据来源于均值为 10 方差为 1 的正态分布,但样本容量从 30 到 500 不等。可见,样本容量越大,拟合程度越高。

除直方图/正态曲线方法之外的方法还有计算拟合优度统计量及其 p-值。它给出了明确的判定准则。通常,研究人员在 p-值小于 0.05 的时候会拒绝正态性假设。不过,它没有图形方法直观,有悖于数据分析的三条铁律,即:

第一条,绘制数据图;

第二条,绘制数据图;

第三条,绘制数据图。

为了弥补这一遗憾,通常在使用统计法的时候同时绘制概率图(Probability Plot)。在概率图中,坐标的刻度比例有变换,从而可以让正态分布的数据绘制在一条直线上。图 10-32 所示的概率图与图 10-31 中的直方图一一对应。下表显示，所有的 p-值都明显大于 0.05，所以我们可以放心地得出结论：它们近似服从正态分布。

N	30	100	200	500
p-值	0.139	0.452	0.816	0.345

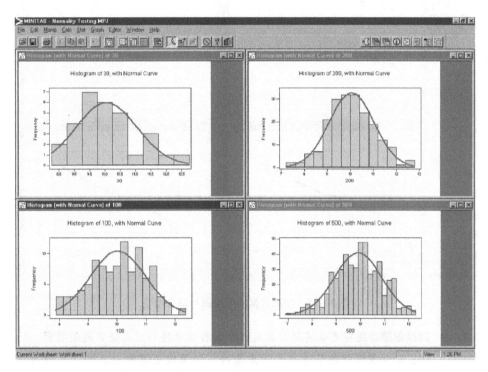

图 10-31　不同样本容量的直方图与正态曲线的拟合情况

如何处理非正态数据。如果数据不服从正态分布，通常有下列几种处理方法：

- **不做处理**。直方图和概率图中经常会出现某一部分的数据与正态分布拟合较好的情况。比如，如果我们最感兴趣的是尾部数据，而尾部区域的数据与正态曲线很好拟合，即使整体拟合优度的 p-值小于 0.05，仍然可以使用正态模型来对尾部数据进行分析。同样，如果主要的研究对象是分布的中段，而该区域的数据与正态曲线有足够的拟合优度，则继续使用正态模型。类似地，如果样本量很大，即使在每个地方的拟合优度看起来都不高，却依然可能得到大于 0.05 的 p-值。我的客户经常分析超过 100 000 条记录的数据，从它们中抽样得到的样本经常偏离正态性，但是这种偏离在功能上和经济上是"统计上显著的"不重要，因此不值得花时间和费用来处理它们。

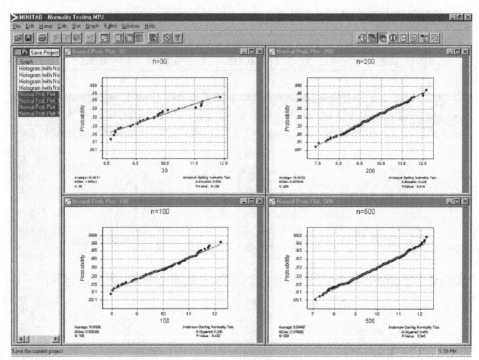

图 10-32 正态数据的概率图与拟合检验

- **转换数据**。通常可以将原数据进行代数转换来得到正态分布的新数据。例如，如果原数据的分布在大于均值的一侧呈现长尾特征，对它们取对数以后得到的数据可能会服从正态分布。Minitab 提供的 Box-Cox 正态转换功能，可以将很多六西格玛应用中遇到的非正态数据变成正态数据。它也有缺点，即使用转换数据时，需要将统计运算结果按照转换时的逆运算变回对应的原数据的单位，以便非六西格玛人员直接使用它们。有些统计量还不能直接变回原先的单位，比如，在使用对数转换时，将转换后数据的均值按照对数转换逆运算后得不到原数据的均值。
- **使用均值**。平均值是一种特殊的转化，因为子组平均值的分布总具有服从正态分布的趋向，无论原数据服从何种分布。有时候，均值正态性所要求的子组容量可能也不大。
- **拟合其他分布**。正态分布不是唯一的选择。可以将数据拟合其他分布，比如韦布尔分布或者指数分布。很多统计软件，比如 Minitab 等，都具有此功能。如果你精通电子表格编程，就也可以使用 Excel 中的方案管理器插件来拟合其他分布。

- **使用非参数检验**。非参数检验的统计方法不对潜在的数据分布做任何假设。它不对均值、方差等统计参数的差异做分析，而是采用其他的比较方法。比如，如果观测值是配对的，非参数检验就可能直接比较改进前和改进后的差异。或者检验位于均值之上和之下数据的散点分布是否呈现某种模式，以判定改进前和改进后的数值是否随机地散布在某个区域内。还有一种方法就是分析数据的秩。非参数检验方法的详细讨论见下文。

同方差假设

很多统计工具中都假设数据方差相等。ANOVA 检验所检验的原假设是均值相同，而不是方差相同。不过，对于 ANOVA 检验来说，不仅要求数据服从正态分布，还要求各子组的方差相同。回归模型拟合优度的评估也是部分地借助于不同 x 处的残差（拟合值 y 与观测值之差）的方差是否相同来进行的。

Minitab 提供了同方差检验的功能，其菜单路径为 Stat > ANOVA > Test for Equal Variances。需要在一列中输入数据，在另外一列或者多列中输入数据点所对应的各因子水平设置值。如果数据已经通过正态性检验，使用 Bartlett 检验，根据 p-值判断是否同方差。否则，使用 Levene 检验，并根据其 p-值判断。图 10-33 是 Minitab 输出的五水平同方差检验结果，它还给出了各水平标准差的置信区间条，置信区间条中间的实心方块代表该水平的子组样本标准差中位数。这些数据来自先前分析的 100 个样本并已证明它们服从正态分布，因此可以使用 Bartlett 检验。

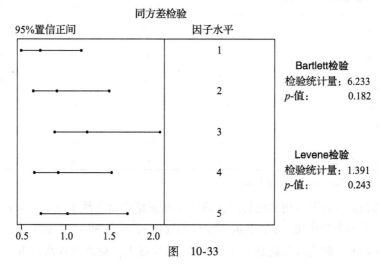

图 10-33

Bartlett 检验的 p-值是 0.182，表示在总体同方差的时候，我们可以预期大约有 18.2% 的机会可以观察到如此幅度的变异波动。因为它大于 0.05，我们不能拒绝方差相等的原假设。如果原数据未经正态性检验或者检验后不服从正态分布，则可以使用 Levene 检验，其 p-值等于 0.243 大于 0.05，两种方法所得结论相同。

线性模型假设

变量之间也可能存在多种类型的非线性关系。比如，在某个范围内，y 随着 x 的增大而增大，而在其他范围内却随着 x 的增大而减小，即 y 和 x 之间存在曲线关系，如图 10-34 所示。

我们可以看到，当 $x < 1$ 时，y 随 x 的增加而变大，当 $x > 1$ 时，y 随 x 的增加而变小。曲线关系在稳健性设计中非常有用。很多过程中的变量关系都是曲线的。

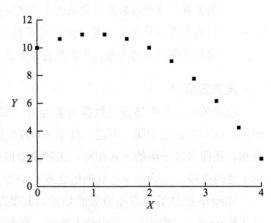

图 10-34　曲线关系散点图

通常可以将这样的非线性关系转换成线性关系，以便通用的计算机程序或者科学计算器可以直接处理。表 10-11 列出了常见的转换方法。

表 10-11　线性转化方法

如果原非线性关系的形式是：	变量的转换		系数的转换	
	y_T	x_T	a_T	b_T
$y = a + \dfrac{b}{x}$	y	$\dfrac{1}{x}$	a	b
$\dfrac{1}{y} = a + bx$	$\dfrac{1}{y}$	x	a	b
$y = \dfrac{x}{a + bx}$	$\dfrac{x}{y}$	x	a	b
$y = ab^x$	$\ln y$	x	$\ln a$	$\ln b$
$y = ae^b x$	$\ln y$	x	$\ln a$	b
$y = ax^b$	$\ln y$	$\ln x$	$\ln a$	b
$y = a + bx^n$，其中 n 已知	y	x^n	a	b

资料来源：Natrella, 1963, p.5-31.

变换以后，就可以用常规的线性回归模型来拟合出直线 $y_T = a_T + b_T x_T$。转化的方法是在原方程中用 y_T、x_T、a_T、b_T 分别取代 y、x、a 和 b。举例来说，如果原方程为 $y = ab^x$，转化以后就是 $y_T = a_T + b_T x_T$。实际上，对原方程两边取对数，即

$\ln y = \ln a + \ln b\ x$，比较可得，$y_T = \ln y$，$x_T = x$，$a_T = \ln a$，$b_T = \ln b$，与表 10-11 一致。如何比较各种转换方法的优劣呢？一个简单的方法是在 Excel 中用各种转换方法拟合模型，选择统计量 R^2 最大的转换方法。

还有其他方法可以分析非线性响应变量。其中之一是将预测变量分成多个近似于直线的段，然后对每段分别进行分析。比如，图 10-34 中当 $0 < x < 1$ 时，y 近似于线性递增，而在 $x > 1$ 时则近似于线性递减，因此可以在这两个区间内分别对 y 按照线性关系进行分析。当然，如果可以使用功能强大的统计软件，也可以直接进行非线性关系的分析。

10.5 属性值数据分析

10.5.1 用卡方检验做比较

在六西格玛项目中，很多时候分析人员需要对几个类别中的比值进行比较。研究的对象可以是操作工、作业方法、物料或者任何其他感兴趣的目标。对目标抽样、评估并归入某一类别（如高质量、一般质量、不良质量）。可以将结果放入一张 $m \times k$ 的表格，m 行代表待研究的目标的分组，k 列代表不同的类别。研究此表格可以回答这样的问题："各组的比例分布是否随类别不同而有差异？"。χ^2 统计量可以回答这个问题。

卡方检验示例

下面的案例来自 Natrella（1963）。

将三个星期的某金属铸件拒收数量按照拒收原因制作成下表。需要回答的问题是：各周的拒收数量是否有差异。

拒收原因								
	夹砂	缺肉	滑模	未浇满	型芯断裂	冷隔	其他	总计
第 1 周	97	8	18	8	23	21	5	180
第 2 周	120	15	12	13	21	17	15	213
第 3 周	82	4	0	12	38	25	19	180
总计	299	27	30	33	82	63	39	573

卡方（χ^2）检验的第一步是计算每个单元格的期望频数，计算公式如下：

$$期望频数 = f_e = \frac{行合计 \times 列合计}{总合计}$$

比如，在第 1 周内由于夹砂原因而拒收的期望频次为（180 × 299）/573 = 93.93。下表显示了剩下的所有各单元格内期望频数的计算结果。

	夹砂	缺肉	滑模	未浇满	型芯断裂	冷隔	其他
第 1 周	93.93	8.48	9.42	10.37	25.76	19.79	12.25
第 2 周	111.15	10.04	11.15	12.27	30.48	23.42	14.50
第 3 周	93.93	8.48	9.42	10.37	25.76	19.79	12.25

卡方检验的第二步是计算 χ^2 统计量的值，计算公式如下：

$$\chi^2 = \sum_{i=1}^{m \times k} \frac{(f_e - f_o)^2}{f_o} = \frac{(93.93 - 97)^2}{93.93} + \cdots + \frac{(12.25 - 19)^2}{12.25} = 45.60$$

上式中，f_e 为各单元格的期望频数，f_o 为各单元格实际观测的频数，$m \times k$ 表示对所有单元格进行计算。

卡方检验的第三步是选择显著性水平 α，本例中取 $\alpha = 0.10$。χ^2 统计量自由度为 $(m-1)(k-1) = (2-1)(7-1) = 12$。据此在附录 4 中查表可得 χ^2 临界值 18.55。因为本例中计算出的 χ^2 值 45.60 比查表得到的临界值 18.55 大，我们拒绝原假设，即每周的各种类型的不良品率显著不同。

10.5.2 逻辑回归

和最小二乘回归类似，逻辑回归也是研究响应变量与一个或者多个预测变量之间的关系。不过，线性回归中的响应变量是连续型数据，而逻辑回归中的响应变量则是属性值数据。下面我们将根据所研究响应变量的类型，分别讨论三种不同的逻辑回归，如表 10-12 所示。

表 10-12　逻辑回归的类型

响应变量及逻辑回归的类型	响应变量取值范围	响应变量的特点	举例
二元	2	两水平	通/止，合格/不良，购买/不购买，是/否，病愈/病故，男性/女性
定序	3 或更多	各水平之间有自然顺序	不满意/中立/满意，无/适度/剧烈，精细/中等/粗糙
名义	3 或更多	各水平之间无自然顺序	黑/白/棕，黑发/棕发/金发，晴/雨/云

逻辑回归背后的思路非常简单，如图 10-35 所示。X 是假设的导致响应变化

的原因。X 既可以是连续型数据，也可以是属性值数据。Y 就是我们感兴趣的事件，必须是属性值数据。一个模型中可以有多个 X，但是只能有一个响应变量。比如，Y 可能是一个潜在顾客购买杂志的决策，要么购买，要么不购买，而 X 可能是潜在顾客的年龄、种族等。据此建立的逻辑回归模型可以根据顾客的年龄和种族预测其购买杂志的概率，模型结论可以用于电话营销，制定有关事项的优先次序。

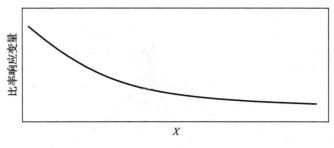

图 10-35 逻辑回归

Logit 模型

图 10-35 直接建立比率响应变量对预测变量的模型。问题是，在现实世界中的响应模式可能有很多种，这种比率响应变量对预测量的简单函数模型不能涵盖所有的模式，缺乏灵活性。我们可以使用称作"Logit"的数学函数来解决这个问题，它可以用不同的参数对应多种不同的响应模式。Logit 公式如式（10-18）所示。虽然它看起来令人生畏，但其实和线性回归方程非常相似。注意，式中自然常数 e 的指数就是 X 的线性方程表达式，更确切地说，指数项是多元线性回归模型。和线性回归仅可以建立直线模型不同，Logit 模型中随着参数取值的不同可以建立多种曲线的模型。图 10-36 显示了参数 α 保持不变 β 取不同值时的 Logit 模型曲线（改变 α 的值会让 Logit 曲线在水平方向平行移动）。

$$P(x) = \frac{e^{\alpha+\beta_1 x_1+\beta_2 x_2+\cdots+\beta_n x_n}}{1 + e^{\alpha+\beta_1 x_1+\beta_2 x_2+\cdots+\beta_n x_n}} \qquad (10\text{-}18)$$

赢率比

当使用了 Logit 转换以后（它是 Minitab 等大部分的统计软件包中的一种缺省设置），逻辑回归评估所关心的某事件发生的可能性与它不发生的可能性的比值，即赢率。赢率的比值称为赢率比。赢率的概念与概率相似，但不是同一个意思。打个比方，在一副标准的扑克牌中有 13 种不同的牌点（不考虑王牌），它们分别是 K, Q, J, ···, 2, A 等。随机地从中抽取一张, 得到 A 牌的赢率是 1:12, 即平均下来, 如果抽到 A 牌的可能性是 1, 抽到其他牌的可能性就是 12。抽到 A 牌的概率则是 1:13, 即平均下来, 每抽 13 次牌, 会有 1 次出现 A 牌。在六西格玛应用中, 大部分统计分析使用概率, 但是逻辑回归使用赢率。

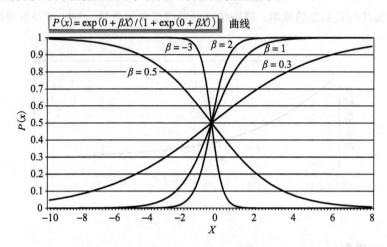

图 10-36　当 $\alpha = 0$ 时, β 取不同值得到的 Logit 曲线图

假设有一个改进网页设计的六西格玛项目。项目的目标是让顾客更容易找到感兴趣的网页内容, 根据对网页访问者的调查得到表 10-13 所示的调查结果。六西格玛黑带想知道, 网页重新设计对于顾客寻找感兴趣的内容是否产生影响。

表 10-13　赢率比分析数据

网页设计	找到答案	未找到答案
原设计	50	169
新设计	26	46

根据上述数据, 计算赢率比的过程如下:

原设计找到答案的赢率 = 50/169 = 0.296

新设计找到答案的赢率 = 26/46 = 0.565

新设计与原设计的赢率比 = 0.565/0.296 = 1.91

可见, 与原设计相比, 顾客在新网页中找到答案的赢率提升了 91%。不过, 如果要对此结果做适当的解释, 那么我们还需要使用二元逻辑回归评估设计改进的统计显著性。

注意, 也可以使用卡方检验来分析类似数据。逻辑回归模型不仅可以对响应变量做出预测, 它还可以用于卡方检验无效的场合。

10.5.3 二元逻辑回归

Minitab 中的二元逻辑回归菜单路径为 Stat > Regression。输入数据时必须按照 Minitab 要求的格式进行排列。Minitab 二元逻辑回归对话框如图 10-37 所示，其中的 C1、C2、C3、C4 列数据与上文例子对应，C4 列中的数据是代码，0 表示顾客访问的是重新设计的新网页，1 表示顾客访问的是原网页。

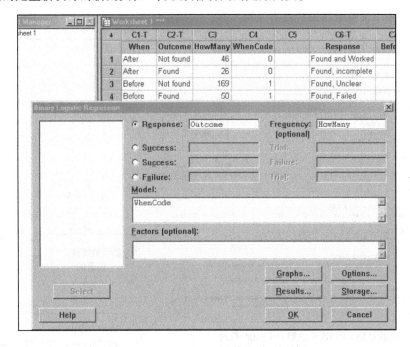

图 10-37　Minitab 二元逻辑回归对话框

解读 Minitab 二元逻辑回归输出结果

回归结果如图 10-38 所示，其中含有大量的信息，我们现在逐项详细介绍如下。在最上部我们看到，Minitab 在分析中使用了 Logit 转换，这是软件的默认设置。其后，Minitab 给出了响应变量的汇总信息，它和表 10-13（赢率比分析数据）中的输入数据相符。第三部分给出了预测模型的系数。标有"Constant"的系数（0.5705）对应式（10-18）中的 α，标有"WhenCode"的系数对应 β。"p"检验系数的显著性，若选择 $p < 0.05$ 作为显著性临界值。因为 Constant 和 WhenCode 的 p-值都小于 0.05，所以我们可以得出结论，即 Constant 不为 0，观测到的数据（重新设计网页之前和之后的赢率）显著不同。

在 WhenCode 行还有额外的三列，它们是赢率比、95% 置信区间下限、95% 置信区间上限。赢率比的值 1.91 和我们先前计算所得相同。赢率比的 95% 置信区间为 1.07 ~ 3.40。如果重新设计网页不产生影响，赢率比的期望值就将是 1.00。因为该置信区间不包含 1.00，我们可以得出结论，在 95% 置信度的情况下，网页重新设计前后的访问体验具有显著的差异。此结论也得到 p-值为 0.029 的验证，此时的 p-值所对应的检验原假设是所有斜率系数都相等（检验斜率系数相等等价于检验重新设计没有效用）。

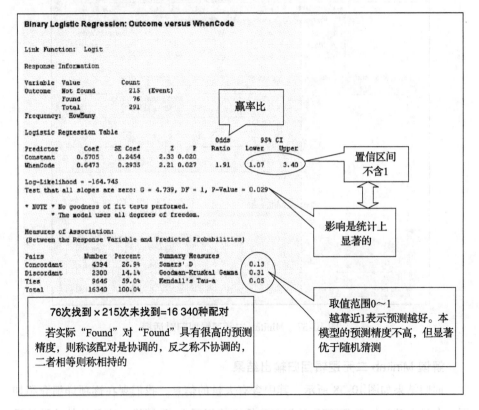

图 10-38 Minitab 二元逻辑回归输出结果

如果还存在其他协变量（如连续型变量 x），Minitab 将进行拟合优度检验，其思路是将数据分成 10 个子组，然后对子组数据表实施卡方检验。

第四部分，Minitab 对预测的概率与实际响应值进行比较。数据是配对比较的，即将"找到"（Found）和"未找到"（Not Found）的预测值与"找到"和"未找到"的实际值分别比较。如果某对数据的预测值和实际值相符，则称之为协调，不相符则称不协调，否则称持平。表 10-14 给出本例中的分类结果。

表 10-14 协调/不协调结论

网页设计	正确结果	不正确结果	实际计数	结论
原设计	未找到（Not Found）		169	协调
		找到（Found）	50	不协调
新设计	找到（Found）		26	协调
		未找到（Not Found）	46	不协调

找到的总次数和未找到的总次数的乘积是 76 × 215 = 16 340。协调数据对的总数为 169 × 26 = 4394。不协调数据对的总数为 50 × 46 = 2300。剩下的 16 340 − 4394 − 2300 = 9646 个数据对持平。也就是说，该模型正确地区分出的协调数据对占比 27%（=4394/16 340），正确地区分出的不协调数据对占比 14%（=2300/16 340）。

Somers' D、Goodman-Kruskal Gamma 和 Kendall's Tau-a 是对协调数据对和不协调数据对表的汇总指标。三者都是比值，它们的分子相同，都是协调数据对的数量与不协调数据对数量的差。三者的分母依次分别是总数据对数量（Somers' D）、不含持平数据对的总数据对数量（Goodman-Kruskal Gamma）、所有可能观察到的数据对数量（Kendall's Tau-a）。这些指标值大部分都位于 0 到 1 之间，数值越大表示模型的预测能力越高。本例中三个拟合优度指标值居于 0.05 到 0.31 之间，说明拟合优度有限。但是 p-值和协调/不协调数据对分析结果显示，用模型做预测还是好于随机猜测。

结论

根据赢率比和 p-值可以得出结论，新设计比原设计好。同时，模型的预测能力不突出，表明在更改网页设计之外还需要做大量的事情以便顾客可以容易地找到答案。本例中，只有 36% 的顾客可以找到正确的答案，这相当于过程西格玛水平小于 0.5。因此需要继续对该过程进行改进。

10.5.4 定序逻辑回归

如果响应变量具有两个以上的可能取值，并且各值之间存在自然的顺序，则使用定序逻辑回归（Ordinal Logistic Regression）。Minitab 程序的分析结果以平行逻辑回归线为假定前提。如果不满足此假定，则可以使用名义逻辑回归（Nominal Logistic Regression）进行分析，并比较结果。定序逻辑回归的输出结果中包含响应变量的概率估计，它是预测变量和协变量的函数，这是它的一大优势。

定序逻辑回归示例

一个电话服务中心对顾客开展调查，以了解服务中心各因素对于顾客总体满意度的影响。调查的时候，首先让顾客阅读一条说明信息，然后让顾客填写对于该说明的认同程度。我们在这里分析其中的两个项目。

Q3：技术支持代表很专业。（X）

Q17：如果有需求，我以后会选择×××公司的产品和服务。（Y）

对每个问题，顾客都从下列项目中选择一个作为回答。

1. 我非常不同意该说明。

2. 我不同意该说明。

3. 我不对该说明发表意见。

4. 我同意该说明。

5. 我非常同意该说明。

调查的结果显示在表 10-15 中，而表 10-16 是 Minitab 数据表的一部分，它和表 10-15 中的信息是一致的，只不过按照 Minitab 要求的格式进行了重新排列，每种 Q3 和 Q17 回答的组合都有单独的一行数据。

表 10-15　调查结果表

频数表					
			Q17 的回答		
Q3 的回答	1	2	3	4	5
1	7	6	7	12	9
2	5	2	8	18	3
3	4	2	20	42	10
4	7	5	24	231	119
5	0	2	14	136	303

表 10-16　将表 10-15 的数据转换为 Minitab 要求的格式

Q3 的回答	频数	Q17 的回答
1	7	1
2	5	1
3	4	1
4	7	1
5	0	1
1	6	2
2	2	2
Etc.	Etc.	Etc.

本例中，Minitab 对话框按照图 10-39 所示填写。可以通过"Ordinal Logistic Regression-Storage"对话框的选项让 Minitab 计算各响应水平的概率（勾选"Event probabilities"）。建议也让 Minitab 计算发生次数（勾选"Number of occurrences"），这样可以将 Minitab 计算出的频数与原始记录做对比，以确保数据输入的格式正确。给 Minitab 下达"保存结果"指令以后，结果将被作为一个新列添加在活动工作表内，而不是报告窗内。注意"Response""Frequency""Model""Factors"等的输入。

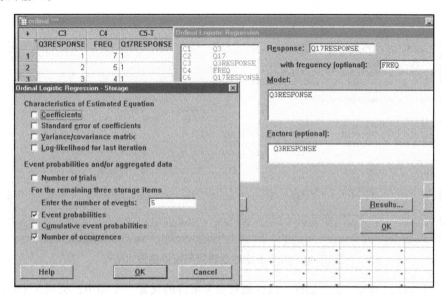

图 10-39　Minitab 定序逻辑回归对话框

Minitab 报告窗的输出结果，如图 10-40 所示。为了简便起见，这里只显示了其中的一部分。拟合优度统计量（协调/不协调等）部分在这里省略了，其含义与二元逻辑回归完全相同。在定序逻辑回归中，Minitab 需要指定一个变量水平值作为参考事件。如果没有特别指定，Minitab 就会根据数据的类型自动给出预测变量参考事件的定义。

- 对于数字型因子，参考事件与最大数字值对应。
- 对于日期/时间型因子，参考事件与最近的日期/时间对应。
- 对于文本型因子，参考事件与按字母表排列的最后的文本对应。

以下两点对响应变量和预测变量都适用。

- 参考事件的赢率是事件发生的可能性与事件不发生的可能性的比值。

- 估计的系数也可以用于计算赢率比，即两个事件赢率的比值。对某水平
参数估计值进行指数化转化以后得到它相对于参考事件的赢率比。

```
Ordinal Logistic Regression: Q17RESPONSE versus Q3RESPONSE

Link Function: Logit

Response Information

Variable   Value      Count
Q17RESPO   1             23
           2             17
           3             73
           4            439
           5            444
           Total        996
Frequency: FREQ

    24 cases were used
     1 cases contained missing values
       or was a case with zero frequency.

Logistic Regression Table
                                              Odds      95% CI
Predictor    Coef    SE Coef      Z      P    Ratio   Lower   Upper
Const(1)   -2.0630    0.3358   -6.14  0.000
Const(2)   -1.4516    0.3094   -4.69  0.000
Const(3)   -0.1995    0.2926   -0.68  0.496
Const(4)    2.5735    0.3121    8.25  0.000
Q3RESPON
    2      -0.0905    0.4253   -0.21  0.831   0.91    0.40    2.10
    3      -0.5898    0.3638   -1.62  0.105   0.55    0.27    1.13
    4      -1.8408    0.3176   -5.80  0.000   0.16    0.09    0.30
    5      -3.2571    0.3254  -10.01  0.000   0.04    0.02    0.07

Log-likelihood = -941.733
Test that all slopes are zero: G = 246.547, DF = 4, P-Value = 0.000
```

图 10-40　Minitab 定序逻辑回归报告窗输出结果

　　可以在 Options 子对话框中改变缺省参考事件的设置。本例中，类别 5（非常同意）是预测变量的参考事件。赢率比的计算基于回答为"非常满意"的概率与其他回答的概率之比。

　　对于响应变量而言，最小数字对应参考事件。本例中，它是对 Q3 中做出"非常不满意"回答的事件，即"1"。

　　赢率比及其置信区间出现在逻辑回归表（Logistic Regression Table）靠近底部的地方，本例中，系数为负数并且赢率比小于 1，意味着在对 Q17 的回答分值较高时，往往对 Q3 的回答分值也较高。置信区间不包含 1 的赢率比在统计上是显著的，例如，对 Q3 的回答是"4"和"5"的两种情况就是如此，也就是说，当顾客对 Q3 给出"4"或者"5"的回答时，他们对于 Q17 的回答很可能是"5"。

　　保存在 Minitab 中的各响应变量水平的统计概率如图 10-41 所示。赢率比显著的 Q3 =4 和 Q3 =5 两条线在图中被加粗。注意，这两条线以及其他各线之间的间距在 Q17 =5 时最大。

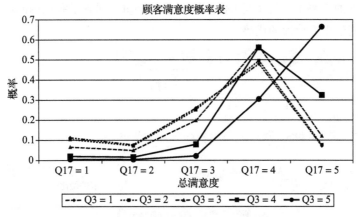

图 10-41 Minitab 的顾客满意度概率

10.5.5 名义逻辑回归

当响应变量是类别，类别数在三个或三个以上且各类别之间不存在自然的顺序的时候，使用名义逻辑回归（Nominal Logistic Regression），见表 10-12。它可以评估定序逻辑回归中的平行逻辑回归线假设是否合理。

名义逻辑回归示例

在进一步研究以后，黑带大师发现，上述二元逻辑回归中的网页设计项目得到了更多的类别数据。除答案"找到"或"未找到"以外，网页访问者的响应类别新增了其他项目，如图 10-42 和图 10-43 所示。因为各种"未找到"子类别不存在自然顺序，所以使用名义逻辑回归对数据进行分析才能得到正确的结果。

Minitab 分析结果如图 10-44 所示。分析结果中，只有"未找到"与"找到并可用"（Found and Worked）的赢率比是显著的。所有其他的"找到"子类与"找到并可用"（Found and Worked）的赢率比的置信区间都包含 1.00。综合 p-值是同时比较多均值的显著性检验结果。因为这里一共进行了四个比较，所以其显著性水平比其他任一单独检验结果都高。

与卡方检验的比较

如果对网页设计案例进行卡方检验，Minitab 给出的结果，如图 10-45 所示。注意，卡方检验有一条报警信息：两个单元格中的频次低于软件推荐的最小期望频次 5。它给出的 p-值是 0.116，比 0.05 大，导致与逻辑回归分析不同的结论。卡方检验仅仅考察整体的显著性，它类似于名义逻辑回归中的综合 p-值。不过，在网页设计的案例中，我们最关心的是在新网页中发现正确答案与在原网页中发现正确答案的赢率比，名义逻辑回归结果中的 Logit 4 回答了我们的问题，这是逻辑回归相对于卡方检验的优势。

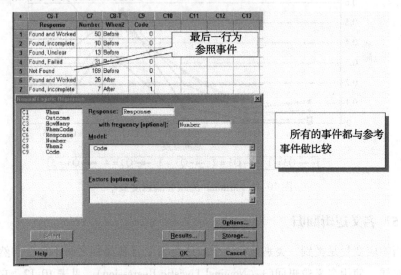

图 10-42 Minitab 名义逻辑回归对话框

```
Nominal Logistic Regression: Response versus Code
Response Information

Variable   Value               Count
Response   Not Found            215   (Reference Event)
           Found, Unclear        18
           Found, incomplete     17
           Found, Failed         40
           Found and Worked      76
           Total                366
Frequency: Number

Logistic Regression Table
                                                Odds       95% CI
Predictor     Coef     SE Coef     Z     P     Ratio   Lower  Upper
Logit 1: (Found, Unclear/Not Found)
Constant    -2.5649    0.2878   -8.91 0.000
Code         0.3457    0.5519    0.63 0.531    1.41    0.48   4.17

Logit 2: (Found, incomplete/Not Found)
Constant    -2.8273    0.3254   -8.69 0.000
Code         0.9446    0.5201    1.82 0.069    2.57    0.93   7.13

Logit 3: (Found, Failed/Not Found)
Constant    -1.6959    0.1954   -8.68 0.000
Code         0.0645    0.4136    0.16 0.876    1.07    0.47   2.40

Logit 4: (Found and Worked/Not Found)
Constant    -1.2179    0.1610   -7.57 0.000
Code         0.6473    0.2935    2.21 0.027    1.91    1.07   3.40

Log-likelihood = -425.268
Test that all slopes are zero: G = 7.053, DF = 4, P-Value = 0.133
```

图 10-43 名义逻辑回归输出结果

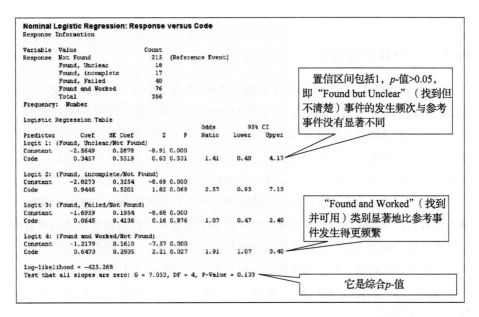

图 10-44　Minitab 名义逻辑回归输出结果的解释

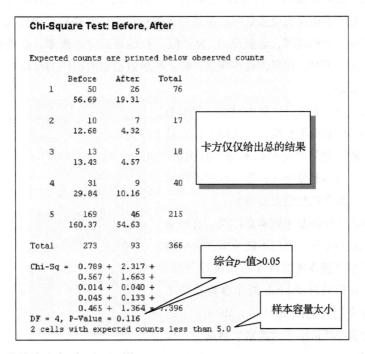

图 10-45　网页设计案例的卡方分析

10.6　非参数检验方法

最常用的统计检验（t-检验、Z 检验、ANOVA 等）都基于一定的假设（参见上文"通用的前提假设及其检验"）。虽然非参数检验也不是没有任何前提假设的，但它不对总体的具体分布做任何要求。与对应的参数检验相比，非参数检验受到的限制总是更少。比如，经典的 ANOVA 分析要求数据满足如下假设：总体服从正态分布，样本总体同方差，样本之间相互独立。而与之对应的非参数检验只要求一个假设，即样本来自同一连续分布。同时，传统的统计方法只对定距或者定比数据严格有效，而非参数统计则可以用于频数和计数值数据以及名义数据与定序数据。因为可以将定距和定比数据转化为名义或者定序数据，所以在传统统计方法有效的时候，非参数检验一定也有效。定序和名义数据在六西格玛应用中很常见，几乎所有的用户和员工调查、产品质量评级与其他的大量活动都产生定序及名义数据。

那么，如果非参数检验有这么多优点，为什么我们还要使用参数检验方法呢？当所要求的前提假设成立时，参数检验的检出力比非参数检验要高。也就是说，在样本容量相同时，原假设 H_0 为"假"拒绝原假设的概率，参数检验比非参数检验大。不过，如果假设不成立，那么非参数检验的检出力可能比对应的参数检验要更好。

需要注意，在进行比较的时候，非参数检验使用中位数而不是均值，使用秩而不是测量值，使用差异的符号而不是差异的值。除了不要求具体的分布外，非参数检验的结果对于异常值和极端值更为稳健。

非参数统计涉及主题非常广泛，有很多专门介绍它的专著。我们不能希望在介绍六西格玛的书中涵盖所有的非参数统计问题。实际上，我们只对 Minitab 的非参数检验功能做简要介绍（见图 10-46）。Minitab 中的非参数检验广泛运用于六西格玛活动中，详见表 10-17。

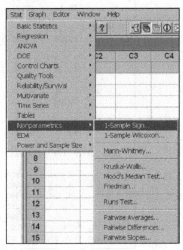

图 10-46　Minitab 非参数检验

表 10-17 Minitab 非参数检验的应用

Minitab 非参数检验	方法说明	类似的参数检验
单样本符号检验	用符号检验中位数，计算相应的点估计值和置信区间	单样本 Z-检验 单样本 t-检验
单样本	用符号的秩检验中位数，计算相应的点估计值和置信区间	单样本 Z-检验 单样本 t-检验
Mann-Whitney 检验	检验两总体中位数相等的原假设，计算相应的点估计值和置信区间。也称配对符号检验	配对 t-检验
Kruskal-Wallis 检验	对单向分类设计检验中位数相等的原假设（两总体或者多总体）。它是所有 Mann-Whitney 检验的概括 参阅 Mood 中位数检验	单因子 ANOVA
Mood 中位数检验	对单向分类设计检验中位数相等的原假设，也称中位数检验或者符号值检验 Mood 中位数检验对数据中的异常值和极端值不敏感，特别适用于初步分析 Mood 中位数检验比 Kruskal-Wallis 检验对异常值更稳健，但对包括正态分布的各种分布数据的检出力稍弱（平均而言，其置信区间更宽） 参阅 Kruskal-Wallis 检验	单因子 ANOVA
Friedman 检验	用于随机区组试验的非参数分析 随机区组试验是对所有配对的试验的概括。Friedman 检验是所有配对符号检验的概括，检验中的原假设是所有处理的设置水平无显著效应。此检验严格要求每个处理设置水平和区组的组合有一个观测值	双因子 ANOVA 配对符号检验
链检验	检验数据顺序是否随机。从 Minitab 菜单路径 Stat > Quality Tools > Run Chart 进入，可以输出走势图	无
配对平均值检验	计算所有可能数据对（含与自身形成的数据对）的平均值，并将它们保存为一列，也称 Walsh 平均值检验，它用于 Wilcoxon 方法等	无
配对差值检验	计算来自两列的所有可能数据对的差值，并保存它们。该差值用于非参数点估计和置信区间，比如，Mann-Whitney 检验中点估计可以根据中位数差值计算得到	无
配对斜率检验	计算所有可能数据对的斜率，并保存它们。一行 $y-x$ 数据定义平面上的一个点，用于寻找数据拟合直线的稳健斜率	一元线性回归
Levene's 检验	同方差检验。使用观测值与中位数而不是均值的距离计算偏差，这时小样本的检验结果更稳健	Bartlett's 检验

（续）

Minitab 非参数检验	方法说明	类似的参数检验
非参数距离分析 - 审核参数	不能确定何种分布可以拟合（审查的）数据时，用它分析失效间隔时间 检验存活曲线的等式	参数距离分析 - 审核数据
风险图 - 非参数分布分析	如果数据已经过正确审查，绘制经验风险函数图或者精算估计值图 如果数据是随意审查的，绘制精算估计值图	风险图 - 参数分布分析

非参数检验的使用指南

当出现下列任一情形时，可以使用非参数检验（Gibbons，1993）：

- 数据是不同结果的计数值或者频数。
- 用名义尺度度量数据。
- 用定序尺度度量数据。
- 用于保证参数估计有效性的假设不成立或无法验证。
- 样本总体的分布未知。
- 样本容量太小。
- 测量结果精度不够。
- 数据中存在异常值和极端值，中位数比均值更具有代表性。

当下面两点同时满足时，可以使用参数估计。

- 用定距或者定比尺度度量数据，并对它们进行分析。
- 所有的确保参数估计有效性的假设都得到验证。

改善/设计阶段

DMAIC/DMADV 改进模型中的改善或设计阶段的主要目的是实施新系统。如果存在多种方案，则首先要对它们确定优先顺序。一旦选定优先方案，就定义了新的过程或设计，建立最优设置。然后可以评估新设计的风险和潜在的失效模式。如果在实施的过程中发现需要对先前的假设做出变更，则重复上述步骤并对新的方案再次评估，直至确认。

11.1　根据顾客需求决定设计和改进

顾客需求不难被转化为设计需求和产品规格。第 2 章的"转化顾客需求"部分给出了详细的举例说明。第 4 章的"项目选择方法"也可用于最优改善机会的选择，它们包括优先矩阵、帕累托分析法、成本－收益分析、基于有效产出的约束理论等。此外，Pugh 概念选择法也是一种简单的比较方法，见下文。

Pugh 概念选择法

Pugh 概念选择法是上述方法的补充，用于在相互竞争的方案概念中选择出最优的一个。它使用一个简单的矩阵图，对备选方案进行比较（见图 11-1）。在矩阵图中，将一种方案作为"比较基准"，其他的方案分别与基准方案做比较。在 DMAIC 模型中，可直接将现在的过程作为基准。在 DMADV 中，因为不存在现有过程，或者现有过程绩效不达标需要重新设计，则可根据某种判定法则将备选方案中的"最佳方案"作为基准。判定法则可能是最短的周期时间、最低的成本、最少的差错率等。选定基准以后，将备选方案与基准按照判定准则一一比较。如果备选方案在某一方面优于基准，则在对应的判定准则项目上做一个"＋"号。

如果比基准差，做一个"－"号。若两者没有显著差别，则填入一个"S"，表示相同。所有的比较都完成以后，将各备选方案的"＋"号和"－"号的数量进行加总，就得到各备选方案的最终得分。Pugh 分值只是最终方案选择决策的输入之一，但这种方法可以激发思考和讨论，实践证明它们通常是值得使用的。

Pugh概念选择矩阵 比较法则	比较基准	备选概念1	备选概念2	备选概念3	备选概念4	备选概念5	备选概念6	备选概念7
评定法则1	S	+	S					
评定法则2	S	S	－					
评定法则n	S							
"＋"总计	0	1	0					
"－"总计	0	0	1					

图 11-1　Pugh 概念选择矩阵
注：1. 将备选方案与现有方案做比较。
2. "＋"表示备选方案更佳，"－"表示备选方案欠佳，S 表示两者相同。

11.2　优化流程的精益技术

　　价值流思想的核心是打破人们心目中根深蒂固的批量生产思维模式。批量生产随处可见。在你最常去的餐馆，服务人员会先给你一个电子提示器，等安排好空桌以后服务人员会给提示器发送信号。在机场你要排一个又一个的长队，并多次出示相同的证件。在医务室，你会明显感到你的时间没有医生的时间宝贵。迟迟打不进的电话、长长的手术等待清单。待在家里一整天，是因为有人告诉你，宽带安装人员"星期三"的某个时间会上门。批量生产在商业活动中比比皆是，难以想象它曾是了不起的巨大创新！大批量生产模式就是基于预测的需求连续大量生产一模一样的产品。这看起来可以提高效率降低成本，因为生产准备与模具等时间和成本被分摊到大量的产品中，从而降低单件成本。不过，随之而来的是库存的飙升（等待原材料和前工序半成品）以及生产周期时间的激增，只有特别受欢迎的产品才能这样做。从"顾客"这个词根发展出的"顾客定制"完全失去其本意。生产的依据是企业内部计划，而不是外部顾客需求。

　　价值流关注的是价值，就是为顾客提供的产品、设计、服务、订单等。内部的部门、供应商、工厂、程序、生产设备、调试准备、库存、企业的其他方面及其运营管理不应是关注的焦点。应该重新评估和思考所有的作业方法，消除任何流动中的停顿，确保价值平顺连续地流向顾客。

改善流动的工具

　　需要同时考虑整个过程的价值流。一般来说，过程以订单为始点，以顾客收到订单上的产品或服务为终点。实际上，需要建立如第 2 章所述的顾客驱动型组织。质量功能部署（QFD）是有用的工具，确保价值的合理定义、设计、生产并最终交付到顾客的手中。其他工具包括：

- 5S。5S 是精益的起点。5S 的名字来自日语单词：Seiri（整理）、Seiton（整顿）、Seiso（清扫）、Seiketsu（清洁）和 Shitsuke（素养），它们是指导 5S 活动的关键阶段。英语中也将它们翻译成以 S 为首字母的意思相近的词：Sort、Set in order（或者 Straighten）、Shine、Standardize 和 Sustain，即挑选、有序摆放、闪亮、标准化、保持。它们的定义如下：
  - **整理**：明确区分哪些物品是工作必需的，哪些不是，并立即移除不需要的物品。Ohno（2013）指出，"如果仅仅因为这些零件是我们辛辛苦苦做出来的，就无论如何都舍不得扔掉，并把它们精心码放在库房里，这可不是整理啊"。
  - **整顿**：将需要的物品放置在正确的位置，便于拿取和放回。Ohno（2013）指出："为了防止人们随意进出某一区域而在地上画出线条，或者标记出堆垛限高，这根本就不是整理和整顿。我告诉他们，'我们有整理、整顿、清扫和清扫四个 S，我们可从来没有一个画线 S 啊'。"
  - **清扫**：保持工作场所的清洁、整齐。这不仅可以提高效率，还可以保证工作场所的安全。
  - **清洁**：建立一种机制，定期开展整理、整顿、清扫活动，以保持整洁、有序的工作环境，提升生产效率。
  - **素养**：将上述的 4S 用管理条例固化下来，使它成为我们的日常活动。
- **标准化**。用标准的方法执行任务有助于降低波动，保证结果的一致性。它也可以帮助建立一个基准，没有基准就无从测量改善的成效。Ohno（2013）指出："没有标准，就不可能有改善（Kaizen）。"改善和标准化之间看起来天生就是相互矛盾的，"不过，在一开始的时候，必须按照标准开展工作，这样做了以后，你会发现一些你不喜欢的地方，然后就会思考一个又一个的改善方法。想出以后就立即实施它们，并把它们作为新的标准"。他也提醒大家，"有些时候我们会'改差'（改了以后变得比以前差）。如果改差了也不要紧，立即再改就是了。不要改回到原来的状态，一定要试试其他新的方法啊"。
- **约束管理**。约束或者说瓶颈需要特别注意。一个过程的约束就是限制整个过程有效产出的步骤或者部分。正因如此，它决定了过程的实际产能。一旦约束处停止生产，相当于整个过程都停止生产。需要采取一切措施确保：

- 约束处有足够的资源以确保生产正常运行。
- 提供给约束处的零件都是合格品。
- 约束工序生产的产品都是合格品。
- 约束处的生产效率要尽可能高。

- **均衡生产**。均衡生产就是生产计划要平顺、稳定，并能及时响应市场需求。每天生产相同数量的产品是均衡生产目标，它是由节拍时间决定的。可以根据下面的方法计算节拍时间，指定均衡生产计划：

$$节拍时间 = \frac{每天可用时间}{每天所需产量} \tag{11-1}$$

  - 列出每种产品的名称、零件号、日需求量和节拍时间。
  - 按照需求量和节拍时间进行排序。
  - 均衡地安排每天的生产计划。

- **拉动系统**。传统的大批量生产是推动系统。在推动系统生产方式下，"尽可能便宜地生产大量产品，然后希望人们购买它"。推动系统的生产准备和调试、换型等最少，并使用专用的特殊设备生产同一产品。拉动系统与之相反，"只在顾客需要的时候才生产，并快速交付"。"只生产并补充消耗掉的产品"是拉动系统中控制流动和产量的核心机制。高中时，我曾经在一个实行拉动系统的超市中工作过。我的工作任务是巡视超市，并发现货架上哪些商品缺货，然后及时补货上架。与卖场相比，现代超市的存货场所的面积很小。实际上，正是超市启发大野耐一在丰田创立了精益生产体系。拉动系统需要均衡生产和柔性流程。

- **柔性流程**。柔性流程大量使用重量轻、易于操作的工具，工装和设备的位置与放置方式有助于提升安全性、质量和生产率，符合人机工程学，可以根据需要对它们进行频繁的调整。这与传统大批量生产中的巨大的重型永久设备形成鲜明对比。柔性车间可以根据顾客需求快速重新配置，生产不同产品。柔性流程与均衡生产和拉动系统息息相关。完全柔性的流程可以在顾客下订单时立即重新布置并生产出所需产品。这种理想状态可能难以达到，若在相对较短时间内实现也可以近似认为它是柔性的，比如一天之内就可以进行调整。

- **稳定过程**。一个流动过程要求过程稳定，过程的稳定性可能最容易被忽视。过程能够重复按照节拍时间生产是根本的要求。一个不受控的过程（参见第 8 章的统计基础知识）就不可预测，也就无法做到连续流动。需要减少波动源中的异常因素以达到统计控制状态，参见第 10 章中的讨论。

- **缩减批量**。批量指的是作为向供应商下达或者收到客户的订单以及向车间下达的生产订单的标准数量。最理想的批量是 1，大的批量会因为反馈延迟产生潜在的质量问题，另外库存会增加，还有报废库存的隐患，它们会产生库存持有成本。当然，大批量也有相应的优点，比如批量订货折扣、更少的生产准备、更低的单位运输成本等，它们会降低生产准备成本。在实际中，需要平衡成本与收益，以达到最优化。

在平衡兼顾库存持有成本和生产准备成本的基础上，可以得到最佳的订货批量，即经济订货量（Economic Order Quantity，EOQ），其定义如下：

$$EOQ = \sqrt{\frac{2do}{i}} \tag{11-2}$$

上式中，d 为年度需求量，o 为生产准备成本，在这里具体是订货成本，而 i 是每件产品的平均年持有成本。

下面是 IQF（国际质量联盟）学习指南中提供的案例。某件产品的年需求量为 1231 件，每次生产该零件的机器准备成本是 27 美元，零件的单价是 83 美元，持有成本为单价的 7.9%。EOQ 的计算公式如下：

$$EOQ = \sqrt{\frac{2 \times 1231 \times 27}{83 \times 0.079}} = 101$$

每年的生产准备次数为：

$$\# 生产准备 / 年 = 1231/101 = 12.2$$

每年的生产准备成本为：

$$年生产准备成本 = 27 \times 12.2 = 329.40(美元)$$

平均的库存水平是 EOQ 的一半，所以每年的总库存持有成本为：

$$持有成本 / 年 = 0.5 \times 101 \times 83 \times 0.079 = 331.13(美元)$$

$$总库存成本 = 329.40 + 331.12 = 660.53(美元)$$

一旦计算得到总库存成本以后，我们就可以知道各种改善活动的效益。比如，如果生产准备成本降低 50%，则每年可以节约多少成本呢？

重新计算的 EOQ 为：

$$EOQ = \sqrt{\frac{2 \times 1231 \times 27 \times 0.5}{83 \times 0.079}} = 72$$

每年的生产准备次数变为：

$$\# 生产准备 / 年 = 1231/72 = 17.1$$

每年的生产准备成本为：

$$年生产准备成本 = 27 \times 0.5 \times 17.1 = 230.85 (美元)$$

每年的总库存持有成本为：

$$持有成本 / 年 = 0.5 \times 72 \times 83 \times 0.079 = 236.05 (美元)$$

总库存成本（持有成本和生产准备成本）就变成了 230.85 + 236.05 = 466.90 美元，即节约 193.63 美元，或者 29.3%。

综合运用上述所有的工具，就会得到理想的精益情景：顾客每次订购一件或者少量产品（拉动），工厂有生产该订单所需的资源（均衡生产），按照订单需求切换生产过程（柔性过程），最后，订单被准时生产出来并在顾客需要的时候交付给顾客。

11.3 序贯优化实证模型

根据经验建立实证模型是一种优化生产流程或者选择最优设计参数的统计方法。它使用一系列试验设计方法来从所有可能的过程或产品设计中逐步筛选出满足要求的最优方案。

对于之前没有接触过试验设计和实证建模的人来说，下面的比方可以帮助理解。想象一下，如果我们突然醒来却发现自己身处一个陌生的荒野。这时候你不知道自己在什么地方，所以想爬到最近的山顶，看看附近有没有人烟，你会怎么做呢？

第一步可能是先仔细查看周围的环境。有没有在出发之前需要知道的东西？或许对威胁生命安全的东西需要特别注意，比如，在原始丛林里要特别注意危险的野生动物、沼泽地或者其他需要避开的地质环境。也需要寻找一些维持生存必需的物品，比如食物、衣服和可以安全藏身的地方。或许你还想建立一个"营地"，它可以提供基本的生存必需品，这样在遇到意外的时候还会有一个安全的栖身之所。类似地，在实证建模中，我们在做出任何变更之前需要了解现状并确定目标，我们称之为"知识发现"，它是实证建模的阶段0。

现在，你对现状已经有了一定的了解，并做了一些基本的准备，然后就可以计划如何爬到山顶的路线了。在开始爬山之前，你可能会确定登山需要哪些东西，而且只是那些真正重要的东西。因为你从来没有在丛林里面穿行过，所以你先在周围不远处试探性地走走，看看什么东西是需要的。一开始你可能把所有能想到的东西都打包带上，过一会你很可能就会发现有些东西是用不上的，然后你把不需要的东西留在营地。登山的另一项准备是熟悉周围的地形，不需要太精细，只要知道上山方向在哪里就足够了。实证建模里也有一个识别重要模型因子并删除不重要因子的过程，我们称之为因子筛选试验，它是阶段 1。这时候你决定可以出发了，你带上真正需要的东西，在丛林里向着山顶进发。你会不时地停下来确认一下方向，确保没有迷路。实证建模中将"爬山"过程称为"最速前进"，它是阶段 2。

接下来，在爬山的过程中你突然发现自己并不是在往上爬，不是说你已经到达了那一片丛林的最高处，只是方向出了问题。你决定稍作停留，安营休整。第二天一早醒来，你围绕营地四周走动，仔细勘察周围的地形。你发现，这里的丛林更为浓密，周遭的地形极不规则，地势有时陡峭有时平坦。在上一阶段中，走过的是大段稳定的上坡，现在却明显不同。在实证建模的类似阶段中，在最速前进之后我们需要更仔细地分析模型各因子之间的交互作用，我们称之为"全因子试验"，它是阶段 3。

现在你知道，需要精心规划到达山顶的道路。你开始启用从一开始就带在身边的"重型装备"——GPS（没有自带地图的简易版本）！你围绕营地沿着主要的方向测得多个地点的海拔高度，并把它们记录在手绘的地图上。然后将海拔相等的点连到一起画出多条等高线，最后，山顶的位置在图上一目了然。这相当于实证建模中考虑因子二次项的"中心复合试验"，也就是阶段 4。

最后，你到达了山顶，爬到一棵树上，美丽山景一览无余、开阔而壮观，心情愉快舒畅，所有的辛劳都在此刻得到回报。你被眼前的景色深深吸引，决定在山上建造自己的房子并长期住下来。你把房子建得牢固而结实，足以经受狂风的肆虐和糟糕的天气，你知道它们早晚会造访你的"安乐窝"。换句话说，你的房子是稳健的，它的舒适程度不会受到环境变化的影响。在实证建模中，我们称对其使用环境的变化不敏感的过程或产品设计为"稳健设计"，它是第 5 阶段。

讲完这个小故事以后，我们开始讨论实际的东西，即改善产品、过程和服务。

阶段 0：找到你的方向

"我们到底在哪?"

在开始任何试验之前，团队应该大体上知道：主要的问题是什么，有哪些重要的绩效指标，试验所需的成本、时间和其他资源等。阶段 0 所用到的方法和技术参见第 10 章。

本节讨论的方法有一个前提假设，即学习行为在本质上是一个序贯过程。不管是个人或者团队，试验者在着手试验的时候对于具体的知识相对了解不足，然后在对过程开展试验时，不断获得和积累知识。在获得新的知识以后，试验者就能更好地知道下一步该采取什么合适的行动。换句话说，试验总是离不开猜想，随着对试验数据的分析，最终猜想会得到验证。

序贯试验方法与传统方法不同，传统方法希望在一个试验中回答所有的问题。传统方法主要源自在农业中的应用，而六西格玛应用与农业应用在很多方面都不同，尤其是它可以快速得到结果这一点。所以，序贯试验在加速并指导学习方向方面具有明显的优势。

我们用一个电子产品制造过程的例子来说明。在一开始的时候，一个专注于锡焊过程改善的团队从另一个评估全工厂问题的团队得到一个改善任务，因为工厂团队获悉导致顾客退货的第一大问题是锡焊。另外一个团队发现，锡焊区域比其他地方使用更大的工厂面积，用于存放和维修不良电路板。因此，组建了锡焊过程改善团队，要求他们找到尽可能消除锡焊缺陷的方法，至少降低 10 倍。团队由一位六西格玛专家担任领导，成员包括一位过程工程师、一位检验员、一位生产操作人员和一位产品工程师。

团队召开了几次会议来分析帕累托图和问题报告，还对过程进行了审核并发现一些明显的问题。在改正了明显的问题之后，团队对过程能力做了分析，发现了一些波动异常因素，然后对它们做了深入调查并采取纠正措施。四个月以后，这些初步的工作将锡焊故障率降低了一半，从最初的一个标准单位 160 个缺陷降低到了 70 ~ 80 个缺陷。锡焊区域的生产率也因这些改善翻了一倍。虽然成绩喜人，但这离降低 10 倍的目标还有很大的差距。

阶段 1：因子筛选试验
"这儿什么重要？"

此时，过程已经处于统计受控状态，团队的工作可以从过程控制阶段转到改善阶段，这需要进行试验设计来度量重要因子对响应变量的效应。锡焊团队决定将可能造成锡焊质量的因子尽可能都罗列出来，因为很多因子变量已经在阶段 0 研究过了，最终得到的清单也不是太长。团队寻找出控制清单上所列因子变量的方法，然后将很多没有显著效应的因子从清单上删除，剩下的因子清单如下所示。

因子变量	低水平（-）	高水平（+）
A：是否将电路板在炉中预热	无	有
B：预热时间的长度	10秒	20秒
C：预热的温度	150 ℉	200 ℉
D：预热装置到电路板表面的距离	25cm	50cm
E：预热线走线速度	3 英尺/分钟	5 英尺/分钟
F：锡焊枪温度	495 ℉	505 ℉
G：线路密度	低	高
H：是否使用夹具	无	有

　　使用这些信息在统计软件中生成试验计划。市场上有很多软件可以进行如本书所示的分析。因为这时的试验目的主要是筛选因子，所以大家关注的焦点是各因子的主效应，对于估计因子之间的交互作用不感兴趣。软件给出多种可选的试验设计，黑带专家决定选用只估计主效应且运行次数最少的设计。这个设计一共有16次试验，软件生成的试验计划矩阵，如表11-1所示。试验次序已经由计算机进行了随机化处理。如果试验不能按照这个次序执行，那么计算机软件将会对它们进行区组化，并相应调整分析方法。软件还告诉我们，这是一个分辨度为Ⅳ的试验设计，也就是主效应之间没有混杂，主效应和任何二阶交互效应也没有混杂，但主效应可能和某些三阶效应混杂，某些二阶交互效应之间也可能产生混杂。

表11-1　因子筛选试验计划矩阵表（已随机化）

运行	A	B	C	D	E	F	G	H	响应变量
1	+	-	-	-	-	+	+	+	65
2	+	-	+	+	-	+	-	-	85
3	+	+	-	-	+	+	-	-	58
4	-	+	-	-	+	-	+	+	57
5	-	-	-	-	-	-	-	-	63
6	+	+	+	+	+	+	+	+	75
7	-	+	-	+	-	+	+	-	77
8	-	+	+	-	-	-	-	-	60
9	+	-	+	-	+	-	-	+	67
10	+	+	+	-	-	-	+	-	56
11	-	-	+	-	+	+	+	-	63
12	-	-	-	+	+	+	-	+	81
13	+	+	-	+	-	-	-	+	73
14	+	-	-	+	+	-	+	-	87
15	-	+	+	+	-	+	-	+	75
16	-	-	+	+	-	-	+	+	84

表 11-1 中，"-"表示试验中因子取低水平值，"+"表示取高水平值。以第 16 次运行为例，试验的条件设置如下。

- 预热：无
- 预热时间：10 秒
- 预热温度：200 ℉
- 预热装置到电路板表面的距离：50 厘米
- 预热线走线速度：3 英尺/分钟
- 锡焊枪温度：495 ℉
- 线路密度：高
- 夹具：有
- 每标准单位的缺陷数：84

按照软件检验的随机化次序开展试验并收集数据。"响应变量"列记录每"标准单位"不良锡焊点的数量。标准单位对应具有中位数焊点的电路板⊖，分析结果如表 11-2 所示。

表 11-2 试验数据分析结果 – 部分实施因子试验

响应方程系数及主效应的估计（代码化）

项	效应	系数	StDec 系数	t-值	p-值
常数		70. 375	0. 6 597	106. 68	0. 000
A	-0. 750	-0. 375	0. 6 597	-0. 57	0. 588
B	8. 000	4. 000	0. 6 597	6. 06	0. 001
C	-0. 500	-0. 250	0. 6 597	-0. 38	0. 716
D	-18. 500	-9. 250	0. 6 597	-14. 02	0. 000
E	0. 000	0. 000	0. 6 597	0. 00	1. 000
F	-0. 250	-0. 125	0. 6 597	-0. 19	0. 855
G	-0. 250	-0. 125	0. 6 597	-0. 19	0. 855
H	0. 250	0. 125	0. 6 597	0. 19	0. 855

缺陷数 ANOVA（代码化）

变异来源	自由度	Seq. SS	Adj. SS	Adj. MS	F-值	p-值
主效应	8	1 629	1 629. 00	203. 625	29. 24	0. 000
残差	7	48. 75	48. 75	6. 964		
总计	15	1 677. 75				

⊖ 从技术的角度来看，本例中应该选择泊松分布作为每标准单位缺陷数量的分布。不过，考虑到这里缺陷的数量量级，也可使用正态分布（即 ANOVA 分析所要求的）假设。团队也分析了方差，或者更精确地说，方差的对数。各因子组合的方差没有显著差异，在下表中未显示。

如果模型与试验数据充分拟合，残差将分布在一条直线上，如图 11-2 的残差正态图所示，它是将表 11-2 中的"Coef"（系数）列绘制在正态概率坐标图上的结果。根据输出结果，黑带认为模型与数据之间有足够的拟合优度。

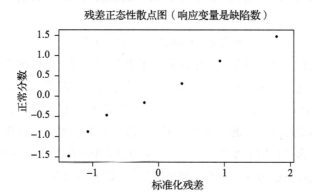

图 11-2　残差正态性散点图

分析显示，因子 B（预热时间）和因子 D（预热装置与电路板的距离）效应显著。如果因子的效应是由于随机因素造成的波动，它们将靠近代表正态波动的直线。在图 11-3 中，因子 B 和因子 D 的效应到直线的距离很远，说明它们的效应不是随机因素造成的波动。

图 11-3 中主效应的单位与响应变量的单位一致。

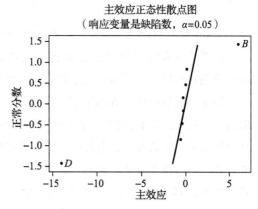

图 11-3　主效应正态性散点图

因为响应变量是缺陷的数量，图形表示因子 B 取低水平时得到更好的结果，也可以从变量的系数得到这个结论。当因子 D 取低水平时，平均的缺陷数是 18.5，这比因子 D 取高水平时的结果好。当因子 B 取高水平时，其平均的缺陷数为 8，比因子 B 取低水平时好。

然后团队成员开会讨论试验结果。大家决定将主效应不显著的其他因子设置在试验成本较低的水平，取因子 B 和因子 D 的中点再次试验。团队观察在新的设置下试验的结果，以便确定试验结果是否与根据模型预测的结果差不多。如果试验验证了模型的预期结果，然后就再进行一系列试验来进一步探索因子筛选试验得到的显著因子的效应。

阶段2：最速前进路径

"从哪条路前进？"

在因子筛选试验的基础上，从表11-2中的系数可知，估计响应变量效应的方程为：

$$缺陷数 = 70.375 + 4B - 9.25D$$

团队想进行一系列试验来仔细评估因子 B 和因子 D，根据阶段1的试验，我们已经知道如何设置因子 B 和因子 D 的不同水平来显著改善缺陷，即最速前进的方向（Direction of Steepest Ascent）。在这里，前进表示关心的测量值的改善。为了评估在最速前进路径上的一系列的点，我们从两因子的中心点开始，然后根据拟合方程系数做等比例的变化[⊖]，因子 B 每增加4个单位，因子 D 就下降9.25个单位。根据现有数据可得，中心点和半间距[⊖]，如表11-3所示。

表11-3 试验的中心点和半间距

因子	半间距	中心点
B	5 秒	15 秒
D	12.5 厘米	37.5 厘米

在因子 B 和因子 D 中值点运行一次试验，然后按照5秒的间隔（1个半间距）将预热时间（因子 B）往上调整，同时按照 $12.5 \times (9.25/4) = 28.9$ 厘米的间隔将电路板与预热装置的距离（因子 D）往下调整，即 $B = 20$ 秒和 $D = 8.6$ 厘米的一次运行，结果得到52个不合格品。不过，尽管质量水平提高了，但是由于与预热装置的距离太小，电路板开始出现烧焦现象，因此，现在必须放弃最速前进路线。然后做了一些试验确定烧焦与距离（因子 D）的关系，得出的结论是两者至少保持15厘米才不会被烧焦。团队在此基础上加了一个安全裕量，将距离设置为20厘米。然后按照5秒的间隔增加预热时间，在每个预热时间设置处生产一块电路板，试验结果如表11-4所示。

表11-4 最速前进路径试验数据

运行	B（秒）	D（厘米）	平均缺陷数
1	15	37.5	70
2	20	8.60	52
3	25	20	51

⊖ 这种调整关系存在主观性，并无统一模式。——译者注
⊖ 半间距 = | 高水平 - 低水平 | /2。——译者注

			（续）
运行	*B*（秒）	*D*（厘米）	平均缺陷数
4	30	20	31
5	35	20	18
6	40	20	12
7	45	20	10
8	50	20	13

试验结果数据绘制的图形，如图 11-4 所示。

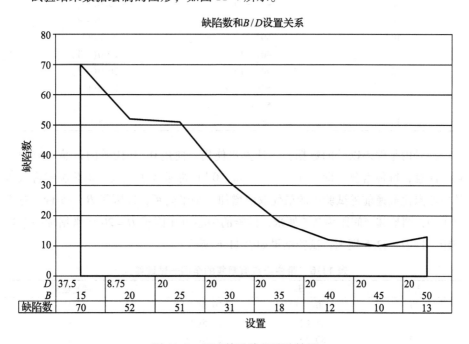

图 11-4　最速前进路径试验结果

在电路板与预热设备之间的距离保持为 20 厘米，预热时间为 40 秒的时候得到最佳结果。继续增加预热时间以后，缺陷数量又开始增加。

阶段 3：全因子试验

然后团队决定在最佳设置附近设计一个全因子试验，除了研究各显著因子的主效应以外，还研究因子之间是否存在交互作用，并对交互作用的效应进行估计。除此以外，他们还想知道该区域是否存在弯曲性，试验设计中每个因子的水平设置要多于两个（两个水平设计只能进行线性估计）。最终，还需要估计在该区域的试验误差，也就是需要重复试验，试验设计如表 11-5 所示。

表 11-5 带中心点有重复的全因子设计

运行	B	D
1	40(−1)	20.0(−1)
2	45(0)	22.5(0)
3	50(1)	25.0(1)
4	40(−1)	25.0(1)
5	50(1)	20.0(−1)
6	45(0)	22.5(0)
7	40(−1)	25.0(1)
8	40(−1)	25.0(1)
9	50(1)	20.0(−1)
10	50(1)	25.0(1)
11	40(−1)	20.0(−1)
12	40(−1)	20.0(−1)
13	50(1)	25.0(1)
14	50(1)	20.0(−1)
15	45(0)	22.5(0)

括号内是编码以后的数据，供计算机使用，使用 0，0 代码的试验对应中心点。注意，每种组合（即"＋""－"和"0"）都重复了三次。团队决定将试验的中心点比最速前进试验中的最优取值增加一个半间距，即因子 B = 45 秒。对于因子 D，调整其半间距为 2.5 厘米，试验的中心点比因子 D = 20 厘米增加一个半间距，即 D = 22.5 厘米，试验结果如表 11-6 所示。

表 11-6 带中心点有重复的全因子试验结果

运行	B	D	试验结果
1	40(−1)	20.0(−1)	11
2	45(0)	22.5(0)	9
3	50(1)	25.0(1)	11
4	40(−1)	25.0(1)	15
5	50(1)	20.0(−1)	12
6	45(0)	22.5(0)	10
7	40(−1)	25.0(1)	17
8	40(−1)	25.0(1)	15
9	50(1)	20.0(−1)	11
10	50(1)	25.0(1)	11
11	40(−1)	20.0(−1)	13
12	40(−1)	20.0(−1)	13
13	50(1)	25.0(1)	11
14	50(1)	20.0(−1)	11
15	45(0)	22.5(0)	10

观察模型各项的 p-值可知它们都是显著的（p-值小于 0.05 表示显著），这也在 ANOVA 表中得到进一步验证（见表 11-7）。

表 11-7 带中心点有重复全因子 ANOVA 输出结果

全因子试验 ANOVA 汇总

对缺陷数的效应和系数估计（代码化数据）

项目	效应	系数	StDec 系数	t-值	p-值
常数		12.583	0.2357	53.39	0.000
A	-2.833	-1.417	0.2357	-6.01	0.000
B	1.500	0.750	0.2357	3.18	0.010
A*B	-1.833	-0.917	0.2357	-3.89	0.003
CtPt		-2.917	0.5270	-5.54	0.000

缺陷数 ANOVA（代码化数据）

变异来源	自由度	Seq. SS	Adj. SS	Adj. MS	F-值	p-值
主效应	2.000	30.833	30.833	15.4165	23.12	0
二阶交互作用	1.000	10.083	10.083	10.0830	15.12	0.003
弯曲	1.000	20.417	20.417	20.4170	30.62	0
残差	10.000	6.667	6.667	0.6667		
纯误差	10.000	6.667	6.667	0.6667		
总计	14.000	68.000				

从 ANOVA 表中的 p-值列可以看到，主效应、二阶交互作用的效应以及弯曲的效应都是显著的（p-值 < 0.05）。将中心点处的实际试验响应值与除中心点外的响应变量（即立方体的角）的平均值做比较，得到弯曲效应的度量值。弯曲效应显著表明试验已经不再位于一个线性响应区域内。

这表明，我们原先基于线性模型估计的拟合方程精度已经不够。鉴于此，黑带决定要进入第五步，以更好地研究试验区域内的响应模式，并寻找稳定的最佳值。

阶段 4：中心复合试验

黑带决定使用一种被称作复合试验或者中心复合试验（Central Composite Design, CCD）的试验设计方法来获得与过程可行操作环境对应的试验区域内的更多信息，逐步逼近响应变量的最优值。该设计的思路是以前一试验的中心点和角点为基础的，增加新的点，扩大各因子水平的取值范围，图 11-5 是二因子中心复合试验示意图，可以看到，新设计中的各点水平取值超过了前一个试验中的各因子的取值范围，每个因子的水平由三个（-1，0，+1）变成五个（-α，-1，0，+1，+α），+α和-α就是新增加的点，在二因子试验中一般取√2，即整个试验的取值范围扩大了。根据试验结果，选择响应变量较大的点作为下一次试验的中心点，继续开展另外一次中心复合试验，以此类推，直到响应变量不再增大，这就是序贯试验设计策略。团队还决定把因子 D 的距离取得比 20 厘米低一些，因为上一阶段取值的时候还包括一个 5 厘米的安全裕量。他们还发现，现在因子的取值变化比最速前进阶段相对要小。

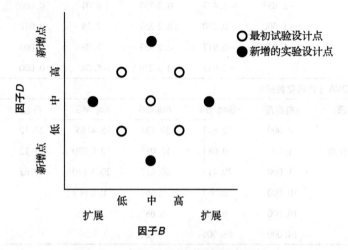

图 11-5　焊锡过程中的复合试验设计

用 DOE 软件获得上述中心复合试验响应变量的拟合方程，方程中包括了因子的二次项，如下式所示：

$$y = \beta_0 + \beta_1 x_1 + \beta_2 x_2 + \beta_{11} x_1^2 + \beta_{22} x_2^2 + \beta_{12} x_1 x_2 + \varepsilon \qquad (11\text{-}3)$$

此方程描述的试验区域可能包含最大值、最小值和"鞍点"等"驻点"。在最大值处，任何偏离都会导致响应量变小。在最小值处，任何偏离都会导致响应量变大。而在鞍点处，某个因子偏离该点会导致响应量变大，而另外一个因子偏离该点会导致响应量变小，反之亦然。一些 DOE 软件会告知驻点处的 X 和 Y 的值，以及驻点的性质（最大值点、最小值点、鞍点），有些 DOE 软件还会给出试验区域响应变量的两维或者三维图形，响应曲面图形的分析一般不难。

团队收集的试验数据如表 11-8 所示。注意，数据按照标准次序排列，真正的试验运行次序是随机的。

表 11-8 中心复合设计的试验结果数据

B	D	缺陷数
−1.414	0	16
1	1	11
0	0	9
0	−1.414	11
1	−1	9
1.414	0	4
0	0	10
0	0	10
0	1.414	15
0	0	9
0	0	10
−1	1	15
−1	−1	13

计算机输出的上述数据分析结果如表 11-9 所示。

表 11-9 中心复合设计分析，Y 的回归系数估计和 ANOVA

缺陷数回归系数的估计

项	系数	StDev 系数	T	P
常数	9.600	0.5 880	16.327	0.000
B	−3.121	0.4 649	−6.713	0.000
D	1.207	0.4 649	2.596	0.036
B * B	0.325	0.4 985	0.652	0.535
D * D	1.825	0.4 985	3.661	0.008
B * D	0.000	0.6 574	0.000	1.000
S = 1.315		R − Sq = 90.3%	R − Sq（adj）= 83.4%	

缺陷数 ANOVA

变异来源	自由度	Seq. SS	Adj. SS	Adj. MS	F	P
回归	5	112.821	112.8 211	22.5 642	13.05	0.002
线性	2	89.598	89.5 980	44.7 990	25.91	0.001
平方	2	23.223	23.2 231	11.6 116	6.72	0.024
交互作用	1	0.000	0.0 000	0.0 000	0.00	1.000
残差	7	12.102	12.1 020	1.7 289		
失拟	3	10.902	10.9 020	3.6 340	12.11	0.018
纯误差	4	1.200	1.2 000	0.3 000		
总计	12	124.923	124.9 230			
异常响应值						
观测值	Defects	Fit	StDev Fit	Residual	St Resid	
6	4.000	5.836	1.039	−1.836	−2.28R	

可见，除了 B^2 和交互作用项以外，拟合的回归方程表达式中所有的项都是显著的。

由 R 可知观测值的标准残差值异常，比正态情况可能出现的值显著大。团队确定，本试验中的异常残差出现在第六次试验的观测值中。

ANOVA 表显示，失拟对试验总变异的贡献统计比纯误差明显大。不过，黑带认为，这里的失拟效应还是可以接受的。分析结果还显示，交互作用的效应不显著，因此可以从模型中去除该项，这样可以为估计失拟效应增加一个自由度。

三维响应曲面和等高线图，如图 11-6a 和图 11-6b 所示。

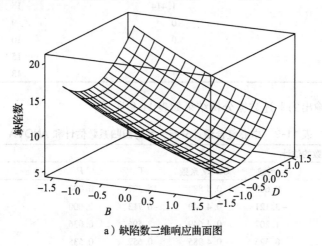

a）缺陷数三维响应曲面图

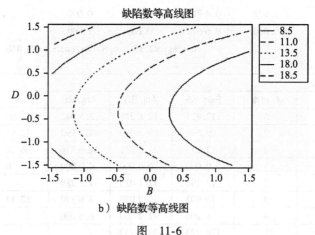

b）缺陷数等高线图

图　11-6

黑带还可以使用更先进的典型相关分析，更详尽地研究响应曲面的其他特性。典型相关分析是一种研究变量之间整体相关性的多元统计分析方法，它首先找到一个驻点 S，然后通过坐标转换来消除乘积项和一阶项。该分析的具体方法请参见其他介绍高级统计方法的著作（Box and Draper，1987；Meyers and Montgomery，1995）。不过，不借助典型相关分析我们也可以从三维响应曲面图和缺陷数等高线图中看到，保持因子 D 不变而逐渐增加因子 B 的水平还可以获得一些改善的空间。

然后在所有的试验结果中，寻找响应均值最大的点，以该点为中心点，再进行第二次 CCD。以此类推。最后，后一次 CCD 与前一次 CCD 之间的响应值变化会越来越小。在小到一定程度的时候，团队最终决定停止试验。

试验结果数据表明，如果现有的波峰焊过程控制得好，那么每标准单位产生的缺陷数只有 10 个，甚至更低，取得该值的位置在上一次试验的中心点处。这相当于比项目开始的时候质量水平提升 16 倍，比第一次试验的平均结果也提高了7 倍。

因此，在黑带的指引下，团队决定将过程参数设置在最后一次试验的中心点（B = 0，D = 0），进行调优运算（Evolutionary Operation，EVOP）以获得进一步的优化。调优运算指在正常的生产条件下进行一系列试验设计，由操作人员对过程参数做微小的调整（Box and Draper，1969）。因为将调整量限制在很小的范围内，生产出不合格品的风险大为降低，同时不会单独产生额外的试验成本，生产也可以正常进行。尽管每次对过程参数只做微小的调整，但是最终累积得到的改善收益有可能相当可观。在三维响应曲面图中，因子 B 的斜率很平缓，因此 EVOP 过程中不大可能出现"坠崖式"质量失控现象。

黑带专家可以帮助建立 EVOP 试验计划并培训主管人员和操作人员如何使用。他也需要定期回访，或者在出现问题的时候参与解决，以提供持续支持。团队人员在将改善成果交给日常运营团队以后，还需要找到维持改善成果的方法，同时对基本的过程和产品设计进行研究以发现进一步改善的机会。

阶段 5：稳健产品和过程设计

保持改善成果的要求之一是，即使条件发生变化，过程或者产品也依然保持在最优状态附近，也就是具有稳健性。稳健设计始于对等高线的精心研究。注意，以 B = D = 0 为起点，沿其中一条线从左往右变化时，响应的变化相对来说很慢。如果沿纵向上下变化的时候，那么响应值就急剧变化。在指定稳健过程控制计划中需要考虑这样的不同因子响应效应的非线性特征。如果需要改变因子 B 或者因子 D，应该避免导致缺陷率增加的变化方式。这并不意味着禁止一切变化，毕竟，没有变化就不可能有学习和改善，但是要监控变化（就像 EVOP 一样），以避免在学习的过程中产生缺陷产品。

也可以将稳健设计正式地整合到试验设计中。田口玄一的稳健性理论已广为人知，它就是一种将 DOE 和产品/过程设计整合到一起的方法。尽管对于田口理论的批评也不绝于耳，他的稳健参数设计的思路和原则在六西格玛分析中仍然是有效的，人们总体上对于他在统计应用上所做出的宝贵贡献还是一致肯定的。

田口稳健性理论

日本田口玄一博士的试验设计方法的完整介绍已超出本书的范围，本节只简要介绍他提出的几个独特概念。不过，他的很多想法非常有用，其中之一就是过程和产品的稳健设计，即其性能不受或较少受到潜在变异因素的影响。

介绍。质量成本就是产品从离开工厂开始因为质量问题而给社会造成的损失（Taguchi，1986）。田口玄一将质量控制分成两个类别：在线质量控制（Online Quality Control）和离线质量控制（Off-line Quality Control）。在线质量控制包括诊断并调整过程、预测并修正质量问题、检查和处置产品缺陷、追溯发运到客户处的不良品等质量管理活动。离线质量控制指在产品（或过程）生命周期中的设计阶段所进行的质量和成本控制活动。离线质量控制主要包括三个方面。

1. 系统设计：运用科学和工程知识以产生基本的功能型模型样机设计的过程。模型样机定义了产品和过程设计特征的初步设置值。

2. 参数设计：对设置值进行研究，以最小化（或者至少是减小）产品性能或过程绩效的变异。产品或者过程实现期望的功能可以取不同的设计特征值。不过，不同取值可能对应不同的性能变异或绩效变异。变异或波动会增加产品的制造成本和生命周期中的总使用成本。"参数设计"这个专业术语沿用工程学上的传统，原仅指确定产品特性中的参数。后来，人们把识别最优参数设置值的活动统称为"参数设计"。

3. 容差设计。确定最小容差的方法，以便可以最小化产品制造和生命周期总成本。制定产品和过程设计规格的最后一个步骤是在参数设计得出的名义参数设置值上，确定其容差。现在工业界里还是经常按照惯例而不是科学方法来制定容差。容差太小会增加制造成本，容差太大会导致性能或绩效波动增加，产品整个生命周期内的总使用成本也会增加。

期望的质量损失指的是任一特定用户有可能蒙受的由于产品性能波动而导致的损失，包括产品生命周期的任何和所有时间。田口玄一提倡建立质量损失函数, 这样参数设计问题就会受到更多的关注, 其效果也会得到进一步的认可。最常用的质量损失模型是二次损失函数模型, 如图 11-7 所示。对于一个过程而言, 用过程概率密度函数对质量损失金额求积分, 可以得到该过程质量损失的值。根据模型, 采取下面两个措施总是有好处的。

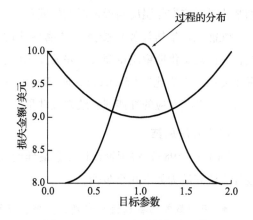

图 11-7　田口二次质量损失函数

1. 将过程的均值向目标值靠近。

2. 减少过程的波动。

当然, 上述措施也会产生相应的成本。从这个角度来说, 成本/收益比可能是最佳的决策依据。

注意二次质量损失函数和传统管理中所隐含的概念性的损失函数的对比, 后者参见图 11-8。

如图 11-8 所示, 在传统的意识中, 只要产品或者服务满足规范就没有质量损失。不存在目标值或者最优值, 只要满足规范要求, 在零损失区间内的任何地方, 过程能力都是"一样好"。严重偏离规范导致的损

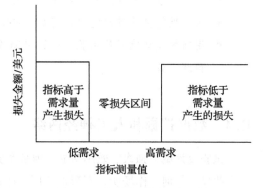

图 11-8　传统的质量损失函数

失和超过规范即使只是一点点也是"一样差"。只要满足规范, 过程的分布与质量损失无关。

注意, 在这种质量损失模型下, 只要满足规范, 大家就不会有改善过程的动力, 因为质量损失已经是零, 任何改善都没有进一步的收益, 即对于任何满足规范的过程, 改善的成本总是大于改善的收益。它实际上已经完全抛弃持续改善的思想, 其结果就是接受作为现有质量标准的"可接受质量水平", 安于现状, 不思进取, 最终必将在竞争面前被淘汰。

噪声指的是除设计参数以外的其他任何不可控制和难以控制的变量, 它们导致产品自身生命周期内以及不同产品间的性能变异。根据噪声的不同来源可以将它们分为内部噪声和外部噪声。外部噪声指的是非产品的影响产品性能的变量,

比如环境的温度。内部噪声指的是产品实际特性值相对于名义设置值的偏离，比如某化学反应实际温度与设定温度的偏差。

性能统计量估计噪声变量对产品性能的影响效应。在选择性能统计量的时候，应该最小化期望质量损失，并最大化性能指标。田口玄一在很多的性能统计量中使用"信噪比"（Signal to Noise Ratio，SN 比）的概念，它同时考虑了参数的设置水平及其对应的性能或者绩效波动量。

田口方法总结

Kackar（1985）将识别设计参数最佳设置值并最大化性能统计量的田口试验设计方法归纳为如下几个步骤。

- 识别最初的备选设计参数设置值，识别重要的噪声变量及其变化范围。
- 分别建立设计和噪声指标，制订参数设计试验计划。
- 按照试验计划矩阵开展参数设计试验，评估各次运行的性能统计量。
- 根据性能统计量确定拟合模型，并预测最优的设计参数设置值。
- 用新的设置值开展试验，验证其新设置的产品性能或者过程绩效是否与预测一致。

11.4   数据挖掘和人工神经网络

试验设计威力强大、效用明显，但是实施试验设计的缺点也和其威力与效用一样明显。任何工作场所，不管是工厂，还是大型零售超市、办公室，它们都是按照例行流程设计的。例行流程都是一些实实在在的工作，企业的销售收入都源自它们，否则无法生存。而开展试验就要改变很多重要的事情，以确定它们对关键指标的影响，这必然会干扰日常工作。这也是为什么他们在出现问题时没有立即应变的原因。实际上，建立例行流程就是为了轻松地指导大家的工作，避免任何变化引起的干扰和浪费。

问题是，没有变化就没有改善。在六西格玛项目中，变更现有过程是减少变异和实现改善的前提。

本节中，我们介绍了一种使用已有数据实施"虚拟"试验的方法，即人工神经网络算法（Artificial Neural Network Algorithm，或简称神经网络算法）。它可以解决上面的问题，不用干扰现有流程就可以评估过程变更的效果。该算法现在非常流行，因为它在众多的数据挖掘和决策支持应用中都有成功的记录，它们的作用已经得到证明。神经网络算法是一种功能强大、通用性强的工具，可以很容易地应用于建模预测、数据分类和集群等。它们已经在很多工业领域得到广泛的应用，从预测金融数据到预测诊断医疗条件，从识别高价值顾客群到识别潜在的信用卡交易欺诈犯罪人，从预测支票消费金额到估计发动机的故障率（Berry and Linoff，1997）。本节中，我们只研究神经网络算法在六西格玛试验设计中的应用，它只是神经网络在质量改善和绩效管理中潜在应用的一点皮毛而已。

神经网络算法使用计算机来模拟人脑中的神经连接和决策过程。在适当的领域中，它可以模拟人类从经验中学习知识的能力，能够从数据中提炼模型并帮助决策，当然，它也有缺点。与精心设计和实施的 DOE 不同，神经网络算法不提供过程的数学模型。在很大程度上 ⊖，只能将神经网络算法当作一个神秘的"黑匣子"，我们不必知道它的内部是如何工作的，这与它所模仿的神秘人脑一样。

神经网络算法是数据挖掘的核心之一。所有的公司都有重要数据的记录，有些被储存在精心设计的电子化数据仓库中，而有些却被放在传统的文件柜中，这些数据对六西格玛团队来说具有很大的价值，比如可以用它们来评估过程的能力，再如，如果数据包含过程设置历史信息，也可以从中发现因果关系并给改善指出方向。从数据库中筛选出有用信息的过程称作数据挖掘（Data Mining），实施数据挖掘包括下面几个步骤。

1. 建立一个可供全部组织成员使用的数据仓库。

2. 识别待改善过程的变量。

3. 从数据库中调用包含极端值的数据子集，让基于人工神经网络算法的计算机软件学习并识别独立变量和因变量的关系及其模式。

4. 用其余数据验证神经网络软件的预测能力。

5. 用上一节"序贯优化实证模型"介绍的试验设计方法来开展试验。不过，试验不需要对实际的生产过程参数做出变更，而需要用神经网络软件模拟实际的过程，在软件模型中改变"虚拟过程"的参数，获得试验结果。

6. 在完成阶段 4 以后，用神经网络软件得出的最佳设置值作为优化起点，在实际过程中开展试验。换句话说，就是从"序贯优化实验模型"一节中的阶段 1 的"因子筛选试验"开始实际试验。

⊖ 如果已经知道模型，必要时也可以直接指定模型，或者对变量进行各种转换，以"帮助"神经网络软件加速学习。比如，在给神经网络软件输入原始变量数据如 X_1，X_2 之外，还可以向软件输入多元高次项，比如 X_1^2，X_2^2，$X_1 X_2$ 等，以反映弯曲和交互作用。

可以看出，所有的软件试验部分相当于"过程优化实证模型"中的阶段 0。它帮助我们回答了"我们到底在哪"的问题。需要指出，神经网络软件的虚拟试验可能没有实际试验的效果好，但其成本与实际试验相比简直微乎其微，而且能够筛选过程的重要输入和输出变量并设定它们的试验水平等，可以大大简化实际试验的准备，因此，具有明显的优势和价值。同时，软件上的虚拟试验可以轻松处理不同的情境，进行大量的"如果这样，结果会如何"式的分析，进而启发团队成员的创造性思维。

神经网络模型示例

表 11-10 中的数据来自上文的锡焊过程，这些数据采集自实际的过程，目的不是对它们进行统计分析，而是供神经网络软件学习并建立模型。

表 11-10　供软件建模的锡焊缺陷数据

预热时间	预热距离	缺陷数	预热时间	预热距离	缺陷数
38	22.5	15	45	37.5	17
40	20	13	30	20	27
40	25	16	30	22.5	33
45	17.5	15	30	25	37
45	22.5	5	30	27.5	50
45	26	11	30	37.5	57
50	20	12	50	20	13
42	22.5	10	50	22.5	5
50	25	3	50	25	3
42	22	11	50	30	5
46	22	4	50	14	12
55	25	4	50	37.5	14
55	21	17	50	45	16
55	25	15	50	50	40
50	24	3	60	20	35
49	25	3	60	25	18
57	37	10	60	37.5	12
35	25	20			

神经网络模型的工作原理示意图，如图 11-9 所示。

在学习了上述数据以后，软件输出了锡焊缺陷数模型曲面图，如图 11-10 所示。

可以看出，由神经网络软件得出的曲面图和由前文中 DOE 得出的曲面图非常相似。两个模型给出的因子 B 和因子 D 的设置水平相当，而且缺陷数的预测结果也基本相同。

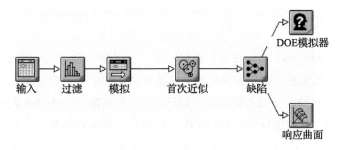

图 11-9 锡焊缺陷神经网络模型示意图

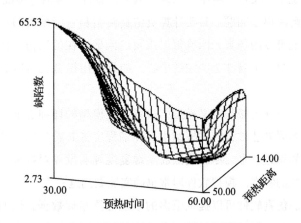

图 11-10 神经网络软件输出的锡焊缺陷数模型曲面图

神经网络软件提供了强大的"虚拟情境分析"（What if Analysis）能力。因为这些数据取自实际的生产过程或者试验结果，可以用它们进行虚拟 DOE，预测不同情境的响应。利用神经网络软件进行情境分析的方法，如图 11-11 所示。

在等高线的虚拟情境分析对话框中输入虚拟 DOE 的参数设置值，软件会根据其建立的预测模型得出虚拟试验结果，其效果与从实际试验中得到的拟合回归模型一样。如果你给软件输入的供其学习的数据覆盖足够大的区域，它可能在你做实际试验之前就会给出最优的响应值及对应的自变量水平设置值。

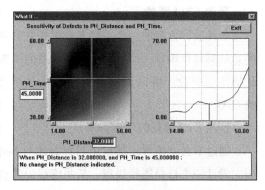

图 11-11 等高线虚拟情境分析对话框

11.5   仿真优化

仿真（Simulation，有时也称作模拟）是一种试验手段，它用与现实系统高度一致的精密计算机模型来研究现实系统对各种变化的响应，变化包括可控的因素（如产品结构设计）、不可控的因素（如环境），甚至包括一些基本的假设。一个系统就是可以实现特定目的、由相互作用的多个元素组成的集合。生产某些产品的一组机器构成一个系统，而在更大的生产系统中这些机器也是一个元素，而在更大的企业系统中，又可以将生产系统和其他的设计、运输等系统看成是元素。

仿真可以解决很多问题。只要计算机仿真模型和它所模仿的现实世界中的系统表现一致，就可以用仿真来回答很多重要的问题。在使用仿真模型的时候，需要注意，不要将模型本身作为关注的中心。如果不用模型就可以回答某些重要问题，就不要用它们。

仿真模型的设计者必须定义模型的边界以及模型的详细程度。只有显著影响模型预定功能的因素才被设计进模型中，详细程度视其希望实现的功能而定。简而言之，设计的思路就是，尽可能低成本地复现现实世界对各种变化的响应，并能给出重要问题的答案。模拟软件通常也确实能做到这一点。

正确设计的仿真软件可以提供很多的系统性能指标数据，比如产出率、资源利用率、等待时间、订单需求量等。它们有助于更好地理解现有系统，不过，它们更适用于评估设想的过程变化对系统的影响。仿真方法本质上是一种快速产生并评估过程改善方案的工具。创造性地使用仿真技术，可以大大提高六西格玛改善的效果和实施速度。

预测 CTQ 绩效

各种设计方案的一个关键考量就是它最终的 CTQ。通常评估一系列过程步骤的总结果非常困难，而对其中每个单独的步骤评估相对要容易得多。仿真软件的优势正在于此。可以用软件对过程中的各个步骤进行多次模拟，并计算最终的 CTQ。

预测 CTQ 绩效的示例。

通过对各个流程步骤运用对标技术（Benchmarking），建立了一个仿真模型，用它设计一个订单履行过程。某些流程步骤直接用公司内部的观测值，其他的步骤则以行业最佳实践为参考依据。这里的总 CTQ 为订单履行时间，目标是从接到顾客订购电话以后 24 小时以内发货。完成流程中各单个步骤工作所需时间的分布，如图 11-12 所示。

流程步骤	绩效信息
制单	
输入系统	
配单	
集单	

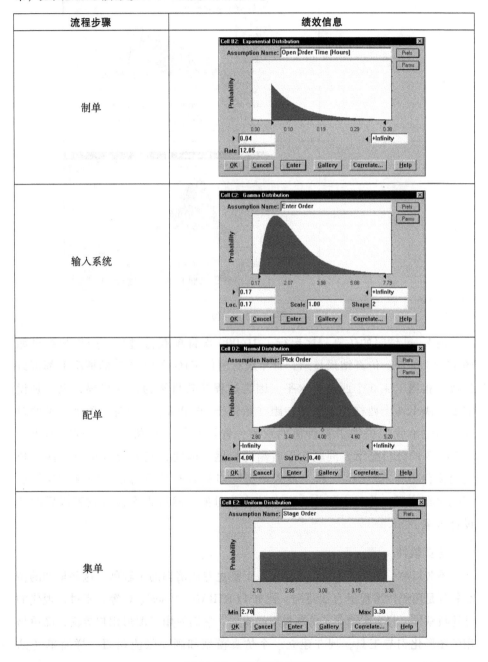

图 11-12　订单履行过程

流程步骤	绩效信息
包装	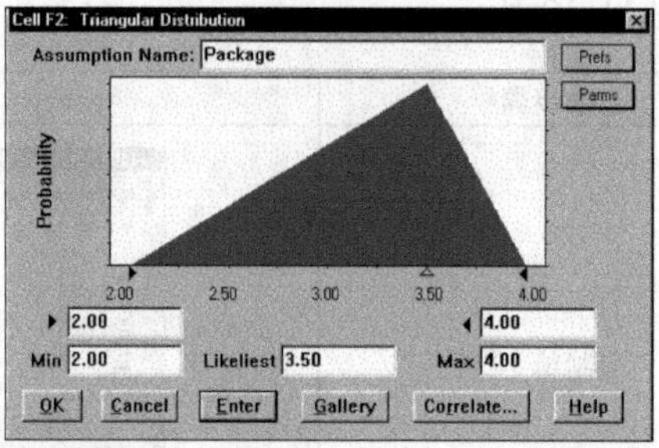
发运	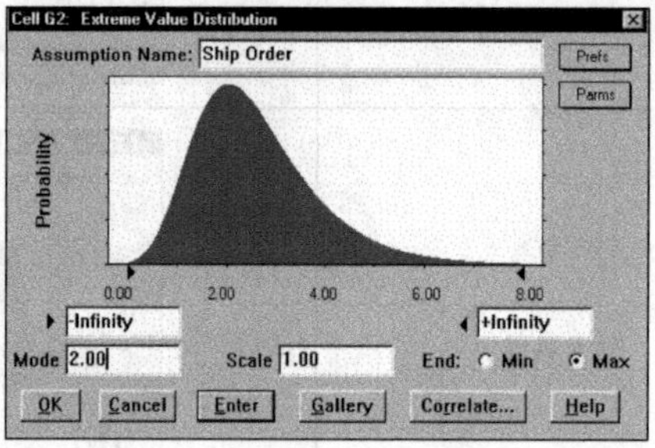

图 11-12 （续）

用 Excel 编写的仿真程序运行了 10 000 次订单履行过程，产生的结果如图 11-13 所示。仿真结果显示，订单履行时间 CTQ 在 99.9% 的情况下都可以达成，相当于 4.6 个西格玛水平。因为过程绩效目标为六西格玛，也就是说需要解决 1.4 个西格玛水平的差距（相当于 997PPM）。同时，单个步骤的时间分布也给我们提供了有价值的线索，告诉我们应该将注意力放在哪里。图 11-13 的分析显示，问题在于右侧的长尾，因此，我们应该重点关注有长尾的流程步骤。"发运" 和 "输入系统" 步骤具有长尾特征，应该首先怀疑问题出在这里，并将它们作为潜在的改善对象，然后再次模拟改善以后的新设计方案。

仿真软件

不久以前，使用计算机仿真还仅限于受过专业培训的工程师。这些早期的仿真软件是用通用编程语言编写的，比如 FORTRAN、Pascal、C 等。不过，现代的计算机软件已经大大简化了仿真模型的建立。它们使用了图形用户界面，简单易用的图形化引导工具，现在建立一个仿真模型和画一张流程图一样简单（见图 11-14）。

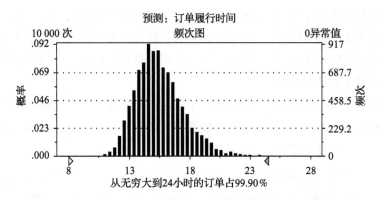

图 11-13 模拟 10 000 个订单履行时间的结果

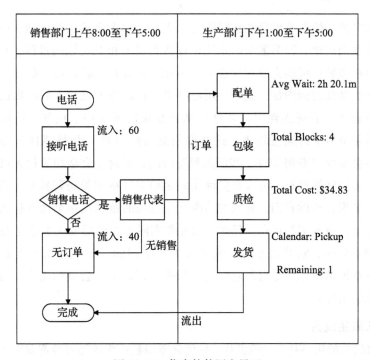

图 11-14 仿真软件用户界面

尽管用户界面看起来像普通的流程图，但它要比流程图的信息丰富很多。仔细观察图 11-14 会发现，图上还记录了其他信息。在第二个方块（接听电话）旁边，可以看到有"流入：60"的字样。这表示，仿真软件根据模拟 60 个打入的电话并得出模拟结果。沿着箭头的指示我们发现，其中的 20 个电话是下单电话，软件模拟出销售代表需要花 2 小时 2 分钟的时间来处理。图上还显示了其他的信息，比如质检成本是34.83美元，在仿真程序运行结束的时候还有一个订单等待发运。如果这个模型是基于一个实际的系统，那么还可以将这些数据和实际过程的数据做比较以验证模型的有效性。第一次模拟总是以过去的过程为对象，经过验证的模型才能预测未来。

初建一个现有系统的仿真模型充满了乐趣，而其真正的威力体现在对过程变化的模拟上。从图11-14所示的简单模型中可以很容易地看到这一点，对于下面这些重要的问题模型都能一一解答，比如：

- 我们的促销活动将让打入的下单电话翻倍，这对生产会造成什么影响。
- 如果由生产人员来从事质检工作，质检成本会发生什么变化？总成本呢？产出率呢？

总的来说，仿真模型帮助我们确定 X 变化以后 Y 会发生的问题。变化往往会产生非预期后果，因为复杂的系统中存在大量的相互关联的过程，比如，改变打入电话的数量可能会导致质检员空闲时间的增加，因为在"获得零件"这一瓶颈上的延误时间增加。此外，还可以用模拟软件来试验人们提出的问题的解决方案设想，验证无误以后才能实施到真正的系统中。比如，经理可能提出，要质量员接受跨岗位培训，这样他们就可以帮助"获得零件"。理论上，这个方案会减少"获得零件"步骤的等待时间，同时还会增加质检人员的时间利用率。使用软件模拟，可以在实际实施之前对这些假设进行检验。或许，仿真模拟的结果会告诉我们，导致的结果只是过程的瓶颈从一个地方移到另外一个地方而已，瓶颈依然存在。任何有过几年实际工作经历的人都不会对"液压模型"感到陌生，它就是经理们刚解决了一个问题，却又导致一个新问题产生。如果在采纳新方案之前对它们进行模拟验证，不仅会节约成本，而且还会提升员工的士气。

随机数生成器

仿真模拟的核心是产生随机数。任何分布函数产生的随机数都是由单位均匀分布经过转化得到的。基本上所有的编程语言，包括电子表格，都有单位均匀随机数生成器。从技术上说，这些单位均匀随机数生成器生成的都是伪随机数，因为它们使用的算法排除了一部分的随机性。不过，这些算法的效率很高，生成的随机数完全可以满足实际需要。

产生特定分布随机数的简单方法就是令累积分布函数的和等于1，然后取其导数。以指数分布为例，其累积分布函数表达式为：

$$F(x) = 1 - e^{-\lambda x} \tag{11-4}$$

设 r 是服从从 0 到 1 均匀分布的随机变量，令其等于 $F(x)$，并对函数进行逆运算，就得到了一个服从指数分布的随机变量 x，该指数分布的故障率参数为 λ，过程如下：

$$
\begin{aligned}
r &= 1 - e^{-\lambda x} \\
1 - r &= e^{-\lambda x} \\
\ln(1 - r) &= -\lambda x \\
x &= \frac{-\ln(1 - r)}{\lambda}
\end{aligned}
\tag{11-5}
$$

上述表达式还可以再一步简化。因为 $1 - r$ 同样也是一个 $0 \sim 1$ 的均匀分布，所以上式可以最终简化为：

$$x = -\frac{\ln r}{\lambda} \tag{11-6}$$

表 11-11 是常用分布的随机数生成器。

表 11-11　随机数生成器

分布	概率密度函数	随机数生成器[③]
均匀分布	$f(x) = \dfrac{1}{b-a}, \quad a \leqslant x \leqslant b$	$x = a + (b-a)r$
指数分布	$f(x) = \lambda e^{-\lambda x}, \quad 0 < x < \infty$	$x = -\dfrac{1}{\lambda}\ln r$
正态分布	$f(x) = \dfrac{1}{\sqrt{2\pi}\sigma}\exp\left[-\dfrac{(x-\mu)^2}{2\sigma^2}\right],$ $-\infty < x < \infty$	$x_1 = \left[\sqrt{-2\ln r_1}\cos(2\pi r_2)\right]\sigma + \mu$ $x_2 = \left[\sqrt{-2\ln r_1}\sin(2\pi r_2)\right]\sigma + \mu$ [①]
对数正态分布	$f(x) = \dfrac{1}{\sqrt{2\pi}\sigma x}\exp\left[-\dfrac{(\ln x-\mu)^2}{2\sigma^2}\right],$ $x > 0$	$x_1 = \exp\left[\sqrt{-2\ln r_1}\cos(2\pi r_2)\right]\sigma + \mu$ $x_2 = \exp\left[\sqrt{-2\ln r_1}\sin(2\pi r_2)\right]\sigma + \mu$ [①]
韦布尔分布	$f(x) = \dfrac{\beta x^{\beta-1}}{\theta^\beta}\exp\left(\dfrac{x}{\theta}\right)^\beta, \quad x > 0$	$x = \theta(-\ln r)^{1/\beta}$
泊松分布	$f(x) = \dfrac{e^{-\lambda t}(\lambda t)^x}{x!}, \quad x = 0, 1, \cdots, \infty$	$x = \begin{cases} 0, & -\dfrac{1}{\lambda}\ln r > t^{[②]} \\ x, & \sum\limits_{i=1}^{x} -\dfrac{1}{\lambda}\ln r_i < t < \sum\limits_{i=1}^{x+1} -\dfrac{1}{\lambda}\ln r_i \end{cases}$
卡方分布	$f(x) = \dfrac{1}{2^{\nu/2}\Gamma(\nu/2)}x^{(\nu/2-1)}e^{-x/2},$ $x > 0$	$x = \sum\limits_{i=1}^{\nu} Z_i^2, Z_i$ 为标准正态分布中心
贝塔分布	$f(x) = \dfrac{1}{B(q,p)}x^{p-1}(1-x)^{q-1},$ $0 < x < 1, p > 0, q > 0$	$x = \dfrac{r^{1/p}}{r^{1/p} + r^{1/q}}$

（续）

分布	概率密度函数	随机数生成器[3]
伽马分布	$f(x) = \dfrac{\lambda^{\eta}}{\Gamma(\eta)} x^{(\eta-1)} e^{-\lambda x}$, $x>0, \eta>0, \lambda>0$	1. η 是非整数形状参数 2. 令 η_1 为 η 的根的取整整数 3. 令 $q = -\ln \prod\limits_{j=1}^{\eta_1} r_j$ 4. 令 $A = \eta - \eta_1$，$B = 1-A$ 5. 生成一个随机数，并令 $y_1 = r_j^{1/A}$ 6. 生成一个随机数，并令 $y_2 = r_j^{1/B}$ 7. 如果 $y_1 + y_2 < 9$，跳转第 9 步 8. 令 $j = j+2$，回到第 5 步 9. 令 $z = y_1/(y_1+y_2)$ 10. 生成一个随机数 r_n 11. 令 $W = -\ln r_n$ 12. $x = (q+zW)\lambda$
二项分布	$P(x) = \dbinom{n}{x} p^x (1-p)^{n-x}$, $x = 0, 1, \cdots, n$	$x = \sum\limits_{i=1}^{n} y_i$,　$y_i = \begin{cases} 0, & r_i > p \\ 1, & r_i \leqslant p \end{cases}$
几何分布	$P(x) = p(1-p)^{x-1}$,　$x = 1, 2, \cdots, n$	$\dfrac{\ln(1-r)}{\ln(1-p)} \leqslant x \leqslant \dfrac{\ln(1-r)}{\ln(1-p)} + 1$[2]
学生 t-分布	$f(x) = \dfrac{\Gamma[(\nu+1)/2]}{\Gamma(\nu/2)} \left(1 + \dfrac{x^2}{\nu}\right)^{-(\nu+1)/2}$ $-\infty < x < \infty$	$x = \dfrac{z_t}{\left(\sum\limits_{i=2}^{\nu+1} \dfrac{z_i^2}{2}\right)^{1/2}}$ z_i 是标准正态分布中心矩
F 分布	$f_{m,n}(x) = \dfrac{\Gamma[(m+n)/2](m/n)^{m/2}}{\Gamma(m)/2)\Gamma(n)/2)}$ $x^{m/2-1}(1 + \dfrac{m}{n}x)^{-(m+n)/2}$　$x>0$	$x = \dfrac{n \sum\limits_{i=1}^{m} z_i^2}{m \sum\limits_{i=m+1}^{m+n} z_i^2}$ z_i 是标准正态分布中心矩

①必须产生两个均匀随机分布，从而生成两个正态分布的随机数。
②增加 x 的值，直到不等式成立。
③类似 Minitab 和 Excel 之类的统计软件已经自带了上表中的很多函数。

　　建立了所需的随机数生成器之后，接下来对所研究的实际过程建立数学模型。模型建好以后，必须验证以确保其有效，有效的模型才能正确地模拟所研究的过程。

　　仿真模拟中需包含足够数量的重复模拟次数，以达到稳态，稳态的模拟结果才是可靠的结果。当两轮仿真模拟的差异小到可以忽略不计时，就可以认为达到稳态了。用 1000 次模拟数据计算均值和方差，一般可以获得满意的结果。如果要计算置信区间，则需要运行更多次的模拟，毕竟，对于 99% 的置信区间而言，样本中只有 1/100 的模拟数据超过置信限。

收货检验仿真示例⊖

本例给出的仿真模型是模拟一家大型军工供应商工厂内复杂的收货检验过程，该工厂有工会组织。收货过程共包括四种产品类型：电子电气零件、简单机械零部件、复杂机械零部件、无损探伤（NDT）零件和物料。根据工会的规定，需要由四种不同技能等级的质量检验员实施收货检验。工厂的待检产品积压得越来越多。这对生产计划产生了严重的负面影响，有时甚至会导致导弹装配作业的停顿。我们试图用计算机仿真软件来回答下列问题。

1. 待检产品的积压是不需干预就会自行消失的偶然现象吗？还是需要对过程做永久变更才能消除它？

2. 如果增加人手，那么他们的时间可以被充分利用吗？

3. 如果要增加人手，那么需要哪种技能？

4. 如果添置自动或者半自动的检验设备，那么可以缓解这个问题吗？

模型开发

实施本项目首先需要建立"收货检验"过程的精确模型。估计各种类型零部件到货的概率分布是其中的一个重要环节。图 11-15 是电子电气零件的实际到货情况分布与估计的拟合指数分布的比较，使用的是上个月度的数据。

其他三类零部件也使用这种"肉眼拟合"方法得到它们的到货情况分布。指数分布模型应该能够充分拟合本例中的数据（即根据选定参数模型得到的拟合值，与实际值非常接近），因此我们在这里使用指数分布模型来拟合实际情况。估计的拟合模型参数（平均到达率）如表 11-12 所示。

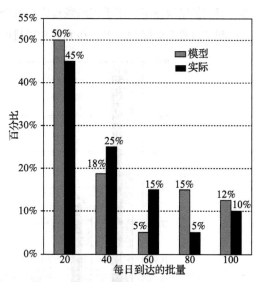

图 11-15　电子电气零件实际收货情况与模型的比较

⊖　Pyzdek，1992b.

表 11-12 平均到达率

零件类型	平均到达率（每小时报检单）
电子电气	4.292
简单机械	6.849
复杂机械	1.541
无损探伤	0.630

模型开发的另一个方面是描述各类零件报检单的检验时间分布。从最近开展的"收获检验"过程时间研究得到各类零件的实际检验时间。指数模型已经具有足够的精度，这可由卡方拟合优度检验结果得到验证，而且模型也能很好地模拟实际历史数据。检验时间指数模型的参数估计，如表 11-13 所示。

表 11-13 平均检验时间

零件类型	平均检验时间（每份报检单）
电子电气	1.681
简单机械	2.500
复杂机械	0.597
无损探伤	0.570

图 11-16 显示的是基于 228 份报检单得到的电子电器报检单拟合指数模型分布。多个研究的结果显示，用手工画线台检验每个复杂机械零件报检单所花的时间是三坐标测量仪检验时间的 4 倍（仿真模拟项目中经常会有这一类的有趣发现）。

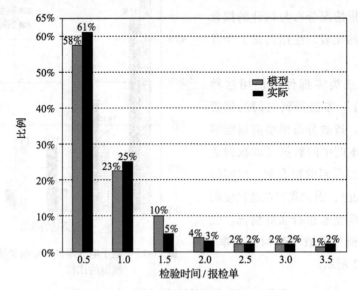

图 11-16 电子电气零件检验时间/报检单

研究收货检验的过程还发现，对于拒收零件还需要额外的时间来填写拒收标签和履行完拒收审批手续。这个过程的时间分布是在 0.1 小时到 0.5 小时之间的均匀分布。根据传统的统计过程控制确定各类型零件是否拒收，估计的拒收比例如表 11-14 所示。因为是在较短的时间内得出估计结果的，所以应该将表 11-14 中的数据看作是临时性的。

表 11-14　平均拒收比例

零件类型	拒收比例（%）	评估的批次
电子电气	2.2	762
简单机械	1.1	936
复杂机械	25.0	188
无损探伤	0.5	410

管理约束

在模型开发中，管理层给出的约束条件是一个重要的输入。在这个项目中，管理约束包括各类质检人员的任务分配、加班政策、等待规则、检查员和三坐标的检查任务的优先级等。表 11-15 是可以分配给各类人员的任务汇总表。"0"表示不允许向该人员分配任务，"1"表示允许。

表 11-15　允许分配的检验任务

检验员类型	订单类型			
	电子电气	简单机械	复杂机械	无损探伤
电子电气	1	0	0	0
简单机械	0	1	0	0
复杂机械	0	0	1	0
无损探伤	0	0	0	1

运行仿真模拟的时候，假设不允许加班，每周的全部工作时间只有 40 个小时。优先向工资率较低的 11 级检验员派发简单机械的检验任务。如果三坐标有时间，就用它检验复杂机械零件，按照先到先检的原则实施检验。

积压报检单

积压的报检单中包括各种类型的零件。本例中我们不知道某一报检单具体是什么时间开始积压的。在准备做仿真模拟的时候，一共积压了 662 份报检单，其组成如表 11-16 所示。

表 11-16　积压报检单的构成

报检单类型	积压量	比例（%）
电子电气	328	49
简单机械	203	31
复杂机械	51	8
无损探伤	80	12

在四周以后仿真程序编写好的时候，积压量缩减到 200 份报检单。我们假设各种类型的零件同比例减少，然后以 200 份积压报检单作为仿真的起始条件。

运行仿真模拟

第一次仿真模拟以现状为前提，目的是确定报检单的积压到底是不是会自行消失的偶然事件，即以现有的人员配置、设施、积压单的量为输入，按照正常情况下每周 40 个工作小时，每周模拟 4 次，依次模拟了 6 周，并计算了下列统计量。

1. 平均的待检等待时间。

2. 最大的待检等待时间。

3. 平均的积压报检单。

4. 最大的积压报检单。

5. 检验员的时间利用率。

6. 三坐标测量仪的利用率。

针对每种零件类型都计算上述前 4 个统计量，第 5 个检验量针对不同类别的检验员分别计算。

修正的系统。仿真模拟是评估拟采取的管理变更所产生影响的最理想方法。变更可以包括检验的人员和三坐标测量仪的数量，因此，将它们作为输入变量写到程序中。在谈到管理的时候，我们建立如下的模糊规则：

$$若\ U_i < (n_i - 1)/n_i,\ i = 1,\ 2,\ 3,\ 4,\ 则令\ n_i = n_i - 1$$

其中 U_i 是某类别检验员的时间利用率，n_i 是某类别检验员的数量。

例如，如果一共有 3 名电子电气检验员（即 $n_1 = 3$），而他们的时间利用率是 40%（$U_1 = 40\%$）。上述模糊规则将建议减少 1 名电子电气检验员，因为 $0.4 < (3-1)/3 = 0.67$。

减少检验员的决策只有在某类积压报检单处于受控状态时才能真正实施。作者将此情况解释为，平均来说，积压报检单变化量的两倍西格玛置信区间应该包含 0 或者负数。

仿真结果。第一次仿真以现有系统条件为基础，代号为 5 - 2 - 5 - 2 - 1，意思是：

- 5 名电子电气检验员
- 2 名 11 级检验员
- 5 名 19 级检验员
- 2 名无损探伤检验员

● 1 台三坐标测量仪

仿真模拟的结果，如表 11-17 所示。

表 11-17 现有系统 5 -2 -5 -2 -1 方案仿真模拟结果

依次模拟 6 周的结果：

检验零件类型	检验员	检验员利用率	积压报检单		三坐标测量仪	
			平均	最大	数量	利用率
运行 1						
电子电气	5	0.577	8.5	98		
简单机械	2	0.704	1.6	61		
复杂机械	5	0.545	0.7	16	1	0.526
无损探伤	2	0.622	4.3	25		
运行 2						
电子电气	5	0.523	7.5	97		
简单机械	2	0.752	1.9	68		
复杂机械	5	0.621	0.6	11	1	0.501
无损探伤	2	0.685	5.0	24		
运行 3						
电子电气	5	0.613	8.3	107		
简单机械	2	0.732	1.5	51		
复杂机械	5	0.596	2.0	30	1	0.495
无损探伤	2	0.541	3.5	23		
运行 4						
电子电气	5	0.608	4.9	93		
简单机械	2	0.726	1.5	67		
复杂机械	5	0.551	0.8	14	1	0.413
无损探伤	2	0.665	3.5	28		
运行 5						
电子电气	5	0.567	6.8	91		
简单机械	2	0.684	2.9	77		
复杂机械	5	0.554	0.6	13	1	0.506
无损探伤	2	0.592	2.1	21		
运行 6						
电子电气	5	0.598	6.6	96		
简单机械	2	0.755	2.4	65		
复杂机械	5	0.584	1.6	19	1	0.493
无损探伤	2	0.735	5.0	22		

（续）

工种	平均利用率	积压量变化均值	积压量变化标准差
电子电气	0.598	−96.333	6.3140
简单机械	0.726	−54.000	8.4617
复杂机械	0.575	−14.500	3.5637
无损探伤	0.640	−22.500	3.7283

模糊规则指出了改进的方向是调整员工配置，但是并没有给出具体的数字。作者仅凭直觉，制订下一次模拟的员工配置方案。

- 3 名电子电气检验员
- 2 名 11 级检验员
- 3 名 19 级检验员
- 2 名无损探伤检验员
- 1 台三坐标测量仪

此新系统 3 − 2 − 3 − 2 − 1 方案的仿真模拟结果，如表 11-18 所示。所有的平均利用率都达到了模糊规则中不需减少人员配置的要求，平均而言，报检单积压量的增长也依然是负的，这让人感到很开心。不过，在减少人员以后，电子电气积压检验单的减少量飘忽不定，需要引起注意。

表 11-18　新系统 3 − 2 − 3 − 2 − 1 方案仿真模拟结果

依次模拟 6 周的结果：

检验零件类型	检验员	检验员利用率	积压报检单		三坐标测量仪	
			平均	最大	数量	利用率
运行 1						
电子电气	3	0.935	49.4	101		
简单机械	2	0.847	7.5	61		
复杂机械	3	0.811	2.0	16	1	0.595
无损探伤	2	0.637	8.2	28		
运行 2						
电子电气	3	0.998	81.7	114		
简单机械	2	0.866	8.2	70		
复杂机械	3	0.863	2.5	16	1	0.629
无损探伤	2	0.631	3.5	22		
运行 3						
电子电气	3	0.994	74.3	109		
简单机械	2	0.889	12.0	73		

（续）

检验零件类型	检验员	检验员利用率	积压报检单		三坐标测量仪	
			平均	最大	数量	利用率
复杂机械	3	0.891	6.2	32	1	0.623
无损探伤	2	0.679	6.4	27		
运行 4						
电子电气	3	0.879	31.2	109		
简单机械	2	0.927	7.2	52		
复杂机械	3	0.924	5.6	26	1	0.632
无损探伤	2	0.715	3.8	25		
运行 5						
电子电气	3	0.992	45.6	117		
简单机械	2	0.791	3.7	43		
复杂机械	3	0.761	1.8	18	1	0.537
无损探伤	2	0.673	2.3	24		
运行 6						
电子电气	3	0.990	39.9	95		
简单机械	2	0.844	6.9	63		
复杂机械	3	0.800	1.7	18	1	0.606
无损探伤	2	0.716	4.2	24		

依次模拟 6 周以后的结果：

工种	平均利用率	积压量变化均值	积压量变化标准差
电子电气	0.965	-91.833	20.5856
简单机械	0.861	-54.667	8.7331
复杂机械	0.842	-15.833	1.3292
无损探伤	0.676	-23.000	1.3784

这一人员配置方案产生了尚且令人满意的结果，不过，作者还想做再次的模拟，以便用工资率较低的 11 级检查员替代工资率较高的 19 级检验员。经过对一些不同组合的测试，其中的 3 - 3 - 1 - 2 - 1 方案得到更好的结果，如表 11-19 所示。

表 11-19 新系统 3 - 3 - 1 - 2 - 1 方案仿真模拟结果

依次模拟 6 周的结果：

检验零件类型	检验员	检验员利用率	积压报检单		三坐标测量仪	
			平均	最大	数量	利用率
运行 1						
电子电气	3	0.937	37.0	110		
简单机械	3	0.885	13.1	61		
复杂机械	1	0.967	7.4	21	1	0.718
无损探伤	2	0.604	3.4	25		

（续）

检验零件类型	检验员	检验员利用率	积压报检单		三坐标测量仪	
			平均	最大	数量	利用率
运行2						
电子电气	3	0.932	26.8	100		
简单机械	3	0.888	7.9	58		
复杂机械	1	0.925	17.8	49	1	0.722
无损探伤	2	0.607	4.0	27		
运行3						
电子电气	3	0.997	74.1	119		
简单机械	3	0.915	14.6	58		
复杂机械	1	0.957	20.6	40	1	0.807
无损探伤	2	0.762	7.1	22		
运行4						
电子电气	3	0.995	42.2	96		
简单机械	3	0.976	38.4	79		
复杂机械	1	0.997	23.8	56	1	0.865
无损探伤	2	0.758	4.8	30		
运行5						
电子电气	3	0.996	61.3	121		
简单机械	3	0.913	7.7	50		
复杂机械	1	0.996	21.7	52	1	0.909
无损探伤	2	0.820	7.4	30		
运行6						
电子电气	3	0.933	35.3	101		
简单机械	3	0.867	5.7	59		
复杂机械	1	0.938	17.8	49	1	0.736
无损探伤	2	0.674	8.8	33		

依次模拟6周以后的结果：

工种	平均利用率	积压量变化均值	积压量变化标准差
电子电气	0.965	−93.667	6.9762
简单机械	0.908	−57.500	5.8224
复杂机械	0.963	−5.500	18.1411
无损探伤	0.704	−25.500	2.7386

新的 3 – 3 – 1 – 2 – 1 系统的模拟结果完全合乎管理上设定的约束条件，即资源利用率和积压报检单数量的控制。运行结果也提醒管理层，需要密切监控复杂机械零件报检单的积压量，因为，在模拟过程中这一类型零件的积压量变化平均来说是负的，不过有时也出现正的情况，即积压量会增加。

结论。对收货检验流程进行仿真模拟可以在不干扰实际工作的同时"变更"过程。可以在计算计仿真软件中随意增加、减少检验员的人数或者给他们分配不同的任务，如果在现实世界中这样做，就会对人员士气和实际工作产生巨大影响。也可以在软件中轻松增加一台三坐标测量仪，在现实世界中它需要花费数十万元的投资。也可以很容易地尝试不同的工作分配规则，确定一条新设想的生产线的影响，检查新的工作区域布局变化的效果，看看是否可以用加班或者雇用临时工来解决某一临时性问题，等等。使用仿真模拟只要几天的时间就可以得出并评估这些变化的效果，而不用像直接应用于实际流程那样等上几个月时间却发现问题还没有解决。

仿真 DOE

现代的仿真软件已经具备供统计分析软件使用的接口，可以对新产品和过程的方案进行更精细的分析。本节讲述 iGrafx Process 软件在六西格玛和 Minitab 中的应用，它也具有和其他软件配合使用的能力。

示例

六西格玛项目团队所研究流程的流程图，如图 11-17 所示。该流程的 CTQ 是处理新老顾客订单所需的周期时间。他们想根据研究结果得出最佳的人员配置水平，以保证正常负荷和高峰时间的新老客户 CTQ 绩效更好。具体是通过仿真软件来进行虚拟 DOE，根据虚拟试验的结果分析得出结论。

图 11-18 显示的是 iGrafx "RapiDOE" 对话框，对话框的上部显示各种可用的因子变量。项目团队想评估所选择的两个 CTQ 在下列情况下是如何变化的：①不同的订单到达间隔时间；②所有六种工种的不同员工数量。对话框的中部显示，试验将重复四次。黑带专家将要评估的 CTQ 显示在对话框的底部。

图 11-19 显示 RapiDOE 的 Minitab 选项对话框。黑带专家决定选择有 64 次运行的部分实施因子试验。Minitab "可行的因子设计表"显示（见图 11-20），这个 7 因子运行次数减半（64 次）的设计分辨率为 Ⅶ，也就是说，该试验可以估计所有的主效应、二阶交互作用效应和三阶交互作用效应。因为超过三阶的交互作用效应一般可以忽略不计，这样的设计精度已经足够了。

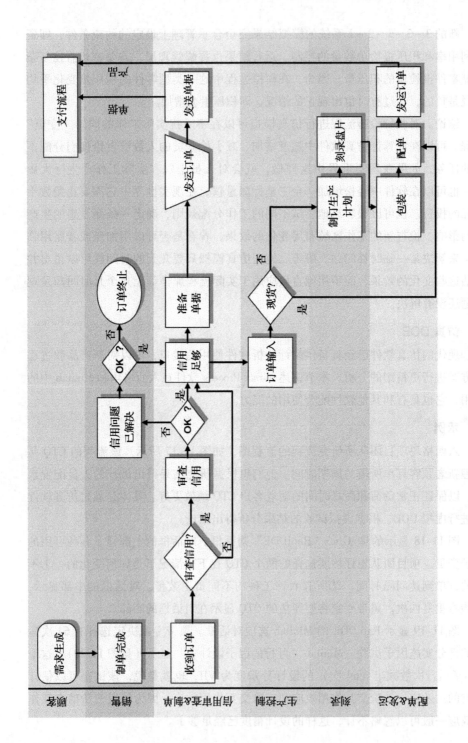

图11-17 使用虚拟DOE评估的过程

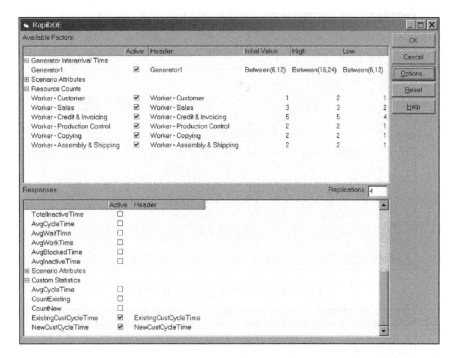

图 11-18　iGrafx 的 RapiDOE 对话框

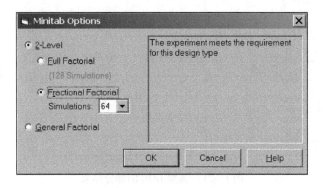

图 11-19　iGrafx Process-RapiDOE 的 Minitab 选项

　　软件在几分钟之内就完成所有的 256 次模拟试验（见图 11-21）。对这些试验结果数据的分析和实际的 DOE 分析完全一样，当然，虚拟 DOE 试验分析结论的可信度不及实际的试验。它的优势在于以更低的成本和更快的速度得到试验结论，它提供的信息足以发现过程的瓶颈所在，也能指出潜在的改善区域，等等。虚拟 DOE 也能在试错优化的同时，不影响正常的运营和顾客服务。

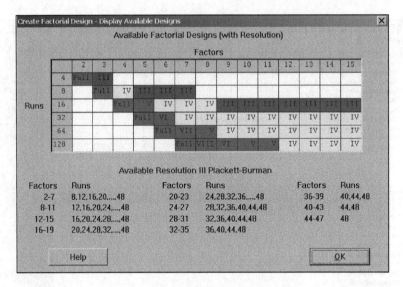

图 11-20 Minitab 的可行因子设计表

#	C4-T Generator1	C5 Customer	C6 Sales Worker	C7 Credit	C8 Production	C9 Copying	C10 Assembly &	C11 ExistingCust	C12 NewCustCycle
236	Between(6,12)	1	3	4	2	1	1	436.792	455.372
237	Between(16,24)	2	2	4	2	1	2	126.808	130.433
238	Between(6,12)	2	2	4	2	1	1	285.695	305.960
239	Between(16,24)	1	2	4	2	1	1	145.640	132.390
240	Between(6,12)	1	2	4	2	1	2	134.134	129.493
241	Between(16,24)	2	3	5	1	1	1	142.785	139.555
242	Between(6,12)	2	3	5	1	1	2	126.208	132.606
243	Between(16,24)	2	3	5	1	1	2	124.875	129.400
244	Between(6,12)	1	3	5	1	1	1	524.238	550.081
245	Between(16,24)	2	2	5	1	1	1	134.932	129.397
246	Between(6,12)	2	2	5	1	1	2	529.054	548.717
247	Between(16,24)	1	2	5	1	1	1	141.672	136.337
248	Between(6,12)	1	2	5	1	1	1	127.931	131.428
249	Between(16,24)	2	3	4	1	1	2	133.150	126.706
250	Between(6,12)	2	3	4	1	1	1	362.809	376.929
251	Between(16,24)	1	3	4	1	1	1	136.857	134.455
252	Between(6,12)	1	3	4	1	1	1	135.973	131.701
253	Between(16,24)	2	2	4	1	1	2	137.652	144.981
254	Between(6,12)	2	2	4	1	1	2	132.612	132.871
255	Between(16,24)	1	2	4	1	1	1	128.793	126.469
256	Between(6,12)	1	2	4	1	1	1	489.439	456.210

图 11-21 虚拟 DOE 的部分结果

11.6 风险评估

　　预测可靠性很重要，在一开始设计可靠的系统更重要。必须评估设计方案以便在建造系统之前就发现潜在的故障。有些故障比其他的要重要，评估工作的重点就是识别那些值得花费精力和稀缺资源的故障。一旦识别出故障及其优先级，就可以设计出稳健的系统，即它们对于可能导致问题的状况不敏感。

设计评审

设计评审通常由专家团队进行。当然，对设计方案进行持续的评估是很多人日常工作的一部分。不过，这里的设计评审指的是正式的设计评审流程，正式的设计评审有三个目的。

1. 确定产生是否能按照预期的方式工作，满足顾客的需求。

2. 确定新设计的可制造性和可检验性。

3. 确定新设计的可维护性和可维修性。

在设计和生产过程的很多节点都要进行设计评审，比如，初步设计草图、模型样机设计、模型样机制造和测试以后、开发设计发布时等。需要评审的设计包括零件、部件、组装件等。

故障分析

FMEA（见下一节"失效模式及效果分析"）是自下而上的可靠性分析，而故障树分析法（Fault-tree Analysis，FTA）则是自上而下的。FTA用图形的方式表述了可能导致故障的事件，绘制故障树常用的图标如表 11-20 所示。

表 11-20 故障树图标

逻辑门符号	逻辑门名称	因果关系描述
	与门	所有的输入事件同时发生，则输出事件发生
	或门	任何一个输入事件发生，则输出事件发生
	条件门	只有条件事件发生时，其他的输入 – 输出关系才有效
	带优先级与门	输入事件按（比如）从左到右的顺序同时发生，则输出事件发生
	排他性或门	输入事件有且只有一个发生，则输出事件发生
	投票与门	n 个输入事件中 m 个同时发生，则输出事件发生

事件	描述
	门事件
	具有充分数据的基本事件

（续）

事件	描述
◇	未开发事件
⌂	只有发生状态和未发生状态的事件
⬭	用做条件门中条件的事件
△　△	转换事件

资料来源：《可靠性工程和管理手册》，McGraw-Hill。

一般来说，制作 FTA 的步骤如下：

1. 在故障树的顶部定义故障事件，有时也称其为原始故障事件或原始事件，它就是目前要研究的故障。

2. 建立故障分析的边界范围。

3. 研究系统，理解各系统组成部门是如何相互工作的，以及它们与原始事件的关系。

4. 从原始事件开始，自上而下画出故障树。

5. 分析故障树，寻找方法，消除产生故障的事件。

6. 准备一份预防故障发生的纠正措施计划，以及一份处理突发故障的应急计划。

7. 实施上述计划。

8. 返回步骤 1，重新开始其他新故障的分析。

图 11-22 显示了一个电动机的故障树示例。

安全性分析

安全性和可靠性紧密相关。一旦发生关键性故障就会出现安全性问题，可靠性工程学理论明确指出，要使用 FMEA 和 FTA 等工具来解决这些问题。现代的安全性/可靠性评估方法考虑了故障发生的概率。在用于机械设计等的传统方法中，安全系数（Safety Factor，SF）的定义公式如式（11-7）所示。

$$SF = \frac{平均强度}{期望最大应力} \tag{11-7}$$

这种方法的问题非常明显：它既没有考虑强度的变异，也没有考虑应力的变异。实际上，两者都会随时间而变化，除非我们已经明确考虑了它们的变异，否则就不知道设计的安全系数。在现代观点中，安全系数是期望应力与期望强度的差值，不当的高应力（期望应力的最大值，可靠性边界）和低强度（期望强度最小值）就会产生安全性问题。图 11-23 展示了现代观点中的安全系数，该图显示了两个随机变量的概率分布，一个是强度，另一个是应力。

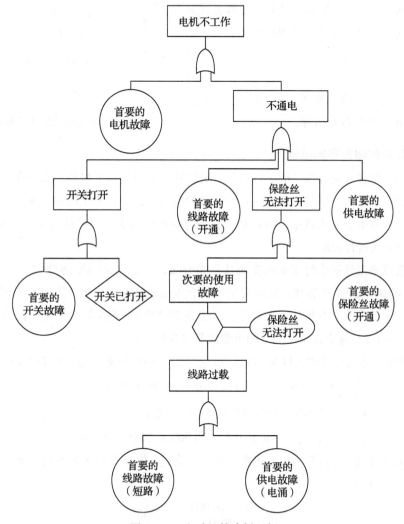

图 11-22　电动机故障树示例

资料来源：由 Ireson 提供并经出版社允许使用，1996。

因为随机变量强度和应力在理论上都可以取任何值，保守地讲，传统的安全系数概念就变得含糊了，如果激进一点甚至可以说它具有误导性。要科学地对待这种情况，我们必须考虑它们的概率值，而不是可能性，这就要计算出应力值超过强度值的概率。可以做到这点，因为两个随机变量的应力和强度的分布已知，它们的差是随机变量，其分布也就已知。特别地，如果应力和强度都服从正态分布，强度和应力的差也将是正态分布，可以根据统计学知识计算其均值和标准差，计算公式分别如式（11-8）和式（11-9）所示。

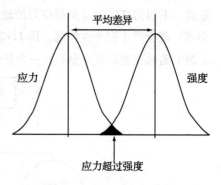

$$\sigma_{SF}^2 = \sigma_{强度}^2 + \sigma_{应力}^2 \qquad (11-8)$$

$$\mu_{SF} = \mu_{强度} - \mu_{应力} \qquad (11-9)$$

在式（11-8）和式（11-9）中，下标 SF 表示安全性度量指标。

图 11-23   安全系数的现代观点

计算故障概率的示例

假设强度和应力都服从正态分布，则强度与应力的差也服从正态分布，其均值和方差可由式（11-8）和式（11-9）计算得到。此外，发生故障的概率等于强度与应力差小于零的概率，也就是说，差为负数时即表示实际的应力大于强度，进而导致关键性故障。

假设某型号钢棒的屈服强度服从正态分布，均值为 50 000 磅/平方英寸，标准差为 5000 磅/平方英寸。使用它制作一个传送系统的下桁架。用应力表测得该钢棒实际承受的应力服从正态分布，均值为 30 000 磅/平方英寸，标准差为 3000 磅/平方英寸。那么该系统期望的可靠性是多少？

求解。首先使用式（11-8）和式（11-9）计算强度与应力差的均值和方差，即：

$$\sigma_{差}^2 = \sigma_{强度}^2 + \sigma_{应力}^2 = 5000^2 + 3000^2 = 34\ 000\ 000$$

$$\sigma_{差} = \sqrt{34\ 000\ 000} = 5831\ 磅/平方英寸$$

$$\mu_{差} = \mu_{强度} - \mu_{应力} = 50\ 000 - 30\ 000 = 20\ 000\ 磅/平方英寸$$

现在将此分布转化为标准正态分布，计算其 z 值（参见第 8 章的"标准正态分布"部分）：

$$z = \frac{0 - 20\ 000}{5831} = -3.43$$

查附录 2 的正态概率表，查得与此 z 值对应的概率为 0.0003，这就是发生故障的概率，即 10 000 次中有 3 次可能。可靠性的值就是 1 - 故障率，即 0.9997，因此，这个系统的可靠性（以及这种故障模式的安全性）是 99.97%。图 11-24 是本例计算结果的汇总信息。

失效模式及效果分析

失效模式及效果分析（Failure Mode and Effect Analysis，FMEA）试图描述各种可能的故障、它们对系统的影响、各故障发生的可能性以及未察觉出来而放行到顾客处的概率。FMEA 是对各种特性进行分类的绝好工具，即它非常有助于识别 CTQ 和其他关键变量。和帕累托分析类似，FMEA 的目标之一是将有限的资源用于能产生最大潜在收益的机会。即使某一故障的后果非常严重，如果其

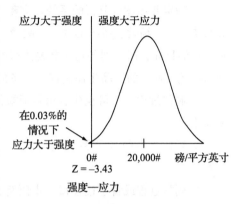

图 11-24　强度与应力之差的分布

发生的可能性几乎为零，那么可能也不值得在它身上花费太多精力实施预防措施。FMEA 可以和其他的诸如 AHP 和 QFD 等决策方法配合使用，以帮助制订预防措施计划。

FMEA 首次使用是在 20 世纪 60 年代美国的太空计划项目中，随后被纳入美国陆军标准，准确地说是 Mil-Std-1629A [⊖]。有两种完成 FMEA 的方法，它们是：

1. 硬件方法。——列举单个的实体零件，分析它们可能的故障模式。这一方法有时用于面向六西格玛的产品开发项目（DFSS）。

2. 功能方法。每个零件都是为了实现一定的功能，不同类别的功能就是产品设计的输出。此方法——列出全部的功能类别并对它们的失效模式进行分析。这一方法在改善过程或复杂系统的 DMAIC 和 DMADV 项目中应用最普遍。

FMEA 分析过程

FMEA 是早期设计过程必不可少的一个部分，应在 DMAIC 框架下的改善阶段和 DMADV 框架下的设计阶段实施。FMEA 应该是动态的"活文件"，必须及时更新以反映设计变更，这样，它也可用于控制和验证阶段。分析可以用作高风险项目的识别以及预防措施的制定。FMEA 也用于确定特定的测试项目、质量检查点、预防性维护行动、生产运营约束、产品寿命以及其他可以最小化故障风险的相关信息和活动。根据 FMEA 分析结果而建议采取的行动必须经过评估并得到恰当处

⊖　实际上在 Mil‑Std‑1629A 中称其为 FMECA，它取自 Failure Mode、Effect、Criticality Analysis（失效模式、效果、关键性分析）各名词的首字母，后来在使用中逐渐去掉字母"C"。不过，关键性分析仍占据 FMEA 很大一部分。

理，要么实施要么给出合理的解释，并记录存档。实施 FMEA 的步骤如下：

a. 确定并描述待分析的系统。完整的系统描述包括识别内部和接口功能、各级系统的期望绩效、系统的约束、故障的定义等。系统的功能性描述应该包括所有的功能目标，即识别各功能需要执行的任务及其操作模式，还应该包括使用环境的概述、期望的产品生命周期、设备的利用率、各功能的输入和输出等。

b. 制作过程图，可视化展示各项操作、它们的相互关系、功能体之间的依赖关系等。

c. 对系统中的各子系统进行 SIPOC 分析，所有的过程和系统接口都应该明确。

d. 列举过程或者子过程每一步预期实现的功能。

e. 对于每一过程步骤，识别所有潜在内部和接口功能的失效模式，并定义它们对直接相邻的其他功能、零件、系统、顾客使命等的效果。

f. 评估潜在的最严重后果的失效模式，将它们归入相应的严重性类别，并赋给相应的 SEV 分值（见表 11-21）。

表 11-21　FMEA 严重性、可能性、可探测性评分指南

评分	严重性（SEV）	可能性（OCC）	可探测性（DET）
评分	故障效果对顾客有多严重	导致故障原因发生的可能性多大	现有系统在其发生时可以发现该原因的可能性 注意：p 是故障原因没有被发现的概率估计值
1	轻微的。顾客感觉不到效果，或者感觉到也认为不严重	不可能	发给顾客之前几乎肯定可以发现出来（$p \approx 0$）
2	顾客会注意到效果	有文件记录的低故障率	发给顾客之前发现不出来的可能性极低（$0 < p \leqslant 0.01$）
3	性能降低，顾客很恼火	无文件记录的低故障率	发给顾客之前发现不出来的可能性极低（$0.01 < p \leqslant 0.05$）
4	比较轻微的。顾客因为性能下降而不满意	故障时有发生	发至顾客之前可能会被发现（$0.05 < p \leqslant 0.20$）
5	顾客的生产率下降	有文件记录的中等故障率	发至顾客之前或许会被发现（$0.20 < p \leqslant 0.50$）
6	顾客提出抱怨。可能要修理或者退货。内部成本上升（报废、返工等）	无文件记录的中等故障率	发至顾客之前可能不会被发现（$0.50 < p \leqslant 0.70$）

（续）

评分	严重性（SEV）	可能性（OCC）	可探测性（DET）
7	关键性的。顾客忠诚度降低。内部运营受到不利影响	有文件记录的高发故障率	发至顾客之前很可能不会被发现 （$0.70 < p \leqslant 0.90$）
8	完全失去顾客的信任。内部运营被打乱	无文件记录的高发故障率	发现概率很低 （$0.90 < p \leqslant 0.95$）
9	牺牲顾客或者员工的安全。存在合规性问题	故障普遍发生	发现概率极低 （$0.95 < p \leqslant 0.99$）
10	灾难性的。顾客和客户会在没有预兆的情况下面临危险。违反了法规要求	故障几乎总是发生	几乎发现不了 （$p \approx 1$）

g. 确定各种失效模式发生的可能性，归入相应的可能性类别，赋给相应的 OCC 分值（见表 11-21）。

h. 确定失效原因的探测方法，归入相应的可探测性类别，赋给相应的 DET 分值（见表 11-21）。

i. 计算现有系统的风险系数值（Risk Priority Number，RPN）。$RPN = SEV \times OCC \times DET$。

j. 如有必要，则对各失效模式的风险系数进行补偿修正。

k. 识别消除故障或者控制风险所需的纠正性设计方案或其他措施。将完成各项措施的责任落实到人，并规定完成时间。

l. 识别纠正措施对其他系统属性的影响效果。

m. 重新识别纠正措施实施以后的严重性、可能性和可探测性，并计算新的 RPN。

n. 将分析结果记录存档，汇总无法纠正的问题，识别降低故障风险所需采取的特别控制措施。

RPN 有助于设定故障的优先级，RPN 较大的故障应该比较小 RPN 故障获得更多的关注。有些组织还就 RPN 绝对值及其所需采取的行动给出了指南性的规定，比如，波音公司就建议，RPN 大于 120 的项目必须采取纠正行动。

可以用电子表格来记录并指导 FMEA 的分析。FMEA 现在已经被收入软件包，某些 QFD 软件就含有 FMEA 模块。可以从网上获得很多资源来帮助进行 FMEA 分析，包括电子表格模板、现实的 FMEA 实例等[⊖]。

⊖ 参见 www.fmeainfocentre.com。

11.7　用统计容差定义新绩效标准

我们这里讨论的统计容差使用了 Juran 和 Gryna（1993）对各种界限的定义，如表 11-22 所示。

表 11-22　界限的定义

界限名称	定义描述
公差	由工程设计部门设置的产品规格偏离名义指标所允许的最大值和最小值，以确保产品正常工作
统计容差	基于过程数据计算得到，是过程变异的度量指标。总体中一定比例的个体与此范围对应
预测范围	基于过程数据计算得到，是包括未来 k 个观测值的范围
置信区间	基于数据计算得到，是包含一定比例的总体参数的区间
控制限	基于过程数据计算得到，是中心值两侧随机因素变动的范围

在制造领域，零件之间相互配合是普遍现象，比如，销钉和孔，多个零件组成的组装件等，图 11-25 是零件配合的一个示意图。

假设上图中的三层电路板都符合图 11-25 所示的规格。制定组件栈高规格的合理逻辑就是各层名义尺寸和公差尺寸的和组成组件的名义尺寸与公差，即 0.1750 ± 0.0035 英寸，其规格下限和上限分别为 0.1715 英寸到 0.1785 英寸。规格

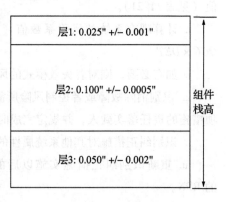

图 11-25　多层电路板组件

下限对应三层电路板都取最小值的情况，规格上限对应三层电路板都取最大值的情况，如表 11-23 所示。

将零件的公差相加得到组件的公差是常见的做法，但是这样做过于保守，特别是在制造过程能力充足且处于统计控制状态时。比如，假设电路板实际尺寸比下规格小的概率为 1:100（同样，这对于能力充足的稳定过程也是很保守的估计），那么某一特定组件的栈高小于规格下限 0.1715 英寸的概率就是：

$$\frac{1}{100} \times \frac{1}{100} \times \frac{1}{100} = \frac{1}{1\,000\,000}$$

同样地，得到一个比规格上限大的组件栈高的概率也是 1:1 000 000。因此，

用这种简单地将零部件规格相加得到组件规格的方法太过保守，通常也会产生不必要的过高成本。

用统计方法确定容差的理论基础是统计学上独立随机统计变量与它们的和的统计量之间的关系，即各随机变量方差之和等于随机变量的和或者差的总方差，各随机变量均值的和或差等于随机变量和或差的均值。公式如下：

$$\sigma_{总} = \sqrt{\sigma_1^2 + \sigma_2^2 + \cdots + \sigma_n^2} \tag{11-10}$$

上例中，该公式可以写成：

$$\sigma_{栈高} = \sqrt{\sigma_{层1}^2 + \sigma_{层2}^2 + \sigma_{层3}^2} \tag{11-11}$$

当然，在制定工程公差的时候，因为不知道具体生产该零件的制造过程，所以零件的方差在此时是未知的。不过，可以认为，最差的情况就是过程所具有的能力刚好能满足工程规格的需要。在第 8 章中，我们知道，与此情形对应的，是工程公差等于六个过程标准差（假设规格中心与过程中心线重合，且公差对称分布，则控制限等于三个标准差）。因此，我们可以将公式（11-11）重写为如下的形式：

$$\frac{T_{栈高}}{3} = \sqrt{\left(\frac{T_{层1}}{3}\right)^2 + \left(\frac{T_{层2}}{3}\right)^2 + \left(\frac{T_{层3}}{3}\right)^2} \tag{11-12}$$

或者

$$T_{栈高} = \sqrt{T_{层1}^2 + T_{层2}^2 + T_{层3}^2}$$

上式中，T 表示工程公差。

换句话说，我们不是直接将各零件的公差相加得到总公差，而是用工程公差平方和的根来求得组件总公差。

使用统计方法确定容差可以显著地增加各单个零件的容许公差范围，比如，在上例中，可以将各层电路板的公差放大到 ±0.0020 英寸（原公差最大为 ±0.0020 英寸，最小为 ±0.0005 英寸），最后总的组件栈高公差依然是 ±0.0035 英寸。这相当于将第一层电路板的公差放大 1 倍，第二层的电路板放大 4 倍，而不影响最终组件的公差规格。还可以由其他的各层电路板公差组合得到相同的组件栈高公差，这样我们在考虑过程能力和制造成本等方面就有了更大的选择空间。

使用这种方法也有一定的不利后果，就是会产生微小的组件超差概率。不过，可以通过增加控制限所含标准差的数量将超差概率控制在允许的范围内。还有一种方法就是在装配之前测量零件的具体规格，分拣出可导致组件超差的零部件。

也可以将这种统计容差方法用于组件的内部尺寸，比如，假设有一个轴和轴承的装配组件，如图 11-26 所示。

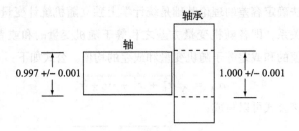

图 11-26 轴和轴承的装配组件

轴和轴承之间配合间隙的计算结果为：

$$C = D_内 - D_外 \tag{11-13}$$

式中，C 表示配合间隙，$D_内$ 表示轴承内径，$D_外$ 表示轴的外径。

在轴承内径最小而轴的外径最大时，配合间隙最小，也就是：

$$C_{min} = 0.999 - 0.998 = 0.001(英寸)$$

类似地，在轴承内径最大而轴的外径最小时，配合间隙最大，也就是：

$$C_{max} = 1.001 - 0.996 = 0.005(英寸)$$

因此，装配组件公差的计算结果为：

$$T_{组件} = 0.005 - 0.001 = 0.004(英寸)$$

根据上文统计容差计算原理，我们得到计算公式如下：

$$\frac{T_{组件}}{3} = \sqrt{\left(\frac{T_内}{3}\right)^2 + \left(\frac{T_外}{3}\right)^2} \tag{11-14}$$

或者

$$T_{组件} = \sqrt{T_内^2 + T_外^2}$$

其中，$T_{组件}$、$T_内$ 和 $T_外$ 分别表示组件配合间隙、轴承内径、轴的外径的公差。

在本例中，$T_{组件} = 0.004$ 英寸 $= \sqrt{T_内^2 + T_外^2}$

如果我们假设轴承内径和轴的外径的公差相同，都为 T，上式变为：

$$0.004^2 = T_内^2 + T_外^2 = 2T^2$$

$$T = \sqrt{\frac{0.004^2}{2}} = 0.0028(英寸)$$

这大约相当于原先的轴承内径和轴的外径公差的三倍。

公式的前提假设

统计容差计算公式基于下列几个假设条件：

- 组成组装件的零部件之间是独立的，并被随机地装配于组件中，这一假设在实际中通常是可以满足的。
- 各零部件的尺寸近似服从正态分布。
- 各零部件的实际均值与名义规格值相等。以前文的多层电路板为例，第 1~3 层电路板的厚度均值必须分别等于 0.025 英寸、0.100 英寸和 0.050 英寸。在制造过程中实施 SPC 方法可以保证这一要求得到满足。

如果不能满足所有以上条件，合理的偏离也可以接受。根据作者的经验，只要零部件制造过程处于统计受控状态，就不会出现很大的问题。

容许区间

我们知道，确定置信区间的方法是使该区间的界限在一定的置信度下能够包括总体的参数。有时候我们想获得一个区间，该区间在某置信度下包含一定比例的总体分布。这样的区间范围称作容许区间（Tolerance Interval），区间的两端点称作容许界限（Tolerance Limit），比如，制造商可能想估计产品的尺寸合乎工程规格要求的比例。在六西格玛中，容许区间的典型形式是 $\bar{X} \pm ks$，式中 k 值是确定的，即在置信度 γ 时容许区间将包含 p 比例的总体。均值 μ 置信区间的形式也是 $\bar{X} \pm ks$。我们要确定 k 的值，以确定在特定时间比例中，置信区间包含总体的均值 μ。很明显，容许区间要比置信区间更宽，因为它要包含的是某一比例的总体，而置信区间只需要包含总体的均值。附录 8 给出了各种不同样本容量 n 在 p = 0.90、0.95、0.99、0.999 和 γ = 0.90、0.95、0.99 时的 k 值表。

计算容许区间的示例

假设有一个来自稳定过程的容量 n = 20 的样本，样本均值 $\bar{X}$ = 20，样本标准差 s = 1.5。我们可以估计区间 $\bar{X} \pm ks$ = 20 ± 3.61 × 1.5 = 20 ± 5.4225，这个从 14.5775 到 25.4225 的区间在 95% 的置信度下将包含 99% 的总体，k 值表以总体服从正态分布为假设前提。

控制/验证阶段

控制/验证阶段的主要目标有以下几个方面。

- 用统计方法证实新的过程或者产品已经满足了项目设定的目标，改善项目取得效果。
- 建立并实施控制计划，使新的过程或设计制度化。
- 将经验教训和项目中的发现整理成文件保存下来。

12.1 验证新过程或产品设计

再彻底的分析和评估也代替不了实际验证，过程或产品设计也不例外。改善团队应该确保操作程序、操作人员的培训、相关物料、信息系统等都能产生预期的结果，这些都要由试运行来验证。新设计的试运行是指在流程专家仔细检视下的短期的小规模运行。在试运行中收集指标数据并运用 SPC 方法对它们进行分析，以确定 CTQ 的预测值在现实条件下是否足够准确。使用新设计的过程向实际顾客提供服务，并密切关注他们的反应。当然，在对试运行结果做分析的时候，也需要牢记一点，即熟练程度还会在以后不断的实践中得到提高。毫无疑问，在试运行过程中肯定会出现一些未曾预料的问题，我们不能对它们置之不理。

试运行验证无误之后就可以投入正式运营（Full-scale Operation）。正式运营相较于试运行的关系，和试运行与仿真模拟的关系一样。向正式运营的切换应该分阶段逐步进行，并随时做好重新设计的准备，直到设计稳定性已经得到足够长时间的验证。在决定改善过程或者新产品设计是否完成并成功交付给日常运营团队方面，过程负责人是主要的决定者。应该将切换工作当作一个子项目慎重对待，制定各项任务的清单以及确定计划完成日期和责任人等。

12.2 业务流程控制计划

项目成功完成啦！是吗？你确实已经达到项目的目标，顾客发起人也接受了项目的交付成果。不过不要急于宣布胜利，最后一仗还没有打呢。它就是与慢慢退步的战斗，与自然规律的战斗。[⊖]打赢这场战斗才能确保取得的成果可以永久保持。

保持改善成果

所有的组织都设计了确保稳定性的系统，以防止发生非预期的变化。通常，这些系统也会阻碍对组织有利的变化，或许在实施六西格玛项目中已经对此有深刻的体会。另外，一旦你已经建立了一个新的业务流程，这些系统中固有的"反变化"因素会成为你的朋友！下面介绍的一些方法可以保护你历经艰难才取得的改善成果。

- 政策变化。作为项目的结果之一，哪些公司政策需要变化？是否有些政策已经不再适用？需要新政策吗？

- 新标准。组织实施项目时必须要遵守某一标准（比如，ISO9000、环境标准、产品安全标准等）吗？如果确实如此，那么公司贯彻标准以后或许会防止绩效滑坡。是否存在某些行业标准（实施它们以后有助于保持项目的收益）？顾客标准呢？ANSI、SAE、JCAHO、NCQA、ASTM，ASQ 或者其他标准制定机构的标准？政府标准？不要忘记，遵守标准通常也是有效的宣传手段。如果确实如此，就可以向营销部门的同事咨询并寻求帮助。

- 改变程序。程序规定了做事应该采取的方法和步骤。因为项目产生了更好的（不同的）结果，或许有些事情的做法已经发生变化。要确保将这些变化纳入正式的程序文件中。

- 改变质量评估和评审的规则。组织中的质量控制活动存在的目的是确保质量合乎要求，是确保实际的做事方式和修改过后的文件规定一致。很

⊖ 在自然界中，没有人为干预的情况下，度量物质混乱和无序程度的物理量熵的值会一直增加。——译者注

多时候，六西格玛项目根本性地改善了过程的绩效，而现有的控制计划和控制机制可能没必要太过严苛，可以适当放松。在项目实施过程中，充分的书面分析有助于利益相关者接受新观点。

- 更新产品定价和合同竞价模型。制定产品销售价格的方法直接与利润、损失和业务的成功相关。正因如此，应将项目的改善成果反映到定价和竞价模型中，从而间接地反映到一系列的会计和信息系统中，形成公司的制度。

- 变更工程图纸。很多六西格玛项目在解决问题的时候都会产生工程变更申请（Engineering Change Request，ECR），比如，六西格玛项目在评估过程能力的时候经常发现工程技术要求过高。可能技术人员根据最不利情况制定公差，而没有使用统计容差。项目团队应该确保实际的工程图纸得到适当的修改。

- 更新生产计划。组织的生产计划详细描述了产品的制造流程和工作方法，通常六西格玛项目团队会发现更好的生产工艺。如果不修改生产计划，那么新的改善方法可能会因为人员变动等原因丢失。对于没有生产计划的组织，项目团队应该将生产计划建立起来，至少是项目涉及的产品或过程的生产计划。注意，不应该将这个看作项目范围的扩大或者转移，应该与项目目标直接相关。不过，如果项目团队能够修改政策并在政策中要求组织制订生产计划，那将更好（参见"政策变化"）。

- 修改会计规则。六西格玛将业务系统看作价值流，也就是持有全局观。然而，很多会计系统（如活动成本法）只是孤立地对待局部的活动。如果依然采用这些系统，它们的不当激励就会最终将团队的所有成就化为乌有，因为它们倾向于将自成一体的价值制造和交付过程分裂为各自竞争的一系列"领地"。将它们修改成基于有效产出的会计或者其他基于过程或系统观的会计系统。

- 重新编制预算。改善意味着更少的投入和更多的产出，因此预算应做相应调整。不过，自由市场的黄金规则应该牢记在心：资本总是流向最高效的地方。

- 修订人力预测。丰田公司的大野耐一说，他从来不关心减少人员，只关心减少人力。换句话说，作为六西格玛项目的结果之一，如果相同数量的产品可以由更少的人制造出来，应该将这一变化反映到人员需求计划中。不过，我接下来要说的是，有研究显示，实施六西格玛和全面质量管理的组织的新增雇员人数是非六西格玛组织的三倍左右。因为更好的效率、更好的质量以及更短的交货周期让公司可以为顾客提供更多的价值，因此产生更多的销售额。投资者、员工和其他的利益相关者都从中受益。

- 重新培训。相关人员需要熟悉新的做事方法，确保所有的当前员工都获得再次培训，以及新员工获得适当的教育和宣导。评估现有的培训资料，必要时加以修改。

- 变更信息系统。比如，企业资源计划系统、库存需求计划系统。组织中的很多事情在没有人员接触的时候会自动发生。例如：
  - 可能某个零件的库存量达到一定水平的时候系统就会自动下达采购订单。然而，六西格玛项目却已经取消了安全库存量。
  - MRP 系统会根据以前的生产周期时间生成生产计划，六西格玛项目已经将生产周期时间大为缩短。

当六西格玛项目改变了自动化系统的内部关系以后，应该修改软件以反映这些变化。

控制计划的工具和技术

- 项目计划。在定义、测量、分析、改善等阶段用到的六西格玛工具也可以用作制订控制计划。或许要记住的最重要的一点是，控制计划也是一个（子）项目。其交付的成果是一个有效的可以实施的控制系统。活动清单、责任人、持续时间、计划完成日期都应该认真地一一列出。如果对过程做出的变更非常广泛，在项目团队已经解散并且原项目发起人已经接受了变更以后的新系统之后，甚至需要为控制子项目另外指定发起人来负责工作的质量。这需要准备一份详细的"业务过程变更"控制计划，并及时更新其状态，直到黑带、发起人、流程负责人相信改善成果可以永久维持。

- 头脑风暴。六西格玛团队可以广泛地使用头脑风暴法，在组织内收集想法。

- 力场图。力场图对于制订控制计划很有帮助。如果存在会把变化推回原来状态的"力"，相应地就要建立反作用力来维持变化。将力场图分析的结果纳入控制计划中，确保组织可以持续获得六西格玛项目的收益。

- 过程决策程序图。根据过程决策程序图（Process Decision Process Chart，PDPC）制订应急计划，它是非常有用的工具。

- 故障模式和影响分析。在第 11 章中已经讨论了如何在改善阶段使用 FMEA。FMEA 分析的输出为控制提供了所需的输入。

12.3 使用 SPC 进行持续监控

假设领导已经为组织建立了一个开放而坦诚的沟通环境,实施 SPC 就变得相对容易,它只要:①选择需要实施 SPC 的过程;②选择各过程中的变量,将它们作为控制计划的一部分。

12.3.1 准备过程控制计划

应该为每一关键过程制订控制计划,计划应该由熟悉过程的员工组成的团队来制订。制订计划应该先从绘制新过程的流程图着手,流程图使用质量屋(见第 2 章的 QFD)中的流程元素。流程图显示了流程元素之间的关系,有助于选择适当的控制点。它也会显示组织与顾客的接触点,通常它们都是重要的控制点。注意,这里的顾客也包括内部顾客。

任何给定的过程都存在大量不同类型的流程元素。有些流程元素属于内部的,有些属于外部的,比如,钻头的旋转速度是内部元素,而工厂内的湿度就是外部元素。有些重要的流程元素可以很容易地将它们保持在某个设定值,除非人为地改变它们,否则它们就保持不变,我们将它们称为固定流程元素。而有些过程元素按照自己的规则变化,我们无法控制或者没有必要控制,但必须对它们进行监控,我们称它们为变动流程因素。我们可以将钻头的转速设定不变,但是给钻床供电的电压可能会变化,它们会导致钻头的转速在初始设定值基础上变化(这是一个很好的运用相关性矩阵的例子)。图 12-1 按照内部/外部和固定/变动的分类方法给出了相应的指导性控制方法。当然,或许对于某一特定的项目,其他的分类方法更为适用,分析人员可以大胆地开发并使用最适用于自己项目的方法。为方便起见,我们给每个类别指定了一个罗马字母,Ⅰ 代表固定 – 内部元素,Ⅱ 代表固定 – 外部元素,Ⅲ 代表变动 – 内部元素,Ⅳ 代表变动 – 外部元素。

在给各过程元素选择合适的控制方法时,对于质量屋分析中重要性排序得分较高的元素要给予更多的关注。有的时候,控制某一重要过程元素需要很大的成本。此时,可以查看质量屋中的相关性矩阵,或者统计相关性矩阵,以寻求帮助。如果两个元素相关性很高,一个控制成本高,另一个相对容易,可以考虑控制成本低的元素。相关性矩阵也有助于减少控制图的数量。通常没有必要对所有相关的变量制作控制图。此时，可以选择最便宜的（或者最敏感）的元素作为控制变量来监控。

	内部	外部
	I	II
固定	<ul><li>生产准备批准</li><li>定期审计</li><li>预防性维护</li></ul>	<ul><li>审计</li><li>认证</li></ul>
	III	IV
变动	<ul><li>控制图</li><li>防错装置</li><li>防错过程</li><li>分拣产品</li></ul>	<ul><li>供应商 SPC</li><li>收货检验</li><li>供应商分拣</li><li>防错装置</li></ul>

图 12-1　选择和控制过程元素的指南

从图 12-1 中可以看出，对于给定的流程元素，控制图并非总是最好的控制方法。实际上，控制图很少用。如果某个流程元素很重要，我们更希望它根本就不动。只有在经济上无法做到这一点时，我们才求助于控制图来监控过程变动。可以将控制图作为控制方法的最后一种选择，控制图只有在所监控的过程元素呈现可测量的"看起来随机的"波动且过程得到适当控制的时候才可以发挥作用。正常情况下，如果某一过程元素的测量结果永远是"10"，它就不适合使用控制图。如果测量结果永远只有"10"和"12"，那么也不适用。理想情况下，连续变量控制图监控的变量测量值取任何值都是可能的，也就是说，它们是连续型数据。如果数据不是太少，则离散型测量数据也可以使用。实际上，现实世界中的数据基本上都是离散的。根据经验法则，样本中要至少包括 10 个不同的数值，而且没有哪个单一值出现频次超过 20%。如果测量值对于 SPC 来说太少，则可以使用检查表或者时间序列散点图等方法来监控。

当然，上述方法用于测量值数据。如果所监控的过程元素是各类别的计数，则使用属性值控制图。

任何过程控制计划都必须包括使用指南，以便在某一问题出现时及时采取应对措施。在使用控制图监控时，这一点尤其重要。和生产准备审批或审计等过程控制程序不同，控制图显示的过程问题往往不容易从控制图上看出。调查特殊因素波动往往包含一系列预定的行动（如检查夹具、刀具等），如果没有发现特殊因素，则需要将检查结果报告给相关人员。此外还需要验证控制限等的计算方法是正确的，数据点都正确地绘制在控制图上。

读者可能会发现，图 12-1 还将"分拣产品"作为控制方法的一种。分拣产品意味着过程的能力不足以满足顾客的需求，这可以根据过程能力分析或者戴明的整批接受–拒收规则来决定。不过，即使使用分拣作为控制手段，我们依然建议建立 SPC 控制方法，因为 SPC 可以确保过程能力不会退化，SPC 也可以发现其他方法发现不了的改善机会，很有可能在改善以后就不需要再分拣了。

12.3.2　小规模短期生产的控制计划

理解小规模短期生产 SPC 方法首先要定义其中的术语。"什么叫短期小规模生产呢?"为了回答这个问题，可以设想一个生产情景，在一个生产周期中每个操作人员需要完成多种工作，每种工作涉及不同的产品。生产周期通常为一周甚至一个月。小规模是指每个生产周期内同一型号的产品数量很少。小规模生产的极端例子就是一种产品只生产一件，比如哈勃太空望远镜。短期运行不一定是小规模运行，比如，一个罐头生产线可以在一两个小时内生产 100 000 盒罐头。同样，小规模也不一定是短期的。将哈勃太空望远镜送入太空轨道花费了 15 年时间（如果包括将它调试到可以正常工作的状态，那么所用时间更长）! 不过，也存在既是小规模又是短期的情况。准时制生产（Just-In-Time，JIT）的运用让这种情况变得越来越普及。

对于小规模或者短期而言，它们的过程控制策略相似，但与传统的大批量生产环境中所使用的方法差别很大。本节同时介绍小规模和短期生产的处理方法，它们应该选择最适合自己过程特性情况的 SPC 工具。

短期小规模生产策略

朱兰提出的著名的质量管理三部曲理论将质量管控活动划分为三个不同的阶段（Juran and Gryna，1988）：

- 计划
- 控制
- 改善

图 12-2 是朱兰三部曲的示意图。

在面临小规模短期生产的时候，应该将重点放在计划阶段。应该在开始生产产品之前尽可能完成所有的工作，因为基本上不可能有机会在实际生产中浪费时间和材料"从错误中学习"。同时需要注意，朱兰的三部曲通

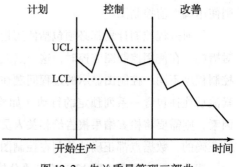

图 12-2　朱兰质量管理三部曲

常应用于产品，而 SPC 则应用于过程，认识到这一点非常重要。很可能 SPC 监控的是过程元素，根本不是一个产品的质量特征。从这个意义上讲，根本不存在所谓的"短期生产"，尽管这和表面现象正好相反。

将 SPC 运用到短期小规模生产的常见问题是人们没有认识到 SPC 应用的局限性。即使在长期生产中运用 SPC，强调生产前的计划会带来很大收益。SPC 所能提供的作用仅仅是，确认过程选择的正确性和过程控制的适当性，确保过程生产的产品一贯性地接近目标尺寸。

准备短期控制计划

短期生产控制计划需要做大量的前期工作。目的是建立尽可能多的潜在变异因素清单，并在投入生产之前采取行动加以处理。第一步是确定可以生产某一给定产品的过程，我们称这些过程为"批准的过程清单"。类似地，也需要识别某一给定过程可以生产的零件，我们称这些零件为"批准的零件清单"。上述决定的依据是过程能力研究（Pyzdek，1992a）。本指南中描述的方法是使用过程能力指数，更确切地说是 C_{PK}（均值与最近的规格限之间所包含的标准差的个数）。使用这个能力指数的正确性取决于一些前提假设，包括数据的正态性等。Pyzdek（1992b）提出了正确使用过程能力指数的方法，以及常见的不当使用。

因为短期生产涉及的产量通常比传统上应用过程能力指数所建议的产量要少，所以一般要对判定能力是否充足的准则进行修改。在评估过程能力所使用的观测值少于 50 个的时候，我们建议按照如下方法修改评判准则：①将可接受的过程波动最小宽度由 $\pm 3\sigma$ 调整为 $\pm 4\sigma$；②将可接受过程能力指数 C_{PK} 的值由 1.33 调整为 1.50。只有观测值达到 20 个以后，估计过程能力才有意义（这些观测值不必取自 20 个独立的零件，参见第 8 章）。

准备短期控制计划的时候经常会发生实际产量还不足以估计过程能力的情况。解决的办法之一就是对多个过程元素分别加以研究，然后将所有已知元素的方差相加所得和作为过程总方差的无偏估计，确定过程的能力。

比如，以生产制造导弹的某航天公司为例，每个导弹都由成千上万的零件组成。在任何给定月份中，生产导弹的数据都屈指可数，因此，数控机床（以及工厂内的其他车间）都会面临短期/小规模生产的情形。然而，明显不可能估计每个零件生产工序的过程能力。解决的方法是设计一种特殊的测试零件，然后以测试零件的各种基本特征（粗糙度、平整度、垂直度、定位精度等）数据为基础估计设备的能力。每台数控机床在受控的条件下生产一定数量的测试零件，并将测试件的测量数据绘制在短期 R 图上（参见第 8 章）。对每台机床定期实施这样的能力测试。

这种研究在正式生产前提供了机器加工不同产品特征的能力估计。不过，得到的估计值总是优于过程生产实际产品的能力。实际生产还包括不同的操作员、模具、夹具、物料等随机和异常波动因素，它们并没有被包含在设备能力研究中。因此，我们也将用先前描述的更严厉的过程能力判定规则更严格的规则（基于至少 $\pm 4\sigma$ 过程宽度得到的 C_{PK} 值为 1.5 或以上）得出的清单称作"预备批准零件清单"和"预备批准过程清单"。在正式生产开始以后，使用实际的生产结果数据来重新估计过程能力，在取得足够的数据并得到验证以后，可以将预备清单中的零件移除并归入永久性的批准零件清单中。

在编制批准零件清单和批准过程清单时，总是使用要求最严格的产品规格来确定过程的需求。比如，如果一个过程用于 100 种不同零件的钻孔，孔的定位精度公差范围为 0.001 ~ 0.030 英寸，应该基于 0.001 英寸的公差要求来确定该过程能力。

现将上述方法总结如下：

1. 让过程处于受控状态。

2. 不考虑具体的产品规格要求，设定控制限。

3. 基于计算得到的过程能力，确定过程能力是否满足最严格的产品规格要求。

12.3.3　过程审计

所有过程的需求都应该文件化。应该准备一份过程审计清单，并用它来确定过程的生产准备条件是否完备。审计可以由操作人员自己实施，但是结果应该记录归档。审计的项目应该包括已知的以及怀疑的变异源。它们包括诸如生产计划、工装状态、量具检校、量具分辨度、明显的物料或设备故障、操作人员变化等因素。

也可以用 SPC 来监控过程审计结果随时间的变化情况。比如，用单值控制图来计算并跟踪审计的评分结果。

12.3.4　选择过程控制要素

很多的短期 SPC 控制计划最后都陷入困境，其原因是控制图数量增加太快以至于无暇管理。不知不觉中墙上贴满了各种控制图，而懂的人很少，更没有人会使用它们。操作人员和检查员利用很多时间填写各种表格，这比它们从事产生增值工作所花的时间还多。最终，整个的 SPC 计划被自己压垮了。

造成这种现象的原因是人们将注意力放在产品上，而不是过程上。控制要素的选择错了，因为某个产品特征具有重要的功能，人们就会担心它们超差并被误送到顾客的手中。这是对 SPC 的误解，SPC 实际上控制的是过程。SPC 设计的初衷并不是要取代检验和测试，选择 SPC 控制要素的指导原则是：

选择的 SPC 控制要素要能以最低的成本提供关于过程的最多的信息。

幸运的是，绝大部分的过程要素都是相关的。因此，一个过程要素不仅能够提供自身的信息，也能够提供其他要素的信息。这也就意味着一小部分的过程控制要素通常能够解释绝大部分过程波动的原因。

尽管高级统计方法可以分析哪些过程要素解释了最多的过程变异，但是科学常识以及基本的过程知识通常也可以做到，甚至做得更好。关键是周密地分析和思考过程。什么是影响所有部分的"一般性过程要素"？过程要素的组合是如何影响产品特征的？是否有几个过程要素同时影响一个产品特征？改变一个过程要素是否自动会改变其他的过程要素？哪些过程要素或者产品特征对于计划外的变动最敏感？等等。

例一：先前就提到过，数控机床极端复杂。一台机床有几十种刀具，可以生产几百种产品，产品的质量特征成千上万。不过，根据合理推断，SPC 团队认为机床本身只有少数几个"通用操作"：选择刀具、定位刀具、移动工件等。进一步的研究发现，在初步调试以后遇到的问题几乎都和机床刀具定位能力不足有关。随后建立控制计划，该计划监控每个轴移动的变量不超过一个。选择的控制要素包括距离某轴原点最远的位置，以及最难以控制的操作。通常一个要素可以不止控制一个轴的运动，比如某个钻孔下刀点的定位就会用到 X 轴和 Y 轴两个方向上的定位信息。

其结果就是，虽然每个零件都具有几千种产品质量特征，但是控制图的控制要素不超过四个。随后统计专家对收集的数据进行了复杂的多元评价，结果显示团队选择的简单的四个控制要素解释了 90% 以上的过程波动。

例二：一个电子检测设备制造商使用波峰焊机焊接印刷电路板。在实施 SPC 几个月以后，根据数据评估的结果，团队决定只需要用 SPC 控制一个产品质量特征：即每 1000 个焊点的缺陷数，而且使用一张控制图控制数十种电路板。他们还得出结论，以前检查的大部分的过程变量都可以取消。以后要监控的过程变量只有焊剂密度、焊锡的化学成分（供应商提供）、焊锡的温度以及最终的松香残余量。历史数据显示，出现过程质量问题的时候，这几个变量肯定有一个不受控。对于其他变量，团队使用检查表进行定期审计即可，不再使用控制图。

注意，在上面的两个例子中，监控的变量都是和过程有关的，虽然它们中的某些也是产品特征。术语"小规模"和"短期"指的是产品变量而已，而这里的过程是连续运行的，因此，就它们的生产量和持续时间而言它们既不是"小规模"也不是"短期"的生产。

单件生产过程

最极端的小规模就是单件生产。研究单件生产过程可以获得很多信息，即便你们组织实际上不是单件生产。

在单件生产中运用 SPC 似乎不恰当。要是我们知道 SPC 中的"P"指的是Process（过程）而不是 Product（产品），也就完全有可能运用 SPC 方法进行单件生产了。即使每件产品公司只生产一件，通常也使用同一生产设施、员工和设备等。换句话说，它们用相同的过程生产不同的产品。而且，它们生产的产品即便不完全相同也很相似，以后一般也会如此。如果有一个公司今天生产芯片明天却烘焙面包，那就太奇怪了，因为生产芯片和面包的过程差异太大。至少在某种程度上，公司的资产都是为特定产品族而准备的。

上述讨论的含义是，控制单件产品质量的关键是控制过程要素而不是产品特征，这个规则同样适用于先前讨论的大规模生产。实际上，它是所有 SPC 应用的普遍规则，不管生产的零件数量到底是多还是少！

假设有一个生产通信卫星的公司，一颗卫星需要生产一年或者两年。卫星之间的设计和复杂程度都不一样，如何对它们实施 SPC 方法呢？

稍稍观察就会发现卫星太过复杂。它具有成千上万的端子、太阳能硅电池单元、焊点和紧固元器件等。参与设计、制造、测试和装配的人员成百上千。换句话说，这些过程存在大量的重复操作，它们包括工程设计（每张图纸中的错误数量）、端子制造（尺寸超差、缺陷率）、太阳能硅电池单元（功率、电特性等）、锡焊（每 1000 焊点缺陷数、焊接强度）、紧固件安装质量（力矩）等。

另一个单件生产的例子是软件开发。此时，"产品"是发送给顾客的软件安装包拷贝，如何对只有一件产品的过程使用 SPC 呢？

当我们将注意力放在背后的过程上时，答案就出来了。任何上市销售的软件产品都是由几千到几百万字节的机器代码组成。这些机器代码编写成几千行的源代码，源代码又组成一个个模块，模块组成程序，程序汇总含有函数，等等。计算机科学界已经建立了各种方法用来度量计算机代码的质量。最终的数值称作计算机编程指标，我们可以像对待一般的数据一样，使用 SPC 工具来分析它们，这样就可以测量、控制并改善这个生产代码的过程。如果过程处于统计受控状态，必须对诸如程序员的选择和培训、编程风格、计划、程序等过程元素进行持续监控。如果过程尚未处于受控状态，那就必须找出异常因素并采取适当的处理措施。

前面已经讨论过，尽管单件生产过程是小规模生产，但并不一定是短期生产。对过程而不是产品实施监控以后，改善机会自然就会出现。关键是找准过程、定义过程要素，这样我们就可以测量、控制并改善它们。

12.4 其他的过程控制方法

除了选择过程控制要素外，过程控制计划（PCP）还提供了下列信息：检验方法、测量误差研究的日期和结果、过程能力研究的日期和结果、子组容量以及选择子组的方法、抽样频率、操作员应获得的认证资格、生产准备检查清单、以前问题的说明及解决方法建议，等等。简而言之，PCP 相当于一份完整而详尽的路线图，它描述了过程稳定性的测量和维持方法。PCP 有效地控制了过程的输入，因此我们可以认为过程的输出将是持续一致的、可接受的。

预控制

预控制方法最初是由多里安·谢宁（Dorian Shainin）在 20 世纪 50 年代提出的。根据谢宁的说法，预控制是一种简单的基于公差的过程控制算法。它假设过程生产的产品具有可测量、可调整的质量特性，且质量特性按照一定分布变化，但它不对分布的具体形状和稳定性做假设。指定公差界限内的一部分为警示区。如果在一个过程中对单个测量值连续抽样，在两个连续观测值落于警示区之前，有五个连续测量值都落在中心区内，就认为该过程是合格的。为简单起见，预控制方法使用不同颜色表示各个区域。中间区用绿色表示，警示区用黄色表示，超过公差的区域用红色表示。预控制并不等同于 SPC，SPC 的作用是发现异常的变异因素，而预控制方法首先假设已知的过程有能力生产满足公差要求的产品，其作用是确保该过程一直生产满足公差要求的产品。在使用预控制之前，都应该先进行 SPC 和过程能力分析[⊖]。

一旦过程合格，对过程定期进行连续抽样，每个样本含有一对单个测量值

⊖　读者应该牢记，不能将预控制方法看成是 SPC 方法的替代品。

（称作 AB 对）。只有在 A 和 B 都位于警示区内才需要采取措施，采取措施之后需要重新验证过程是否合格。

预控制的准备

图 12-3 显示了双侧公差（即具有上规格限和下规格限的公差带）对应的预控制区域划分。

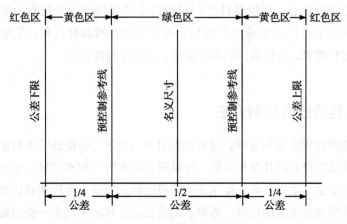

红色区　黄色区　　绿色区　　黄色区　红色区

公差下限　预控制参考线　名义尺寸　预控制参考线　公差上限

1/4 公差　　1/2 公差　　1/4 公差

图 12-3　预控制区域（双侧公差）

图 12-4 显示的是单侧公差（即只有上规格限或者下规格限的公差）的预控制区域划分。这种情况的例子有平整度、同心度、圆跳动以及其他类似用百分表测量的质量特性。

图 12-5 是具有最大值和最小值规格限的预控制区域划分。这种情况的例子有拉伸强度、污染物浓度等。此时，将公差限向上次生产中出现的最佳样本观测值方向移动 1/4 得到预控制参考线。

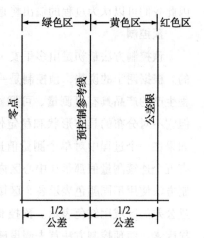

绿色区　　黄色区　红色区

零点　预控制参考线　公差限

1/2 公差　　1/2 公差

图 12-4　预控制区域（单侧公差）

预控制的使用

使用预控制方法的第一步是建立合格的过程。连续测量每件产品直到出现连续五个产品出现在绿色区域。如果出现落入黄色区域的产品，则从零开始重新计数。如果出现两个连续的产品落在黄色区域或者任何产品落在红色区域，则调整过程并重新计数。这个步骤可以代替首件检验。

建立了合格的过程以后，进入生产运行阶段。定期测量两件连续的产品（AB

对）。如果两者都处于同一侧的黄色区域，则调整过程。如果落入两侧的黄色区域，则采取措施减少过程的变异。如果出现任何产品落入红色区域，则调整过程。在出现两个黄色的时候，必须立即采取措施以免出现不良品。在出现红色的时候，停止生产，因为已经出现不良品，并根据预定的程序隔离所有的不良品。

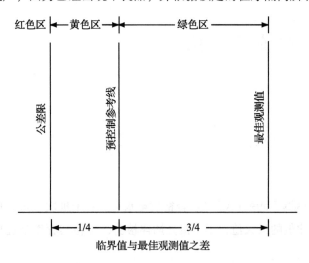

图 12-5　预控制区域（最小/最大规格）

　　谢宁（1988）建议，动态调整检查的频次，以确保在两次过程调整之间平均抽检并测量了六个 AB 对产品。用简单的公式表达如式（12-1）。

$$抽样测量间隔的分钟数 \ = \ 过程调整间隔的小时数 \times 10 \qquad (12\text{-}1)$$

基本统计术语

Acceptable Quality Level（AQL）：合格质量水平。一个批次中可以接受的不良品百分比或者比值的最大值，用于接受抽样检验，可将其看作是过程的平均质量水平。

Analysis of Variance（ANOVA）：方差分析。将一组数据的总误差按照特定波动源进行划分，检验模型参数或估计各方差分量的技术。

Assignable Cause：异常因素。可以探测或识别的导致过程波动的因素。

Average Outgoing Quality（AOQ）：平均检出质量水平。根据一个接受抽样检验计划，与给定的收货产品质量水平对应的期望放行产品质量水平。

Average Outgoing Quality Limit（AOQL）：平均检出质量限值。根据一个接受抽样检验计划得到的最大的 AOQ，不管收货产品质量水平如何。

Chance Cause：随机因素。数量众多而单个的相对重要性较小的导致过程波动的因素，不可探测或者识别它们。

Coefficient of Determination：决定系数。这是一个变量的方差可以由另一个变量的线性关系解释的程度来度量。分别用 ρ^2 和 r^2 表示总体与样本的决定系数。

Coefficient of Multiple Correlation：多元相关系数。居于 0 ~ 1 的数，表示多个预测变量 X_1，X_2，$\cdots$，X_p 与响应变量 Y 的总线性相关程度。它实际上就是响应变量的预测值与其观测值之间的相关系数。

Coefficient of Variation：变异系数。相对分散度的度量，等于标准差除以均值，或者再乘以 100 得到其百分比形式的值。当数据可能取正值也可能取负值，或者对数据进行了编码，编码后 $X=0$ 的点与原点不重合时，不能使用此度量。

Confidence Limit：置信界限。样本统计量置信区间的终点，在一定的置信度下，认为它会包括总体参数。

Consumer's Risk（β）：使用方风险。对于给定的抽样计划，接受某批的概率。该批在由指定数值代表的质量水平下一般期望会被拒绝，通常这里的指定数值是最低质量水平（LQL）。

Correlation Coefficient：相关系数。一个居于 −1 ~ 1 的数，表示两组数之间线性关系的程度。

$$r_{xy} = \frac{s_x}{s_y} = \frac{n \sum XY - \sum X \sum Y}{\sqrt{\left[n \sum X^2 - (\sum X)^2 \right]\left[n \sum Y^2 - (\sum Y)^2 \right]}}$$

Defect：缺陷。质量特征偏离预期的水平或状态，其严重程度足够导致相关的产品或服务不能满足预期的正常使用的合理要求。

Defective：不良品。包含至少一个缺陷或者有瑕疵的产品或服务，缺陷和瑕疵的严重性导致该产品或服务不能满足预期的正常使用的合理要求。在评估产品或者服务的使用功能时，用不良品一词很恰当（与规格一致性相比）。

Double Sampling：二次抽样。一种抽样检验规则。按照该规则，先对批中第一个容量为 n_1 的样本进行检验，并做出接受或者拒绝或者再抽第二个样本的决定，如需要，则从批中抽取第二个容量为 n_2 的样本进行检验，并做出最终的接受或者拒绝该批的决定。

Experiment Design：试验设计。一种实施试验的安排，包括选择因子、因子的水平、各因子和水平的组合、具体试验的运行顺序等。

Factor：因子。在试验设计中可能对响应值（试验结果）产生效应并且在试验中取不同水平的异常因素。

Factorial Experiments：全因子试验，或者析因试验。两个或者两个以上的因子，各因子取两个或两个以上的水平，对各种因子水平组合的处理都实施试验，这种试验方法称全因子试验。全因子试验不仅可以检验各因子的主效应，还可以检验因子间的交互效应（差分效应）。

Frequency Distribution：频数分布。各单个观测值数据以及它们在样本或者总体中出现频次的集合。

Histogram：直方图。用长方形表示的频次的分布图，长方形的宽度等于各数据单元的宽度，长方形的高度与频次成正比。

Hypothesis，Alternative：备择假设。如果原假设不能证明就接受的假设。备择假设的选择决定适用"单尾"还是"双尾"检验。

Hypothesis, Null：原假设。显著性检验中检验的假设，即样本总体和指定的总体（或者样本总体之间）不存在差异（差异为零）。原假设永远不可能被证实，不过在一定的犯错风险之下，可以被证伪，即可以得出总体之间存在差异的结论。如果不能被证伪，那么通常接受该假设，认为没有充足的理由可以怀疑其真实性。（与其说不存在差异，不如更确切地说没有足够的说服力可以证明存在差异，也就是说，样本容量可能太少。在规定了期望分辨出的最小差异和 β 后，即可确定所需的样本容量。这里的 β 为不能在某样本容量下分辨出差异的风险概率。）

In-control Process：受控过程。受评估的统计值处于"统计受控状态"的过程。

Kurtosis：峰度。分布形状的度量。正值表示分布与正态分布相比有长尾（扁峰），负值表示与正态分布相比有短尾（尖峰），正态分布的峰度为 0。

Mean, Standard Error of：均值标准误。容量为 n 的样本的平均值的标准差。

$$s_{\bar{x}} = \frac{s_x}{\sqrt{n}}$$

Mean：均值。分布位置的度量，矩心。

Median：中位数。中间的测量值。对于奇数个按数值大小排列的数，等于中间数的值，即对于 X_1, X_2, …, X_{2k-1}

$$中位数 = X_k$$

对于偶数个按数值大小排列的数，等于中间两个数的平均值，即对于 X_1, X_2, …, X_{2k}

$$中间数 = \frac{X_k + X_{k+1}}{2}$$

Mode：众数。出现频次最多的随机变量值。

Multiple Sampling：多次抽样。一种抽样检验规则，在检验各样本以后，做出接受或者拒绝该批的决定，或者再检验另外一个样本并根据检验结果给出决定。可能预先规定最大的检验样本数，在此之后必须做出接受或者拒绝的决定。

Operating Characteristics Curve（OC curve）：抽检特性曲线。

1. 对于孤立批或者唯一批或者来自孤立序列的批，就给定的抽样计划，曲线显示接受该批的概率与该批质量水平的函数关系（A 类）。

2. 对于连续批，就给定的抽样计划，曲线显示接受该批的概率与过程质量均值的函数关系（B 类）。

   3. 对于连续抽样计划，曲线显示在抽样计划阶段较长时间内提交产品被接受的比例与产品质量水平的函数关系。

   4. 对于特殊计划，就给定的抽样计划，曲线显示允许过程无调整继续生产的概率与过程质量水平的函数关系。

Parameter：参数。描述总体某些特征的常数或者系数（如标准差、均值、回归系数等）。

Population：总体。所研究对象的全部。

注意，对象可能是个体或者测量值。总体可能是实际存在或者只是一种概念。因此，总体可以指某一天实际生产的全部产品，也可以指若该过程继续受控可能生产的全部产品。

Power Curve：检出力曲线。显示拒绝某一假设的概率（$1-\beta$）与实际总体特征值之间关系的曲线，该假设认为样本属于具有某种特征的给定总体。

注意，如果用 β 代替 $1-\beta$，则变成抽检特性曲线（OC 曲线，主要用于质量控制中的抽样计划）。

Process Capability：过程能力。机器或者过程的运行范围，在该范围内变异仅来源于普遍性的环境条件。

注意，"普遍性的环境条件"表明定义中的过程内在变异只包括一个操作人员、一种材料等，它不同于由多个操作人员、不同材料等产生的变异。如果在严格控制的环境下度量内在变异，则有必要将那些经济上难以消除但是又频繁发生的异常因素波动加入进来。

Producer's Risk（α）：生产方风险。对于给定的抽样计划，拒绝某批的概率，通常在由指定数值代表的质量水平下一般期望接受该批。通常，该指定数值就是合格质量水平（AQL）。

Quality：质量。产品或者服务有能力满足指定需求的特征或特性的总体。

Quality Assurance：质量保证。对于产品或服务能满足指定的需求有足够的信心，所有为了达到这个目标所需的有计划的系统性行动。

Quality Control：质量控制。保持产品或服务的质量以满足指定需求的操作方法或活动，也指这些操作方法和活动的使用。

Random Sampling：随机抽样。一种选择容量为 n 的样本的方法，所研究的任何 n 个个体的组合被抽作样本的机会都相同或者可以确定。

R（**Range**）：极差。分散程度的度量，等于给定样本中最大观测值与最小观测值的差。尽管极差本身是分散度的度量，有时也用它作为总体标准差的估计，但是它是右偏估计，除非乘以与样本容量对应的系数 $(1/d_2)$。

Replication：重复试验。在相同处理条件下重复进行的试验，重复试验的结果称作重复试验数据。

Sample：样本。取自较大群体的一组个体、部分原料或者观测值，可以基于样本信息来制定有关更大群体的决策。

Single Sampling：单次抽样。一种抽样检验规则，基于容量为 n 的单个样本做出接受或者拒绝一批产品的决策。

Skewness：偏度。分布对称度的度量。正值表示分布的右侧有长尾趋势（正偏或者右偏），负值表示分布的左侧有长尾趋势（负偏或者左偏）。

Standard Deviation：标准差。

1. σ：总体标准差。变化程度（分散程度）的度量，等于总体方差的正平方根。

$$\sqrt{\frac{1}{n}\sum (X_i - \overline{X})^2}$$

2. s：样本标准差。变化程度（分散程度）的度量，等于样本方差的正平方根。

$$\sqrt{\frac{1}{n-1}\sum (X_i - \overline{X})^2}$$

Statistic：统计量。根据样本观测值计算得到的量，通常将它们用作总体的某些参数估计。

Type I Error（Acceptance Control Sense）：第 I 类错误。若有充分的信息，则可以证明该过程处于"可接受区域"，实际上却拒绝了该过程，这样的错误称作第 I 类错误。

Type II Error（Acceptance Control Sense）：第 II 类错误。若有充分的信息，则可以证明该过程处于"拒绝区域"，实际上却接受了该过程，这样的错误称作第 II 类错误。

Variance：方差。

1. σ^2：总体方差。变化程度（分散程度）的度量，等于测量值对总体算术均值偏差平方和的平均值。

2. s^2：样本方差。变化程度（分散程度）的度量，等于测量值对样本算术平均数偏差平方之和除以自由度。

标准正态分布累积概率表

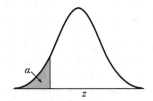

z	0.00	0.01	0.02	0.03	0.04	0.05	0.06	0.07	0.08	0.09
−3.4	0.000 3	0.000 3	0.000 3	0.000 3	0.000 3	0.000 3	0.000 3	0.000 3	0.000 3	0.000 2
−3.3	0.000 5	0.000 5	0.000 5	0.000 4	0.000 4	0.000 4	0.000 4	0.000 4	0.000 4	0.000 3
−3.2	0.000 7	0.000 7	0.000 6	0.000 6	0.000 6	0.000 6	0.000 6	0.000 5	0.000 5	0.000 5
−3.1	0.001 0	0.000 9	0.000 9	0.000 9	0.000 8	0.000 8	0.000 8	0.000 8	0.000 7	0.000 7
−3.0	0.001 3	0.001 3	0.001 3	0.001 2	0.001 2	0.001 1	0.001 1	0.001 1	0.001 0	0.001 0
−2.9	0.001 9	0.001 8	0.001 8	0.001 7	0.001 6	0.001 6	0.001 5	0.001 5	0.001 4	0.001 4
−2.8	0.002 6	0.002 5	0.002 4	0.002 3	0.002 3	0.002 2	0.002 1	0.002 1	0.002 0	0.001 9
−2.7	0.003 5	0.003 4	0.003 3	0.003 2	0.003 1	0.003 0	0.002 9	0.002 8	0.002 7	0.002 6
−2.6	0.004 7	0.004 5	0.004 4	0.004 3	0.004 1	0.004 0	0.003 9	0.003 8	0.003 7	0.003 6
−2.5	0.006 2	0.006 0	0.005 9	0.005 7	0.005 5	0.005 4	0.005 2	0.005 1	0.004 9	0.004 8
−2.4	0.008 2	0.008 0	0.007 8	0.007 5	0.007 3	0.007 1	0.006 9	0.006 8	0.006 6	0.006 4
−2.3	0.010 7	0.010 4	0.010 2	0.009 9	0.009 6	0.009 4	0.009 1	0.008 9	0.008 7	0.008 4
−2.2	0.013 9	0.013 6	0.013 2	0.012 9	0.012 5	0.012 2	0.011 9	0.011 6	0.011 3	0.011 0
−2.1	0.017 9	0.017 4	0.017 0	0.016 6	0.016 2	0.015 8	0.015 4	0.015 0	0.014 6	0.014 3
−2.0	0.022 8	0.022 2	0.021 7	0.021 2	0.020 7	0.020 2	0.019 7	0.019 2	0.018 8	0.018 3
−1.9	0.028 7	0.028 1	0.027 4	0.026 8	0.026 2	0.025 6	0.025 0	0.024 4	0.023 9	0.023 3
−1.8	0.035 9	0.035 1	0.034 4	0.033 6	0.032 9	0.032 2	0.031 4	0.030 7	0.030 1	0.029 4
−1.7	0.044 6	0.043 6	0.042 7	0.041 8	0.040 9	0.040 1	0.039 2	0.038 4	0.037 5	0.036 7
−1.6	0.054 8	0.053 7	0.052 6	0.051 6	0.050 5	0.049 5	0.048 5	0.047 5	0.046 5	0.045 5
−1.5	0.066 8	0.065 5	0.064 3	0.063 0	0.061 8	0.060 6	0.059 4	0.058 2	0.057 1	0.055 9
−1.4	0.080 8	0.079 3	0.077 8	0.076 4	0.074 9	0.073 5	0.072 1	0.070 8	0.069 4	0.068 1
−1.3	0.096 8	0.095 1	0.093 4	0.091 8	0.090 1	0.088 5	0.086 9	0.085 3	0.083 8	0.082 3
−1.2	0.115 1	0.113 1	0.111 2	0.109 3	0.107 5	0.105 6	0.103 8	0.102 0	0.100 3	0.098 5

（续）

z	0.00	0.01	0.02	0.03	0.04	0.05	0.06	0.07	0.08	0.09
−1.1	0.135 7	0.133 5	0.131 4	0.129 2	0.127 1	0.125 1	0.123 0	0.121 0	0.119 0	0.117 0
−1.0	0.158 7	0.156 2	0.153 9	0.151 5	0.149 2	0.146 9	0.144 6	0.142 3	0.140 1	0.137 9
−0.9	0.184 1	0.181 4	0.178 8	0.176 2	0.173 6	0.171 1	0.168 5	0.166 0	0.163 5	0.161 1
−0.8	0.211 9	0.209 0	0.206 1	0.203 3	0.200 5	0.197 7	0.194 9	0.192 2	0.189 4	0.186 7
−0.7	0.242 0	0.238 9	0.235 8	0.232 7	0.229 6	0.226 6	0.223 6	0.220 6	0.217 7	0.214 8
−0.6	0.274 3	0.270 9	0.267 6	0.264 3	0.261 1	0.257 8	0.254 6	0.251 4	0.248 3	0.245 1
−0.5	0.308 5	0.305 0	0.301 5	0.298 1	0.294 6	0.291 2	0.287 7	0.284 3	0.281 0	0.277 6
−0.4	0.344 6	0.340 9	0.337 2	0.333 6	0.330 0	0.326 4	0.322 8	0.319 2	0.315 6	0.312 1
−0.3	0.382 1	0.378 3	0.374 5	0.370 7	0.366 9	0.363 2	0.359 4	0.355 7	0.352 0	0.348 3
−0.2	0.420 7	0.416 8	0.412 9	0.409 0	0.405 2	0.401 3	0.397 4	0.393 6	0.389 7	0.385 9
−0.1	0.460 2	0.456 2	0.452 2	0.448 3	0.444 3	0.440 4	0.436 4	0.432 5	0.428 6	0.424 7
−0.0	0.500 0	0.496 0	0.492 0	0.488 0	0.484 0	0.480 1	0.476 1	0.472 1	0.468 1	0.464 1
0.0	0.500 0	0.504 0	0.508 0	0.512 0	0.516 0	0.519 9	0.523 9	0.527 9	0.531 9	0.535 9
0.1	0.539 8	0.543 8	0.547 8	0.551 7	0.555 7	0.559 6	0.563 6	0.567 5	0.571 4	0.575 3
0.2	0.579 3	0.583 2	0.587 1	0.591 0	0.594 8	0.598 7	0.602 6	0.606 4	0.610 3	0.614 1
0.3	0.617 9	0.621 7	0.625 5	0.629 3	0.633 1	0.636 8	0.640 6	0.644 3	0.648 0	0.651 7
0.4	0.655 4	0.659 1	0.662 8	0.666 4	0.670 0	0.673 6	0.677 2	0.680 8	0.684 4	0.687 9
0.5	0.691 5	0.695 0	0.698 5	0.701 9	0.705 4	0.708 8	0.712 3	0.715 7	0.719 0	0.722 4
0.6	0.725 7	0.729 1	0.732 4	0.735 7	0.738 9	0.742 2	0.745 4	0.748 6	0.751 7	0.754 9
0.7	0.758 0	0.761 1	0.764 2	0.767 3	0.770 4	0.773 4	0.776 4	0.779 4	0.782 3	0.785 2
0.8	0.788 1	0.791 0	0.793 9	0.796 7	0.799 5	0.802 3	0.805 1	0.807 8	0.810 6	0.813 3
0.9	0.815 9	0.818 6	0.821 2	0.823 8	0.826 4	0.828 9	0.831 5	0.834 0	0.836 5	0.838 9
1.0	0.841 3	0.843 8	0.846 1	0.848 5	0.850 8	0.853 1	0.855 4	0.857 7	0.859 9	0.862 1
1.1	0.864 3	0.866 5	0.868 6	0.870 8	0.872 9	0.874 9	0.877 0	0.879 0	0.881 0	0.883 0
1.2	0.884 9	0.886 9	0.888 8	0.890 7	0.892 5	0.894 4	0.896 2	0.898 0	0.899 7	0.901 5
1.3	0.903 2	0.904 9	0.906 6	0.908 2	0.909 9	0.911 5	0.913 1	0.914 7	0.916 2	0.917 7
1.4	0.919 2	0.920 7	0.922 2	0.923 6	0.925 1	0.926 5	0.927 9	0.929 2	0.930 6	0.931 9
1.5	0.933 2	0.934 5	0.935 7	0.937 0	0.938 2	0.939 4	0.940 6	0.941 8	0.942 9	0.944 1
1.6	0.945 2	0.946 3	0.947 4	0.948 4	0.949 5	0.950 5	0.951 5	0.952 5	0.953 5	0.954 5
1.7	0.955 4	0.956 4	0.957 3	0.958 2	0.959 1	0.959 9	0.960 8	0.961 6	0.962 5	0.963 3
1.8	0.964 1	0.964 9	0.965 6	0.966 4	0.967 1	0.967 8	0.968 6	0.969 3	0.969 9	0.970 6
1.9	0.971 3	0.971 9	0.972 6	0.973 2	0.973 8	0.974 4	0.975 0	0.975 6	0.976 1	0.976 7
2.0	0.977 2	0.977 8	0.978 3	0.978 8	0.979 3	0.979 8	0.980 3	0.980 8	0.981 2	0.981 7
2.1	0.982 1	0.982 6	0.983 0	0.983 4	0.983 8	0.984 2	0.984 6	0.985 0	0.985 4	0.985 7
2.2	0.986 1	0.986 4	0.986 8	0.987 1	0.987 5	0.987 8	0.988 1	0.988 4	0.988 7	0.989 0
2.3	0.989 3	0.989 6	0.989 8	0.990 1	0.990 4	0.990 6	0.990 9	0.991 1	0.991 3	0.991 6
2.4	0.991 8	0.992 0	0.992 2	0.992 5	0.992 7	0.992 9	0.993 1	0.993 2	0.993 4	0.993 6
2.5	0.993 8	0.994 0	0.994 1	0.994 3	0.994 5	0.994 6	0.994 8	0.994 9	0.995 1	0.995 2
2.6	0.995 3	0.995 5	0.995 6	0.995 7	0.995 9	0.996 0	0.996 1	0.996 2	0.996 3	0.996 4
2.7	0.996 5	0.996 6	0.996 7	0.996 8	0.996 9	0.997 0	0.997 1	0.997 2	0.997 3	0.997 4
2.8	0.997 4	0.997 5	0.997 6	0.997 7	0.997 7	0.997 8	0.997 9	0.997 9	0.998 0	0.998 1
2.9	0.998 1	0.998 2	0.998 2	0.998 3	0.998 4	0.998 4	0.998 5	0.998 5	0.998 6	0.998 6
3.0	0.998 7	0.998 7	0.998 7	0.998 8	0.998 8	0.998 9	0.998 9	0.998 9	0.999 0	0.999 0
3.1	0.999 0	0.999 1	0.999 1	0.999 1	0.999 2	0.999 2	0.999 2	0.999 2	0.999 3	0.999 3
3.2	0.999 3	0.999 3	0.999 4	0.999 4	0.999 4	0.999 4	0.999 4	0.999 5	0.999 5	0.999 5
3.3	0.999 5	0.999 5	0.999 5	0.999 6	0.999 6	0.999 6	0.999 6	0.999 6	0.999 6	0.999 7
3.4	0.999 7	0.999 7	0.999 7	0.999 7	0.999 7	0.999 7	0.999 7	0.999 7	0.999 7	0.999 8

t-分布临界值表

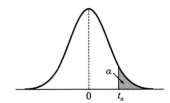

df	α				
	0.1	0.05	0.025	0.01	0.005
1	3.078	6.314	12.706	31.821	63.657
2	1.886	2.920	4.303	6.965	9.925
3	1.638	2.353	3.182	4.541	5.841
4	1.533	2.132	2.776	3.747	4.604
5	1.476	2.015	2.571	3.365	4.032
6	1.440	1.943	2.447	3.143	3.707
7	1.415	1.895	2.365	2.998	3.499
8	1.397	1.860	2.306	2.896	3.355
9	1.383	1.833	2.262	2.821	3.250
10	1.372	1.812	2.228	2.764	3.169
11	1.363	1.796	2.201	2.718	3.106
12	1.356	1.782	2.179	2.681	3.055
13	1.350	1.771	2.160	2.650	3.012
14	1.345	1.761	2.145	2.624	2.977
15	1.341	1.753	2.131	2.602	2.947
16	1.337	1.746	2.120	2.583	2.921
17	1.333	1.740	2.110	2.567	2.898
18	1.330	1.734	2.101	2.552	2.878
19	1.328	1.729	2.093	2.539	2.861
20	1.325	1.725	2.086	2.528	2.845

（续）

df	α				
	0.1	0.05	0.025	0.01	0.005
21	1.323	1.721	2.080	2.518	2.831
22	1.321	1.717	2.074	2.508	2.819
23	1.319	1.714	2.069	2.500	2.807
24	1.318	1.711	2.064	2.492	2.797
25	1.316	1.708	2.060	2.485	2.787
26	1.315	1.706	2.056	2.479	2.779
27	1.314	1.703	2.052	2.473	2.771
28	1.313	1.701	2.048	2.467	2.763
29	1.311	1.699	2.045	2.462	2.756
∞	1.282	1.645	1.960	2.326	2.576

χ^2 分布临界值表

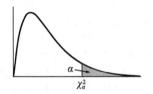

γ	α									
	0.995	0.99	0.98	0.975	0.95	0.90	0.80	0.75	0.70	0.50
	0.000 04	0.000	0.001	0.001	0.004	0.016	0.064	0.102	0.148	0.455
2	0.010 0	0.020	0.040	0.051	0.103	0.211	0.446	0.575	0.713	0.138 6
3	0.071 7	0.115	0.185	0.216	0.352	0.584	1.005	1.213	1.424	2.366
4	0.207	0.297	0.429	0.484	0.711	1.064	1.649	1.923	2.195	3.357
5	0.412	0.554	0.752	0.831	1.145	1.610	2.343	2.675	3.000	4.351
6	0.676	0.872	1.134	1.237	1.635	2.204	3.070	3.455	3.828	5.348
7	0.989	1.239	1.564	1.690	2.167	2.833	3.822	4.255	4.671	6.346
8	1.344	1.646	2.032	2.180	2.733	3.490	4.594	5.071	5.527	7.344
9	1.735	2.088	2.532	2.700	3.325	4.168	5.380	5.899	6.393	8.343
10	2.156	2.558	3.059	3.247	3.940	4.865	6.179	6.737	7.267	9.342
11	2.603	3.053	3.609	3.816	4.575	5.578	6.989	7.584	8.148	10.341
12	3.074	3.571	4.178	4.404	5.226	6.304	7.807	8.438	9.034	11.340
13	3.565	4.107	4.765	5.009	5.892	7.042	8.634	9.299	9.926	12.340
14	4.075	4.660	5.368	5.629	6.571	7.790	9.467	10.165	10.821	13.339
15	4.601	5.229	5.985	6.262	7.261	8.547	10.307	11.037	11.721	14.339
16	5.142	5.812	6.614	6.908	7.962	9.312	11.152	11.912	12.624	15.338
17	5.697	6.408	7.255	7.564	8.672	10.085	12.002	12.792	13.531	16.338
18	6.265	7.015	7.906	8.231	9.390	10.865	12.857	13.675	14.440	17.338
19	6.844	7.633	8.567	8.907	10.117	11.651	13.716	14.562	15.352	18.338
20	7.434	8.260	9.237	9.591	10.851	12.443	14.578	15.452	16.266	19.337
21	8.034	8.897	9.915	10.283	11.591	13.240	15.445	16.344	17.182	20.337
22	8.643	9.542	10.600	10.982	12.338	14.041	16.314	17.240	18.101	21.337

（续）

γ	α									
	0.995	0.99	0.98	0.975	0.95	0.90	0.80	0.75	0.70	0.50
23	9.260	10.196	11.293	11.689	13.091	14.848	17.187	18.137	19.021	22.337
24	9.886	10.856	11.992	12.401	13.848	15.659	18.062	19.037	19.943	23.337
25	10.520	11.524	12.697	13.120	14.611	16.473	18.940	19.939	20.867	24.337
26	11.160	12.198	13.409	13.844	15.379	17.292	19.820	20.843	21.792	25.336
27	11.808	12.879	14.125	14.573	16.151	18.114	20.703	21.749	22.719	26.336
28	12.461	13.565	14.847	15.308	16.928	18.939	21.588	22.657	23.647	27.336
29	13.121	14.256	15.574	16.047	17.708	19.768	22.475	23.567	24.577	28.336
30	13.787	14.953	16.306	16.791	18.493	20.599	23.364	24.478	25.508	29.336

γ	α									
	0.30	0.25	0.20	0.10	0.05	0.025	0.02	0.01	0.005	0.001
1	1.074	1.323	1.642	2.706	3.841	5.024	5.412	6.635	7.879	10.828
2	2.408	2.773	3.219	4.605	5.991	7.378	7.824	9.210	10.597	13.816
3	3.665	4.108	4.642	6.251	7.815	9.348	9.837	11.345	12.838	16.266
4	4.878	5.385	5.989	7.779	9.488	11.143	11.668	13.277	14.860	18.467
5	6.064	6.626	7.289	9.236	11.070	12.833	13.388	15.086	16.750	20.515
6	7.231	7.841	8.558	10.645	12.592	14.449	15.033	16.812	18.548	22.458
7	8.383	9.037	9.803	12.017	14.067	16.013	16.622	18.475	20.278	24.322
8	9.524	10.219	11.030	13.362	15.507	17.535	18.168	20.090	21.955	26.124
9	10.656	11.389	12.242	14.684	16.919	19.023	19.679	21.666	23.589	27.877
10	11.781	12.549	13.442	15.987	18.307	20.483	21.161	23.209	25.188	29.588
11	12.899	13.701	14.631	17.275	19.675	21.920	22.618	24.725	26.757	31.264
12	14.011	14.845	15.812	18.549	21.026	23.337	24.054	26.217	28.300	32.909
13	15.119	15.984	16.985	19.812	22.362	24.736	25.472	27.688	29.819	34.528
14	16.222	17.117	18.151	21.064	23.685	26.119	26.873	29.141	31.319	36.123
15	17.322	18.245	19.311	22.307	24.996	27.488	28.259	30.578	32.801	37.697
16	18.418	19.369	20.465	23.542	26.296	28.845	29.633	32.000	34.267	39.252
17	19.511	20.489	21.615	24.769	27.587	30.191	30.995	33.409	35.718	40.790
18	20.601	21.605	22.760	25.989	28.869	31.526	32.346	34.805	37.156	42.312
19	21.689	22.718	23.900	27.204	30.144	32.852	33.687	36.191	38.582	43.820
20	22.775	23.828	25.038	28.412	31.410	34.170	35.020	37.566	39.997	45.315
21	23.858	24.935	26.171	29.615	32.671	35.479	36.343	38.932	41.401	46.797
22	24.939	26.039	27.301	30.813	33.924	36.781	37.659	40.289	42.796	48.268
23	26.018	27.141	28.429	32.007	35.172	38.076	38.968	41.638	44.181	49.728
24	27.096	28.241	29.553	33.196	36.415	39.364	40.270	42.980	45.559	51.179
25	28.172	29.339	30.675	34.382	37.652	40.646	41.566	44.314	46.928	52.620
26	29.246	30.435	31.795	35.563	38.885	41.923	42.856	45.642	48.290	54.052
27	30.319	31.528	32.912	36.741	40.113	43.195	44.140	46.963	49.645	55.476
28	31.391	32.620	34.027	37.916	41.337	44.461	45.419	48.278	50.993	56.892
29	32.461	33.711	35.139	39.087	42.557	45.722	46.693	49.588	52.336	58.301
30	33.530	34.800	36.250	40.256	43.773	46.979	47.962	50.892	53.672	59.703

F 分布临界值表 （ α =1% ）

$$F_{0.99}(n_1, n_2)$$

n_1 = 分子自由度，n_2 = 分母自由度

n_2 \ n_1	1	2	3	4	5	6	7	8	9	10
1	405 2	499 9.5	540 3	562 5	576 4	585 9	592 8	598 2	602 2	605 6
2	98.50	99.00	99.17	99.25	99.30	99.33	99.36	99.37	99.39	99.40
3	34.12	30.82	29.46	28.71	28.24	27.91	27.67	27.49	27.35	27.23
4	21.20	18.00	16.69	15.98	15.52	15.21	14.98	14.80	14.66	14.55
5	16.26	13.27	12.06	11.39	10.97	10.67	10.46	10.29	10.16	10.05
6	13.75	10.92	9.78	9.15	8.75	8.47	8.26	8.10	7.98	7.87
7	12.25	9.55	8.45	7.85	7.46	7.19	6.99	6.84	6.72	6.62
8	11.26	8.65	7.59	7.01	6.63	6.37	6.18	6.03	5.91	5.81
9	10.56	8.02	6.99	6.42	6.06	5.80	5.61	5.47	5.35	5.26
10	10.04	7.56	6.55	5.99	5.64	5.39	5.20	5.06	4.94	4.85
11	9.65	7.21	6.22	5.67	5.32	5.07	4.89	4.74	4.63	4.54
12	9.33	6.93	5.95	5.41	5.06	4.82	4.64	4.50	4.39	4.30
13	9.07	6.70	5.74	5.21	4.86	4.62	4.44	4.30	4.19	4.10
14	8.86	6.51	5.56	5.04	4.69	4.46	4.28	4.14	4.03	3.94
15	8.68	6.36	5.42	4.89	4.56	4.32	4.14	4.00	3.89	3.80
16	8.53	6.23	5.29	4.77	4.44	4.20	4.03	3.89	3.78	3.69
17	8.40	6.11	5.18	4.67	4.34	4.10	3.93	3.79	3.68	3.59
18	8.29	6.01	5.09	4.58	4.25	4.01	3.84	3.71	3.60	3.51
19	8.18	5.93	5.01	4.50	4.17	3.94	3.77	3.63	3.52	3.43
20	8.10	5.85	4.94	4.43	4.10	3.87	3.70	3.56	3.46	3.37
21	8.02	5.78	4.87	4.37	4.04	3.81	3.64	3.51	3.40	3.31
22	7.95	5.72	4.82	4.31	3.99	3.76	3.59	3.45	3.35	3.26
23	7.88	5.66	4.76	4.26	3.94	3.71	3.54	3.41	3.30	3.21
24	7.82	5.61	4.72	4.22	3.90	3.67	3.50	3.36	3.26	3.17
25	7.77	5.57	4.68	4.18	3.85	3.63	3.46	3.32	3.22	3.13

（续）

n_1 / n_2	1	2	3	4	5	6	7	8	9	10
26	7.72	5.53	4.64	4.14	3.82	3.59	3.42	3.29	3.18	3.09
27	7.68	5.49	4.60	4.11	3.78	3.56	3.39	3.26	3.15	3.06
28	7.64	5.45	4.57	4.07	3.75	3.53	3.36	3.23	3.12	3.03
29	7.60	5.42	4.54	4.04	3.73	3.50	3.33	3.20	3.09	3.00
30	7.56	5.39	4.51	4.02	3.70	3.47	3.30	3.17	3.07	2.98
40	7.31	5.18	4.31	3.83	3.51	3.29	3.12	2.99	2.89	2.80
60	7.08	4.98	4.13	3.65	3.34	3.12	2.95	2.82	2.72	2.63
120	6.85	4.79	3.95	3.48	3.17	2.96	2.79	2.66	2.56	2.47
∞	6.63	4.61	3.78	3.32	3.02	2.80	2.64	2.51	2.41	2.32

n_1 / n_2	12	15	20	24	30	40	60	120	∞
1	610 6	615 7	620 9	623 5	626 1	628 7	631 3	633 9	636 6
2	99.42	99.43	99.45	99.46	99.47	99.47	99.48	99.49	99.50
3	27.05	26.87	26.69	26.60	26.50	26.41	26.32	26.22	26.13
4	14.37	14.20	14.02	13.93	13.84	13.75	13.65	13.56	13.46
5	9.89	9.72	9.55	9.47	9.38	9.29	9.20	9.11	9.02
6	7.72	7.56	7.40	7.31	7.23	7.14	7.06	6.97	6.88
7	6.47	6.31	6.16	6.07	5.99	5.91	5.82	5.74	5.65
8	5.67	5.52	5.36	5.28	5.20	5.12	5.03	4.95	4.86
9	5.11	4.96	4.81	4.73	4.65	4.57	4.48	4.40	4.31
10	4.71	4.56	4.41	4.33	4.25	4.17	4.08	4.00	3.91
11	4.40	4.25	4.10	4.02	3.94	3.86	3.78	3.69	3.60
12	4.16	4.01	3.86	3.78	3.70	3.62	3.54	3.45	3.36
13	3.96	3.82	3.66	3.59	3.51	3.43	3.34	3.25	3.17
14	3.80	3.66	3.51	3.43	3.35	3.27	3.18	3.09	3.00
15	3.67	3.52	3.37	3.29	3.21	3.13	3.05	2.96	2.87
16	3.55	3.41	3.26	3.18	3.10	3.02	2.93	2.84	2.75
17	3.46	3.31	3.16	3.08	3.00	2.92	2.83	2.75	2.65
18	3.37	3.23	3.08	3.00	2.92	2.84	2.75	2.66	2.57
19	3.30	3.15	3.00	2.92	2.84	2.76	2.67	2.58	2.49
20	3.23	3.09	2.94	2.86	2.78	2.69	2.61	2.52	2.42
21	3.17	3.03	2.88	2.80	2.72	2.64	2.55	2.46	2.36
22	3.12	2.98	2.83	2.75	2.67	2.58	2.50	2.40	2.31
23	3.07	2.93	2.78	2.70	2.62	2.54	2.45	2.35	2.26
24	3.03	2.89	2.74	2.66	2.58	2.49	2.40	2.31	2.21
25	2.99	2.85	2.70	2.62	2.54	2.45	2.36	2.27	2.17
26	2.96	2.81	2.66	2.58	2.50	2.42	2.33	2.23	2.13
27	2.93	2.78	2.63	2.55	2.47	2.38	2.29	2.20	2.10
28	2.90	2.75	2.60	2.52	2.44	2.35	2.26	2.17	2.06
29	2.87	2.73	2.57	2.49	2.41	2.33	2.23	2.14	2.03
30	2.84	2.70	2.55	2.47	2.39	2.30	2.21	2.11	2.01
40	2.66	2.52	2.37	2.29	2.20	2.11	2.02	1.92	1.80
60	2.50	2.35	2.20	2.12	2.03	1.94	1.84	1.73	1.60
120	2.34	2.19	2.03	1.95	1.86	1.76	1.66	1.53	1.38
∞	2.18	2.04	1.88	1.79	1.70	1.59	1.47	1.32	1.00

F 分布临界值表 （ $\alpha = 5\%$ ）

$$F_{0.95}(n_1, n_2)$$

$n_1 =$ 分子自由度， $n_2 =$ 分母自由度

n_2 \ n_1	1	2	3	4	5	6	7	8	9	10
1	161.4	199.5	215.7	224.6	230.2	234.0	236.8	238.9	240.5	241.9
2	18.51	19.00	19.16	19.25	19.30	19.33	19.35	19.37	19.38	19.40
3	10.13	9.55	9.28	9.12	9.01	8.94	8.89	8.85	8.81	8.79
4	7.71	6.94	6.59	6.39	6.26	6.16	6.09	6.04	6.00	5.96
5	6.61	5.79	5.41	5.19	5.05	4.95	4.88	4.82	4.77	4.74
6	5.99	5.14	4.76	4.53	4.39	4.28	4.21	4.15	4.10	4.06
7	5.59	4.47	4.35	4.12	3.97	3.87	3.79	3.73	3.68	3.64
8	5.32	4.46	4.07	3.84	3.69	3.58	3.50	3.44	3.39	3.35
9	5.12	4.26	3.86	3.63	3.48	3.37	3.29	3.23	3.18	3.14
10	4.96	4.10	3.71	3.48	3.33	3.22	3.14	3.07	3.02	2.98
11	4.84	3.98	3.59	3.36	3.20	3.09	3.01	2.95	2.90	2.85
12	4.75	3.89	3.49	3.26	3.11	3.00	2.91	2.85	2.80	2.75
13	4.67	3.81	3.41	3.18	3.03	2.92	2.83	2.77	2.71	2.67
14	4.60	3.74	3.34	3.11	2.96	2.85	2.76	2.70	2.65	2.60
15	4.54	3.68	3.29	3.06	2.90	2.79	2.71	2.64	2.59	2.54
16	4.49	3.63	3.24	3.01	2.85	2.74	2.66	2.59	2.54	2.49
17	4.45	3.59	3.20	2.96	2.81	2.70	2.61	2.55	2.49	2.45
18	4.41	3.55	3.16	2.93	2.77	2.66	2.58	2.51	2.46	2.41
19	4.38	3.52	3.13	2.90	2.74	2.63	2.54	2.48	2.42	2.38
20	4.35	3.49	3.10	2.87	2.71	2.60	2.51	2.45	2.39	2.35
21	4.32	3.47	3.07	2.84	2.68	2.57	2.49	2.42	2.37	2.32
22	4.30	3.44	3.05	2.82	2.66	2.55	2.46	2.40	2.34	2.30
23	4.28	3.42	3.03	2.80	2.64	2.53	2.44	2.37	2.32	2.27
24	4.26	3.40	3.01	2.78	2.62	2.51	2.42	2.36	2.30	2.25
25	4.24	3.39	2.99	2.76	2.60	2.49	2.40	2.34	2.28	2.24
26	4.23	3.37	2.98	2.74	2.59	2.47	2.39	2.32	2.27	2.22
27	4.21	3.35	2.96	2.73	2.57	2.46	2.37	2.31	2.25	2.20

（续）

n_1 n_2	1	2	3	4	5	6	7	8	9	10
28	4.20	3.34	2.95	2.71	2.56	2.45	2.36	2.29	2.24	2.19
29	4.18	3.33	2.93	2.70	2.55	2.43	2.35	2.28	2.22	2.18
30	4.17	3.32	2.92	2.69	2.53	2.42	2.33	2.27	2.21	2.16
40	4.08	3.23	2.84	2.61	2.45	2.34	2.25	2.18	2.12	2.08
60	4.00	3.15	2.76	2.53	2.37	2.25	2.17	2.10	2.04	1.99
120	3.92	3.07	2.68	2.45	2.29	2.17	2.09	2.02	1.96	1.91
∞	3.84	3.00	2.60	2.37	2.21	2.10	2.01	1.94	1.88	1.83

n_1 = 分子自由度

n_1 n_2	12	15	20	24	30	40	60	120	∞
1	243.9	245.9	248.0	249.1	250.1	251.1	252.2	253.3	254.3
2	19.41	19.43	19.45	19.45	19.46	19.47	19.48	19.49	19.50
3	8.74	8.70	8.66	8.64	8.62	8.59	8.57	8.55	8.53
4	5.91	5.86	5.80	5.77	5.75	5.72	5.69	5.66	5.63
5	4.68	4.62	4.56	4.53	4.50	4.46	4.43	4.40	4.36
6	4.00	3.94	3.87	3.84	3.81	3.77	3.74	3.70	3.67
7	3.57	3.51	3.44	3.41	3.38	3.34	3.30	3.27	3.23
8	3.28	3.22	3.15	3.12	3.08	3.04	3.01	2.97	2.93
9	3.07	3.01	2.94	2.90	2.86	2.83	2.79	2.75	2.71
10	2.91	2.85	2.77	2.74	2.70	2.66	2.62	2.58	2.54
11	2.79	2.72	2.65	2.61	2.57	2.53	2.49	2.45	2.40
12	2.69	2.62	2.54	2.51	2.47	2.43	2.38	2.34	2.30
13	2.60	2.53	2.46	2.42	2.38	2.34	2.30	2.25	2.21
14	2.53	2.46	2.39	2.35	2.31	2.27	2.22	2.18	2.13
15	2.48	2.40	2.33	2.29	2.25	2.20	2.16	2.11	2.07
16	2.42	2.35	2.28	2.24	2.19	2.15	2.11	2.06	2.01
17	2.38	2.31	2.23	2.19	2.15	2.10	2.06	2.01	1.96
18	2.34	2.27	2.19	2.15	2.11	2.06	2.02	1.97	1.92
19	2.31	2.23	2.16	2.11	2.07	2.03	1.98	1.93	1.88
20	2.28	2.20	2.12	2.08	2.04	1.99	1.95	1.90	1.84
21	2.25	2.18	2.10	2.05	2.01	1.96	1.92	1.87	1.81
22	2.23	2.15	2.07	2.03	1.98	1.94	1.89	1.84	1.78
23	2.20	2.13	2.05	2.01	1.96	1.91	1.86	1.81	1.76
24	2.18	2.11	2.03	1.98	1.94	1.89	1.84	1.79	1.73
25	2.16	2.09	2.01	1.96	1.92	1.87	1.82	1.77	1.71
26	2.15	2.07	1.99	1.95	1.90	1.85	1.80	1.75	1.69
27	2.13	2.06	1.97	1.93	1.88	1.84	1.79	1.73	1.67
28	2.12	2.04	1.96	1.91	1.87	1.82	1.77	1.71	1.65
29	2.10	2.03	1.94	1.90	1.85	1.81	1.75	1.70	1.64
30	2.09	2.01	1.93	1.89	1.84	1.79	1.74	1.68	1.62
40	2.00	1.92	1.84	1.79	1.74	1.69	1.64	1.58	1.51
60	1.92	1.84	1.75	1.70	1.65	1.59	1.53	1.47	1.39
120	1.83	1.75	1.66	1.61	1.55	1.50	1.43	1.35	1.25
∞	1.75	1.67	1.57	1.52	1.46	1.39	1.32	1.22	1.00

泊松分布累积概率表

$$\sum_{x=0}^{r} p(x;\mu)$$

r	μ								
	0.1	0.2	0.3	0.4	0.5	0.6	0.7	0.8	0.9
0	0.904 8	0.818 7	0.740 8	0.670 3	0.606 5	0.548 8	0.496 6	0.449 3	0.406 6
1	0.995 3	0.982 5	0.963 1	0.938 4	0.909 8	0.878 1	0.844 2	0.808 8	0.772 5
2	0.999 8	0.998 9	0.996 4	0.992 1	0.985 6	0.976 9	0.965 9	0.952 6	0.937 1
3	1.000 0	0.999 9	0.999 7	0.999 2	0.998 2	0.996 6	0.994 2	0.990 9	0.986 5
4	1.000 0	1.000 0	1.000 0	0.999 9	0.999 8	0.999 6	0.999 2	0.998 6	0.997 7
5	1.000 0	1.000 0	1.000 0	1.000 0	1.000 0	1.000 0	0.999 9	0.999 8	0.999 7
6	1.000 0	1.000 0	1.000 0	1.000 0	1.000 0	1.000 0	1.000 0	1.000 0	1.000 0

r	μ								
	1.0	1.5	2.0	2.5	3.0	3.5	4.0	4.5	5.0
0	0.367 9	0.223 1	0.135 3	0.082 1	0.049 8	0.030 2	0.018 3	0.011 1	0.006 7
1	0.735 8	0.557 8	0.406 0	0.287 3	0.199 1	0.135 9	0.091 6	0.061 1	0.040 4
2	0.919 7	0.808 8	0.676 7	0.543 8	0.423 2	0.320 8	0.238 1	0.173 6	0.124 7
3	0.981 0	0.934 4	0.857 1	0.757 6	0.647 2	0.536 6	0.433 5	0.342 3	0.265 0
4	0.996 3	0.981 4	0.947 3	0.891 2	0.815 3	0.725 4	0.628 8	0.532 1	0.440 5
5	0.999 4	0.995 5	0.983 4	0.958 0	0.916 1	0.857 6	0.785 1	0.702 9	0.616 0
6	0.999 9	0.999 1	0.995 5	0.985 8	0.966 5	0.934 7	0.889 3	0.831 1	0.762 2
7	1.000 0	0.999 8	0.998 9	0.995 8	0.988 1	0.973 3	0.948 9	0.913 4	0.866 6
8	1.000 0	1.000 0	0.999 8	0.998 9	0.996 2	0.990 1	0.978 6	0.959 7	0.931 9
9	1.000 0	1.000 0	1.000 0	0.999 7	0.998 9	0.996 7	0.991 9	0.982 9	0.968 2

（续）

r	μ								
	1.0	1.5	2.0	2.5	3.0	3.5	4.0	4.5	5.0
10	1.000 0	1.000 0	1.000 0	0.999 9	0.999 7	0.999 0	0.997 2	0.993 3	0.986 3
11	1.000 0	1.000 0	1.000 0	1.000 0	0.999 9	0.999 7	0.999 1	0.997 6	0.994 5
12	1.000 0	1.000 0	1.000 0	1.000 0	1.000 0	0.999 9	0.999 7	0.999 2	0.998 0
13	1.000 0	1.000 0	1.000 0	1.000 0	1.000 0	1.000 0	0.999 9	0.999 7	0.999 3
14	1.000 0	1.000 0	1.000 0	1.000 0	1.000 0	1.000 0	1.000 0	0.999 9	0.999 8
15	1.000 0	1.000 0	1.000 0	1.000 0	1.000 0	1.000 0	1.000 0	1.000 0	0.999 9
16	1.000 0	1.000 0	1.000 0	1.000 0	1.000 0	1.000 0	1.000 0	1.000 0	1.000 0

r	μ								
	5.5	6.0	6.5	7.0	7.5	8.0	8.5	9.0	9.5
0	0.004 1	0.002 5	0.001 5	0.000 9	0.000 6	0.000 3	0.000 2	0.000 1	0.000 1
1	0.026 6	0.017 4	0.011 3	0.007 3	0.004 7	0.003 0	0.001 9	0.001 2	0.000 8
2	0.088 4	0.062 0	0.043 0	0.029 6	0.020 3	0.013 8	0.009 3	0.006 2	0.004 2
3	0.201 7	0.151 2	0.111 8	0.081 8	0.059 1	0.042 4	0.030 1	0.021 2	0.014 9
4	0.357 5	0.285 1	0.223 7	0.173 0	0.132 1	0.099 6	0.074 4	0.055 0	0.040 3
5	0.528 9	0.445 7	0.369 0	0.300 7	0.241 4	0.191 2	0.149 6	0.115 7	0.088 5
6	0.686 0	0.606 3	0.526 5	0.449 7	0.378 2	0.313 4	0.256 2	0.206 8	0.164 9
7	0.809 5	0.744 0	0.672 8	0.598 7	0.524 6	0.453 0	0.385 6	0.323 9	0.268 7
8	0.894 4	0.847 2	0.791 6	0.729 1	0.662 0	0.592 5	0.523 1	0.455 7	0.391 8
9	0.946 2	0.916 1	0.877 4	0.830 5	0.776 4	0.716 6	0.653 0	0.587 4	0.521 8
10	0.974 7	0.957 4	0.933 2	0.901 5	0.862 2	0.815 9	0.763 4	0.706 0	0.645 3
11	0.989 0	0.979 9	0.966 1	0.946 7	0.920 8	0.888 1	0.848 7	0.803 0	0.752 0
12	0.995 5	0.991 2	0.984 0	0.973 0	0.957 3	0.936 2	0.909 1	0.875 8	0.836 4
13	0.998 3	0.996 4	0.992 9	0.987 2	0.978 4	0.965 8	0.948 6	0.926 1	0.898 1
14	0.999 4	0.998 6	0.997 0	0.994 3	0.989 7	0.982 7	0.972 6	0.958 5	0.940 0
15	0.999 8	0.999 5	0.998 8	0.997 6	0.995 4	0.991 8	0.986 2	0.978 0	0.966 5
16	0.999 9	0.999 8	0.999 6	0.999 0	0.998 0	0.996 3	0.993 4	0.988 9	0.982 3
17	1.000 0	0.999 9	0.999 8	0.999 6	0.999 2	0.998 4	0.997 0	0.994 7	0.991 1
18	1.000 0	1.000 0	0.999 9	0.999 9	0.999 7	0.999 3	0.998 7	0.997 6	0.995 7
19	1.000 0	1.000 0	1.000 0	1.000 0	0.999 9	0.999 7	0.999 5	0.998 9	0.998 0
20	1.000 0	1.000 0	1.000 0	1.000 0	1.000 0	0.999 9	0.999 8	0.999 6	0.999 1
21	1.000 0	1.000 0	1.000 0	1.000 0	1.000 0	1.000 0	0.999 9	0.999 8	0.999 6
22	1.000 0	1.000 0	1.000 0	1.000 0	1.000 0	1.000 0	1.000 0	0.999 9	0.999 9
23	1.000 0	1.000 0	1.000 0	1.000 0	1.000 0	1.000 0	1.000 0	1.000 0	0.999 9
24	1.000 0	1.000 0	1.000 0	1.000 0	1.000 0	1.000 0	1.000 0	1.000 0	1.000 0

（续）

r	μ								
	10.0	11.0	12.0	13.0	14.0	15.0	16.0	17.0	18.0
0	0.000 0	0.000 0	0.000 0	0.000 0	0.000 0	0.000 0	0.000 0	0.000 0	0.000 0
1	0.000 5	0.000 2	0.000 1	0.000 0	0.000 0	0.000 0	0.000 0	0.000 0	0.000 0
2	0.002 8	0.001 2	0.000 5	0.000 2	0.000 1	0.000 0	0.000 0	0.000 0	0.000 0
3	0.010 3	0.004 9	0.002 3	0.001 1	0.000 5	0.000 2	0.000 1	0.000 0	0.000 0
4	0.029 3	0.015 1	0.007 6	0.003 7	0.001 8	0.000 9	0.000 4	0.000 2	0.000 1
5	0.067 1	0.037 5	0.020 3	0.010 7	0.005 5	0.002 8	0.001 4	0.000 7	0.000 3
6	0.130 1	0.078 6	0.045 8	0.025 9	0.014 2	0.007 6	0.004 0	0.002 1	0.001 0
7	0.220 2	0.143 2	0.089 5	0.054 0	0.031 6	0.018 0	0.010 0	0.005 4	0.002 9
8	0.332 8	0.232 0	0.155 0	0.099 8	0.062 1	0.037 4	0.022 0	0.012 6	0.007 1
9	0.457 9	0.340 5	0.242 4	0.165 8	0.109 4	0.069 9	0.043 3	0.026 1	0.015 4
10	0.583 0	0.459 9	0.347 2	0.251 7	0.175 7	0.118 5	0.077 4	0.049 1	0.030 4
11	0.696 8	0.579 3	0.461 6	0.353 2	0.260 0	0.184 8	0.127 0	0.084 7	0.054 9
12	0.791 6	0.688 7	0.576 0	0.463 1	0.358 5	0.267 6	0.193 1	0.135 0	0.091 7
13	0.864 5	0.781 3	0.681 5	0.573 0	0.464 4	0.363 2	0.274 5	0.200 9	0.142 6
14	0.916 5	0.854 0	0.772 0	0.675 1	0.570 4	0.465 7	0.367 5	0.280 8	0.208 1
15	0.951 3	0.907 4	0.844 4	0.763 6	0.669 4	0.568 1	0.466 7	0.371 5	0.286 7
16	0.973 0	0.944 1	0.898 7	0.835 5	0.755 9	0.664 1	0.566 0	0.467 7	0.375 1
17	0.985 7	0.967 8	0.937 0	0.890 5	0.827 2	0.748 9	0.659 3	0.564 0	0.468 6
18	0.992 8	0.982 3	0.962 6	0.930 2	0.882 6	0.819 5	0.742 3	0.655 0	0.562 2
19	0.996 5	0.990 7	0.978 7	0.957 3	0.923 5	0.875 2	0.812 2	0.736 3	0.650 9
20	0.998 4	0.995 3	0.988 4	0.975 0	0.952 1	0.917 0	0.868 2	0.805 5	0.730 7
21	0.999 3	0.997 7	0.993 9	0.985 9	0.971 2	0.946 9	0.910 8	0.861 5	0.799 1
22	0.999 7	0.999 0	0.997 0	0.992 4	0.983 3	0.967 3	0.941 8	0.904 7	0.855 1
23	0.999 9	0.999 5	0.998 5	0.996 0	0.990 7	0.980 5	0.963 3	0.963 7	0.898 9
24	1.000 0	0.999 8	0.999 3	0.998 0	0.995 0	0.988 8	0.977 7	0.959 4	0.931 7
25	1.000 0	0.999 9	0.999 7	0.999 0	0.997 4	0.993 8	0.986 9	0.974 8	0.955 4
26	1.000 0	1.000 0	0.999 9	0.999 5	0.998 7	0.996 7	0.992 5	0.984 8	0.971 8
27	1.000 0	1.000 0	0.999 9	0.999 8	0.999 4	0.998 3	0.995 9	0.991 2	0.982 7
28	1.000 0	1.000 0	1.000 0	0.999 9	0.999 7	0.999 1	0.997 8	0.995 0	0.989 7
29	1.000 0	1.000 0	1.000 0	1.000 0	0.999 9	0.999 6	0.998 9	0.997 3	0.994 1
30	1.000 0	1.000 0	1.000 0	1.000 0	0.999 9	0.999 8	0.999 4	0.998 6	0.996 7
31	1.000 0	1.000 0	1.000 0	1.000 0	1.000 0	0.999 9	0.999 7	0.999 3	0.998 2
32	1.000 0	1.000 0	1.000 0	1.000 0	1.000 0	1.000 0	0.999 9	0.999 6	0.999 0
33	1.000 0	1.000 0	1.000 0	1.000 0	1.000 0	1.000 0	0.999 9	0.999 8	0.999 5
34	1.000 0	1.000 0	1.000 0	1.000 0	1.000 0	1.000 0	1.000 0	0.999 9	0.999 8
35	1.000 0	1.000 0	1.000 0	1.000 0	1.000 0	1.000 0	1.000 0	1.000 0	0.999 9
36	1.000 0	1.000 0	1.000 0	1.000 0	1.000 0	1.000 0	1.000 0	1.000 0	0.999 9
37	1.000 0	1.000 0	1.000 0	1.000 0	1.000 0	1.000 0	1.000 0	1.000 0	1.000 0

容许区间系数

双侧公差限 k 值

n	γ=0.90				γ=0.95				γ=0.99			
	p=0.90	p=0.95	p=0.99	p=0.999	p=0.90	p=0.95	p=0.99	p=0.999	p=0.90	p=0.95	p=0.99	p=0.999
2	15.978	18.800	24.167	30.227	32.019	37.674	48.430	60.573	160.193	188.491	242.300	303.054
3	5.847	6.919	8.974	11.309	8.380	9.916	12.861	16.208	18.930	22.401	29.055	36.616
4	4.166	4.943	6.440	8.149	5.369	6.370	8.299	10.502	9.398	11.150	14.527	18.383
5	3.494	4.152	5.423	6.879	4.275	5.079	6.634	8.415	6.612	7.855	10.260	13.015
6	3.131	3.723	4.870	6.188	3.712	4.414	5.775	7.337	5.337	6.345	8.301	10.548
7	2.902	3.452	4.521	5.750	3.369	4.007	5.248	6.676	4.613	5.488	7.187	9.142
8	2.743	3.264	4.278	5.446	3.316	3.732	4.891	6.226	4.147	4.936	6.468	8.234
9	2.626	3.125	4.098	5.220	2.967	3.532	4.631	5.899	3.822	4.550	5.966	7.600
10	2.535	3.018	3.959	5.046	2.839	3.379	4.433	5.649	3.582	4.265	5.594	7.129
11	2.463	2.933	3.849	4.906	2.737	3.259	4.277	5.452	3.397	4.045	5.308	6.766
12	2.404	2.863	3.758	4.792	2.655	3.162	4.150	5.291	3.250	3.870	5.079	6.477
13	2.355	2.805	3.682	4.697	2.587	3.081	4.044	5.158	3.130	3.727	4.893	6.240
14	2.314	2.756	3.618	4.615	2.529	3.012	3.955	5.045	3.029	3.608	4.737	6.043
15	2.278	2.713	3.562	4.545	2.480	2.954	3.878	4.949	2.945	3.507	4.605	5.876
16	2.246	2.676	3.514	4.484	2.437	2.903	3.812	4.865	2.872	3.421	4.492	5.732
17	2.219	2.643	3.471	4.430	2.400	2.858	3.754	4.791	2.808	3.345	4.393	5.607
18	2.194	2.614	3.433	4.382	2.366	2.819	3.702	4.725	2.753	3.279	4.307	5.497
19	2.172	2.588	3.399	4.339	2.337	2.784	3.656	4.667	2.703	3.221	4.230	5.399
20	2.152	2.564	3.368	4.300	2.310	2.752	3.615	4.614	2.659	3.168	4.161	5.312
21	2.135	2.543	3.340	4.264	2.286	2.723	3.577	4.567	2.620	3.121	4.100	5.234
22	2.118	2.524	3.315	4.232	2.264	2.697	3.543	4.523	2.584	3.078	4.044	5.163
23	2.103	2.506	3.292	4.203	2.244	2.673	3.512	4.484	2.551	3.040	3.993	5.098
24	2.089	2.480	3.270	4.176	2.225	2.651	3.483	4.447	2.522	3.004	3.947	5.039
25	2.077	2.474	3.251	4.151	2.208	2.631	3.457	4.413	2.494	2.972	3.904	4.985
30	2.025	2.413	3.170	4.049	2.140	2.549	3.350	4.278	2.385	2.841	3.733	4.768

（续）

n	γ=0.90				γ=0.95				γ=0.99			
	p=0.90	p=0.95	p=0.99	p=0.999	p=0.90	p=0.95	p=0.99	p=0.999	p=0.90	p=0.95	p=0.99	p=0.999
35	1.988	2.368	3.112	3.974	2.090	2.490	3.272	4.179	2.306	2.748	3.611	4.611
40	1.959	2.334	3.066	3.917	2.052	2.445	3.213	4.104	2.247	2.677	3.518	4.493
45	1.935	2.306	3.030	3.871	2.021	2.408	3.165	4.042	2.200	2.621	3.444	4.399
50	1.916	2.284	3.001	3.833	1.996	2.379	3.126	3.993	2.162	2.576	3.385	4.323

单侧公差限 k 值

n	γ=0.90				γ=0.95				γ=0.99			
	p=0.90	p=0.95	p=0.99	p=0.999	p=0.90	p=0.95	p=0.99	p=0.999	p=0.90	p=0.95	p=0.99	p=0.999
3	4.258	5.310	7.340	9.651	6.158	7.655	10.552	13.857	—	—	—	—
4	3.187	3.957	5.437	7.128	4.163	5.145	7.042	9.215	—	—	—	—
5	2.742	3.400	4.666	6.112	3.407	4.202	5.741	7.501	—	—	—	—
6	2.494	3.091	4.242	5.556	3.006	3.707	50.62	6.612	4.408	5.409	7.334	9.540
7	2.333	2.894	3.972	5.201	2.755	3.399	4.641	6.061	3.856	4.730	6.411	8.348
8	2.219	2.755	3.783	4.955	2.582	3.188	4.353	5.686	3.496	4.287	5.811	7.566
9	2.133	2.649	3.641	4.772	2.454	3.031	4.143	5.414	3.242	3.971	5.389	7.014
10	2.065	2.568	3.532	4.629	2.355	2.911	3.981	5.203	3.048	3.739	5.075	6.603
11	2.012	2.503	3.444	4.515	2.275	2.815	3.852	5.036	2.897	3.557	4.828	6.284
12	1.966	2.448	3.371	4.420	2.210	2.736	3.747	4.900	2.773	3.410	4.633	6.032
13	1.928	2.403	3.310	4.341	2.155	2.670	3.659	4.787	2.677	3.290	4.472	5.826
14	1.895	2.363	3.257	4.274	2.108	2.614	3.585	4.690	2.592	3.189	4.336	5.651
15	1.866	2.329	3.212	4.215	2.068	2.566	3.520	4.607	2.521	3.102	4.224	5.507
16	1.842	2.299	3.172	4.146	2.032	2.523	3.463	4.534	2.458	3.028	4.124	5.374
17	1.820	2.272	3.136	4.118	2.001	2.468	3.415	4.471	2.405	2.962	4.038	5.268
18	1.800	2.249	3.106	4.078	1.974	2.453	3.370	4.415	2.357	2.906	3.961	5.167
19	1.781	2.228	3.078	4.041	1.949	2.423	3.331	4.364	2.315	2.855	3.893	5.078
20	1.765	2.208	3.052	4.009	1.926	2.396	3.295	4.319	2.275	2.807	3.832	5.003
21	1.750	2.190	3.028	3.979	1.905	2.371	3.262	4.276	2.241	2.768	3.776	4.932
22	1.736	2.174	3.007	3.952	1.887	2.350	3.233	4.238	2.208	2.729	3.727	4.866
23	1.724	2.159	2.987	3.927	1.869	2.329	3.206	4.204	2.179	2.693	3.680	4.806
24	1.712	2.145	2.969	3.904	1.853	2.309	3.181	4.171	2.154	2.663	3.638	4.755
25	1.702	2.132	2.952	3.882	1.838	2.292	3.158	4.143	2.129	2.632	3.601	4.706
30	1.657	2.080	2.884	3.794	1.778	2.220	3.064	4.022	2.029	2.516	3.446	4.508
35	1.623	2.041	2.833	3.730	1.732	2.166	2.994	3.934	1.957	2.431	3.334	4.364
40	1.598	2.010	2.793	3.679	1.697	2.126	2.941	3.866	1.902	2.365	3.250	4.255
45	1.577	1.986	2.762	3.638	1.669	2.092	2.897	3.811	1.857	2.313	3.181	4.168
50	1.560	1.965	2.735	3.604	1.646	2.065	2.963	3.766	1.821	2.296	3.124	4.096

置信度 γ% 样本容量 n 容许区间包含的总体比例				
n	γ = 0. 90	γ = 0. 95	γ = 0. 99	γ = 0. 995
2	0. 052	0. 026	0. 006	0. 003
4	0. 321	0. 249	0. 141	0. 111
6	0. 490	0. 419	0. 295	0. 254
10	0. 664	0. 606	0. 496	0. 456
20	0. 820	0. 784	0. 712	0. 683
40	0. 907	0. 887	0. 846	0. 829
60	0. 937	0. 924	0. 895	0. 883
80	0. 953	0. 943	0. 920	0. 911
100	0. 962	0. 954	0. 936	0. 929
150	0. 975	0. 969	0. 957	0. 952
200	0. 981	0. 977	0. 968	0. 961
500	0. 993	0. 991	0. 987	0. 986
1000	0. 997	0. 996	0. 994	0. 993

置信度 γ% 包含（1 − α）% 总体所需的样本容量				
α	γ = 0. 90	γ = 0. 95	γ = 0. 99	γ = 0. 995
0. 005	777	947	1 325	1 483
0. 01	388	473	662	740
0. 05	77	93	130	146
0. 01	38	46	64	72
0. 15	25	30	42	47
0. 20	18	22	31	34
0. 25	15	18	24	27
0. 30	12	14	20	22
0. 40	6	10	14	16
0. 50	7	8	11	12

控制图常数表

| 子组中观测值个数，n | 均值图 | | | 标准差图 | | | | | |
| | 控制限系数 | | | 中心线系数 | | 控制限系数 | | | |
	A	A_2	A_3	c_4	$1/c_4$	B_3	B_4	B_5	B_6
2	2.121	1.880	2.659	0.797 9	1.253 3	0	3.267	0	2.606
3	1.732	1.023	1.954	0.886 2	1.128 4	0	2.568	0	2.276
4	1.500	0.729	1.628	0.921 3	1.085 4	0	2.266	0	2.088
5	1.342	0.577	1.427	0.940 0	1.063 8	0	2.089	0	1.964
6	1.225	0.483	1.287	0.951 5	1.051 0	0.030	1.970	0.029	1.874
7	1.134	0.419	1.182	0.959 4	1.042 3	0.118	1.882	0.113	1.806
8	1.061	0.373	1.099	0.965 0	1.036 3	0.185	1.815	0.179	1.751
9	1.000	0.337	1.032	0.969 3	1.031 7	0.239	1.761	0.232	1.707
10	0.949	0.308	0.975	0.972 7	1.028 1	0.284	1.716	0.276	1.669
11	0.905	0.285	0.927	0.975 4	1.025 2	0.321	1.679	0.313	1.637
12	0.866	0.266	0.886	0.977 6	1.022 9	0.354	1.646	0.346	1.610
13	0.832	0.249	0.850	0.979 4	1.021 0	0.382	1.618	0.374	1.585
14	0.802	0.235	0.817	0.981 0	1.019 4	0.406	1.594	0.399	1.563
15	0.775	0.223	0.789	0.982 3	1.018 0	0.428	1.572	0.421	1.544
16	0.750	0.212	0.763	0.983 5	1.016 8	0.448	1.552	0.440	1.526
17	0.728	0.203	0.739	0.984 5	1.015 7	0.466	1.534	0.458	1.511
18	0.707	0.194	0.718	0.985 4	1.014 8	0.482	1.518	0.475	1.496
19	0.688	0.187	0.698	0.986 2	1.014 0	0.497	1.503	0.490	1.483
20	0.671	0.180	0.680	0.986 9	1.013 3	0.510	1.490	0.504	1.470
21	0.655	0.173	0.663	0.987 6	1.012 6	0.523	1.477	0.516	1.459

（续）

均值图				标准差图					
子组中观测值个数，n	控制限系数			中心线系数		控制限系数			
	A	A_2	A_3	c_4	$1/c_4$	B_3	B_4	B_5	B_6
22	0.640	0.167	0.647	0.988 2	1.011 9	0.534	1.466	0.528	1.448
23	0.626	0.162	0.633	0.988 7	1.011 4	0.545	1.455	0.539	1.438
24	0.612	0.157	0.619	0.989 2	1.010 9	0.555	1.445	0.549	1.429
25	0.600	0.153	0.606	0.989 6	1.010 5	0.565	1.435	0.559	1.420

子组中观测值个数，n	极差图							X 图
	中心线系数			控制限系数				E_2
	d_2	$1/d_2$	d_3	D_1	D_2	D_3	D_4	
2	1.128	0.886 5	0.853	0	3.686	0	3.267	2.660
3	1.693	0.590 7	0.888	0	4.358	0	2.574	1.772
4	2.059	0.485 7	0.880	0	4.698	0	2.282	1.457
5	2.326	0.429 9	0.864	0	4.918	0	2.114	1.290
6	2.534	0.394 6	0.848	0	5.078	0	2.004	1.184
7	2.704	0.369 8	0.833	0.204	5.204	0.076	1.924	1.109
8	2.847	0.351 2	0.820	0.388	5.306	0.136	1.864	1.054
9	2.970	0.336 7	0.808	0.547	5.393	0.184	1.816	1.010
10	3.078	0.324 9	0.797	0.687	5.469	0.223	1.777	0.975
11	3.173	0.315 2	0.787	0.811	5.535	0.256	1.744	0.945
12	3.258	0.306 9	0.778	0.922	5.594	0.283	1.717	0.921
13	3.336	0.299 8	0.770	1.025	5.647	0.307	1.693	0.899
14	3.407	0.293 5	0.763	1.118	5.696	0.328	1.672	0.881
15	3.472	0.288 0	0.756	1.203	5.741	0.347	1.653	0.864
16	3.532	0.283 1	0.750	1.282	5.782	0.363	1.637	0.849
17	3.588	0.278 7	0.744	1.356	5.820	0.378	1.622	0.836
18	3.640	0.274 7	0.739	1.424	5.856	0.391	1.608	0.824
19	3.689	0.271 1	0.734	1.487	5.891	0.403	1.597	0.813
20	3.735	0.267 7	0.729	1.549	5.921	0.415	1.585	0.803
21	3.778	0.264 7	0.724	1.605	5.951	0.425	1.575	0.794
22	3.819	0.261 8	0.720	1.659	5.979	0.434	1.566	0.786
23	3.858	0.259 2	0.716	1.710	6.006	0.443	1.557	0.778
24	3.895	0.256 7	0.712	1.759	6.031	0.451	1.548	0.770
25	3.931	0.254 4	0.708	1.806	6.056	0.459	1.541	0.763

控制图计算公式

	np 图	p 图
LCL	$\text{LCL} = n\bar{p} - 3\sqrt{n\bar{p}\left(1 - \dfrac{n\bar{p}}{n}\right)}$ 当算得的 LCL 小于 0 时取 0 值	$\text{LCL} = \bar{p} - 3\sqrt{\dfrac{\bar{p}(1-\bar{p})}{n}}$ 当算得的 LCL 小于 0 时取 0 值
中心线	$n\bar{p} = \dfrac{\text{不良品总数量}}{\text{子组数量}}$	$n\bar{p} = \dfrac{\text{不良品总数量}}{\text{所有子组中产品总数}}$
UCL	$\text{UCL} = n\bar{p} + 3\sqrt{n\bar{p}\left(1 - \dfrac{n\bar{p}}{n}\right)}$ 当算得的 UCL 大于 n 时取 n 值	$\text{LCL} = \bar{p} + 3\sqrt{\dfrac{\bar{p}(1-\bar{p})}{n}}$ 当算得的 UCL 大于 1 时取 1 值
	c 图	u 图
LCL	$\text{LCL} = \bar{c} - 3\sqrt{c}$ 当算得的 LCL 小于 0 时取 0 值	$\text{LCL} = \bar{u} - 3\sqrt{\dfrac{\bar{u}}{n}}$ 当算得的 LCL 小于 0 时取 0 值
中心线	$\bar{c} = \dfrac{\text{缺陷总数量}}{\text{子组数量}}$	$\bar{u} = \dfrac{\text{缺陷总数量}}{\text{所有子组中产品总数}}$
UCL	$\text{UCL} = \bar{c} + 3\sqrt{c}$	$\text{UCL} = \bar{u} + 3\sqrt{\dfrac{\bar{u}}{n}}$
	X 图	$\bar{X}$ 图
LCL	$\text{LCL} = \bar{X} - 2.66\,(M\bar{R})$	$\text{LCL} = \bar{\bar{X}} - A_2\bar{R}$
中心线	$\bar{X} = \dfrac{\text{测量值之和}}{\text{测量值数量}}$	$\bar{\bar{X}} = \dfrac{\text{各子组均值之和}}{\text{子组数量}}$
UCL	$\text{UCL} = \bar{X} + 2.66\,(M\bar{R})$	$\text{UCL} = \bar{\bar{X}} + A_2\bar{R}$

（续）

	R 图
LCL	$\text{LCL} = D_3\bar{R}$
中心线	$\bar{R} = \dfrac{各极值之和}{极值的数量}$
UCL	$\text{UCL} = D_4\bar{R}$

d_2^* 值表

		m = 重复读数						
		2	3	4	5	6	7	8
	1	1.41	1.91	2.24	2.48	2.67	2.83	2.96
	2	1.28	1.81	2.15	2.40	2.60	2.77	2.91
	3	1.23	1.77	2.12	2.38	2.58	2.75	2.89
	4	1.21	1.75	2.11	2.37	2.57	2.74	2.88
	5	1.19	1.74	2.10	2.36	2.56	2.73	2.87
g =	6	1.18	1.73	2.09	2.35	2.56	2.73	2.87
零件数	7	1.17	1.73	2.09	2.35	2.55	2.72	2.87
×	8	1.17	1.72	2.08	2.35	2.55	2.72	2.87
测量员数	9	1.16	1.72	2.08	2.34	2.55	2.72	2.86
	10	1.16	1.72	2.08	2.34	2.55	2.72	2.86
	11	1.16	1.71	2.08	2.34	2.55	2.72	2.86
	12	1.15	1.71	2.07	2.34	2.55	2.72	2.85
	13	1.15	1.71	2.07	2.34	2.55	2.71	2.85
	14	1.15	1.71	2.07	2.34	2.54	2.71	2.85
	15	1.15	1.71	2.07	2.34	2.54	2.71	2.85
	>15	1.128	1.693	2.059	2.326	2.534	2.704	2.847

		m = 重复读数						
		9	10	11	12	13	14	15
	1	3.08	3.18	3.27	3.35	3.42	3.49	3.55
	2	3.02	3.13	3.22	3.30	3.38	3.45	3.51
g =	3	3.01	3.11	3.21	3.29	3.37	3.43	3.50
零件数	4	3.00	3.10	3.20	3.28	3.36	3.43	3.49
×	5	2.99	3.10	3.19	3.28	3.35	3.42	3.49
测量员数	6	2.99	3.10	3.19	3.27	3.35	3.42	3.49
	7	2.99	3.10	3.19	3.27	3.35	3.42	3.48
	8	2.98	3.09	3.19	3.27	3.35	3.42	3.48
	9	2.98	3.09	3.18	3.27	3.35	3.42	3.48
	10	2.98	3.09	3.18	3.27	3.34	3.42	3.48

（续）

		m=重复读数						
		9	10	11	12	13	14	15
$g =$	11	2.98	3.09	3.18	3.27	3.34	3.41	3.48
零件数	12	2.98	3.09	3.18	3.27	3.34	3.41	3.48
×	13	2.98	3.09	3.18	3.27	3.34	3.41	3.48
测量员数	14	2.98	3.08	3.18	3.27	3.34	3.41	3.48
	15	2.98	3.08	3.18	3.26	3.34	3.41	3.48
	>15	2.970	3.078	3.173	3.258	3.336	3.407	3.472

短期单值图、$\overline{X}$-图和 R 图常数表

	子组容量											
g	1（基于子组容量为2的移动极差）				2				3			
	A_{2F}	D_{4F}	A_{2S}	D_{4S}	A_{2F}	D_{4F}	A_{2S}	D_{4S}	A_{2F}	D_{4F}	A_{2S}	D_{4S}
1	NA	NA	236.5	128	NA	NA	167	128	NA	NA	8.21	14
2	12.0	2.0	20.8	16.0	8.49	2.0	15.70	15.6	1.57	1.9	2.72	7.1
3	6.8	2.7	9.6	15.0	4.78	2.7	6.76	14.7	1.35	2.3	1.90	4.5
4	5.1	3.3	6.6	8.1	3.62	3.3	4.68	8.1	1.26	2.4	1.62	3.7
5	4.4	3.3	5.4	6.3	3.12	3.3	3.82	6.3	1.20	2.4	1.47	3.4
6	4.0	3.3	4.7	5.4	2.83	3.3	3.34	5.4	1.17	2.5	1.39	3.3
7	3.7	3.3	4.3	5.0	2.65	3.3	3.06	5.0	1.14	2.5	1.32	3.2
8	3.6	3.3	4.1	4.7	2.53	3.3	2.87	4.7	1.13	2.5	1.28	3.1
9	3.5	3.3	3.9	4.5	2.45	3.3	2.74	4.5	1.12	2.5	1.25	3.0
10	3.3	3.3	3.7	4.5	2.37	3.3	2.62	4.5	1.10	2.5	1.22	3.0
15	3.1	3.5	3.3	4.1	2.18	3.5	2.33	4.1	1.08	2.5	1.15	2.9
20	3.0	3.5	3.1	4.0	2.11	3.5	2.21	4.0	1.07	2.6	1.12	2.8
25	2.9	3.5	3.0	3.8	2.05	3.5	2.14	3.8	1.06	2.6	1.10	2.7

带黑框的数字对应开始使用控制图时建议的最小子组容量。

	子组容量							
g	4				5			
	A_{2F}	D_{4F}	A_{2S}	D_{4S}	A_{2F}	D_{4F}	A_{2S}	D_{4S}
1	NA	NA	3.05	13	NA	NA	1.8	5.1
2	0.83	1.9	1.44	3.5	0.58	1.7	1.0	3.2

（续）

g	子组容量							
	4				5			
	A_{2F}	D_{4F}	A_{2S}	D_{4S}	A_{2F}	D_{4F}	A_{2S}	D_{4S}
3	0.81	1.9	1.14	3.2	0.59	1.8	0.83	2.8
4	0.79	2.1	1.01	2.9	0.59	1.9	0.76	2.6
5	0.78	2.1	0.95	2.8	0.59	2.0	0.72	2.5
6	0.77	2.2	0.91	2.7	0.59	2.0	0.70	2.4
7	0.76	2.2	0.88	2.6	0.59	2.0	0.68	2.4
8	0.76	2.2	0.86	2.6	0.59	2.0	0.66	2.3
9	0.76	2.2	0.85	2.5	0.59	2.0	0.65	2.3
10	0.75	2.2	0.83	2.5	0.58	2.0	0.65	2.3
15	0.75	2.3	0.80	2.4	0.58	2.1	0.62	2.2
20	0.74	2.3	0.78	2.4	0.58	2.1	0.61	2.2
25	0.74	2.3	0.77	2.4	0.58	2.1	0.60	2.2

带黑框的数字对应开始使用控制图时建议的最小子组容量。

顾客调查表样本

摘自《我们做的如何?》(*How did we do?*),某某社区医院的病人满意度调查。

请您就下述各项陈述发表意见并在相应的栏下勾选 如果您没有机会对某某社区医院住院意见就某项陈述做出判断,请在"不适用"栏勾选	非常同意	同意	中立意见	不同意	非常不同意	不适用
我得到及时的治疗						
我喜欢菜单上的食物						
我的医生及时告知我的病情						
我的房间很清洁						
出院手续办理很顺利						
可以在需要时找到我的医生						
医院的物品供应充足						
我收到了从菜单上点的食物						
医院人员及时回答我的问题						
食物看起来很好						
我知道出院以后应该做什么						
床位很舒适						
医院工作人员把我照顾得很好						
我知道我医生的名字						
医院工作人员相互尊重						
医院环境维护得很好						
食物口感不错						
药物在我需要时都已备好						
结算手续已经向我解释清楚						
给我提供了适量的食物						

（续）

请您就下述各项陈述发表意见并在相应的栏下勾选 如果您没有机会对某某社区医院住院意见就某项陈述做出判断，请在"不适用"栏勾选	非常同意	同意	中立意见	不同意	非常不同意	不适用
护士定期给我检查						
有人协助我制订出院计划						
我的医生告诉我何时可以回家						
送餐人员态度令人愉悦						
医院很干净						
总的来说，医院人员尊重我						
我的房间很安静						
医院工作人员满足了我的特殊需求						
医院工作人员的态度很好						
我出院时有人陪送						
我的房间很舒适						
饮食是按医生的指导提供的						
医院人员及时告知我的护理情况						
我对我的医生很满意						
食物供应准时						
医院工作人员乐于帮助人						
出院手续办得很快						
我的医生知道我的名字						
已经向我解释了药物治疗/伤口护理/器械使用						
我得到了妥善的对待						
有人帮我做回家准备						
医院人员对我的需求很在意						
住院期间我的医生是同一个人						
护士做事很专业						
医院工作人员知道我需要什么护理						
我会向家庭成员推荐某某社区医院						
我会再次选择某某社区医院						

你记得在住院期间发生的特别愉快的事情吗？

你记得在住院期间发生的特别不愉快的事情吗？

我们欢迎您提出任何建议。

感谢您的帮助！

过程西格玛水平与 PPM 对应表

假设长期过程会发生 ±1.5σ 的漂移。

西格玛水平	PPM 值	西格玛水平	PPM 值	西格玛水平	PPM 值
6.27	1	5.25	90	3.91	8000
6.12	2	5.22	100	3.87	9000
6.0	3.4	5.04	200	3.83	10 000
5.97	4	4.93	300	3.55	20 000
5.91	5	4.85	400	3.38	30 000
5.88	6	4.79	500	3.25	40 000
5.84	7	4.74	600	3.14	50 000
5.82	8	4.69	700	3.05	60 000
5.78	9	4.66	800	2.98	70 000
5.77	10	4.62	900	2.91	80 000
5.61	20	4.59	1 000	2.84	90 000
5.51	30	4.38	2 000	2.78	100 000
5.44	40	4.25	3 000	2.34	200 000
5.39	50	4.15	4 000	2.02	300 000
5.35	60	4.08	5 000	1.75	400 000
5.31	70	4.01	6 000	1.50	500 000
5.27	80	3.96	7 000		

黑带有效性认证

黑带认证推荐函

姓名＿＿＿＿＿＿＿＿＿＿＿＿＿＿＿＿＿＿＿＿＿＿（此名字将显示在证书上）

地址＿＿＿＿＿＿＿＿＿＿＿＿＿＿＿＿＿＿＿＿＿＿＿＿＿＿＿＿＿＿＿＿

城市＿＿＿＿＿＿＿省/州＿＿＿＿＿＿＿邮编＿＿＿＿＿＿＿

身份证号/社会保障号＿＿＿＿＿＿＿＿＿＿＿＿＿＿＿＿＿＿＿＿＿＿＿

我们在此具名签字，谨代表＿＿＿＿＿＿＿＿＿＿＿＿＿，六西格玛组织，正式授予上述人员＿＿＿＿＿＿＿＿＿＿＿［公司］六西格玛黑带资格。

认证委员会成员	签字	日期

［公司］ 绿带技能认证流程

介绍

本文件描述了向个人授予［公司］六西格玛绿带资格的最低评判准则以及认证的流程。［公司］资格证书是［公司］及同事对持证人技能的认可，不应将其视作从业资格许可证书。

认证流程

　　［公司］是［公司］六西格玛黑带认证的决定人。获得［公司］资格证书需要申请人通过［公司］六西格玛黑带考试。考试的内容覆盖六西格玛黑带知识体系（BOK）中的核心技能，BOK 由［公司］定义。［公司］给候选人评分，并确定他是否达到 BOK 各部分及总体的最低分数要求。［公司］制定候选人有效性评估准则，对他的下述项目进行评估：

- 运用六西格玛方法取得显著的可见成果的能力。
- 领导组织变革的能力，该能力借由候选人的领导力、团队协作、项目管理和沟通技能表现出来。

　　考试由六西格玛组织管理。六西格玛组织负责保证考试的真实性、验证参加考试人员的身份、严格执行考试的时间限制。六西格玛组织基于［公司］要求评估候选人的有效性，并将通过［公司］BOK 考试且满足有效性需求的候选人名单通知［公司］。

［公司］　黑带有效性认证评判准则

　　本部分描述认证评判规则，确保［公司］黑带候选人能够"有效"运用六西格玛的方法。有效性意味着候选人已经在超过一个重要项目中成功运用六西格玛方法，从而展示了其领导变革过程的能力。成功体现在已经形成文件的重大、持续而具体的改善成果中，成果包括由会计或者财务专家证实的成本节约或成本规避、改善的用户满意度、降低的周期时间、增加的销售额或净利润、减少的事故率、提升的士气、减少对顾客关键的产品缺陷，等等。仅展示六西格玛工具的使用能力，或者仅仅交付诸如帕累托图或者过程图等"中间产品"，都不足以证明候选人的有效性。

　　除了通过［公司］BOK 考试外，认证还需要：

1. 按规定完成六西格玛组织批准的黑带培训教程。
2. 展示清晰且合理解决问题的思路。
a. 用逻辑思维分析问题的能力。
b. 基于事实和数据制定决策和采取行动的能力。
3. 用简单语言清晰地解释六西格玛和 DMAIC 项目循环的能力。

4. 取得具体成果的能力，比如：

a. 运用六西格玛方法（DMAIC 或其同等方法）完成两个或者两个以上的项目。

ⅰ. 项目经过适当人员的审核。

ⅱ. 项目的交付成果被项目发起人接受。

ⅲ. 按照六西格玛组织要求的形式将项目形成文件。

ⅳ. 项目使用六西格玛方法并正确地使用重要的六西格玛工具和技术，包括初级、中级和高级工具与技术及它们的合理组合。（见本附录后文的清单）

b. 进行成本/收益分析的能力。

c. 用对组织有意义的方式量化表示项目交付成果的能力，例如，成本、质量、周期时间、安全性等。

d. 识别并克服前进中遇到阻碍的能力。

e. 在时间、预算、运营等限制条件下工作的能力。

5. 展示向他人解释六西格玛工具的能力。

6. 展示组织内高效变革代理人所需的人际沟通和领导能力。

[公司] 黑带认证委员会

[公司]建议，应由至少两名合格人员负责每一主题领域的有效性评估。表 A15-1 提供了识别[公司]黑带认证委员会成员的指南。

表 A15-1　[公司]黑带认证委员会成员甄选指南

评估的主题	委员会成员
变革代理人技能	主管、项目发起人、六西格玛拥护者、导师、过程负责人、绿带
工具和技术的运用	黑带导师、黑带大师、[公司]认证的黑带大师咨询师
取得成果的能力	项目发起人、过程负责人、项目成员、绿带、六西格玛拥护者、[公司]认证的黑带大师咨询师

有效性问卷

[公司]提供评估问卷协助[公司]认证委员会成员进行评估，强烈建议候选人在申请认证之前使用[公司]的评估问卷进行自我评估。候选人应该向六西格玛拥护者提交一份清单，该清单内的人员是他的认证委员会的潜在成员。

　　有效性问卷工作表对于每个分主题领域都有一组评估问题，问卷评估的结果汇总后作为六西格玛组织认证流程的输入。本附录在下文提供了评估汇总表格，该评分汇总表将评估者给出的评分按照类别汇总。工作表中的每个问题项评分结果为最高的三个选项之一，即视为该评估项合格，对于得分为最低的四个选项之一的问题项应给予特别的关注。因为每个问题项有 10 个选项，任何得分低于 5，即表示评估人不同意该问题项的陈述。问题项的措辞是按照下面的规则组织的：评估人同意该项的陈述，即表示同意候选人获得六西格玛资格认证；不同意表示存在改善的空间。最终的得分不必是认证的唯一输入。［公司］认证委员会在做出决策之前也必须考虑其他的相关因素。

　　评分汇总表和评估工作表可以按需复制。

［公司］　黑带工作底稿及口头评审

　　［公司］黑带候选人应该向认证委员会成员提交它们在工作中运用六西格玛方法的书面文件，我们将这些书面文件称作"工作底稿"。工作底稿应该包括所有相关信息，比如项目任务书、工具使用的说明、所使用的样本数据、向发起人和领导所做演示的摘录、团队成员的姓名、项目进度计划以及实际进度、财务及其他业务成果，等等。提交的工作底稿形式可以是电子版本，也可以是打印版本，具体形式由认证委员会成员决定。

　　如果不给候选人提供机会让他可以呈现自己的工作成果并回答问题，即使书面文件是最佳的，也很难仅仅根据它们对候选人的有效性做出适当的评估。六西格玛组织应该要求［公司］黑带候选人向认证委员会做一个口头的演示汇报。口头演示中认证委员会可以直接观察候选人展示其沟通技巧。

变革代理人评估工作表			
黑带候选人		认证日期	
认证委员会成员		角色	

1. 候选人有效地识别并招募六西格玛团队成员。

非常不同意　　　　　　　　　　　　　　　　　　　　　　　非常同意

❑　　❑　　❑　　❑　　❑　　❑　　❑　　❑　　❑　　❑

2. 候选人有效地建立六西格玛团队互动机制并激发参与者的积极性。

非常不同意　　　　　　　　　　　　　　　　　　　　　　　非常同意

❑　　❑　　❑　　❑　　❑　　❑　　❑　　❑　　❑　　❑

3. 候选人能够运用冲突解决技巧。

非常不同意　　　　　　　　　　　　　　　　　　　　　　非常同意

❏　　　❏　　　❏　　　❏　　　❏　　　❏　　　❏　　　❏　　　❏　　　❏

4. 候选人能够克服变革的阻碍。

非常不同意　　　　　　　　　　　　　　　　　　　　　　非常同意

❏　　　❏　　　❏　　　❏　　　❏　　　❏　　　❏　　　❏　　　❏　　　❏

5. 候选人在解决问题中使用有逻辑性的方法。

非常不同意　　　　　　　　　　　　　　　　　　　　　　非常同意

❏　　　❏　　　❏　　　❏　　　❏　　　❏　　　❏　　　❏　　　❏　　　❏

6. 候选人有效地引导和主持小组讨论及会议。

非常不同意　　　　　　　　　　　　　　　　　　　　　　非常同意

❏　　　❏　　　❏　　　❏　　　❏　　　❏　　　❏　　　❏　　　❏　　　❏

7. 候选人的演示材料条理清楚，易于理解。

非常不同意　　　　　　　　　　　　　　　　　　　　　　非常同意

❏　　　❏　　　❏　　　❏　　　❏　　　❏　　　❏　　　❏　　　❏　　　❏

8. 候选人识别并动员发起人采取变革措施。

非常不同意　　　　　　　　　　　　　　　　　　　　　　非常同意

❏　　　❏　　　❏　　　❏　　　❏　　　❏　　　❏　　　❏　　　❏　　　❏

9. 候选人与拥护者和发起人建立期望状态的共享愿景。

非常不同意　　　　　　　　　　　　　　　　　　　　　　非常同意

❏　　　❏　　　❏　　　❏　　　❏　　　❏　　　❏　　　❏　　　❏　　　❏

10. 候选人有效地向所有的管理层沟通项目并获得他们的支持。

非常不同意　　　　　　　　　　　　　　　　　　　　　　非常同意

❏　　　❏　　　❏　　　❏　　　❏　　　❏　　　❏　　　❏　　　❏　　　❏

11. 候选人识别现状与期望绩效之间的差距。

非常不同意　　　　　　　　　　　　　　　　　　　　　　非常同意

❏　　　❏　　　❏　　　❏　　　❏　　　❏　　　❏　　　❏　　　❏　　　❏

12. 候选人识别并获得所有关键利益相关者的支持。

非常不同意　　　　　　　　　　　　　　　　　　　　　　非常同意

❏　　　❏　　　❏　　　❏　　　❏　　　❏　　　❏　　　❏　　　❏　　　❏

工具和技术的运用评估工作表

黑带候选人		认证日期	
认证委员会成员		角色	

1. 候选人适当地使用初级、中级、高级六西格玛工具的组合。[⊖]

   非常不同意   非常同意

   ❑   ❑   ❑   ❑   ❑   ❑   ❑   ❑   ❑   ❑

2. 候选人正确使用六西格玛工具。

   非常不同意   非常同意

   ❑   ❑   ❑   ❑   ❑   ❑   ❑   ❑   ❑   ❑

3. 候选人在适当的项目环节运用了正确的六西格玛工具。

   非常不同意   非常同意

   ❑   ❑   ❑   ❑   ❑   ❑   ❑   ❑   ❑   ❑

4. 候选人在需要的时候寻求有关六西格玛工具的帮助。

   非常不同意   非常同意

   ❑   ❑   ❑   ❑   ❑   ❑   ❑   ❑   ❑   ❑

5. 候选人具有文字处理、电子表格、演示软件的应用知识。

   非常不同意   非常同意

   ❑   ❑   ❑   ❑   ❑   ❑   ❑   ❑   ❑   ❑

6. 候选人具有功能完整统计软件包的应用知识。

   非常不同意   非常同意

   ❑   ❑   ❑   ❑   ❑   ❑   ❑   ❑   ❑   ❑

7. 候选人理解量化分析方法的局限性和优势。

   非常不同意   非常同意

   ❑   ❑   ❑   ❑   ❑   ❑   ❑   ❑   ❑   ❑

取得成果的能力
评估工作表

黑带候选人		认证日期	
认证委员会成员		角色	

1. 候选人已经完成一个以上的六西格玛项目并取得具体成果。

   非常不同意   非常同意

   ❑   ❑   ❑   ❑   ❑   ❑   ❑   ❑   ❑   ❑

2. 候选人项目具有合格的项目任务书，包括发起人、问题陈述、业务场景。

   非常不同意   非常同意

   ❑   ❑   ❑   ❑   ❑   ❑   ❑   ❑   ❑   ❑

⊖ 参见该附录后文中关于这些工具的例子。

3. 项目使用了六西格玛方法（DMAIC 或等同方法）。

　　非常不同意　　　　　　　　　　　　　　　　　　非常同意

　　❏　　　❏　　　❏　　　❏　　　❏　　　❏　　　❏　　　❏　　　❏　　　❏

4. 项目的交付成果已明确而清晰地定义。

　　非常不同意　　　　　　　　　　　　　　　　　　非常同意

　　❏　　　❏　　　❏　　　❏　　　❏　　　❏　　　❏　　　❏　　　❏　　　❏

5. 项目对一个重要的业务流程产生显著的改善。

　　非常不同意　　　　　　　　　　　　　　　　　　非常同意

　　❏　　　❏　　　❏　　　❏　　　❏　　　❏　　　❏　　　❏　　　❏　　　❏

6. 使用有效数据确定了目前过程的基准西格玛水平。

　　非常不同意　　　　　　　　　　　　　　　　　　非常同意

　　❏　　　❏　　　❏　　　❏　　　❏　　　❏　　　❏　　　❏　　　❏　　　❏

7. 使用有效数据计算了改善后过程的西格玛水平，显示的改善既具有统计显著性，也对组织具有重要意义。

　　非常不同意　　　　　　　　　　　　　　　　　　非常同意

　　❏　　　❏　　　❏　　　❏　　　❏　　　❏　　　❏　　　❏　　　❏　　　❏

8. 已经实施合格的控制计划以确保改善得到维持。

　　非常不同意　　　　　　　　　　　　　　　　　　非常同意

　　❏　　　❏　　　❏　　　❏　　　❏　　　❏　　　❏　　　❏　　　❏　　　❏

9. 项目的财务收益已经获得会计或者财务专家的认可。

　　非常不同意　　　　　　　　　　　　　　　　　　非常同意

　　❏　　　❏　　　❏　　　❏　　　❏　　　❏　　　❏　　　❏　　　❏　　　❏

10. 识别了重要的顾客并定义了他们的关键需求。

　　非常不同意　　　　　　　　　　　　　　　　　　非常同意

　　❏　　　❏　　　❏　　　❏　　　❏　　　❏　　　❏　　　❏　　　❏　　　❏

11. 项目发起人对于项目交付成果感到满意。

　　非常不同意　　　　　　　　　　　　　　　　　　非常同意

　　❏　　　❏　　　❏　　　❏　　　❏　　　❏　　　❏　　　❏　　　❏　　　❏

12. 项目识别并纠正了问题的根本原因，而不是表面症状。

　　非常不同意　　　　　　　　　　　　　　　　　　非常同意

　　❏　　　❏　　　❏　　　❏　　　❏　　　❏　　　❏　　　❏　　　❏　　　❏

13. 所有的利益相关者都及时获知项目的进展状态并知道最后的结果。

　　非常不同意　　　　　　　　　　　　　　　　　　非常同意

　　❏　　　❏　　　❏　　　❏　　　❏　　　❏　　　❏　　　❏　　　❏　　　❏

14. 项目按时完成。

非常不同意　　　　　　　　　　　　　　　　　　非常同意

❏　　❏　　❏　　❏　　❏　　❏　　❏　　❏　　❏　　❏

15. 项目在预算内完成。

非常不同意　　　　　　　　　　　　　　　　　　非常同意

❏　　❏　　❏　　❏　　❏　　❏　　❏　　❏　　❏　　❏

16. 开展项目的时候，对正常工作的干扰最小。

非常不同意　　　　　　　　　　　　　　　　　　非常同意

❏　　❏　　❏　　❏　　❏　　❏　　❏　　❏　　❏　　❏

评估说明	
评估的主题	说明
变革代理人技能	
工具和技术的运用	
取得成果的能力	

评分汇总表				
评估人	评估主题	4 分及以下 项目的占比（％）	8 分及以上 项目的占比（％）	说明
	变革代理人技能			
	工具和技术的运用			
	取得成果的能力			
	变革代理人技能			
	工具和技术的运用			
	取得成果的能力			
	变革代理人技能			
	工具和技术的运用			
	取得成果的能力			
	变革代理人技能			
	工具和技术的运用			
	取得成果的能力			
	变革代理人技能			
	工具和技术的运用			
	取得成果的能力			

六西格玛工具、方法及概念举例		
初级	中级	高级
• DMAIC • SIPOC • DPMO • 计算机技能 • 数据的测量尺度 • 帕累托分析 • 流程图 • 检查表 • 因果图 • 散点图 • 走势图 • 直方图 • 累积频次分布图 • 描述性统计量（如均值、标准差、偏度） • 枚举统计与分析统计 • 茎叶图、箱型图 • 基本概率概念 • 离散概率分布（二项分布、泊松分布、超几何分布） • 连续几何分布（正态分布、指数分布等） • 7M 工具 • FMEA • 抽样检验 • CTx 的识别	• 计量型控制图 • 属性值控制图 • 过程能力 • 合格率分析（如首次通过率、综合合格率） • 测量误差分析（量具两性分析） • 相关分析 • 一元线性回归 • 卡方分析 • I 类和 II 类错误 • 置信区间的解释 • 假设检验 • 正态性评估及转换 • Z 分布转化 • 过程西格玛水平计算	• 指数加权移动平均控制图 • 短期 SPC • 试验设计 • ANOVA、MANOVA 及其他通用线性模型 • 多元线性回归 • 可靠性分析初步知识 • DFSS • 仿真和建模 • 统计容差 • 响应曲面方法 • 稳健设计概念 • 用户调查表的设计、验证和分析 • 逻辑回归

绿带有效性认证

绿带认证推荐函

姓名＿＿＿＿＿＿＿＿＿＿＿＿＿＿＿＿＿＿＿＿＿＿（此名字将显示于证书上）

地址＿＿＿＿＿＿＿＿＿＿＿＿＿＿＿＿＿＿＿＿＿＿＿＿＿＿＿＿＿

城市＿＿＿＿＿＿＿＿ 省/州＿＿＿＿＿＿＿＿ 邮编＿＿＿＿＿＿＿＿

身份证号/社会保障号＿＿＿＿＿＿＿＿＿＿＿＿＿＿＿＿＿＿＿＿＿

我们在此具名签字，谨代表［公司］正式授予上述人员六西格玛绿带资格。

黑带认证委员会成员	签字	日期

绿带技能认证流程

介绍

本文件描述了向个人授予六西格玛绿带资格的最低评判准则以及认证的流程。资格认证是［公司］对持证人技能的认可，不应将其视作从业资格许可证书。

绿带有效性认证评判准则

要成为认证绿带，候选人必须展示：

1. 领导组织变革的能力，该能力借由候选人的领导力、团队协作、项目管理、沟通技能和技术能力表现出来。

2. 运用六西格玛方法取得显著的可见成果的能力，成果需对组织有显著的影响。

本部分描述认证评判规则，确保绿带候选人能够"有效"运用六西格玛的方法。有效性意味着候选人已经在一个重要项目中成功运用六西格玛方法，从而展示了其领导变革过程的能力。成功体现在已经形成文件的重大、持续而具体的改善成果中。成果包括由会计或者财务专家证实的成本节约或成本规避、改善的用户满意度、降低的周期时间、增加的销售额或净利润、减少的事故率、提升的员工士气、减少对顾客关键的产品缺陷，等等。仅展示六西格玛工具的使用能力，或者仅仅交付诸如帕累托图或者过程图等"中间产品"，都不足以证明候选人的有效性。

获得绿带认证资格需要：

1. 按规定完成六西格玛组织批准的绿带培训教程。

2. 展示清晰且合理解决问题的思路。

a. 用逻辑的方法分析问题的能力。

b. 基于事实和数据制定决策与采取行动的能力。

3. 用简单语言清晰地解释六西格玛和 DMAIC 项目循环的能力。

4. 取得具体成果的能力，比如：

a. 运用六西格玛方法（DMAIC 或其同等方法）完成两个或者两个以上的项目。

ⅰ. 项目经过适当人员的审核。

ⅱ. 项目的交付成果被项目发起人接受。

ⅲ. 按照 DMAIC 或等同的格式将项目资料整理成六西格玛绿带工作底稿。

ⅳ. 项目使用六西格玛方法并正确地使用六西格玛工具和技术，包括重要的初级工具以及至少部分的中级工具及它们的合理组合。（见本附录后文的清单）

b. 进行成本/收益分析的能力。

c. 用对组织有意义的方式量化表示项目交付成果的能力，例如，成本、质量、周期时间、安全性等。

    d. 识别并克服前进中遇到阻碍的能力。

    e. 在时间、预算、运营等限制条件下工作的能力。

5. 展示向他人解释六西格玛工具的能力。

6. 展示组织内高效变革代理人所需的人际沟通和领导能力。

绿带认证委员会

应由熟悉候选人工作绩效的合格个人负责每一主题领域的有效性评估。表A16-1提供了识别潜在绿带认证委员会成员的指南，绿带有责任协助选择他的认证委员会。

表 A16-1　绿带认证委员会成员甄选指南

评估的主题	委员会成员
变革代理人技能	主管、项目发起人、六西格玛拥护者、导师、过程负责人、黑带
工具和技术的运用	绿带导师、黑带大师、合格的认证黑带大师咨询师
取得成果的能力	项目发起人、过程负责人、项目成员、绿带、六西格玛拥护者、认证黑带大师、合格的六西格玛咨询师

有效性问卷

强烈建议候选人在申请认证之前先进行自我评估。

建议认证委员会成员使用下述问卷协助进行评估。候选人应该向六西格玛拥护者提交一份清单，该清单内的人员是他的认证委员会的潜在成员。如果评估问卷是由非认证委员会成员的其他人填写的，那么他们应该将填写完成的评估问卷直接交给认证委员会。

评分指南

有效性问卷工作表对于每个分主题领域都有一组评估问题，问卷评估的结果汇总后作为六西格玛组织认证流程的输入。本附录在下文提供了评估汇总表格，该评分汇总表将评估者给出的评分按照类别汇总。工作表中的每个问题项评分结果为最高的三个选项之一，即视为该评估项合格，对于得分为最低的四个选项之一的问题项应给予特别的关注。因为每个问题项有10个选项，任何得分低于5，即表示评估人不同意该问题项的陈述。问题项的措辞是按照下面的规则组织的：评估人同意该项的陈述，即表示同意候选人获得六西格玛资格认证。因此，分数越高越好。在某些领域的不同意（低分）并不表示候选人一定不能通过认证。不过，它们反映了需要改善的方面，建议只有在候选人同意解决这些问题以后才授予资格。最终的得分不必是认证的唯一输入。［公司］认证委员会在做出决策之前也必须发挥自己的判断，考虑其他的相关因素。

评分汇总表和评估工作表可以按需复制。

［公司］绿带工作底稿

绿带候选人应该向认证委员会成员提交它们在工作中运用六西格玛方法的书面文件，我们将这些书面称作"工作底稿"。绿带工作底稿应该包括所有相关信息，比如项目任务书、工具使用的说明、所使用的样本数据、向发起人和领导所做演示的摘录、团队成员的姓名、项目进度计划以及实际进度、财务及其他业务成果，等等。提交的工作底稿形式可以是电子版本，也可以是打印版本，具体形式由认证委员会成员决定。

变革代理人评估工作表			
绿带候选人		认证日期	
认证委员会成员		角色	

1. 候选人有效地识别并招募六西格玛团队成员。

非常不同意 　　　　　　　　　　　　　　　　　　　非常同意
❏　　❏　　❏　　❏　　❏　　❏　　❏　　❏　　❏　　❏

2. 候选人有效地建立六西格玛团队互动机制并激发参与者的积极性。

非常不同意 　　　　　　　　　　　　　　　　　　　非常同意
❏　　❏　　❏　　❏　　❏　　❏　　❏　　❏　　❏　　❏

3. 候选人能够运用冲突解决技巧。

非常不同意 　　　　　　　　　　　　　　　　　　　非常同意
❏　　❏　　❏　　❏　　❏　　❏　　❏　　❏　　❏　　❏

4. 候选人能够克服变革的阻碍。

非常不同意 　　　　　　　　　　　　　　　　　　　非常同意
❏　　❏　　❏　　❏　　❏　　❏　　❏　　❏　　❏　　❏

5. 候选人在解决问题中使用有逻辑性的方法。

非常不同意 　　　　　　　　　　　　　　　　　　　非常同意
❏　　❏　　❏　　❏　　❏　　❏　　❏　　❏　　❏　　❏

6. 候选人有效地引导和主持小组讨论及会议。

非常不同意 　　　　　　　　　　　　　　　　　　　非常同意
❏　　❏　　❏　　❏　　❏　　❏　　❏　　❏　　❏　　❏

7. 候选人的演示材料条理清楚，易于理解。

非常不同意 ❑ ❑ ❑ ❑ ❑ ❑ ❑ ❑ ❑ ❑ 非常同意

8. 候选人识别并动员发起人采取变革措施。

非常不同意 ❑ ❑ ❑ ❑ ❑ ❑ ❑ ❑ ❑ ❑ 非常同意

9. 候选人与拥护者和发起人建立期望状态的共享愿景。

非常不同意 ❑ ❑ ❑ ❑ ❑ ❑ ❑ ❑ ❑ ❑ 非常同意

10. 候选人识别现状与期望绩效之间的差距。

非常不同意 ❑ ❑ ❑ ❑ ❑ ❑ ❑ ❑ ❑ ❑ 非常同意

11. 候选人识别并获得所有关键利益相关者的支持。

非常不同意 ❑ ❑ ❑ ❑ ❑ ❑ ❑ ❑ ❑ ❑ 非常同意

工具和技术的运用评估工作表			
绿带候选人		认证日期	
认证委员会成员		角色	

1. 候选人适当地使用初级、中级六西格玛工具的组合。⊖

非常不同意 ❑ ❑ ❑ ❑ ❑ ❑ ❑ ❑ ❑ ❑ 非常同意

2. 候选人正确使用六西格玛工具。

非常不同意 ❑ ❑ ❑ ❑ ❑ ❑ ❑ ❑ ❑ ❑ 非常同意

3. 候选人在适当的项目环节运用了正确的六西格玛工具。

非常不同意 ❑ ❑ ❑ ❑ ❑ ❑ ❑ ❑ ❑ ❑ 非常同意

4. 候选人在需要的时候寻求有关六西格玛工具的帮助。

非常不同意 ❑ ❑ ❑ ❑ ❑ ❑ ❑ ❑ ❑ ❑ 非常同意

5. 候选人可以用简单的语言清晰地解释六西格玛项目所使用的工具。注意，候选人不需要有能力在没有帮助的情况下完成所有的分析，但是他需要理解项目中

⊖ 参见该附录后文中关于这些工具的例子。

用到的初级和中级工具。

非常不同意　　　　　　　　　　　　　　　　　　　　非常同意

❏　　❏　　❏　　❏　　❏　　❏　　❏　　❏　　❏　　❏

6. 候选人理解量化分析方法的局限性和优势。

非常不同意　　　　　　　　　　　　　　　　　　　　非常同意

❏　　❏　　❏　　❏　　❏　　❏　　❏　　❏　　❏　　❏

取得成果的能力评估工作表			
绿带候选人		认证日期	
认证委员会成员		角色	

1. 候选人已经完成一个以上的六西格玛项目并取得具体成果。

非常不同意　　　　　　　　　　　　　　　　　　　　非常同意

❏　　❏　　❏　　❏　　❏　　❏　　❏　　❏　　❏　　❏

2. 候选人项目具有合格的项目任务书，包括发起人、问题陈述、业务场景。

非常不同意　　　　　　　　　　　　　　　　　　　　非常同意

❏　　❏　　❏　　❏　　❏　　❏　　❏　　❏　　❏　　❏

3. 项目使用了六西格玛方法（DMAIC 或等同方法）。

非常不同意　　　　　　　　　　　　　　　　　　　　非常同意

❏　　❏　　❏　　❏　　❏　　❏　　❏　　❏　　❏　　❏

4. 项目的交付成果已明确而清晰地定义。

非常不同意　　　　　　　　　　　　　　　　　　　　非常同意

❏　　❏　　❏　　❏　　❏　　❏　　❏　　❏　　❏　　❏

5. 项目对一个重要的业务流程产生显著的改善。

非常不同意　　　　　　　　　　　　　　　　　　　　非常同意

❏　　❏　　❏　　❏　　❏　　❏　　❏　　❏　　❏　　❏

6. 使用有效数据确定了目前过程的基准西格玛水平。

非常不同意　　　　　　　　　　　　　　　　　　　　非常同意

❏　　❏　　❏　　❏　　❏　　❏　　❏　　❏　　❏　　❏

7. 使用有效数据计算了改善后过程的西格玛水平，显示的改善既具有统计显著性，也对组织具有重要意义。

非常不同意　　　　　　　　　　　　　　　　　　　　非常同意

❏　　❏　　❏　　❏　　❏　　❏　　❏　　❏　　❏　　❏

8. 已经实施合格的控制计划以确保改善得到维持。

非常不同意　　　　　　　　　　　　　　　　　　　　非常同意

❏　　❏　　❏　　❏　　❏　　❏　　❏　　❏　　❏　　❏

9. 项目的财务收益已经获得会计或者财务专家的认可。

非常不同意   非常同意

❑   ❑   ❑   ❑   ❑   ❑   ❑   ❑   ❑   ❑

10. 识别了重要的顾客并定义了他们的关键需求。

非常不同意   非常同意

❑   ❑   ❑   ❑   ❑   ❑   ❑   ❑   ❑   ❑

11. 项目发起人对于项目交付成果感到满意。

非常不同意   非常同意

❑   ❑   ❑   ❑   ❑   ❑   ❑   ❑   ❑   ❑

12. 项目识别并纠正了问题的根本原因，而不是表面症状。

非常不同意   非常同意

❑   ❑   ❑   ❑   ❑   ❑   ❑   ❑   ❑   ❑

13. 所有的利益相关者都及时获知项目的进展状态并知道最后的结果。

非常不同意   非常同意

❑   ❑   ❑   ❑   ❑   ❑   ❑   ❑   ❑   ❑

14. 项目按时完成。

非常不同意   非常同意

❑   ❑   ❑   ❑   ❑   ❑   ❑   ❑   ❑   ❑

15. 项目在预算内完成。

非常不同意   非常同意

❑   ❑   ❑   ❑   ❑   ❑   ❑   ❑   ❑   ❑

16. 开展项目的时候，对正常工作的干扰最小。

非常不同意   非常同意

❑   ❑   ❑   ❑   ❑   ❑   ❑   ❑   ❑   ❑

评估说明	
评估的主题	说明
变革代理人技能	
工具和技术的运用	
取得成果的能力	

评分汇总表				
评估人	评估主题	4 分及以下 项目（%）	8 分及以上 项目（%）	说明
	变革代理人技能			
	工具和技术的运用			
	取得成果的能力			
	变革代理人技能			
	工具和技术的运用			
	取得成果的能力			
	变革代理人技能			
	工具和技术的运用			
	取得成果的能力			
	变革代理人技能			
	工具和技术的运用			
	取得成果的能力			
	变革代理人技能			
	工具和技术的运用			
	取得成果的能力			

六西格玛工具、方法及概念举例	
初级	中级
<ul><li>DMAIC</li><li>SIPOC</li><li>DPMO</li><li>计算机技能</li><li>数据的测量尺度</li><li>帕累托分析</li><li>流程图</li><li>检查表</li><li>因果图</li><li>散点图</li><li>走势图</li><li>直方图</li><li>累积次数分布图</li><li>描述性统计量（如均值、标准差、偏度）</li><li>枚举统计与分析统计</li><li>茎叶图、箱型图</li><li>基本概率概念</li><li>离散概率分布（二项分布、泊松分布、超几何分布）</li><li>连续几何分布（正态分布、指数分布等）</li><li>7M 工具</li><li>FMEA</li><li>抽样检验</li><li>CTx 的识别</li></ul>	<ul><li>计量型控制图</li><li>属性值控制图</li><li>过程能力</li><li>合格率分析（如首次通过率、综合合格率）</li><li>测量误差分析（量具两性分析）</li><li>相关分析</li><li>一元线性回归</li><li>卡方分析</li><li>I 类和 II 类错误</li><li>置信区间的解释</li><li>假设检验</li><li>正态性评估及转换</li><li>Z 分布转化</li><li>过程西格玛水平计算</li></ul>

使用 Excel 进行 AHP 分析

层次分析法（Analytic Hierarchical Process，AHP）是一种强有力的决策技术。同时它也非常复杂，如果想获得精确的结果，最好要借助专门的计算机软件，如 Expert Choice 2000。不过，如果只是想得到近似的结果，那就准备放弃一些不重要的东西，你可以使用电子表格来进行 AHP 分析。下面我们用 Excel 来重复第 2 章中的分析，演示 AHP 的使用方法。

示例

在第 2 章中，我们分析了一个软件开发过程的高层级需求，并获得顾客认知的配对比较矩阵表。

	易学	易用	可联网	兼容性	易维护
易学		4.00	1.00	3.00	1.00
易用			0.20	0.33	0.25
可联网				3.00	3.00
兼容性					0.33
易维护					

表中数字的意义见第 2 章的描述，等价的 Excel 表如下所示。

	A	B	C	D	E	F
1	特性	A	B	C	D	E
2	A-易学	0.00	4.00	1.00	3.00	1.00
3	B-易用	0.25	0.00	0.20	0.33	0.25
4	C-可联网	1.00	5.00	0.00	3.00	3.00
5	D-兼容性	0.33	3.00	0.33	0.00	0.33
6	E-易维护	1.00	4.00	0.33	3.00	0.00

注意，在对角线上的数值全部是 0，也就是说，各特性与自身比较没有意义。同时注意到，在对角线下方的数值是相应的对角线上方数值的倒数。比如，C2 单元格的值为 4.00，表示特性 A 比特性 B 更重要，因此，B3 单元格的值必须等于 1/4 = 0.25，两者表达的意思相同。

要计算各项的权重，我们必须先获得矩阵的总和，然后将每行的值除以矩阵总和，计算结果显示如下。

		A	B	C	D	E	F		
1	特性	A	B	C	D	E	合计	权重
2	A-易学	0.00	4.00	1.00	3.00	1.00	9.00	26.2%
3	B-易用	0.25	0.00	0.20	0.33	0.25	1.03	3.0%
4	C-可联网	1.00	5.00	0.00	3.00	3.00	12.00	34.9%
5	D-兼容性	0.33	3.00	0.33	0.00	0.33	3.99	11.6%
6	E-易维护	1.00	4.00	0.33	3.00	0.00	8.33	24.3%
7	总计						34.35	

结果显示在下图中。

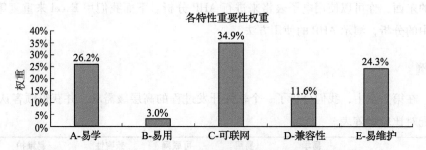

各特性重要性权重

将这些权重与使用 Expert Choice 2000 分析得到的精确结果比较。

类别	权重（精确方法）	权重（电子表格）
易学	26.4%	26.2%
易用	5.4%	3.0%
可联网	35.8%	34.9%
兼容性	10.5%	11.6%
易维护	21.8%	24.3%

两种分析方法所得的结论实质上是完全相同的。